Michael Kofler

Swift

Das umfassende Handbuch

Rheinwerk
Computing

Liebe Leserin, lieber Leser,

in den letzten Jahren ist es ruhiger um Apples Programmiersprache Swift geworden. Nachdem die ersten Versionen noch im Jahrestakt erschienen sind, hat es einige Zeit gedauert, bis im Herbst 2024 die neue Version 6 vorgestellt wurde.

Trotzdem hat sich in dieser Zeit natürlich einiges getan! Nicht nur revolutioniert das Framework SwiftUI, wie Anwendungen designt und konzipiert werden, sondern auch die Herangehensweise an ein solches App-Projekt hat sich gewandelt. Michael Kofler hat dieses Programmierbuch daher vollkommen neu konzipiert und den Fokus auf eine moderne, zeitgemäße Entwicklungsarbeit gelegt. Der Einsatz von KI-Tools wird genauso erklärt wie die Arbeit mit Xcode und die Versionsverwaltung mit Git. So lernen Sie, wie anspruchsvolle Anwendungen von der Konzeption bis zur Umsetzung entstehen. Ganz anschaulich können Sie das anhand der Beispieldaten nachvollziehen, die es zu den Projekten im Buch gibt.

Abschließend ein Hinweis in eigener Sache: Dieses Buch wurde mit großer Sorgfalt geschrieben, lektoriert und produziert. Aber wo Menschen arbeiten, passieren Fehler. Sollte daher einmal etwas nicht so funktionieren, wie Sie es erwarten, freue ich mich, wenn Sie sich direkt mit mir in Verbindung setzen. Ihre Anregungen und Fragen sind jederzeit herzlich willkommen!

Ihr Christoph Meister
Lektorat Rheinwerk Computing

christoph.meister@rheinwerk-verlag.de
www.rheinwerk-verlag.de
Rheinwerk Verlag · Rheinwerkallee 4 · 53227 Bonn

Auf einen Blick

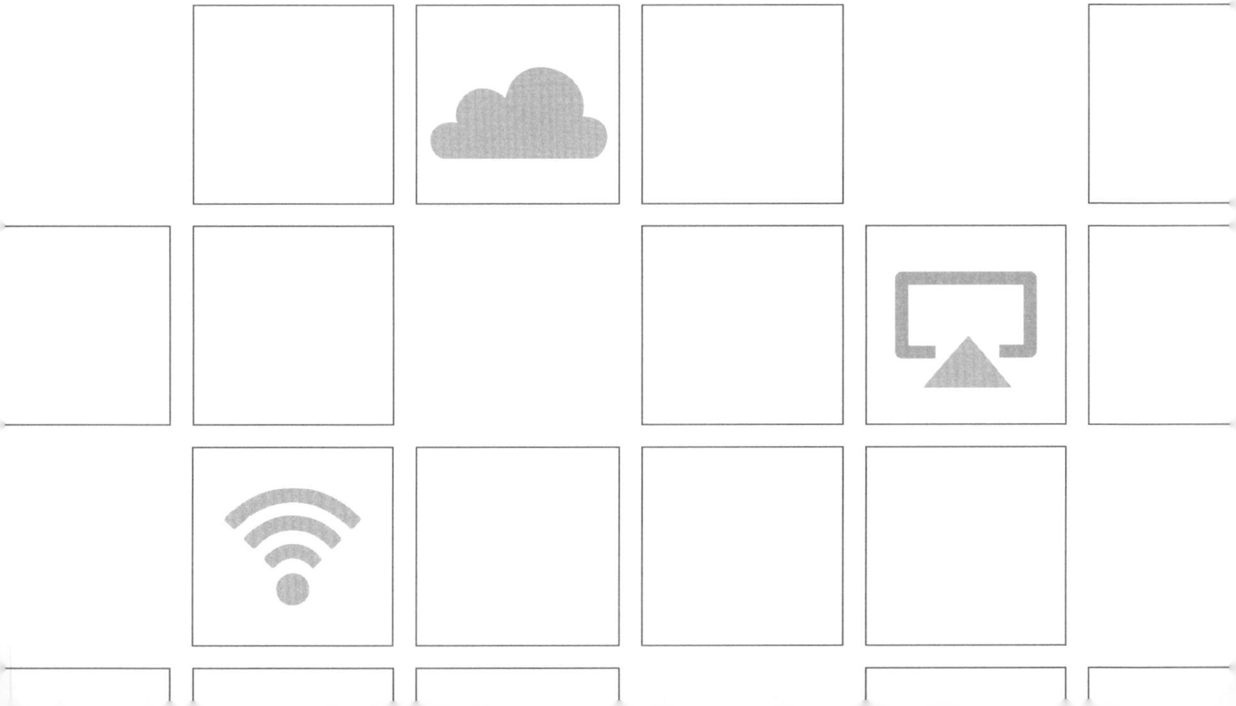

Wir hoffen, dass Sie Freude an diesem Buch haben und sich Ihre Erwartungen erfüllen. Falls Sie Anregungen, Wünsche und Kommentare haben, lassen Sie es uns wissen: **service@rheinwerk-verlag.de**.

Informationen zu unserem Verlag und Kontaktmöglichkeiten finden Sie auf unserer Verlagswebsite **www.rheinwerk-verlag.de**. Dort können Sie sich auch umfassend über unser aktuelles Programm informieren und unsere Bücher und E-Books bestellen.

Autor Michael Kofler
Lektorat Christoph Meister
Copy-Editing Isolde Kommer, Großerlach
Typografie und Layout Vera Brauner
Satz Michael Kofler
Herstellung Norbert Englert
Covergestaltung Eva Hepper
Druck Beltz Grafische Betriebe, Bad Langensalza

FSC
www.fsc.org
MIX
Papier | Fördert gute Waldnutzung
FSC® C089473

Dieses Buch wurde mit mineralölfreien Farben auf FSC-zertifiziertem Papier aus nachhaltiger Waldwirtschaft gedruckt. Hergestellt in Deutschland.

Bibliografische Information der Deutschen Nationalbibliothek:
Die Deutsche Nationalbibliothek verzeichnet diese Publikation in der Deutschen Nationalbibliografie; detaillierte bibliografische Daten sind im Internet über *http://dnb.dnb.de* abrufbar.

ISBN 978-3-367-10734-6

5., aktualisierte Auflage 2025

Rheinwerk Verlag GmbH • Rheinwerkallee 4 • 53227 Bonn
service@rheinwerk-verlag.de

Inhalt

TEIL III SwiftUI

Vorwort

Als Apple 2014 die Programmiersprache Swift vorstellte, war das gleichsam ein Befreiungsschlag: Objective-C wird zwar das Fundament von macOS, iOS etc. bleiben – aber das ändert nichts daran, dass diese Sprache in den 1980er-Jahren entworfen wurde und in keinerlei Hinsicht mit modernen Programmiersprachen mithalten kann.

Swift ist dagegen ein sauberer Neuanfang. Bei der Vorstellung wurde Swift auch *Objective-C without the C* genannt. Natürlich ist Swift von Objective-C beeinflusst – schließlich muss Swift kompatibel mit den unzähligen Apple-Bibliotheken sein. Gleichzeitig realisiert Swift viele neue Ideen und greift Konzepte von C#, Haskell, Java, Python etc. auf. Daraus ergeben sich mehrere Vorteile:

- Swift zählt zu den modernsten Programmiersprachen, die es momentan gibt.
- Code lässt sich in Swift syntaktisch sehr elegant und kompakt formulieren.
- Der resultierende Code ist besser lesbar und wartbar.
- Swift ist ein Open-Source-Produkt und steht auch für Linux zur Verfügung. Der Entwicklungsprozess erfolgt offen und transparent.

Swift 6, SwiftUI und SwiftData

Während die ersten Swift-Versionen in relativ rascher Abfolge erschienen, begann mit Swift 5 eine längere Phase ohne ein neues Major Release. Apple hat diese Zeit einerseits genutzt, um vorhandene Sprachfeatures zu stabilisieren, andererseits dazu, Schritt für Schritt ein komplett neues Framework für die asynchrone Programmierung zu schaffen. Damit setzt die im Herbst 2024 vorgestellte Version 6 einen Meilenstein.

Noch mehr hat sich abseits der eigentlichen Programmiersprache getan: Swift ist nur so gut wie die Bibliotheken, auf die es zurückgreifen kann. Die wichtigste Bibliothek für die App-Entwicklung war fast zwei Jahrzehnte lang das für das erste iPhone entwickelte UIKit. Mit UIKit ist es so ähnlich wie mit Objective-C: Die Bibliothek funktioniert, aber die Programmierung ist enorm umständlich.

Seit 2019 gibt es mit SwiftUI eine moderne Alternative dazu. SwiftUI ist eine grundlegend neue Bibliothek zur Gestaltung grafischer Benutzeroberflächen. Anders als UIKit ist SwiftUI für *alle* Apple-Plattformen geeignet, von macOS über iOS, tvOS, watchOS bis hin zu visionOS.

Der Einstieg in SwiftUI ist allerdings nicht ganz einfach: Die deklarative Syntax von SwiftUI, der gewöhnungsbedürftige Umgang mit `@State`-Variablen – selbst wenn Sie schon Erfahrung mit der App-Entwicklung haben, ist die erste App mit SwiftUI ein mitunter frustrierender Neuanfang. Das gilt heute noch, aber es galt noch viel mehr für alle, die schon 2019 oder 2020 erste Experimente mit SwiftUI machten. Apple hat die Bibliothek leider zu früh und zu unausgereift ausgeliefert. Unter dem schlechten Ruf, den sich SwiftUI damals erworben hat, leidet SwiftUI bis heute. Zu Unrecht! Mittlerweile sind die schlimmsten Kinderkrankheiten ausgestanden, das Internet ist voller WWDC-Videos, Blogs und Tutorials, die bei den ersten Schritten helfen.

Natürlich existiert das UIKit parallel dazu weiterhin. Millionen Zeilen Code, die damit erstellt wurden, müssen weiter gewartet werden. Aber neue Projekte sollten – trotz mancher Einschränkungen, die bis heute für SwiftUI gelten – unbedingt mit SwiftUI gestartet werden. Ich behandle deswegen in diesem Buch ausschließlich SwiftUI. Bücher, die UIKit beschreiben, gibt es schon genug – inklusive meiner eigenen Bücher zu Swift 2 bis 5.

SwiftUI war für Apple nur der Anfang für die Modernisierung grundlegender Bibliotheken. 2023 folgte mit SwiftData ein weiterer Schritt. SwiftData ist eine Bibliothek zur persistenten Speicherung eigener Daten, wahlweise lokal oder in der iCloud. SwiftData gilt als logischer Nachfolger von Core Data.

Über dieses Buch

Dieses Buch vermittelt einen kompakten Einstieg in die Programmiersprache Swift in der Version 6. Das Buch ist in fünf Teile gegliedert:

- **Teil I** stellt Ihnen Swift und Xcode vor. Damit Sie eine Idee davon bekommen, wie App-Programmierung in der Praxis aussieht, präsentiert bereits Kapitel 2, »Learning by Doing: Die erste App«, ein erstes konkretes Beispiel.
- **Teil II** richtet sich an alle, die Swift systematisch lernen wollen. Die Themenpalette reicht vom Umgang mit Variablen und elementaren Datentypen bis hin zur Syntax der objekt- und protokollorientierten Programmierung.
- In **Teil III** geht es um SwiftUI. In mehreren Kapiteln lernen Sie anhand zahlreicher Beispiele wichtige Bestandteile und Arbeitsweisen rund um SwiftUI kennen. Ein eigenes Kapitel ist dabei der richtigen Verbindung zwischen Benutzeroberfläche und Daten gewidmet. Hier lernen Sie State- und Bindung-Variablen kennen, Observable-Klassen und das MVVM-Muster (*Model, View-Model, View*).
- **Teil IV** fasst wichtige Programmiertechniken in Bausteinform zusammen. Egal, ob Sie asynchronen Code entwickeln, Dateien lesen oder schreiben, Netzwerkfunktionen oder REST-APIs nutzen möchten – hier finden Sie geeignete Anleitungen. Zwei eigene Kapitel behandeln die iCloud-Programmierung und die schon erwähnte SwiftData-Bibliothek.

- In **Teil V** heißt es wieder *Learning by Doing*. Anhand von zwei umfangreichen Beispielen zeige ich Ihnen, wie Sie das im Buch vermittelte Wissen zu »richtigen« Apps kombinieren. Mit dabei ist die Lokalisierung von Apps, also die Unterstützung mehrerer Sprachen. Außerdem gebe ich Ihnen eine Menge Tipps, wie Sie Ihre eigene App in den App Store bringen.

Es ist Marketing-Überlegungen geschuldet, dass dieses Buch als »5. Auflage« verkauft wird. Aus meiner Sicht handelt es sich um ein vollkommen neues Buch. Größere Textpassagen habe ich nur bei Teil II aus der Vorauflage übernommen.

Neu ist das Buch aber auch aus einer anderen Perspektive: KI-Tools ändern gerade, wie Sie und ich programmieren. Meine eigenen Erfahrungen damit haben dieses Buch stark beeinflusst. Mehr denn je erscheint es mir wichtig, Grundlagenwissen zu vermitteln. Die Lektüre dieses Buchs soll bei Ihnen das Fundament schaffen, mit dem Sie in der Folge KI-Tools effizient anwenden können.

Um von diesem Buch maximal zu profitieren, benötigen Sie weder Vorkenntnisse in Xcode noch in der App-Entwicklung. Ich setze aber voraus, dass Sie bereits Erfahrungen mit einer beliebigen Programmiersprache gesammelt haben. Ich erkläre Ihnen in diesem Buch also, wie Sie in Swift mit Variablen umgehen, Schleifen programmieren und Klassen entwickeln, aber nicht, was Variablen sind, wozu Schleifen dienen und warum Klassen das Fundament der objektorientierten Programmierung sind. So kann ich Swift kompakt und ohne viel Overhead beschreiben und den Schwerpunkt auf die konkrete Anwendung legen.

Viel Spaß!

Eine neue Programmiersprache zu erlernen ist immer eine Herausforderung. Noch schwieriger ist es, einen Überblick über die schier unüberschaubare Fülle von Bibliotheken zu gewinnen, die Sie zur App-Entwicklung brauchen. Dieses Buch soll Ihnen bei beiden Aspekten helfen.

Wenn Sie in die App-Entwicklung mit Swift einsteigen, haben Sie das Privileg, mit einer der modernsten aktuell verfügbaren Programmiersprachen zu arbeiten. Sobald Sie die ersten Schritte einmal erfolgreich absolviert haben, wird die Faszination für diese Sprache auch Sie erfassen. Bei Ihrer Reise durch die neue Welt von Swift wünsche ich Ihnen viel Spaß und Erfolg!

Michael Kofler (*https://kofler.info*)

Beispieldateien

Die Beispieldateien zu diesem Buch können Sie hier herunterladen:

https://www.rheinwerk-verlag.de/6081

TEIL I

Einführung

Kapitel 1
Hello, World!

In diesem Kapitel geht es darum, dass Sie Ihr Arbeitswerkzeug – also Xcode – kennenlernen. Ich gebe Ihnen einen Überblick über die wichtigsten Bestandteile der komplexen Oberfläche und zeige Ihnen, aus welchen Dateien sich ein einfaches SwiftUI-Projekt zusammensetzt.

Xcode ist kostenlos. Einen Apple Developer Account (aktuell 120 €/Jahr) brauchen Sie erst, wenn Sie selbst programmierte iCloud-Funktionen testen oder Apps über den App Store weitergeben oder verkaufen möchten.

Hardware-Voraussetzungen

Teuer ist die App-Entwicklung leider trotzdem – Sie brauchen nämlich angemessene Hardware. Grundsätzlich läuft Xcode auf jedem Mac, auch auf einem alten MacBook Air mit nur 8 GB RAM. Verwenden Sie unbedingt ein Gerät mit M-Prozessor (Apple Silicon); Geräte mit Intel-CPU, die im Gebrauchtmarkt günstig angeboten werden, sind für die moderne App-Entwicklung ungeeignet und haben keine Zukunft.

Mit der Ausführung von Xcode ist es nicht getan. Während der Entwicklung von Apps brauchen Sie einen Simulator (wird mit Xcode mitgeliefert), um dort ein iPhone oder iPad als virtuelle Testumgebung auszuführen. Xcode plus Simulator sprengen die 8-GB-Grenze bereits.

Ich habe für dieses Buch mit einem MacBook Pro mit 36 GB RAM gearbeitet. So viel muss es nicht sein, aber ich rate Ihnen dringend zu einem Rechner mit zumindest 24 GB RAM. Alle anderen Eckdaten sind nicht so wichtig. Es muss weder die neueste noch die schnellste CPU sein. Auch die Größe der SSD ist sekundär. Rechnen Sie großzügig mit 100 GByte für Xcode, diverse iOS-Simulatordateien sowie Build-Dateien für eigene Projekte. (Anfangs ist der Platzbedarf deutlich kleiner, aber mit der Zeit sammeln sich immer mehr Build-Dateien und iOS-Simulatoren an. Räumen Sie hin und wieder auf! Tipps dazu folgen in Abschnitt 3.3, »Xcode«.)

Zu guter Letzt: Verwenden Sie einen großen Monitor. Es muss kein Studio Display sein, ein 4k-Monitor für 200 € reicht absolut aus.

1.1 Erste Schritte mit Xcode

Sofern Sie Xcode noch nicht installiert haben, finden Sie das Programm kostenlos im App Store. Von dort erhalten Sie allerdings nur die Grundkomponenten. Beim ersten Start fragt Xcode, welche Simulatordateien es herunterladen soll. Diese Dateien sind notwendig, damit Xcode Ihren Code in einem simulierten iPhone oder iPad ausführen kann. Der iOS-Simulator (immerhin ein weiterer Download im Umfang von ca. 8 GB) reicht aus. Auf tvOS, watchOS etc. gehe ich in diesem Buch nicht ein.

Mit File • New • Project starten Sie nun Ihr erstes Projekt. Im ersten Dialog haben Sie die Auswahl zwischen verschiedenen Vorlagen. Für die meisten Projekte in diesem Buch ist Multiplatform • App die richtige Wahl (siehe Abbildung 1.1). Das sind SwiftUI-Programme, die auf mehreren Betriebssystemen (iOS, macOS) laufen. Für Teil II des Buchs ist auch macOS • Command Line Tool eine gute Alternative. Damit können Sie Swift-Sprachmerkmale ohne den Overhead einer grafischen Benutzeroberfläche ausprobieren.

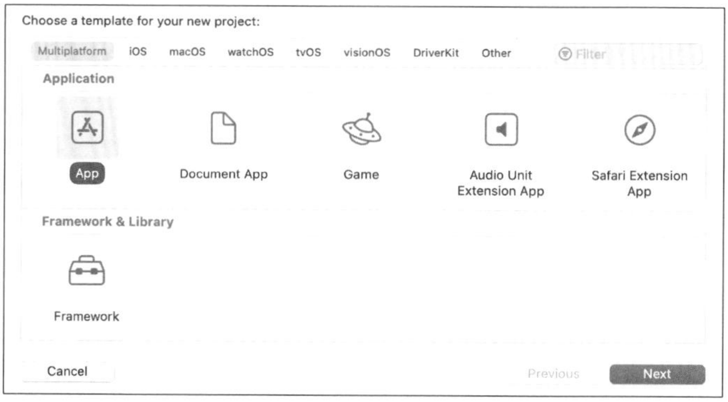

Abbildung 1.1 Multiplatform-Apps benutzen SwiftUI und sind auf diversen Apple-Betriebssystemen ausführbar.

Im zweiten Schritt geben Sie Ihrem Projekt einen Namen (siehe Abbildung 1.2).

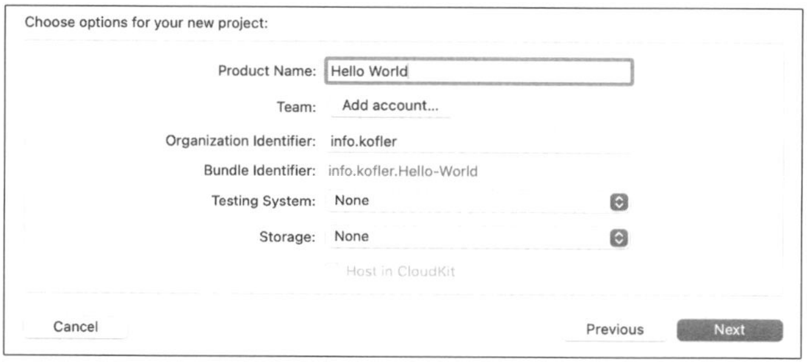

Abbildung 1.2 Einstellung des Projektnamens

Als ORGANIZATION IDENTIFIER verwenden Sie – falls vorhanden – Ihren Domain-Namen oder den Ihrer Firma/Organisation/Universität in umgekehrter Reihenfolge (also *com.example* für die Domain *example.com*). Xcode setzt aus diesen Namen den BUNDLE IDENTIFIER zusammen. Wenn Sie irgendwann Ihre erste App in den App Store stellen, muss dieser Identifier weltweit eindeutig sein. Wir brauchen für unsere ersten Experimente weder ein TESTING SYSTEM noch ein Backend für STORAGE.

Zuletzt müssen Sie angeben, in welchem Verzeichnis Sie Ihr Projekt speichern möchten (siehe Abbildung 1.3). Xcode erzeugt dort wiederum ein Unterverzeichnis mit dem Projektnamen. Standardmäßig ist in diesem Dialog die Option CREATE GIT REPOSITORY ON MY MAC aktiviert. Selbst wenn Sie das Versionsverwaltungsprogramm Git (siehe auch Abschnitt 3.3, »Xcode«) nicht verwenden möchten, können Sie die Option belassen. Das vorerst leere Git-Verzeichnis kostet kaum Speicherplatz und gibt Ihnen später die Möglichkeit, Git jederzeit zu nutzen.

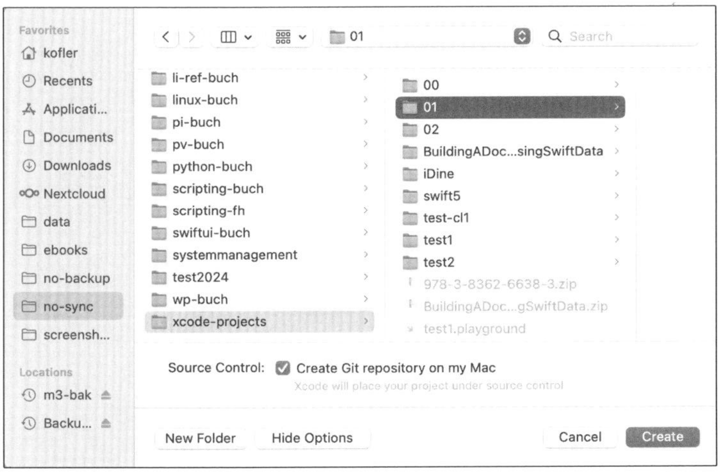

Abbildung 1.3 Speicherort für das Projekt

Die Oberfläche von Xcode

Der Button CREATE erzeugt endlich Ihr Projekt. Es besteht selbst in dieser Minimalvariante aus mehreren Dateien, deren Funktion ich Ihnen gleich erläutere. In Xcode ist automatisch die Datei `ContentView.swift` des neuen Projekts geöffnet. (Wenn nicht, öffnen Sie die Datei durch einen Doppelklick im Project Explorer, also im ersten Tab der linken Seitenleiste.) Neben dem Code wird eine Voransicht der App angezeigt (siehe Abbildung 1.4). Aus Effizienzgründen ist als Preview-Gerät normalerweise macOS eingestellt. Zumeist wollen Sie aber wissen, wie Ihre App auf einem iPhone aussieht. Stellen Sie einfach das gewünschte Preview-Gerät ein. (Xcode muss hinter den Kulissen den iOS-Simulator laden, was beim ersten Mal etwas Zeit kostet.)

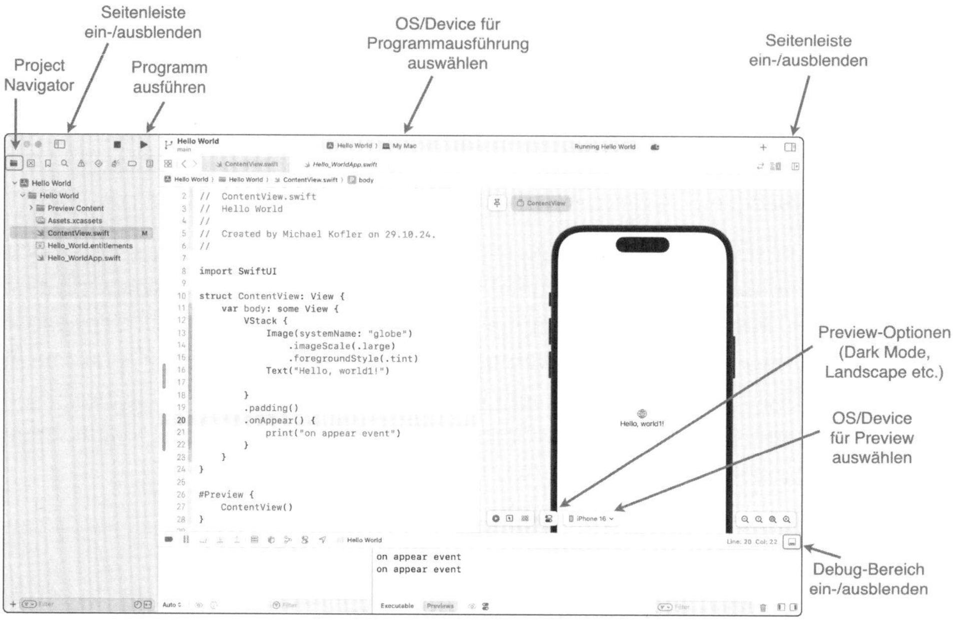

Abbildung 1.4 Xcode setzt sich aus zahlreichen Teilfenstern zusammen, die ein- und ausgeblendet werden können.

Abbildung 1.5 Hier laufen zwei Instanzen des Hello-World-Programms: eine im iPad-Simulator, die zweite nativ als macOS-Programm.

Während der App-Entwicklung ist die Preview-Ansicht für die meisten Arbeitsschritte ausreichend. Hin und wieder müssen Sie Ihr Programm aber direkt im iPhone- oder iPad-Simulator ausführen. Dazu wählen Sie in der Fensterleiste das gewünschte Gerät aus und drücken dann auf den Start-Button. Nach ein paar Sekunden erscheint das Programm im Simulator oder als macOS-Fenster (siehe Abbildung 1.5).

Xcode zeichnet sich durch eine fast unüberschaubare Fülle von Funktionen aus. Das liegt daran, dass Xcode *die* Entwicklungsumgebung von Apple ist, mit der die Firma alle eigenen Software-Produkte entwickelt. Xcode ist insofern ein echtes Profi-Tool. Das macht die ersten Schritte mit Xcode leider etwas mühsam. Beim Design von Xcode stand eine einfache Bedienung offenbar etwas weiter unten in der Prioritätenliste. Anfangs fällt nicht nur die Orientierung in Xcode schwer, auch das Verhalten bei den kleinsten Fehlern ist mühsam: Xcode zeigt zwar eine Fehlermeldung an, diese ist aber nur in Ausnahmefällen hilfreich. Sie müssen die Ursache des Problems selbst mit Intuition und Hilfe aus dem Internet oder von KI-Tools suchen und den Fehler beheben.

Lassen Sie sich während der ersten Tage mit Xcode nicht entmutigen! Es dauert ein paar Tage, sich an die wesentlichsten Eigenheiten von Xcode zu gewöhnen. Danach kann man mit der Entwicklungsumgebung durchaus gut arbeiten. (Ich will aber nicht verschweigen, dass mich das Programm auch nach jahrelanger Arbeit manchmal zur Weißglut bringt.) Werfen Sie auch einen Blick in Abschnitt 3.3, »Xcode«, wo ich eine Sammlung von Tipps & Tricks für den Umgang mit Xcode zusammengefasst habe. Dort finden Sie auch einen Überblick über die wichtigsten Tastenkürzel.

Vorerst ist es wichtig, dass Sie mit den Grundfunktionen des Programms vertraut werden. Es gibt drei Seitenleisten, die jeweils ein- und ausgeblendet werden können:

- **Navigator:** Die linke Seitenleiste beinhaltet diverse Navigatoren. Sie helfen dabei, Dateien zu öffnen, zu einem Fehler zu springen etc.
- **Eigenschaften:** In der rechten Seitenleiste verbergen sich mehrere Tabs zur Einstellung aller möglichen Eigenschaften des ganzen Projekts, einer Datei, eines Elements der Oberfläche usw.
- **Debugging:** In der unteren Seitenleiste finden Sie die Ausgaben Ihrer Programme inklusive aller `print`-Anweisungen.
- **Code und Preview:** Im Zentrum der Oberfläche steht die gerade offene Code-Datei. Bei SwiftUI-Dateien wird daneben eine Vorschau angezeigt. Die Vorschau friert ein (Preview paused), sobald Sie das Programm in einem Simulator starten, wenn der Code einen Fehler enthält oder wenn sich Xcode sonst überfordert fühlt. In diesem Fall müssen Sie die Vorschau mit einem Klick auf den Refresh-Button neu starten.

Swift 6 aktivieren

Zumindest bis zum Frühjahr 2025 (Xcode Version 16.3) verwenden neue Projekte standardmäßig Swift 5. Das klingt absurd: Swift 6 wurde schon ein ganzes Jahr vorher bei der WWDC 2024 präsentiert und wird seit Herbst 2024 offiziell ausgeliefert.

Grundsätzlich sind die Unterschiede zwischen der letzten Swift-5-Version (das war 5.10, Release im März 2024) und den Versionen 6.0 bzw. 6.1 gering (Oktober 2025 bzw. März 2025). Der Grund, warum Swift 6 noch immer nicht per Default zum Einsatz kommt, sind höchstwahrscheinlich die neuen Compiler-Überprüfungen für asynchronen Code. Swift 6 ist diesbezüglich enorm pingelig. Nahezu jedes alte Projekt, das asnychrone Funktionen nutzt, löst Warnungen und Fehler aus.

Aber als Leserin oder Leser dieses Buch wollen Sie ja Swift 6 lernen. Es ist definitiv einfacher, während der Entwicklung einer App einzelne Compiler-Fehler gleich zu beheben, als bei einer späteren Umstellung auf Swift 6 mit unzähligen Fehlern konfrontiert zu werden. Deswegen empfehle ich Ihnen, auch bei kleinen Testprojekten grundsätzlich Swift 6 zu aktivieren. Dazu wählen Sie im Projekt-Navigator das ganze Projekt aus, aktivieren TARGETS, wählen die BUILD SETTINGS und suchen dort nach der SWIFT LANGUAGE VERSION (siehe Abbildung 1.6).

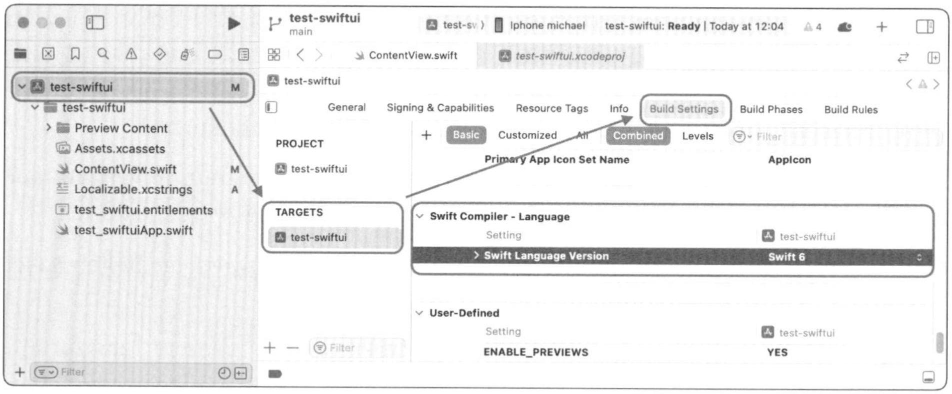

Abbildung 1.6 Die Einstellung der Swift-Compiler-Version ist gut versteckt.

1.2 Der Hello-World-Code

Wenn Sie ein neues Projekt vom Typ APP erzeugen, richtet Xcode automatisch alle notwendigen Dateien für eine winzige Hello-World-App ein. Diese Dateien sollten Sie sich nun näher ansehen. Sie geben ein Schema vor, das auch in Zukunft für Ihre Projekte gilt – ganz egal, aus wie vielen Dateien Sie diese zusammensetzen. Einen Überblick über alle Projektdateien gibt der Project Navigator in der linken Seitenleiste von Xcode (siehe Abbildung 1.7).

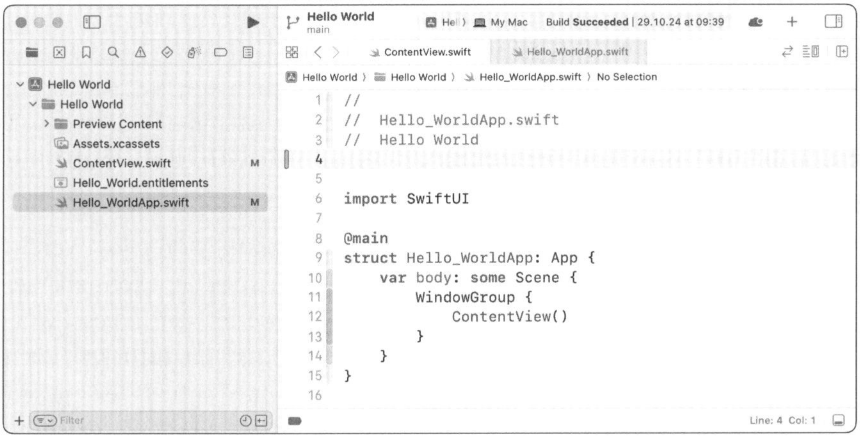

Abbildung 1.7 Der Project Navigator (links) listet alle Dateien des Projekts auf.

<name>App-Datei

Sehen Sie sich zuerst die Datei <projektname>App.swift an. Der Name dieser Datei hängt davon ab, wie Sie Ihr Projekt benannt haben. Bei diesem Beispiel habe ich mich für *Hello World* entschieden. Dementsprechend hat Xcode die Datei Hello_WorldApp.swift erzeugt. Sie enthält die folgenden Zeilen:

```
// Datei Hello_World.app
import SwiftUI    // SwiftUI-Bibliothek importieren

@main
struct Hello_WorldApp: App {
    // die Variable body liefert die Startansicht der App
    var body: some Scene {
        WindowGroup {
            ContentView()   // Startansicht der App
        }
    }
}
```

struct leitet die Deklaration einer Datenstruktur mit dem Namen Hello_WorldApp ein. Das vorangestellte Attribut @main kennzeichnet die Struktur dahin gehend, dass die Code-Ausführung hier beginnt. (Ein SwiftUI-Projekt besteht normalerweise aus vielen Dateien. Der Compiler muss wissen, welche Datei, welche Datenstruktur der Startpunkt ist. Dazu dient @main.)

Die Hello_WorldApp-Struktur muss dem Protokoll App entsprechen. In Swift legt ein »Protokoll« Regeln fest, die eine Datenstruktur erfüllen muss. Das App-Protokoll schreibt vor, dass die Datenstruktur die Variable body vom Typ some Scene enthält. Welchen Code Sie sonst noch in Hello_WorldApp formulieren, ist Ihnen überlassen.

`some` klingt hier ein wenig vage: `body` muss also eine Instanz zurückgeben, die *irgendeine* `Scene`-Instanz zurückgibt. `Scene` ist wie `App` ein Protokoll. In SwiftUI gibt es aber eine Menge Datenstrukturen, die diesem Protokoll entsprechen; `WindowGroup` ist nur eine davon. `some` bewirkt in diesem Zusammenhang, dass im weiteren Code von `body` alle Eigenschaften und Methoden der konkret gewählten Datenstruktur genutzt werden können, nicht nur die, die das Protokoll `Scene` vorschreibt.

`body` ist keine normale Variable, sondern ein *Computed Read-only Property*. Vereinfacht gesagt bedeutet das, dass Sie in `body` keine eigenen Werte speichern können. Vielmehr wird jedes Mal, wenn die SwiftUI-Bibliothek `body` auswertet, der in geschwungenen Klammern formulierte Code ausgeführt und dessen Ergebnis zurückgegeben. Dabei handelt es sich um eine `WindowGroup`, die wiederum eine `ContentView` enthält. Während `WindowGroup` eine in der Bibliothek `SwiftUI` vordefinierte Datenstruktur ist, enthält `ContentView` Ihren eigenen Code für die Startansicht Ihrer App (siehe die nächste Überschrift).

Die obige Beschreibung war zwar technisch genau, sie ist aber unverständlich, wenn Sie noch keinerlei Erfahrung mit Swift und SwiftUI haben. Deswegen versuche ich es jetzt noch einmal, inhaltlich verkürzt, aber einfacher zu verstehen:

- SwiftUI schreibt eine bestimmte Art und Weise vor, wie Programme zu starten sind.
- `<name>App.swift` erfüllt diese Regeln und erzeugt die `ContentView` als erste sichtbare Ansicht der App.

Alle hier genannten Fachbegriffe (Struktur, Protokoll, Eigenschaft bzw. Computed Property, Attribut usw.) erläutere ich selbstverständlich in den weiteren Kapiteln dieses Buchs. An dieser Stelle ist es am besten, dass Sie den Code in `<name>App.swift` als vorgegeben akzeptieren. In der Regel müssen Sie in dieser Datei keine oder nur wenige Änderungen durchführen.

ContentView-Datei

In der vorhin beschriebenen Datei `<name>App.swift` wird eine Instanz von `ContentView` erzeugt. Aus welchen Bestandteilen (Steuerelementen) diese `ContentView` besteht, legt die Datei `ContentView.swift` fest.

```
// Datei ContentView.swift
import SwiftUI

// die Struktur ContentView beschreibt die Startansicht der App
struct ContentView: View {
    var body: some View {
        // vertikaler Stack, bestehend aus ...
        VStack {
```

```
            // ... einem Bild und ...
            Image(systemName: "globe")
                .imageScale(.large)
                .foregroundStyle(.tint)
            // ... einem Text
            Text("Hello, world!")
        }
        .padding()  // rund um den VStack etwas Freiraum lassen
    }
}
```

Im Code wird die Struktur `ContentView` definiert. Diese muss dem Protokoll `View` entsprechen. Es schreibt vor – ähnlich wie `App` in `<name>App.swift!` –, dass es eine Variable `body` gibt. Diese muss allerdings nicht `some Scene`, sondern `some View` zurückgeben.

`View` ist *die* zentrale Datenstruktur von SwiftUI. Sie gibt vor, wie einzelne Steuerelemente (Buttons, Texte etc.) oder ganze Gruppen solcher Komponenten aussehen und funktionieren. Intern ist `View` ein Protokoll. Die im Code vorkommenden Strukturen `VStack`, `Image` und `Text` entsprechen alle diesem Protokoll. Daher handelt es sich, vereinfacht ausgedrückt, um lauter *Views*.

Beim vorgegebenen Hello-World-Code wird beim Auslesen der Variable `body` ein vertikaler Stack zurückgegeben, also ein Container, der selbst wiederum mehrere Views beinhalten darf. In diesem Fall enthält der Container ein Bild und einen Text. Diese beiden Elemente werden untereinander angeordnet.

Die `Image`-View stellt einen stilisierten Globus dar. Dabei handelt es sich um ein in einer Apple-Bibliothek vorgegebenes Symbol, das von allen Apps genutzt werden kann. `imageScale` und `foregroundStyle` werden wie Methoden auf die `Image`-Instanz angewendet. In der SwiftUI-Nomenklatur werden diese Methoden aber *Modifier* genannt, weil sie das Aussehen oder Verhalten eines Elements verändern. `imageScale` bewirkt, dass die Bitmap ein wenig größer als in ihrer vorgegebenen Größe angezeigt wird. `foregroundStyle` verändert die Farbe des Symbols von Schwarz auf Blau (*tinted* entspricht getönt, hervorgehoben).

Die `Text`-View zeigt einfach den als Parameter übergebenen Text an.

Nach der schließenden Klammer von `VStack` folgt der Modifier `padding`. Er bewirkt, dass rund um den VStack etwas Rand frei bleibt. Das bemerken Sie aber nur, wenn Sie als Preview-Gerät AUTOMATIC – MY MAC einstellen. In einem iPhone oder iPad sind der Globus und der Text sowieso mittig dargestellt.

Die Syntax zum Erstellen von SwiftUI-Oberflächen ist gewöhnungsbedürftig. An den meisten Stellen ist nur Code erlaubt, der ein `View`-Objekt als Ergebnis liefert. Ein längeres praktisches Beispiel zur Gestaltung einer App folgt in Kapitel 2, »Learning by Doing: Die erste App«. Eine systematische Einführung in die SwiftUI-Programmierung beginnt mit Kapitel 13, »Views«.

Preview in ContentView.swift

Am Ende von `ContentView.swift` stehen noch drei Zeilen, die ich erläutern sollte: `#Preview` leitet eine Anweisung ein, die Xcode dazu auffordert, eine Vorschau der `ContentView` darzustellen. Die Vorschau funktioniert nur, wenn *alle* Dateien des Projekts frei von Fehlern sind! Die Vorschau wird pausiert, wenn Sie größere Änderungen im Code durchführen oder die App im Simulator ausführen. Sie müssen die Vorschau dann durch einen Klick auf den Reload-Button reaktivieren.

```
// ContentView.swift (Fortsetzung)
#Preview {
    ContentView()
}
```

Im nächsten Kapitel werde ich Ihnen zeigen, dass es nicht nur eine Vorschau auf die App als Ganzes gibt, sondern dass Sie auch eine Vorschau für einzelne Komponenten Ihrer App (z. B. für eine Detailansicht oder für ein eigenes Steuerelement) erzeugen können.

Sonstige Dateien

Standardmäßig bestehen neue SwiftUI-Projekte aus drei weiteren Dateien:

- `Assets.xcassets` enthält eine Sammlung von Farben, Bitmaps, Icons und sonstigen Bilder bzw. Mediendateien, die mit der App ausgeliefert werden. Beim Hello-World-Projekt ist die Assets-Datei leer.

  Sie können in diese Datei per Drag-and-drop Bilddateien einfügen, die in Ihrer App dargestellt werden sollen. Optional können Sie Bilder in drei unterschiedlichen Auflösungen speichern; dann wird je nach Darstellungsgröße und Display-Auflösung die optimale Datei verwendet.
- `Preview Content/Preview Assets.xcassets` ist eine Variante zu `Assets.xcassets`. Dort enthaltene Dateien stehen in der Preview-Ansicht von Xcode zur Verfügung und können zum Testen der App verwendet werden. Die Dateien werden aber nicht mit der fertigen App ausgeliefert. `Preview Assets.xcassets` ist normalerweise leer.
- `<name>.entitlements` enthält eine Sammlung von Rechten, die die App bei der Programmausführung benötigt – beispielsweise den Zugriff auf Netzwerkfunktionen, das Health Kit, die Mediathek oder die iCloud.

Während der App-Entwicklung kommen zu den vorgegebenen Dateien eine Menge weiterer Dateien hinzu: Swift- und SwiftUI-Code-Dateien für eigene Klassen, Strukturen und Views, Dateien für Unit-Tests usw. Je größer das Projekt ist, desto eher lohnt es sich, die Dateien im Projekt-Navigator in Verzeichnissen zu ordnen.

1.3 Eigene Code-Experimente

Es wäre schade, wenn dieses Kapitel ohne eigenen Code zu Ende ginge! Ich lade Sie daher ein, in der Datei `ContentView.swift` ein wenig herumzuspielen.

- Was passiert, wenn Sie den `VStack` in einen `HStack` umwandeln?
- Ändern Sie die Größe und Farbe des Hello-World-Texts. Das gelingt am einfachsten, wenn Sie die rechte Seitenleiste ausklappen und dort den Attribute Inspector (letztes Icon) einblenden (siehe Abbildung 1.8). Dort durchgeführte Änderungen werden direkt im Code nachvollzogen und helfen dabei, wichtige SwiftUI-Modifier und andere Gestaltungsoptionen kennenzulernen.
- Machen Sie den `HStack` wieder zum `VStack`, und fügen Sie dann in den `VStack` einen `HStack` mit zwei Buttons ein. (Ja, Sie dürfen `H`- und `VStacks` beliebig verschachteln!) Stellen Sie für den Container eine gelbe Hintergrundfarbe ein.
- Fügen Sie nach Bedarf den `padding`-Modifier bei einzelnen Steuerelementen oder bei ganzen Gruppen (`H`- und `VStack`) hinzu.

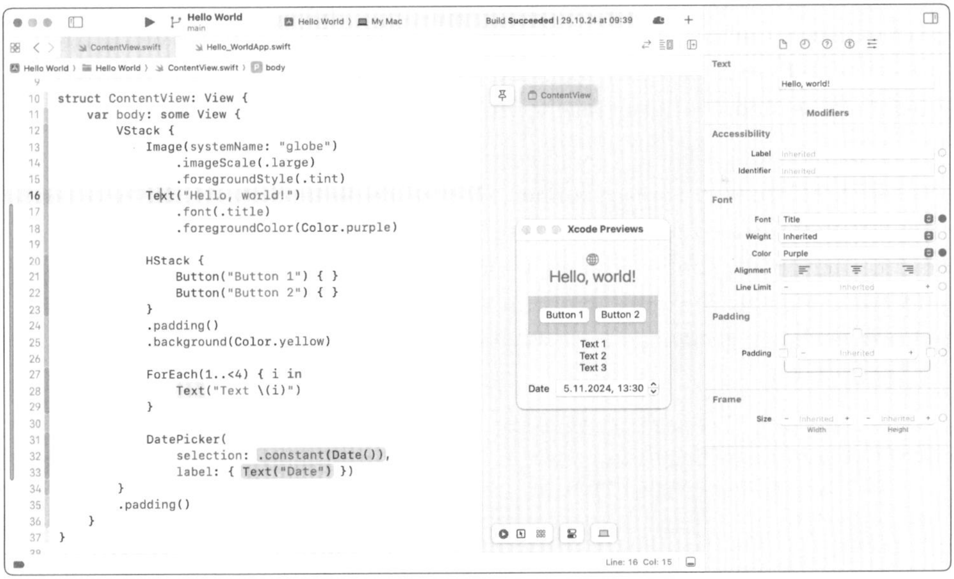

Abbildung 1.8 Bunte View-Vielfalt nach einigen Experimenten. In der rechten Seitenleiste ist der »Attribute Inspector« zu sehen, in dem Sie View-Eigenschaften per Mausklick ändern können.

Experimentieren Sie einfach ein paar Minuten lang! Sie können neue, Ihnen unbekannte Steuerelemente mit [⇧]+[cmd]+[L] bzw. VIEW • SHOW LIBRARY aus der View-Bibliothek in den Code einfügen.

Hilfe, Xcode zeigt einen Fehler an!

Solange Sie die Eigenheiten der SwiftUI-Syntax noch nicht verinnerlicht haben (und das wird ein, zwei Wochen dauern), werden Ihnen oft Syntaxfehler unterlaufen. Xcode weist zwar auf Fehler hin, gibt aber in den seltensten Fällen hilfreiche Informationen zur Fehlerursache. Zielführender ist es, den fraglichen Code einem KI-Assistenten (ChatGPT, Claude etc.) zu übergeben und dort um Rat zu fragen. Generell ist es empfehlenswert, Änderungen in kleinen Schritten durchzuführen. Zur Not können Sie mit `cmd`+`Z` die letzten Aktionen rückgängig machen.

Die erste Schleife

An den meisten Stellen im SwiftUI-Code ist es *nicht* zulässig, Schleifen, Verzweigungen, `print`-Ausgaben usw. einzubauen – also gewissermaßen »gewöhnlichen« Swift-Code. SwiftUI erwartet in diversen geschwungenen Klammerebenen zumeist ein oder mehrere `View`-Objekte als Ergebnis. Anweisungen, die gar kein Ergebnis oder andere Ergebnistypen liefern, sind an dieser Stelle fehlerhaft. (In Swift können geschwungene Klammern Code-Blöcke, Closure oder Rückgabewerte von Read-only-Properties sein – lauter Konstrukte, die Sie im Verlauf dieses Buchs erst erlernen müssen. Diese Mehrdeutigkeit macht den Swift-Einstieg nicht gerade einfach.)

Es gibt aber die Möglichkeit, Views in einer Schleife gewissermaßen zu produzieren: Mit dem Schlüsselwort `ForEach` können Sie mehrere Buttons, Texte oder welche Elemente auch immer erzeugen. Weil diese Views als Ergebnis zurückgeliefert werden, ist `ForEach` in einem Kontext erlaubt, wo andere Swift-Sprachelemente nicht zulässig sind. Wenn Sie beispielsweise in einem `VStack` drei Texte untereinander darstellen möchten, sieht ein geeigneter Code wie folgt aus:

```
VStack {
    // ForEach liefert drei Text-Views als Ergebnis
    ForEach(1..<4) { i in
        Text("Text \(i)")
    }
}
```

Kapitel 2
Learning by Doing: Die erste App

Sie haben dieses Buch erworben, weil Sie Apps entwickeln wollen. Ein Blick in das Inhaltsverzeichnis zeigt aber: Dieses Buch greift dieses Thema erst im letzten Teil auf. Davor stehen über 20 Kapitel mit Grundlagen und Programmiertechniken. Das ist so demotivierend!

Es gibt gute Gründe, warum das Buch genau so konzipiert ist. Kein Haus kann ohne Fundament gebaut werden. Diese banale Weisheit gilt auch für die App-Programmierung. Aber ich verstehe natürlich Ihre Ungeduld.

Deswegen versuche ich in diesem Kapitel den unmöglichen Spagat. Ich zeige Ihnen anhand eines relativ einfachen Beispiels, was es heißt, eine kleine App zu entwickeln. Die Beispiel-App zeigt eine Liste von Büchern an (siehe Abbildung 2.1). Sie können die Bücher mit ein bis sechs Sternen bewerten. Die App merkt sich diese Bewertung. Fertig. (Die Bewertungen werden aber nicht zwischen Ihren Geräten synchronisiert und auch nirgendwohin hochgeladen.)

Die App sieht hübsch aus, erfüllt aber keine wirklich zweckmäßige Aufgabe. Dennoch enthält Sie viele Elemente »echter« Apps:

- Die Gestaltung der Listenelemente und der Detailseite zeigt die Anwendung diverser SwiftUI-Layout-Elemente.
- Die Darstellung der Bewertungssterne erfolgt in einer eigens dafür definierten View (wenn Sie so wollen: in einem eigenen Steuerelement), sogar mit einer netten Animation.
- Die App verwendet Assets, also mit dem Code mitgelieferte eigene Dateien und Bilder.
- Die App zeigt, wie umfangreicher Code über mehrere Dateien verteilt wird.
- Die App zeigt, wie einfach SwiftUI die Multiplattform-Entwicklung macht. Das Programm kann gleichermaßen auf iPhones, iPads und Macs ausgeführt werden. (Sie werden sehen: Dazu sind nur geringfügige Anpassungen erforderlich.)
- SwiftUI ist auch sehr flexibel, was die Unterstützung des Dark Modes sowie individueller Schriftgrößen betrifft.

- Die finale Version der App verwendet das Framework SwiftData, um alle Datenänderungen (also die Bewertungen der Bücher) dauerhaft zu speichern.

Ich werde in diesem Kapitel *nicht* jedes Detail ausführlich erläutern. Dazu ist in den folgenden Kapiteln noch Platz genug. Ich beschränke mich vielmehr darauf, relativ knapp zu erläutern, welche Schritte notwendig sind, um ein Teilziel zu erreichen. Viele solche Schritte führen zur fertigen App.

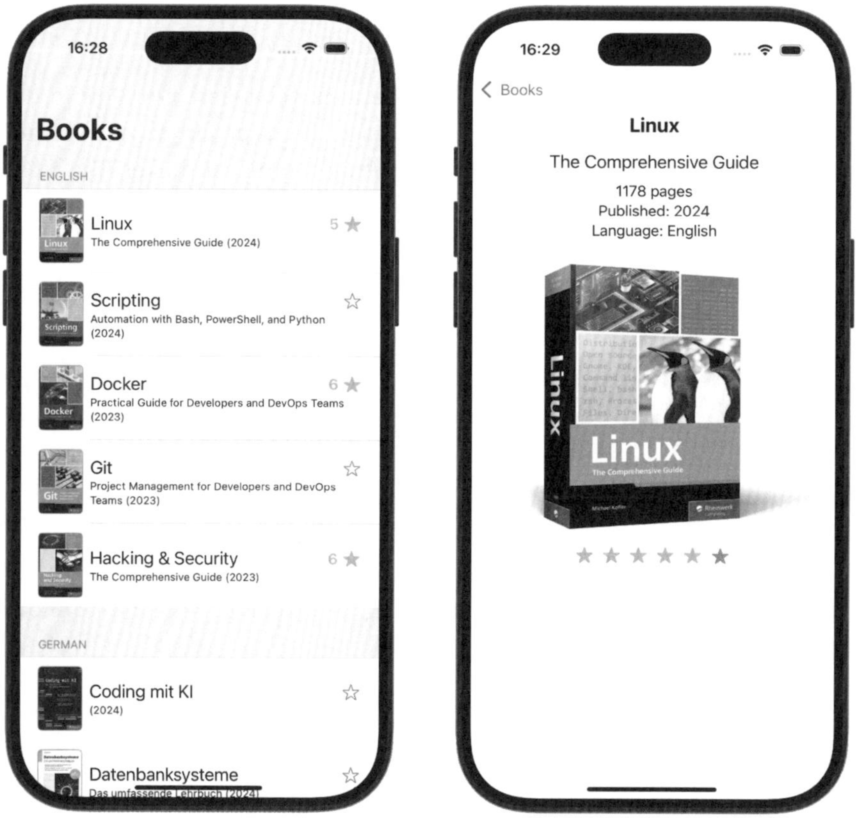

Abbildung 2.1 Die beiden Ansichten der Bücher-App

Falls Sie gerade Ihre ersten Schritte in Swift und SwiftUI unternehmen, ist nicht zu erwarten, dass Sie jedes Detail wirklich verstehen. (Habe ich schon erwähnt, dass Ihnen dazu die Grundlagen fehlen?) Dennoch ist das Kapitel aus meiner Sicht zweckmäßig, weil es einen ersten Überblick gibt, wie die Entwicklung einer App mit Swift und SwiftUI aussieht, wie Sie Xcode bedienen usw. Das Kapitel gibt insofern einen guten Vorgeschmack darauf, was Sie im weiteren Verlauf des Buchs genauer lernen werden.

Lohnt es sich also, dieses Kapitel zu lesen und die Beispiele nachzuvollziehen? Wenn Sie der Anleitung folgen, dabei aber ein paar Fehler einbauen und diese beheben müssen, investieren Sie vermutlich einen ganzen Tag (wenn Sie viel selbst machen, auch zwei), bis die App wie vorgesehen funktioniert. Persönlich glaube ich: Der Aufwand ist die Mühe wert. Auch wenn Sie nicht jedes Detail verstehen, entwickeln Sie doch ein gutes Gefühl dafür, wie die Zahnräder von Xcode, Swift und SwiftUI ineinandergreifen.

Das Kapitel ist aber keine zwingende Voraussetzung für das restliche Buch. Sie können es vorerst ganz überspringen, oder Sie können es im Schnelldurchgang überfliegen, aber die tatsächliche Realisierung der App auf später verschieben.

Beispieldateien

Um Ihnen das Nachvollziehen dieses Kapitels so einfach wie möglich zu machen, finden Sie in den Beispieldateien zu diesem Buch nicht nur den Code der fertigen App, sondern das ganze Projekt in unterschiedlichen Ausbaustufen. So können Sie bei jedem Abschnitt dieses Kapitels (neu) einsteigen und ab dieser Stelle mit einer fehlerfreien Basis weiterarbeiten.

2.1 Schritt 1: Eine Liste mit den Buchtiteln

Sie beginnen damit, dass Sie in Xcode ein neues Projekt erzeugen und als Vorlage (Template) den Typ MULTIPLATFORM • APP auswählen. Den Projektnamen können Sie frei einstellen. Als ORGANIZATION IDENTIFIER verwenden Sie – falls vorhanden – Ihren Domain-Namen oder den Ihrer Firma/Organisation/Universität in umgekehrter Reihenfolge. Bei meinen Beispielen gilt entsprechend *info.kofler* (siehe Abbildung 2.2). Sollte Ihre App irgendwann im App Store landen, dann ist so eine weltweit eindeutige Identifizierung sichergestellt. Die Listenfelder TESTING SYSTEM und STORAGE stellen Sie auf NONE.

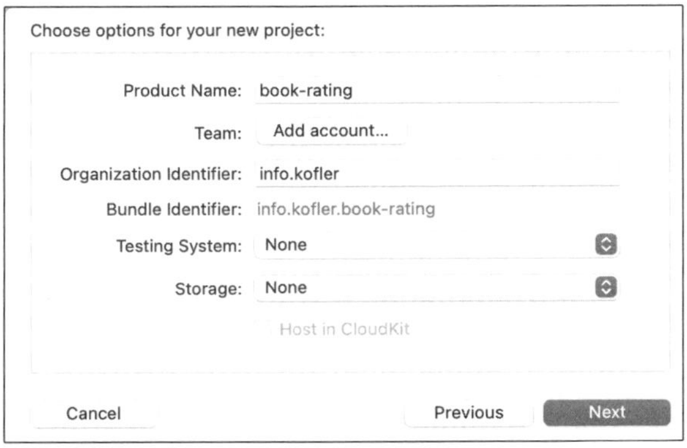

Abbildung 2.2 Grundeinstellungen für das neues Projekt

Im zweiten Schritt müssen Sie dann angeben, in welchem Verzeichnis Sie Ihr Projekt speichern. Beachten Sie, dass am angegebenen Ort immer noch ein Unterverzeichnis mit Ihrem Projektnamen erstellt wird. Sie brauchen zu diesem Zweck kein neues Verzeichnis erstellen!

Darstellung von Listen

Ihr erstes Zwischenziel besteht darin, einige Buchtitel in einer Liste darzustellen (siehe Abbildung 2.1). Für die ersten Experimente öffnen Sie die Datei `ContentView.swift` mit dem aus Abschnitt 1.2 bekannten Hello-World-Code. Dort löschen Sie den vorgegebenen `VStack` inklusive seines Inhalts und geben stattdessen den folgenden Code ein:

```
// in der Datei ContentView.swift
List {
    Text("Coding mit KI")
    Text("Linux")
}
```

Die gesamte `ContentView`-Struktur soll so aussehen:

```
// in der Datei ContentView.swift
struct ContentView: View {
    var body: some View {
        List {
            Text("Coding mit KI")
            Text("Linux")
        }
    }
}
```

Im Vorschau-Teilfenster sollten Sie die beiden Listeneinträge sehen – ein erstes (kleines) Erfolgserlebnis.

Die Datei »books.csv«

Als Datenbasis für die Book-Rating-App dient die Datei `books.csv`. Sie ist wie folgt aufgebaut:

```
title;subtitle;year;pages;language;coverImage
Coding mit KI;;2024;412;German;ki
Linux;The Comprehensive Guide;2024;1178;English;linux-en
...
```

Diese Datei enthält in Textform den Titel, Untertitel, das Jahr der Veröffentlichung, die Seitenanzahl, die Sprache und den Namen der Datei mit der Cover-Abbildung (ohne Kennung; Sie werden später verstehen, warum). Sie finden `books.csv` in den Beispieldateien in `book-rating.zip`.

Sie könnten jetzt für jeden Titel aus `books.csv` einen `Text("...")`-Eintrag in die Liste einfügen. Das wäre eine ebenso eintönige wie sinnlose Arbeit. Stattdessen möchten Sie natürlich die Datei `books.csv` in Ihr Xcode-Projekt einbauen, lesen und die Liste dann in einer Schleife initialisieren.

Das Einfügen der Datei ist einfach: Sie verschieben `books.csv` per Drag-and-drop vom Finder in den Projekt-Navigator. Sobald Sie die Maus- oder Trackpad-Taste loslassen, fragt Xcode, ob Sie die Datei kopieren möchten. Diesen Dialog bestätigen Sie mit FINISH. `books.csv` muss im Projekt-Navigator auf der gleichen Ebene wie die anderen Dateien angezeigt werden (siehe Abbildung 2.3). Sollte das nicht der Fall sein, verschieben Sie die Datei entsprechend.

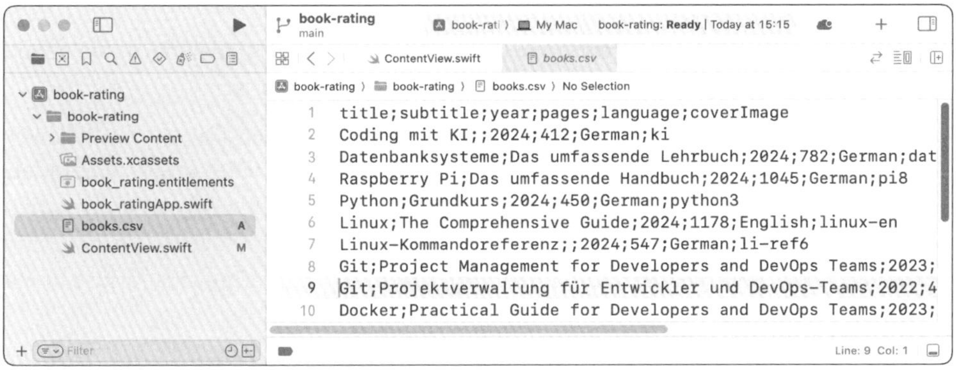

Abbildung 2.3 »books.csv« ist jetzt Teil des Projekts.

Die Book-Klasse

Um in der App zweckmäßig mit den Büchern umzugehen, müssen Sie eine Klasse definieren, mit deren Instanzen Sie jeweils *ein* Buch speichern können. (Die Syntax von Klassen erläutere ich in Kapitel 9, »Grundlagen der objektorientierten Programmierung«. Eine »Instanz« ist ein von der Klasse abgeleitetes Objekt. Während die Klasse gewissermaßen den Bauplan, den Zweck, die Funktion beschreibt, enthält die Instanz konkrete Daten, hier von *einem* Buch.)

Weil der Code der Klasse `Book` losgelöst vom Code der App-Oberfläche entwickelt werden kann, ist es zweckmäßig, dazu eine eigene Datei zu verwenden. Führen Sie also im Project Navigator NEW EMPTY FILE aus, und benennen Sie die Datei `Book.swift`. (Die Namen von Klassen beginnen immer mit einem Großbuchstaben. Analog sollten Sie bei den dazugehörigen Dateinamen vorgehen.)

Eine minimale Klasse, die dem Inhalt von `books.csv` entspricht, würde so aussehen:

```
// neue Datei Book.swift, erste, unvollständige Definition
// der Book-Klasse
class Book  {
    var title: String
    var subtitle: String
    var year: String
    var pages: String
    var language: String
    var coverFileName: String
}
```

Die Klasse ist also aus sechs Eigenschaften zusammengesetzt, die alle Zeichenketten speichern können. Für year und pages wären auch andere Datentypen denkbar, aber für die Zwecke unserer App reicht String.

In dieser Form sieht die Klasse vernünftig aus. Es fehlen aber einige Details:

- Sie möchsten später zu jedem Book-Objekt eine Bewertung speichern. Sie sehen dafür eine weitere Eigenschaft rating mit dem Datentyp Int vor.
- Die Book-Instanzen sollen später direkt von SwiftUI in einer Liste dargestellt werden. Das funktioniert aber nur, wenn jede Instanz (jedes Buch) für SwiftUI eindeutig identifizierbar ist. Um das zu gewährleisten, ergänzen Sie den Klassennamen um : Identifiable und fügen eine weitere Eigenschaft id vom Typ UUID hinzu. Und weil das Protokoll Identifiable in der Bibliothek SwiftUI definiert ist, müssen wir diese Bibliothek importieren.
- Damit nicht genug: Manche Funktionen von SwiftUI setzen auch voraus, dass die Klasse Hashable ist. Das bedeutet, dass Swift zwei Instanzen (zwei Bücher) zuverlässig miteinander vergleichen kann (sind die Bücher identisch oder nicht?) und dass Swift zu jedem Buch mit der Methode hash einen eindeutigen, internen Code ermitteln kann.

Der gesamte Code der Klasse sieht jetzt so aus:

```
// Datei Book.swift
import SwiftUI

class Book : Identifiable, Hashable  {
    var id: UUID
    var title: String
    var subtitle: String
    var year: String
    var pages: String
    var language: String
    var coverFileName: String
    var rating: Int
}
```

`UUID` ist ein Datentyp zur Speicherung von *Universally Unique Identifier*. Das sind 128-Bit-Zahlen, die normalerweise weltweit eindeutig sind. (Beim Generieren von UUIDs fließen die aktuelle Zeit, der Ort bzw. die IP-Adresse sowie ein Zufallsfaktor ein.)

Die Formulierung `class Book : Identifiable, Hashable` bedeutet, dass Sie sich als Programmierer oder Programmiererin verpflichten, die Regeln des Protokolls `Identifiable` einzuhalten. (Andere Programmiersprachen sprechen von Schnittstellen.)

- Bei `Identifiable` sind diese Regeln leicht zu erfüllen: Sie müssen die Klasse mit einer Eigenschaft ausstatten, die den Namen `id` hat. Das haben Sie bereits erledigt. Fertig!
- Mehr Aufwand verursacht `Hashable`. Dieses Protokoll verlangt, dass Sie den Operator `==` und die Methode `hash` programmieren. Wie Sie gleich sehen werden, lässt sich das mit wenigen Zeilen Code erledigen.

Tipp

Wenn Sie in Xcode mit `alt` auf `Identifiable` oder `Hashable` klicken, zeigt Xcode eine Beschreibung des Protokolls an. Das ist der bei Weitem schnellste Weg zur Online-Hilfe!

»struct« oder »class«?

Es gibt in Swift mehrere Varianten zur Deklaration eigener Datentypen. Die beiden wichtigsten sind Strukturen (Schlüsselwort `struct`) und Klassen (`class`). Im Detail behandle ich die Unterschiede in Kapitel 9, »Grundlagen der objektorientierten Programmierung«.

So viel vorweg: Swift gibt `struct` normalerweise den Vorzug, und für die aktuelle Aufgabe, also die Speicherung der Daten eines Buchs, wäre `struct` auch perfekt geeignet.

Im weiteren Verlauf dieses Kapitels müssen Sie den `Book`-Datentyp aber mit dem Makro `@Observable` kennzeichnen. Wie Sie sehen werden (andeutungsweise schon in diesem Kapitel, ausführlicher in Kapitel 14, »State, Binding, und Observable«), hilft `@Observable` bei der automatischen Synchronisation seiner Eigenschaften mit Steuerelementen (»Views«) Ihrer App.

`@Observable` kann allerdings nur auf Klassen angewendet werden, nicht auf Strukturen. Und *das* ist der Grund, warum dieses Beispiel von Anfang an `class` verwendet. Das erspart einen späteren Code-Umbau.

Book-Initialisierung

Sie sind mit der Klasse vielleicht schon zufrieden, aber Xcode ist es nicht. Die Entwicklungsumgebung moniert drei Fehler:

- *Class Book has no initializers*
- *Type Book does not conform to protocol Equatable*
- *Type Book does not conform to protocol Hashable*

In diesem Abschnitt zeige ich Ihnen die Lösung zum ersten Fehler, der folgende Abschnitt beschäftigt sich dann mit `Hashable` & Co. Zuerst also die Initialisierung: Die Syntax von Swift schreibt vor, dass jede Klasse zumindest eine `init`-Funktion enthält, die alle Eigenschaften initialisiert. (Mehr Details dazu folgen in Abschnitt 9.4, »Init-Funktion«.)

Aber keine Angst, in unserem Fall ist die `init`-Funktion denkbar einfach: An die Funktion werden acht Werte übergeben, die in den Eigenschaften gespeichert werden. Der Code ist so einfach, dass Sie ihn nicht einmal selbst programmieren müssen. Stattdessen klicken Sie mit der rechten Maus- oder Trackpad-Taste im Code auf `Book` und führen im Kontextmenü Refactor • Generate Memberwise Initializer aus. Xcode baut die folgenden Zeilen ein:

```
// von Xcode generierte init-Funktion in der Datei Book.swift
class Book : Identifiable {
    ...
    internal init(id: UUID, title: String, subtitle: String,
                  year: String, pages: String, language: String,
                  coverFileName: String, rating: Int)
    {
        self.id = id
        self.title = title
        self.subtitle = subtitle
        self.year = year
        self.pages = pages
        self.language = language
        self.coverFileName = coverFileName
        self.rating = rating
    }
}
```

Auch mit wenig Programmiererfahrung ist der Code leicht zu verstehen. An die `init`-Funktion werden Parameter übergeben. Jeder Parameter hat einen Namen (z. B. `title`) und einen Datentyp (z. B. `String`). In der Funktion werden diese Parameter in den Eigenschaften gespeichert. Weil Parameter und Eigenschaften den gleichen Namen haben, müssen Sie bei den Zuweisungen klarstellen, dass Sie eine Eigenschaft der gerade aktuellen Instanz verändern möchten. In Swift verwenden Sie dazu das Schlüsselwort `self`. (Andere Programmiersprachen verwenden `this`.)

Hashable-Anforderungen

Ein »Hash-Wert« dient dazu, einem Objekt bzw. einer Instanz eine möglichst eindeutige Zahl zuzuordnen. Viele Swift-Funktionen benötigen diese Zahl intern, um effizienter mit Objekten umgehen zu können. »Möglichst eindeutig« heißt aber, dass es in seltenen Fällen vorkommen kann, dass zwei unterschiedliche Objekte denselben Hash-Wert haben. Deswegen verlangt das `Hashable`-Protokoll nicht nur, dass Sie die Funktion `hash` programmieren, sondern darüber hinaus auch einen Gleichheitsoperator, um zwei Objekte (in diesem Fall: zwei Bücher) zweifelsfrei zu unterscheiden.

Um die formalen Anforderungen von `Hashable` zu erfüllen, fügen Sie zum Code Ihrer Klasse die im folgenden Listing angegebenen sechs Zeilen hinzu (also `func ==` sowie `func hash`). `func ==` legt fest, wie zwei Bücher miteinander verglichen werden. Sie gelten als identisch, wenn deren `id`-Eigenschaft übereinstimmt. Die Parameternamen `lhs` und `rhs` stehen einfach für *Left Hand Side* und *Right Hand Side*.

`func hash` enthält Code, um den Hash-Code des Buchs zu ermitteln. Auch dabei reicht es aus, nur die `id`-Eigenschaft zu berücksichtigen. Um Ihnen das Erstellen des Hash-Codes so einfach wie möglich zu machen, wird an die `hash`-Funktion der Parameter `hasher` übergeben, dessen `combine`-Methode die eigentliche Arbeit übernimmt. Sie müssen lediglich die `id`-Eigenschaft übergeben.

Weitere Grundlageninformationen zum `Hashable`-Protokoll können Sie in Abschnitt 10.4, »Standardprotokolle«, nachlesen.

```
class Book : Identifiable, Hashable  {
    // vorhandener Code wie bisher ...
    // zusätzlicher Code für Hashable
    static func == (lhs: Book, rhs: Book) -> Bool {
        return lhs.id == rhs.id
    }
    func hash(into hasher: inout Hasher) {
        hasher.combine(id)
    }
}
```

Nachdem Sie die Init-Funktion, den Operator `==` und die Funktion `hash` hinzugefügt haben, ist Xcode mit der `Book`-Klasse zufrieden und zeigt keine Fehler mehr an.

Die Datei books.csv lesen

Die `Book`-Klasse ist an sich fertig. Was jetzt noch fehlt, ist Code, der die Datei `books.csv` liest und daraus ein Array von `Book`-Instanzen macht. Der Code ist zugegebenermaßen schwer verdaulich, selbst wenn Sie schon Vorwissen aus anderen Programmiersprachen haben.

```
// Datei Book.swift: Bücher aus CSV-Datei lesen;
// readFromCsv() liefert ein Array von Book-Instanzen zurück
class Book : Identifiable {
    ...
    static func readFromCsv() -> [Book] {
        var books = [Book]()

        // Datei lesen
        guard let path = Bundle.main.path(
                             forResource: "books",
                             ofType: "csv"),
              let data = FileManager.default.contents(
                             atPath: path),
              let content = String(data: data, encoding: .utf8)
        else {
            print("books.csv not found")
            return books
        }

        // Inhalt der Datei zeilenweise verarbeiten
        let lines = content.components(separatedBy: .newlines)
        for line in lines.dropFirst() {
            let columns = line.components(separatedBy: ";")
            if (columns.count > 3) {
                let newbook = Book(id: UUID(),
                                   title: columns[0],
                                   subtitle: columns[1],
                                   year: columns[2],
                                   pages: columns[3],
                                   language: columns[4],
                                   coverFileName: columns[5],
                                   rating: 0)
                books.append(newbook)
            }
        }

        // nach Sprache, Veröffentlichungsjahr (absteigend!) und
        // Titel sortieren
        books = books.sorted { b1, b2 in
            (b1.language, b2.year, b1.title) <
            (b2.language, b1.year, b2.title)
        }
        return books
    }
}
```

Wegen des Schlüsselworts `static` gilt `readFromCsv()` als statische Methode. Das bedeutet, dass Sie diese Methode aufrufen können, ohne vorher eine `Book`-Instanz zu erzeugen. Das ist hier wichtig, weil die Aufgabe von `readFromCsv` gerade darin besteht, neue `Book`-Instanzen zu liefern (und nicht, vorhandene Instanzen zu bearbeiten).

`func` leitet in Swift die Deklaration von Methoden oder Funktionen ein. Weil an die Methode keine Parameter übergeben werden, ist das Klammernpaar nach dem Methodennamen leer.

`-> [Book]` bedeutet, dass die Methode ein Array von `Book`-Instanzen zurückgibt. Dabei gibt `->` den Ergebnisdatentyp an. `[]` ist die Swift-Schreibweise für Arrays (alias Listen in anderen Programmiersprachen).

In der Methode wird zuerst die Ergebnisvariable `books` deklariert. Dort wird ein vorerst leeres `Book`-Array gespeichert.

`guard let` initialisiert drei Variablen: `path`, `data` und `content`:

- `path` gibt den Ort der Datei `books.csv` an. Im Gegensatz zu anderen Programmiersprachen können Sie nicht einfach `books.csv` aus dem lokalen Verzeichnis lesen. `books.csv` ist vielmehr integraler Bestandteil der App. (Das »Bundle« sind die mit einer App mitgelieferten Dateien.)
- `data` ist die binäre Darstellung des Inhalts dieser Datei.
- Erst `content` enthält den Text der Datei als Zeichenkette.

`guard` und `else` führen eine Absicherung des Codes durch. Sollte `books.csv` nicht zu finden sein, wird der Code im `else`-Zweig fortgesetzt. Ich gebe zu, das Lesen einer Textdatei gelingt in jeder anderen Programmiersprache einfacher als in Swift, aber damit müssen Sie sich abfinden. Grundlagen zum Umgang mit Dateien folgen in Kapitel 19, »Dateien, JSON und XML«.

Ab dieser Stelle wird der Code besser verständlich: Die erste Methode `components` zerlegt den Text zeilenweise. Die folgende Schleife verarbeitet der Reihe nach jede Zeile, wobei `dropFirst` die erste Zeile mit der Spaltenbeschriftung überspringt.

Jede Zeile wird nun durch einen weiteren Aufruf von `components` in ihre Spalten zerlegt, wobei ein Strichpunkt als Trennzeichen gilt. `columns` ist ein Array von Zeichenketten. Mit diesen Daten kann nun eine neue `Book`-Instanz erzeugt werden, wobei eine zufällige UUID für `id` und der Wert 0 im Sinne von »noch nicht bewertet« für `rating` verwendet wird. Mit `appends` wird das neue Buch in das Ergebnis-Array eingefügt.

Zuletzt werden die Bücher noch sortiert, und zwar zuerst nach der Sprache, dann nach dem Jahr der Veröffentlichung (neue Titel zuerst) und innerhalb dieser Gruppe wiederum nach dem Titel (alphabetisch). An die Methode `sorted` wird in geschwungenen Klammern eine *Closure* übergeben (eine ad hoc definierte Funktion; in anderen Sprachen ist von Lambda-Ausdrücken die Rede): Diese Funktion verpackt jeweils drei

Eigenschaften von zwei `Book`-Objekten in Tupel. (In Swift gilt `(a, b, c)` als Tupel, also als Sammlung der drei Daten `a`, `b` und `c`.) Diese Tupel werden miteinander verglichen. Es ist *kein* Fehler, dass im ersten Tupel `b2.year` und im zweiten Tupel `b1.year` vorkommen – diese Verdrehung der Ursprungsdaten erreicht die abfallende Sortierung der Veröffentlichungsjahre.

Closures sind zwar eine praktische Sache, sie sind aber leider auch ein sehr abstraktes Konstrukt. Sie haben zudem den Nachteil, dass sie leicht mit Code-Blöcken verwechselt werden, die ebenfalls in geschwungene Klammern gestellt werden. Aber es hilft nichts: Closures werden in Swift sehr oft eingesetzt – deswegen müssen Sie sich mit diesem Sprachmerkmal anfreunden. In diesem Buch behandle ich Closures in Abschnitt 7.5, »Closures«. Anwendungsbeispiele gibt es im gesamten Buch, besonders viele in Kapitel 8, »Arrays, Dictionaries, Sets und Tupel«.

Am besten kopieren Sie den Code von `readFromCsv` aus den Beispieldateien (nicht aus dem E-Book) in Ihr Xcode-Projekt. Wenn Sie versuchen, den Code abzuschreiben oder selbst zu entwickeln, werden Sie sich vermutlich irgendwo vertippen und endlos nach Fehlern suchen.

Code aus E-Book-Dateien kopieren

Dieses Buch steht auch als E-Book in den Formaten EPUB und PDF zur Verfügung. Das PDF-Format ist am schönsten gestaltet, aber am schlechtesten geeignet, um Code zu kopieren. Wenn Sie Code markieren und in die Zwischenablage kopieren, werden dabei an allen möglichen und unmöglichen Stellen Leerzeichen eingebaut. Das macht die Anwendung des Codes extrem mühsam.

Ich empfehle Ihnen daher, Code entweder aus der EPUB-Version des E-Books zu kopieren, oder (noch besser!) auf die Beispieldateien zum Buch zurückzugreifen.

Endlich eine Bücher-Liste!

Ich gebe zu, die Vorbereitungen waren schweißtreibend. Aber dafür gelingt die Darstellung aller Buchtitel jetzt überraschend schnell.

Als Erstes müssen wir eine globale Variable einrichten, über die alle Teile des Programms auf das Array aller Bücher zugreifen können. Ein geeigneter Ort ist die Datei `book_ratingApp.swift`. (Wenn Sie Ihr Projekt anders benannt haben, lautet der Dateiname bei Ihnen `<projektname>App.swift`.) Diese Datei ist der Startpunkt der App und insofern ein guter Ort für globale Variablen und deren Initialisierung. In diese Datei fügen Sie nur eine einzige Zeile ein (`let book = ...`). `books` enthält von nun an das Array mit allen Büchern aus `books.csv`.

```
// Datei <projektname>App.swift
@MainActor let books = Book.readFromCsv()  // <- neu

@main
struct book_ratingApp: App {
    var body: some Scene {
        WindowGroup {
            ContentView()
        }
    }
}
```

Wenn Sie `let books = ...` ohne `@MainActor` in Ihren Code einbauen und Swift 6 als Programmiersprache verwenden, beschwert sich Xcode: *books is not concurrency-safe because non-Sendable type [Book] may have shared mutable state.* Im Klartext bedeutet das: Der Compiler befürchtet, dass unkontrollierte Zugriffe auf die Variable Konflikte/Fehler auslösen könnten. Abhilfe schafft das vorangestellte Attribut `@MainActor`. Es garantiert, dass jeder Zugriff auf die Variable nur durch den Main-Thread erfolgt, der für die Darstellung der Benutzeroberfläche (also letztlich für SwiftUI) zuständig ist.

Vermeiden Sie globale Variablen!

Globale Variablen sind der einfachste Weg, um Daten zwischen verschiedenen Komponenten Ihrer App auszutauschen. Globale Variablen sind aber auch eine wesentliche Fehlerquelle, wenn verschiedene Programmteile – womöglich in unterschiedlichen Threads quasi gleichzeitig – darauf zugreifen. Die Verwendung globaler Variablen gilt als schlechter Stil.

Ich mache es hier trotzdem, um den Code an dieser Stelle nicht weiter aufzublähen. Aber ich verspreche Ihnen: Noch bevor das Kapitel zu Ende ist, wird die globale Variable wieder verschwinden.

Jetzt wechseln Sie in die Datei `ContentView.swift`, die das Aussehen der Startansicht der App beschreibt. Am Beginn dieses Abschnitts hatten wir in die Liste testweise zwei unveränderliche `Text`-Elemente eingebaut. Diese `Text`-Elemente löschen Sie und bauen stattdessen eine `ForEach`-Konstruktion ein.

```
// Datei ContentView.swift
...
List {
    ForEach(books) { book in
        Text(book.title)
    }
}
```

In der grafischen Vorschau von `ContentView` sollte nur Sekunden später die fertige Liste erscheinen (siehe Abbildung 2.4). Lassen Sie sich nicht von der merkwürdigen Sortierung irritieren. Sie werden im nächsten Abschnitt sehen, dass alles seine Ordnung hat. Den gesamten Code des Projekts bis zum hier beschriebenen Zustand finden Sie in den Beispieldateien (`book-preview-step1`).

Jetzt muss ich Ihnen noch `ForEach` erklären. Wie der Name schon andeutet, führt `ForEach` eine Schleife über alle Elemente des Parameters (hier `books`) durch. `ForEach` ist aber keine »gewöhnliche« Schleifenkonstruktion, sondern ein spezielles SwiftUI-Konstrukt, um mehrere Views (Steuerelemente, Bestandteile einer Oberfläche) zu erzeugen.

Der auszuführende Code wird als Closure angegeben. (Da haben wir diesen unheimlichen Begriff schon wieder!) `book` ist ein frei wählbarer Variablenname, in den die Elemente des Parameters eingesetzt werden, in unserem Fall also einzelne Bücher. Für jedes `book`-Element wird der Code nach dem Schlüsselwort `in` ausgeführt. Die resultierenden `View`-Objekte (in unserem Fall vorerst nur einfache `Text`-Elemente) werden an dieser Stelle in die Liste eingebaut.

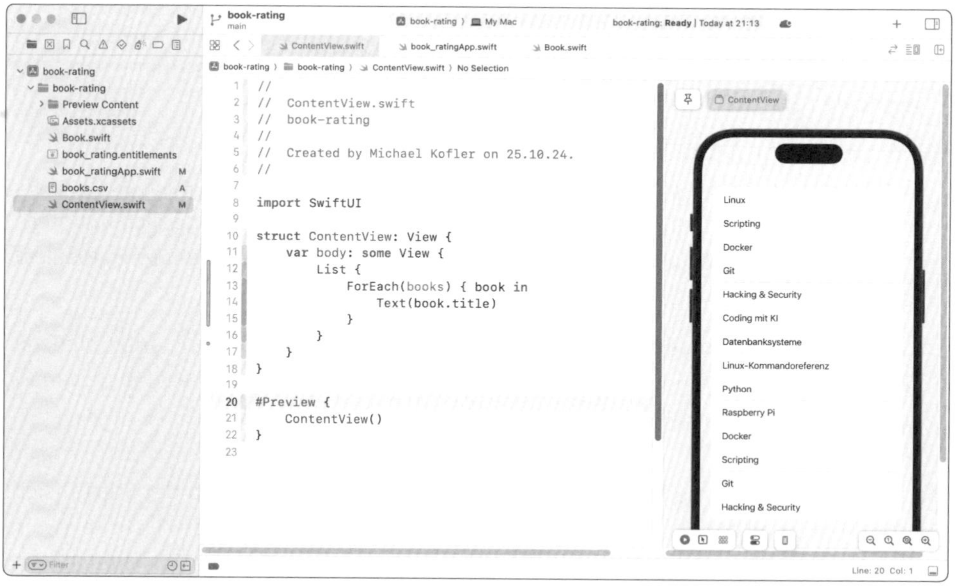

Abbildung 2.4 Alle Bücher aus »books.csv« werden nun in einer Liste dargestellt.

Noch ein paar Closure-Hintergründe

Zum besseren Verständnis zeige ich Ihnen hier noch einen gleichwertigen Code ohne die Verwendung einer Closure beim Aufruf von `ForEach`:

```
// alternative Formulierung des Codes für ContentView mit
// Deklaration von bookToView() außerhalb ...
func bookToView(book: Book) -> Text {
    return Text(book.title)
}
// ... und dem Aufbau der Liste durch den direkten Aufruf dieser
// Funktion in ForEach()
struct ContentView: View {
    var body: some View {
        List {
            ForEach(books, content: bookToView)
        }
    }
}
```

`ForEach` ist also eine Methode, die die Elemente einer Aufzählung (hier `books`) verarbeitet. Sie übergibt jedes Element der Aufzählung an eine Funktion, die im zweiten Parameter übergeben wird. Zur Illustration habe ich die Funktion hier explizit definiert: `bookToView` erwartet eine `Book`-Instanz als Parameter und gibt hier ein `Text`-Element als Ergebnis zurück (bzw. ganz allgemein eine `View`).

In SwiftUI gibt es viele Methoden, die als Parameter Funktionen erwarten. Anstatt jede dieser Funktionen vorweg explizit zu deklarieren, ist es viel einfacher, den gleichwertigen Code als Closure zu formulieren und direkt zu übergeben. Der Inhalt der geschwungenen Klammern bei `ForEach(...){closure}` entspricht also der hier explizit übergebenen Funktion.

Je nachdem, mit welchen Programmiersprachen Sie bisher gearbeitet haben, erscheint es vielleicht ungewöhnlich, dass Sie in Swift Funktionen so wie Zahlen oder Zeichenketten ohne Weiteres in Parametern übergeben können. Swift teilt dieses Feature aber mit viel älteren Programmiersprachen wie Python.

In Swift können Sie Closures nicht entkommen. Der obige Code hat zwar die Closure von `ForEach` ersetzt, aber auch die geschwungenen Klammern von `List` leiten eine Closure ein. Es wird vermutlich ein bisschen dauern, bis Sie Closures intuitiv verstehen. Bis dahin machen Sie nichts verkehrt, wenn Sie sich an den Beispielen orientieren und SwiftUI-Elemente einfach intuitiv anwenden.

2.2 Schritt 2: Gestaltung der Listenelemente

Zugegebenermaßen war Schritt 1 mühsam und mit viel Code verbunden. Glücklicherweise verläuft die weitere Programmentwicklung jetzt, wo das Fundament einigermaßen steht, wesentlich unterhaltsamer. Falls Sie Probleme hatten, alle Details des ersten Schritts selbst nachzuvollziehen, können Sie an dieser Stelle neu einsteigen und `book-rating-step1` aus den Beispieldateien als Startpunkt verwenden.

Ihr nächstes Ziel besteht darin, zusammen mit jedem Buchtitel auch den Untertitel, das Erscheinungsjahr sowie ein kleines Bild des Buchs anzuzeigen. Der Großteil des neuen Codes – und es handelt sich nur um relativ wenige Zeilen – wird in der Datei `ContentView.swift` landen.

Untertitel

Um in jedem Listeneintrag außer dem Titel auch den Untertitel darzustellen, bauen Sie die `ForEach`-Konstruktion ein wenig um. Jedes Listenelement ist nun ein `VStack`, also ein Container, in dem mehrere andere Elemente untereinander (vertikal) angeordnet werden. In unserem Fall sind es einfach zwei Textfelder für Titel und Untertitel.

Besonders ansprechend sieht das Ergebnis noch nicht aus (siehe Abbildung 2.5): Titel und Untertitel verwenden die gleiche Schriftgröße und sind schwer voneinander abzugrenzen. Auch die in jeder Platzhalterbox mittige Ausrichtung der Textelemente wirkt irritierend.

```
// Änderung in ContentView.swift
struct ContentView: View {
    var body: some View {
        List {
            ForEach(books) { book in
                VStack {
                    Text(book.title)
                    Text(book.subtitle)
                }
            }
        }
    }
}
```

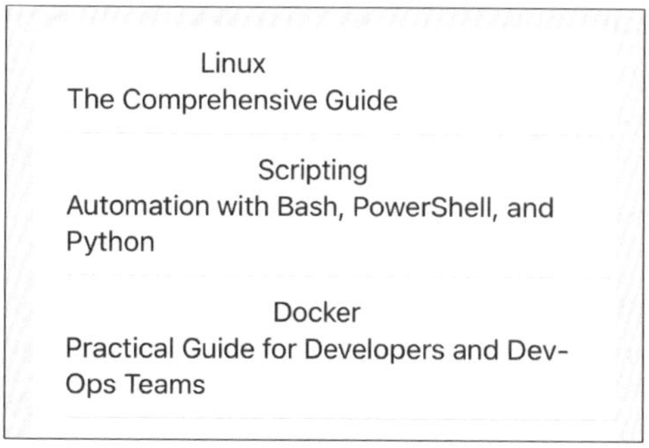

Abbildung 2.5 Drei Listenelemente mit Titel und Untertitel

Zum Fine-Tuning müssen Sie nun die UI-Elemente `VStack` bzw. `Text` um zusätzlichen Code ergänzen. In Zukunft werden Sie die wichtigsten Gestaltungstechniken auswendig kennen und einfach im Editor eintippen. Vorerst ist es aber einfacher, wenn Sie das jeweilige Element mit der rechten Maustaste anklicken und SHOW SWIFTUI INSPECTOR ausführen (siehe Abbildung 2.6). Xcode bietet Ihnen in einem einfachen Dialog die Möglichkeit, grundlegende Darstellungsoptionen einzustellen (abgestimmt auf das gerade ausgewählte Element).

Abbildung 2.6 Layout-Veränderungen führen Sie anfänglich am besten mit dem »SwiftUI Inspector« durch.

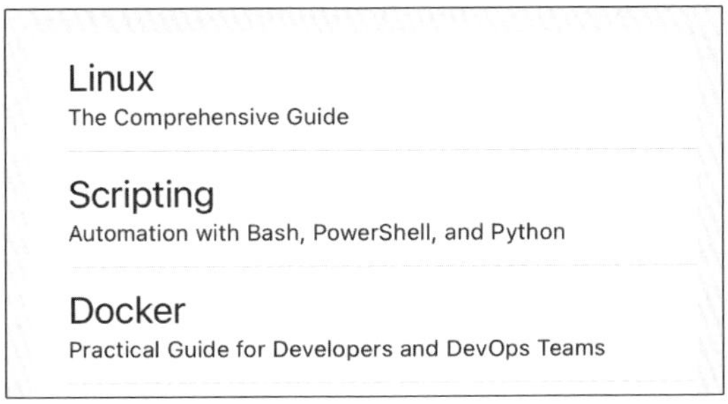

Abbildung 2.7 Dieselben drei Listenelemente in einem schöneren Layout

Nur drei Veränderungen reichen aus, dass die Listenelemente übersichtlich aussehen und gut lesbar werden (siehe Abbildung 2.7). Sie verwenden für den Titel die Schriftart *Title3*, für den Untertitel die Schriftart *Caption* und für den VStack die Ausrichtung *Leading* (also linksbündig). Der entsprechende Code sieht jetzt so aus:

```
List {     // Code-Änderung in ContentView.swift
    ForEach(books) { book in
        VStack(alignment: .leading) {
            Text(book.title)
                .font(.title3)
            Text(book.subtitle)
                .font(.caption)
        }
    }
}
```

Jetzt ist der richtige Zeitpunkt, ein wenig zu experimentieren (zu »spielen«). Probieren Sie andere Gestaltungsvarianten mit Farben, kursiver Schrift usw. aus. Was passiert, wenn Sie aus dem VStack einen HStack machen?

Das kurze Listing zeigt schon, dass es in SwiftUI zwei elementare Mechanismen gibt, um das Layout zu beeinflussen:

- Sie können optionale Parameter direkt an das UI-Element übergeben (z. B. `alignment: leading` beim VStack).
- Oder Sie können dem UI-Element einen oder mehrere »Modifier« nachstellen (z. B. `.font(...)` im Anschluss an `Text()`).

Es ist leider nicht immer ganz logisch, in welcher Situation welches Verfahren das Richtige ist. Insofern ist der SWIFTUI INSPECTOR ein großartiges Hilfsmittel.

Die Jahreszahl zum Untertitel hinzufügen

Nun möchten Sie in die Listenelemente eine weitere Information einbetten: das Jahr, in dem das Buch erschienen ist. Der einfachste Weg wäre ein weiteres Text-Element. Sie müssen aber aufpassen, dass die Listenelemente nicht zu umfangreich und überladen werden. Deswegen entscheiden Sie sich, die Jahreszahl in Klammern zu stellen und dem Untertitel hinten anzufügen.

Der einfachste Weg, das zu erreichen, ist ein winziger Umbau der entsprechenden Text-Zeile:

```
// Untertitel und Veröffentlichungsjahr kombinieren
Text(book.subtitle + " (" + book.year + ")")
```

Der Code sollte leicht zu verstehen sein: Sie übergeben an Text eine Zeichenkette, die aus dem Untertitel, einem Leerzeichen, einer runden Klammer, der Jahreszahl und schließlich noch einer runden Klammer besteht.

Das funktioniert meistens gut, aber nicht immer. Es gibt Bücher in books.csv, die keinen Untertitel haben. Dann entsteht eine Zeichenkette der Art " (2024)" mit einem Leerzeichen vor der Jahreszahl. In der App ist die Jahreszahl dann ein wenig eingerückt. Das sieht irritierend und falsch aus.

Sie brauchen also Code mit einer Fallunterscheidung: Wenn es einen Untertitel gibt, dann bilde eine Zeichenkette aus Untertitel und Jahreszahl. Wenn nicht, dann liefere nur die Jahreszahl. Dieser Code ist nicht schwierig zu formulieren, allerdings ist ContentView.swift nicht der ideale Ort. In ContentView.swift geht es um die Gestaltung Ihrer App-Oberfläche, nicht um die Verarbeitung von Daten.

Deswegen ist es zweckmäßig, die Book-Klasse um eine Methode zu erweitern, die die gewünschte Zeichenkette zurückgibt:

```
// Ergänzung in Book.swift
class Book : Identifiable  {
    ...
    // neue Methode, die eine Zeichenkette zurückgibt
    func subtitlePlusYear() -> String {
        if self.subtitle.isEmpty {
            return "(" + self.year + ")"
        } else {
            return self.subtitle + " (" + self.year + ")"
        }
    }
}
```

Methoden sind ein Sonderfall von Funktionen. Grundlagen zur Programmierung von Funktionen und Methoden finden Sie in Kapitel 7, »Funktionen und Closures«, sowie in Abschnitt 9.5, »Methoden«. Es gibt übrigens ganz viele Varianten, wie Sie den Code in der Methode formulieren können, um die gewünschte Aufgabe zu erreichen. Finden Sie einen anderen Lösungsweg?

Kehren Sie in Xcode zurück in die Datei ContentView.swift, und bauen Sie einen Aufruf der neuen Methode in das zweite Text-Element ein:

```
// Untertitel und Veröffentlichungsjahr kombinieren
Text(book.subtitlePlusYear())
```

Bitmaps als Assets verwenden

Die Textgestaltung ist jetzt in Ordnung; was noch fehlt, ist das Cover-Bild. Dazu müssen Sie zuerst einmal die Bitmaps aus book-rating.zip per Drag-and-drop in das Projekt einfügen. Die Vorgehensweise sieht diesmal aber ein wenig anders aus: Zuerst öffnen Sie in Xcode die bereits vorhandene Datei Assets.xcassets. Diese Datei dient als Container für alle Bilder, die mit einer App ausgeliefert werden sollen (siehe Abbildung 2.8).

Abbildung 2.8 Die Bitmaps für die App werden in »Assets.xcassets« gesammelt.

book-rating.zip enthält *zwei* Sets von Bildern, einmal thumb_<name>.jpg mit einer niedrig aufgelösten 2D-Darstellung und einmal <name>.png mit einer 3D-Darstellung samt Schatten und Transparenzeffekt.

Grundsätzlich können Sie alle Bitmaps einfach per Drag-and-drop in die Assets-Ansicht bewegen. Aber damit die Bildersammlung geordnet bleibt, ist es empfehlenswert, zwei Ordner einzurichten. Ich habe sie cover-3d und cover-thumbs genannt, Sie können aber andere Bezeichnungen wählen. Für den Zugriff auf die Bilder sind ausschließlich ihre Namen, nicht aber die Verzeichnisse innerhalb der Assets relevant. (Mehr Hintergrundinformationen zu Assets folgen in Abschnitt 13.4, »Bitmaps und Icons (Image)«.)

Nach diesen Vorbereitungsarbeiten kehren Sie zurück in die Datei ContentView.swift. Ihr Ziel ist es, das Bild ganz links und daneben die Beschriftung darzustellen. Also packen Sie den vorhandenen VStack in einen neuen HStack und bauen vor dem VStack mit der Beschriftung das Bild als Image-Element ein. Wenn Sie SwiftUI-Code um eine neue Verschachtelungsebene erweitern, ist es am einfachsten, den vorhandenen Code zu markieren und dann das Kontextmenükommando EMBED IN XXX auszuführen. Im ersten Versuch kann Ihr Code wie im folgenden Listing aussehen.

```
// Umbau in ContentView.swift
List {
    ForEach(books) { book in
        HStack {
            Image("thumb_" + book.coverFileName)
            VStack(alignment: .leading) {
                Text(book.title)
                    .font(.title3)
                Text(book.subtitlePlusYear())
                    .font(.caption)
            }
        }
    }
}
```

Beachten Sie, dass Sie bei `Image` nur den Namen des Assets angeben. Das Asset-Verzeichnis und die Kennung `.jpg` oder `.png` sind nicht relevant. Das Ergebnis ist leider nicht zufriedenstellend. Die Bilder sind viel zu groß (siehe Abbildung 2.9).

Abbildung 2.9 Die Bilder werden angezeigt, aber das Layout ist eine Katastrophe.

Jetzt beginnt wieder das Fine-Tuning: Nehmen wir an, Sie wollen die Bilder auf eine Breite von 50 Punkt verkleinern, die Ecken abrunden und die Cover mit einem kleinen Rand umgeben (siehe Abbildung 2.10). Der notwendige Code sieht so aus:

```
// noch ein Umbau in ContentView.swift
Image("thumb_" + book.coverFileName)
    .resizable()
    .aspectRatio(contentMode: .fit)
    .frame(width: 50)
    .clipShape(RoundedRectangle(cornerRadius: 4))
    .overlay(RoundedRectangle(cornerRadius: 4)
        .stroke(Color.gray, lineWidth: 0.66))
```

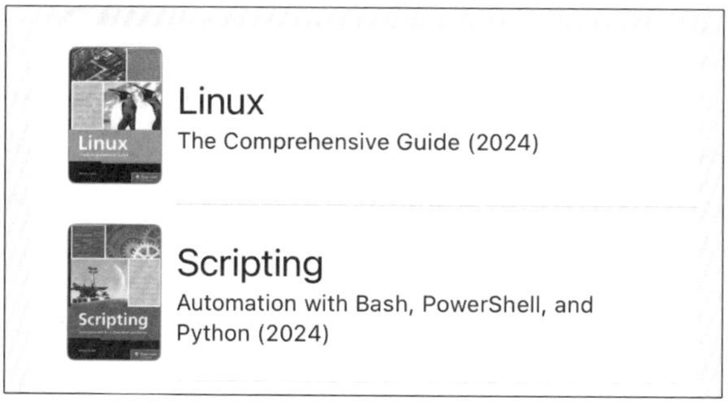

Abbildung 2.10 Die Cover werden jetzt verkleinert, mit runden Ecken und feiner Umrandung dargestellt.

Sie werden argumentieren, durchaus nicht zu Unrecht, dass es unmöglich ist, diesen Code ohne intensives Studium der Online-Dokumentation zu erstellen. Stimmt, aber zum Glück gibt es KI-Tools. Formulieren Sie einfach einen Prompt wie: »SwiftUI/Image: I want to resize an image (make it smaller), clip it to a rectangle with rounded corners and add a fine grey border.« Sie werden überrascht sein, wie gut das Ergebnis dem obigen Code entspricht.

Aber ich will mich hier nicht auf KI-Tools herausreden, sondern Ihnen kurz erklären, was die dem `Image`-Element nachgestellten Modifier bewirken:

- `resizeable()` sagt SwiftUI, dass die Bitmap nicht in der vom System vorgesehenen Größe dargestellt werden soll.
- `aspectRatio(contentMode: .fit)` stellt sicher, dass die Proportionen des Bilds erhalten bleiben.
- `frame(width: 50)` fixiert die Bildbreite.
- `clipShape(RoundedRectangle(cornerRadius: 4))` schneidet aus dem Bild mittig ein Rechteck mit runden Ecken aus.
- `overlay(...)` zeichnet einen dünnen grauen Rahmen darüber.

View-Code auslagern

Ich hoffe, Sie sind mit dem Ergebnis zufrieden. Was Ihnen jetzt vielleicht mehr Sorgen macht, ist der Code. Wir sind bei Weitem noch nicht fertig, aber die ContentView setzt sich mittlerweile aus sechs Ebenen zusammen:

```
// der ContentView-Code ist ziemlich verschachtelt
struct ContentView: View {
    var body: some View {
        List {
            ForEach(books) { book in
                HStack {  // <-- Markierung Start
                    Image("thumb_" + book.coverFileName)
                        .resizable()
                        .aspectRatio(contentMode: .fit)
                        .frame(width: 50)
                        .clipShape(
                            RoundedRectangle(cornerRadius: 4))
                        .overlay(
                            RoundedRectangle(cornerRadius: 4)
                                .stroke(Color.gray,
                                        lineWidth: 0.66))
                    VStack(alignment: .leading) {
                        Text(book.title)
                            .font(.title3)
                        Text(book.subtitlePlusYear())
                            .font(.caption)
                    }
                }  // <-- Markierung Ende
            }
        }
    }
}
```

Apple schwärmt ja in seinen WWDC-Videos, wie elegant SwiftUI-Code ist. Und Sie werden zugeben, dass wir mit verhältnismäßig wenigen Zeilen ein beachtliches Ergebnis erzielt haben. Aber sechs geschwungene Klammern am Ende? Jede weitere Änderung wird zur Gratwanderung, und wehe, wenn Sie Code an der falschen Stelle einbauen oder gar eine Klammer vergessen!

Zum Glück lässt sich dieses Problem leicht beheben. Ihr Ziel ist es, den gesamten Code zur Darstellung eines Listeneintrags auszulagern. Dazu markieren Sie den Code beginnend mit HStack bis zur dazugehörenden Klammer und führen im Kontextmenü EXTRACT SUBVIEW aus. Xcode bildet aus Ihrem Code eine neue View-Struktur, verschiebt diese an das Ende der Code-Datei und benennt sie ExtractedView. Außerdem baut es einen Aufruf von ExtractedView dort ein, wo der Code bisher stand.

Jetzt müssen Sie allerdings noch zwei Dinge erledigen:

- Geben Sie der neuen View einen sinnvollen Namen, z. B. BookListView. Am besten machen Sie das mit dem Kontextmenükommando REFACTOR • RENAME, dann wird der Name an allen Orten im Code gleichzeitig verändert.
- Xcode beklagt sich darüber, dass es in der neuen BookListView keinen Zugriff auf die Variable book hat. Klar, die Closure-Variable book muss an die neue BookListView übergeben werden. Dazu müssen Sie BookListView mit einer neuen Eigenschaft ausstatten, die Sie am besten book nennen. (let bedeutet, dass die Variable innerhalb der BookListView nie verändert wird.)

  ```
  // BookListView um eine Eigenschaft ergänzen
  struct BookListView: View {
      let book: Book  // <-- diese Zeile hinzufügen

      var body: some View { /* Code bleibt unverändert ... */ }
  }
  ```

  Beim Aufruf von BookListView übergeben Sie nun die Closure-Variable an die BookListView.

Sobald der Umbau gelungen ist, funktioniert das Programm wie bisher. Der gesamte Code von ContentView.swift sieht nun so aus:

```
// Datei ContentView.swift, nachdem die Darstellung der
// Listenelemente in eine eigene View ausgelagert wurde
struct ContentView: View {
    var body: some View {
        List {
            ForEach(books) { book in
                BookListView(book: book)
            }
        }
    }
}
// View zur Darstellung eines Buchs in der Liste
struct BookListView: View {
    let book: Book
    var body: some View {
        HStack {
            // Cover-Bild verkleinert mit rundem Rand
            Image("thumb_" + book.coverFileName)
                .resizable()
                .aspectRatio(contentMode: .fit)
                .frame(width: 50)
                .clipShape(RoundedRectangle(cornerRadius: 4))
```

```
                .overlay(RoundedRectangle(cornerRadius: 4)
                    .stroke(Color.gray, lineWidth: 0.66))
            VStack(alignment: .leading) {
                // Titel, Untertitel und Jahreszahl
                Text(book.title)
                    .font(.title3)
                Text(book.subtitlePlusYear())
                    .font(.caption)
            }
        }
    }
}
```

Damit sind sowohl der Code für die Gesamtansicht (ContentView) als auch der für einen Listeneintrag (BookListView) wieder einigermaßen kompakt und übersichtlich.

Views sind Strukturen, keine Methoden

Sofern Sie schon etwas Coding-Erfahrung besitzen, hat es Sie vielleicht irritiert, dass Sie book als Eigenschaft (Variable) in BookListView implementieren müssen und nicht als Parameter. Das liegt daran, dass alle grundlegenden Elemente von SwiftUI-Oberflächen als Strukturen implementiert sind, die das Protokoll View einhalten. Dieses Protokoll besagt, dass es in der Struktur eine body-Variable geben muss, die den Inhalt des Elements beschreibt.

BookListView ist also eine Struktur und keine Methode! Wenn Sie in ForEach den Code BookListView(book: book) ausführen, wird eine neue BookListView-Instanz erzeugt. Dabei übergeben Sie ein book-Element an die Init-Funktion von BookListView. Diese Init-Funktion generiert Swift selbst, sie ist also im Code nicht sichtbar. Sie ist in unserem Fall nur für die Initialisierung von book zuständig.

Die zweite Variable body braucht nicht initialisiert zu werden. Vielmehr liefert der Code in den geschwungenen Klammern nach some View den Inhalt dieser Variablen. body ist ein *Computed Read-only Property* – aber das geht an dieser Stelle wirklich zu weit. Erläuterungen finden Sie in Abschnitt 9.3, »Eigenschaften«.

2.3 Schritt 3: Bücher nach Sprachen gruppieren

Vielleicht erinnern Sie sich noch: Am Ende der Methode von readCsv() wird das Array der Bücher nach drei Kriterien sortiert, nach Sprache, Erscheinungsjahr (abfallend) und dem Titel. Die App zeigt die Bücher in dieser Reihenfolge an, aber für die Benutzerinnen und Benutzer der App ist das wenig transparent. In diesem Schritt geht es deswegen darum, die Liste in Sprachgruppen zu gliedern.

Grundsätzlich ist die Realisierung in SwiftUI relativ einfach. Anstatt die Listeneinträge direkt einzufügen, bauen Sie eine weitere Ebene mit Section-Elementen ein, wobei Sie zur Beschriftung der Gruppen wieder ein Textelement verwenden. Um das auszuprobieren, deaktivieren Sie in der ContentView vorübergehend die ForEach-Schleife und bauen stattdessen die folgenden Anweisungen ein. Das Ergebnis ist eine in Gruppen gegliederte Liste (siehe Abbildung 2.11).

```
// Datei  ContentView.swift, gruppierte Listen ausprobieren
struct ContentView: View {
    var body: some View {
        List {
            // vorerst auskommentiert: ForEach(books) { ... }
            Section(header: Text("English")) {
                Text("Linux")
                Text("Scripting")
            }
            Section(header: Text("German")) {
                Text("Coding mit KI")
            }
        }
    }
}
```

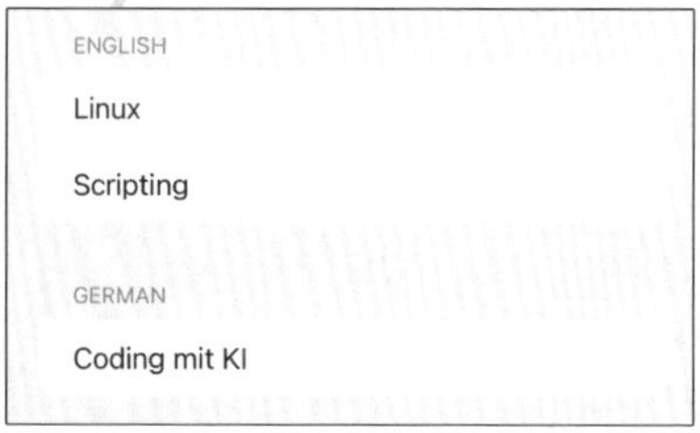

Abbildung 2.11 Gruppierte Darstellung von Listen

Bücher gruppieren

Ich habe Ihnen nun erklärt, wie Sie in SwiftUI eine gruppierte Liste erzeugen können. Aber wie wenden Sie dieses Wissen nun auf unser Array in der Variablen books an? Je nachdem, wie groß Ihre Vorkenntnisse sind, können Sie diesen Schritt selbst versuchen. Im Prinzip müssen Sie zwei Schleifen bilden: die erste über alle Sprachen, die im Bücher-Array vorkommen, die zweite über jene Array-Elemente, deren Sprache mit der gerade aktuellen Sprache übereinstimmt.

Es gibt verschiedene Wege, diese Aufgabe in Swift zu realisieren. Die folgende Lösung ist meiner Ansicht nach besonders verständlich – aber je nachdem, wie wenig Sie bisher mit anderen Sprachen gearbeitet haben, werden Sie vielleicht widersprechen. (Sie erinnern sich: Ich habe in der Einleitung des Kapitels von einem didaktischen Spagat gesprochen.)

```
// Datei ContentView.swift, Umbau der ContentView-Struktur zur
// gruppierten Darstellung von Listen
struct ContentView: View {
    var body: some View {
        List {
            let languages = Set(books.map(\.language)).sorted()
            ForEach(languages, id: \.self) {language in
                Section(header: Text(language)) {
                    let mybooks = books.filter { $0.language ==
                                                 language }
                    ForEach(mybooks) { book in
                        BookListView(book: book)
                    }
                }
            }
        }

    }
}
```

Kurz die Erklärung: `let languages = ...` bildet zuerst eine Menge aller Sprachen im Array. Dabei liest `map` nur die `language`-Eigenschaft. Mengen haben die Eigenart, dass Doppelgänger automatisch eliminiert werden. Jede Sprache ist somit nur einmal enthalten. `sorted` sortiert die Elemente der Menge und gibt das Ergebnis als Array zurück. Der Datentyp von `languages` ist also ein Array von Zeichenketten (in der Swift-Nomenklatur: `[String]`). Hintergründe über Arrays, Sets etc. finden Sie übrigens in Kapitel 8, »Arrays, Dictionaries, Sets und Tupel«.

`ForEach` bildet eine Schleife über die gefundenen Sprachen. Im Prinzip kennen Sie `ForEach` ja schon. Neu ist hier die Verwendung des optionalen `id`-Parameters. Listen in SwiftUI setzen voraus, dass jedes Element durch eine eindeutige ID-Nummer identifiziert ist. Bei den Büchern ist das automatisch der Fall. Die Klasse `Book` erfüllt mit der Eigenschaft `id` das Protokoll `Identifiable`. Bei den Sprachen gilt diese Voraussetzung aber nicht. Die Sprachen werden hier ja durch einfache Zeichenketten abgebildet. `\.self` bezieht sich auf das in der Schleife verwendete Objekt der Zeichenkette und führt dazu, dass deren Hash-Code als ID-Wert verwendet wird.

Innerhalb der `Section`-Elemente folgt die zweite `ForEach`-Schleife über die zuvor gefilterten Bücher. Als Auswahlkriterium gilt, dass das Buch die gerade aktuelle Sprache hat. Die Bedingung wird – wieder einmal – in Form einer Closure angegeben, wobei sich `$1` auf den ersten an die Closure übergebenen Parameter bezieht (hier: eine `Book`-Instanz).

SwiftUI verwendet für die Gruppenbeschriftung automatisch eine graue Schrift in Kapitälchen. Das Ergebnis sieht schon recht elegant aus (siehe Abbildung 2.12).

Abbildung 2.12 Die Bücher sind nun in sprachlichen Gruppen geordnet.

2.4 Schritt 4: Von der Liste zur Detailansicht

Die Bücher werden jetzt schön in einer Liste angezeigt, durch die Sie scrollen können. Aber Sie können die Bücher nicht anklicken/auswählen. Genau hier liegt das Ziel dieses Abschnitts: Sobald Sie ein Buch antippen oder in der Testumgebung mit der Maus anklicken, soll eine Detailansicht erscheinen – mit einer größeren 3D-Abbildung des Covers, weiteren Informationen zum Buch etc. (siehe Abbildung 2.1).

Naheliegend wäre nun vielleicht, in jedes Listenelement einen kleinen Button einzubauen, dessen Anklicken zur Detailansicht führt. Aber weil die Navigation von einer Liste in eine Detailansicht zu den elementarsten Operationen in iOS gehört, gibt es für diesen Zweck eigene Steuerelemente: Den `NavigationStack`, die `NavigationSplitView` und die veraltete, aber immer noch häufig eingesetzte `NavigationView`. Der Umgang mit diesen SwiftUI-Komponenten ist ebenso komplex wie wichtig, weswegen es in diesem Buch ein eigenes Kapitel zu diesem Thema gibt (siehe Kapitel 16, »Navigation«).

Für dieses Beispiel habe ich mich für die Verwendung der `NavigationSplitView` entschieden. Der Hauptvorteil gegenüber den anderen Varianten besteht darin, dass die App später mit minimalem Aufwand so adaptiert werden kann, dass sie auch auf einem iPad oder unter macOS zufriedenstellend funktioniert.

Im Prinzip müssen Sie nur die Liste in eine `NavigationSplitView` einpacken (wieder eine Klammerebene mehr!) und im Detailparameter (noch eine Closure) angeben, wie ein zuvor ausgewähltes Listenelement dargestellt werden soll.

Die Tücke liegt wie so oft im Detail. Vorweg müssen Sie eine neue Variable `selectedBook` deklarieren. Diese Variable wird mit einem vorangestellten Dollar-Zeichen als Parameter an `List` übergeben und enthält das gerade ausgewählte Buch oder `nil`, wenn noch keine Variable ausgewählt ist. Der Deklaration muss außerdem `@State` vorangestellt werden. Dieses Attribut (genau genommen ein *Property Wrapper*) ist notwendig, wenn der Inhalt einer Variablen dauerhaft mit einer SwiftUI-Komponente synchronisiert werden muss. (Das Ganze ist wieder ein komplexes Thema – siehe Kapitel 14, »State, Binding, und Observable«.)

Wenn Sie Lust haben, führen Sie jetzt eine Internetsuche oder KI-Recherche durch und versuchen, diesen Schritt selbst zu gehen. Oder Sie studieren den folgenden Code und lesen meine Erläuterungen. Sie haben die Wahl! (Über den Inhalt der Detailansicht müssen Sie sich noch keine Gedanken machen. Für erste Tests reicht `Text(book.title)` vollkommen aus.)

```
// Umbau in ContentView.swift
struct ContentView: View {
    @State private var selectedBook: Book?

    var body: some View {
        // Liste in der NavigationSplitView darstellen
        NavigationSplitView {
            // der Datentyp für selection muss Hashable sein
            List(selection: $selectedBook) {
                let languages =
                    Set(books.map(\.language)).sorted()
                // Schleife über die Sprachen
                ForEach(languages, id: \.self) { language in
                    Section(header: Text(language)) {
                        let mybooks = books.filter {
                            $0.language == language
                        }
                        // Schleife über die Bücher einer Sprache
                        ForEach(mybooks) { book in
                            // Listendarstellung eines Buchs
                            BookListView(book: book).tag(book)
                        }
                    }
                }
            }
            .navigationTitle("Books")  // Beschriftung der Liste
        } detail: {
            if let selectedBook {
                Text(selectedBook.title)  // Detailansicht
                // -> später BookDetailView(book: selectedBook)
            }
        }
    }
}
```

Was hat sich geändert? Die SwiftUI-Liste ist jetzt in ein `NavigationSplitView`-Element eingebettet. Die eigentliche Darstellung der Liste ist unverändert, bei einer Auswahl aktiviert die `NavigationSplitView` aber automatisch eine Detailansicht. Der dafür verantwortliche Code befindet sich in der `detail`-Closure. `it let selectedBook` stellt sicher, dass die Variable nicht leer ist, und zeigt in der Detailansicht vorerst nur den Buchtitel an.

Ein letztes Detail ist der Modifier `.navigationTitle()`. Er gibt an, wie die Liste als Ganzes beschriftet werden soll (hier mit »Books«, siehe Abbildung 2.13). Der Text wird auch für den Zurück-Button verwendet. Wenn Sie `.navigationTitle()` vergessen, hat die Liste keine Beschriftung, und der Zurück-Button heißt »Back«. Wichtig: Der Modifier muss auf `List { ... }` angewendet werden, nicht – was eigentlich naheliegender gewesen wäre – auf `NavigationSplitView { ... }`!

Die Wirkung von `NavigationSplitView` ist umfassender, als es im Code aussieht:

- Die `NavigationView` animiert den Übergang von der Liste in die Detailansicht.
- Sie kümmert sich um die Anzeige des Zurück-Buttons (bei uns: »Books«) und um dessen korrekte Funktion, wiederum samt Animation.

Abbildung 2.13 Die Detailansicht ist noch mager, aber die Navigation hin und zurück funktioniert schon.

Reorganisation des Codes

Jetzt geht es darum, die Detailansicht eines Buchs auszuschmücken. Das Ziel ist eine Darstellung wie in Abbildung 2.1, wobei Sie sich natürlich auch für eine andere Gestaltung entscheiden können. Auf jeden Fall sollten Sie den Code für die Detailansicht in eine eigene View-Struktur auslagern. Der Code in ContentView ist schon unübersichtlich genug.

In den Beispieldateien habe ich mich dazu entschieden, die neue Struktur BookDetailView zu nennen und diese in die Datei BookDetailView.swift auszulagern. In ContentView.swift gibt es schon genug Code. Sie wollen diese Datei nicht überfrachten und unübersichtlich machen.

Richten Sie im Code also die neue Datei BookDetailView.swift ein und beginnen Sie mit dem folgenden Minimalcode. Bemerkenswert sind die Zeilen ab #Preview, die festlegen, mit welchen Daten die Vorschau der BookDetailView angezeigt wird.

```
// neue Datei BookDetailView.swift
import SwiftUI

// Detailansicht eines Buchs
struct BookDetailView: View {
    let book: Book
    var body: some View {
        // vorerst nur den Titel anzeigen
        Text(book.title)
    }
}

// Preview: übergibt ein ausgewähltes Buch an BookDetailView
#Preview {
    let exampleBook = books[0]
    BookDetailView(book: exampleBook)
}
```

Schließlich bauen Sie in ContentView.swift in der detail-Closure einen Aufruf von BookDetailView ein:

```
// Umbau in ContentView.swift
...
detail: {  // detail view
    if let selectedBook {
        BookDetailView(book: selectedBook)
    }
}
...
```

Damit sollte alles wie bisher funktionieren. Allerdings haben Sie nun zwei unterschiedliche Vorschau-Ansichten: Wenn in Xcode `ContentView.swift` geöffnet ist, sehen Sie die Vorschau der gesamten App. Wenn dagegen die neue Datei `BookDetailView.swift` aktiv ist, zeigt die Vorschau nur die Detailansicht eines Buchs. Das erleichtert und beschleunigt das Ausprobieren der neuen `BookDetailView` (siehe Abbildung 2.14).

Detailansicht eines Buchs

Damit können Sie sich dem Code der Detailansicht zuwenden. Wieder gilt: Sie lernen umso mehr, je mehr Sie selbst experimentieren!

Relativ einfach ist die Gestaltung der fünf Textzeilen für Titel, Untertitel, Seitenanzahl, Zeitpunkt der Veröffentlichung und Sprache (siehe Abbildung 2.14). Neu ist hier nur der Einsatz von `Spacer()`. Damit wird ein Element erzeugt, das so viel Raum ausfüllt wie möglich. `Spacer()` bewirkt, dass die Beschriftungstexte nicht mittig im iPhone-Display angezeigt werden, sondern nach oben rutschen.

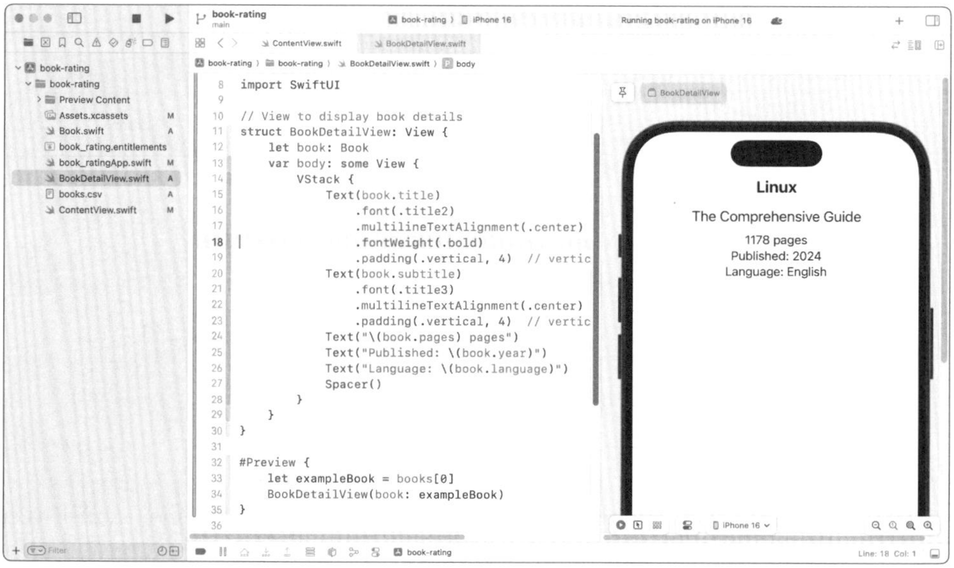

Abbildung 2.14 Die Auslagerung des Codes für die Detailansicht eines Buchs vereinfacht es, diesen Code in einer eigenen Preview-Ansicht zu testen.

Jetzt geht es noch darum, die 3D-Abbildung des Buch-Covers einzubauen. Einfach `Image(book.coverFileName)` in den Code einzubauen, ist nicht zielführend, weil das Cover dann viel zu groß dargestellt wird. Nach einigen Experimenten mit unterschiedlichen iPhone-Modellen habe ich mich dafür entschieden, die Bildhöhe in einen Bereich zwischen 200 und 300 Punkten festzuschreiben. Außerdem habe ich den gesamten VStack in eine ScrollView verpackt. Wenn der Platz auf winzigen Displays (iPhone SE 3, iPhone Mini) bzw. bei langen Buchtiteln und Untertiteln nicht ausreicht, können Sie die Detailansicht verschieben. Der resultierende Code ist einfach zu verstehen und sieht wie folgt aus:

```
// Datei BookDetailView.swift
struct BookDetailView: View {
    let book: Book
    var body: some View {
        // Ansicht kann vertikal verschoben werden
        ScrollView(.vertical, showsIndicators: false) {
            // alle Elemente untereinander anordnen
            VStack {
                Text(book.title)
                    .font(.title2)
                    .multilineTextAlignment(.center)
                    .fontWeight(.bold)
                    .padding(.vertical, 4)  // vertikaler Abstand
                Text(book.subtitle)
                    .font(.title3)
                    .multilineTextAlignment(.center)
                    .padding(.vertical, 4)  // vertikaler Abstand
                Text("\(book.pages) pages")
                Text("Published: \(book.year)")
                Text("Language: \(book.language)")
                // Cover, minimale Höhe 200 Punkte, maximal 300
                Image(book.coverFileName)
                    .resizable()
                    .aspectRatio(contentMode: .fit)
                    .frame(minHeight: 200, maxHeight: 300)
                    .padding()
                Spacer()
            }
        }
    }
}
```

2.5 Schritt 5: Die RatingView

Als letztes wichtiges Element fehlen der App nun die Sterne zur Bewertung der Bücher. Während SwiftUI eine Menge fertiger Steuerelemente (Views) für Standardaufgaben zur Auswahl stellt, gibt es erwartungsgemäß keine RatingView. Wenn Sie an dieser Stelle in den Code einsteigen (book-ratings-step4), stehen Sie vor der Aufgabe, selbst eine vollkommen neue View zu erstellen. Zugegebenermaßen keine einfache Sache.

Bei mir ist die Ausgangslage insofern ein wenig besser, als ich ein vergleichbares Beispiel vor bald fünf Jahren in der Programmiersprache Kotlin realisiert habe. Aber selbst ich habe mir gedacht: Könnte man für diese Aufgabenstellung nicht KI-Tools zu Hilfe nehmen? Gesagt, getan! Das Tool meiner Wahl war Claude von Anthropic (*https://claude.ai/chat*), das bei Coding-Aufgaben in vielen Tests sehr gut abschneidet. Ich formuliere die Prompts üblicherweise in englischer Sprache, weil viele KI-Tools damit besser zurechtkommen.

Prompt: SwiftUI: I would like to create a new RatingView. It shows a few stars to represent a value between 0 and 5.

0 means all stars are greyed out (i.e. not rated yet).
1: first star filled yellow, rest empty.
2: first two stars filled with yellow, rest empty.

And so on ... Can you help?

> I'll help you create a reusable RatingView component that shows a 5-star rating system using SwiftUI.

```
struct RatingView: View {
    let maxRating: Int = 5
    let fillColor: Color = .yellow
    let emptyColor: Color = .gray
    @Binding var rating: Int

    var body: some View {
        HStack(spacing: 8) {
            ForEach(1...maxRating, id: \.self) { index in
                Image(systemName: "star.fill")
                    .foregroundColor(
                        index <= rating ?
                               fillColor : emptyColor)
                    .onTapGesture {
                        rating = index
                    }
            }
        }
    }
}
```

> More details and explanations ...

Ich habe den Code in die neue Datei `RatingView.swift` kopiert und ausprobiert. Alles hat auf Anhieb funktioniert. Später habe ich mich dazu entschieden, die Bewertung auf sechs Sterne auszudehnen (`maxRating = 6`) und mit einer kleinen Animation zu versehen (Details dazu folgen später) – aber prinzipiell gibt es am Code absolut nichts auszusetzen.

Eine kurze Erklärung: Zur Darstellung der Sterne wird das Symbol `star.fill` verwendet. Der Stern ist Teil einer großen Sammlung von Symbolen, die unter iOS, macOS usw. zur Auswahl stehen. Mehrere solche Sterne werden in einem `HStack` mit etwas Abstand (`spacing: 8`) zueinander angeordnet.

Die `ForEach`-Schleife hätten Sie sicher auch zustandegebracht. Wieder ist `id: \.self` notwendig, damit SwiftUI jeden der Sterne eindeutig identifizieren kann. Diesen »Trick« kennen Sie schon von den `Section`-Überschriften der Buchliste. Mit `.foregroundColor` wird die Farbe jedes Sterns eingestellt: `fillColor` (gelb), wenn die Sternnummer kleiner oder gleich dem Rating-Wert ist, oder `emptyColor` (grau), wenn der Index größer ist. `condition ? value1 : value2` ist dabei eine Kurzschreibweise, die eine deutlich umständlichere `if`-Konstruktion vermeidet (siehe auch Abschnitt 6.1, »Verzweigungen mit if«).

Die eigentliche »Magie« der `RatingView` ist die Closure zu `.onTapGesture`. Der Code in den geschwungenen Klammern wird immer dann ausgeführt, wenn Sie einen der Sterne antippen/anklicken. Die aktuelle Bewertung (Variable `rating`) wird dann mit der Nummer des Sterns (dem Inhalt der Schleifenvariable `index`) festgelegt.

`rating` steuert, welche der Sterne gelb und welche grau dargestellt werden. `rating` ist allerdings eine ganz besondere Variable: Sie ist mit dem Attribut `@Binding` gekennzeichnet. Das bedeutet, dass diese Variable unmittelbar mit der Darstellung der View verbunden ist. Jedes Mal, wenn sich der Wert ändert, weiß SwiftUI, dass es das Steuerelement neu zeichnen muss. Dazu sind im Code keine weiteren Maßnahmen erforderlich. (Hintergrundinformationen zu `@Binding` folgen in Kapitel 14, »State, Binding, und Observable«.)

Die Antwort von Claude enthielt auch Preview-Code, der allerdings unnötig kompliziert war und den ich daher in der Antwort vorhin nicht zitiert habe. Zum Testen der `RatingView` fügen Sie einfach die folgenden Zeilen hinzu:

```
// am Ende von RatingView.swift
#Preview {
    @Previewable @State var myrating = 3
    RatingView(rating: $myrating)
}
```

Ein entscheidendes Detail ist dabei die Schreibweise `$myrating`. Das Dollar-Zeichen bewirkt, dass die Variable `myrating` mit *Binding* übergeben wird. In `RatingView` durchgeführte Änderungen pflanzen sich auf `myrating` fort. Das Attribut `@State` ist notwendig, damit die Variable überhaupt als Parameter für `@Binding` genutzt werden kann. `@Previewable` ist ein relativ neues Feature, das die Verwendung von `@Binding`-Parametern in Previews vereinfacht. (In der Vergangenheit mussten Sie relativ umständlich einen `PreviewWrapper` einrichten.)

Persönliche Anmerkung

Vielleicht denken Sie sich jetzt: Ich habe dieses Buch doch nicht gekauft, damit mir sein Autor KI-Rezepte erklärt. Da hätte ich gleich selbst die KI fragen können und mir den Kauf des Buchs gespart!

Mir geht es an dieser Stelle um etwas anderes: KI-Werkzeuge sind zu einem unverzichtbaren Element des Entwickleralltags geworden. Sie verändern, wie Sie und ich heute und in Zukunft programmieren. Und sie verändern, was von einem Buch erwartet wird. Zeitgemäße IT-Bücher müssen so viele Grundlagen vermitteln, dass Sie mit KI-Tools den nächsten Schritt selbst machen können. Weniger denn je ist es notwendig oder sinnvoll, jede Syntaxvariante, jede Bibliothek, jede Klasse, jede Methode bis ins letzte Detail zu beschreiben.

Beim Schreiben dieses Buchs habe ich mich bemüht, Wissen in dem Ausmaß zu vermitteln, dass Sie die Antworten von KI-Tools bewerten und richtig anwenden können. Aber Vorsicht! Gerade bei Swift und SwiftUI, also bei einer Sprache/Bibliothek, die sich jedes Jahr ändert, kann blindes Vertrauen in die KI direkt in die Sackgasse führen. Manche Ergebnisse sind gut, andere veraltet und wieder andere komplett falsch. Mein Ziel in diesem Buch besteht darin, Ihnen so viel Swift- und SwiftUI-Wissen zu vermitteln, dass Sie KI-Tools bei der Entwicklung eigener Apps zielführend und verantwortungsvoll einsetzen können.

Integration in die Detailansicht der Bücher

Vermutlich denken Sie sich: Jetzt, wo die `RatingView` – mit oder ohne KI-Hilfe – fertig ist, kann deren Integration in die Detailansicht der Bücher keine große Herausforderung mehr sein. Aber das täuscht. Der naheliegende Versuch sieht so aus:

```
// Datei BookDetailView.swift
VStack {
    ...
    Image(book.coverFileName)
        .resizable()
        .aspectRatio(contentMode: .fit)
        .frame(minHeight: 200, maxHeight: 300)
        .padding()
    RatingView(rating: $book.rating)  // neu, funktioniert nicht
    RatingView(rating: book.$rating)  // funktioniert auch nicht
    Spacer()
}
```

Aber es reicht nicht, die `RatingView` mit dem Parameter `$book.rating` (diese Syntaxvariante ist richtig!) einzubauen. Xcode beklagt einen Fehler, wobei die Fehlermeldung wie meistens in Xcode keine große Hilfestellung ist: *cannot find $book in scope*.

Das Problem liegt im `@Binding`-Parameter der `RatingView`, den wir nun mit der Eigenschaft `rating` aus der `Book`-Klasse verbinden möchten. Aber in Schritt 1 dieses Beispiels haben wir `rating` als ganz normale `Int`-Variable deklariert. SwiftUI muss in der Lage sein, irgendwo im Code durchgeführte Veränderungen dieser Variablen zu verfolgen. Damit das funktioniert, müssen Sie die gesamte `Book`-Klasse mit dem Makro `@Observable` kennzeichnen:

```
// Datei Book.swift, die Book-Klasse muss @Observable sein!
@Observable
class Book : Identifiable, Hashable {
    ... Code bleibt unverändert
}
```

Das unscheinbare Attribut `@Observable` bewirkt, dass Xcode hinter den Kulissen den gesamten Code der Klasse umbaut. Jeder Zugriff auf die Eigenschaften der Klasse – auch auf `rating` – wird nun kontrolliert und kann bei Bedarf an SwiftUI weitergemeldet werden. Mehr Informationen zu `@Observable` folgen in Abschnitt 14.4, »Instanzen von Klassen beobachten (@Observable)«.

Das `@Observable`-Makro ist ein relativ neues Feature in Swift und iOS. Vor iOS 17 war der Weg umständlicher: Ihre Klasse musste dem Protokoll `@ObservableObject` entsprechen. Außerdem wurde die `rating`-Variable mit dem Attribut `@Published` gekennzeichnet.

Damit sind wir aber immer noch nicht fertig: In `BookDetailView` gibt es die Eigenschaft `book`. Diese Variable muss mit `@Bindable` gekennzeichnet werden. Damit funktioniert endlich die Übergabe des `rating`-Parameters an `RatingView`:

```
// Datei BookDetailView.swift
struct BookDetailView: View {
    @Bindable var book: Book                    // neu
    var body: some View {
        ...
        RatingView(rating: $book.rating)  // neu
        Spacer()
    }
}
```

Wenn Sie die App jetzt ausprobieren, können Sie bei jedem Buch in die Detailansicht gehen und das Buch dort bewerten. So lange die App läuft, merkt diese sich die Bewertungen aller Bücher. Bei einem Neustart gehen sie aber verloren.

Animation

Jetzt, wo die `RatingView` mit dem Rest des Codes integriert ist und alles wie vorgesehen funktioniert, ist der richtige Zeitpunkt für Optimierungsmaßnahmen gekommen:

- Aktuell können Sie mit einem Klick auf einen Stern die Bewertung zwischen 1 und 6 ändern. Es ist aber unmöglich, die Bewertung ganz zurückzuziehen, also auf 0 zu stellen. Die Lösung dafür ist einfach: Wird der aktuell ausgewählte Stern (also der vierte bei einer Vier-Sterne-Bewertung) nochmals angeklickt, wird die Bewertung auf 0 im Sinne von unbewertet zurückgestellt.
- Optisch wäre es schöner, wenn die Sterne nur in ihren Umrissen dargestellt werden, solange keine Bewertung vorliegt.
- Beim Anklicken eines Sterns ändern sich die Farben der Sterne blitzartig. Schöner und iOS-üblicher wäre ein animierter Übergang.

Der erste Wunsch lässt sich rasch realisieren. Die im ersten Punkt skizzierte Maßnahme sieht im Code so aus:

```
// Änderung in der Datei RatingView.swift
struct RatingView: View {
    ...
    onTapGesture {
        if rating == index { // Rating zurücksetzen, wenn der
            rating = 0       // gleiche Stern angeklickt wird
        } else {
            rating = index
        }
}
```

Für Wunsch Numero zwei reicht es aus, den Symbolnamen zwischen `"star"` und `"star.fill"` zu variieren:

```
// ausgefüllte Sterne bei Bewertung, Umrisse, wenn nicht
Image(systemName: rating == 0 ? "star" : "star.fill")
```

Der dritte Wunsch ist ebenso schnell erfüllt. Dazu verpacken Sie den Code innerhalb von `onTapGesture` mit `withAnimation()`. Beachten Sie, dass es sich dabei um eine Funktion handelt, nicht um einen Modifier. Deswegen entfällt der vorgestellte Punkt, der auf Eigenschaften oder Methoden hinweist. Den Parameter `.snappy` können Sie auch weglassen, dann verläuft die Animation etwas gleichmäßiger.

```
.onTapGesture {
    // Bewertungsänderungen animieren
    withAnimation(.snappy) {
        if rating == index ...
    }
}
```

Der erzielte Effekt ist besser als gar keine Animation, aber optisch ein wenig lahm. Der Farbübergang erfolgt jetzt mit einer Art Überblendung. (Probieren Sie es aus!) Ginge es nicht etwas dramatischer? Natürlich. `rotationEffect` im folgenden Listing bewirkt, dass jeder Stern bei der Aktivierung um 72 Grad (ein Fünftel einer ganzen Drehung) verdreht wird. `animation` gibt an, dass nicht alle Sterne zugleich verdreht werden sollen, sondern dass die Animation von Stern zu Stern mit 50 Millisekunden (0,05 Sekunden) versetzt beginnt. Das sieht ziemlich cool aus! Weitere Tipps zur Steuerung von Animationen folgen in Abschnitt 17.1.

```
Image(systemName: rating == 0 ? "star" : "star.fill")
    .foregroundColor(index <= rating ? fillColor : emptyColor)
    .rotationEffect(.degrees(index <= rating ? 72 : 0))
    .animation(
        .spring()                          // Animation mit jedem
        .delay(Double(index) * 0.05),      // Stern zeitlich um 50 ms
        value: rating)                     // verzögern
    .onTapGesture { ... }
```

Kompakte Darstellung des Ratings in den Listenelementen

Die Bewertung in der Detailansicht funktioniert. In der Liste ist allerdings zu wenig Platz für die `RatingView`. Trotzdem möchten Sie auch dort anzeigen, ob bzw. wie das Buch bewertet ist. Die Lösung ist eine kompakte Variante der `RatingView`: Ohne Bewertung wird ein Sternumriss angezeigt, mit Bewertung ein ausgefüllter, gelber Stern mit einer vorangestellten Zahl. Eine Veränderung der Bewertung ist bei dieser Darstellung nicht möglich, insofern brauchen Sie sich keine Gedanken über `@Binding` zu machen. Kurz und gut: Eine ideale Aufgabenstellung, um selbst zu üben!

Wie immer gibt es nicht die *eine* richtige Lösung, vielmehr sind diverse Varianten denkbar. Ich habe die `CompactRatingView` wie folgt realisiert:

```
// Ergänzung in der Datei RatingView.swift
struct CompactRatingView: View {
    var fillColor: Color = .yellow
    let emptyColor: Color = .gray
    let rating: Int

    var body: some View {
        if rating == 0 {
            // unbewertet: Sternumriss
            Image(systemName: "star").foregroundColor(emptyColor)
        } else {
            // bewertet: Zahlenwert plus gelber Stern
            HStack(spacing: 4) {
                Text("\(rating)").foregroundColor(fillColor)
                    .fontWeight(.bold)
```

```
                Image(systemName: "star.fill")
                    .foregroundColor(fillColor)
            }
        }
    }
}
```

Jetzt müssen Sie nur noch die CompactRatingView in BookListView einbauen. Dazu ersetzen Sie Text(book.title) durch einen neuen HStack, der aus dem Titel, einem Spacer und der CompactRatingView besteht. Mit diesen Änderungen (Beispieldateien: book-rating-step5) sieht die App optisch nahezu wie in Abbildung 2.1 aus. Auch funktionell ist die App fertig, es sei denn, Sie legen Wert auf eine dauerhafte Speicherung des Zustands (siehe Schritt 7).

2.6 Schritt 6: Multiplatform- und Farb-Finetuning

Bis jetzt haben Sie Ihre App vermutlich nur auf einem iPhone im hellen Modus und bei gewöhnlichen Schrifteinstellungen ausprobiert. Jetzt wollen Sie aber, dass Ihre App dem universellen Charakter der SwiftUI-Bibliothek gerecht wird. Die App soll auch auf iPads (natürlich wahlweise im Querformat) und Macs laufen. Außerdem wollen Sie den Dark-Modus unterstützen. Und außerdem soll die App selbst dann funktionieren, wenn der Benutzer oder die Benutzerin eine besonders große Systemschrift eingestellt hat. Klingt nach viel Arbeit, oder?

Erfreulicherweise wurde SwiftUI genau für solche Aufgabenstellungen entwickelt. Mit SwiftUI können Sie Ihre App mit minimalem Aufwand an unterschiedliche Systemgegebenheiten anpassen bzw. optimieren.

In unserem Fall ist es so, dass Sie die App ohne jede Anpassung auf einem iPad, unter macOS oder im Dark-Modus ausführen können. Um das auszuprobieren, verändern Sie einfach das Preview-Gerät bzw. die Preview-Einstellungen (siehe Abbildung 2.15).

Der erste Eindruck täuscht aber. Es gibt ein paar Details, die nicht optimal sind:

- Auf einem iPad im Hochformat wird anfänglich nur ein Icon zum Einblenden der Liste angezeigt. Ansonsten ist der Bildschirm leer. Natürlich ist es toll, dass die Liste ein- und ausgeblendet werden kann – aber per Default sollte sie sichtbar sein.
- Wenn Sie das Programm unter macOS oder auf einem iPad ausführen und noch kein Listenelement ausgewählt haben, ist die gleichzeitig sichtbare Detailansicht leer. Auf einem iPhone existiert dieser Fall nicht, weil die beiden Ansichten nie gleichzeitig sichtbar sind; damit Sie in die Detailansicht kommen, müssen Sie zuerst ein Element auswählen. Auf einem iPad oder unter macOS sollte es in der Detailansicht einen Hinweis geben, dass ein Buch ausgewählt werden soll.

- Unter macOS ist die Listenspalte standardmäßig viel zu schmal. Sie kann zwar breiter gestellt werden, aber besser wäre es, gleich eine Mindestbreite zu fixieren.
- Noch ein macOS-Problem: Während iOS lange Texte in der Listenspalte umbricht, werden Sie unter macOS abgeschnitten. macOS deutet immerhin mit ... an, dass der Text unvollständig ist, aber besser wäre eine vollständige Darstellung.
- Im Dark-Modus ist der Hintergrund für die Detailansicht zu schwarz. Die PNG-Bitmaps der Cover enthalten transparente Schatteneffekte, die auf dem komplett schwarzen Hintergrund unsichtbar bleiben. Schade!
- Im Light-Modus heben sich die gelben Sterne bzw. die gelbe Schrift der `CompactRatingView` schlecht vom weißen Hintergrund ab. Ein etwas dunkleres Gelb wäre besser.
- Der beengte Platz auf einem iPhone ließe sich mit dem `GroupedListStyle` besser nutzen. Dieses Feature habe ich Ihnen bisher unterschlagen, weil seine Aktivierung bei Multiplatform-Projekten sofort zu einem Fehler führt: Unter macOS gibt es diesen Darstellungsmodus nicht. Aber wie Sie gleich sehen werden, ist es nicht schwierig, diesen Modus nur unter iOS zu aktivieren.

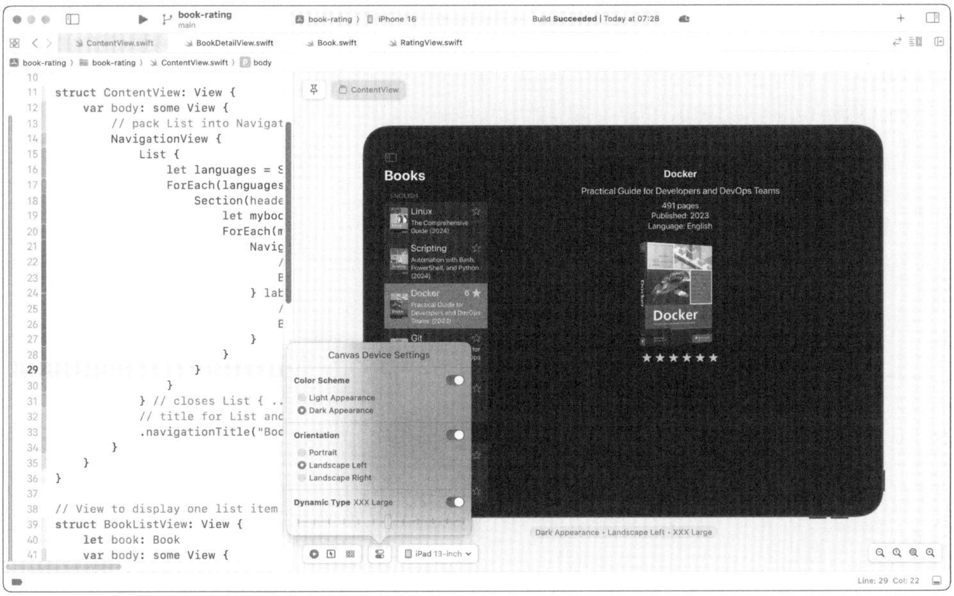

Abbildung 2.15 Die Bücher-App auf einem iPad im Dark-Modus

Im Folgenden gebe ich Ihnen einige Tipps, wie Sie das Erscheinungsbild der App für die diversen Anwendungsfälle optimieren können.

Seitenleiste per Default anzeigen

Die Sichtbarkeit der Seitenleiste mit den Listenelementen kann durch einen optionalen Parameter der NavigationSplitView gesteuert werden. Damit die Seitenleiste anfänglich immer angezeigt wird, auch bei einem iPad im Hochformat, deklarieren Sie eine weitere @State-Variable und initialisieren diese mit all.

```
// Änderung in ContentView.swift
struct ContentView: View {
    @State private var selectedBook: Book?
    @State private var columnVisibility =        // neu
        NavigationSplitViewVisibility.all

    var body: some View {
        NavigationSplitView(columnVisibility:    // neu
                           $columnVisibility)
        {
            // weiter wie bisher ...
```

Defaulttext für leere Detailansicht

Damit die Detailansicht nie leer ist, ergänzen Sie die if-Anweisung in der detail-Closure der NavigationSplitView: Wenn selectedBook nicht initialisiert ist, wird von nun an die Aufforderung angezeigt, einen Listeneintrag auszuwählen.

```
// Ergänzung in ContentView.swift
struct ContentView: View {
    @State private var selectedBook: Book?
    var body: some View {
        NavigationSplitView {
            // ...
        } detail: {
            if let selectedBook {  // Detailansicht
                BookDetailView(book: selectedBook)
            }
            else {  // neuer Hinweistext
                Text("Please select a book")
            }
        }
    }
}
```

Mindestspaltenbreite für macOS einstellen

Um nur für macOS eine bestimmte Spaltenbreite vorzugeben, ergänzen Sie die List-View um frame() und stellen die Parameter min-, ideal- und maxWidth nach Bedarf ein.

Mit `#if os(macOS)` erreichen Sie, dass der `frame`-Modifier nur angewendet wird, wenn die App unter macOS läuft.

```
// Ergänzung in ContentView.swift
struct ContentView: View {
    ...
    List {
        // Code wie bisher ...
    }
    .navigationTitle("Books")
    // neu: Spaltenbreite und Spaltenfarbe für macOS vorgeben
    #if os(macOS)
    .frame(minWidth: 250, idealWidth: 330, maxWidth: 500)
    #endif
```

Mehrzeilige Untertitel für macOS

macOS schneidet zu lange Texte in den Listenelementen einfach ab. Das fällt gerade beim Untertitel der Bücher auf. Abhilfe schafft die Ergänzung `lineLimit(3)` für das betreffende Textfeld. Damit ist für alle Betriebssysteme klar, dass der Text maximal über drei Zeilen umbrochen werden darf. Ist er noch länger, wird er weiterhin abgeschnitten.

```
// Ergänzung in ContentView.swift
struct BookListView: View {
    ...
    Text(book.subtitlePlusYear())
        .font(.caption)
        .lineLimit(3) // Text darf bis zu 3 Zeilen füllen
```

Elegantere Darstellung gruppierter Listen für iOS

Den nur für iOS verfügbaren *Grouped List Style* aktivieren Sie wie folgt in der Bücherliste. Der Modus hat den Vorteil, dass die gesamte Display-Breite für die Darstellung der Listeneinträge genutzt wird. Bei den ohnedies beengten Platzverhältnissen eines iPhone-Displays ist das vorteilhaft.

```
// Ergänzung in ContentView.swift
List {
    // Code wie bisher ...
}
.navigationTitle("Books")
#if os(iOS)
.listStyle(GroupedListStyle())
#endif
```

Hellerer Hintergrund im Dark-Modus

Schon ein wenig schwieriger ist es, die Hintergrundfarbe der `BookDetailView` nur im Dark-Modus anzupassen. Dazu müssen Sie zuerst einmal feststellen, welcher Modus gerade aktiv ist. Das gelingt durch die Auswertung der Umgebungsvariable `colorScheme`.

```
// Ergänzung in BookDetailView.swift
struct BookDetailView: View {
    @Environment(\.colorScheme) var colorScheme
    @Bindable var book: Book

    var body: some View {
        ScrollView(.vertical, showsIndicators: false) {
            // Code wie bisher ...
        }
        // neu: verwende Grau statt Schwarz als Hintergrund
        //      im Dark Mode, Weiß im Light Mode
        .background(colorScheme == .dark ?
            Color(white: 0.25) : Color(white: 1.0))
    }
}
```

Dunkleres Gelb für die RatingView

Eine gelbe Schrift auf weißem Hintergrund hebt sich nur schlecht ab. Um ein dunkleres Gelb im Light Mode zu verwenden, werten Sie auch in der `RatingView` sowie in der `CompactRatingView` die Variable `colorScheme` aus und stellen die Variable `fillColor` entsprechend ein. Falls Ihnen die Syntax suspekt erscheint: `fillColor` ist hier ein Read-only-Property, das durch das Ausführen des Codes in der nachfolgenden Closure initialisiert wird (siehe Abschnitt 9.3, »Eigenschaften«).

```
// Datei RatingView.swift
struct RatingView / CompactRatingView: View {
    @Environment(\.colorScheme) var colorScheme
    var fillColor: Color
        {colorScheme == .dark ?
            .yellow : Color(red: 0.9, green: 0.7, blue: 0.0) }
    ...
}
```

2.7 Schritt 7: Persistenz mit SwiftData

Betrachten Sie den letzten Schritt als optional! Mir ist bewusst, dass es schon bisher nur mit einigen Vorkenntnissen oder etwas Geduld und Recherche möglich war, diesem kombinierten Swift- und SwiftUI-Crashkurs zu folgen. Leider wird es in diesem letzten Schritt nicht besser.

Die App hat im jetzigen Zustand (`book-rating-step6`) einen kleinen Schönheitsfehler: Die Bewertungen der Bücher gehen mit jedem Start verloren, nicht nur in der Preview-Ansicht, sondern auch, wenn Sie das Programm direkt im Simulator oder auf Ihrem eigenen iPhone oder iPad ausführen. Nun steht in diesem Kapitel der Lernprozess im Vordergrund, nicht die Entwicklung eines sinnvollen Programms. Aber falls Sie sich dennoch fragen, was der beste Weg ist, Veränderungen in den Daten dauerhaft (»persistent«) zu speichern, möchte ich Ihnen in diesem Abschnitt noch zeigen, wie Sie den Code mit SwiftData-Bibliothek verbinden.

In den WWDC-Videos zu SwiftData preisen Apple-Entwicklerinnen und -Entwickler SwiftData mit der größten Begeisterung an. Sie erreichen die Persistenz Ihrer Daten im Wesentlichen dadurch, dass Sie Ihren Datenklassen `@Model` voranstellen. Alles andere geht wie von Zauberhand von alleine. Kann es wirklich so einfach sein? (Die Worldwide Developers Conference ist die alljährliche Apple-Entwicklerkonferenz.)

Grundsätzlich ist das Konzept von SwiftData wirklich genial. Sie importieren `SwiftData` und stellen Ihren Klassen `@Model` voran. Ein, zwei Initialisierungszeilen, schon werden alle von diesen Klassen abgeleiteten Instanzen dauerhaft in einer Datenbank gespeichert und stehen beim nächsten Start der App wieder zur Verfügung.

Bei unserer Book-Rating-App gestaltet sich der Umstieg aber keineswegs so trivial. Sobald Sie mit dem Umbau beginnen, erkennt Xcode im gesamten Code alle möglichen Ungereimtheiten. Diese müssen *alle* behoben werden, bevor ein erster Testlauf möglich ist.

In unserem Fall bleibt dann noch ein Problem: Die Daten müssen beim ersten Start der App initialisiert werden. Erst bei weiteren Starts kann SwiftData die Büchersammlung aus der Datenbank lesen. Einigermaßen diffizil ist auch der Umgang mit den diversen Preview-Ansichten. Auch hier sind Code-Anpassungen notwendig.

Das Datenmodell

Der Umbau beginnt in `Book.swift`: Sie kennzeichnen die `Books`-Klasse mit `@Model`. Da alle Eigenschaften einer `@Model`-Klasse automatisch für Data Binding vorbereitet sind, ist das bisher benutzte `@Observable` nicht mehr notwendig.

```
// Datei Book.swift, Umstellung von @Observable auf @Model
import SwiftData  // neuer Import

@Model Book: Identifiable, Hashable {
    // Code wie bisher ...
}
```

Die Verbindung zwischen SwiftUI und SwiftData

Bisher haben wir die globale Variable `books` in `book_ratingApp.swift` mit einem Aufruf von `readFromCsv` initialisiert und dann als zentralen Anlaufpunkt für das Bücher-Array verwendet. Dieser Ansatz ist aber inkompatibel mit SwiftData. Sie müssen also `let books = ...` entfernen. Dafür ergänzen Sie den Startup-Code rund um `WindowGroup` mit `modelContainer`. Damit wird die @main-Struktur der App mit SwiftData verbunden.

```
// Datei book_ratingApp.swift, Umstellung auf SwiftData
import SwiftData  // neuer Import

@main
struct book_ratingApp: App {
    var body: some Scene {
        WindowGroup {
            ContentView()
        }
        // neu: Book-Instanzen mit SwiftData verwalten
        .modelContainer(for: Book.self)
    }
}
```

Daten einlesen

Xcode zeigt nun in `ContentView` diverse Fehler an. Die Ursache ist die fehlende `books`-Variable. Abhilfe schafft die Initialisierung einer neuen, gleichnamigen Variable innerhalb der `ContentView`-Struktur. Dabei kommen erstmalig die neuen SwiftData-Funktionen zur Anwendung: Mit `@Query` lesen Sie die Bücher aus der Datenbank und sortieren diese gleich in der für die App erforderlichen Reihenfolge.

Im `Preview`-Code müssen Sie wie in `book_ratingApp.swift` die Funktion `modelContainer` aufrufen, damit auch dort die Verbindung zu SwiftData hergestellt werden kann.

```
// Datei ContentView.swift, Bücher einlesen
import SwiftData    // neu

struct ContentView: View {
    @Query(sort: [  // neu: Bücher aus SwiftData-Datenbank lesen
        SortDescriptor(\Book.language, order: .forward),
        SortDescriptor(\Book.year, order: .reverse),
        SortDescriptor(\Book.title, order: .forward)
    ]) var books: [Book]
```

```
    var body: some View {
        // Code wie bisher ...
    }
}

#Preview {
    ContentView()
        // neu: erforderlich, damit auch die Preview-
        // Funktion Zugang auf SwiftData hat
        .modelContainer(for: Book.self)
}
```

Preview für BookDetailView

Der Preview für `BookDetailView` verwendet als Datengrundlage `books[0]`. Aber weil die globale Variable `books` nicht mehr zur Verfügung steht, funktioniert das nicht mehr. Abhilfe schafft die manuelle Erzeugung eines Beispielbuchs.

```
// Datei BookDetailView.swift, Beispiel-Book-Instanz erzeugen
...
#Preview {
    let exampleBook = Book(id: UUID(),
                           title: "Linux",
                           subtitle: "The Comprehensive Guide",
                           year: "2024",
                           pages: "1178",
                           language: "English",
                           coverFileName: "linux-en",
                           rating: 0)
    BookDetailView(book: exampleBook)
}
```

Erstmalige Initialisierung der Daten

Wenn Sie mir bis hierher gefolgt sind und nun in Xcode `ContentView.swift` öffnen, sollte die App wieder starten. Alle Syntax- und Build-Fehler sind behoben. Allerdings zeigt die App keine Bücher mehr an. Außer der Überschrift »Books« ist nichts zu sehen.

Das war zu erwarten: Die App führt die SwiftData-Initialisierung durch, findet aber keine Datenbank. (Es wurden ja noch nie Daten gespeichert.) Die Anweisung `@Query(sort: ...)var books: [Book]` initialisiert die `books`-Variable als leeres Array. Dementsprechend gibt es nichts zum Anzeigen.

Nun geht es darum, diesen Fall während der Initialisierung abzufangen und nur dann das `books`-Array mit einem Aufruf von `readFromCsv` zu initialisieren. Der eigentliche

Code befindet sich in der neuen Funktion initializeBooks. Sie wird durch onAppear aufgerufen, also dann, wenn die App am Bildschirm erscheint.

```
// Datei ContentView.swift, Daten beim ersten Start aus
// der CSV-Datei lesen
import SwiftData

struct ContentView: View {
   // notwendig, um SwiftData in der View zu verwenden
   @Environment(\.modelContext) var modelContext

    var body: some View {
        NavigationSplitView {
            // Code wie bisher ...
        }
        .onAppear {              // neu: Daten beim Erscheinen der
            initializeBooks()    // App initialisieren
        }
    }

    // neu: testet, ob books leer ist, und liest die Bücher in
    // diesem Fall einmalig aus der CSV-Datei
    private func initializeBooks() {
        if books.isEmpty {
            Book.readFromCsv().forEach { book in
                modelContext.insert(book)
            }
        }
    }
}
```

Persistenz der Daten testen

Die Persistenz der Daten können Sie leider nur testen, wenn Sie die App im Simulator oder direkt unter macOS ausführen. Im Preview-Modus funktioniert zwar fast alles, aber bei jedem Start wird die Preview-App neu erzeugt und verwendet dann eine neue (leere) SwiftData-Datenbank.

Im iOS-Simulator oder als macOS-App können Sie nun aber Bücher bewerten und die App beenden. Bei einem späteren Neustart stehen alle Bewertungen weiter zur Verfügung. Das gilt selbst dann, wenn Sie den Code verändern und die App neu kompiliert wird. SwiftData kümmert sich automatisch um die Speicherung der Daten, allerdings nicht ständig. Wenn Sie die App also mit dem Xcode-Stopp-Button abbrechen, kann es passieren, dass die letzten Änderungen nicht dauerhaft gesichert werden.

Die Datenspeicherung erfolgt in regelmäßigen Abständen automatisch, außerdem immer dann, wenn Sie die App minimieren oder in eine andere App wechseln.

Ergänzungsideen

In der aktuellen Form erfüllt die App keine sinnvolle Aufgabe. Aber stellen Sie sich vor, die App wäre mit dem Bookstore des Rheinwerk Verlags verbunden. Sie hätten darin mehrere Tabs, um im Katalog nach Büchern zu suchen und diese zu kaufen, um Ihre eigenen Bücher zu verwalten (so ähnlich wie in der aktuellen Implementierung, aber samt Lesemöglichkeit). Dann wäre die App plötzlich durchaus attraktiv.

Die Grundvoraussetzung dafür ist ein sogenanntes »Backend« – also ein Server, mit dem die App kommuniziert, der die Buchdaten anbietet und Reviews entgegennimmt, Bezahlvorgänge durchführt usw. Derartige Backends realisieren häufig eine REST-API, d. h., die Kommunikation zwischen App und Backend-Server erfolgt über HTTPS-Requests. Ein Beispiel für das Design und die Anwendung einer eigenen REST-API gibt Kapitel 25, »Familieneinkaufsliste«.

Kapitel 3
Tipps & Tricks

Im Zentrum dieses Kapitels stehen drei Themen:

- **Syntax:** Der erste Abschnitt enthält eine Referenz ungewöhnlicher, Swift-spezifischer Syntaxkonstruktionen. Sie finden hier eine kurze Erklärung, was `#ifos` oder `$1` bedeutet, samt Querverweisen auf die Abschnitte im Buch, wo die Syntax im Detail erläutert wird. Der Abschnitt ist vor allem dann für Sie interessant, wenn Sie direkt in die App-Programmierung einsteigen wollen, *ohne* sich in Ruhe die Grundlagenkapitel durchzulesen. Der Abschnitt richtet sich damit auch an Programmiererinnen und Entwickler, die Erfahrung mit anderen Sprachen haben und den Umstieg auf Swift so schnell wie möglich schaffen möchten.
- **KI:** Xcode enthält ein kleines KI-Sprachmodell, das während der Eingabe von Code Vorschläge zur Vervollständigung macht. Das *Predictive Code Completion Model* hat gegenüber anderen Tools den Vorteil, dass es rein lokal läuft; somit gibt es keine Datenschutzbedenken. Davon abgesehen hinkt Xcode der KI-Konkurrenz (z. B. VSCode mit GitHub Copilot) meilenweit hinterher. Deswegen gebe ich Ihnen einige Tipps, wie Sie KI-Tools aus dem Internet bestmöglich beim Lernen von Swift bzw. bei der App-Entwicklung einsetzen.
- **Xcode:** Eine große Hürde, die Sie auf dem Weg zur ersten eigenen App überwinden müssen, ist Xcode. Niemand stellt in Abrede, dass Ihnen diese Entwicklungsumgebung eine schier unendliche Sammlung von Funktionen und Tools bietet, und das sogar kostenlos! Allerdings richtet sich Xcode an Profis. Bei den ersten Schritten mit Swift und SwiftUI steht Xcode mehr im Weg, als zu helfen. Ich habe mich bemüht, Auswege aufzuzeigen, wenn Xcode Sie mit unverständlichen Fehlermeldungen im Stich lässt.

Die optimale Lesereihenfolge

Wie schon das vorige Kapitel richten sich auch die folgenden Abschnitte eher an Sie, wenn Sie schon Vorwissen mitbringen – sei es mit anderen Programmiersprachen oder mit früheren Versionen von Swift. Wenn Sie Swift und SwiftUI von Grund auf lernen möchten, können Sie dieses Kapitel vorerst überspringen oder nur kurz durchblättern. Aber behalten Sie das Kapitel als eine Art »Erste Hilfe« im Hinterkopf!

3.1 Syntaxeigenheiten von Swift

Eine if-Konstruktion sieht in jeder Programmiersprache nahezu gleich aus. Wenn Sie also schon in einer Sprache programmiert haben, werden Sie Swift-Code auf Anhieb im Großen und Ganzen verstehen.

Allerdings gibt es in Swift diverse »merkwürdige« Syntaxkonstruktionen, die es so nur in wenigen (zumeist eher neuen) anderen Sprachen gibt. Das folgende Listing gibt einen ersten Überblick.

```
1..<11                    // Range (1 bis 11 exklusive)
1...10                    // ClosedRange (1 bis 10 inklusive)
var/let x: Type           // Variablendeklaration mit Typ
func f(paraname: Type)    // Parameter mit Typ
func f() -> Type          // Rückgabedatentyp
f(paraname: 123)          // Aufruf mit benanntem Parameter
self                      // Zugriff auf das aktuelle Objekt
Self                      // Zugriff auf den aktuellen Datentyp
\.property und \.self     // KeyPath-Syntax
if cond { stmt }          // { ... } als Code-Block
lst.map { $0 }            // { ... } als Closure
$0, $1 usw.               // unbenannte Parameter in einer Closure
$var                      // Data Binding (SwiftUI)
&var                      // Parameter als Referenz (inout)
var x: Type { result }    // { ... } als Read-only Computed
    Property
@name                     // Attribut, Property Wrapper, Makro
#ifos, #preview           // Compiler- und Build-Anweisungen
```

Auf den nächsten Seiten finden Sie kurze Erklärungen zu diesen Konstruktionen, samt einem Querverweis, wo im Buch Sie mehr Hintergründe finden.

Zahlenbereiche

In Swift können Sie mit `n1...n2` und `n1..<n2` Zahlenbereiche formulieren (siehe Abschnitt 5.3, »Range-Operatoren«). Die erste Syntax ist inklusive. `1...4` umfasst daher die Zahlen 1, 2, 3 und 4. Die zweite Schreibweise enthält dagegen den Endwert nicht; `1..<4` entspricht nur 1, 2 und 3.

Die beiden Schreibweisen sehen zwar ähnlich aus, sind intern aber unterschiedlich realisiert (`ClosedRange` versus `Range`). Deswegen führt das zweite Beispiel in SwiftUI zu einem Fehler, weil `n1...n2` dem Protokoll `RandomAccessCollection` nicht entspricht (siehe auch Abschnitt 13.1, »Grundlagen« mit einer Einführung in die SwiftUI-Syntax).

```
ForEach(1..<4) { Text("x") }  // funktioniert
ForEach(1...3) { Text("x") }  // funktioniert nicht!
```

Konstanten und Variablen (let versus var)

In Swift müssen Sie Konstanten und Variablen vor ihrer Verwendung deklarieren (siehe Kapitel 4, »Variablen, Optionals und Datentypen«). Dabei definiert `let c=12` eine Konstante, die später nicht mehr geändert werden kann. `var x=3` erzeugt dagegen eine Variable. Swift erkennt selbst den geeigneten Datentyp.

Beachten Sie, dass Sie nach `let obj = MyClass()` die Eigenschaften des Objekts (der Instanz) von `MyClass` sehr wohl ändern dürfen (z. B. `obj.myProperty = 123`). Verboten ist aber, `obj` eine ganz neue Instanz zuzuweisen.

Datentyp und benannte Parameter mit :

Der Doppelpunkt erfüllt in Swift zwei Aufgaben: Einerseits legt `: Type` den Datentyp von Variablen oder Parametern fest. Der Rückgabedatentyp von Funktionen und Methoden wird hingegen mit dem Pfeiloperator -> festgelegt:

```
var x: String

// add erwartet zwei Int-Parameter und liefert ein Int-Ergebnis
func add(a: Int, b: Int) -> Int {
  return a + b
}
```

Andererseits müssen Parameter beim Aufruf von Funktionen und Methoden normalerweise namentlich genannt werden. Der Name wird vorangestellt, dann folgen der Doppelpunkt und zuletzt die Daten. (Zu dieser Regel gibt es Ausnahmen, siehe Abschnitt 7.2, »Parameter«.)

```
let result = add(a: 12, b: 17)
```

Wenn nicht feste Werte, sondern Variableninhalte übergeben werden und wenn außerdem die Variablen den gleichen Namen wie die Parameter haben (was in der Praxis häufiger passiert, als man erwarten würde), entsteht eine unschöne Verdoppelung:

```
let a = 12
let b = 17
let result = add(a: a, b: b)
```

Optionals mit ? und !

In Swift ist das Konzept von »Optionals« sehr durchgängig implementiert (siehe auch Abschnitt 4.2, »Optionals«). Optionals sind Variablen, die außer einem Inhalt auch den Zustand `nil` im Sinne von »leer, nicht initialisiert« kennen. Dazu wird bei der Typendeklaration ein Fragezeichen oder Ausrufezeichen nachgestellt. Bei der zweiten

Variante können Sie die Variable ohne Extracode (ohne nil-Test) auslesen; dies führt allerdings zu einem Fehler, wenn die Variable doch nil enthält.

```
var x: Int?     // kann ganze Zahl oder nil enthalten
var y: Double!  // Fließkommazahl oder nil mit
                // automatischem Unwrapping
```

Optionals sind auch für den Ergebnistyp von Funktionen zulässig (-> User?). Beim Umgang mit Optionals muss immer die nil-Variante berücksichtigt werden. Die wichtigste Konstruktion lautet if let .... Dabei wird eine Variable zuerst initialisiert; der weitere Code wird nur ausgeführt, wenn die Variable einen Wert hat (also nicht nil ist).

```
if let currentUser = getActiveUser() {
    // hier ist sichergestellt, dass currentUser
    // einen Wert enthält
}
```

self und Self

Im Code von Klassen (gilt auch für struct, protocol und enum) bezeichnet self das aktuelle Objekt (die Instanz). Self in Großschreibung bezieht sich dagegen auf den Datentyp. Auf die Programmierung eigener Klassen gehe ich in Kapitel 9, »Grundlagen der objektorientierten Programmierung«, ein.

```
class Circle {
    let radius: Double

    init(radius: Double) {
        // speichert den Parameter radius in der
        // gleichnamigen Eigenschaft einer Circle-Instanz
        self.radius = radius
    }
}
```

Code-Blöcke, Closures und Read-only Computed Properties mit { ... }

In vielen Programmiersprachen bilden geschwungene Klammern Code-Blöcke, z. B. in Verzweigungen und Schleifen. Das gilt auch für Swift:

```
if x>10 {
    print("x ist größer als 10")
}
```

In Swift werden geschwungenen Klammern sehr häufig für zwei weitere Aufgaben verwendet, für Closures und zur Rückgabe des Werts einer Read-only-Property.

Closures bieten die Möglichkeit, Ad-hoc-Funktionen zu formulieren und direkt auszuführen – hier zur Verdoppelung aller Listenelemente. (In anderen Sprachen ist von Lambda-Ausdrücken die Rede. Mehr Informationen zu Closures folgen in Abschnitt 7.5.)

```
let lst1 = [1, 2, 3]
// Variante 1 mit einem benannten Parameter
let lst2 = lst1.map { number in number * 2 }
// Variante 2, wo $0 den ersten Parameter meint
let lst3 = lst1.map { $0 * 2 }
// lst2 und lst3 enthalten jeweils [2, 4, 6]
```

Im folgenden Listing ist `area` ein *Read-only computed property*. In `area` kann also nichts gespeichert werden. Beim Auslesen der Eigenschaft wird der in geschwungenen Klammern formulierte Code ausgeführt und das Resultat zurückgegeben.

```
struct Circle {
    let radius: Double
    var area: Double { Double.pi * radius * radius }
}
let circle = Circle(radius: 5)
print(circle.area)  // Ergebnis: 78.54
```

In SwiftUI-Code entstehen häufig viele Klammerebenen. Dabei handelt es sich meist um Closures oder Read-only-Properties.

Keypath-Syntax mit \

Elemente in SwiftUI-Listen müssen mit einer eindeutigen Identifikationsnummer ausgestattet sein. Daraus ergibt sich oft die Notwendigkeit, entweder das ganze Objekt oder (wenn verfügbar) dessen `id`-Eigenschaft als Parameter an `ForEach` zu übergeben. Bei solchen oder vergleichbaren Aufgaben hilft die Keypath-Syntax (siehe Abschnitt 12.3, »Reflection und KeyPath-Ausdrücke«), die mit dem Zeichen \ eingeleitet wird. `\.self` bezieht sich dabei auf die Schleifenvariable `item`, `\.id` auf die `id`-Eigenschaft von `item`. Das funktioniert nur, wenn der Datentyp tatsächlich eine derartige Eigenschaft hat.

```
// das ganze Objekt (dessen Hash-Code) als ID verwenden
ForEach(items, id: \.self) {item in
    Text(item.name)
}
// oder die id-Eigenschaft des Objekts verwenden
ForEach(items, id: \.id) {item in
    Text(item.name)
}
```

Ein Keypath gibt Ihnen die Möglichkeit, auf Objekte (\.self) oder deren Eigenschaften (\.property) zu verweisen, ohne dazu umständliche Closures zu verwenden. Ein abschließendes Beispiel:

```
// Mitarbeitende nach Gehalt sortieren: mit Vergleichs-Closure
let sortedEmployees =
    employees.sorted(by: { $0.salary < $1.salary })
// ... oder mit KeyPath auf die Eigenschaft
let sortedBySalary = employees.sorted(by: \.salary)
```

Closure-Parameter und Binding mit $

Das Zeichen $ zur Kennzeichnung von Parametern in Closures haben Sie schon kennengelernt. $0 bezeichnet den ersten Parameter, $1 den zweiten usw.

$ wird aber auch verwendet, um ein *Data Binding* zwischen einer Variablen oder einer Eigenschaft und dem Inhalt von einer SwiftUI-View herzustellen. Verschiedene Spielarten dieses Mechanismus erläutere ich in Kapitel 14, »State, Binding, und Observable«. Die $-Syntax ist SwiftUI-spezifisch und wird ansonsten nicht in Swift verwendet. Wenn Sie eine Funktion aufrufen, die eine Variable mit einem Werttyp (z. B. Int) verändern darf, verwenden Sie davon abweichend die Syntax &var (siehe Abschnitt 7.2, »Parameter«).

Im folgenden Beispiel wird die Variable username bei jeder Eingabe im Textfeld aktualisiert. Sollte umgekehrt die Variable an einer anderen Stelle im Code verändert werden, wird der neue Text sofort in der App angezeigt. Damit das funktioniert, muss die Variable mit @State gekennzeichnet werden (siehe den folgenden Abschnitt).

```
struct UserProfile: View {
    @State private var username = ""

    var body: some View {
        Form {
            // $username stellt eine bidirektionale Verbindung
            // zwischen der Variablen und dem Textfeld her
            TextField("Enter username", text: $username)
        }
    }
}
```

Attribute, Property Wrapper und Makros mit @

Das Zeichen @ leitet in Swift Attribute, Property Wrapper oder Makros ein (siehe Abschnitt 12.2):

- @attribute: Attribute statten Swift-Sprachelemente mit Zusatzinformationen für den Compiler aus. Beispielsweise dokumentiert @available, ab welcher Version ein Element verfügbar ist, ob es als veraltet gilt etc. Attribute verändern das Verhalten der so gekennzeichneten Objekte nicht.
- @propertyWrapper: Ein Property Wrapper verändert das interne Verhalten einer Eigenschaft. Der Swift-Compiler ergänzt den Code entsprechend. Das im vorigen Beispiel erwähnte @State fügt der Eigenschaft Code hinzu, damit jede Datenänderung verfolgt werden kann.
- @macro: Sogenannte *Attached Macros* gehen noch einen Schritt weiter und fügen Ihrem eigenen Code beim Kompilieren weiteren Code hinzu, um Zusatzfunktionen zu realisieren. Derartige Makros können nicht nur auf Eigenschaften angewendet werden, sondern auch auf Funktionen, Klassen usw. Beispielsweise kennzeichnet @Model eine Klasse dahin gehend, dass Daten aus deren Objekten dauerhaft (persistent) durch die SwiftData-Bibliothek gespeichert werden.

Compiler- und Build-Anweisungen mit

Jetzt haben wir den Sonderzeichenzoo fast abgeschlossen. Eine letzte Konstruktion möchte ich hier kurz erwähnen, weil sie in der Praxis recht oft vorkommt: Das Zeichen # leitet Compiler- oder Build-Anweisungen ein. Beispielsweise können Sie in Multiplattform-Projekten Code formulieren, der nur für ein bestimmtes Betriebssystem gilt:

```
// nur unter macOS: stellt Breite des Frames ein
#if os(macOS)
.frame(minWidth: 250, idealWidth: 330, maxWidth: 500)
#endif
```

3.2 Coding mit KI-Unterstützung

Xcode unterstützt Sie zumindest rudimentär mit KI-Funktionen. Beim ersten Start fragt Xcode, ob es ein etwa 2 GByte großes *Predictive Code Completion Model* herunterladen soll. Dem sollten Sie zustimmen, um die Funktion auszuprobieren. Wenn Sie in Xcode Programmcode eingeben, schlägt Xcode nun oft mehrzeilige Ergänzungen vor. Die Vorschläge basieren auf einem Training mit vielen Zeilen Swift- und SwiftUI-Code.

Das KI-Sprachmodell kann zwar nicht hellsehen, errät aber manchmal aus dem Kontext, in welche Richtung der Code weiterentwickelt werden soll, und macht hin und wieder brauchbare Vorschläge. Wenn Sie einverstanden sind, drücken Sie einfach ⇥, andernfalls ignorieren Sie den Vorschlag und schreiben Ihren eigenen Code weiter.

Nach meinen Erfahrungen ist die »intelligente« Code-Vervollständigung im aktuellen Zustand (April 2025) nur für absolute Swift-Einsteiger eine Hilfe. Ich habe das Feature letztlich deaktiviert, weil die bei komplexem Code überwiegend unbrauchbaren Vorschläge meinen eigenen Denkprozess mehr behindert als gefördert haben. Die Option zur (De-)Aktivierung lautet PREDICTIVE CODE COMPLETION in den Xcode-Einstellungen im Dialogblatt TEXT EDITING • EDITING.

Der größte Vorteil der KI-Funktionen in Xcode besteht darin, dass das Sprachmodell lokal auf Ihrem Rechner ausgeführt wird. Im Gegensatz zu anderen Editoren wie VS Code oder IntelliJ müssen Sie keine Angst haben, dass Ihr Code (womöglich samt darin enthaltenen Passwörtern oder Firmengeheimnissen) in ein Cloud-System übertragen wird.

Wo bleibt »Swift Code«?

Bereits auf der WWDC 2024 hat Apple die KI-Funktion *Swift Code* vorgestellt, die wesentlich mehr Funktionen als das *Predictive Code Completion Model* hätte bieten und in einer ähnlichen Liga wie *GitHub Copilot* hätte mitspielen sollen. Seither war allerdings nicht mehr viel von diesem Tool zu hören. Das ist schade, weil Xcode *wirklich* bessere KI-Funktionen brauchen würde.

Externe KI-Tools

Auch wenn die in Xcode eingebauten KI-Tools dürftig sind, müssen Sie deswegen nicht auf KI-Unterstützung verzichten. Web-basierte KI-Dienste wie ChatGPT und Claude verstehen Swift und SwiftUI überraschend gut (siehe Abbildung 3.1). Die gelegentliche Nutzung dieser Dienste ist kostenlos. Aber je häufiger Sie Fragen formulieren bzw. je mehr Code Sie zur Analyse an das KI-Tool weitergeben, desto öfter werden Sie dazu aufgefordert, ein Abo abzuschließen.

Während der Arbeit an diesem Buch habe ich insbesondere mit Claude sehr gute Erfahrungen gemacht. Es sollte aber klar sein, dass KI-Tools nie Ihre einzige Informationsquelle sein sollten! Sprachmodelle machen Fehler, sind veraltet, halluzinieren manchmal etc. Trotz dieser Einschränkungen führen KI-Tools häufig zum Ziel oder zumindest auf die richtige Fährte.

Wenn Sie sich eine bessere Integration externer KI-Tools in Xcode wünschen, ist das GitHub-Copilot-Plugin einen Versuch wert. Den Code sowie eine Installationsanleitung finden Sie auf GitHub, die Nutzung setzt allerdings ein kostenpflichtiges GitHub-Copilot-Abo voraus. Weitere Informationen finden Sie hier:

https://github.com/github/CopilotForXcode
https://github.blog/changelog/2025-03-11-github-copilot-for-xcode-chat-is-now-generally-available/

Eine Alternative ist die App *ChatGPT for macOS*, die seit März 2025 direkt auf das aktive Programm zugreifen kann. Wenn also gerade Xcode läuft, kann die App den dort befindlichen Code lesen, eine darauf basierende Antwort generieren und schließlich (nach Ihrer Bestätigung) die Änderungen direkt in Xcode durchführen. Das ebenso lästige wie fehleranfällige Hin- und Herkopieren von Code über die Zwischenablage entfällt. Die Funktion ist nicht auf Xcode beschränkt, sondern ist auch zu anderen Editoren wie VSCode und diversen Jetbrains-IDEs kompatibel.

https://help.openai.com/en/articles/10119604-work-with-apps-on-macos

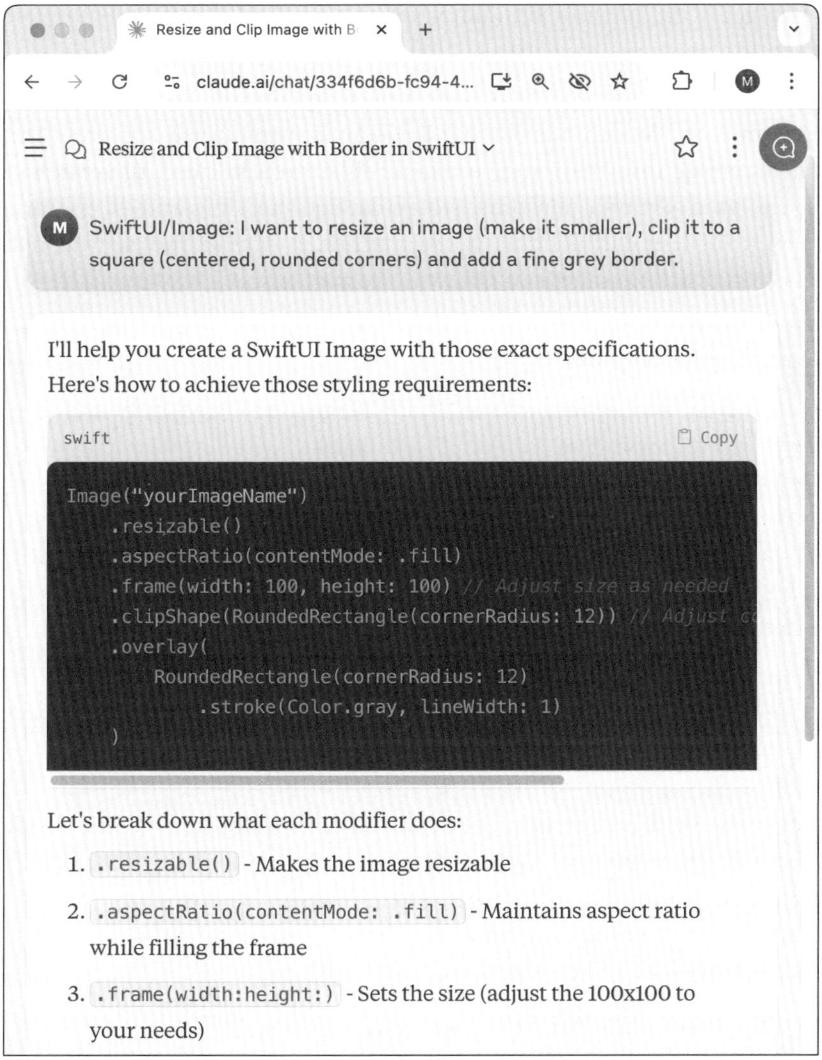

Abbildung 3.1 Hier hilft das KI-Tool Claude bei der Gestaltung einer SwiftUI-Image-View

Prompting-Tipps

- Formulieren Sie Prompts in englischer Sprache! Es gibt viel mehr englisches Trainingsmaterial als deutsches. In der Regel wollen Sie auch, dass ChatGPT, Claude & Co. in der Antwort englische Funktions- und Variablennamen verwenden.
- Machen Sie sich die Mühe, Ihre Frage bzw. Ihr Problem möglichst klar zu formulieren. »Swift: How does databinding work?« wird weniger konkrete Ergebnisse liefern, als wenn Sie fragen: »SwiftUI: I want to bind a double variable to a gauge view. The range of values should be between 0 and 100. How should I proceed?«
- Stellen Sie Folgefragen, um die Sinnhaftigkeit der Antwort zu verifizieren. (»Is there a better/simpler/more modern way? Can you give me another example?«)
- Bei der Fehlersuche: Kopieren Sie die fehlerhaften Zeilen und die Xcode-Fehlermeldung, aber bemühen Sie sich, nicht mehr Code als notwendig zu kopieren. Das KI-Tool braucht genug Informationen, um den Fehler samt Kontext zu verstehen. Aber wenn Sie Ihrem Prompt alle zehn Projektdateien per Drag-and-drop hinzufügen, schießen Sie über das Ziel hinaus und machen es dem KI-Tool schwer, den Fokus auf das eigentliche Problem zu richten.

Achtung, veraltete Informationen

KI-Tools funktionieren bei weitverbreiteten, schon lange etablierten Programmiersprachen besser als bei Swift. Das hat damit zu tun, dass Swift einerseits nur eine relativ kleine Nische ausfüllt und andererseits noch aktiv weiterentwickelt wird. Für Swift gibt es weniger Trainingsmaterial als für Python oder Java; zudem ist das Risiko größer, dass das verwendete Trainingsmaterial veraltet war. Hinterfragen Sie Antworten, fordern Sie explizit den Einsatz moderner/neuer Programmiertechniken ein oder weisen Sie auf die Swift- oder Xcode-Version hin, mit der Sie arbeiten!

3.3 Xcode

In diesem Buch steht Swift im Fokus, nicht Xcode. Aber es hilft nichts: Ohne Xcode können Sie weder Swift lernen noch Apps entwickeln. Ich würde so sagen: Xcode ist ein notwendiges Übel. Damit streite ich keinesweg ab, dass Xcode eine großartige Entwicklungsoberfläche ist. Aber das Programm hat zu viele Funktionen und richtet sich ganz explizit an Profis, nicht an Einsteiger.

Ich habe mich bemüht, an dieser Stelle einige Tipps zusammenzufassen, die Ihnen das Leben mit Xcode hoffentlich erleichtern. Es fehlt hier aber der Platz für eine systematische Beschreibung aller oder auch nur der wichtigsten Features. Damit könnte ich ein weiteres Buch füllen. Zwei gute Startpunkte für weitere Informationen sind das Video »Xcode essentials«, das Apple bei der Entwicklerkonferenz (WWDC) 2024 vorgestellt hat, sowie das Xcode-Online-Handbuch:

https://developer.apple.com/videos/play/wwdc2024/10181
https://developer.apple.com/documentation/xcode

Playgrounds

Mit FILE • NEW • PLAYGROUND können Sie einen Playground öffnen. Dort können Sie Swift-Code ausprobieren. Ihr Code wird in einer Playground-Datei gespeichert, die in Wirklichkeit ein vereinfachtes Xcode-Projekt ist.

Nach der Vorstellung von Swift hat Apple den Playground als Ort zum Lernen von Swift beworben. Es gibt sogar eine eigene Playground-App für iPads. Die Demonstrationen sahen zwar eindrucksvoll aus, aber in der Praxis verursachten Playgrounds mehr Probleme, als sie lösten – insbesondere beim Versuch, das Programm tatsächlich im Unterricht oder in Schulungen einzusetzen.

Mittlerweile ist es um Playgrounds ruhiger geworden. Ich empfehle Ihnen, zum Lernen der elementaren Sprachfunktionen Projekte des Typs MACOS • COMMAND LINE TOOL zu verwenden. Nach meinen Erfahrungen funktioniert das wesentlich besser.

Apps auf echten iPhones oder iPads ausführen

Es ist in Xcode unkompliziert möglich, macOS-Apps direkt sowie iOS-Apps in einem Simulator auszuführen. Was aber, wenn Sie zum ersten Mal eine App auf einem richtigen Gerät ausführen möchten? Die Vorgehensweise ist komplizierter, als man es für möglich halten würde: Unter anderem müssen Sie auf dem Gerät den Entwicklermodus aktivieren und unter Xcode einen (kostenlosen) Account für das Signing einrichten. Im Detail ist die Vorgehensweise in Abschnitt 13.10, »Apps auf dem eigenen iPhone ausführen«, beschrieben.

Ausgewählte Xcode-Fehlermeldungen und ihre Lösung

Dieser Abschnitt fasst einige besonders häufige bzw. unverständliche Xcode-Fehlermeldungen zusammen, auf die ich während der Arbeit an diesem Buch gestoßen bin. In den meisten Fällen kann ich Ihnen sogar eine Lösung anbieten.

- **Build failed (macOS):** Wenn Sie keinen Apple Developer Account haben (den brauchen Sie erst, wenn Sie eigene Apps in den App Store stellen möchten), kann es passieren, dass sich Xcode weigert, Ihre Apps zu kompilieren. Besonders oft passiert das bei Code-Beispielen, die Sie aus dem Internet (z. B. von Apple) heruntergeladen haben und die mit einem konkreten Account verbunden sind (der auf Ihrem Rechner aber natürlich fehlt). Das Gleiche gilt für einige Beispielprojekte aus diesem Buch, die mit meinem Account verbunden sind. Die Fehlermeldung lautet denkbar unspezifisch *build failed*.

Abhilfe: Wählen Sie im Project Navigator das Projekt aus (also den allerersten Eintrag der verschachtelten Liste), danach das Listenblatt *Signing & Capabilities*. Sie sehen jetzt die Signing-Einstellungen für alle möglichen Plattformen. Unter *macOS* ist vermutlich SIGNING CERTIFICATE = DEVELOPMENT eingestellt. Das ist die Fehlerursache. Stellen Sie stattdessen ... = SIGN TO RUN LOCALLY ein.

- **The app requires a more recent version of xxxOS:** Xcode meldet sich immer wieder mit dieser Fehlermeldung. Besonders oft passiert das, wenn Sie macOS noch nicht auf die aktuelle Major-Version aktualisiert haben, aber eine ganz neue Xcode-Version verwenden (z. B. macOS 14.n in Kombination mit Xcode 16.0). Oft wird der Fehler aber auch im Anschluss an einen Absturz Ihrer App angezeigt, ohne jeden Zusammenhang mit der installierten Betriebssystemversion. Nach meinen Erfahrungen kann es dafür alle möglichen Ursachen geben.

  Abhilfe: Oft ist die Fehlermeldung komplett irreführend. Es gibt in Ihrem Code irgendwo einen Syntaxfehler. Sobald Sie den beheben, kann das Programm ausgeführt werden.

  Unter Umständen verlangen die Projekteinstellungen tatsächlich eine neuere OS-Version als die, die Sie verwenden. Vergewissern Sie sich, indem Sie im Project Navigator das Projekt auswählen, dann das Dialogblatt GENERAL und in der Seitenleiste das gewünschte Target (nicht das ganze Projekt). Sie finden nun einen Einstellungspunkt MINIMUM DEPLOYMENT, wo Sie die Minimalversion für iOS, macOS usw. einstellen können. Das Zurückstellen auf eine frühere Version bringt natürlich nichts, wenn das Projekt ganz neue Features verwendet, die in älteren OS-Versionen noch nicht verfügbar sind.

- **buildExpression is unavailable; this expression does not conform to View:** Diese Fehlermeldung tritt häufig auf, wenn Sie in SwiftUI-Code eine `print`-Anweisung oder anderen Code einbauen, der keine View als Ergebnis liefert. Das ist unzulässig, wenn die aktive Klammernebene eine `View` als Ergebnis erwartet und nicht das `void`-Ergebnis von `print`. Sie können `print` aber in einen Ereignis-Handler (`onAppear`, `onChange` etc.) oder am Beginn einer View-Struktur mit `let _ = print(...)` einbauen:

```
struct ContentView: View {
    var body: some View {
        VStack {
            let _ = print("VStack initialisation")
            Image(systemName: "globe")
            ...
        }
```

```
        .onAppear() {
            print("onAppear event")
        }
    }
}
```

- **Reference to member xxx cannot be resolved without a contextual type:** Diese Fehlermeldung weist eigentlich darauf hin, dass der Compiler aus dem Kontext des Codes nicht erkennen kann, auf welchen Datentyp sich Ihr Code `.xxx` bezieht. Abhilfe schafft die Deklaration des Datentyps.

  In der SwiftUI-Praxis hat der Fehler aber oft eine ganz andere Ursache: Das Problem besteht darin, dass manche SwiftUI-Eigenschaften oder -Methoden nur in manchen Betriebssystemen zur Verfügung stehen. Beispielsweise können Sie `Color(.systemBackground)` zwar in einem iOS-Programm verwenden, nicht aber in einem macOS-Programm. Wenn Sie sich für den Projekttyp MULTIPLATFORM APP entschieden haben, muss der Code aber für alle Betriebssysteme korrekt sein.

  Die Fehlermeldung ist in diesem Fall vollkommen irreführend. Ihr Code ist an sich korrekt, aber eben nicht für jede Plattform. Die Lösung besteht darin, plattformabhängige Code-Zweige einzubauen, beispielsweise so:

```
#if os(iOS)
  .background(Color(.systemBackground))
#else
  .background(Color.white)
#endif
```

- **No such module UIKit:** Xcode behauptet, es gäbe das UIKit-Modul nicht. Natürlich gibt es dieses, aber nicht für macOS! Mit anderen Worten, die Ursache ist vermutlich dieselbe wie vorhin: Sie haben Ihr Projekt als MULTIPLATFORM APP gestartet. Dann können Sie `UIKit` tatsächlich nicht importieren, zumindest nicht für den macOS-Zweig der App. Sie können sich wie oben mit `#if os(...)` behelfen, oder Sie können in den Target-Einstellungen unter GENERAL • SUPPORTED DESTINATIONS die Platform MACOS entfernen.

- **Mysteriöse Build-Fehler:** Jede App muss vor der Ausführung kompiliert werden. Dieser Vorgang wird Build-Prozess genannt. Wenn dabei, etwa nach der Veränderung von Projekteinstellungen, merkwürdige Fehlermeldungen auftreten, die nicht Ihrem Code zuzuordnen sind (z. B. *filename.abi.json error* oder *active scheme does not build this file*), hilft es manchmal, alle bisherigen Build-Dateien mit PRODUCT • CLEAN BUILD FOLDER zu löschen. Das verlängert die Zeit für die nächste Kompilierung, löst aber oft den Fehler (den Xcode verursacht, nicht Sie!).

- **Mysteriöse Abstürze:** Bei den größeren Projekten an diesem Buch hatte ich gelegentlich mit unerklärlichen Abstürzen der App zu kämpfen – ohne klare Fehlermeldung, oft sogar ohne eine Angabe, *wo* im Code das Problem lag. Oft war ich selbst schuld, aber in manchen Fällen lag der Fehler nicht bei mir, sondern bei Xcode. Teile des Projekts wurden nicht wie erforderlich neu kompiliert, passten nicht zusammen und führten dann zu unerklärlichen Abstürzen. Die Abhilfe besteht abermals darin, alle bisherigen Build-Dateien mit PRODUCT • CLEAN BUILD FOLDER zu löschen.

- **Unable to type-check this expression in reasonable time:** Mitunter scheitert der Compiler daran, Ihren Code zu verstehen. Die vollständige Fehlermeldung lautet wie folgt: *The compiler is unable to type-check this expression in reasonable time; try breaking up the expression into distinct sub-expressions.*

  Nun gibt der Compiler hier ja schon einen Hinweis, was zu tun ist. Tatsächlich hilft es oft, einen Teil des Codes in eine eigene Funktion oder SwiftUI-Struktur auszulagern. Die Auftrennung des Codes verringert nicht nur die Anzahl der Verschachtelungsebenen, sondern legt zumindest an der Schnittstelle zur neuen Funktion bzw. Struktur eindeutige Datentypen fest. (Der Swift-Compiler hat manchmal das Problem, dass es bei Init-Funktionen oder Closures mehrere Varianten gibt, die an dieser Stelle syntaktisch infrage kommen. Mit jeder Code-Ebene vervielfacht sich die Anzahl der Möglichkeiten.)

  Allerdings hat der Fehler nicht immer damit zu tun, dass Ihr Code über 20 Klammerebenen verschachtelt ist. Vielleicht haben Sie bei einer Änderung einen Fehler eingebaut – nur wo? Oft ist es am einfachsten, mit [cmd]+[Z] die letzten Änderungen rückgängig zu machen, bis Xcode Ihren Code fehlerfrei übersetzt. Dann versuchen Sie noch einmal, die gewünschten Änderungen durchzuführen und dabei in möglichst kleinen Schritten vorzugehen.

Terminal für das Projektverzeichnis

In Xcode gibt es für jeden erdenklichen Zweck Tabs und Subfenster. Unbegreiflicherweise fehlt die Möglichkeit, einfach ein Terminal für das aktuelle Projekt zu öffnen.

Abhilfe: Verwenden Sie das externe Terminal-Programm und wechseln Sie mit `cd` manuell in das Projektverzeichnis. Sie finden im Internet Anleitungen für diverse Hacks, um diesen Vorgang in Xcode zu integrieren, z. B. auf der folgenden Webseite. Eine wirklich optimale Lösung habe ich aber nicht gefunden.

https://stackoverflow.com/questions/21998706

Git

Xcode legt zusammen mit jedem neuen Projekt ein Git-Repository an. Die dazugehörenden Dateien landen im Unterverzeichnis `.git`. Git gibt Ihnen die Möglichkeit, den aktuellen Zustand Ihres Projekts immer wieder in sogenannten Commits zu speichern. Bei Bedarf können Sie dann eine alte Version des Programms wiederherstellen, wenn Sie bei der Entwicklung eines neuen Features in eine Sackgasse geraten sind. Noch wichtiger wird Git, wenn Sie Ihr Projekt auf GitHub oder auf einer anderen Git-Plattform hosten und den Code im Team entwickeln, worauf ich hier aber nicht eingehe.

Grundsätzlich ist die Verwendung von Git freiwillig. Niemand zwingt Sie dazu. Selbst wenn Sie nicht vorhaben, Git zu nutzen, schadet es nicht, die Option CREATE GIT REPOSITORY ON MY MAC beim Erzeugen eines neuen Projekts gesetzt zu lassen. Das vorerst nahezu leere `.git`-Verzeichnis kostet kaum Speicherplatz.

Die Integration von Git in Xcode ist weit weniger gut gelungen als in VS Code. Insbesondere weichen manche Xcode-Kommandos von der üblichen Git-Nomenklatur ab. Das hat damit zu tun, dass Xcode früher die Versionsverwaltungs-Software SVN verwendete.

Git funktioniert nicht automatisch. Sie müssen regelmäßig INTEGRATE • COMMIT ausführen – auf jeden Fall einmal täglich bzw. vor jedem größeren Umbau in Ihrem Code. In diesem Dialog sind ebenso wie im Projektnavigator geänderte Dateien mit dem Buchstaben M (*modified*) und neue Dateien mit dem Buchstaben A (*added*) gekennzeichnet (siehe Abbildung 3.2). Im Regelfall wollen Sie alle Änderungen seit dem letzten Mal in den Commit übernehmen – dazu dient der Button STAGE ALL (aus dem nach dem Ausführen UNSTAGE ALL wird, um den Vorgang gegebenenfalls rückgängig zu machen). Außerdem müssen Sie eine Commit-Nachricht formulieren, die möglichst kompakt zusammenfasst, was sich seit dem letzten Commit geändert hat.

Abbildung 3.2 Git-Commit durchführen

Von Git erstmals richtig profitieren werden Sie, wenn eine Funktion Ihres Programms, die sich früher ordnungsgemäß verhalten hat, plötzlich Fehler verursacht. Wann wurde die betreffende Datei zuletzt geändert – und warum? Die Antwort auf diese Fragen gibt die Ansicht CODE REVIEW, die Sie über den Button CODE REVIEW rechts oben in der Xcode-Symbolleiste aktivieren (siehe Abbildung 3.3). Anschließend wählen Sie in der Statuszeile aus, welchen Code-Zustand bzw. welche Commits Sie vergleichen möchten. Oft stellen Sie links den aktuellen Zustand ein (*Uncommitted Changes*), rechts einen älteren Commit. In dieser Ansicht können Sie auch einzelne Änderungen rückgängig machen.

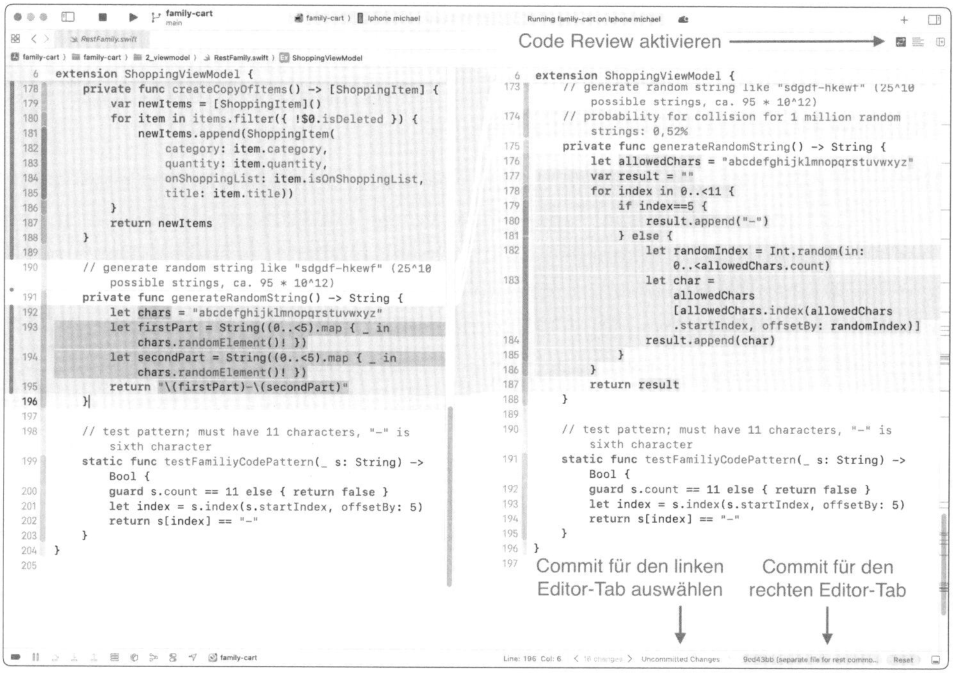

Abbildung 3.3 Vergleich der aktuellen Version einer Codedatei (links) mit einer älteren Version (rechts)

Eine umfassende Beschreibung der Git-Funktionen von Xcode finden Sie hier:

https://developer.apple.com/documentation/xcode/source-control-management

Xcode-Verzeichnisse aufräumen

Im Laufe der Zeit produziert Xcode Unmengen von Datenmüll auf Ihrer SSD. Dabei handelt es sich in erster Linie um Kompilate und Objektdateien alter Projekte sowie um Einstellungen und App-Installationen in alten Versionen von iOS-Geräten des Simulators. Im Folgenden mache ich Ihnen einige Vorschläge, welche Dateien Sie löschen können und mit welchen Nebenwirkungen Sie dabei zu rechnen haben.

Vorsicht

Verzeichnisangaben in diesem Abschnitt sind relativ zu Ihrem Heimatverzeichnis. `Library` meint also `/Users/<name>/Library` und keinesfalls das globale `/Library`-Verzeichnis!

Beenden Sie sowohl Xcode als auch den iOS-Simulator, und machen Sie vor dem Aufräumen ein Time-Machine-Backup! Wenn Sie vorsichtiger vorgehen möchten, löschen Sie die im Folgenden angegebenen Dateien nicht, sondern verschieben sie zuerst in ein Backup-Verzeichnis.

Es wäre gut, wenn Sie ein wenig Terminal-Erfahrung hätten, bevor Sie die hier vorgeschlagenen `rm`-Kommandos ausführen. `rm` ist ein Kommando zum Löschen von Dateien und Verzeichnissen. Wenn Sie die falschen Parameter übergeben, kann das Kommando großen Schaden anrichten!

Eine Alternative zu den im Folgenden beschriebenen Terminal-Kommandos ist das kostenlose Programm *Dev Cleaner* aus dem App Store (siehe Abbildung 3.4).

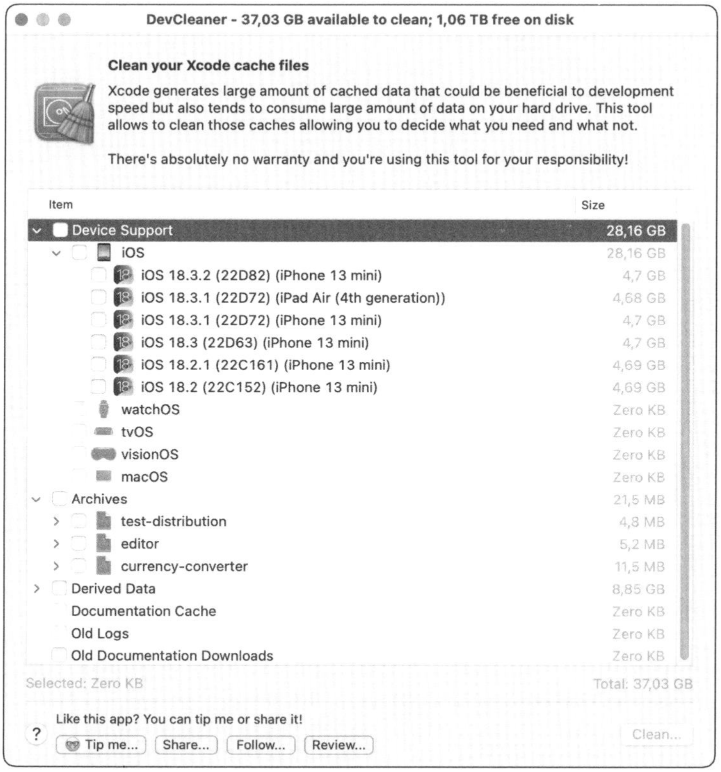

Abbildung 3.4 Mit dem »Dev Cleaner« können Sie auch ohne Terminal-Kommandos aufräumen.

Die von mir getestete Version rührt das Verzeichnis für die Preview-Simulatoren allerdings nicht an. Das ist einerseits verständlich, weil hier die Gefahr unerwünschter Nebenwirkungen am größten ist, andererseits war genau dieses Verzeichnis auf meinem Rechner das bei Weitem größte.

DerivedData-Verzeichnis

Das Verzeichnis `Library/Developer/Xcode/DerivedData` enthält Objektdateien und andere kompilierte Dateien. Bei Projekten, die Sie gerade aktiv bearbeiten, werden in diesem Verzeichnis fehlende Dateien beim nächsten Kompilieren automatisch neu erzeugt. Bei großen Projekten wird das Kompilieren also erstmalig ein wenig länger als sonst dauern. Davon abgesehen sind keine Nebenwirkungen zu erwarten, wenn Sie den gesamten Inhalt des Verzeichnisses löschen (nicht aber das Verzeichnis selbst). Dazu beenden Sie zuerst Xcode, öffnen dann ein Terminal-Fenster und führen dort die folgenden Kommandos aus:

```
cd

# du ermittelt den aktuellen Platzbedarf, hier fast 9 GB
du -h -d 0 Library/Developer/Xcode/DerivedData

  8,7G

# löscht alle Unterverzeichnisse in
# Library/Developer/Xcode/DerivedData
rm -rf Library/Developer/Xcode/DerivedData/*
```

Tipp

Um festzustellen, welche Unterverzeichnisse den meisten Platz beanspruchen, können Sie statt dem oben vorgestellten Kommando `du` (die Buchstaben stehen für *disk usage*) auch `ncdu` einsetzen. Sie müssen das Kommando einmalig über das Homebrew-Projekt installieren (*https://brew.sh*).

Danach wechseln Sie in ein Startverzeichnis, z. B. `Library`, und starten das Programm. `ncdu` durchforstet ausgehend vom Startverzeichnis alle Unterverzeichnisse und zeigt dann das größte zuerst an. Davon ausgehend können Sie durch alle Verzeichnisse navigieren und sofort sehen, welche am meisten Platz beanspruchen. Nach der Arbeit an diesem Buch befanden sich auf meinem Rechner in `Library/Developer/Xcode` ca. 80 GByte Daten.

iOS-DeviceSupport-Verzeichnis

Das Verzeichnis `Library/Developer/Xcode/iOS DeviceSupport` enthält Debugging-Daten für alle iOS-Versionen, für die Sie jemals Apps entwickelt bzw. getestet haben. Sie können hier alle Unterverzeichnisse außer dem für die gerade aktuellste iOS-Version zu löschen. Dankenswerterweise haben die Verzeichnisse lesbare Namen, z. B. `iPhone14,4 18.3.2 (22D82)` für iPhones mit iOS 18.3.2.

Sie können es sich noch einfacher machen und alle Unterverzeichnisse löschen. Xcode wird dann vor dem Ausführen der nächsten App eine Weile die Meldung *processing symbol files* anzeigen und die erforderlichen Dateien für die gerade aktuellste Version neu erzeugen. Bei mir hat das circa eine Minute gedauert.

```
cd
du -h -d 0 Library/Developer/Xcode/iOS\ DeviceSupport

  26G

rm -rf Library/Developer/Xcode/iOS\ DeviceSupport/*
```

Wenn Sie Apps für die Apple-TV-Box oder die Apple Watch entwickeln, existieren auch die Verzeichnisse `tvOS DeviceSupport` und `watchOS DeviceSupport`. Mit diesen Verzeichnissen können Sie analog verfahren.

Preview-Simulator-Verzeichnis

SwiftUI-Apps können Sie in der Preview-Ansicht testen. Die Apps werden dazu in einem Simulator ausgeführt und direkt in Xcode angezeigt. Das folgende Verzeichnis enthält die dafür verwendeten Simulator-Geräte. Die Unterverzeichnisse verwenden unleserliche UUIDs als Namen. Immerhin gibt es in der ersten Verzeichnisebene die Datei `device.plist`; deren Inhalt gibt Aufschluss darüber, um welches Gerät es sich handelt. Die folgenden beiden Kommandos zeigen alle derartigen Dateien im Terminal an:

```
cd Library/Developer/Xcode/UserData/Previews/Simulator Devices
cat */device.plist
```

Bevor Sie den Inhalt des Verzeichnisses `Simulator Devices` löschen, sollten Sie außer Xcode und dem Programm *Simulator* auch alle eventuell im Hintergrund noch laufenden Simulatoren beenden:

```
killall -9 com.apple.CoreSimulator.CoreSimulatorService
```

Nach dem Löschen müssen die betreffenden Geräte bei der nächsten Nutzung neu angelegt werden, was ca. eine halbe Minute pro Gerät dauert. Außerdem verlieren Sie von Ihren Apps im Testbetrieb lokal gespeicherte User-Defaults und Dateien. Insofern fällt hier eine Löschempfehlung schwer. Andererseits war das Preview-Simulator-Verzeichnis bei meinen Tests das umfangreichste. Werfen Sie auch einen Blick auf die folgende StackOverflow-Seite:

https://stackoverflow.com/questions/71073715/xcode-13-ui-previews-folder-takes-too-much-space

CoreSimulator-Verzeichnis

Das Verzeichnis `Library/Developer/CoreSimulator` enthält für jedes iOS-Gerät, das Ihnen momentan im Simulator zur Verfügung steht, ein Verzeichnis mit den jeweiligen Benutzerdaten (von Ihnen per Xcode installierte Apps, Einstellungen etc.). Gleichzeitig enthält es aber auch Simulator-Dateien für unzählige iOS-Geräte in alten Versionen, die Sie womöglich schon jahrelang nicht mehr verwendet haben.

Es gibt hier zwei Strategien: Am besten ist es, nicht benötigte Simulatoren im Xcode-Fenster Windows • Devices and Simulators zu löschen (siehe Abbildung 3.5).

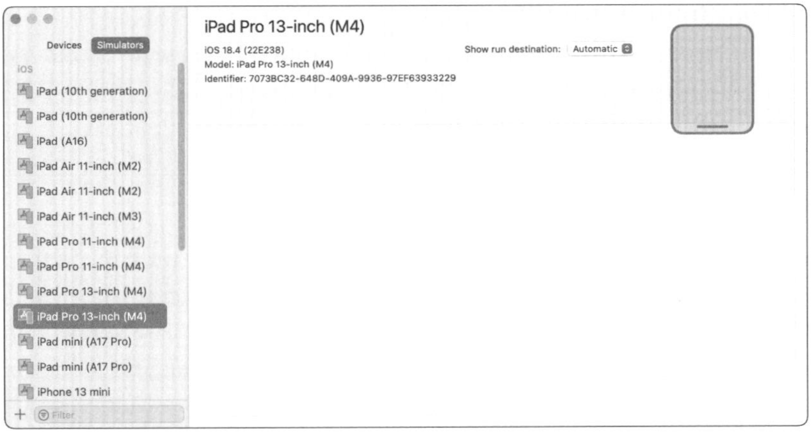

Abbildung 3.5 Die Simulator-Verwaltung in Xcode

Alternativ können Sie wiederum alles löschen:

```
rm -rf Library/Developer/CoreSimulator/*
```

Allerdings steht Ihnen nun beim nächsten Start von Xcode kein einziger Simulator mehr zur Verfügung. Sie müssen im schon erwähnten Xcode-Fenster Devices and Simulators die gewünschten Simulator-Modelle neu einrichten. Das kostet Zeit und Mühe, hat aber den Vorteil, dass sich die Simulatorauswahl auf die für Sie relevanten Modelle reduziert.

TEIL II

Swift

Kapitel 4
Variablen, Optionals und Datentypen

Dieses Kapitel führt in die Konzepte der Variablenverwaltung in Swift ein. Es erläutert den Unterschied zwischen Variablen und Konstanten sowie zwischen Wert- und Referenztypen. Es gibt einen Überblick über wichtige elementare Datentypen (ganze Zahlen, Fließkommazahlen und Zeichenketten). Außerdem geht es ausführlich auf Optionals ein, also auf Variablen, die zusätzlich den Wert bzw. Zustand `nil` enthalten können.

4.1 Variablen und Konstanten

In den meisten Programmiersprachen sind Variablen die Regel und Konstanten die Ausnahme. Für die Programmierung in Swift wird hingegen empfohlen, möglichst oft mit Konstanten zu arbeiten (Schlüsselwort `let`) und Variablen nur einzusetzen, wenn dies tatsächlich notwendig ist (Schlüsselwort `var`).

Deklaration von Variablen

Variablen müssen bei oder vor der ersten Zuweisung mit `var` deklariert werden. Swift entscheidet sich selbst für einen geeigneten Datentyp. Dieser Typ kann sich später nicht mehr ändern.

```
var x = 3              // implizite Int-Variable
x = 5                  // OK
x = 1.4                // Fehler, x ist eine Fließkommazahl
```

Sie können den Datentyp auch explizit festlegen – entweder durch eine Typangabe (*Type Annotation*) in der Form `varname:typ` oder durch ein Literal, das den Datentyp eindeutig macht (`var y=3.0`).

```
var y: Double = 3      // explizite Double-Variable
y = 1.7                // OK
```

Sie können in einer durch Kommata getrennten Aufzählung mehrere Variablen auf einmal deklarieren – mit oder ohne Zuweisung. Sie *müssen* aber jeder Variablen zuerst einen Wert zuweisen, bevor Sie die Variable auslesen bzw. in einem Ausdruck verwenden können. Eine Ausnahme von dieser Regel sind Optionals (siehe Abschnitt 4.2), die automatisch mit dem Zustand nil initialisiert werden.

```
var a = 3, b = 8.4, c = false
var d, e, f: Double, g: Bool
print(d)          // Fehler, d ist nicht initialisiert
```

Innerhalb einer Klasse definierte Variablen heißen in Swift *Eigenschaften* (Properties) und werden in Abschnitt 9.3, »Eigenschaften«, näher behandelt.

Variablennamen

Variablennamen können aus nahezu allen Unicode-Zeichen zusammengesetzt werden. Auch Ziffern sind erlaubt, allerdings nicht als erstes Zeichen. Nicht zulässig sind Leer- und Tabulatorzeichen, Satzzeichen sowie mathematische Symbole. Es ist sogar zulässig, Schlüsselwörter als Variablennamen zu verwenden, wenn Sie sie in rechtsgerichtete Apostrophe setzen; empfohlen ist dies aber nicht.

Es ist üblich, Variablennamen mit einem Kleinbuchstaben beginnen zu lassen. Bei zusammengesetzte Namen verwenden Sie am besten die CamelCase-Notation. Damit ergeben sich Namen wie loginPassword.

Konstanten

Konstanten werden mit let deklariert. Eine spätere Änderung des anfänglichen Werts ist nicht erlaubt.

```
let max = 5  // Konstante, Datentyp Int
max = 7      // Fehler, max kann nicht mehr verändert werden
```

Wenn der Swift-Compiler erkennt, dass von verschiedenen Codezweigen immer genau einer ausgeführt werden kann, sind unterschiedliche Zuweisungen erlaubt:

```
let color: String   // speichert den Namen einer Farbe
if Bool.random() {  // zufällig zwischen Rot/Grün wählen
    color = "Red"
} else {
    color = "Green"
}
```

Beachten Sie, dass Swift bei Konstanten zwar die Zuweisung eines neuen Werts bzw. Objekts verhindert, dass die Daten bzw. der Inhalt eines Objekts aber sehr wohl auch bei Konstanten verändert werden können!

```
class Circle {                     // einfache Klasse
    var radius: Double             // für einen Kreis

    init(radius: Double) {
        self.radius = radius
    }
}

let circle = Circle(radius: 5)
circle.radius = 7                  // erlaubt
circle = Circle(radius: 8)         // nicht erlaubt
```

`let` kann zur Auswertung von Optionals mit `if`- oder `while`-Bedingungen kombiniert werden. Dabei wird getestet, ob der Ausdruck ungleich `nil` ist. Wenn das der Fall ist, gilt die Bedingung als erfüllt, und der Ausdruck wird der Konstanten zugewiesen. Die folgende Zeile zeigt nur die Syntax, weitere Beispiele folgen in Abschnitt 4.2 und in Kapitel 6, »Verzweigungen und Schleifen«.

```
var s: String = numberInput() // Zeichenkette
if let x = Int(s) {           // x hat den Datentyp Int
  print(x)
}
```

Es ist in Swift unüblich, Namen von Konstanten großzuschreiben. Verwenden Sie also `let maxUsers = 10` und nicht `let MAX_USERS = 10`.

Konstanten statt Variablen

Die Swift-Dokumentation empfiehlt, nach Möglichkeit `let` den Vorzug gegenüber `var` zu geben. Xcode weist zudem in Warnungen auf Variablen hin, die nie verändert werden und daher mit `let` deklariert werden könnten. Machen Sie also nur das variabel, was wirklich variabel sein muss. Gewöhnen Sie sich an, zuerst einmal `let` zu verwenden, und ändern Sie `let` erst bei Bedarf in `var`.

Enumerationen (Enums)

Mehrere Konstanten, die eine zusammengehörende logische Gruppe bilden, werden zweckmäßigerweise als Enumeration formuliert. Die Syntax hierfür ist simpel:

```
enum Color {
    case white
    case black
    case red, green, blue
}
```

Die zu definierenden Konstanten werden also einfach mit `case` aufgezählt, wobei Sie wahlweise immer nur eine oder aber mehrere durch Kommata getrennte Konstanten auf einmal nennen können. Swift weist den Konstanten selbst eindeutige Werte zu. Die Anwendung von Enumerationen sieht so aus:

```
var c = Color.white
if c == Color.red {
    print("c enthält die Farbe 'Rot'.")
}
```

Wenn aus dem Kontext ohnehin klar ist, dass es sich um Elemente einer bestimmten Enumeration handelt, ist die folgende Kurzschreibweise zulässig:

```
var c = Color.white
c = .green              // Kurzschreibweise
if c == .green {
    print("Grün")
}
```

Normalerweise weist Swift den Enumerationselementen selbst eindeutige Werte zu. Sie können in diesen Prozess aber eingreifen und den Konstanten Werte in einem Datentyp zuordnen, den Sie bei der Deklaration angeben. Swift achtet darauf, dass jedes Enumerationselement einen eindeutigen Wert erhält. Mit `.rawValue` lesen Sie den Wert aus.

```
enum Color: String {
  case red  = "#ff0000"
  case blue = "#0000ff"
}

var c = Color.red
print(c.rawValue)       // "#ff0000"
```

Enumerationen definieren neue Datentypen

Enumerationen eignen sich nicht nur dazu, eine Gruppe von Konstanten zu bilden, sie definieren auch eigene Datentypen. Daraus ergeben sich weitere syntaktische Feinheiten, siehe Abschnitt 9.2, »Enumerationen«, sowie:

https://docs.swift.org/swift-book/documentation/the-swift-programming-language/enumerations

4.2 Optionals

In den meisten Programmiersprachen können Objektvariablen den Zustand `null` im Sinne von »nicht initialisiert, nicht belegt« aufweisen. In Swift ist dies normalerweise unmöglich. Gewöhnlichen (also: nicht optionalen) Variablen muss vor dem ersten Auslesen ein konkreter Wert zugewiesen werden.

Allerdings kennt Swift neben gewöhnlichen Variablen bzw. Konstanten auch sogenannte *Optionals*. Das sind Variablen bzw. Konstanten, die den Zustand »noch nicht belegt/unbekannt/ungültig« aufweisen können. Dieser Zustand wird allerdings nicht durch das Schlüsselwort `null`, sondern durch das sinngemäß gleichwertige `nil` ausgedrückt. Im Unterschied zu manchen anderen Programmiersprachen gibt es Optionals in Swift nicht nur für Referenztypen, sondern auch für elementare Wertdatentypen wie `Int` oder `String`.

Optionals – Fluch oder Segen?

Für den Umgang mit Optionals gelten eine Menge spezieller Regeln. Die relativ sperrige Syntax wird damit begründet, dass man mit ihrer Hilfe einen ungewollten Zugriff auf eine nicht initialisierte Variable vermeidet, der in anderen Programmiersprachen ein häufiges Problem ist.

In der Praxis gewinnt man bei der Entwicklung von Apps manchmal das Gefühl, als würden Eigenschaften oder Methoden viel zu oft Optionals liefern. Die ständig erforderlichen Absicherungen mit `if-let`-Zuweisungen oder `guard`-Bedingungen machen den Code dann langatmig und schwer lesbar.

Optionals deklarieren

Optionals deklarieren Sie, indem Sie nach dem Variablennamen den Datentyp sowie ein Ausrufe- oder Fragezeichen angeben. Optionals können für *alle* Datentypen deklariert werden, auch bei elementaren Datentypen wie `Int`, `Double` oder `String`. Bei der Ausgabe mit `print` müssen Sie das Casting `as Any` durchführen, andernfalls kommt es zur Warnung *implicitly coerced to Any*. Den Operator `as` stelle ich Ihnen in Kapitel 5, »Operatoren«, vor.

```
var op1: Int?        // Optional für Int (gewöhnliches Optional)
var op2: Double!     // Optional für Double (Implicitly Unwrapped
                     //                      Optional)
print(op1 as Any)    // Ausgabe: nil
print(op2 as Any)    // Ausgabe: nil

op1 = 3              // Erst jetzt haben die Optionals einen
op2 = 1.4            // richtigen Wert.
```

Optionals kommen auch ohne explizite Deklaration zustande, wenn Sie Funktionen oder Methoden aufrufen, die Optionals als Rückgabewert liefern. Im folgenden Beispiel liefert `Int(s)` das Ergebnis im Datentyp `Int?` zurück. Das liegt daran, dass `Int` nicht von vornherein weiß, ob sich die Zeichenkette wirklich in eine Zahl umwandeln lässt. Bei `Int("123")` klappt das, aber bei `Int("bla")` nicht. Im zweiten Fall tritt kein Fehler auf, aber das Ergebnis lautet `nil`.

```
let s = "123"
var i = Int(s)        // i hat den Datentyp 'Int?'
print(i as Any)       // Ausgabe "Optional(123)"
```

Optionals auslesen

Die Beispiele des vorigen Abschnitts haben gezeigt, dass es *zwei* Arten gibt, um Optionals zu deklarieren: entweder mit einem Ausrufezeichen oder mit einem Fragezeichen. Der Unterschied besteht darin, wie sich die Variable beim Zugriff auf die Daten verhält.

- **Optionals mit Fragezeichen (gewöhnliche Optionals):** Gewöhnliche Optionals müssen beim Auslesen jedes Mal explizit durch ein nachgestelltes Ausrufezeichen in den zugrunde liegenden Datentyp umgewandelt werden:

  ```
  var op1: Int? = 1
  print(op1 + 3)      // Fehler, 'Int' + 'Int?' ist nicht zulässig
  let i: Int = op1    // Fehler, 'Int' = 'Int?' ist nicht möglich
  print(op1! + 3)     // ok
  let i: Int = op1!   // ok
  ```

  Sollte sich beim Auslesen mit `op!` herausstellen, dass die Variable `nil` enthält, tritt ein Fehler auf! Dieser Fall muss vorweg durch einen Test, durch `if let` oder durch den Einsatz des Nil-Coalescing-Operators ausgeschlossen werden (siehe den nächsten Abschnitt).

  Generell gilt: Unwrapping ist nur beim Auslesen, aber nie beim Zuweisen erforderlich – also z. B. auf der rechten Seite von Zuweisungen (`let x = op!`). Merkwürdigerweise ist der Unwrapping-Operator aber auch auf der linken Seite erlaubt, wenn Sie ein Optional verändern. Der Compiler akzeptiert `op1! = 2` als korrekte Anweisung. `op1 = 2` wäre natürlich auch korrekt.

- **Optionals mit Ausrufezeichen (Implicitly Unwrapped Optionals):** Werden Optionals hingegen in der Form `Datentyp!` deklariert, dann erfolgt die Umwandlung in den zugrunde liegenden Datentyp, also das sogenannte »Unwrapping«, automatisch. Aber natürlich kommt es auch hierbei zu einem Fehler, sollte die Variable oder Konstante `nil` enthalten.

```
var op2: Double! = 1.4
print(op2 + 1.7)      // ok
let x: Double = op2  // ok
```

Implicitly Unwrapped Optionals sind übrigens auch dann als Datentyp erlaubt, wenn eine Funktion oder Methode ein gewöhnliches Optional zurückgibt:

```
let n: Int! = Int("abc")  // n enthält nun nil
```

Implicitly Unwrapped oder nicht?

Jetzt stellt sich natürlich die Frage: Welche der beiden Varianten sollen Sie vorziehen? Auf der sicheren Seite sind Sie mit gewöhnlichen Optionals. Hier zwingt die Swift-Syntax Sie zum Einsatz des Unwrapping-Operators. Weder Sie noch irgendjemand sonst, der Ihren Code liest, kann übersehen, dass hier Optionals im Spiel sind. Für die Variante mit automatischem Unwrapping spricht der Umstand, dass der Code ein wenig kompakter und leichter lesbar wird.

nil-Test und if let

Optionals setzen Sie immer dann ein, wenn Sie nicht von vornherein wissen, ob bzw. ab welchen Zeitpunkt eine Variable gültige Daten enthält. Daraus folgt aber, dass Sie vor dem Auslesen von Optionals immer überprüfen müssen, ob Sie (schon) valide Daten haben oder nicht. Am einfachsten gelingt dieser Test mit `var == nil` bzw. `var != nil`, wobei bei Letzterem ein Leerzeichen zwischen dem Variablennamen und dem Operator notwendig ist – andernfalls interpretiert der Compiler den Test falsch im Sinne von `var! = nil`.

```
let inputString = "7"       // Benutzereingabe
let n = Int(inputString)    // n hat den Datentyp Int?
if n == nil {
    print("Fehler, die Eingabe kann nicht in " +
          "eine Zahl umgewandelt werden.")
}
else {
    // 5...n! bildet einen Zahlenbereich von 5 bis n
    for i in 5...n! {
        print(i)  // Ausgabe: 5, 6, 7
    }
}
```

Mit `if let` können Sie den `nil`-Test mit einer Zuweisung kombinieren. Wenn der Ausdruck auf der rechten Seite der Zuweisung ungleich `nil` ist, dann wird der Wert des

Optionals in der Variablen auf der linken Seite gespeichert. In n wird also das ausgepackte Optional gespeichert, und der Datentyp ist Int:

```
if let n = Int(inputString)  {  // n hat den Datentyp Int
    for  i in 5...n {
        print(i)
    }
}
```

Mehr if-let-Varianten

Mit if let können Sie mehrere Optionals auf einmal auswerten und den gesamten Ausdruck gleichzeitig mit Bedingungen verknüpfen. Viele weitere if-let-Varianten stelle ich Ihnen in Abschnitt 6.1, »Verzweigungen mit if«, vor.

Optional Chaining

Mitunter entstehen ganze Ketten von Optionals: Wenn ein Optional ungleich nil ist, dann soll darauf eine Methode angewendet werden. Das Ergebnis ist aber selbst ein Optional – und wenn es ebenfalls ungleich nil ist, dann soll eine seiner Eigenschaften ausgelesen werden. Mit der vorhin erwähnten if-let-Kombination ergeben sich daraus solche Konstruktionen:

```
if let a = optional,
   let b = a.method(),
   let c = b.property
{
   // c verarbeiten
}
```

Swift sieht für solche Fälle die Operatorkombination ?. vor: Wenn der vorherige Ausdruck nil ist, dann lautet das Endergebnis nil, andernfalls wird die nachfolgende Methode oder Eigenschaft ausgewertet – und so weiter. »The Swift Programming Language« nennt diesen mehrfach verknüpften nil-Test *Optional Chaining*. Die Kurzschreibweise für den obigen Code lautet damit so:

```
if let c = optional?.method()?.property {
    // c verarbeiten
}
```

Optional Chaining ist in zwei Varianten besonders beliebt:

- optional?.method() bewirkt, dass die Methode nur dann aufgerufen wird, wenn der vorangestellte optionale Ausdruck nicht nil ist. Andernfalls wird die Anweisung ignoriert, und es tritt kein Fehler auf. Sie ersparen sich also umständlichen Code der Art if optional != nil { optional!.method()}.

- `optional?.property = xxx` bewirkt analog, dass die Eigenschaft nur dann verändert wird, wenn der vorangestellte optionale Ausdruck ungleich `nil` ist. Auch hier ersparen Sie sich den Test `optional != nil`.

Nil Coalescing

Speziell für die Variablenzuweisung ist der Nil-Coalescing-Operator hilfreich (siehe auch Kapitel 5, »Operatoren«). Anstelle von

```
var i: Int
let inputString = "123"
let defaultvalue = 0
let n = Int(inputString)

// Variante 1: herkömmlicher Code
if n == nil {
    i = defaultvalue
} else {
    i = n!
}
```

oder der kürzeren Fassung mit dem ternären Operator

```
// Variante 2 mit dem ternären Operator
i = (n == nil) ? defaultvalue : n!
```

können Sie Optionals noch knapper so einer Variablen zuweisen:

```
// Variante 3 mit Nil-Coalescing-Operator
i = n ?? defaultvalue
```

Die zwei Fragezeichen repräsentieren also den Nil-Coalescing-Operator. `a ?? b` liefert den Inhalt von `a` zurück, wenn dieser nicht `nil` ist, oder andernfalls den Defaultwert aus `b`.

4.3 Elementare Datentypen

Jede in einer externen Bibliothek oder in Ihrem eigenen Code definierte Klasse gilt als Datentyp. Diese Regel gilt auch für Strukturen und Enumerationen. Damit ist klar: Es gibt potenziell unendlich viele Datentypen.

Davon losgelöst braucht Swift ein Fundament elementare Datentypen für Zahlen, boolesche Zustände sowie Zeichenketten. In diesem Abschnitt stelle ich Ihnen die wichtigsten Basisdatentypen vor und gebe einige Tipps zu ihrer Anwendung. Auf Zeichenketten, die in der Praxis besonders wichtig sind, gehe ich in Abschnitt 4.4 getrennt ein.

Ganze Zahlen

Swift verwendet standardmäßig den Datentyp Int mit 8 Byte bzw. 64 Bit zur Speicherung ganzer Zahlen. Wenn Sie explizit einen anderen Integer-Zahlentyp wünschen, haben Sie die Wahl zwischen Int8, -16, -32 und -64 sowie den vorzeichenlosen Varianten UInt8, -16, -32 und -64. Den zulässigen Zahlenbereich können Sie bei Bedarf mit den Eigenschaften min und max ermitteln.

```
let imin = Int.min           // -9.223.372.036.854.775.808 (64 Bit)
let imax = Int.max           //  9.223.372.036.854.775.807 (64 Bit)
let i32min = Int32.min       //             -2.147.483.648
let ui16max = UInt16.max     //                     65.535
```

Im Code werden ganze Zahlen normalerweise dezimal geschrieben. Alternativ können Sie 0b, 0o oder 0x voranstellen, um Zahlen in binärer, oktaler oder hexadezimaler Schreibweise zu formulieren:

```
let x = 0b110011             // dezimal 51
let y = 0o772                // dezimal 506
let z = 0x12                 // dezimal 18
```

Wenn Sie Zahlen binär, oktal oder hexadezimal ausgeben möchten, verwenden Sie am besten den String-Konstruktor mit dem radix-Parameter:

```
let bin = String(127, radix: 2)   // "1111111"
let oct = String(127, radix: 8)   // "177"
let hex = String(127, radix: 16)  // "7f"
```

Bei vielstelligen Zahlen können Sie mit _ Zifferngruppen bilden, um die Lesbarkeit zu verbessern:

```
let population = 8_187_811_040
let id = 0x23a4_d350_5499_aaef
```

Fließkommazahlen

Sobald in einer Zahl ein Dezimalpunkt vorkommt, betrachtet Swift die Zahl als Fließkommazahl mit dem Datentyp Double. Fließkommazahlen beanspruchen intern 8 Byte Speicherplatz und weisen eine Genauigkeit von ca. 16 Stellen auf. Die größtmögliche positive Zahl beträgt ca. 2×10^{308}. Wenn Sie Fließkommazahlen in einer reduzierten Genauigkeit von rund 8 Stellen speichern möchten, verwenden Sie den Typ Float.

```
let x = 1.4             // normale Double-Zahl
let y: Float = 1.3      // Float-Zahl mit reduzierter Genauigkeit
```

Fließkommaliterale müssen einen Dezimalpunkt oder den Buchstaben e bzw. E für die Exponentialschreibweise enthalten:

```
let d1 = 1000.0        // 1000.0
let d2 = 1e3           // 1000.0
let d3 = 1.23e-2       // 1.23 * 10^-2 = 0.0123
let d4 = 1.23E-2       // gleichwertig, 0.0123
```

Swift enthält mit Ausnahme von abs keine mathematischen Funktionen. Diese befinden sich vielmehr in der Bibliothek libSystem, die wiederum von den Bibliotheken Foundation und SwiftUI automatisch importiert wird. Damit stehen in jedem Swift-Projekt die üblichen mathematischen Funktionen wie sin, cos, tan, pow und sqrt zur Verfügung.

Typumwandlungen

Swift ist sehr restriktiv, was Typumwandlungen angeht. Beispielsweise kann ein Int-Wert nicht mit einem Double-Wert multipliziert werden, weil der Operator * nur für Zahlen desselben Typs definiert ist. Sie müssen also explizit einen der beiden Operanden in den Datentyp des anderen Operanden umwandeln oder zu diesem Zweck einen geeigneten Operator definieren.

Zur Umwandlung verwenden Sie den Konstruktor des Datentyps, also z. B. Double oder Int. Die Int-Konstruktoren runden nicht, sondern schneiden den Nachkommaanteil ab. Wenn Sie mathematisch runden möchten, müssen Sie zuerst round ausführen.

```
let x = 3
let y = 2.2
let z1 = x * y              // Fehler, nicht erlaubt
let z2 = x * Int(y)         // 6
let z3 = Double(x) * y      // 6.6
let z4 = Int(2.9)           // 2
let z5 = Int(-2.9)          // -2
let z6 = Int(round(-2.9)) // -3
```

Zufallszahlen

Zum Erzeugen von Zufallszahlen verwenden Sie am einfachsten die random-Methode. Wie das folgende Listing zeigt, ist die Anwendung dieser Methode denkbar einfach:

```
// zufällige ganze Zahl zwischen 1 und 100 (inklusive)
let intRandom1 = Int.random(in: 1...100)

// zufällige ganze Zahl zwischen 1 und 99
let intRandom2 = Int.random(in: 1..<100)

// zufällige Fließkommazahl zwischen 0 und 1
let doubleRandom = Double.random(in: 0...1)
```

Boolesche Werte

Zur Speicherung boolescher Werte sieht Swift den Datentyp `Bool` vor. Boolesche Variablen können nur die Zustände `false` und `true` annehmen. `toggle` invertiert den aktuellen Wert. Auch die vorhin erwähnte `random`-Methode steht für boolesche Zahlen zur Verfügung:

```
var result: Bool
result = true
result = !result                    // result ist jetzt false
result.toggle()                     // result ist wieder true
let boolRandom = Bool.random() // zufällig true/false
```

Datum und Uhrzeit

Das aktuelle Datum samt Uhrzeit als `Date`-Objekt liefert die Init-Funktion der Struktur. Eine direkte Ausgabe mit `print` sieht aber nicht besonders schön aus und berücksichtigt auch nicht die aktuelle Zeitzone. Vielmehr wird die GMT angezeigt:

```
let now = Date()
print(now)  // Ausgabe 2024-11-15 08:35:06 +0000
```

Mit einem `DateFormatter` können Sie die Ausgabe ordentlich formatieren. Die Klasse berücksichtigt automatisch die aktuelle Zeitzone des Rechners bzw. Geräts:

```
let formatter = DateFormatter()
formatter.dateFormat = "d.M.yyyy H:mm"
print(formatter.string(from: now))   // 15.11.2024 9:35
```

Wenn Sie in der Formatzeichenkette `MMMM` angeben, wird anstelle der Nummer des Monats dessen Name angezeigt – und das immer in der für den Rechner bzw. das Gerät eingestellten Sprache. Nur wenn Sie explizit eine bestimmte Sprache wünschen, stellen Sie die Eigenschaft `locale` ein:

```
formatter.locale = Locale(identifier: "de_DE")
formatter.dateFormat = "d. MMMM yyyy"
print(formatter.string(from: now))   // 15. November 2024
```

Zur Formatierung der Zeit gibt es keinen eigenen `TimeFormatter`, vielmehr geben Sie nun in der `DateFormat`-Zeichenkette Formatierungszeichen für die Uhrzeit an:

```
formatter.dateFormat = "hh:mm"
```

Den `DateFormatter` können Sie auch zum Parsen von Zeichenketten und damit zur lesefreundlichen Initialisierung von Daten und Zeiten verwenden. Beachten Sie, dass `date` ein Optional zurückgibt.

```
formatter.dateFormat = "yyyy-MM-dd"
let sylvester2024 = formatter.date(from: "2024-12-31")
print(sylvester2024 as Any)
```

Eine Referenz aller Formatierungszeichen finden Sie hier:

https://developer.apple.com/library/ios/documentation/Cocoa/Conceptual/DataFormatting/Articles/dfDateFormatting10_4.html

4.4 Zeichenketten

In Swift gibt es zwei Datentypen zum Umgang mit Zeichenketten:

- Ein `Character` speichert ein einzelnes Unicode-Zeichen. Genau genommen kann es sich dabei um einen *Extended Grapheme Cluster* handeln, also um ein Symbol, das sich aus mehreren Unicode-Skalaren zusammensetzt.
- Ein `String` entsteht aus einer Aneinanderreihung von `Character`-Objekten.

Einzelne Zeichen werden ebenso wie Zeichenketten in doppelte Anführungszeichen gestellt, also `"abc"`. Standardmäßig verwendet Swift immer den Typ `String`, auch dann, wenn es sich nur um ein einzelnes Zeichen handelt.

```
let s1 = "abc"              // Datentyp String
let s2 = "a"                // ebenfalls Datentyp String
let c: Character = "a"      // Datentyp Character
```

Mit + fügen Sie Zeichenketten aneinander:

```
var s3 = s1 + s2 + "xxx"  // "abcaxxx"
s3 += "yz"                // "abcaxxxyz"
```

Zum Erzeugen neuer Zeichenketten können Sie an `String()` diverse Daten übergeben:

```
let s4 = String()                             // ""
let s5 = String(127, radix:16)                // "7f"
let s6 = String(repeating: "*-", count: 3)    // "*-*-*-"
let s7 = String(format:"%.2f", sqrt(2.0))     // "1.41"
```

Mit \<steuerzeichen> können Sie Sonderzeichen in Zeichenketten einbetten (siehe Tabelle 4.1).

Steuerzeichen	Bedeutung
\0	Null-Zeichen (Code 0)
\t	Tabulator (Code 9)
\n	Line Feed (Code 10)

Tabelle 4.1 Sonderzeichen in Zeichenketten

Steuerzeichen	Bedeutung
`\r`	Carriage Return (Code 13)
`\"`	doppeltes Anführungszeichen (Code 34)
`\'`	einfaches Anführungszeichen (Code 39)
`\\`	Backslash (Code 94)
`\u{hexcode}`	Unicode-Zeichen mit dem angegebenen Code
`\(ausdruck)`	wertet den Ausdruck aus (String-Interpolation)

Tabelle 4.1 Sonderzeichen in Zeichenketten (Forts.)

Mehrzeilige Zeichenketten

Mehrzeilige Zeichenketten werden mit einer Dreierkombination von Apostrophen eingeleitet und ebenso abgeschlossen. Die Endkombination gibt gleichzeitig die Einrücktiefe vor. Leer- oder Tabulatorzeichen bis zu dieser Position werden ignoriert. Die letzte Zeile einer mehrzeiligen Zeichenkette endet nicht mit einem Zeilenumbruch.

```
let longMsg = """
  Zeile 1
    Zeile 2
      Zeile 3
  """
// entspricht longMsg = "Zeile 1\n  Zeile2\n    Zeile 3"
```

Wenn einzelne Zeilen einer mehrzeiligen Zeichenkette mit \ enden, dann wird an dieser Stelle *kein* Zeilenumbruch eingefügt:

```
let lorem = """
  Lorem ipsum \
  dolor
  sit amet
  """
print(lorem)
// Ausgabe:
// Lorem ipsum dolor
// sit amet
```

Raw-Zeichenketten

Mitunter soll eine Zeichenkette *as is* angegeben werden: Ein Backslash soll also ein Backslash bleiben und keine Zusatzfunktionen entfalten. Dazu geben Sie am Beginn und am Ende der Zeichenkette ein zusätzliches #-Zeichen an. Das hat folgende Auswirkung:

- Innerhalb der Zeichenkette sind Anführungszeichen erlaubt. Erst "# beendet die Zeichenkette.
- Sequenzen wie \n oder \u{1234} verlieren ihre übliche Wirkung und werden unverändert übernommen.
- Auch die String-Interpolation (\(ausdruck)) funktioniert nicht mehr.
- Die Syntax ist auch für mehrzeilige Zeichenketten erlaubt.

```
let sql = #"SELECT * FROM table WHERE column="ab""#
let winfn = #"C:\verzeichnis\name.txt"#
print(sql)    // SELECT * FROM table WHERE column="ab"
print(winfn)  // C:\verzeichnis\name.txt
```

Bearbeitung von Zeichenketten

Swift stellt eine riesige Palette von Funktionen zur Verarbeitung von Zeichenketten zur Verfügung. Ich stelle hier nur die allerwichtigsten vor (siehe Tabelle 4.2).

Methode/Eigenschaft	Funktion
`s.count`	ermittelt die Anzahl der Zeichen
`s.isEmpty`	verrät, ob die Zeichenkette leer ist (`true`/`false`)
`s.startIndex`	`Index`-Element für das erste Zeichen von `s`
`s.endIndex`	`Index`-Element für das letzte Zeichen von `s`
`s.hasPrefix(s2)`	testet, ob `s` mit `s2` beginnt
`s.hasSuffix(s2)`	testet, ob `s` mit `s2` endet
`s.lowercased()`	liefert `s` mit lauter Kleinbuchstaben
`s.uppercased()`	liefert `s` mit lauter Großbuchstaben
`s.randomElement()`	liefert ein zufälliges Zeichen als `String.Element?`
`s.range(of: f)`	liefert die Position von `f` innerhalb von `s`
`ar.joined(separator: s)`	verbindet die Array-Elemente, mit `s` als Trennzeichen

Tabelle 4.2 Elementare String-Methoden

Teilzeichenketten

Der einfachste Weg, um Zeichenketten in Wörter oder andere logisch zusammengehörende Teilzeichenketten zu zerlegen, führt über die Methode `components`. An diese Methode übergeben Sie die Zeichenkette, die das Trennzeichen enthält. Das resultierende Array können Sie anschließend mit `joined` wieder zusammensetzen.

```
let txt1 = "Swift ist eine Programmiersprache."
let words1 = txt1.components(separatedBy: " ")  // Typ [String]
// words1 = ["Swift", "ist" ...]
let txt2 = words1.joined(separator: " ")
txt1 == txt2                                    // true
```

In vielen Algorithmen müssen Sie Teile aus einer Zeichenkette an einer bestimmten Position extrahieren. Besonders elegant funktioniert dies in der Programmiersprache Python, wo beispielsweise `s[n]` das n-te Zeichen ausliest oder `s[n1:n2]` die Zeichen von der Position `n1` bis zur Position `n2`. Swift bietet vergleichbare Möglichkeiten natürlich auch, diese sind aber leider ungleich mühsamer in der Handhabung.

Auf den ersten Blick scheint die Syntax in Swift ähnlich wie in Python auszusehen: `s[n]` liest das n-te Zeichen und gibt ein `Character`-Element zurück, `s[n1...n2]` liest die Zeichen von der Position `n1` bis `n2` und liefert eine entsprechende Zeichenkette. Das Problem besteht aber darin, dass `n`, `n1` und `n2` nicht einfach ganze Zahlen sind. Vielmehr müssen Sie als Parameter `String.Index`-Elemente angeben. Ein `String.Index` gibt die Position eines Zeichens innerhalb einer Zeichenkette an.

Zwei derartige Positionen liefert jede Zeichenkette frei Haus: `startIndex` verweist auf das erste Element, und `endIndex` zeigt auf die Position *hinter* dem letzten Element. Deswegen tritt in der dritten Zeile des folgenden Listings ein Fehler auf. Das letzte Zeichen sprechen Sie korrekt mit `index(before: s.endIndex)` an:

```
let s = "Lorem ipsum dolor sit amet"
print(s[s.startIndex])                 // erstes Zeichen, "L"
print(s[s.endIndex])                   // Fehler!
print(s[s.index(before: s.endIndex)])  // letztes Zeichen, "t"
print(s[s.startIndex..<s.endIndex])    // ganze Zeichenkette
```

Das erste bzw. letzte Zeichen einer Zeichenkette können Sie auch mit den Eigenschaften `first` und `last` ermitteln. Beachten Sie, dass der Rückgabetyp dieser Eigenschaften ein `Character`-Optional ist. Bei leeren Zeichenketten liefern die Eigenschaften also `nil`. Um aus `Character?`-Ergebnissen wieder eine Zeichenkette zusammenzusetzen, müssen Sie die Einzelzeichen explizit in `Strings` umwandeln:

```
s.first    // erstes Zeichen, "L" (Datentyp Character?)
s.last     // letztes Zeichen, "t"
let fl = String(s.first!) + String(s.last!)
```

Wie aber kommen Sie zum dritten Zeichen oder zum vorletzten? Die naheliegende Angabe von Integer-Zahlen ist nicht zulässig! Auch Additionen oder Subtraktionen in der Art von s[s.startIndex+2] akzeptiert Swift nicht. Stattdessen müssen Sie an die index-Methode im zweiten Parameter einen Offset angeben. Die folgenden Zeilen zeigen den Zugriff auf das dritte Zeichen bzw. auf das vorletzte Zeichen einer Zeichenkette:

```
// drittes Zeichen ermitteln ("r")
print(s[s.index(s.startIndex, offsetBy: 2)])

// vorletztes Zeichen ermitteln ("e")
print(s[s.index(s.endIndex, offsetBy: -2)])
```

Noch zwei Beispiele zur index-Methode zeigen, dass Sie diese auch relativ zu bereits ermittelten Positionen anwenden können:

```
// 6 Zeichen überspringen
let startpos = s.index(s.startIndex, offsetBy: 6)

// ab dieser Position 5 Zeichen vorwärts
let endpos = s.index(startpos, offsetBy: 5)
print(s[startpos..<endpos])           // "ipsum"

let pos2 = s.endIndex                 // Ende der Zeichenkette
let pos1 = s.index(pos2, offsetBy: -4)  // 4 Zeichen zurück
print(s[pos1..<pos2])                 // "amet"
```

Sie dürfen beim Zugriff auf Teilzeichenketten auch offene Bereiche verwenden. s[start...] liefert eine Teilzeichenkette von der Startposition bis zum Ende der Zeichenkette. s[..<ende] liefert eine Teilzeichenkette vom Beginn der Zeichenkette bis zur Endposition (exklusive).

```
print(s[pos1...])   // "amet"
print(s[..<pos1])   // "Lorem ipsum dolor sit "
```

Substrings

Die Syntax s[start..<ende] liefert als Ergebnis keinen String, sondern einen Substring. Dieser Datentyp hat viele Gemeinsamkeiten mit der String-Struktur. Der entscheidende Unterschied besteht darin, dass ein Substring die Zeichenkette nicht selbst speichert, sondern auf einen Ausschnitt der zugrunde liegenden String-Instanz verweist. Das ist effizient und spart Speicherplatz.

Allerdings kann eine einzige Variable mit einem Substring dazu führen, dass ein riesiges String-Objekt nicht aus dem Speicher entfernt werden kann. Wenn ein

Substring dauerhaft benötigt wird, dann sollte er vorher in ein neues String-Objekt umgewandelt werden. In manchen Fällen erkennt Xcode das Problem und zeigt eine entsprechende Warnung an.

String-Interpolation

Der einfachste Weg, Ausdrücke oder Variablen in Zeichenketten einzubauen, ist die sogenannte *String-Interpolation* mit der Syntax "\(ausdruck)". Dabei haben Sie aber keinen Einfluss auf die Formatierung. Fließkommazahlen werden beispielsweise mit allen Nachkommastellen und mit einem Dezimalpunkt dargestellt:

```
let x = 2.0
let sq = sqrt(x)
let s1 = "Die Wurzel von \(x) beträgt \(sq)."
// s1 = "Die Wurzel von 2.0 beträgt 1.4142135623731."
```

Zahlen formatieren

Die aus anderen Programmiersprachen vertraute printf-Syntax gilt auch für Swift, wenn Sie neue Zeichenketten in der Form String(format: "code", daten) erzeugen (siehe Tabelle 4.3).

```
let fmt = "Die Wurzel von %.3f beträgt %.3f."
print(String(format:fmt, x, sq))
// "Die Wurzel von 2.000 beträgt 1.414."
```

Formatcode	Bedeutung
%@	Beschreibung (Zeichenkette) des Objekts
%d	32-Bit-Integer mit Vorzeichen
%u	32-Bit-Integer ohne Vorzeichen
%x / %X	32-Bit-Integer ohne Vorzeichen in hexadezimaler Schreibweise
%f	Fließkommazahl (Double)
%.3f	Fließkommazahl (Double) mit drei Nachkommastellen
%e	Fließkommazahl in Exponentialschreibweise
%%	das Zeichen %

Tabelle 4.3 Die wichtigsten Codes für »String(format:...)«

Beachten Sie, dass Sie statt des in anderen Programmiersprachen üblichen Codes %s für Zeichenketten besser %@ verwenden. Das bedeutet, dass Swift das betreffende Objekt in eine Zeichenkette umwandelt und diese einsetzt. Das funktioniert für beliebige Objekte. Die Syntax %s ist zwar auch erlaubt, geht aber davon aus, dass es sich um eine nullterminierte Zeichenkette aus 8-Bit-Zeichen handelt. Diese Voraussetzung ist in Swift praktisch nie gegeben!

Noch mehr Formatcodes sind hier dokumentiert:

https://developer.apple.com/library/ios/documentation/Cocoa/Conceptual/Strings/Articles/formatSpecifiers.html

Vorsicht

Wenn Sie an %d, %u und %x ganze Zahlen übergeben, die den 32-Bit-Zahlenraum überschreiten, werden die Zahlen abgeschnitten.

Reguläre Ausdrücke

Mit den Methoden `match`, `firstMatch` und `wholeMatch` können Sie reguläre Ausdrücke auf Zeichenketten anwenden. Die regulären Ausdrücke werden nicht in gewöhnlichen Zeichenketten angegeben, sondern in der Form `/pattern/` (Datentyp `Regex`). Damit kann Swift sofort die syntaktische Korrektheit des Musters überprüfen.

Die folgenden Zeilen zeigen drei leicht nachzuvollziehende Beispiele. Das `logPattern` habe ich hier nur aus Platzgründen über zwei Zeilen verteilt. Die Swift-Syntax erlaubt dies nicht.

```
// Beispiel 1: Telefonnummer der Art nnn-nnn-nnnn erkennen
let text = "My phone number is 555-123-4567"
if let match = text.firstMatch(of: /\d{3}-\d{3}-\d{4}/) {
    print("Found phone number: \(match.0)")
}

// Beispiel 2: E-Mail-Adresse erkennen
let emailPattern =
  /[A-Z0-9a-z._%+-]+@[A-Za-z0-9.-]+\.[A-Za-z]{2,64}/
let email = "user@example.com"
if email.matches(of: emailPattern).count == 1 {
    print("Valid email format")
}

// Beispiel 3: Daten aus Logging-Eintrag extrahieren
let logEntry = "2024-03-15 10:30:45 - User logged in"
let logPattern = /(?<date>\d{4}-\d{2}-\d{2})
     (?<time>\d{2}:\d{2}:\d{2}) - (?<message>.*)/
```

```
if let match = logEntry.wholeMatch(of: logPattern) {
    print("Date: \(match.date)")
    print("Time: \(match.time)")
    print("Message: \(match.message)")
}
```

Einen guten Überblick über weitere Regex-Features finden Sie hier:

https://www.hackingwithswift.com/swift/5.7/regexes

4.5 Wert- versus Referenztypen

Bei Zuweisungen sowie bei der Übergabe von Parametern an Methoden und Funktionen unterscheidet Swift zwischen Wert- und Referenztypen.

Werttypen

Bei Werttypen werden die Daten kopiert, während bei Referenztypen eine Art Zeiger auf die Daten kopiert wird. Zuerst ein Beispiel für Werttypen, zu denen in Swift auch Arrays zählen:

```
var x = [1, 2, 3]
var y = x              // y ist eine Kopie von x
y.removeLast()         // letztes Element entfernen
x                      // enthält immer noch [1, 2, 3]
y                      // enthält [1, 2]
```

Geschwindigkeitsoptimierung

Erfahrenen Programmiererinnen und Programmierern sträuben sich vermutlich die Haare bei dem Gedanken, dass Arrays bei jeder Zuweisung sowie bei jeder Übergabe an eine Funktion oder Methode kopiert werden: Das muss ja entsetzlich ineffizient sein! Tatsächlich geht Swift viel intelligenter vor: Kopiert werden aufwendige Werttypen wie Arrays erst, wenn dies bei einer Änderung der Daten tatsächlich erforderlich ist.

Referenztypen

Ganz anders verhält sich Swift beim Umgang mit Referenztypen. Als Beispiel für einen Referenztyp gilt hier die selbst definierte Klasse `MyClass`:

```
class MyClass {
  var data = 10
}
```

```
var a = MyClass()    // a verweist auf ein Objekt
var b = a            // b verweist auf dasselbe Objekt
b.data = 3           // b wird verändert
a.data               // die Änderung gilt auch für a
```

Wert- von Referenztypen unterscheiden

Die entscheidende Frage ist nun aber: Woher wissen Sie, ob Sie es mit Wert- oder mit Referenztypen zu tun haben? Die Antwort ist an sich einfach: Alle Datentypen, die intern ein `struct` oder ein `enum` sind, werden in Swift als Werttypen behandelt. Klassen bilden hingegen Referenztypen. Wie Datentypen intern deklariert sind, erkennen Sie, wenn Sie das betreffende Schlüsselwort im Code mit gedrückter `alt`-Taste anklicken.

Als Faustregel gilt: Grundlegende Datentypen der Sprache Swift sind fast ausnahmslos Werttypen. Bei externen Bibliotheken wie Foundation, SwiftData und SwiftUI müssen Sie nachsehen, ob der jeweilige Datentyp mit `struct`, `enum` oder `class` definiert ist. Ganz oft werden Sie auch dort auf Werttypen stoßen. Deren größter Vorteil besteht darin, dass sie in nebenläufigen Algorithmen weniger Probleme verursachen.

Datentyp	Werttyp	Referenztyp
`Int`, `Double`, `Bool`	ja	
`String` und `Character`	ja	
`Array`, `Dictionary` und `Set`	ja	
Strukturen (`struct`)	ja	
Enumerationen (`enum`)	ja	
Klassen (`class`)		ja
Funktionen, Closures		ja

Tabelle 4.4 Beispiele für Wert- und Referenztypen

Kapitel 5
Operatoren

Im Ausdruck `a = b + c` gelten die Zeichen `=` und `+` als Operatoren. Dieses Kapitel stellt Ihnen die wichtigsten Operatoren vor – von den simplen Operatoren für die Grundrechenarten bis hin zu Swift-Spezialitäten wie dem Range-Operator `n1...n2`.

Leerzeichen vor oder nach Operatoren

Normalerweise ist es nicht notwendig, vor oder nach einem Operator ein Leerzeichen zu schreiben. `x=x+7` funktioniert genauso gut wie `x = x + 7`. Aber wie so oft bestätigen Ausnahmen die Regel: Swift kennt ungewöhnlich viele Operatoren, und wenige Zeilen Code reichen aus, um weitere zu definieren.

Das führt mitunter dazu, dass der Compiler nicht eindeutig erkennen kann, wo der eine Operator endet und wo der nächste beginnt. Spätestens dann *müssen* Sie ein Leerzeichen setzen – und dann sollten Sie es vor *und* nach dem Operator setzen! Andernfalls glaubt der Compiler nämlich, Sie wollten ihn explizit darauf hinweisen, dass es sich um einen Präfix- oder Postfix-Operator handelt. Im Detail sind diese Feinheiten in »The Swift Programming Language« beim Punkt »Operators« dokumentiert:

https://docs.swift.org/swift-book/ReferenceManual/LexicalStructure.html

Wie rasch Probleme auftreten können, zeigt der Vergleich eines Optionals mit `nil`: Der Compiler betrachtet `if opt!=nil` als Syntaxfehler, weil er die Anweisung im Sinne von `if opt! = nil` interpretiert, also als Kombination zweier Operatoren. Korrekt müssen Sie den Vergleich in der Form `if opt != nil` formulieren.

5.1 Zuweisungs- und Rechenoperatoren

Der Zuweisungsoperator `=` speichert in einer Variablen oder Konstanten das Ergebnis des Ausdrucks:

```
variable = ausdruck
```

Vor der ersten Zuweisung an eine Variable bzw. Konstante muss diese mit var bzw. let als solche deklariert werden:

```
var i = 17
i = i * 2
let pi = 3.1415927
```

Nicht zulässig sind Mehrfachzuweisungen in der Art a=b=3. Dafür können mehrere Variablen als Tupel geschrieben und gleichzeitig verändert werden:

```
let (a, b, c) = (1, 7, 12)
```

Wie ich im vorigen Kapitel bereits erläutert habe, unterscheidet Swift bei Zuweisungen zwischen Wert- und Referenztypen. Bei Werttypen (unter anderem Zahlen, Zeichenketten, Listen und Structs) wird bei der Zuweisung eine Kopie der Daten erzeugt. Bei Referenztypen (Instanzen von Klassen) wird hingegen eine weitere Referenz auf die bereits vorhandenen Daten erstellt. Es zeigen nun zwei (oder mehr) Variablen auf dieselben Daten.

Elementare Rechenoperatoren

Die meisten Rechenoperatoren sind aus dem täglichen Leben bekannt (siehe Tabelle 5.1).

Operator	Bedeutung
+ - * /	Addition, Subtraktion, Multiplikation, Division
%	Restwert einer ganzzahligen Division
&+ &- &*	Integer-Berechnung ohne Überlaufkontrolle

Tabelle 5.1 Rechenoperatoren

Der Operator % liefert den Rest einer ganzzahligen Division: 13 % 5 ergibt also 3, da 2 * 5 + 3 = 13. Bei Fließkommazahlen wird der Rest zum ganzzahligen Ergebnis ermittelt. 1.0 % 0.4 ergibt 0.2, da 2 * 0.4 + 0.2 = 1.0 ist. Um zu testen, ob eine ganze Zahl ohne Rest teilbar ist, können Sie anstelle von zahl % n == 0 auch zahl.isMultiple(of: n) verwenden:

```
let x = 15
print(x % 3 == true)           // true
print(x.isMultiple(of: 3))     // true
print(x.isMultiple(of: 4))     // false
```

Alle Operatoren setzen voraus, dass links und rechts von ihnen jeweils gleichartige Datentypen verwendet werden! Im Gegensatz zu anderen Programmiersprachen erfolgen Typumwandlungen nicht automatisch.

```
var a = 3         // a ist eine Integer-Variable
var b = 1.7       // b ist eine Fließkommavariable
var c = a + b     // Fehler, Int-Wert + Double-Wert nicht zulässig
```


Wenn Sie die Summe von a plus b ausrechnen möchten, müssen Sie explizit den Datentyp einer der beiden Operatoren anpassen. Int rundet dabei immer ab, d. h., aus 1.7 wird 1.

```
var c1 = a + Int(b)       // c1 = 4
var c2 = Double(a) + b    // c2 = 4.7
```

Division durch null

Bei einer Fließkommadivision durch 0,0 lautet das Ergebnis einfach Double.infinity bzw. -Double.infinity. Wenn Sie hingegen mit Integer-Zahlen arbeiten, löst eine Division durch 0 einen Fehler aus.

Swift kennt keinen Operator zum Potenzieren. a^b müssen Sie unter Zuhilfenahme der Funktion pow berechnen. Diese Funktion ist in der Foundation-Bibliothek definiert. Sie steht nur zur Verfügung, wenn Ihr Code import Foundation enthält oder eine andere Bibliothek importiert, die auf die Foundation zurückgreift. Das trifft unter anderem für UIKit zu.

```
var e = 7.0
var f = pow(e, 3.0)  // 7 * 7 * 7 = 343.0
```

Alle Rechenoperatoren sowie die logischen Operatoren && und || können mit einer Zuweisung kombiniert werden. Dazu muss dem Operator das Zeichen = folgen.

```
x += y     // entspricht x = x + y
x -= y     // entspricht x = x - y
x *= y     // entspricht x = x * y
```

Im Gegensatz zu vielen anderen Programmiersprachen gibt es in Swift keine Inkrement- und Dekrement-Operatoren (also ++ bzw. --). Wenn Sie in Swift eine Variable um eins vergrößern oder verkleinern möchten, müssen Sie dies in der Form i=i+1 oder in der Kurzschreibweise i+=1 machen.

Rechnen mit Bits

Die bitweisen Operatoren &, |, ^ und ~ (AND, OR, XOR und NOT) verarbeiten ganze Zahlen bitweise. Das folgende Beispiel verwendet die Schreibweise 0b zur Kennzeichnung binärer Zahlen. `String` mit dem zusätzlichen Parameter `radix:2` wandelt ganze Zahlen in eine Zeichenkette in binärer Darstellung um.

```
let a = 0b11100                  // Wert 28
let b = 0b01111                  // Wert 15
let result = a & b               // Wert 12
print(String(result, radix:2))   // Ausgabe 1100
```

`>>` verschiebt die Bits einer Zahl um *n* Bits nach rechts (entspricht einer Division durch 2^n), `<<` verschiebt entsprechend nach links (entspricht einer Multiplikation mit 2^n). Wenn Sie Daten bitweise verarbeiten, ist es oft zweckmäßig, anstelle gewöhnlicher Integer-Zahlen explizit Datentypen ohne Vorzeichen zu verwenden, z. B. `UInt32` oder `UInt16`.

5.2 Vergleichsoperatoren und logische Operatoren

Um Bedingungen für Schleifen oder Verzweigungen zu formulieren, müssen Sie Variablen vergleichen und oft mehrere Vergleiche miteinander kombinieren. Dieser Abschnitt stellt Ihnen die dazu erforderlichen Operatoren vor.

Vergleichsoperatoren

Die Vergleichsoperatoren `==`, `!=` (ungleich), `<`, `<=` sowie `>` und `>=` können gleichermaßen für Zahlen und für Zeichenketten eingesetzt werden. Wie bei anderen Operatoren ist es wichtig, dass auf beiden Seiten des Operators der gleiche Datentyp verwendet wird; Sie können also nicht eine ganze Zahl mit einer Fließkommazahl vergleichen!

```
1 == 2          // false
1 < 2           // true

"abc" == "abc"  // true
"abc" == "Abc"  // false
```

Zeichenketten gelten dann als gleich, wenn auch die Groß- und Kleinschreibung übereinstimmt. Etwas schwieriger ist die Interpretation von *größer* und *kleiner*. Grundsätzlich gelten Großbuchstaben als *kleiner* als Kleinbuchstaben, d. h., sie werden beim Sortieren vorne eingereiht. Internationale Zeichen werden auf der Basis der *Unicode-Normalform D* verglichen. Die deutschen Buchstaben ä, ö oder ü werden dabei wie eine Kombination aus zwei Zeichen betrachtet, beispielsweise `a"` für ä. Somit gilt:

```
"A" < "a"       // true
"a" < "ä"       // true
"ä" < "b"       // true
```

== versus ===

Zum Vergleich von Objekten kennt Swift neben == und != auch die Varianten === und !==. Dabei testet a===b, ob die beiden Variablen a und b auf dieselbe Instanz einer Klasse zeigen. Hingegen überprüft a==b, ob a und b zwei Objekte mit übereinstimmenden Daten sind. Das ist nicht das Gleiche! Es ist ja durchaus möglich, dass zwei unterschiedliche Objekte dieselben Daten enthalten.

Einschränkungen

Die Operatoren === und !== können nur auf Referenztypen angewendet werden, nicht auf Werttypen (wie Zahlen, Zeichenketten, Arrays, Dictionaries sowie sonstige Strukturen).

Umgekehrt können die Operatoren == und != bei selbst definierten Klassen nur verwendet werden, wenn Sie für diese Klassen den Operator == selbst implementieren (Protokoll Equatable, siehe Abschnitt 10.4, »Standardprotokolle«).

Die folgenden Zeilen definieren die Klasse Pt zur Speicherung eines Koordinatenpunkts und den Operator == zum Vergleich zweier Pt-Objekte. Das Beispiel beweist, dass Sie in Swift mühelos eigene Operatoren erstellen können.

```
class Pt {
    var x: Double, y: Double
    // Init-Funktion
    init(x: Double, y: Double){
        self.x=x
        self.y=y
    }
}
// Operator zum Vergleich von zwei Pt-Objekten
func ==(left: Pt, right: Pt) -> Bool {
    return left.x == right.x && left.y == right.y
}

// == versus ===
let p1 = Pt(x: 1.0, y: 2.0)
let p2 = Pt(x: 1.0, y: 2.0)
print(p1 == p2)     // true, weil die Objekte dieselben Daten
                    // enthalten
print(p1 === p2)    // false, weil es unterschiedliche Objekte
                    // sind
```

Vergleiche mit ~=

Swift kennt mit ~= einen weiteren Vergleichsoperator mit recht wenigen Funktionen:

- Zwei Ausdrücke des gleichen Typs werden wie mit == verglichen.
- Außerdem kann getestet werden, ob eine ganze Zahl in einem durch den Range-Operator formulierten Zahlenbereich enthalten ist.

```
-2...2 ~= 1   // true
-2...2 ~= -2  // true
-2...2 ~= 2   // true
-2...2 ~= 4   // false
```

  Achten Sie darauf, dass Sie zuerst den Bereich und dann den Vergleichswert angeben müssen. Wenn Sie die Reihenfolge vertauschen, funktioniert der Operator nicht. Details zu Range-Operatoren folgen gleich in Abschnitt 5.3.

Datentyp-Vergleich (»is«)

Mit dem Operator is testen Sie, ob eine Variable einem bestimmten Typ entspricht:

```
func f(data: Any) {
    if data is Int {
        print("Datentyp Int")
        ...
    }
}
```

Casting-Operator (»as«)

Mit dem Operator as wandeln Sie, sofern möglich, einen Datentyp in einen anderen um. Der Operator hat in Swift drei Erscheinungsformen:

- as: In dieser Form eignet sich as nur, wenn der Compiler erkennen kann, dass die Umwandlung gefahrlos möglich ist. Das trifft auf alle Upcasts zu, also auf Umwandlungen in Instanzen einer übergeordneten Klasse (siehe Abschnitt 10.1, »Vererbung«), außerdem bei manchen Literalen (z. B. `12 as Float`).
- as?: Der Downcast-Operator `as? typ` stellt vor der Typkonvertierung sicher, dass diese überhaupt möglich ist. Wenn das nicht der Fall ist, lautet das Ergebnis nil. Es tritt kein Fehler auf.

  Mit `if let varname = ausdruck as? typ` können Sie den Typtest mit einer Zuweisung kombinieren. Das funktioniert gleichermaßen für Konstanten (let wie im folgenden Beispiel) wie auch für Variablen (var):

```
func f(obj: Any) {
    if let myint = obj as? UInt32 {
        // myint hat den Datentyp UInt32
        ...
    } else {
        print("falscher Datentyp")
    }
}
```


- `as!`: Mit einem nachgestellten Ausrufezeichen wird die Konvertierung auf jeden Fall versucht. Dabei kann es zu einem Fehler kommen, wenn der Datentyp nicht passt.

Logische Operatoren

Logische Operatoren kombinieren Wahrheitswerte. *Wahr UND Wahr* liefert wieder *Wahr*; *Wahr UND Falsch* ergibt hingegen *Falsch*. In Swift gibt es wie in den meisten anderen Programmiersprachen die drei logischen Operatoren `!` (Nicht), `&&` (Und) sowie `||` (Oder):

```
let a=3, b=5
a>0 && b<=10             // true
a>b || b>a               // true
let ok = (a>b)           // false
if !ok {                 // wenn ok nicht true ist, dann ...
  print("Fehler")        // ... eine Fehlermeldung ausgeben
}
```

`&&` und `||` führen eine sogenannte *Short-Circuit Evaluation* aus: Steht nach der Auswertung des ersten Operanden das Endergebnis bereits fest, wird auf die Auswertung des zweiten Ausdrucks verzichtet. Wenn im folgenden Beispiel `a>b` das Ergebnis `false` liefert, dann ruft Swift die Funktion `calculate` gar nicht auf; der logische Ausdruck ist in jedem Fall `false`, ganz egal, welches Ergebnis `calculate` liefern würde.

```
if a>b && calculate(a, b)==14 { ... }
```

5.3 Range-Operatoren

In Swift gibt es fünf Operatoren, die Zahlenbereiche ausdrücken (siehe Tabelle 5.2). Bei den ersten beiden Varianten muss `n1` kleiner als `n2` sein, sonst ist der Ausdruck ungültig.

Operator	Interne Darstellung	Bedeutung
`n1...n2`	`ClosedRange`	`n1` bis inklusive `n2` (`1...3` entspricht 1, 2, 3)
`n1..<n2`	`Range`	`n1` bis exklusive `n2` (`1..<3` entspricht 1, 2)
`...n2`	`PartialRangeThrough`	vom Anfang bis inklusive `n2`
`..<n2`	`PartialRangeUpTo`	vom Anfang bis exklusive `n2`
`n1...`	`PartialRangeThrough`	von `n1` bis zum Ende

Tabelle 5.2 Range-Operatoren

Bei einseitigen Bereichen hängt der Anfang oder das Ende davon ab, worauf die Operatoren angewendet werden. Wenn der Bereich auf die Elemente eines Arrays angewendet wird, dann beginnt `...n2` bzw. `..<n2` mit dem ersten Array-Element (Index 0). `n1...` endet mit dem letzten Array-Element. Analog funktioniert dies bei Zeichenketten, wobei hier anstelle der Zahlen `n1` bzw. `n2` Elemente der Struktur `String.Index` verwendet werden müssen.

Mit den Range-Operatoren definierte Bereiche können in Schleifen verarbeitet werden:

```
for i in 1...10 {
    print(i)  // Ausgabe 1, 2, ..., 10
}
```

In der folgenden Schreibweise können Sie Zahlenbereiche zur Initialisierung eines Integer-Arrays verwenden:

```
var ar = [Int](1...10)  // entspricht var ar = [1, 2, ..., 10]
```

Anstelle des üblichen Zugriffs auf *ein* Array-Element mit `array[n]` können Sie auch einen Bereich für den Zugriff auf mehrere Elemente angeben. Die folgenden Beispiele zeigen die Anwendung aller fünf Range-Operatoren. Beachten Sie, dass das Ergebnis aus Effizienzgründen kein neues Array ist, sondern eine `ArraySlice`-Struktur (gleichwertig mit `Array.SubSequence`).

```
let data = ["a", "b", "c", "d", "e"] // Datentyp Array<String>
let slice = data[2...4]              // ["c", "d", "e"], Datentyp
                                     // Array<String>.SubSequence
```

5.4 Operatoren für Fortgeschrittene

Die wichtigsten Operatoren kennen Sie nun. Dieser Abschnitt ergänzt Ihr Wissen um Spezial- und Hintergrundinformationen.

Ternärer Operator

Swift kennt drei Typen von Operatoren:

- **Unäre Operatoren** (Unary Operators) verarbeiten nur einen Operanden. In Swift zählen dazu das positive und negative Vorzeichen, das logische NICHT (also `!bool`) und die Unwrapping-Operatoren ! und ? zur Auswertung von Optionals (also `opt!` oder `opt?`).
- **Binäre Operatoren** verarbeiten zwei Operanden, also etwa das `a * b`. Die Mehrheit der Swift-Operatoren fällt in diese Gruppe.
- **Ternäre Operatoren** verarbeiten drei Operanden. In Swift gibt es nur einen derartigen Vertreter, der daher einfach als *der* ternäre Operator bezeichnet wird – so, als wären andere ternäre Operatoren undenkbar.

Die Syntax des ternären Operators sieht so aus:

```
a ? b : c
```

Wenn der boolesche Ausdruck `a` wahr ist, dann liefert der Ausdruck `b`, sonst `c`. Der ternäre Operator eignet sich dazu, einfache `if`-Verzweigungen zu verkürzen:

```
// if-Schreibweise
let result:String
let x = 3
if x<10 {
    result = "x kleiner 10"
} else {
    result = "x größer-gleich 10"
}

// verkürzte Schreibweise mit dem ternären Operator
let x = 3
let result = x<10 ? "x kleiner 10" : "x größer gleich 10"
```

Unwrapping- und Nil-Coalescing-Operator

Anders als in den meisten anderen Programmiersprachen können mit einem Typ deklarierte Swift-Variablen nie den Zustand `null` im Sinne von »nicht initialisiert« annehmen. Swift bietet dafür die Möglichkeit, eine Variable explizit als *Optional* zu deklarieren (siehe Abschnitt 4.2, »Optionals«). Dazu geben Sie explizit den gewünschten Datentyp an, dem wiederum ein Fragezeichen oder ein Ausrufezeichen folgt:

```
var x: Int? = 3     // x enthält eine ganze Zahl oder nil
var y: Int! = 4     // y enthält eine ganze Zahl oder nil
var z: Int  = 5     // z enthält immer eine ganze Zahl
x = nil             // ok
y = nil             // ok
z = nil             // nicht erlaubt
```

Der Unterschied zwischen x und y besteht darin, dass das Auspacken (*Unwrapping*) des eigentlichen Werts bei y automatisch erfolgt, während es bei x durch ein nachgestelltes Ausrufezeichen – den Unwrapping-Operator – erzwungen werden muss. Beachten Sie, dass die folgenden Zeilen beide einen Fehler verursachen, wenn x bzw. y den Zustand nil aufweist!

```
var i: Int = x!       // explizites Unwrapping durch x!
var j: Int = y        // automatisches Unwrapping
```

Die Variablen x und y können also nil enthalten. nil hat eine ähnliche Bedeutung wie bei anderen Sprachen null. Optionals sind aber gleichermaßen für Wert- und für Referenztypen vorgesehen, was in manchen anderen Programmiersprachen nicht oder nur auf Umwegen möglich ist. Allerdings können nur solche Klassen für Optionals verwendet werden, die das Protokoll ExpressibleByNilLiteral einhalten.

Mit diesem Vorwissen kommen wir nun zum Nil-Coalescing-Operator a ?? b, der sich ebenso schwer aussprechen wie übersetzen lässt. Bei ihm handelt es sich um eine Kurzschreibweise des folgenden Ausdrucks:

```
a != nil ? a! : b
```

Wenn a initialisiert ist, also nicht nil ist, dann liefert a ?? b den Wert von a zurück, andernfalls den Wert von b. Damit eignet sich b zur Angabe eines Defaultwerts. In a! bewirkt das Ausrufezeichen das Auspacken (*Unwrapping*) des Optionals. Aus dem Optional Typ? wird also der reguläre Datentyp Typ.

```
// k den Wert von x oder den Defaultwert -1 zuweisen
var k = x ?? -1         // der Datentyp von k ist Int
```

Optional Chaining

Ebenfalls mit Optionals hat die Operatorkombination ?. zu tun. Sie testet, ob ein Ausdruck nil ergibt. Ist dies der Fall, lautet das Endergebnis nil. Andernfalls wird das Ergebnis ausgepackt und der nächste Ausdruck angewendet. Wenn dieser ebenfalls ein Optional liefert, kann auch diesem Ausdruck ein Fragezeichen hintangestellt werden. Swift führt einen weiteren nil-Test durch. Diese Verkettung von nil-Tests samt Auswertung, wenn der Ausdruck nicht nil ist, heißt in Swift »Optional Chaining«:

```
let a = optional?.method()?.property
let b = optional?.method1()?.method2()?.method3()
```

Kapitel 6
Verzweigungen und Schleifen

Verzweigungen mit if und Schleifen mit for sind in den vorigen Kapiteln bereits mehrfach vorgekommen. Dieses Kapitel geht der Steuerung des Programmflusses genauer nach. Sie lernen hier auch die if-Alternativen guard und switch sowie while-Schleifen kennen und erfahren, wie Sie Schleifen vorzeitig mit break verlassen oder teilweise mit continue überspringen können.

6.1 Verzweigungen mit if

Verzweigungen sind Codeabschnitte, in denen bei der Ausführung des Programms in Abhängigkeit von einer Bedingung unterschiedliche Codepfade ausgeführt werden. In Swift werden Verzweigungen am häufigsten mit if gebildet. if funktioniert in Swift wie in den meisten anderen Programmiersprachen. Es gibt aber zwei syntaktische Feinheiten: Zum einen ist es nicht notwendig, die Bedingung in runde Klammern zu stellen, zum anderen *müssen* die resultierenden if- und else-Blöcke in geschwungene Klammern gesetzt werden – selbst dann, wenn sie nur aus einer einzigen Anweisung bestehen. Es sind beliebig viele else-if-Teile erlaubt. Der else-Block ist optional.

```
let n = Int.random(in: 1...100)  // Zahl zwischen 1 und 100
if n < 10 {
    print("n ist kleiner 10")
} else if n <= 50 {
    print("n liegt zwischen 10 und 50")
} else if n < 75 && n % 2 == 0 {
    print("n ist eine gerade Zahl zwischen 52 und 74")
} else {
    print("n ist eine andere Zahl: \(n)")
}
```

Ternärer Operator und Nil-Coalescing-Operator

Manchmal kann anstelle von if der ternäre Operator oder der Nil-Coalescing-Operator eingesetzt werden. Diese Operatoren habe ich in Kapitel 5 näher vorgestellt.

```
// das Ergebnis ist a, wenn die Bedingung erfüllt ist, sonst b
let ergebnis1 = bed ? a : b

// das Ergebnis lautet a, wenn das Optional a einen Wert
// (also nicht nil) enthält,  sonst b
let ergebnis2 = a ?? b
```

if-let-Kombination für Optionals

Zur Verarbeitung von Optionals kennt Swift eine spezielle Kombination einer Zuweisung mit `if let` oder `if var` und einer Abfrage durch `if`:

```
if let x = optional {
    // dieser Code wird nur ausgeführt, wenn das
    // Optional nicht nil ist; x ist eine Konstante
}
```

Wenn das Optional ungleich `nil` ist, dann speichert Swift den ausgepackten Inhalt des Optionals in `x` und führt den Code in den geschwungenen Klammern aus. `x`, `y` (oberes Beispiel) sowie `n` (folgendes Beispiel) sind jeweils nur bis zum Ende des `if`-Blocks gültig.

```
let someStringData = "10"
// Int("data") liefert den Datentyp 'Int?'
if let n = Int(someStringData)  {
    // Int war erfolgreich, n ist eine Int-Zahl
    for i in n...12 {
        print(i)
    }
}  // hier endet der Geltungsbereich von n
```

Von den beiden Varianten ist `if let` bei Weitem populärer. Zumeist handelt es sich nur um wenige Zeilen Code, in denen Sie zuerst sicherstellen, dass ein Optional nicht `nil` enthält, und die Daten dann auf irgendeine Weise weiterverwenden. `if var` benötigen Sie dagegen nur, wenn Sie die aus dem Optional extrahierten Daten später ändern wollen.

`if let` eignet sich auch für Zuweisungen mit dem Casting-Operator `as?`: Er testet, ob der gewünschte Datentyp vorliegt, und führt die Zuweisung nur dann aus.

```
let items: [Any] = ["Hello", 42, 3.14]
if let txt = items[0] as? String {
    // txt enthält sicher eine Zeichenkette
    print(txt)
}
```

if-let-Kaskaden

Sie können in einer if-let-Konstruktion mehrere Optionals zuweisen. Die einzelnen Ausdrücke werden durch Kommas voneinander getrennt. Die Ausdrücke dürfen auf die vorherigen Zwischenergebnisse zurückgreifen. Die Auswertung wird abgebrochen, sobald das erste Optional nil enthält.

```
if let var1 = opt1,
   let var2 = opt2,
   let var3 = opt3
{
  // hier stehen var1, var2 und var3 zur Verfügung
}
```

if-let-Kurzschreibweise

Gerade wenn Sie Ihren Code in Funktionen oder Methoden verpacken (siehe auch Kapitel 7, »Funktionen und Closures«), kommen häufig Optionals als Parameter vor. Sie können nun mit if let newVar = para sicherstellen, dass der Parameter ungleich nil ist, und dann mit newVar weiterarbeiten. Wie das folgende Beispiel zeigt, müssen Sie dazu aber neue Variablennamen einführen, hier p1 und p2.

```
// liefert die Summe aus a + b oder 0
func add(a: Int?, b: Int?) -> Int {
    if let p1 = a, let p2 = b {
        return p1 + p2
    } else {
        return 0
    }
}
```

Eigentlich wäre es praktischer, wenn Sie direkt mit a und b weiterarbeiten könnten. Genau dazu dient die auf den ersten Blick merkwürdig aussehende Konstruktion if let x = x. Die Zuweisung x = x erscheint sinnlos; in Wirklichkeit wird hier nur ein Test durchgeführt, ob x ungleich nil ist. Im weiteren Code können Sie sich darauf verlassen, müssen aber keine neuen Variablen einführen:

```
// vereinfachte Variante
func add(a: Int?, b: Int?) -> Int {
    if let a = a, let b = b {
        // a und b enthalten hier garantiert nicht nil
        return a + b
    } else {
        return 0
    }
}
```

Diese Syntax wurde mit Version 5.7 noch einmal verkürzt, sodass seitdem einfach `if let x` ohne Zuweisung erlaubt ist. Der resultierende Code ist zugegebenermaßen kurz, aber leider nicht besonders gut lesbar – schon gar nicht für Personen, die mit Swift nicht vertraut sind.

```
// nochmals verkürzte Variante
func add(a: Int?, b: Int?) -> Int {
    if let a, let b {
        // a und b enthalten hier garantiert nicht nil
        return a + b
    } else {
        return 0
    }
}
```

6.2 Inverse Logik mit guard

`if-let`-Konstruktionen bergen das Potenzial für unübersichtlichen Code in sich: Es passiert recht oft, dass zuerst umfangreicher Code für den positiven Fall formuliert wird; zum Ende der Funktion folgen dann kurze Einzeiler, die ausgeführt werden, wenn `if let` nicht erfolgreich war. Das führt zu unnötig verschachteltem Code.

Das Schlüsselwort `guard` ermöglicht es, die Logik auf den Kopf zu stellen: Nur wenn alle mit `guard` erfüllten Bedingungen erfüllt sind sowie alle Optional-Zuweisungen durchgeführt werden können, wird der Code fortgesetzt. Sind die Bedingungen hingegen nicht erfüllt, wird der `else`-Code-Abschnitt ausgeführt. Sehr häufig enthält `else` einfach die Anweisung `return`, um die aktuelle Funktion oder Methode zu beenden.

Wie bei `if let` können Sie in `guard`-Konstruktionen auch mehrere Zuweisungen durchführen, Variablen anstelle von Konstanten verwenden (`guard var = ...`), weitere Bedingungen formulieren etc.:

```
// perhapsANumber hat den Rückgabetyp 'Int?'
guard let a = perhapsANumber(),
      var b = perhapsANumber(),
      a + b > 10
else {
    return
}
// a und b sind hier zugänglich, und es ist sichergestellt, dass
// sie nicht nil enthalten und in Summe größer als 10 sind. Nun
// folgt Code, um a und b zu verarbeiten.
```

Auch `guard` erlaubt die am Ende von Abschnitt 6.1, »Verzweigungen mit if«, erläuterte Kurzschreibweise für den Test von Optionals. Anstelle von

```
func add(a: Int?, b: Int?) -> Int {
    if let a, let b {
        return a + b
    } else {
        return 0
    }
}
```


können Sie den nil-Test vorweg mit guard durchführen und die Funktion gegebenenfalls sofort verlassen:

```
// gleichwertiger Code mit guard
func add(a: Int?, b: Int?) -> Int {
    guard let a, let b else {
        return 0
    }
    // a und b enthalten hier garantiert nicht nil
    return a + b
}
```

guard let x stellt also sicher, dass das Optional x nicht nil ist. Im weiteren Code können Sie sich darauf verlassen.

6.3 Verzweigungen mit switch

switch ist eine Alternative zu if, wenn bei der Auswertung eines Ausdrucks viele unterschiedliche, klar definierte Fälle möglich sind. In switch-Konstruktionen sind diese Fälle besser lesbar. Nachdem der erste zutreffende case-Block durchlaufen wurde, wird die gesamte Konstruktion verlassen. Sollten also mehrere Bedingungen zutreffen, wird nur der erste passende case-Block berücksichtigt.

Im folgenden Beispiel ermittelt eine switch-Konstruktion die Anzahl der Tage eines Monats:

```
let month = "October", year = 2025
var result: Int?
switch month {
case "Januar", "March", "May", "July",
     "August", "October", "December":
    result = 31
case "April", "June", "September", "November":
    result = 30
case "February":
    if year % 4 == 0 && (year % 100 != 0 || year % 400 == 0) {
        result = 29
```

```
    } else {
        result = 28
    }
default:
    print("Invalid month!")
}
if let days = result {
    print("\(month) \(year) has \(days) days.")
}
```

Im Vergleich zu anderen Programmiersprachen gibt es in Swift mehrere Besonderheiten:

- Nach der Ausführung des ersten zutreffenden `case`-Blocks wird die `switch`-Konstruktion verlassen. Es ist also nicht wie in Java oder C ein `break` am Ende jedes `case`-Blocks erforderlich. `break` ist aber durchaus ein zulässiges Schlüsselwort innerhalb eines `case`-Blocks. Mit `break` kann ein `case`-Block vorzeitig verlassen werden.

  Wenn Sie möchten, dass sich `switch` in Swift so wie in C oder Java verhält, formulieren Sie am Ende jedes `case`-Blocks die Anweisung `fallthrough`. Damit wird auch der nächste `case`-Block durchlaufen, und zwar ohne die dort formulierte Bedingung zu überprüfen.

- Jede `switch`-Konstruktion muss einen `default`-Block aufweisen. Die einzige Ausnahme ist die Auswertung einer Enumeration. Wenn der Compiler erkennt, dass alle möglichen Enumerationswerte abgefragt wurden, darf `default` entfallen.

  Sie müssen `default` also auch dann vorsehen, wenn Ihr Code gar keinen Bedarf dafür hat. Welche Anweisung führen Sie dann aber im `default`-Block aus? Für solche Fälle bietet sich wiederum `break` an. Die Zeile `default: break` bewirkt also, dass Swift ganz einfach nichts tut, wenn keine der Fallunterscheidungen zutrifft.

- Zahlen- und Zeichenbereiche in `case`-Ausdrücken dürfen in der `Range`-Syntax `n1...n2` oder `n1..<n2` formuliert werden. Dabei dürfen der Start- und der Endwert auch Fließkommazahlen oder einzelne Zeichen sein (`"a"..."z"`).

  ```
  // Intervall-Tests in switch
  let d = 1.5
  switch d {
  case 0.0...1.0:
      print("0 <= d <= 1")
  case 1.0...2.0:
      print("1 < d <= 2")
  default:
      print("anderer Wert")
  }
  ```

6.4 Versions- oder plattformabhängiger Code

Bei der Entwicklung von Apps, die unter mehreren Versionen von iOS, tvOS oder macOS laufen sollen, stehen Sie vor einem Dilemma: Nutzen Sie die neuesten Features, dann läuft Ihre App nur auf Geräten, auf denen ebenfalls eine ganz aktuelle Version des Betriebssystems installiert ist. Orientieren Sie sich aber an einer älteren Version, dann müssen Sie und Ihre Kunden auf neue und oft nützliche Funktionen verzichten. Ähnliche Probleme haben Sie, wenn Sie Ihren Code für eine bestimmte Plattform, Architektur oder Swift-Version optimieren möchten.

Versionstests mit #available

In manchen Fällen bietet das Schlüsselwort `#available` einen Ausweg: Damit können Sie Codeteile markieren, die nur dann ausgeführt werden, wenn bestimmte Voraussetzungen erfüllt sind. Die Syntax ist einfach:

```
if #available(iOS 13, macOS 10.15, *) {
    // ausführen, wenn zumindest iOS 13 oder macOS 10.15
    // zur Verfügung steht
    print("iOS>=13 oder macOS >= 10.15")
} else {
    // bei älteren Versionen ausführen
    print("zu alt")
}
```

An `#available` übergeben Sie eine Aufzählung von Betriebssystemnamen und Versionsnummern. Der letzte Parameter * ist syntaktisch erforderlich und bedeutet, dass bei allen nicht explizit genannten Betriebssystemen (z. B. watchOS oder tvOS) beliebige Versionsnummern akzeptiert werden.

Natürlich können Sie `#available` auch mit `guard` kombinieren:

```
func m() {
  // bei älteren Versionen als iOS 12 return ausführen
  guard #available(iOS 12, *) else { return }
  // wenn zumindest iOS 12 zur Verfügung steht,
  // den weiteren Code ausführen
}
```

`#available` klingt in der Theorie toll. In der Praxis scheitert der Einsatz des Schlüsselworts aber oft daran, dass sich damit nur einzelne Anweisungen versionsabhängig implementieren lassen, nicht aber ganze Methoden, Funktionen oder Erweiterungen.

Plattformtests mit #if

Mit `#if` / `#elseif` / `#else` / `#endif` können Sie Code formulieren, der nur unter bestimmten Bedingungen kompiliert wird. Bedingungen können Sie wie folgt angeben:

- `os(name)` ist erfüllt, wenn der Code für das betreffende Betriebssystem kompiliert wird. Zulässige Namen sind momentan `iOS`, `macOS`, `tvOS`, `watchOS`, bemerkenswerterweise aber auch `Linux`, `Windows`, `Android` und `FreeBSD`.
- `arch(name)` ist erfüllt, wenn der Code für die angegebene Architektur kompiliert wird. Zur Auswahl stehen `i386`, `x86_64`, `arm` und `arm64`.
- `swift(>=n)` ist erfüllt, wenn die Swift-Version größer oder gleich der angegebenen Versionsnummer ist.

Die folgenden Beispiele verdeutlichen die Syntax:

```
#if os(tvOS)
    print("Die App läuft unter tvOS")
#else
    print("Die App läuft unter einem anderen Betriebssystem")
#endif

#if swift(>=6.0)
    print("Die Swift-Version ist 6.0 oder größer.")
#endif
```

6.5 Schleifen

Dieser Abschnitt stellt Ihnen im Schnelldurchgang drei Schleifenformen vor:

- die `for-in`-Schleife
- die `while`-Schleife
- die `repeat-while`-Schleife (ehemals `do-while`)

for-in

Mit `for-in` können Sie unkompliziert alle Elemente eines Bereichs, eines Arrays, eines Dictionarys oder eines beliebigen Objekts durchlaufen, dessen Typ das `Sequence`-Protokoll erfüllt. Die Ausgabe der Elemente eines Sets oder Dictionarys erfolgt in beliebiger Reihenfolge; die Elemente sind intern nicht geordnet.

```
for i in 1...3 {            // i: Int
    print(i)
}
// Ausgabe: 1, 2, 3
```

```
for i in [1, 4, 7] {          // i: Int
    print(i)
}
// Ausgabe 1, 4, 7

let s = "abc"
for c in s {                  // c: Character
    print(c)
}
// Ausgabe: "a", "b", "c"

let dict = ["one": "eins", "two": "zwei"]
for (engl, germ) in dict {    // engl:String, germ:String
    print("\(engl) -- \(germ)")
}
// Ausgabe: one -- eins
//          two -- zwei
```


Die Schleifenvariable einer `for-in`-Schleife erhält automatisch den passenden Datentyp. `for-in`-Schleifen sind sehr bequem in der Handhabung, eignen sich aber in der Regel nur zum Auslesen, nicht zum Verändern der Elemente einer Aufzählung.

Wenn Sie eine Schleife n-mal ausführen möchten, aber an der Schleifenvariablen gar nicht interessiert sind, können Sie an deren Stelle das Pattern-Zeichen _ angeben:

```
// 10 Zufallszahlen zwischen 0 und 99 ausgeben
for _ in 1...10 {
    print(arc4random_uniform(100))
}
```

`for varname in a...b` funktioniert nur für ganze Zahlen und nur für Bereiche, in denen `a` kleiner als `b` ist. Um einen Bereich in umgekehrter Reihenfolge zu durchlaufen, können Sie ihn mit `reversed` umkehren, also z. B.: `1...10.reversed()`

Wenn Sie in einer Schleife über Array-Elemente sowohl den Index als auch den Wert des gerade aktuellen Elements wissen möchten, ist es am besten, auf die `enumerated`-Methode von Arrays zurückzugreifen:

```
let ar = [1, 4, 7, 12]
for (idx, itm) in ar.enumerated() {
    print("ar[\(idx)]=\(itm)")
}
// Ausgabe: ar[0]=1, ar[1]=4, ar[2]=7, ar[3]=12
```

while

while-Schleifen werden so lange ausgeführt, wie die Bedingung erfüllt ist. Die folgende Schleife wird somit zehnmal durchlaufen:

```
var n=1
while n<=10 {
    print(n)
    n += 1
}
// Ausgabe: 1, 2, ..., 10
```

while-let-Kombination

Auch while kann ähnlich wie if und switch-case mit einer Zuweisung verbunden werden. Die Zuweisung kann wahlweise mit let oder mit var durchgeführt werden, häufiger ist aber let. Die while-Bedingung gilt als erfüllt, wenn der Ausdruck ungleich nil ist. Diese Art der while-let-Kombination bietet sich besonders dann an, wenn eine Schleife so lange ausgeführt werden soll, bis eine Sequenz, Datei etc. abgearbeitet ist und die Lesemethode oder -funktion dementsprechend nil liefert.

Das folgende Beispiel bildet mit generate einen Generator aus einem Array. Die Methode next liefert das jeweils nächste Element – so lange, bis alle Elemente abgearbeitet sind. Die gleiche Art von Schleife bildet übrigens auch der Swift-Compiler, wenn Sie for i in ar schreiben!

```
var ar = [28, 34, 12]
var gen = ar.makeIterator()     // Generator für das Array
while let i = gen.next() {      // i hat den Datentyp Int
    print(i)
}
```

repeat-while

repeat-while-Schleifen sehen auf den ersten Blick ganz ähnlich wie while-Schleifen aus. Der entscheidende Unterschied besteht darin, dass die Bedingung am Ende der Schleife angegeben ist. Deshalb wird der Ausdruck garantiert mindestens einmal durchlaufen. Bei allen anderen Schleifen kann es hingegen passieren, dass die Bedingung von Anfang an nicht erfüllt ist bzw. die Aufzählung keine Elemente aufweist und die Schleife daher sofort übersprungen wird.

```
var n=1
repeat {
    print(n)
    n += 1
} while n<=10
// Ausgabe: 1, 2, ..., 10
```

break

break verlässt eine Schleife vorzeitig, bricht also ihre Ausführung ab. Die folgende Schleife endet daher nach der Ausgabe des Werts 5:

```
for i in 1...10 {
    print(i)
    if i == 5 {
        break
    }
}  // Ausgabe: 1, 2, ..., 5
```

break kann gleichermaßen bei allen Schleifentypen verwendet werden. In switch-Konstruktionen bewirkt break ein vorzeitiges Verlassen des case-Blocks. Um mit break mehrere, ineinander verschachtelte Schleifen zu verlassen, müssen Sie vor der betreffenden Schleife ein sogenanntes Label platzieren. break label gilt dann für die so bezeichnete Schleife.

```
iloop:              // Label für die nachfolgende Schleife
for i in 1...10 {
    for j in 1...10 {
        print("i=\(i), j=\(j)")
        if i+j > 15 {
            break iloop  // die i-Schleife verlassen
        }
    }
} // Ausgabe:
//   i=1, j=1
//   i=1, j=2
//   ...
//   i=6, j=10
```

continue

Mit continue überspringen Sie den restlichen Schleifenkörper, setzen die Schleife dann aber fort, und zwar:

- bei for-in mit der Verarbeitung des nächsten Elements
- bei while bzw. repeat-while mit der Auswertung der Bedingung

continue bezieht sich normalerweise auf die innerste Schleife. Wie bei break können Sie aber mit einem Label die gewünschte Schleife auswählen.

```
for i in 1...20 {
    if i % 2 == 0 { continue }
    print(i)
    if i > 8 { break }
}   // Ausgabe: 1, 3, 5, 7, 9
```

Implizite Schleifen

Wenn Ihre Daten als Sequenz vorliegen, also z. B. in einem Array oder in einem Dictionary, ist es oft gar nicht notwendig, eine explizite Schleife zu formulieren. Stattdessen können Sie Methoden wie `map`, `reduce` oder `forEach` verwenden, um alle Elemente der Sequenz zu verarbeiten. Im Detail gehe ich auf diese Vorgehensweise in Abschnitt 8.2, »Arrays und Aufzählungen verarbeiten«, ein. Der funktionale Denkansatz führt oft zu einem kürzeren, klareren Code.

```
let data = [4, 74, 345, 13]
var sum = 0
// forEach bildet die Summe
data.forEach() { sum += $0 }
print(sum)      // Ausgabe 436

// map erzeugt ein neues Array
let newData = data.map() { $0 + 7 }
print(newData)  // Ausgabe [11, 81, 352, 20]
```

Schleifen mit Double-Variablen

Ein Thema für sich sind Schleifen für Fließkommazahlen. Ganz egal, ob mit klassischem `for`, mit `while` oder auf eine andere Art – Sie müssen immer darauf achten, dass Sie nicht aufgrund von Rundungsfehlern den Zielwert verpassen.

Das Ziel der folgenden Schleifenvarianten ist es in allen Fällen, eine Schleife von `xstart` bis `xend` in `steps` Schritten durchzuführen, wobei `xstart` und `xend` Fließkommazahlen sind. Der Einfachheit halber meint `steps=10`, dass nach dem Startwert 10 weitere Werte durchlaufen bzw. ausgegeben werden sollen, sodass zum Schluss elf Werte auf dem Bildschirm stehen.

Aus diesen drei Parametern kann berechnet werden, wie stark sich die Schleifenvariable jeweils ändert – das ist der Sinn der Variablen `delta`. Damit kann nun in jeder beliebigen Programmiersprache eine `for`- und in Swift eine entsprechende `while`-Schleife gebildet werden.

```
let delta = (xend - xstart) / Double(steps)
```

Vorweg der entsprechende `while`-Code:

```
// Vorsicht, führt nicht zum gewünschten Ergebnis!
let xstart = 1.0, xend=2.0, steps=10
let delta = (xend - xstart) / Double(steps)
var x = xstart
```

```
while(x <= xend) {
    print(x)
    x += delta
}
```

Alles sieht gut aus, bis Sie einen Blick auf die Ausgabe werfen:

```
1.0
1.1
1.2000000000000002
...
1.8000000000000007
1.9000000000000008
```


Swift macht also minimale Rechenfehler. Das wäre an sich nicht so schlimm, wenn die Schleife als letztes Ergebnis 1,9999999999 anstelle von 2,0 liefern würde. Aber dass der zu erwartende letzte Wert ganz unter den Tisch fällt, ist natürlich ein großes Problem!

Nicht Swift rechnet falsch, sondern die CPU

Bevor Sie nun glauben, Swift sei eine schlechte Programmiersprache: Diese Fehler macht die CPU, unabhängig von der Programmiersprache. Derartige Rundungsfehler sind wegen der binären Darstellung von Fließkommazahlen (IEEE-Standard) unvermeidlich:

https://en.wikipedia.org/wiki/Round-off_error

Allerdings haben Sie manchmal Glück, z. B. wenn Sie die Schleife von 10,0 bis 11,0 laufen lassen. Dann wird der Endwert 10,99999999999996 im Rahmen eines winzigen Rundungsfehlers korrekt erreicht.

Es gibt verschiedene Wege, das Problem zu umgehen. Ich formuliere Schleifen nach Möglichkeit mit Integer-Variablen und berechne den `Double`-Wert in jedem Durchgang selbst:

```
// Schleife mit Integer-Variable, x wird in der Schleife
// berechnet (korrekte Lösung, Präferenz des Autors)
for i in 0...steps {
    let x = xstart + delta * Double(i)
    print( String(format: "%.15f", x) )
}
```

Alternativ können Sie auch bei `while` bleiben, wenn Sie die Bedingung etwas vorsichtiger formulieren. Anstatt `x` einfach mit `xend` zu vergleichen, fügen Sie zu `xend` einen kleinen Wert hinzu, z. B. ein Tausendstel von `delta`:

```
// while-Schleife mit Double-Variable,
// korrekte Schleifenbedingung mit epsilon
let epsilon = delta / 1000.0
x = xstart
while(x <= xend + epsilon) {
    print( String(format: "%.15f", x) )
    x += delta
}
```

Kapitel 7
Funktionen und Closures

Funktionen sind ein zentrales Element, um eigenen Code in überschaubare Einheiten zu gliedern. In Swift haben Funktionen vier Erscheinungsformen:

- **Globale Funktionen** werden auf Modulebene deklariert und können dann überall im Programm genutzt werden. In Swift gibt es einige vordefinierte globale Funktionen, die oft auch *Standardfunktionen* genannt werden. Darüber hinaus können Sie Ihre eigenen Funktionen definieren.
- **Closures** sind anonyme Funktionen, die ad hoc definiert und sofort verwendet werden. In anderen Sprachen werden Closures *Lambda-Ausdrücke* genannt, weil die theoretischen Grundlagen von Closures im sogenannten *Lambda-Kalkül* formuliert sind. Keine Angst, trotz der abschreckenden Nomenklatur sind Closures einfach anzuwenden!
- **Methoden** und **Computed Properties** sind Funktionen auf Klassenebene, auch wenn dies bei Computed Properties nicht so offensichtlich ist.

In diesem Kapitel stehen die ersten zwei Varianten im Vordergrund. Auf die spezifischen Besonderheiten von Methoden gehe ich erst in Kapitel 9, »Grundlagen der objektorientierten Programmierung«, näher ein. Dort werde ich dann auch generische Funktionen bzw. Methoden erläutern. Derartige Funktionen werden für einen allgemeinen, erst beim Aufruf festzulegenden Datentyp definiert.

7.1 Funktionen definieren und ausführen

Die prinzipielle Syntax zur Definition einer Funktion sieht so aus:

```
// Funktion ohne Rückgabe
func funcname1(pname1: typ1, pname2: typ2) {
  // Code ...
}
// Funktion mit Ergebnis
func funcname2(pname1: typ1, pname2: typ2) -> ergebnistyp {
  // Code ...
  return ergebnis
}
```

Falls die Funktion ein Ergebnis liefert, muss dieses innerhalb der Funktion mit `return` zurückgegeben werden. Dabei ist es wichtig, dass `return` in jedem Fall ausgeführt wird – also z. B. auch dann, wenn ungültige Daten an die Funktion übergeben wurden.

Das folgende Beispiel zeigt die Funktion `strRepeat`, die eine Zeichenkette `n`-mal vervielfältigt – d. h., `strRepeat(s: "*", n: 4)` liefert `"****"`. Der Code sollte ohne weitere Erläuterungen verständlich sein. Beim Aufruf werden der Funktion die gewünschten Parameter in runden Klammern übergeben. Die runden Klammern müssen auch dann angegeben werden, wenn eine Funktion gar keine Parameter erwartet. Standardmäßig müssen allen Parametern außer dem ersten ihr Name und ein Doppelpunkt vorangestellt werden – beim zweiten Parameter also `n:`.

```
func strRepeat(s: String, n: Int) -> String {
  if n <= 0 {
    // leere Zeichenkette zurückgeben
    return ""
  } else {
    // Ergebnis zurückgeben
    return String(repeating: s, count: n)
  }
}
print(strRepeat(s: "abc", n: 3))  // "abcabcabc"
```

Reihenfolge von Definition und Aufruf

In Playgrounds oder in Terminal-Apps müssen Funktionen definiert werden, bevor sie ausgeführt werden können. Diese Regel gilt allerdings nicht für Methoden, also für Funktionen, die innerhalb einer Klasse, einer Struktur oder einer Enumeration definiert sind. Bei Methoden spielt die Reihenfolge keine Rolle. Sie können bereits am Beginn der Klasse eine Methode nutzen, die erst viel weiter unten im Code definiert wird.

Eigene Operatoren als Sonderfall einer Funktion

Sie können in Swift unkompliziert eigene Operatoren definieren. Dafür verwenden Sie als Funktionsnamen das entsprechende Operatorzeichen und als Parameter `left` und `right`. Das folgende Beispiel zeigt einen Multiplikationsoperator für Zeichenketten, der auf die gerade definierte Funktion `strRepeat` zurückgreift:

```
func *(left: String, right: Int) -> String {
    return strRepeat(s: left, n: right)
}
print("abc" * 3)   // "abcabcabc"
```

Ich gehe in diesem Buch nicht weiter auf die Definition eigener Operatoren ein. Weitere Details können Sie bei Interesse hier nachlesen:

https://docs.swift.org/swift-book/documentation/the-swift-programming-language/advancedoperators

Benannte Parameter

Für große Verwirrung, gerade bei Swift-Einsteigern, sorgen *benannte Parameter*. Beim Aufruf mancher Funktionen oder Methoden *müssen* Sie Parameternamen angeben:


```
// ein Locale-Objekt und ein Rechteck erzeugen
let locDe = Locale(identifier: "de_DE")
let rect = CGRect(x: 1, y: 1, width: 4, height: 2)

// Fehler: beim Aufruf von Locale fehlt der Parametername
// let locFr = Locale("fr_FR")
```

Bei anderen ist die Nennung von Parameternamen dagegen nicht vorgesehen:

```
print("abc")
let i = Int("123")
let minimum = min(1, 2, 3)
```

Bei manchen Methoden (wie compare) hat der erste Parameter keinen Namen, die weiteren aber schon:

```
let s = "abc"
if s.compare("Abc",
             options: .caseInsensitive,
             range: nil,
             locale: nil) == .orderedSame
{
  print("gleichwertig")
}
```

Warum das so ist und wie Sie dieses Verhalten bei eigenen Funktionen steuern können, beschreibe ich in Abschnitt 7.2, »Parameter«, ausführlich. Kurz gesagt hängt es davon ab, wie die Funktion oder Methode deklariert ist.

Glücklicherweise hilft Xcode Ihnen! Sobald Sie die ersten Buchstaben einer Funktion, einer Methode oder auch nur eines benannten Parameters einer Methode eingetippt haben, erscheint eine Auswahlliste passender Funktionen. Nach der Auswahl des gewünschten Eintrags baut Xcode Platzhalter für alle Parameter ein, die Sie dann mit [Tab] auswählen können.

Rückgabewerte

Funktionen können, müssen aber kein Ergebnis zurückgeben. Bei einer Funktion ohne Ergebnis entfällt `->` `ergebnistyp`. Die Definition sieht also so aus:

```
func funcname(pname1: typ1, pname2: typ2) {
    // Code ...
}
```

Wenn es ein Ergebnis gibt, dann muss sein Typ bei der Definition exakt angegeben werden. Als Ergebnistyp kommen nicht nur Zahlen oder Zeichenketten infrage, sondern jeder in Swift verarbeitbare Typ. Dazu zählen unter anderem Arrays, Dictionaries, jede Art von Klasse oder `struct`, Optionals, Tupel sowie sogar Funktionen. Innerhalb des Codes der Methode muss sichergestellt sein, dass jeder Ausführungszweig mit einer `return`-Anweisung endet, die Ergebnisdaten im vereinbarten Typ zurückgibt!

```
func f() -> String {           // String als Ergebnis
    return ""
}

func g() -> [Int] {            // Int-Array als Ergebnis
    return [1, 2, 3]
}

func h(n: Int) -> [Int]? {   // Int-Array oder nil
    if n<=0 {
        return nil
    } else {
        return [Int]()
    }
}
```

Tupel als Rückgabewerte

Tupel sind in Klammern gestellte und durch Kommas getrennte Wertfolgen, z. B. `(1, 2, "abc")`. Im Detail stelle ich Ihnen Tupel in Abschnitt 8.5, »Tupel«, vor.

In Swift dürfen Funktionen nicht nur Einzelwerte, sondern auch Tupel zurückgeben. Das ist vor allem für mehrteilige Ergebnisse ausgesprochen praktisch. In einigen anderen Programmiersprachen müssten Sie dazu erst eine neue Struktur oder gar eine Klasse definieren. In Swift geben Sie hingegen einfach ein Tupel zurück:

```
func sincos(_ x: Double) -> (Double, Double) {
  return (sin(x), cos(x))
}
```

```
let (s, c) = sincos(1.23)
print(s)   // 0.942488801931697
print(c)   // 0.334237727124503
```

Bei der Funktion sincos ist der Parameter x durch das vorangestellte Zeichen _ als unbenannter Parameter gekennzeichnet. Deswegen erfolgt der Aufruf in der Form sincos(1.23) und nicht mit sincos(x: 1.23).

Optionals als Rückgabewerte

Auch die Verwendung von Optionals ist im Kontext von Funktionen sehr nützlich. Sobald Sie den Rückgabewert mit einem zusätzlichen Fragezeichen oder Ausrufezeichen als Optional deklarieren, haben Sie die Möglichkeit, bei fehlerhaften Eingabeparametern nil als Ergebnis zurückzugeben.

Das folgende Beispiel implementiert die aus manchen Programmiersprachen sowie aus SQL bekannte Zeichenkettenfunktion left, die die ersten n Zeichen einer Zeichenkette zurückgibt. Die Verwendung eines Implicitly Unwrapped Optionals (String!) hat hier den Vorteil, dass bei korrekter Verwendung der Funktion das Ergebnis unmittelbar als String zur Verfügung steht. Würde der Rückgabewert String? lauten, dann müsste das Ergebnis mit if let ausgewertet oder mit ! explizit zu einen String ausgepackt werden.

```
// gibt die ersten n Zeichen von s zurück
func left(_ s: String, n: Int) -> String! {
    if n <= 0 {
        return nil  // unsinnig, nil zurückgeben
    } else if n >= s.count {
        return s    // alles zurückgeben
    } else {
        // die ersten n Zeichen zurückgeben
        let start = s.startIndex
        let end   = s.index(start, offsetBy: n)
        return String(s[start..<end])
    }
}

print(left("Hello World!", n: 5))     // "Hello"
print(left("Hello World!", n: 100))   // "Hello World!"
print(left("Hello World!", n: -1))    // nil
```

Aufräumarbeiten automatisch ausführen (defer)

Viele Funktionen haben einen ähnlichen Aufbau wie der folgende Pseudocode:

```
func processFile(infile: String, outfile: String) {
    if let in = open(infile) {
        if let out = open(outfile) {
            while data = read_from(in) {
                let result = process(data)
                if !result { return } // in und out bleiben offen
                let ok = write_to(out, result)
                if !ok { return }      // in und out bleiben offen
            }
            out.close()
        }
        in.close()
    } // äußeres if-Ende
}   // func-Ende
```

Es soll also eine Datei gelesen und verarbeitet werden, wobei die Ergebnisse in eine zweite Datei geschrieben werden. Wenn dabei irgendetwas schiefgeht, wird die Funktion verlassen. Das Problem am obigen Code besteht darin, dass die In- und Out-Dateien nicht ordnungsgemäß geschlossen werden, wenn in der `while`-Schleife ein Fehler auftritt.

Nun könnten die Dateien natürlich an jeder Stelle geschlossen werden, an der `return` aufgerufen wird; aber je verschachtelter der Code in `processFile` wird, desto unübersichtlicher wird die Berücksichtigung aller Sonderfälle, und desto größer wird das Risiko, dass `close` in einer Verästelung des Codes vergessen wird.

In Swift lösen Sie dieses Problem ganz elegant mit `defer`. Mit diesem Schlüsselwort geben Sie Aufräumarbeiten an, um die sich Swift beim Abschluss des Blocks kümmern soll – ganz egal, an welcher Stelle die Funktion verlassen wird und ob dies durch `return` oder `throw` erfolgt (siehe Abschnitt 11.1, »Fehlerabsicherung mit try und catch«). Die `defer`-Aktionen werden in umgekehrter Reihenfolge ausgeführt. Im folgenden Beispiel wird daher zuerst `out` und dann `in` geschlossen:

```
func processFile(infile:String, outfile:String) {
  if let in = open(infile) {
    // in beim Verlassen von processFile schließen
    defer { in.close() }

    if let out = open(outfile) {
      // out beim Verlassen von processFile schließen
      defer { out.close() }

      while data = read_from(in) {
        let result = process(data)
        if !result { return }
```

```
        let ok = write_to(out, result)
        if !ok { return }
      }
    } // inneres if-Ende
  }   // äußeres if-Ende
}     // func-Ende
```

defer-Blöcke können selbst komplexen Code mit Verzweigungen etc. enthalten. Es gibt aber zwei Einschränkungen: In defer-Blöcken darf die Funktion nicht mit return verlassen werden, außerdem darf mit throw kein Fehler ausgelöst werden.

Funktionsnamen und Overloading

Grundsätzlich gelten für Funktionsnamen dieselben Regeln wie bei Konstanten und Variablen. Der Name muss mit einem Buchstaben oder mit _ beginnen, bei den weiteren Zeichen sind auch Ziffern erlaubt. Es ist üblich, dass Funktionsnamen mit Kleinbuchstaben beginnen.

Es ist zulässig, dass mehrere Funktionen denselben Namen haben (Overloading). Die Funktionen müssen aber anhand der Parametertypen, anhand der Namen der Parameter oder anhand des Rückgabedatentyps unterscheidbar sein. Der Compiler muss beim Aufruf der Funktion erkennen können, welche Variante der Funktion gemeint ist.

```
func f() -> Int           { return 1 }
func f(i: Int)            { print("f(i: Int)") }
func f(x: Double)         { print("f(x: Double)") }
func f(a: Int, b: Int)    { print("f(a: Int, b: Int)") }
func f(a: Int, c: Int)    { print("f(a: Int, c: Int)") }
```

Gültigkeitsebenen von Variablen

Die Funktion strRepeat vom Beginn des Kapitels ist eine »globale« Funktion, d. h., sie ist nicht in einer Klasse definiert (dann wäre sie eine Methode) und kann deswegen überall in Ihrem Programm verwendet werden. Ein Detail müssen Sie aber beachten: Die Definition der Funktion muss *vor* ihrer Anwendung erfolgen.

Funktionen können auf Variablen und Konstanten zugreifen, die außerhalb der Funktion definiert sind, und sie können Variablen sogar verändern:

```
var x = 2                // globale Variable

func f(_ n: Int) -> Int {
  x = x + 1              // jeder Aufruf von f()
  return 2 * n           // verändert x!
}
```

```
let ergebnis1 = f(7)     // 14
let ergebnis2 = f(9)     // 18
print(x)                 // x ist jetzt 4
```

Umgekehrt gilt dies aber nicht! Wenn Sie in einer Funktion eine Konstante oder Variable definieren, dann gilt diese »lokal«. Sie ist nur innerhalb der Funktion gültig und kann von außen nicht gelesen oder verändert werden.

Genau genommen beschränkt sich die Gültigkeit der Variablen auf die Zeit, in der die Funktion ausgeführt wird. Bei mehrfachen Funktionsaufrufen, wie sie unter anderem in rekursiven Algorithmen vorkommen, gelten für jeden Funktionsaufruf seine eigenen, lokalen Variablen. Es besteht keine Gefahr einer gegenseitigen Beeinflussung. Lokale Variablen dürfen den gleichen Namen wie globale Variablen haben. In diesem Fall ist die globale Variable, die außerhalb definiert wurde, in der Funktion nicht sichtbar.

```
func f(_ n: Int) -> Int {
  let result = n * 2  // lokale Variable, gilt nur in f()
  return result
}

let returnvalue = f(4)
print(result)          // Fehler: 'result' ist nicht definiert
```

Verschachtelte Funktionen

Swift erlaubt es, innerhalb einer Funktion weitere Funktionen zu deklarieren. Solche verschachtelten Funktionen (*Nested Functions*) können von außen nicht aufgerufen werden. Sie können stattdessen zwei andere Aufgaben erfüllen:

- **Bessere Codestrukturierung:** Wenn Ihre Funktion eine sehr komplexe Aufgabe erfüllen soll, können Sie Teilaufgaben in eigene Funktionen verpacken und auf diese Weise den Code übersichtlicher gestalten. Die verschachtelten Funktionen können allerdings nur innerhalb der Hauptfunktion aufgerufen werden.
- **Funktionen als Rückgabeergebnis:** Funktionen können selbst Funktionen als Ergebnis zurückgeben – unter anderem solche Funktionen, die als verschachtelte Funktionen innerhalb der Hauptfunktion definiert sind.

Rekursion

Funktionen dürfen sich auch selbst aufrufen – dann spricht man von *Rekursion*. Das folgende Listing zeigt das »klassische« Rekursionsbeispiel aus jedem Lehrbuch – die Berechnung der Fakultät. Beachten Sie, dass bereits `f(21)` den Zahlenbereich für `Int`-Zahlen sprengt.

```
// rekursive Implementierung der Fakultätsfunktion
func f(_ n: Int) -> Int {
    if n<=0 {
        return 0
    } else if n<=2 {
        return n
    } else {
        // rekursiver Aufruf von n
        return n * f(n-1)
    }
}

f(6)    // 720
f(13)   // 6.227.020.800
```

Parameter und lokale Variablen werden beim Aufruf von Funktionen auf dem Stack zwischengespeichert und nach dem Ende der Funktion wiederhergestellt. Das gilt für jeden Funktions- und Methodenaufruf, ist aber bei rekursiven Algorithmen von besonderer Bedeutung: Die Größe des Stack-Speichers limitiert nämlich die Rekursionstiefe. Sie beträgt für iOS-Apps 1 MByte, für macOS-Apps dagegen 8 MByte. Je nachdem, wie viele lokale Variablen im Stack gespeichert werden müssen, reicht das für eine Rekursionstiefe zwischen 1000 und 10.000.

Fehlerbehandlung

Funktionen, in denen Sie mit `throw` Fehler auslösen, müssen Sie mit `throws` deklarieren:

```
func f1(_ n: Int) throws -> Int { ... }
```

Auf diesen und andere Aspekte der Absicherung von Funktionen gehe ich ausführlich in Kapitel 11, »Fehlerabsicherung«, ein. Dort lernen Sie auch das Schlüsselwort `rethrows` kennen. Es ist dann wichtig, wenn Sie mit `throws` deklarierte Funktionen als Parameter in einer eigenen Funktion verwenden möchten.

7.2 Parameter

Bei der Gestaltung der Parameterliste einer Funktion bestehen viele syntaktische Möglichkeiten, die dieser Abschnitt zusammenfasst. Vorweg die Kurzfassung in Listingform:

```
func f() { ... }                       // kein Parameter

func f(para: Int) { ... }              // gewöhnlicher Parameter
func f(_ para: Int) { ... }            // unbenannter Parameter
func f(ext para: Int) { ... }          // zweinamiger Parameter

func f(para: inout Int)  { ... }       // veränderlicher Parameter
func f(para: Int = 0) { ... }          // optionaler Parameter
func f(para: Int ...) { ... }          // variadischer Parameter
```

Grundsätzlich gilt, dass Funktionen natürlich mehrere Parameter mit einer beliebigen Kombination der oben skizzierten Formen haben können. Allerdings müssen optionale Parameter sowie der variadische Parameter am Ende der Parameterliste formuliert werden.

Gewöhnliche Parameter

Gewöhnliche Funktionsparameter formulieren Sie in der Parameterliste in der Form `name: typ`. Beim Aufruf der Funktion müssen Sie Daten in einem geeigneten Datentyp übergeben. Innerhalb der Funktion sind diese Daten über den Parameter zugänglich. Dieser verhält sich innerhalb der Funktion wie eine lokale Konstante und überdeckt eventuell gleichnamige globale Variablen oder Konstanten außerhalb. Dem Parameter kann innerhalb der Funktion kein neuer Wert zugewiesen werden:

```
func f(n: Int) {
    n = 3   // Fehler, n ist nicht veränderlich!
}
```

Wenn an eine Funktion ein `struct` oder ein Objekt übergeben wird, können in der Funktion dessen Methoden aufgerufen und Eigenschaften verändert werden. Die entscheidende Frage ist nun, ob die Änderungen nur innerhalb der Methode gelten oder ob ein an die Funktion übergebenes Objekt dauerhaft verändert wird. Das hängt davon ab, ob es sich um einen Wert- oder einen Referenztyp handelt (siehe Abschnitt 4.5):

- Bei **Werttypen** wird eine *Kopie* der Daten an die Funktion übergeben. Die Funktion kann nur die Kopie verändern. Die Daten, auf die die Variable ursprünglich verwiesen hat, bleiben unverändert. Dieses Verhalten gilt für alle Datentypen auf der Basis von `struct`. Dazu zählen neben `Int` oder `Double` auch nahezu alle Swift-Datenstrukturen, z. B. `String`, `Array` und `Dictionary`.
- Bei **Referenztypen** wird hingegen eine Referenz auf die Daten übergeben. Eine Veränderung der Daten in der Funktion wirkt sich damit auch außerhalb aus. Zu den Referenztypen zählen alle Typen auf der Basis von `class`.

Das folgende Beispiel zeigt die dauerhafte Veränderung eines Elements eines Objekts, das in einem gewöhnlichen Parameter an eine Funktion übergeben wird:

```
// eine ganz simple Klasse
class MyClass {
    var a = 1, b = 2
}

// Funktion zur Verarbeitung von MyClass-Objekten
func f(para: MyClass) {
    para.a = 4
}

// Test
var mc = MyClass()  // mc.a ist 1
f(para: mc)         // MyClass ist ein Referenztyp
print(mc.a)         // mc.a ist jetzt 4
```


Unbenannte Parameter (namenlose Parameter)

Bei gewöhnlichen Parametern müssen Sie den Parameternamen beim Aufruf angeben. Die Beispielfunktion `f(para: MyClass)` muss also in der Form `f(para: obj)` aufgerufen werden. Die aus anderen Programmiersprachen vertraute Kurzschreibweise `f(obj)` ist nicht zulässig.

Es ist allerdings auch in Swift möglich, Parameter explizit als unbenannt (namenlos) zu kennzeichnen, und zwar indem Sie dem Namen bei der Definition das Pattern-Zeichen _ und ein Leerzeichen voranstellen:

```
func sum(_ a: Int, _ b: Int, _ c: Int, _ d: Int) -> Int {
  return a + b + c + d
}
let result = sum(1, 7, 12, -2)    // Ergebnis: 18
```

Zweinamige Parameter

Sie können Parametern bei der Definition der Funktion *zwei* Namen geben:

```
func f(externalName internalName:type) { ... }
```

In diesem Fall muss beim Aufruf der Funktion der externe Parametername vorangestellt werden. Innerhalb der Funktion wird der Parameter wie bisher über den lokalen/internen Namen angesprochen.

API-Design-Richtlinien

Jetzt stellt sich natürlich die Frage: Welche Parameter soll ich wie benennen? Wenn Sie eigene Funktionen definieren, haben Sie also die Wahl: Sie können beim Standardverhalten bleiben, alle Parameter benennen, keinen Parameter benennen, zweinamige Parameter verwenden oder eine Mischform wählen. Welche Variante ist aber die beste?

Apple gibt auf diese Fragen in den API-Design-Richtlinien eine Menge guter Ratschläge, von denen ich die wichtigsten hier zusammenfasse:

- Solange keine guten Gründe dagegensprechen, sollten Sie das Standardverhalten beibehalten. Der Name des Parameters soll den Inhalt (nicht den Typ!) der zu übergebenden Daten verdeutlichen. Das macht den Funktionsaufruf für jemanden, der die Deklaration der Funktion nicht kennt, besser verständlich.
- Umgekehrt führt der Verzicht auf Parameternamen zu kompakterem Code – und auch das ist ein Vorteil. In der Praxis kommt es zudem immer wieder vor, dass an Funktionen Variablen übergeben werden, die die gleichen Namen haben wie die Parameter, also z. B. `let pt = MyPoint(x: x, y: y)`. Die resultierende Verdoppelung sieht irritierend aus. `let pt = MyPoint(x, y)` ist perfekt lesbarer Code. Nur wissen Sie im Vorhinein natürlich nicht, wie Ihre Funktionen später verwendet werden. `let pt = MyPoint(3, 7)` ist schon weniger klar, wobei in diesem Fall die Bedeutung der beiden Parameter immer noch plausibel ist.
- Die API-Design-Richtlinien empfehlen unbenannte Parameter, wenn diese beim Aufruf ohnedies nicht sinnvollerweise unterschieden werden können, also z. B. bei `min(number1, number2)` oder bei `swap(&var1, &var2)`.
- Ebenso sind unbenannte Parameter wünschenswert, wenn die zu übergebenden Daten bereits aus dem Funktions- oder Methodennamen klar werden, z. B. bei `addView(v)`.
- Zweinamige Parameter werden in den Standardbibliotheken oft verwendet, um Funktionen bzw. Methoden nicht nur inhaltlich klar, sondern auch sprachlich elegant zu gestalten:

  ```
  func move(from start: Point, to end: Point)  // Definition
  move(from: startpt, to: target)              // Aufruf
  ```

Die API-Design-Richtlinien berücksichtigen noch viel mehr Sonderfälle und geben auch Tipps zum Umgang mit Defaultparametern, Closures, Tupeln etc. Das Dokument ist absolut lesenswert!

https://swift.org/documentation/api-design-guidelines

Veränderlicher Parameter (inout)

Das vorangegangene Beispiel hat gezeigt, dass Sie in einer Funktion ein als Referenz übergebenes Objekt verändern können. Diese Veränderbarkeit hat aber Grenzen:

- Sie können dem Parameter in der Funktion kein neues Objekt zuweisen.
- Nur Referenztypen sind veränderlich, nicht jedoch elementare Datentypen oder -strukturen (also Werttypen).

Diese Grenzen können Sie überwinden, wenn Sie den Parameter mit dem Schlüsselwort `inout` als veränderlich markieren. In der Funktion durchgeführte Veränderungen wirken sich nun auf die zugrunde liegenden Daten aus, selbst bei Werttypen.

Allerdings muss beim Aufruf der Funktion nun eine Variable mit vorangestelltem &-Zeichen übergeben werden. Dieses Zeichen soll auch beim Aufruf verdeutlichen, dass die übergebenen Variablen verändert werden können. Der Aufruf der Funktion mit einem konstanten Wert oder einem errechneten Ausdruck ist anders als bei gewöhnlichen Funktionen nicht möglich, wie dies auch aus dem folgenden Listing hervorgeht:

```
// Funktion, die den Parameter n verändert
func f(n: inout Int) {
    n += 1
}

var x = 3
f(n: &x)     // übergibt die Variable x (nicht deren Wert) an f()
print(x)     // 4
f(n: x)      // Fehler, & fehlt
f(n: 3)      // Fehler, es muss eine Variable übergeben werden
```

Im zweiten Beispiel soll in einer Funktion jedes Element eines Integer-Arrays um eins vergrößert werden. Der richtige Code sieht so aus:

```
// Elemente des Arrays verändern
func f(data: inout [Int]) {
    for i in data.indices {
        data[i] += 1
    }
}

var x = [1, 2, 7, 8]
f(data: &x)
print(x)
// Ausgabe [2, 3, 8, 9]
```

Der Parameter ist also wieder mit `inout` gekennzeichnet, und bei der Übergabe der Daten wird & verwendet. Beachten Sie, dass der folgende Versuch, `f` zu implementieren, falsch ist:

```
// funktioniert nicht, weil 'item' eine Kopie des
// jeweiligen Array-Elements enthält
func f(data: inout [Int]) {
    for item in data {
        item += 1
    }
}
```

Natürlich können veränderliche Parameter auch in Kombination mit unbenannten Parametern bzw. zweinamigen Parametern verwendet werden, also:

```
func f(_ data: inout [Int]) { ...}          // Definition
f(&x)                                       // Aufruf

func f(modify data: inout [Int]) { ... }    // Definition
f(modify: &x)                               // Aufruf
```

Vorsicht bei parallelen Schreibzugriffen auf Variablen!

Wenn Ihr Code von mehreren Threads parallel ausgeführt wird (siehe auch Kapitel 18, »Asynchrone Programmierung«), besteht bei veränderlichen Parametern eine erhöhte Gefahr, dass zwei parallel ausgeführte Codesegmente dieselbe Variable verändern. Der Swift-Compiler erkennt solche Fälle zumeist und kennzeichnet Ihren Code dann als fehlerhaft.

Optionale Parameter und Defaultwerte

Mit der Syntax `name: typ = defaultwert` machen Sie Parameter optional. Wenn der Parameter beim Funktionsaufruf nicht angegeben wird, dann gilt für ihn der Defaultwert. Optionale Parameter müssen sich am Ende der Parameterliste befinden.

Die folgenden Zeilen zeigen nochmals eine Funktion zum Erzeugen eines `Double`-Arrays. Der dritte Parameter ist optional und hat den Defaultwert 10.

```
// liefert ein Array mit Werten zwischen start und end zurück
func f(start: Double, end:Double, n: Int = 10) -> [Double] {
    var result = [Double]()
    if n <= 1 { return result }  // leeres Array
    result.reserveCapacity(n)
    let delta = (end - start) / Double(n - 1)
    for i in 0..<n {
```

```
        result += [ start + delta * Double(i) ]
    }
    return result
}
```

Beim Aufruf können Sie den optionalen Parameter weglassen:

```
let ar1 = f(start: 0.0, end: 4.0)         // 10 Elemente
let ar2 = f(start: 0.0, end: 4.0, n: 5)   //  5 Elemente
let ar3 = f(start: 0.0, end: 4.0, 7)      // Fehler, Parametername
                                          // fehlt
```


Auch optionale Parameter können je nach Definition unbenannt oder zweinamig sein:

```
// unbenannter optionaler Parameter
func f(start: Double, end:Double, _ n: Int = 10) -> ...

// zweinamiger optionaler Parameter
func f(start: Double, end:Double, count n: Int = 10) -> ...
```

Variable Parameteranzahl (Variadics)

Wenn Sie nicht im Vorhinein wissen, wie viele Parameter an eine Funktion übergeben werden, können Sie den letzten Parameter der Parameterliste in der Form `name: typ ...` als sogenannten *variadischen Parameter* definieren. Die drei dem Typ folgenden Punkte gelten dabei als Kennzeichnung für den variadischen Parameter.

Beim Aufruf können Sie anstelle dieses Parameters beliebig viele Daten im vorgesehenen Typ übergeben (auch gar keine). Innerhalb der Funktion sprechen Sie den Parameter einfach als Array an.

Die folgende Funktion ermittelt die kleinste der übergebenen Fließkommazahlen. Die Funktion gibt `nil` zurück, wenn die Parameterliste leer ist.

```
// ermittelt die kleinste der übergebenen Double-Zahlen
func min(_ data: Double...) -> Double? {
    if data.count == 0 { return nil }
    var result = data[0]
    for d in data {
        if d < result { result = d }
    }
    return result
}

min()                      // nil
min(4.0, 1.0, 2.0, 3.0)    // 1.0 als Optional
```

Bei einem variadischen Parameter bietet es sich oft an, ihn wie im obigen Beispiel unbenannt zu formulieren. Es sind aber auch benannte oder zweinamige variadische Parameter möglich. Die folgenden Zeilen zeigen die Definition und den Aufruf. Beachten Sie, dass der Name bei der Übergabe der Parameter nur beim ersten Argument genannt werden muss.

```
func min(data: Double ...) -> Double? { ... }      // Definition
min()                                              // Aufruf
min(data: 4.0, 1.0, 2.0, 3.0)                      // Aufruf

func min(of data: Double ...) -> Double? { ... }   // Definition
min()                                              // Aufruf
min(of: 4.0, 1.0, 2.0, 3.0)                        // Aufruf
```

7.3 Standardfunktionen

In Swift stehen einige Standardfunktionen zur Verfügung (siehe Tabelle 7.1). Mit einer davon haben Sie sicherlich schon häufig gearbeitet: `print` führt Ausgaben im Debug-Fenster durch. In diesem Abschnitt stelle ich Ihnen zwei wenig bekannte optionale Parameter von `print` vor, mit denen Sie diese Ausgabe exakter steuern können.

Funktion	Bedeutung
`abs(x)`	Liefert den Absolutbetrag.
`max(a, b, c, ...)`	Liefert das größte Element.
`min(a, b, c, ...)`	Liefert das kleinste Element.
`print(s)`	Gibt `s` und einen Zeilenumbruch aus.
`readLine()`	Liest eine Zeichenkette von der Standardeingabe.
`sizeof(type)`	Ermittelt den Speicherbedarf eines Datentyps.
`swap(&var1, &var2)`	Vertauscht die Inhalte von `var1` und `var2`.
`stride(...)`	Generiert eine Zahlenfolge für Schleifen.
`zip(seq1, seq2)`	Bildet Tupel-Paare.

Tabelle 7.1 Die wichtigsten Standardfunktionen von Swift

`print` und alle anderen Standardfunktionen sind ein integrierter Bestandteil von Swift und können selbst dann genutzt werden, wenn Sie keine einzige externe Bibliothek mit `import` in Ihr Projekt einbeziehen. Auf den folgenden Seiten präsentiere ich

Ihnen die wichtigsten Standardfunktionen (siehe Tabelle 7.1) anhand von Beispielen. Diese Funktionen kennenzulernen lohnt sich: Sie sind in der alltäglichen Swift-Programmierpraxis nahezu unverzichtbar.

Die Standardfunktionen werden vielfach auch als *globale Funktionen* bezeichnet, weil sie global in jedem Swift-Code zur Verfügung stehen. Das gilt aber natürlich auch für alle selbst definierten Funktionen.

print und readLine

Die vertraute Funktion print gibt den als Parameter übergebenen Ausdruck als Zeichenkette aus. Bei Programmen, die innerhalb von Xcode ausgeführt werden, erfolgt die Ausgabe im Debug-Fenster. Projekte vom Typ COMMAND LINE TOOL schreiben in die Standardausgabe. Das führt dazu, dass der ausgegebene Text in dem Terminal angezeigt wird, in dem das Programm gestartet wurde.

```
print(1, 2, 3)
// Ausgabe: 1 2 3

print("Hello", "World!")
// Ausgabe: Hello World!
```

Standardmäßig stellt print zwischen die Parameter ein Leerzeichen und beendet die Ausgabe mit einem Zeilenumbruch. Alternativ können Sie mit den optionalen Parametern separator und terminator andere Trenn- bzw. Abschlusszeichenketten einstellen:

```
print(1, 2, 3, separator: "")    // Ausgabe: 123
print("Hello ", terminator: "") // Hier kein Zeilenumbruch!
print("World!")                 // Ausgabe: Hello World!
```

readLine liest eine Zeile Text von der Standardeingabe. Damit eignet sich die Funktion zur Verarbeitung von Texteingaben in Terminal-Programmen. readLine ist insofern die Umkehrfunktion zur print-Funktion, die an die Standardausgabe schreibt.

swap

swap vertauscht den Inhalt von zwei Variablen. Beachten Sie, dass Sie den Variablen das Zeichen & voranstellen müssen! Es ist ein Indikator für inout-Parameter.

Ergänzend zu swap gibt es die Methode swapAt, die zwei Elemente einer MutableCollection vertauscht. Dazu gehören auch Arrays. An die Methode werden die Indizes der Elemente übergeben:

```
var ar = ["lorem", "ipsum", "dolor", "sit"]
ar.swapAt(2, 3)
print(ar)  // Ausgabe  ["lorem", "ipsum", "sit", "dolor"]
```

`ar.swapAt(n1, n2)` hat im Vergleich zu `swap(&ar[n1], &ar[n2])` den Vorteil, dass es vermeidet, zwei Referenzen auf eine Datenstruktur zu übergeben – hier also auf das Array. Der Swift-Compiler erkennt darin die Gefahr, dass es dabei zu einer parallelen Veränderung des Objekts durch zwei Codezweige kommen könnte. Ein weiterer Vorteil von `swapAt` besteht darin, dass die Methode auch mit dem Sonderfall zurechtkommt, dass `n1` und `n2` gleich sind. `swapAt` tut dann einfach nichts, während `swap` einen Fehler auslöst.

Mathematische Funktionen und Konstanten

Mit Ausnahme von `abs` fehlen in den Standardfunktionen mathematische Grundfunktionen, wie `sqrt`, `sin` oder `cos`. Dennoch können Sie auch diese Funktionen in jedem Programm verwenden. Woher kommen also diese Funktionen?

Die mathematischen Grundfunktionen sind in der Bibliothek `libSystem` definiert, die wiederum von den Bibliotheken Foundation und SwiftUI importiert wird. Beachten Sie, dass Sie an die meisten Funktionen Fließkommazahlen übergeben müssen. `sqrt(2)` funktioniert nicht, es muss `sqrt(2.0)` heißen. In der Darwin-Bibliothek sind auch einige Konstanten definiert, darunter die eulersche Zahl `M_E`.

```
sqrt(2.0)          // 1,4142135623731
cos(0.0)           // 1,0
pow(10.0, 3.0)     // 1000
M_E                // 2.71828182845905
```

Die Kreisteilungszahl ist in den statischen Eigenschaften `Double.pi` bzw. `Float.pi` definiert. Zusammen mit weiteren `Double`- oder `Float`-Ausdrücken können Sie die Kreisteilungszahl in der Kurzform `.pi` verwenden. Der Compiler erkennt den Datentyp von `pi` dann aus dem Kontext:

```
let radius = 2.8  // radius hat den Datentyp Double
let area = radius * radius * .pi
```

7.4 Funktionen als eigener Datentyp

Funktionen zählen zu den grundlegenden Datentypen von Swift. So wie Sie mit `var i: Int` eine Integer-Variable deklarieren können, deklariert `var f: (Double) -> String` eine Variable, die später eine Funktion aufnehmen kann, die wiederum eine `Double`-Zahl als Parameter erwartet und eine Zeichenkette als Ergebnis liefert.

Zusammen mit den sehr universell einsetzbaren Aufzählungstypen (Arrays, Dictionaries), auf die Sie Methoden wie `map`, `reduce` und `forEach` anwenden können, lassen sich viele Algorithmen im Sinne der funktionalen Programmierung realisieren (siehe auch Kapitel 8, »Arrays, Dictionaries, Sets und Tupel«).

Noch vielseitiger werden Swifts Möglichkeiten zur funktionalen Programmierung dadurch, dass Sie Funktionen in Form von Closures unkompliziert ad hoc erzeugen und sofort anwenden können (siehe Abschnitt 7.5). Funktionen und Closures sind Referenztypen, nicht Werttypen.

Beispiel

Funktionstypen werden in Swift durch den Operator `->` gebildet: Somit bezeichnet `(datentyp1) -> datentyp2` eine Funktion, die Parameter gemäß `datentyp1` erwartet und Ergebnisse als `datentyp2` liefert. Anstelle von `datentyp1` kann eine ganze Liste von Parametern angegeben werden, wobei es großen syntaktischen Spielraum gibt (siehe Abschnitt 7.2, »Parameter«). Das Ergebnis einer Funktion darf auch ein Tupel sein.

Die folgenden Zeilen zeigen, wie Sie eine allgemeine Variable `x` so definieren, dass sie nur Funktionen mit einer bestimmten Signatur aufnehmen kann. Ebenso wäre es möglich, gleich `x = func f(...) -> ... {...}` zu schreiben.

```
// die Variable x kann Funktionen aufnehmen,
// die der folgenden Signatur entsprechen
var x: (Double, Double) -> (Int, Double)

// f ist eine mögliche Implementierung einer solchen Funktion
func f(a: Double, b: Double) -> (Int, Double) {
  if a > b { return (1, a * b) }
  else     { return (2, a + b) }
}

// nun kann x wie f verwendet werden
x = f
x(2.0, 3.0)
// Ergebnis (2, 5.0)
```

Sind `f` und `x` nun also gleichwertig? Nicht ganz! Zum einen müssen beim Aufruf von `f` beide Parameter benannt werden. Bei `x` ist dies nicht notwendig.

```
f(a: 2.0, b: 3.0)
// Ergebnis (2, 5.0)
```

Zum anderen kann `f` nicht mehr verändert werden. `x` können Sie hingegen jederzeit eine andere Funktion zuweisen, die der ursprünglichen Signatur entspricht. Die folgenden Zeilen verwenden dazu die Closure-Schreibweise, die in Abschnitt 7.5, »Closures«, näher erläutert wird:

```
// x wird eine andere Funktion zugewiesen
x = { (7, $0 / $1) }
x(2.0, 3.0)
// Ergebnis (7, 0.666667)
```

7.5 Closures

Funktionen spielen in Swift eine große Rolle. Es ist häufig notwendig, eine Funktion als Parameter an eine andere Funktion oder Methode zu übergeben. Dazu können Sie natürlich jedes Mal mit `func` eine Funktion definieren und diese dann übergeben. Je häufiger Sie das tun, desto lästiger wird dieser Prozess. Eine Funktion zu definieren, die danach an Dutzenden Stellen im Code benötigt wird, macht ja Sinn. Aber für eine Funktion, die nur einmal benötigt wird, muss es einen besseren Weg geben. Diesen Weg bieten anonyme Funktionen, die in Swift *Closures* genannt werden. In Java oder C# ist hingegen meist von *Lambda-Ausdrücken* die Rede – gemeint ist dasselbe.

Syntax

Nehmen wir an, in Ihrem Programm gibt es ein Array mit ganzen Zahlen. Mit `map` wollen Sie nun auf jede dieser Zahlen die Funktion `sin(x/10)` anwenden, sodass Sie ein neues Array mit Fließkommazahlen erhalten. Der traditionelle Weg, diese Aufgabe zu lösen, besteht darin, zuerst mit `func` eine geeignete Funktion zu definieren und diese als Parameter an `map` zu übergeben. (Die Methode `map` steht für Arrays und einige weitere Aufzählungstypen zur Verfügung. Sie wendet eine Funktion auf alle Elemente der Sequenz an und liefert wiederum eine Sequenz bzw. im folgenden Beispiel ein Array. `map` stelle ich im Detail in Kapitel 8, »Arrays, Dictionaries, Sets und Tupel«, vor.)

```
let data = Array(1...20)          // Datentyp [Int]
func calc(n: Int) -> Double {
  return sin(Double(n) / 10.0)
}
var result = data.map(calc)       // Datentyp [Double]
result                            // [0,0998, 0,1987 ...]
```

Anstatt die Funktion vorweg zu definieren, können Sie die Funktion auch als Closure direkt übergeben. *Closure* ist ein Begriff aus der Informatik. Im Deutschen ist häufig von einem *Funktionsabschluss* die Rede. Closures zeichnen sich durch zwei Eigenschaften aus:

- Closures haben keinen Namen. Daher spricht man oft auch von *anonymen Funktionen*.
- Closures haben Zugriff auf die Daten, die im Programm an der Stelle ihrer Definition zugänglich sind, also im *Erstellungskontext*.

In Swift sieht die Syntax einer Closure wie folgt aus:

```
{ (Parameterliste) -> Datentyp in Code }
```

Mit anderen Worten: Die Closure wird in geschwungenen Klammern formuliert. Sie beginnt mit einer Parameterliste, für die weitgehend dieselben Regeln wie für die

Parameterliste einer Funktion gelten. Es sind auch Closures ohne Parameter möglich – dann reduziert sich die Parameterliste auf ein rundes Klammernpaar. Anschließend folgen der Operator -> und der Rückgabedatentyp der Funktion. Bei Closures ohne Rückgabe entfällt -> Datentyp. Vor dem eigentlichen Code der Funktion wird das Schlüsselwort in angegeben.

Um das obige Beispiel also ohne die explizite Definition von calc() nur mit einer Closure zu lösen, würde der Code so aussehen:


```
// Funktion als Closure übergeben
result = data.map(
  { (n:Int) -> Double in return sin(Double(n)/10) } )
```

Kurz und kürzer

Um die Anwendung von Closures angenehmer zu machen, erlaubt die Swift-Syntax eine Menge Abkürzungen: So kann auf return verzichtet werden, wenn die Closure nur aus einem Ausdruck besteht und nicht aus mehreren Anweisungen:

```
// kompaktere Syntax
result = data.map( { (n: Int) -> Double in sin(Double(n)/10) } )
```

Sofern der Swift-Compiler aus dem Kontext den Datentyp der Parameter erkennen kann, brauchen Sie den Datentyp in der Parameterliste nicht anzugeben:

```
// noch kompaktere Syntax
result = data.map( { (n) -> Double in sin(Double(n) / 10) } )
```

Trifft dies auch auf den Rückgabedatentyp zu, dann können Sie auf die Parameterliste samt Ergebnistypdefinition ganz verzichten. Auch das Schlüsselwort in entfällt dann. Allerdings haben die Funktionsparameter jetzt keine Namen mehr. Deswegen müssen Sie die Parameter in der Form $0 für den ersten Parameter, $1 für den zweiten Parameter etc. angeben. Es ist diese Form, die in der Praxis – vor allem bei einfachen Funktionen – bevorzugt wird. Trotz der kompakten Schreibweise bleibt der Code verständlich.

```
// auf das Minimum reduzierte Syntax
result = data.map( { sin(Double($0) / 10) } )
```

Die meisten Funktionen oder Methoden erwarten Closures im letzten Parameter. In diesem Fall können Sie die Closure aus der Funktion gewissermaßen herausziehen, also hinter der Funktion angeben (*Trailing Closure*). Gleichzeitig werden die runden Klammern der Methode optional. Damit sieht der Aufruf so aus:

```
// alternative Syntaxvarianten, gleichwertig
result = data.map() { sin(Double($0) / 10) }
result = data.map   { sin(Double($0) / 10) }
```

Die Anzahl der ineinander verschachtelten Klammerebenen wird so minimiert. Das ist vor allem dann von Vorteil, wenn sich der Code der Closure über mehrere Zeilen erstreckt. Ansonsten ist es eher eine Geschmacksfrage, welche Variante Sie vorziehen.

Trailing Closures funktionieren auch bei benannten Parametern. In diesem Fall entfällt der Name des letzten Parameters ersatzlos.

Noch mehr Syntaxbeispiele

Für das obige Beispiel mit `sin(x/10)` ist jetzt die kürzestmögliche Syntax erreicht. Manchmal geht es aber noch kürzer: Wenn es eine vor- oder selbst definierte Funktion gibt, deren Signatur der Aufgabenstellung entspricht, reicht es aus, nur den Funktionsnamen zu übergeben. In diesem Fall entfällt also auch die Nennung der anonymen Parameter `$0`, `$1` etc.!

```
// Funktion als Closure
let data2 = [1.2, 4.5, 2.4]
print(data2.map(sin))         // [0.93, -0.97, 0.68]
```

Diese Syntax ist sogar für Operatoren erlaubt! Für Swift ist ein Operator nichts anderes als ein Funktionsname. Im folgenden Beispiel wird der Operator `-` im Sinne des negativen Vorzeichens interpretiert. Für Swift ist aus dem Kontext klar, dass hier nicht der Minus-Operator gemeint sein kann – denn das ist eine Funktion mit *zwei* Parametern. `map` erwartet aber eine Funktion, die mit einem Parameter zurechtkommt.

```
// Operator 'negatives Vorzeichen' als Closure
print(data2.map(-))           // [-1.2, -4.5, -2.4]
```

Besonders beliebt ist diese Kurzschreibweise bei den Methoden `sort` und `sorted`. Beide Methoden erwarten als Parameter eine Vergleichsfunktion, also eine Funktion, die zwei Objekte des gleichen Typs miteinander vergleicht und `true` oder `false` zurückgibt, je nachdem, ob ein Objekt größer oder kleiner als das andere ist. Genau diese Aufgabe übernimmt der Operator `<`:

```
// Vergleichsoperator als Closure
print(data2.sorted(by: <))     // [1.2, 2.4, 4.5]
```

sort versus sorted

Die Methode `sorted` liefert als Ergebnis ein neues sortiertes Array, rührt das ursprüngliche Array aber nicht an. `sort` verändert das Array. Das setzt natürlich voraus, dass das Array mit `var` deklariert wurde, nicht mit `let`.

Closures können auch aus mehreren Anweisungen bestehen. In diesem Fall dürfen Sie `return` nicht vergessen, damit das Ergebnis zurückgegeben wird. In den beiden folgenden Beispielen ist die Closure einmal direkt als Parameter übergeben, einmal nachgestellt. Beide Varianten sind in ihrer Funktion gleichwertig, die Trailing Closure ist aber übersichtlicher (weil es bei ihr weniger offene Klammern gibt).

```
let data = Array(1...20)        // Datentyp [Int]
let result1 = data.map(         // Closure als Parameter
    { (n) -> Double in
        let x = Double(n) / 10.0
        return sin(x)
    }
)
print(result1)  // [0.10, 0.20, ...]

let result2 = data.map() {      // Trailing Closure
    (n) -> Double in
    let x = Double(n) / 10.0
    return sin(x)
}
print(result2)  // gleiches Ergebnis
```

Mitunter kommt es vor, dass Sie eine Funktion mit einem oder mehreren Parametern als Closure implementieren müssen, eine Auswertung der Parameter aber nicht notwendig ist. Aus syntaktischen Gründen können Sie die Parameter nicht weglassen, Sie können sie aber durch das Pattern-Zeichen _ ersetzen:

```
// liefert [12, 12, 12 ...]
let result3 = data.map({ (_) in 12 } )
```

»self« zum Zugriff auf Eigenschaften oder Methoden

Wenn Sie in Closures auf Eigenschaften oder Methoden des Typs zugreifen möchten, in dem Ihre Closure formuliert ist, dann müssen Sie `self` voranstellen, also z. B. `self.methode()`. Dieses Schlüsselwort stelle ich Ihnen in Abschnitt 9.1, »Klassen und Strukturen«, näher vor.

Auto-Closures

Wenn Sie den Parameter einer Funktion oder Methode mit dem Attribut `@autoclosure` kennzeichnen, dann betrachtet der Swift-Compiler an diese Funktion übergebene Argumente automatisch als Closure. Nähere Details dazu, was Attribute sind, folgen in Abschnitt 12.2.

Am einfachsten ist das Konzept von Auto-Closures anhand eines Beispiels zu verstehen. Die Funktion `f` erwartet eine boolesche Funktion als Parameter und wertet diese dann aus. Dieser Parameter ist vorerst noch ohne `@autoclosure` definiert.

```
func f(condition: () -> Bool) {
    if condition() {
      print("True!")
    }
}
f(condition: {7 % 2 == 1} )  // Ausgabe "True!"
```

An `f` muss wirklich eine Funktion übergeben werden. Im obigen Beispiel wird daher das Funktionsargument in geschwungenen Klammern angegeben. `f(condition: 7 % 2 == 1)` wäre ebenso wie `f(condition: true)` ein Syntaxfehler, weil beide Parameter boolesche Ausdrücke, aber keine Funktionen sind.

In der folgenden Funktion `g` ist der Parameter hingegen als `@autoclosure` deklariert. Damit wird nun der übergebene Parameter automatisch als Closure betrachtet, und Sie dürfen, ja, Sie müssen sogar auf die geschwungenen Klammern verzichten:

```
func g(condition: @autoclosure () -> Bool) {
    if condition() {
      print("True!")
    }
}
g(condition: 7 % 2 == 1)  // Ausgabe "True!"
```

`@autoclosure` wird Swift-intern von `assert` sowie von einigen booleschen Operatoren verwendet.

Closures in der Praxis

Vielleicht ist Ihnen die Vorstellung der Closure-Syntax ein wenig theoretisch erschienen. Keine Angst: Bereits Kapitel 8, »Arrays, Dictionaries, Sets und Tupel«, ist voller Beispiele für die Anwendung von Closures. Closures spielen aber auch eine große Rolle bei der Gestaltung von App-Oberflächen mit SwiftUI. In Teil III des Buchs finden Sie in etwa auf jeder zweiten Seite Code mit Closures!

Kapitel 8
Arrays, Dictionaries, Sets und Tupel

Im Mittelpunkt dieses Kapitels stehen Datenstrukturen zum Verwalten von Aufzählungen mehrerer Elemente.

- **Arrays:** Arrays enthalten mehrere geordnete Elemente, die durch einen Index angesprochen werden, der von `0` bis `n-1` reicht. Die Größe von Arrays kann zur Laufzeit verändert werden. Damit sind Arrays in Swift ähnlich flexibel wie z. B. Listen in Java.
- **Dictionaries:** Dictionaries speichern Schlüssel-Wert-Paare. In anderen Programmiersprachen heißen Dictionaries auch *Maps* oder *assoziative Arrays*.
- **Sets:** Sets dienen zur ungeordneten Sammlung von Daten ohne Doppelgänger.
- **Tupel:** Tupel sind mehrere durch Kommas getrennte Ausdrücke in runden Klammern. Anders als Arrays, Dictionaries oder Sets können Tupel nicht erweitert werden. Tupel sind innerhalb der Sprache Swift implementiert, nicht wie Arrays, Dictionaries oder Sets in der Swift-Standardbibliothek.

Anders als in vielen anderen Programmiersprachen sind alle hier genannten Datentypen in Swift als Werttypen realisiert, nicht als Referenztypen!

Viele der in diesem Kapitel präsentierten Programmiertechniken und insbesondere der Umgang mit Methoden wie `map` oder `forEach` spielen in Swift eine große Rolle: Diese Methoden eignen sich nicht nur zur Verarbeitung von Array-Elementen, sondern ganz allgemein für alle Datentypen, die das `Sequence`-Protokoll implementieren.

8.1 Arrays

Arrays in Swift sind viel flexibler als jene in Java oder C. Insbesondere ist die Größe des Swift-Arrays variabel, d. h., Sie können jederzeit Elemente hinzufügen oder löschen.

Arrays sind intern als `struct` realisiert, sind also Werttypen. Daher werden Arrays bei Zuweisungen oder bei der Übergabe an eine Methode kopiert! Aus Geschwindigkeitsgründen erstellt Swift die Kopie allerdings erst dann, wenn dies bei der Veränderung eines der beiden Arrays erforderlich ist. Swift stellt aber auf jeden Fall sicher, dass die Kopien vollkommen unabhängig voneinander sind:

```
var ar1 = [1, 2, 3]
var ar2 = ar1   // ar2 enthält eine Kopie von ar1
ar2[1]=0
ar1             // ar1 ist unverändert [1, 2, 3]
ar2             // ar2 enthält [1, 0, 3]
```

Je nachdem, ob Sie ein Array in einer Variablen oder in einer Konstanten speichern, ist sein Inhalt veränderlich (*mutable*) oder unveränderlich (*immutable*). Bei `ar4` können weder seine Werte verändert werden, noch können zusätzliche Elemente hinzugefügt oder vorhandene Werte verändert werden:

```
var ar3 = [1, 2, 3]  // Array kann später verändert werden
let ar4 = [2, 4, 6]  // unveränderliches Array (immutable)
```

Wenn Sie ein Array als Referenz an eine Funktion oder Methode übergeben möchten, müssen Sie den Parameter mit dem Schlüsselwort `inout` kennzeichnen und der Array-Variablen ein &-Zeichen voranstellen:

```
func changeArray(_ x: inout [Int]) {
   x[0] = -1
}
var ar1 = [1, 2, 3]
changeArray(&ar1)
print(ar1)    //  [-1, 2, 3]
```

Zur Initialisierung und Verarbeitung von Arrays stehen unzählige Methoden zur Auswahl (siehe Tabelle 8.1). Einige davon lernen Sie auf den folgenden Seiten kennen. Methoden wie `filter`, `map` und `reduce`, die in Swift universell auch für andere Aufzählungsstrukturen verwendet werden können, behandle ich getrennt in Abschnitt 8.2, »Arrays und Aufzählungen verarbeiten«.

Methode/Eigenschaft	Funktion
`var ar = [1, 2, 3]`	Array initialisieren
`var ar = [Int]()`	leeres Array deklarieren
`ar.count`	Anzahl der Elemente
`ar[n]`	Element an der Position `n` lesen
`ar[n1...n2]`	auf Teil-Array zugreifen (Datentyp `ArraySlice`)
`ar += [4]`	Element am Ende hinzufügen
`ar += [6, 7, 8]`	mehrere Elemente am Ende hinzufügen

Tabelle 8.1 Ausgewählte Array-Eigenschaften, -Methoden und -Operatoren

Methode/Eigenschaft	Funktion
`ar.insert(-1, at:3)`	Element einfügen
`ar.removeFirst([n])`	erstes Element bzw. die ersten `n` Elemente entfernen
`ar.removeLast([n])`	die letzten `n` Elemente entfernen
`ar.remove(at: n)`	Element entfernen
`ar[n1...n2] = [a, b, c]`	mehrere Elemente durch andere ersetzen
`ar[n1...n2] = []`	mehrere Elemente entfernen
`ar.swapAt(n1, n2)`	die Elemente mit dem Index `n1` und `n2` vertauschen
`ar.sort(by: <)`	Array sortieren (ändert `ar`)
`ar2 = ar1.sorted(by: <)`	neues sortiertes Array erzeugen (ändert `ar1` nicht)
`ar2 = Array(ar1.reversed())`	neues Array in umgekehrter Reihenfolge erzeugen
`ar2 = ar.filter(fn)`	Elemente, die `fn` entsprechen, kopieren
`ar2 = ar.map(fn)`	`fn` auf Elemente anwenden, neues Array bilden
`x = ar.reduce(start, fn)`	`fn` paarweise anwenden, Endergebnis zurückgeben
`ar.forEach(fn)`	`fn` auf alle Elemente anwenden (ohne Ergebnis)
`ar.split(...)`	Array in Teile zerlegen
`ar.joined(separator: x)`	Elemente vereinen, `x` als Trennelement verwenden

Tabelle 8.1 Ausgewählte Array-Eigenschaften, -Methoden und -Operatoren (Forts.)

Arrays initialisieren

Am einfachsten initialisieren Sie ein Array, indem Sie einige Werte in eckige Klammern stellen und einer Variablen oder Konstanten zuweisen:

```
var nmbs = [1, 2, 3, 4]
let strgs = ["abc", "efg", "xyz"]
```

Swift erkennt hier selbstständig den richtigen Datentyp, d. h., `nmbs` ist ein Array von Integer-Zahlen mit dem Datentyp `[Int]`, `strgs` ein Zeichenketten-Array mit dem Datentyp `[String]`.

Wenn Sie Elemente in unterschiedlichen Typen übergeben möchten, dann müssen Sie den Array-Typ explizit mit `as [Any]` angeben:

```
let various = [1, "abc", true] as [Any]
```

Wenn an die Init-Funktion `Array()` ein Objekt bzw. eine Datenstruktur übergeben wird, deren Elemente durchlaufen werden können, initialisiert Swift das Array mit den entsprechenden Elementen:

```
// Array mit den Elementen ["a", "b", ...]
let s = "abcde"
var car = Array(s)
// Int-Array mit den Elementen [3, 4, 5, 6, 7]
var iar = Array(3...7)
```

Mitunter ist es zweckmäßig, ein Array in einer bestimmten Größe vorweg mit einem Startwert zu initialisieren. Dazu übergeben Sie an die Init-Funktion `Array` entsprechende Parameter. Die Syntax ist leider langatmig:

```
// Integer-Array erzeugen, das aus tausend 0-Werten besteht
var iar1 = [Int](repeating: 0, count: 1000)
var iar2 = Array(repeating: 0, count: 1000)  // gleichwertig
```

Der einfachste Weg, um ein vorerst leeres Array zu erzeugen, sieht so aus:

```
var sar = [String]()           // leeres String-Array
```

Array-Elemente auslesen

`nmbs.count` verrät, wie viele Elemente das Array umfasst. Wenn das Array noch leer ist, liefert `isEmpty` das Resultat `true`. Der Zugriff auf Array-Elemente erfolgt über einen Index in eckigen Klammern, wobei das erste Element mit dem Index 0 angesprochen wird:

```
var nmbs = [1, 2, 3, 4]
nmbs.count      // 4
nmbs.isEmpty    // false
nmbs[0]         // 1
nmbs[3]         // 4
nmbs[4]         // Fehler, dieses Array-Element existiert nicht
```

Das erste bzw. letzte Array-Element können Sie bequem mit den Eigenschaften `first` bzw. `last` auslesen. Dabei ist aber zu beachten, dass diese Eigenschaften Optionals zurückgeben: Als Ergebnis kommt auch `nil` infrage, sollte das Array leer sein. Sofern Sie nicht vorweg `count` überprüfen, sollten Sie zur Weiterverarbeitung `if-let`-Konstruktionen verwenden. Für Ad-hoc-Beispiele reicht es natürlich auch, den Unwrapping-Operator ! nachzustellen:

```
let itemA = nmbs.first     // Optional mit Datentyp Int?
let itemB = nmbs.first!    // 1 (Datentyp Int)
let itemC = nmbs.last!     // 4
```

Die Elemente eines Arrays können mühelos in Schleifen verarbeitet werden:

```
for item in nmbs {
    print(item)
}
```

ArraySlices bzw. SubSequences

Anstelle einer Indexzahl können Sie in eckigen Klammern auch einen Bereich angeben. Damit erhalten Sie ein Teil-Array mit den entsprechenden Elementen. Intern lautet der Datentyp `Array<T>.SubSequence`. In älteren Swift-Versionen war dagegen von `ArraySlice<T>` die Rede. Intern sind beide Typen gleichwertig, `ArraySlice` ist ein Type-Alias (ein anderer Name) für `Array<T>.SubSequence`.


```
var nmbs = [1, 2, 3, 4]
var slc = nmbs[1...3] // Inhalt: [2, 3, 4]; Datentyp:
                      // Array<Int>.SubSequence = ArraySlice<Int>
```

Ein `ArraySlice` (»Slice« bedeutet Stück, Tranche) ist anfänglich kein neues Array, sondern ein Paar von Zeigern (*Links*) auf den Start- und den Endpunkt eines schon vorhandenen Arrays. Sie können das Slice wie ein Array auslesen, wobei die Indexpositionen des ursprünglichen Arrays erhalten bleiben. Interessanterweise sind sogar Veränderungen zulässig. Erst dann kommt es zu einer Kopie der Daten, damit das ursprüngliche Array und das Slice unabhängig voneinander bleiben. Um aus einem Slice ein neues Array zu erzeugen, übergeben Sie das Slice an die Init-Funktion `Array()`. Das ist aber nur selten notwendig, weil die Standardfunktionen von Swift Slices häufig wie Arrays verarbeiten können:

```
var nmbs = Array(1...10)      // [1, 2, 3, 4, 5, 6, 7, 8, 9, 10]
var slc = nmbs[3...7]         // [4, 5, 6, 7, 8]
print(slc.count)              // 5
print(slc[3])                 // 4
slc[5] = -5
print(slc)                    // [4, 5, -5, 7, 8]
print(nmbs)                   // [1, 2, 3, 4, 5, 6, 7, 8, 9, 10]
var someNmbs = Array(slc)     // neues Array
```

Arrays manipulieren

Sofern Sie die Array-Variable mit `var` und nicht mit `let` deklariert haben, können Sie Ihr Array mit einer Reihe von Methoden verändern. `append` fügt ein Element am Ende hinzu, `insert` an der durch den zweiten Parameter angegebenen Position. Anstelle von `append` können Sie platzsparend den Operator `+=` verwenden. Dieser Operator akzeptiert auch Arrays mit mehreren Elementen.

```
var ar = Array(5...7)        // [5, 6, 7]
ar.append(8)                 // [5, 6, 7, 8]
ar.insert(0, at: 3)          // [5, 6, 7, 0, 8]
ar += [17]                   // [5, 6, 7, 0, 8, 17]
ar += [18, 19, 20]           // [5, 6, 7, 0, 8, 17, 18, 19, 20]
```

Die insert-Variante mit dem Parameter contentsOf fügt nicht ein einzelnes Element, sondern gleich ein ganzes Array in ein vorhandenes Array ein:

```
var a1 = [1, 2, 3, 4]
var a2 = [7, 8, 9]

a1.insert(contentsOf: a2, at: 2)
a1   // enthält jetzt [1, 2, 7, 8, 9, 3, 4]
```

removeLast entfernt das letzte Element eines Arrays. Optional können Sie einen Parameter übergeben, um die ersten *n* Elemente zu entfernen. Analog gibt es auch die Methode removeFirst, deren Ausführung bei großen Arrays allerdings deutlich aufwendiger ist.

Mit remove können Sie ein Element an einer beliebigen Position herausnehmen. Die Methode gibt das betreffende Element als Ergebnis zurück. removeSubrange entfernt mehrere Elemente auf einmal, removeAll entfernt alle Elemente. Anstelle von removeAll können Sie auch die Schreibweise ar[] = [] verwenden:

```
var ar = Array(5...12)      // ar = [5, 6, 7, 8, 9, 10, 11, 12]
ar.removeLast()             // ar = [5, 6, 7, 8, 9, 10, 11]
ar.remove(at: 3)            // ar = [5, 6, 7, 9, 10, 11]
ar.removeSubrange(0...2)    // ar = [9, 10, 11]
ar[1...2] = []              // ar = [9]
ar.removeAll()              // ar = []
```

Ein einzelnes Element können Sie einfach per Neuzuweisung verändern. replaceSubrange ersetzt mehrere Elemente auf einmal, wobei Sie im zweiten Parameter ein entsprechend großes Array oder ein ArraySlice übergeben müssen. Anstelle von replaceSubRange ist auch die Kurzschreibweise ar[range] = [a, b, c] erlaubt:

```
var ar = Array(5...12)      // ar = [5, 6, 7, 8, 9, 10, 11, 12]
ar[3] = -1                  // ar = [5, 6, 7, -1, 9, 10, 11, 12]
ar.replaceSubrange(1...3, with: [-3, -4, -5])
                            // ar = [5, -3, -4, -5, 9, 10, 11, 12]
ar[3...6] = [-6, -5, -5, -6]
                            // ar = [5, -3, -4, -6, -5, -5, -6, 12]
```

Der Operator + fügt zwei Arrays aneinander und bildet dabei ein neues Array. Dabei müssen die Datentypen der beiden Ursprungs-Arrays übereinstimmen.

```
let ar1 = [1, 2, 3]
let ar2 = [4, 5, 6, 7]
var ar3 = ar1 + ar2  // ar3 = [1, 2, 3, 4, 5, 6, 7]
```

Zum Vertauschen von zwei Array-Elementen verwenden Sie die Methode `swapAt`, wobei Sie die Positionen der zu vertauschenden Elemente übergeben.

```
ar3.swapAt(0, 6)       // ar3 = [7, 2, 3, 4, 5, 6, 1]
```

Arrays sortieren und umdrehen

`sort` sortiert ein vorhandenes Array. An die Methode kann eine Funktion übergeben werden, die ermittelt, wie zwei Elemente verglichen werden sollen. Für Zahlen oder Zeichenketten ist die kürzeste Syntaxform einfach die Angabe des Kleiner- oder Größer-Operators. Die folgenden Syntaxvarianten sind alle gleichwertig und unterscheiden sich nur in der Art und Weise, wie die Vergleichsfunktion ausgedrückt wird (siehe Abschnitt 7.5, »Closures«). Wenn Sie an `sort` keine Vergleichsfunktion übergeben, werden die Elemente aufsteigend sortiert.

```
var ar = [17, 12, 4, 19, 3]
ar.sort(by: { (i1, i2) -> Bool in i1 < i2 } )
ar.sort(by: { $0 < $1 } ) // Kurzschreibweise
ar.sort() { $0 < $1 }     // Closure nachgestellt
ar.sort(by: <)            // noch kürzer
ar.sort()                 // Default-Sortierordnung aufsteigend
```

Alternativ zu `sort` gibt es auch die Methode `sorted`. Sie lässt das ursprüngliche Array unverändert und erzeugt stattdessen ein neues Array:

```
let ascending = ar.sorted(by: >)
```

Die Methode `reverse` dreht die Reihenfolge der Elemente eines Arrays um. Sie setzt voraus, dass das Array mit `var` deklariert wurde. Auch die Methode `reversed` ermöglicht es, die Elemente eines Arrays in umgekehrter Reihenfolge zu verarbeiten. Anders als `sorted` liefert `reversed` allerdings *kein* neues Array zurück. Vielmehr erhalten Sie ein Objekt des Typs `ReversedCollection<[Type]>`.

```
let ar = [7, 1, 9, 2]
for item in ar.reversed() {
    print(item)
}
```

Um ein Array zu durchmischen, verwenden Sie `shuffle` (verändert das Array) oder `shuffled` (erzeugt ein neues Array):

```
let ar3 = ar1.shuffled()  // z. B. [2, 1, 9, 7]
```

8.2 Arrays und Aufzählungen verarbeiten

Sie wissen bereits, wie einfach es ist, über alle Elemente eines Arrays eine Schleife zu bilden. Aber nicht immer ist eine explizite Schleife erforderlich. Dieser Abschnitt macht Sie mit Methoden wie `map`, `reduce`, `filter` oder `forEach` vertraut. Damit gelingt oft eine besonders elegante und effiziente Verarbeitung von Array-Elementen. Auch wenn sich die Beispiele dieses Abschnitts auf Arrays beziehen, eignen sich die meisten hier vorgestellten Methoden ebenso gut für andere Aufzählungen.

Closures

An die in diesem Abschnitt vorgestellten Methoden werden häufig Closures übergeben. Ich ziehe dabei die nachgestellte Syntaxvariante vor, also beispielsweise `ar.map() { closure }`. Wenn Ihnen Closures noch nicht geläufig sind, sollten Sie vorher Abschnitt 7.5, »Closures«, lesen.

rethrows

An viele der hier vorgestellten Methoden, z. B. an `map`, dürfen Sie Funktionen übergeben, die einen Fehler auslösen können. Derartige Methoden sind in der Swift-Standardbibliothek mit dem Schlüsselwort `rethrows` gekennzeichnet. Welche Bedeutung `rethrows` hat und was Sie beim Aufruf derartiger Methoden beachten müssen, erkläre ich in Abschnitt 11.3, »Fehler in Funktionen weitergeben (rethrows)«.

count

Die Eigenschaft `count` liefert erwartungsgemäß die Anzahl der Elemente eines Arrays bzw. einer Sequenz. Die gleichnamige Methode mit dem Parameter `where` zählt alle Elemente, die einer Bedingung entsprechen.

```
let ar = Array(1...10)
print(ar.count)                    // 10
print(ar.count(where: {$0 > 5}))  // 5
```

first und last

Die Eigenschaften `first` und `last` liefern das erste bzw. letzte Element einer Sequenz als Optional. Gegebenenfalls müssen Sie durch ein nachgestelltes Ausrufezeichen das Unwrapping erzwingen. Wenn die Sequenz leer ist, liefern die Funktionen `nil` zurück. Die Sequenz bleibt in jedem Fall unverändert.

```
let ar = [1, 2, 3, 4]
let s = "Hello World!"
let nmb = ar.first      // 1, Datentyp Int?
let c = s.last          // "!", Datentyp Character?
```

randomElement

Die Methode `randomElement` wählt ein zufälliges Element aus einer Sequenz aus. Auch hier ist der Datentyp ein Optional, weil die Methode bei leeren Sequenzen `nil` liefert.

```
let item = ar.randomElement()  // zufälliges Element,
                               // Datentyp Int?
```

8

dropFirst, dropLast und drop

`dropFirst` und `dropLast` liefern eine neue Sequenz, die sich aus der Ausgangsmenge ergibt, aus der die ersten oder letzten Elemente entfernt wurden. Die Daten, auf die die Methoden angewendet werden, ändern sich nicht. Die `drop`-Methoden können auch auf Zeichenketten angewendet werden.

```
let ar = [1, 2, 3, 4]
let new1 = ar.dropFirst()          // [2, 3, 4], Datentyp [Int]
let new2 = new1.dropLast(2)        // [2], Datentyp [Int]

let s = "Hello World!"
let s1 = String(s.dropFirst())     // "ello World!"
let s1 = String(s.dropLast())      // "Hello World"
```

Die Methode `drop` mit dem Parameter `while` verwirft so lange Elemente vom Beginn der Sequenz, bis die als Closure übergebene Bedingung zum ersten Mal nicht mehr erfüllt ist. Der Rest der Sequenz wird zurückgegeben.

Im folgenden Beispiel werden vom Anfang des Arrays alle Elemente entfernt, die kleiner 3 sind. Die `while`-Funktion wird wie beim `prefix(while:)`-Beispiel einmal direkt und einmal in einer nachgestellten Closure übergeben:

```
let data1 = [1, 2, 3, 1, 2, 3]
let data2 = data1.drop(while: {$0 < 3})  // [3, 1, 2, 3]
let data3 = data1.drop() {$0 < 3}        // gleichwertig, liefert
                                         // auch [3, 1, 2, 3]
```

starts und contains

Die Methode `starts` testet, ob eine Sequenz mit einer vorgegebenen Aufzählung von Elementen beginnt. Merkwürdigerweise gibt es keine entsprechende `ends`-Methode.

```
let ar = [1, 2, 3, 4, 5, 6]
print(ar.starts(with: [1, 2])) // true
```

`contains` überprüft, ob ein Wert in der Sequenz enthalten ist. Das Ergebnis lautet `true` oder `false`. Dabei kann an die Methode sowohl ein einzelnes Element übergeben werden als auch eine Funktion (eine Closure) mit einem Suchausdruck. Die beiden folgenden Beispielaufrufe ergeben beide `true`, weil das Array sowohl die Zahl 3 als auch gerade Zahlen enthält:

```
let ar = [1, 2, 3, 4, 5, 6]
print(ar.contains(3))                  // true
print(ar.contains() {$0 % 2 == 0})     // true
```

filter

Die Methode `filter` liefert alle Elemente, die einer Filterfunktion entsprechen, als neues Array zurück.

Im folgenden Beispiel wird `ar1` mit den Wörtern eines Lorem-ipsum-Satzes initialisiert. Die Methode `components` zerlegt die Zeichenkette in ein Array von Wörtern (Variable `ar1`). `filter` übergibt anschließend daraus alle Wörter, die mehr als fünf Zeichen lang sind (Ergebnis `ar2`).

```
let txt =
  "Lorem ipsum dolor sit amet, consetetur sadipscing elitr."
let ar1 = txt.components(separatedBy: " ")
let ar2 = ar1.filter() {$0.count > 5}
print(ar2)   // ["consetetur", "sadipscing", "elitr."]
```

Im folgenden Beispiel liefert `filter` ein Array mit den Zahlen der Ausgangsdaten, die größer als 10, kleiner als 50 und durch 3 teilbar sind:

```
func testNumber(_ x: Int) -> Bool {
  return x>10 && x<50 && (x % 3 == 0)
}

var data = Array(1...100)
let result = data.filter() { testNumber($0) }
print(result)      // [12, 15, 18, ..., 48]
```

Zum gleichen Ergebnis führt auch der folgende Code, bei dem die Testbedingung direkt in der Closure formuliert ist:

```
let result2 =
  data.filter() { $0>10  &&  $0<50  &&  ($0 % 3 == 0) }
```

map, flatMap und compactMap

map wendet eine Funktion auf alle Elemente an und liefert die Ergebnisse als Array. Die im folgenden Beispiel definierte Funktion f erzeugt für jede als Parameter übergebene Integer-Zahl eine Zeichenkette aus ebenso vielen Sternen:

```
let data = [2, 5, 4]
func f(_ n: Int) -> String {
    var result = ""
    for _ in 1...n { result += "*" }
    return result
}
print(data.map(f))  // ["**", "*****", "****"]
```

Das zweite Beispiel liefert in ar2 ein Integer-Array, das die Länge der Wörter aus ar1 enthält. In diesem Fall macht map also aus einem String-Array ein Int-Array. Die Closure wird hinter map angegeben, die runden Klammern der Methode können dann weggelassen werden.

```
let txt =
  "Lorem ipsum dolor sit amet, consetetur sadipscing elitr."
let ar1 = txt.components(separatedBy: " ")  // [String]
let ar2 = ar1.map { $0.count }              // [Int]
print(ar2)                     // [5, 5, 5, 3, 5, 10, 10, 6]
```

Der Code lässt sich auch kompakter ohne die Zwischenspeicherung der String-Arrays formulieren. In diesem Fall erzeugt components ein Array, dessen Elemente direkt von map weiterverarbeitet werden. Diese Methode erzeugt dann selbst ein Int-Array.

```
let ar3 = txt.components(separatedBy: " ")
  .map { $0.count }              // [Int]
```

Zu map existiert die Variante flatMap. Sie eignet sich vor allem dann, wenn die map-Methode selbst Arrays verarbeitet. map liefert dann verschachtelte Arrays. flatMap bildet aus den Ergebniselementen hingegen ein einziges, eindimensionales Array:

```
var ar = [1, 2, 3]
let nested = ar.map { Array(1...$0) }
// nested = [[1], [1, 2], [1, 2, 3]]
let flat = ar.flatMap { Array(1...$0) }
// flat = [1, 1, 2, 1, 2, 3]
```

Eine weitere map-Variante ist compactMap: Die Methode eliminiert aus dem Ergebnis alle nil-Ergebnisse. Im folgenden Beispiel enthält nmbs alle Elemente, die sich mit Int in Zahlen umwandeln lassen:

```
let strings = ["1", "2", "3", "abc", "efg"]
let nmbs = strings.compactMap { Int($0) } // 1, 2, 3
```

forEach

In einer simplen for-in-Schleife können Sie alle Elemente durchlaufen und auswerten, aber nicht ändern:

```
// Array durchlaufen, aber nicht ändern
let ar = Array(1...10)
for item in ar {
    print(item)
}
```

Weitgehend dieselbe Funktionalität bietet die Methode forEach, die Sie auf ein Array anwenden und an die Sie eine Funktion bzw. Closure übergeben:

```
ar.forEach() { print($0) }
```

forEach weist im Vergleich zur for-Schleife zwei Einschränkungen auf:

- break und continue funktionieren nicht.
- return bricht nur die Verarbeitung des aktuellen Werts ab. Die Schleife wird fortgesetzt. Es ist nicht möglich, mit return die Schleife oder den aktuellen Verarbeitungskontext (Funktion, Methode etc.) zu verlassen.

Die Methode forEach wendet eine Funktion oder Closure auf alle Elemente einer Sequenz an. forEach gibt kein Ergebnis zurück.

forEach versus map

Sowohl forEach als auch map wenden jeweils eine Funktion oder Closure auf die Elemente einer Aufzählung oder eines Arrays an. Worin besteht nun der Unterschied?

forEach ruft die angegebene Funktion für jedes Element der Sequenz auf, ignoriert aber eventuell zurückgegebene Ergebnisse. map erstellt aus den Ergebnissen hingegen ein Array.

Die folgenden Zeilen zeigen drei Anwendungsbeispiele für forEach: Der erste forEach-Ausdruck bildet eine Summe über ein Double-Array, der zweite Ausdruck gibt die Zeichen einer Zeichenkette einfach einzeln aus.

```
let data = [2.7, 3.9, 1.6]
var sum = 0.0
data.forEach() { sum += $0 }
print(sum)  // Ausgabe: 8,2

let s = "abc"
s.forEach() { print($0) }
// Ausgabe: "a", "b", "c"
```

In der Praxis bietet sich der Einsatz von `forEach` vor allem in Kombination mit anderen Funktionen an, die selbst Arrays oder Sequenzen zurückgeben. Der folgende Ausdruck ist aus Übersichtsgründen über mehrere Zeilen verteilt, es handelt sich aber um *einen* Ausdruck. Dabei verarbeitet `filter` die Elemente von `nmbs` und gibt ein neues Array zurück, das nur die durch 3 teilbaren Zahlen enthält. `map` quadriert diese Zahlen und liefert ein weiteres Array. Dieses wird von `forEach` verarbeitet.

```
let nmbs = Array(1...20)
nmbs.filter() { $0 % 3 == 0 }
  .map() { $0 * $0 }
  .forEach() { print($0) }
// Ausgabe: 9, 36, 81, 144, 225, 324
```


forEach versus ForEach

In SwiftUI-Oberflächen können Sie mit `ForEach` dynamisch neue Views erzeugen. `forEach` und `ForEach` unterscheiden sich zwar nur durch die Groß- und Kleinschreibung des ersten Buchstabens, funktionieren aber ganz unterschiedlich!

- `forEach` verarbeitet die Elemente einer Aufzählung, ohne selbst ein Ergebnis zurückzugeben.
- `ForEach` hat dagegen den Datentyp `View` und muss dementsprechend `View`-Instanzen zurückgeben. Eine abweichende Verwendung führt zu einem Fehler! Außerdem müssen die von `ForEach` verarbeiteten Elemente eindeutig identifizierbar sein (das Protokoll `Identifiable` erfüllen). Ich stelle Ihnen `ForEach` im Detail in Abschnitt 13.1, »Grundlagen«, vor.

reduce

`reduce` wendet wie `map` eine Funktion auf jedes Element an, allerdings paarweise. Zuerst wird das erste Array-Element mit einem Startwert verknüpft, dann das Ergebnis mit dem zweiten Array-Element, dann das neue Ergebnis mit dem dritten Element usw. Letzten Endes destilliert `reduce` aus einem Array einen einzigen Wert. Das folgende Beispiel zeigt, wie mit `reduce` die Summe eines Integer-Arrays berechnet werden kann:

```
let ar = [1, 7, 12, 5]
let sum = ar.reduce(0) { $0 + $1 }    // 25
```

Im zweiten Beispiel werden drei Ziffern mit binärem Und verknüpft, wobei der Startwert `0xffff` lautet. Somit ist das Ergebnis auf Zahlen bis 65.535 limitiert.

```
let data = [0xff, 0xf0, 0x10]
let result = data.reduce(0xffff)  { $0 & $1 }
print(String(result, radix:16))  // Ergebnis hexadezimal "10"
```

split und joined

split zerlegt eine Sequenz in kleinere Teile und liefert das Ergebnis als Array zurück. Die Trennung erfolgt an Positionen, bei denen ein Element eine als Funktion formulierte Bedingung erfüllt. split erwartet bis zu drei Parameter, wobei der erste und der zweite Parameter optional sind:

- Der erste Parameter, maxSplit, bestimmt die Maximalanzahl der resultierenden Array-Elemente.
- Der zweite Parameter, omittingEmptySubsequences, gibt an, ob die Funktion bei einem mehrfachen Vorkommen des Trennzeichens leere Array-Elemente erzeugen soll. Standardmäßig ist das nicht der Fall.
- Im dritten Parameter, whereSeparator, erwartet split die Trennfunktion. Wenn Sie die Funktion nicht als Closure hintanstellen, müssen Sie den Parameternamen angeben, also data.split(whereSeparator: {$0 == " "}).

Wenn split auf ein Array angewendet wird, liefert es als Ergebnis ein Array von Arrays. Im folgenden Beispiel gelten 0-Elemente als Teiler:

```
let data = [1, 2, 0, 5, 6, 4, 0, 3, 0, 2]
let splitted = data.split() { $0 == 0 }
// Datentyp [ArraySlice<Int>]
print(splitted)  // [[1, 2], [5, 6, 4], [3], [2]]
```

Die Methode joined ist das Spiegelbild zu split. Der Datentyp des Ergebnisses lässt das Herz von Generics-Fans höherschlagen (siehe Abschnitt 10.2, »Generics«) – und alle anderen verzweifeln: Das Ergebnis ist eine JoinedSequence von Array-Subsequenzen für Int-Werte. Alles klar?

```
let joined = splitted.joined(separator: [0])
// Datentyp JoinedSequence<[Array<Int>.SubSequence]>
```

Immerhin gelingt der Init-Funktion von Array die Zurückverwandlung in ein normales Array, sofern Sie den gewünschten Datentyp mit as [Int] angeben:

```
let newdata = Array(joined) as [Int]
print(newdata == data)  // true
```

Im zweiten Beispiel wird ein Array von Zeichenketten zu einer langen Zeichenkette zusammengesetzt. Der Datentyp des Ergebnisses ist glücklicherweise einfach String.

```
let s = ["e4", "e5", "c7", "c6"].joined(separator: ";")
// s = "e4;e5;c7;c6"
```

Elemente mit removeAll entfernen

Die Methode `removeAll` entfernt alle Elemente aus einem Array, die die angegebene Bedingung erfüllen. Das folgende Beispiel löscht die durch 3 teilbaren Zahlen aus `ar`:

```
var ar = Array(1...10)
ar.removeAll() { $0 % 3 == 0 }
print(ar)     // Ausgabe z. B. [1, 2, 4, 5, 7, 8, 10]
```

Doppelgänger entfernen

Zum Eliminieren von Doppelgängern gibt es keine fertige Methode. Der einfachste Weg besteht darin, das Array zuerst in ein Set und dann wieder in ein Array umzuwandeln.

```
var ar = [1, 7, 3, 1, 5, 2, 3, 3, 3]
ar = Array(Set(ar))
```

Die obige Anweisung macht sich die Tatsache zunutze, dass Sets (siehe Abschnitt 8.4, »Sets«) automatisch Doppelgänger eliminieren. In Sets ist die Reihenfolge der Elemente allerdings nicht definiert und kann sich ändern.

8.3 Dictionaries

Dictionaries sind neben Arrays die wichtigste in Swift integrierte Datenstruktur zur Verwaltung von Datenmengen. Dictionaries dienen zur Speicherung von Schlüssel-Wert-Paaren (*Key-Value-Pairs*) und sind in anderen Programmiersprachen als Maps oder als assoziative Arrays bekannt.

Dictionaries deklarieren und initialisieren

Das folgende Einführungsbeispiel zeigt, woher der Name Dictionary stammt. Schlüssel-Wert-Paare können dazu verwendet werden, ein einfaches Wörterbuch zu erstellen. Das Beispiel zeigt auch gleich die Syntax für die Initialisierung neuer Dictionaries in der Form `[key1:value1, key2:value2, ...]`, für das Hinzufügen neuer Elemente und für den Zugriff auf Elemente. Die letzte Zeile des Beispiels macht auch klar, dass der Einsatz als Wörterbuch insofern eingeschränkt ist, als das Wörterbuch nur in eine Richtung funktioniert.

```
var dict = ["rot": "red", "grün": "green"]
dict["blau"] = "blue"         // Element hinzufügen/ändern
let result1 = dict["rot"]     // Ergebnistyp String?
let result2 = dict["yellow"] // ungültiger Elementzugriff --> nil
```

Um ein Element aus dem Dictionary wieder zu entfernen, weisen Sie einfach nil zu. Mit der Methode removeAll können Sie bei Bedarf alle Einträge löschen.

```
dict["blau"] = nil      // Element entfernen
dict.removeAll()        // alle Elemente entfernen
```

Wenn Sie ein Dictionary einrichten möchten, ohne es gleich zu initialisieren, sieht Swift hierfür die folgende Syntax vor:

```
var dict = [schlüsseltyp: werttyp]()
```

Schlüssel- und Werttyp sind vollkommen unabhängig voneinander. Wenn Sie also ein Dictionary erzeugen möchten, das Farbcodes für Farbnamen speichert, gehen Sie so vor:

```
var colors = [String: Int]()
colors["red"] = 0xff0000
colors["blue"] = 0x0000ff
...
```

Schlüssel müssen hashable sein

Als Schlüssel für Dictionaries sind nur Datentypen geeignet, die das Protokoll Hashable einhalten und daher eine geeignete hashValue-Methode zur Verfügung stellen. Das ist bei allen elementaren Swift-Datentypen der Fall. Bei eigenen Klassen oder Strukturen müssen Sie Hashable aber eventuell implementieren.

Die Reihenfolge von Dictionary-Elementen ist unbestimmt

Dictionary-Elemente haben keine reproduzierbare Reihenfolge. Die Schlüssel eines Dictionarys werden als Set verwaltet, und ein Set speichert seine Elemente per Definition ohne Reihenfolge.

Dictionaries aus zwei Arrays initialisieren

Sie können ein Dictionary auch aus zwei Arrays initialisieren. Dazu verbinden Sie die Arrays mit zip zu einer Sequenz aus Datenpaaren und übergeben diese an die Init-Funktion mit dem Parameter uniqueKeysWithValues. Diese Initialisierungsform löst allerdings beim mehrfachen Vorkommen eines Schlüssels Fehler aus.

```
let deutsch = ["eins", "zwei", "drei"]
let english = ["one", "two", "three"]
let mydict =
  Dictionary(uniqueKeysWithValues: zip(deutsch, english))
print(mydict["zwei"])   // two
```

Zugriff auf Dictionary-Elemente

`dict[schlüssel]` testet, ob es für den angegebenen Schlüssel ein Element im Dictionary gibt. Ist dies der Fall, liefert der Ausdruck den Wert als Optional, andernfalls das Resultat `nil`. Zur Weiterverarbeitung der Dictionary-Elemente müssen Sie also `if let` oder den Unwrapping-Operator `!` oder den Nil-Coalescing-Operator `??` verwenden.

```
var colors = [String: Int]()
colors["red"] = 0xff0000
colors["blue"] = 0x0000ff
if let col = colors["red"] {       // Int? --> Int
    // col enthält Int-Zahl
}
var mycol = colors["blue"] ?? 0;   // Defaultcode 0, Datentyp Int
```

Alternativ geben Sie beim Zugriff auf Dictionary-Elemente im zweiten Parameter einen Defaultwert an. Das macht den Code aber länger:

```
// ebenfalls Default-Farbcode 0, Datentyp Int
var othercol = colors["magenta", default: 0]
```

filter und mapValues

Bei der Verarbeitung von Dictionaries helfen die Methoden `filter` und `mapValues`. Die an `filter` übergebene Closure kann bei jedem Element auf `.key` und `.value` zugreifen und diese Eigenschaften als Kriterium auswerten:

```
let numbers = [1: "eins", 2: "zwei", 3: "drei", 4: "vier"]
let data1 = numbers.filter() { $0.value.contains("ei")}
print(data1)  // [ 1: "eins", 2: "zwei", 3: "drei" ]

let data2 = numbers.filter() { $0.key % 2 == 0 }
print(data2)  //  [2: "zwei", 4: "vier"]
```

Die von `mapValues` ausgeführte Closure verändert nur die Werte der Elemente, lässt die Schlüssel aber unverändert:

```
let data3 = numbers.mapValues() { $0.uppercased() }
print(data3)  //  [1: "EINS", 2: "ZWEI", 3: "DREI", 4: "VIER"]
```

8.4 Sets

Nachdem ich Ihnen Arrays und Dictionaries vorgestellt habe, fehlt nur noch der letzte Collection-Typ, den die meisten modernen Programmiersprachen anbieten: das *Set*. Ein Set ist eine ungeordnete Datenmenge ohne Doppelgänger.

Sets sind wie Dictionaries und Arrays als generische Struktur realisiert. Sie können nur Instanzen aufnehmen, die das Protokoll `Hashable` unterstützen. Zu den wichtigsten Methoden zählen `insert`, `contains` und `remove`. Wenn Sie bei `insert` ein bereits vorhandenes Element nochmals einfügen, wird die Methode ohne Fehler einfach ignoriert.

Das folgende Beispiel liefert Lottozahlen für das deutsche Lottosystem 6 aus 49. Es müssen also sechs Zufallszahlen zwischen 1 und 49 erzeugt werden, wobei es aber keine Doppelgänger geben darf. Ein Set ist hierfür die ideale Datenstruktur. Eine Schleife fügt so lange Zufallszahlen in das Set ein, bis dieses aus sechs Elementen besteht. `Array` bildet daraus ein Array, das unkompliziert sortiert werden kann. `print` gibt die geordneten Lottozahlen schließlich aus:

```
var set = Set<Int>()          // leeres Set erzeugen
repeat {                      // Lottozahlen einfügen
  set.insert(Int(arc4random_uniform(49))+1)
} while set.count < 6

var lotto = Array(set).sorted()
print(lotto)                 // z. B.: [27, 28, 39, 42, 46, 47]
```

map und filter

Wenn Sie mit `map` eine Closure auf ein Set anwenden, erhalten Sie als Ergebnis ein Array. Im folgenden Beispiel enthält das Set die Zahlen 1, 7 und 12. `map` berechnet den Restwert einer Division durch 3 und speichert das Ergebnis in einem Array. Da Sets ungeordnet sind, ist auch die Reihenfolge der Ergebnisse im Array ungeordnet!

```
var myset = Set<Int>()
myset.insert(1)
myset.insert(7)
myset.insert(12)
// data1 hat den Datentyp Array<Int>
let data1 = myset.map() { $0 % 3 }          // [0, 1, 1]
```

`filter` wendet eine Auswahl-Closure auf ein Set an und liefert als Ergebnis ein neues, in der Regel kleineres Set zurück. Im folgenden Beispiel enthält das neue Set nur die Zahlen, die durch 3 teilbar sind:

```
// data2 hat den Datentyp Set<Int>
let data2 = myset.filter() { $0 % 3 == 0 }  // { 12}
```

8.5 Tupel

In Swift gelten mehrere durch Kommas getrennte Ausdrücke in runden Klammern als Tupel. Im Unterschied zu Arrays, Dictionaries oder Sets können Tupel nicht erweitert werden. Die Elementanzahl wird bei der Deklaration unveränderlich festgeschrieben. Einige mögliche Tupel sind:

```
()                  // leeres Tupel
(1, 2, 3)           // Tupel aus drei Integer-Zahlen
(7, 3.234, "abc")   // Tupel aus drei unterschiedlichen Datentypen
```


Auf die Elemente eines Tupels können Sie in der Form `tupel.0`, `tupel.1` etc. zugreifen:

```
let t = (1, "abc", 3.14159)
t.0                 // 1
t.1                 // "abc"
t.2                 // 3.14159
```

Alternativ können Sie den Tupel-Elementen auch Namen geben. Dann ist zusätzlich zum obigen Zugriffsmechanismus auch das namentliche Auslesen möglich:

```
let u = (nr:1, txt:"abc", nmb:3.14159)
u.nr                // 1
u.txt               // "abc"
```

Schließlich können Sie die Datentypen für Tupel im Voraus festlegen, wobei Sie die Elemente auch benennen können:

```
var t1: (Int, String, Double)
var t2: (nr: Int, txt: String, nmb: Double)
t1 = (1, "xx", 2.3)
t2 = (nr: 1, txt: 2, nmb: 3)  // Fehler, entspricht nicht
                              // den Datentypen
```

Tupel sind Compound Types

In Swift sind fast alle Datentypen benannte Typen (*Named Types*) – also Datentypen, denen bei der Definition ein Name gegeben wird. Es gibt nur zwei Ausnahmen: Closures und Tupel. Verbundene Typen (*Compound Types*) sind Typen ohne Namen, die in Swift selbst definiert werden.

Anwendungen

Tupel finden innerhalb von Swift viele Anwendungen. Besonders praktisch ist die Möglichkeit, damit Funktionen zu definieren, die mehrere Rückgabewerte haben. Das folgende Beispiel zeigt eine Funktion, die den kleinsten und den größten Wert eines Integer-Arrays ermittelt:

```
// Funktion zur Minimum- und Maximumsuche
func minMax(_ data: [Int]) -> (min: Int?, max: Int?) {
    if data.isEmpty {
        return (nil, nil)
    }
    var min = data.first!, max = data.first!
    for itm in data {
        if itm < min { min = itm }
        if itm > max { max = itm }
    }
    return (min, max)
}
```

Sie können die Rückgabewerte der Funktion auf zwei Arten auswerten: Entweder speichern Sie das Ergebnis-Tupel in einer Variablen und werten dann die Komponenten `min` und `max` aus, oder Sie führen eine Tupel-Zuweisung durch und erhalten so zwei Variablen:

```
let ar = [2, 7, 4, -2, 5]       // Testdaten
let ergebnis = minMax(ar)       // (-2, 7)
print(ergebnis.min)             // -2
print(ergebnis.max)             // 7
let (a, b) = minMax(ar)
print(b)                        // 7
```

Keine einelementigen Tupel

Swift erlaubt Tupel ohne Elemente sowie mit zwei, drei oder mehr Elementen. Die einzige Ausnahme ist ein Tupel aus nur einem Element – das gibt es nicht. Diese Einschränkung ist deswegen erforderlich, weil sonst die runden Klammern nicht mehr zur Gruppierung von Ausdrücken verwendet werden könnten, also im Sinne von `a * (b + c)`.

Vergleiche

Tupel mit bis zu sechs Elementen können mit `==` bzw. `!=` miteinander verglichen werden:

```
(1, 2, 3) == (1, 2, 3)  // true
(1, 2) == (2, 1)        // false
(1, 2) != (1, 1)        // true
```

Kapitel 9
Grundlagen der objektorientierten Programmierung

Objektorientierte Programmierung (OOP) bedeutet, Ihren Code in voneinander unabhängige Teile zu strukturieren. Swift stellt eine Fülle von Features zur Verfügung, um eigene Datenstrukturen, Klassen und Protokolle (Schnittstellen) zu definieren. Damit vermeiden Sie Redundanzen im Code, können vorhandenen Code bestmöglich wiederverwenden und längerfristig weiterentwickeln.

Um eigene Apps zu programmieren, müssen Sie nicht jede der zahllosen Swift-Syntaxvarianten bis ins letzte Detail kennen. Aber Sie müssen mit Strukturen und Klassen umgehen können und benötigen zumindest einen Überblick, welche Möglichkeiten Swift bietet. Genau diesen Überblick gebe ich Ihnen in diesem und dem folgenden Kapitel. Dabei konzentriere ich mich auf die folgenden Themen:

- Klassen und Strukturen (`class` versus `struct`)
- Enumerationen
- Eigenschaften
- Init-Funktion
- Methoden
- Subscripts
- Typ-Aliasse

In Kapitel 10, »Objektorientierte Programmierung für Fortgeschrittene«, geht es weiter mit Vererbung, Generics, Protokollen, Extensions und Protokollerweiterungen.

9.1 Klassen und Strukturen

In Swift gibt es zwei sehr ähnliche Möglichkeiten, neue Typen zu definieren: Klassen und Strukturen (`class` bzw. `struct`). Während es bei anderen Sprachen oft erhebliche syntaktische Einschränkungen für Strukturen gibt, die dort zumeist als *Verbundtypen* bezeichnet werden, sind die beiden Konstrukte in Swift nahezu gleichwertig (siehe Tabelle 9.1). Klassen können ebenso wie Strukturen mit Eigenschaften und Methoden ausgestattet werden, Init-Funktionen (Konstruktoren) aufweisen, Protokolle erfüllen und nachträglich erweitert werden (Extensions).

Merkmal	Klassen	Strukturen	Enumerationen
Schlüsselwort	`class`	`struct`	`enum`
Verhalten	Referenztyp	Werttyp	Werttyp
Init-Funktion	ja	ja	ja
Convenience Init	ja	nein	nein
Deinit-Funktion	ja	nein	nein
Eigenschaften (Properties)	ja	ja	nein
Eigenschaften ändern	ja	ja, mit `mutating`	nein
statische Eigenschaften	nein	ja	nein
Computed Properties	ja	ja	ja
Methoden	ja	ja	ja
statische Methoden	ja	ja	ja
Subscripts	ja	ja	ja
Protokolle erfüllen	ja	ja	ja
nachträglich erweitern	ja	ja	ja
Vererbung	ja	nein	nein
Type Casting	ja	nein	nein

Tabelle 9.1 Klassen versus Strukturen versus Enumerationen

Der größte Unterschied zwischen Klassen und Strukturen bezieht sich darauf, dass Klassen Referenztypen sind, Strukturen hingegen Werttypen (siehe Abschnitt 4.5, »Wert- versus Referenztypen«). Insofern sollten Sie sich immer zuerst die Frage stellen, wie sich die Instanzen Ihrer Typen später bei Variablenzuweisungen bzw. bei einer Parameterübergabe verhalten sollen: Wollen Sie, dass Ihre Daten kopiert werden (Werttypen) oder dass nur Referenzen (Zeiger) auf die Daten ausgetauscht werden? Ersteres ist gerade bei nebenläufigen Algorithmen sicherer, Letzteres mitunter effizienter.

Ein weiterer wichtiger Unterschied besteht darin, dass nur Klassen das Prinzip der Vererbung unterstützen. Gewissermaßen eine Konsequenz daraus ist die Möglichkeit, Typentests und Typumwandlungen (Up- und Downcasts) durchzuführen.

Ein wenig befremdlich beim Umgang mit Strukturen ist, dass Swift es normalen Methoden verbietet, Eigenschaften (also die Datenelemente der Struktur) der Instanz zu verändern. Nach der erstmaligen Initialisierung aller Datenelemente ist eine weitere Veränderung zwar von außen möglich (`myrect.width = 3`), nicht aber von innen (`self.width = 3`). Wollen Sie Eigenschaften durch eine Methode verändern, müssen Sie der Methode das Schlüsselwort `mutating` voranstellen.

Paradigmenwechsel von Klassen zu Strukturen

In der Swift-Standardbibliothek sowie in für Swift optimierten Bibliotheken (SwiftUI, SwiftData etc.) sind Strukturen der Regelfall und Klassen die Ausnahme. Das ist ein grundlegender Paradigmenwechsel im Vergleich zu vielen anderen Programmiersprachen, die zumeist Klassen den Vorzug geben.

Bei der App-Programmierung werden Sie Ihren eigenen Code voraussichtlich dennoch oft in Klassen formulieren – in erster Linie deswegen, weil Sie nur in Klassen Vererbung nutzen können und nur Instanzen von Klassen mit SwiftData persistent speichern können.

Auch Enumerationen sind Datentypen!

Oft wird vergessen, dass es in Swift neben Klassen und Strukturen mit Enumerationen eine dritte Möglichkeit gibt, neue Datentypen zu definieren. Enumerationen wurden bereits in Abschnitt 4.1, »Variablen und Konstanten«, erwähnt, wobei dort der Fokus auf der Definition von Konstantengruppen lag. In diesem Kapitel greife ich in Abschnitt 9.2 Enumerationen nochmals kurz auf. Dort geht es um einige fortgeschrittene Funktionen, die Enumerationen bieten.

Glossar

Wenn Sie bisher mit anderen objektorientierten Sprachen gearbeitet haben, dann werden Ihnen manche Swift-Begriffe fremdartig erscheinen. Ich habe mich deswegen bemüht, als erste Orientierungshilfe einige besonders oft auftretende Begriffe und die in anderen Sprachen üblichen Bezeichnungen gegenüberzustellen (siehe Tabelle 9.2). Beachten Sie aber, dass es sich hier nicht immer um 1:1-Entsprechungen handelt. Beispielsweise entspricht zwar der Zustand `nil` weitgehend `null` aus anderen Sprachen, allerdings ist `nil` in Swift eng mit Optionals verbunden und insofern nur bedingt vergleichbar (siehe Abschnitt 4.2).

Swift	Andere OO-Sprachen
Instanz	Objekt
Eigenschaft (Property)	Attribut, Member, Instanzvariable
Init-Funktion	Konstruktor
Deinit-Funktion	Destruktur
Computed Property	Getter/Setter-Methoden
Type Methods	statische Methoden
Protokoll	Schnittstelle (Interface)
`nil`	`null`

Tabelle 9.2 OO-Glossar für Swift

Syntax

Das folgende Listing stellt die Syntax zur Definition eigener Klassen und Strukturen gegenüber. Es ist üblich, den Klassen- bzw. Strukturnamen mit einem Großbuchstaben beginnen zu lassen.

Innerhalb des neuen Datentyps leiten `var` bzw. `let` die Deklaration von Variablen bzw. Konstanten ein. Im Kontext von Klassen bzw. Strukturen werden diese als *Eigenschaften* bezeichnet (*Properties*).

Alle Eigenschaften *müssen* initialisiert werden – andernfalls akzeptiert der Swift-Compiler Ihren Code nicht. Zur Initialisierung haben Sie zwei Möglichkeiten: Weisen Sie den Eigenschaften gleich bei der Deklaration einen Defaultwert zu, oder sehen Sie eine Funktion mit dem Namen `init` dazu vor. Der Aufruf der Init-Funktion erfolgt beim Erzeugen einer Instanz, im folgenden Beispiel also z. B. durch `r1 = RectangleClass(12, 10)`.

In einer Klasse oder Struktur definierte Funktionen heißen *Methoden*. Sie können die Eigenschaften der Klasse bzw. Struktur verarbeiten.

Um eine neue Instanz einer Klasse oder Struktur zu erzeugen, nennen Sie einfach den Klassen- oder Strukturnamen samt runden Klammern. Wenn Ihre Klasse/Struktur eine Init-Funktion aufweist, wird diese aufgerufen. In den runden Klammern müssen Sie dann die Parameter der Init-Funktion angeben.

Beachten Sie, dass `RectangleClass` und `RectangleStruct` mit Ausnahme von `class` bzw. `struct` durch exakt denselben Code definiert sind. Die resultierenden Instanzen verhalten sich aber unterschiedlich! Beispielsweise können Sie bei `r1` die Länge des Rechtecks nachträglich verändern, obwohl `r1` eine Konstante ist. Konstant ist hier aber nur die Referenz auf das Objekt! Bei r3 handelt es sich hingegen um einen Werttyp. Hier ist auch eine Veränderung des Inhalts ausgeschlossen:

```
let r3 = RectangleStruct(4.3, 2.5)
r3.length = 4.5   // Fehler, funktioniert nur mit 'var r3=...'
```

Auch die Zuweisungen r2=r1 und r4=r3 werden Swift-intern vollkommen unterschiedlich verarbeitet. Im ersten Fall wird einfach eine weitere Referenz auf das schon vorhandene Objekt eingerichtet. r1 und r2 zeigen also beide auf dieselbe Instanz eines Rechteckobjekts. Im zweiten Fall werden die Daten hingegen kopiert. r4 ist also eine vollkommen unabhängige Kopie von r3.

```
// Projekt oo-intro, Datei main.swift
// Rechteck-Klasse
class RectangleClass {
  // zwei Eigenschaften
  var length: Double
  var width: Double

  // Init-Funktion
  init(_ length: Double,
       _ width: Double) {
    self.length = length
    self.width = width
  }

  // Methode
  func getArea() -> Double {
    return length * width
  }
}

// Anwendung
let r1 =
  RectangleClass(12, 10)
r1.length = 13
print(r1.width)
print(r1.getArea()) // 130.0
let r2 = r1         // Referenz
```

```
// Rechteck-Struktur
struct RectangleStruct {
  // zwei Eigenschaften
  var length: Double
  var width: Double

  // Init-Funktion
  init(_ length: Double,
       _ width: Double) {
    self.length = length
    self.width = width
  }

  // Methode
  func getArea() -> Double {
    return length * width
  }
}

// Anwendung
let r3 =
  RectangleStruct(4.3, 2.5)
r3.getArea()  // 10.75
let r4 = r3   // Kopie
```

Das Schlüsselwort »self«

Bemerkenswert innerhalb der Init-Funktion ist das Schlüsselwort self. Damit verweisen Sie im Code einer Klasse oder Struktur auf die aktuelle Instanz, bei einer Enumeration auf den aktuellen Enumerationswert. In Strukturen oder Klassen ist die

Verwendung von `self` nur notwendig, wenn andernfalls Doppeldeutigkeiten im Code entstehen – vorhin also zwischen dem `init`-Parameter `length` und der gleichnamigen Eigenschaft.

»self« versus »Self«

Swift kennt neben `self` auch das Schlüsselwort `Self`. Es bezeichnet nicht die aktuelle Instanz, sondern den aktuellen Typ. Besonders häufig benötigen Sie `Self` bei der Definition von Protokollen (siehe Abschnitt 10.3).

Zugriffsebenen und Zugriffssteuerung

Swift unterscheidet zwischen zwei Arten von Codeebenen:

- Ein **Modul** ist ein vollständiges Programm bzw. eine Bibliothek, die Sie in anderen Projekten mit `import` nutzen können. In Xcode sind Build Targets für die Erzeugung eines Moduls verantwortlich. Jedes Target definiert also ein eigenes Modul.

  Bei der Entwicklung einfacher Apps enthält Ihr Xcode-Projekt nur ein Target (mal abgesehen von eventuellen Test-Targets). In solchen Fällen können Sie einfach das gesamte Projekt als »Modul« betrachten.

- Module bestehen aus vielen **Codedateien**. In objektorientierten Programmen ist es üblich, größere Klassen oder Strukturen jeweils in eigenen Codedateien zu definieren. Es gibt dafür aber keine Syntaxregel! Sie dürfen also beliebig viele Klassen, Strukturen, Funktionen etc. in einer Datei definieren.

Nun stellen sich folgende Fragen: Welche Klassen eines importierten Moduls sind im eigenen Projekt zugänglich? Welche Eigenschaften und Methoden einer anderen Klasse dürfen an der aktuellen Stelle im Code gelesen oder verändert werden? Welche Klassen dürfen als Basisklassen zur Vererbung verwendet werden?

Swift steuert den Zugriff auf Klassen, Methoden usw. durch sechs Schlüsselwörter (siehe Tabelle 9.3). Wenn Sie Klassen oder Elemente nicht kennzeichnen, gilt automatisch `internal`. In Swift ist es vergleichsweise selten erforderlich, die Zugriffsrechte explizit zu ändern. In der Praxis sind vor allem diese drei Fälle relevant:

- Wenn Sie eine App entwickeln und dabei gewisse Implementierungsdetails einer Klasse oder Struktur vor irrtümlichem Zugriff schützen möchten, markieren Sie die betreffenden Eigenschaften oder Methoden als `private`. Ein wichtiges Konzept der objektorientierten Programmierung, nämlich die Kapselung von Daten, baut darauf auf.
- Wenn Sie ein Framework für andere Entwicklerinnen und Entwickler gestalten, kennzeichnen Sie die von außen zugänglichen Klassen, Strukturen, Methoden und Eigenschaften als `public`.

- Wenn Sie ein Framework gestalten und dabei explizit zulassen möchten, dass bestimmte Klassen extern durch Vererbung erweitert werden, dann markieren Sie diese Klassen als `open`.

Schlüsselwort	Bedeutung
`open`	Zugriff und Vererbung in anderen Modulen
`public`	Zugriff auch in anderen Modulen, aber Vererbung nur im eigenen Modul
`internal`	Zugriff und Vererbung nur im eigenen Modul
`fileprivate`	Zugriff und Vererbung nur in der aktuellen Datei
`private(set)`	Schreibzugriff nur in der Klasse, Lesezugriff auch außerhalb
`private`	Zugriff nur in der aktuellen Klasse sowie in Erweiterungen in der gleichen Datei

Tabelle 9.3 Zugriffssteuerung

Um die Default-Zugriffsrechte zu verändern, stellen Sie der Definition des jeweiligen Elements eines der fünf aufgezählten Schlüsselwörter voran. Sie können den Zugriff auf eine Eigenschaft oder Methode allerdings nie liberaler einstellen als den Zugriff der zugrunde liegenden Klasse oder Struktur. Eine Klasse mit der Standardeinstellung `internal` kann also keine öffentliche Methode (`public`) haben. Wenn das erforderlich ist, müssen Sie zuerst die ganze Klasse als `public` kennzeichnen.

Elementzugriff bei Unit-Test

Losgelöst von den oben skizzierten Regeln können Sie Elemente, die `internal`, `fileprivate` oder `private` sind, durch das Attribut `@testable` für Test-Targets zugänglich machen.

Modifizierer

Modifizierer sind Schlüsselwörter, die der Definition eines Typs, einer Eigenschaft oder einer Methode vorangestellt werden und die so dessen bzw. deren Verhalten verändern. Zu den meisten Schlüsselwörtern folgen im weiteren Verlauf des Kapitels noch mehr Details.

- Die gerade vorgestellten Schlüsselwörter `open`, `public`, `internal`, `fileprivate` und `private` steuern die Gültigkeitsebene von Typen, Eigenschaften oder Methoden.
- `dynamic` erlaubt, dass die Methode oder Eigenschaft dynamisch durch die Objective-C-Runtime verarbeitet wird. Das verhindert bestimmte Optimierungen des Compilers, führt aber zu einer höheren Kompatibilität mit Objective-C.

- `final` verhindert, dass eine Methode oder Eigenschaft durch Vererbung verändert wird. Das gibt dem Compiler die Möglichkeit, etwas effizienteren Code zu erzeugen, und kann die Implementierung von Protokollen erleichtern.
- `lazy` bewirkt bei Eigenschaften, dass diese erst initialisiert werden, wenn sie tatsächlich benötigt werden.
- `weak` drückt aus, dass in der Eigenschaft gespeicherte Objektverweise nicht für das Automatic Reference Counting berücksichtigt werden sollen (siehe Abschnitt 12.1, »Speicherverwaltung«).
- `optional` kennzeichnet in Protokollen Elemente, deren Implementierung freiwillig ist.
- `required` bewirkt bei Init-Funktionen, dass diese auch durch die erbende Klasse implementiert werden müssen.

Verschachtelte Klassen und Strukturen

Klassen, Strukturen, Enumerationen und Methoden bzw. Funktionen können beliebig ineinander verschachtelt werden. Sie können also innerhalb einer Klasse weitere Klassen, Strukturen und Enumerationen definieren, innerhalb einer globalen Funktion eine Struktur etc.

Oft wird diese Möglichkeit genutzt, um interne Datentypen zu definieren, die nach außen hin nicht eingesetzt werden sollen. Dann kennzeichnen Sie die Unterklassen, -strukturen etc. einfach mit `private`. Syntaktisch gesehen spricht aber nichts dagegen, Subklassen öffentlich zu definieren. Sie können dann wie im folgenden Beispiel auch von außerhalb genutzt werden, wobei sich ein zusammengesetzter Typname ergibt.

```
class A {                    // Klasse 'A'
    class Special {          // Klasse 'A.Special'
        var data: Int = 0
    }
}
// Anwendung
var asp = A.Special()
asp.data = 3
```

Codedateien

Dateien habe ich ja vorhin schon angesprochen, als es um die Gültigkeitsebenen von Swift-Sprachelementen ging. Gibt es auch Regeln, wie die Namen von Klassen- oder anderen Typ-Dateien aussehen müssen? Insbesondere im Vergleich zu Java ist Swift hier sehr liberal: Sie dürfen Swift-Code-Dateien benennen, wie Sie möchten, und Sie dürfen durchaus in einer Datei mehrere Klassen, Strukturen, Enumerationen, Funktionen etc. definieren.

Trotz dieser Freiheiten ist es üblich, für jede wichtige Klasse oder Struktur eine eigene Datei zu verwenden und diese wie den Typnamen zu benennen – also `MyClass.swift` oder `MyStruct.swift` für die Klasse `MyClass` bzw. die Struktur `MyStruct`.

9.2 Enumerationen

Im vorigen Abschnitt habe ich bereits kurz erwähnt, dass sich Enumerationen in Swift nicht nur zur Definition einer Gruppe zusammengehöriger Konstanten eignen, sondern dass das Schlüsselwort `enum` einen neuen Datentyp definiert. Dafür stellt Swift beinahe so viele syntaktische Möglichkeiten wie bei Strukturen zur Verfügung. Und auch wenn Enumerationen auf den ersten Blick als relativ simple Datenstruktur erscheinen, werden sie in der Praxis überraschend oft eingesetzt. Deswegen ist hier ein etwas genauerer Blick auf die wichtigsten Features notwendig.

Vorweg zur Wiederholung nochmals die Definition einer »gewöhnlichen« Enumeration, wie Sie sie vielleicht von anderen Programmiersprachen kennen:

```
enum Color {
  case white, black, red, green, blue
}
```

Enumerationen sind wie Strukturen Werttypen. Der größte Unterschied zu Strukturen besteht darin, dass Enumerationen keine Eigenschaften (*Stored Properties*) besitzen können. Eine Instanz einer Enumeration kann daher nur ein Element der durch `case` vordefinierten Werte enthalten. Aus diesem Grund gibt es in der Init-Funktion einer Enumeration normalerweise wenig zu tun. Sie können die Init-Funktion verwenden, um `self` einen der Enumerationswerte zuzuweisen:

```
// Beispieldatei enum.playground
enum Color {
    case white, black, red, green, blue
    init() {
        self = .white       // Weiß ist die Defaultfarbe
    }
}
var c1 = Color()        // diese beiden Anweisungen
var c2 = Color.white  // sind gleichwertig
```

Schleifen über Enumerationen

Wenn Sie eine Enumeration mit dem Protokoll `CaseIterable` definieren, dann steht Ihnen ohne zusätzlichen Programmieraufwand die Eigenschaft `allCases` zur Verfügung. Diese Eigenschaft liefert ein Array aller Enumerationswerte zurück und macht es einfach, Schleifen zu bilden:

```
enum Color : CaseIterable {
    case white, black, red, green, blue
}
// allCases: Datentyp [Color]
// c:        Datentyp Color
for c in Color.allCases {
    print(c)
}
```

Datentypen und Protokolle für Enumerationen

Normalerweise definieren Enumerationen für sich einen neuen Werttyp. Sie können einer Enumeration aber auch explizit einen vorhandenen Typ zuweisen, z. B. `Int` oder `String`. Das gibt Ihnen die Möglichkeit, den Enumerationswerten explizit eigene Werte zuzuweisen. Die Enumeration definiert aber weiterhin für sich einen Datentyp. Wertvergleiche sind nur mit der Eigenschaft `rawValue` zulässig.

```
enum Color : Int {
    case white = 1
    case black = 2
    case red = 3
}
let c = Color.black
if c == Color.black { print("schwarz") }  // OK
if c.rawValue == 2  { print("schwarz") }  // OK
if c == 2           { print("schwarz") }  // Fehler
```

Enumerationen können auch Protokolle implementieren. (Was Protokolle sind, erfahren Sie in Abschnitt 10.3, »Protokolle«.) Besonders häufig wird diese Möglichkeit genutzt, um eigene Fehlerzustände zu definieren. Die `MyErrors`-Enumeration implementiert dazu das `Error`-Protokoll:

```
enum MyErrors : Error {
    case tooSmall
    case tooBig(maximum: Int)
    case missing
    case other(explanation: String)
}
```

Zuordnung von Zusatzdaten (Associated Values)

Eine Besonderheit von Swift-Enumerationen besteht darin, dass Sie jedem Wert der Enumeration (also jedem `case`) einen Datentyp oder auch mehrere Datentypen zuordnen können. Die Swift-Dokumentation spricht in diesem Zusammenhang von *Associated Values*. Damit können je nach Art des Elements unterschiedliche Zusatzdaten gespeichert werden.

Im folgenden Beispiel ist Token eine Enumeration, um die Elemente eines Codes zu speichern, wobei dieser Code aus Texten, Zahlen und Operatoren zusammengesetzt sein kann. Da operator ein Schlüsselwort ist, musste es bei der Definition der Enumeration in nach rechts gerichtete Apostrophe gesetzt werden. (In Swift sind Schlüsselwörter an vielen Stellen erlaubt, z. B. als Parameter von Methoden. Für Enumerationswerte gilt dies aber nicht.)

```
enum Token {
    case `operator`(String)
    case number(Int)
    case text(String)
}
var stack = [Token]()    // ein Array von 'Token'-Elementen
stack.append(Token.text("abc"))
stack.append(Token.number(123))
stack.append(Token.operator("+"))
```

Die Auswertung derartiger Daten gelingt am einfachsten in switch-Konstruktionen. Dort können Sie mit let die Daten eines Enumerationselements einer lokalen Variablen zuweisen:

```
for data in stack {
    switch data {
    case let .operator(op):
        print("Operator: \(op)")
    case let .number(n):
        print("Number: \(n)")
    case let .text(t):
        print("Text: \(t)")
    }
}
```

Ein Nachteil von Enumerationen mit zugeordneten Werten besteht darin, dass der Vergleichsoperator == nicht mehr funktioniert:

```
let t = Token.operator("+")
if t == Token.operator("+") { ... } // Fehler
```

Abhilfe schafft die folgende Konstruktion, die zwar syntaktisch korrekt ist, aber ziemlich merkwürdig aussieht:

```
if case let .operator(op) = t, op == "+" { ... }  // OK
```

Weitere syntaktische Feinheiten von Enumerationen (z. B. rekursive und indirekte Enumerationen) beschreibt das Swift-Handbuch:

https://docs.swift.org/swift-book/documentation/the-swift-programming-language/enumerations

9.3 Eigenschaften

Variablen oder Konstanten, die innerhalb einer Klasse oder Struktur definiert sind, werden *Eigenschaften* bzw. *Stored Properties* genannt. Sie dienen als Datenspeicher für den neu definierten Typ. Wie Sie gleich sehen werden, gibt es in Swift eine Menge syntaktischer Varianten zur Implementierung von Eigenschaften. In Enumerationen sind Eigenschaften nicht zulässig.

Der Swift-Compiler zwingt Sie bei Klassen, jede Eigenschaft entweder direkt bei der Definition oder sonst in der Init-Funktion zu initialisieren (siehe auch Abschnitt 9.4). Bei Strukturen scheint diese Regel auf den ersten Blick nicht zu gelten. Beispielsweise wird die folgende Struktur zur Speicherung von Benutzerdaten ohne Fehlermeldung akzeptiert:

```
struct Person {
    var name: String      // Eigenschaften
    var address: String
    var telnr: [String]

    func showPersonalData() {
        print("Name:    \(name)")
        print("Adresse: \(address)")
        print("Tel.nr.: \(telnr)")
    }
}
```

Sobald Sie versuchen, eine Instanz dieser Datenstruktur zu erzeugen, wird klar, dass Swift hinter den Kulissen eine Default-Init-Funktion zur Initialisierung aller Eigenschaften eingerichtet hat. An diese Funktion müssen Sie alle Parameter übergeben:

```
var p = Person(name: "Michael", address: "Graz",
               telnr: ["0043 676 98765432", "0043 316 98765432"])
```

Innerhalb des Codes einer Klasse erfolgt der Zugriff auf die Eigenschaften einfach durch deren Namen, wie die Methode `showPersonalData` zeigt. Bei der Nutzung der Daten lautet die Schreibweise `instanz.name`:

```
p.name              // "Michael"
p.name = "Peter"    // ändert den Namen
```

Konstante Eigenschaften

Eigenschaften von Strukturen oder Klassen dürfen auch Konstanten sein (also `let x: Int`). Diese müssen bei der Initialisierung der Instanz eingestellt werden und können danach nicht mehr verändert werden.

Verzögerte Initialisierung von Eigenschaften (Lazy Properties)

Normalerweise müssen Eigenschaften beim Erzeugen einer Instanz sofort initialisiert werden. Eine Ausnahme sind Lazy Properties, die durch das vorangestellte Schlüsselwort `lazy` gekennzeichnet werden. Der Inhalt solcher Eigenschaften wird erst dann ermittelt, wenn der Anwender des Datentyps zum ersten Mal darauf zugreift. Die Verwendung von Lazy Properties kann aus Geschwindigkeitsgründen zweckmäßig sein oder wenn der Startwert beim Erzeugen der Instanz noch gar nicht bekannt ist. `lazy` ist nur für Variablen, aber nicht für Konstanten zulässig.

Im folgenden Beispiel ist `MyData` eine Struktur, bei der zwei Eigenschaften ohne großen Aufwand initialisiert werden können, die dritte aber eine aufwendige Berechnung erfordert. Die Variable `c` ist als `lazy` definiert, deswegen kommt es erst beim Auslesen von `c` zum Aufruf der Funktion `complicatedCalc`. Die im folgenden Listing dokumentierten Ausgaben sind in dieser Reihenfolge nur in einem Terminal-Programm nachzuvollziehen (nicht im Playground).


```
// Projekt lazy-properties, Datei main.swift
func complicatedCalc() -> Double {
    print("calc")
    return 3.0
}
struct MyData {
    var a = 1.0
    var b = 2.0
    lazy var c = complicatedCalc()
}
var md = MyData()
print(md.a)
print(md.b)
print(md.c)  // erst jetzt wird complicatedCalc() ausgeführt
// Ausgabe: 1,0
//          2,0
//          calc
//          3,0
```

Anstelle eines Funktionsaufrufs kann bei einer Lazy Property auch eine Closure angegeben werden. Syntaktisch ist außerdem ein nachgestelltes Klammernpaar erforderlich – der Variablen soll ja nicht die Closure an sich, sondern deren Ergebnis zugewiesen werden. Ganz egal, wie oft auf `c` zugegriffen wird – die Closure wird nur beim ersten Lesezugriff ausgewertet. Danach verhält sich `c` wie eine gewöhnliche Instanzvariable bzw. Eigenschaft.

Swift verlangt, dass alle Eigenschaften eines Datentyps bereits bei der Deklaration oder spätestens durch die Init-Funktion mit einem Startwert initialisiert werden (siehe Abschnitt 9.4, »Init-Funktion«). Lazy Properties werden vom Compiler als initialisiert betrachtet. Das kann mitunter ein Henne-Ei-Problem lösen: Sie wollen eine Methode Ihrer Klasse aufrufen, um eine Eigenschaft zu initialisieren. Das dürfen Sie aber nicht, weil der Aufruf von Methoden erst nach der Initialisierung aller Eigenschaften zulässig ist. Der Ausweg ist eine Lazy Property, die durch eine Closure initialisiert wird. Deswegen gilt `c` im folgenden Beispiel für Swift als initialisiert:

```
// Projekt lazy-properties, Datei main.swift
class MyClass {
    var a: Double
    var b: Double
    // c wird erst bei Bedarf durch die Auswertung
    // der folgenden Closure initialisiert
    lazy var c: Double = { m() }()

    init() {
        a = 2
        b = 3
    }
    func m() -> Double {
        return sqrt(a + b)
    }
}
let mc = MyClass()
mc.c  // 2,2361
```

Eigenschaften beobachten (Property Observer mit willSet und didSet)

Sie können die Definition einer Eigenschaft um zwei Funktionen erweitern: `willSet` und `didSet`. Diese Funktionen werden in der englischen Dokumentation *Property Observer* genannt. Die erste Funktion wird aufgerufen, bevor die Eigenschaft verändert wird, die zweite unmittelbar danach. Die entsprechende Syntax sieht so aus:

```
var myproperty: typ [ = startwert ] {
    willSet(newValue) {
        ... // kann 'newValue' und den bisherigen
            // Wert 'myproperty' lesen
    }
    didSet(oldValue)  {
        ...  // kann 'oldValue' und den neuen Wert
             // aus 'myproperty' lesen
    }
}
```

Innerhalb von `didSet` steht Ihnen die lokale Variable `oldValue` zur Verfügung, die den bisherigen Wert der Eigenschaft enthält. `new-` und `oldValue` können nur gelesen, aber nicht verändert werden.

Beachten Sie, dass `willSet` und `didSet` nicht bei der Initialisierung ausgeführt werden, egal, ob diese durch eine Zuweisung bei der Deklaration oder in einer Init-Funktion erfolgt.

Wenn Sie am bisherigen bzw. alten Wert nicht interessiert sind, können Sie auf den Parameter von `willSet` bzw. `didSet` auch verzichten. Dann entfallen auch die runden Klammern!

```
var myproperty: typ [ =startwert ] {
    willSet { ... } // myproperty enthält noch den alten Wert
    didSet  { ... } // myproperty enthält schon den neuen Wert
}
```

Property Observers bieten einen unkomplizierten Weg, den Wertebereich einer Eigenschaft zu limitieren – im folgenden Beispiel für Werte zwischen 0 und 100:

```
// garantiert einen Wertebereich von 0.0 bis 1.0
var percent: Double = 0.5  {
    didSet  {
      percent = max(0.0, min(1.0, percent))
    }
}
```

Wozu Property Observers?

In eigenen Datentypen können Sie anstelle von Property Observers auch Computed Properties verwenden, die ich im Folgenden vorstelle. Der wichtigste Unterschied im Vergleich zu Property Observers besteht darin, dass die `get`- und `set`-Methoden vom Datenspeicher getrennt sind.

Richtig praktisch sind Property Observers aber bei der Vererbung: Swift gibt Ihnen nämlich die Möglichkeit, vorhandene Eigenschaften der abgeleiteten Klasse durch Property Observers zu erweitern! In Abschnitt 10.1, »Vererbung«, finden Sie dazu ein Beispiel.

Statische Eigenschaften

In Strukturen und Klassen können Sie mit `static` sogenannte statische Eigenschaften bzw. *Type Properties* definieren. Das sind von den Instanzen unabhängige Datenspeicher. Der Zugriff auf sie erfolgt nicht mit `instanzname.varname`, sondern mit `Struktur-`

name.varname bzw. Klassenname.varname. Deswegen werden statische Eigenschaften in einigen Sprachen als Klassenvariablen bezeichnet.

```
struct MyData {
    var a = 1.0
    static var b = 2.0
}

var md = MyData()
md.a          // OK, 1,0
MyData.b      // OK, 2,0
md.b          // Fehler!
```

Mit einer statischen Variablen können Sie unkompliziert das sogenannte *Singleton-Muster* implementieren. Damit können sich verschiedene Codepassagen eines Programms *eine* gemeinsame Objektinstanz teilen:

```
class SingletonClass {
    static let shared = SingletonClass()
}
```

Wo immer im Code nun eine Instanz der Singleton-Klasse benötigt wird, lautet die entsprechende Zuweisung:

```
let sc = SingletonClass.shared
```

Singletons

Das obige Beispiel ist genau genommen eine unvollständige Singleton-Implementierung: Sie ermöglicht zwar einen gemeinsamen Zugriff auf ein Objekt, verhindert aber nicht die Erzeugung mehrerer Instanzen. Hintergründe zu Singletons und ihren Implementierungsvarianten können Sie in der Wikipedia nachlesen:

https://de.wikipedia.org/wiki/Singleton_(Entwurfsmuster)

Dynamische Eigenschaften

Das Attribut @dynamicMemberLookup gibt Ihnen die Möglichkeit, Typen zu definieren, auf deren Daten Sie in der Form obj.name [= ...] zugreifen können, obwohl die Eigenschaft name gar nicht statisch definiert ist. Stattdessen wird bei unbekannten Eigenschaftsnamen eine subscript-Methode aufgerufen. Um deren Implementierung müssen Sie sich selbst kümmern. Die folgenden Zeilen geben ein einfaches Beispiel:

```
@dynamicMemberLookup
struct Person {
    private var dynamicdata = [String: String]()

    subscript(dynamicMember member: String) -> String {
        get {
            return dynamicdata[member] ?? ""
        }
        set {
            dynamicdata[member] = newValue
        }
    }
}
// Anwendung
var p = Person()
p.name = "Michael Kofler"
p.city = "Graz"
p.tel  = "+43 123 4567 8901"
print(p.city)  // "Graz"
print(p.mail)  // ""
```

Die Struktur Person hat also gar keine Eigenschaften. Sie können aber beliebige Daten in der Form `obj.name = "xxx"` speichern und später in der Form `obj.name` wieder auslesen. Wenn name unbekannt ist, liefert die subscript-Methode in der obigen Implementierung einfach eine leere Zeichenkette. (Sie könnten hier auch einen Fehler auslösen oder auf eine andere Art und Weise reagieren.)

Die vorhin präsentierte Implementierung hat den Nachteil, dass ausschließlich Zeichenketten gespeichert und wieder ausgelesen werden können. Diese Einschränkung lässt sich umgehen, indem Sie subscript-Methoden für mehrere Datentypen implementieren. Das macht allerdings später den Zugriff umständlicher, weil der Datentyp für den Compiler immer eindeutig erkennbar sein muss:

```
@dynamicMemberLookup
struct Person {
    private var dynamicStringData = [String: String]()
    private var dynamicIntData = [String: Int]()
    // dynamische Zeichenketten-Eigenschaften
    subscript(dynamicMember member: String) -> String {
        get {
            return dynamicStringData[member] ?? ""
        }
        set {
            dynamicStringData[member] = newValue
        }
    }
```

```
    // dynamische Int-Eigenschaften
    subscript(dynamicMember member: String) -> Int {
        get {
            return dynamicIntData[member] ?? 0
        }
        set {
            dynamicIntData[member] = newValue
        }
    }
}
// Anwendung
var p = Person()
p.name = "Michael Kofler"
p.id = 123
// OK, weil n explizit als Int deklariert wurde
let n: Int = p.id
print(n)
// Fehler, Ambiguous use of 'subscript(dynamicMember:)',
// weil der Datentyp unklar (String oder Int?)
print(p.id)
```

Weitere Hintergrundinformationen und Anwendungsbeispiele finden Sie im hier:

https://github.com/apple/swift-evolution/blob/master/proposals/0195-dynamic-member-lookup.md

Computed Properties (get und set)

Computed Properties, wörtlich übersetzt also *berechnete Eigenschaften*, sind keine Datenspeicher. Vielmehr handelt es sich bei ihnen um zwei Funktionen, von denen jeweils eine ausgeführt wird, wenn der Anwender der Klasse oder Struktur die Eigenschaft liest bzw. verändert. Die folgenden Zeilen fassen die Syntax einer Computed Property zusammen:

```
var name: typ {
  get { return xxx }              // liefert ein Ergebnis
  set { ... }                     // verarbeitet 'newValue'
}
```

Wenn Sie mit dem Parameternamen `newValue` nicht glücklich sind, können Sie hierfür in runden Klammern nach `set` einen eigenen Namen angeben. Die Syntax sieht dann so aus:

```
var name: typ {
  get          { return xxx }     // liefert ein Ergebnis
  set(myName) { ... }             // verarbeitet 'myName'
}
```

Computed Properties ermöglichen es, die interne Speicherung der Daten von der externen Darstellung zu trennen. Das ist dann zweckmäßig, wenn Sie Eigenschaften nach außen hin anders darstellen möchten als intern. Oft ist die interne Datenverwaltung im Hinblick auf Effizienz und einfache Programmierung optimiert. Nach außen hin soll sich die Klasse oder Struktur aber möglichst »anwenderfreundlich« geben und die Daten so darstellen, wie der Anwender sie erwartet.

Einschränkungen bei der Fehlerabsicherung

Wenn Sie ein Computed Property mit `get throws` deklarieren, können Sie innerhalb des Codes zum Lesen der Eigenschaft einen Fehler auslösen (siehe auch Kapitel 11, »Fehlerabsicherung«). Leider gibt es keinen äquivalenten Mechanismus für die Veränderung. `set throws` ist syntaktisch unzulässig.

Wenn Sie die Veränderung von Eigenschaften durch eigenen Code absichern möchten, müssen Sie Setter-Methoden anstelle von Computed Properties einsetzen. Ein entsprechendes Beispiel folgt im Abschnitt 9.5, »Methoden«.

Temperaturumrechnung mit Computed Properties

Das folgende Beispiel zeigt eine Struktur zur Speicherung und Umrechnung von Temperaturen. Intern wird die Temperatur in Kelvin gespeichert. Nach außen hin ist die Temperatur aber auch über die Eigenschaften `celsius` und `fahrenheit` zugänglich.

```
struct Temperature {
    var kelvin: Double  // interne Speicherung in Kelvin

    // Init-Funktionen für Kelvin, Celsius und Fahrenheit
    init(kelvin: Double)  { self.kelvin = kelvin   }
    init(celsius: Double) { self.kelvin = celsius + 273.15 }
    init(fahrenheit: Double) {
        self.kelvin = (fahrenheit - 32.0) / 1.8 + 273.15
    }
    // Computed Properties für Celsius und Fahrenheit
    var celsius: Double {
        get { return kelvin - 273.15 }
        set { kelvin = newValue + 273.15 }
    }
    var fahrenheit: Double {
        get { return celsius * 1.8 + 32.0 }
        set { kelvin = (newValue - 32.0) / 1.8 + 273.15 }
    }
}
```

```
// Anwendung
var t = Temperature(celsius: 100)
print(t.celsius)     // 100
print(t.fahrenheit)  // 212
print(t.kelvin)      // 373.15
```

Read-only Computed Properties

Sie können bei einer Computed Property nur den `get`-Teil implementieren und auf `set` verzichten. Das Ergebnis ist dann eine Read-only-Eigenschaft:

```
// Read-only-Eigenschaft
var name: typ {
    get  { ...; return xxx }  // liefert ein Ergebnis
}
```

Für Read-only-Eigenschaften sieht Swift auch eine verkürzte Syntax vor, in der Sie auf das Schlüsselwort `get` und die dazugehörenden Klammern verzichten können:

```
// Read-only-Eigenschaft, verkürzte Syntax
var name: typ {
    ...
    return xxx   // liefert ein Ergebnis
}
```

Es geht sogar noch kürzer: Indem Sie einer Eigenschaft `private(set)` voranstellen, wird sie zur Read-only-Eigenschaft:

```
// Read-only-Eigenschaft, noch kürzere Syntax
private(set) var name:typ = xxx
```

Übersetzt heißt das: Für `get` gelten die normalen Zugriffsregeln, aber `set` ist `private` und somit nur innerhalb der Klasse zugänglich. Das folgende Minibeispiel zeigt eine Klasse mit der Read-only-Eigenschaft `counter`. Beim Erzeugen einer Instanz wird die Eigenschaft auf 0 gesetzt. Von außen kann die Eigenschaft nur gelesen werden, innerhalb der Klasse kann die Eigenschaft aber verändert werden – z. B. in der Methode `increment`:

```
class Counter {
    private(set) var counter:Int = 0
    func increment() {
        self.counter = self.counter + 1
    }
}
var c = Counter()
c.increment()
print(c.counter)  // 1
```

```
c.increment()
print(c.counter)  // 2
c.counter = 10    // Fehler, nicht erlaubt
```

Read-only Computed Properties in SwiftUI

In SwiftUI-Code sind Read-only Computed Properties allgegenwärtig. Die Struktur `Hello_WorldApp` implementiert das durch `App` vorgegebene Protokoll. Es schreibt vor, dass Sie eine Variable `body` mit dem Typ `some Scene` implementieren müssen. Das tun Sie, indem Sie in den geschwungenen Klammern angeben, welche `View`-Instanz erzeugt werden soll. Hier soll eine `WindowGroup` erzeugt werden (dabei handelt es sich um eine von unzähligen Strukturen, die `View`-kompatibel ist).


```
struct Hello_WorldApp: App {
    var body: some Scene { // Read-only Computed Property!
        WindowGroup {      // Closure für den init-Parameter von
            ContentView()  // WindowGroup(content: () -> View)
        }
    }
}
```

Beachten Sie aber, dass in SwiftUI-Code keineswegs jede geschwungene Klammernebene ein Read-only Computed Property ist! Im obigen Beispiel ist die Klammernebene nach `WindowGroup` eine Closure. Sie definiert ad-hoc eine Funktion, die an die Init-Funktion der `WindowGroup`-Struktur weitergeleitet wird.

Property Wrapper

Mit Property Wrapper können Sie das Verhalten Ihrer Eigenschaften weiter beeinflussen (siehe auch Abschnitt 12.2, »Attribute, Property Wrapper und Makros«). Dazu stellen Sie der Eigenschaft ein entsprechendes Schlüsselwort voran. Beispielsweise bewirkt ein vorangestelltes `@Binding`, dass der Zustand der Variable mit dem einer SwiftUI-View verbunden wird (siehe Kapitel 14, »State, Binding, und Observable«).

9.4 Init-Funktion

Die Init-Funktion dient zur Initialisierung der Eigenschaften eines neuen Datentyps. Der Swift-Compiler verlangt, dass jede nicht optionale Eigenschaft initialisiert wird, lässt Ihnen aber die Wahl, wie Sie dies erledigen: Sie können Ihren Eigenschaften entweder schon bei der Definition einen Defaultwert zuweisen oder Sie können die Init-Funktion dazu verwenden. Diese Regel gilt unabhängig davon, ob die Eigenschaft mit `var` oder mit `let` deklariert ist. Wenn Sie also allen Eigenschaften einen Defaultwert zuweisen, ist keine Init-Funktion erforderlich.

```
struct Test {    // alle Eigenschaften sind initialisiert,
    var a = 0    // daher ist die Init-Funktion optional
    var b = 1
    var c: Int?                   // automatisch nil
}

var t1 = Test()                   // a=0, b=1, c=nil
var t2 = Test(a: 2, b: 3, c: 2) // ruft Default-Init-Funktion auf
```

Default-Init-Funktionen bei Strukturen

Wenn Sie bei einer Struktur keine Init-Funktion definieren, aber allen Eigenschaften Defaultwerte zuweisen, dann erzeugt der Swift-Compiler selbstständig zwei Init-Funktionen: eine ohne Parameter und eine mit Parametern für alle Eigenschaften in der Reihenfolge, in der diese in der Struktur definiert sind. Bei Klassen verhält sich der Compiler ähnlich. Allerdings wird in diesem Fall nur eine Init-Funktion ohne Parameter erzeugt.

Sobald Sie auch nur eine einzige Init-Funktion selbst definieren, gehen die Default-Init-Funktionen verloren. Um die Default-Init-Funktionen dennoch zu erhalten, können Sie sich mit einem Trick behelfen und die eigene Init-Funktion in einer Erweiterung definieren (siehe auch Abschnitt 10.5, »Extensions«).

Syntax für Init-Funktionen

Die Init-Funktion beginnt mit dem Schlüsselwort `init`. Diesem folgt eine Parameterliste wie bei einer gewöhnlichen Methode. Der Init-Funktion darf das Schlüsselwort `func` nicht vorangestellt werden. Die Funktion darf auch keinen Rückgabedatentyp aufweisen. Die Init-Funktion unterscheidet sich somit syntaktisch klar von Methoden.

```
struct/class MyType {
    // Init-Funktion
    init(parameterliste) {
        // Code zur Initialisierung der Eigenschaften
    }
}
```

Der Aufruf der Init-Funktion erfolgt implizit beim Erzeugen einer Instanz des Datentyps. Anstelle von `init` geben Sie dabei aber den Struktur- oder Klassennamen an:

```
var mt = MyType(parameter)
```

Diese Schreibweise ist eine Kurzschreibweise (sogenannter *syntaktischer Zucker*) für die folgende exaktere Formulierung:

```
var mt = MyType.init(parameter)
```

Parameterliste

Für den Aufbau der Parameterliste gelten dieselben Regeln wie bei Funktionen (siehe Abschnitt 7.2, »Parameter«).

```
struct Test {
    var a = 0
    var b = 1
    // Init-Funktion mit benannten Parametern
    init(a: Int, b: Int)  {
        self.a = a
        self.b = b
    }
}
// die Parameternamen müssen angegeben werden!
var t = Test(a: 2, b: 3)
```

Wenn Sie das nicht wünschen, geben Sie bei der Definition der Init-Funktion bei jedem Parameter vorweg das Pattern-Zeichen _ an:

```
struct Test {
    var a = 0
    var b = 1
    // Init-Funktion mit unbenannten Parametern
    init(_ a: Int, _ b: Int)  {
        self.a = a
        self.b = b
    }
}
// die Parameter werden ohne Namen angegeben
var t = Test(2, 3)
```

Innerhalb der Init-Funktion können Sie wie im gesamten Code der Klasse bzw. Struktur das Schlüsselwort `self` verwenden, um explizit auf die aktuelle Instanz zu verweisen. In der Init-Funktion ist das besonders häufig erforderlich, um Doppeldeutigkeiten zwischen Parametern und Eigenschaften zu vermeiden, die gleich heißen (siehe auch das obige Listing).

Eventuell vorhandene Property Observer, also `willSet`- und `didSet`-Funktionen, werden während der Initialisierung der Eigenschaften nicht ausgeführt. Die Beobachtung der Eigenschaften beginnt also erst *nach* der Initialisierung.

Codereihenfolge in Init-Funktionen

Anweisungen in der Init-Funktion müssen eine exakte Reihenfolge einhalten:

- Zuerst müssen *alle* eigenen Eigenschaften initialisiert werden. Als automatisch initialisiert gelten auch Eigenschaften mit Defaultwerten (`var x = 3`) und Optionals. Ebenfalls als initialisiert gelten Lazy Properties.
- Falls die eigene Klasse von einer anderen Klasse abgeleitet wurde, muss im zweiten Schritt `super.init()` aufgerufen werden. Mehr Details zum nicht ganz unkomplizierten Thema der Init-Funktionen im Zusammenhang mit Vererbung folgen in Abschnitt 10.1.
- Erst jetzt dürfen Methoden der Klasse genutzt und Eigenschaften ausgelesen werden.

Init-Overloading

Sie dürfen beliebig viele Init-Funktionen definieren, sofern diese anhand der Parameterliste für den Compiler unterscheidbar sind. Allerdings muss gewährleistet sein, dass jede Init-Funktion alle Eigenschaften initialisiert, für die es nicht ohnehin Defaultwerte gibt. Die Init-Funktionen dürfen sich dazu nicht gegenseitig aufrufen. Wenn Sie eine Instanz einer Struktur oder Klasse erzeugen, können Sie sich für eine beliebige der zur Auswahl stehenden Init-Funktionen entscheiden.

Designated versus Convenience Init

Die bisher beschriebenen Init-Funktionen heißen in der Swift-Dokumentation *Designated Init Functions*, also gewissermaßen vollwertige Init-Funktionen. Daneben haben Sie bei Klassen (nicht bei Strukturen!) die Möglichkeit, sogenannte *Convenience Init Functions* zu definieren. Das sind ebenfalls Init-Funktionen, für die aber zwei Sonderregeln gelten:

- Sie können keine Eigenschaften initialisieren, sondern müssen diese Arbeit an eine designierte Init-Funktion delegieren.
- Sie rufen andere Init-Funktionen in der Form `self.init(...)` auf.

Der Hintergedanke dieses Konzepts besteht darin, dass es oft zweckmäßig ist, *eine* vollwertige Init-Funktion zu schreiben, die *alle* Eigenschaften initialisiert und sich um alle Sonderfälle kümmert. Daneben kann es weitere Init-Funktionen geben, die mit dem Schlüsselwort `convenience` gekennzeichnet sind. An sie müssen nur wenige Parameter übergeben werden. Die fehlenden Daten werden durch Defaultwerte ersetzt, die an die Haupt-Init-Funktion übergeben werden:

```
// Testklasse mit vier Eigenschaften
class Test {
    var a: Int
    var b: Int
    var c: Double
    var d: String

    // Designated Init Function für alle Eigenschaften
    init(a: Int, b: Int, c: Double, d: String) {
        self.a = a
        self.b = b
        self.c = c
        self.d = d
    }

    // Convenience Init Function
    convenience init(c: Double) {
        // ruft die Designated Init Function auf
        self.init(a: 0, b: -1, c: c, d: "")
    }
}

// erzeugt eine Instanz mit Convenience Init Function
var t = Test(c: 2.5)  // t.a=0, t.b=-1, t.c=2.5, t.d=""
```


Init-Funktion als Optional (Failable Init Functions)

Oft soll bei der Initialisierung einer Instanz überprüft werden, ob die übergebenen Parameter überhaupt sinnvoll sind. Es ist nicht zweckmäßig, überhaupt eine Instanz zu erstellen, wenn diese Bedingung nicht erfüllt ist. In Swift können Sie in solchen Fällen die Init-Funktion mit einem nachgestellten Fragezeichen als Optional definieren und bei fehlerhaften Parametern einfach `nil` zurückgeben. Solche Init-Funktionen heißen *Failable Init Functions*.

Beachten Sie, dass sich damit der Datentyp der durch die Init-Funktion erzeugten Instanz in ein Optional ändert. Im folgenden Beispiel überprüft die Init-Funktion der Rechteck-Struktur, ob Länge und Breite größer als 0 sind. Ist dies nicht der Fall, gibt die Init-Funktion `nil` zurück. Durch `var r = Rectangle(...)` ist `r` nun aber nicht mehr einfach eine Variable für `Rectangle`-Daten, sondern eine für ein Optional, also `Rectangle?`. Bei der Weiterverarbeitung der Variablen muss getestet werden, ob überhaupt Daten vorliegen. Nur wenn dies der Fall ist, kann durch das nachgestellte Ausrufezeichen ein Unwrapping erzwungen werden.

```
// Struktur zur Speicherung eines Rechtecks
struct Rectangle {
    var length: Double
    var width: Double
    // Init-Funktion mit Validitätskontrolle
    init?(_ length: Double, _ width: Double) {
        if length <= 0 || width <= 0 { return nil }
        self.length = length
        self.width = width
    }
}
// Beispiel 1: ein korrektes Rechteck
if var r1 = Rectangle(1.2, 2.4)  {
    print(r1.length)
    r1.length = 2.7
}
// Beispiel 2: ein fehlerhaftes Rechteck
if var r2 = Rectangle(-1.2, 2.4)  {
    // dieser Code wird nicht ausgeführt,
    // weil Rectangle(-1.2, 2.4) nil zurückgibt
    print(r2.length)
    r2.length = 2.7
}
```

Syntaxfeinheiten

Syntaktisch gesehen ist `return nil` eine merkwürdige Konstruktion. Die Aufgabe einer Init-Funktion ist es, eine Instanz zu initialisieren. Innerhalb der Init-Funktion ist aber normalerweise keine Ergebnisrückgabe vorgesehen. (Wenn überhaupt, wäre wohl `return self` am logischsten.)

Init-Funktion mit throws

Swift bietet eine zweite Möglichkeit, mit ungeeigneten Parametern in einer Init-Funktion umzugehen: Sie können der Init-Funktion `throws` hintanstellen und auf diese Weise ausdrücken, dass innerhalb der Init-Funktion ein Fehler auftreten kann. Lästig bei dieser Syntaxvariante ist aber der Umstand, dass `throw` erst *nach* der Initialisierung aller Eigenschaften der Klasse verwendet werden kann, was der Vorweg-Prüfung aller Parameter widerspricht. Eine weitere Variante der `rectangle`-Klasse mit `throws` lernen Sie in Kapitel 11, »Fehlerabsicherung«, kennen.

9.5 Methoden

Methoden sind Funktionen auf Klassen- bzw. Strukturebene. Syntaktisch ändert sich im Vergleich zu Funktionen nicht viel (siehe Kapitel 7, »Funktionen und Closures«), es gibt aber doch einige Besonderheiten:

- Instanzmethoden: Gewöhnliche Methoden werden auf Instanzen angewendet, werden also in der Form `var.meth()` aufgerufen. Diesen Methoden stehen die Daten der Instanz zur Verfügung. Innerhalb der Klasse bzw. Struktur kann mit dem schon bekannten Schlüsselwort `self` auf die Instanz als Ganzes zugegriffen werden.
- `mutating`: Methoden von Klassen können die Eigenschaften einer Instanz ohne Weiteres ändern. Methoden von Strukturen dürfen dies normalerweise nicht, es sei denn, sie werden mit dem Schlüsselwort `mutating` gekennzeichnet.
- `static`: Im Gegensatz zu Instanzmethoden – egal, ob `mutating` oder nicht – stehen statische Methoden bei Strukturen bzw. bei Klassen. Sie werden bei der Definition mit dem vorangestellten Schlüsselwort `static` gekennzeichnet und können aufgerufen werden, ohne vorher eine Instanz des Datentyps zu erzeugen: `Struktur/Klassenname.methode()`. Sie eignen sich zum Erzeugen neuer Instanzen oder für Aufgaben, zu deren Erledigung keine Instanzdaten erforderlich sind.

Instanzmethoden

Gewöhnliche Methoden werden innerhalb einer Klasse oder Struktur mit dem Schlüsselwort `func` eingeleitet. Dem Methodennamen folgen die Parameterliste und gegebenenfalls der Rückgabedatentyp. Das folgende Beispiel definiert die Datenstruktur `Vector3` für dreidimensionale Vektoren. Darin gibt es mehrere Instanzmethoden:

- `length` liefert die Länge des Vektors.
- `getNormalized` erzeugt einen neuen Vektor, der in die gleiche Richtung zeigt wie der ursprüngliche Vektor, aber die Länge 1 hat. Bei einem Nullvektor liefert die Methode `nil` als Ergebnis.
- `toString` gibt eine Zeichenkette zurück, die die Daten des Vektors in der Form `"(x, y, z)"` zusammenfasst.
- `greater` und `smaller` vergleicht den Vektor mit einem anderen und liefert `true` oder `false` zurück, je nachdem, welcher Vektor größer ist.

```
// Projekt vector, Datei main.swift
struct Vector3 {
    var x = 0.0
    var y = 0.0
    var z = 0.0
```

```
    // liefert die Länge des Vektors als Double-Zahl
    func length() -> Double {
        return sqrt(x * x + y * y + z * z)
    }
    // erzeugt eine neue Vector3D-Instanz
    func getNormalized() -> Vector3? {
        if length() > 0 {
            return Vector3(x: x / length(),
                           y: y / length(),
                           z: z / length())
        } else {
            return nil
        }
    }
    // gibt die Vektorkomponenten als Zeichenkette zurück
    func toString() -> String {
        return "(\(x), \(y), \(z))"
    }
    // verrät, welcher Vektor länger ist
    func greater(than other: Vector3) -> Bool {
        return self.length() > other.length()
    }
    func smaller(than other: Vector3) -> Bool {
        return self.length() < other.length()
    }
}
// ausprobieren
let v1 = Vector3(x: 2, y: 3, z: 1)
print(v1.length())              // 3,7417
let v2 = v1.getNormalized()!
print(v2.toString())            // "(0.5345, 0.8018, 0.2673)"
print(v2.length())              // 1,0
```

Mutating Methods

Nehmen Sie an, wir wollten für die obige `Vector3`-Struktur eine neue Methode `normalize` entwickeln, die einen vorhandenen Vektor »normalisiert«, also die drei Komponenten so skaliert, dass der resultierende Vektor die Länge 1 hat. Der naheliegende Code sieht so aus:

```
// Vektor normalisieren
struct Vector3 {
    // ... Code wie bisher
```

```
    // Vektor normalisieren
    func normalize() {
        let len = length()
        if len != 0 {
            x = x / len    //  Fehler: cannot assign to x in self
            y = y / len
            z = z / len
        }
    }
}
```

Allerdings liefert der Swift-Compiler nun bei den drei Zuweisungen `x=...`, `y=...` und `z=...` Fehlermeldungen: Methoden von Strukturen dürfen die Eigenschaften einer Instanz nicht verändern. Dieses Problem lässt sich auf drei Arten lösen:

- Sie stellen der Methode das Schlüsselwort `mutating` voran, also:

```
// Methode als 'mutating' kennzeichnen
mutating func normalize() { ... }
```

- Sie machen aus der Struktur eine Klasse, ersetzen also `struct` durch `class`. Methoden von Klassen ist die Veränderung von Eigenschaften generell erlaubt. Allerdings müssen Sie den Code der Klasse nun noch um eine Init-Funktion ergänzen, die der Swift-Compiler bei Strukturen automatisch generiert:

```
init(x: Double, y: Double, z: Double) {
    self.x = x
    self.y = y
    self.z = z
}
```

- Sie bleiben bei einer Struktur, verändern die Daten aber von außen durch eine Struktur, an die der Vektor als `inout`-Parameter übergeben wird:

```
// globale Funktion zur Normalisierung eines Vektors
func normalize(inout v:Vector3) {
    let len = v.length()
    if len != 0 {
        v.x = v.x / len
        v.y = v.y / len
        v.z = v.z / len
    }
}
var v3 = Vector3(x: 4, y: 2, z: 1)
normalize(&v3)
v3.x
```

Von diesen drei Lösungswegen ist eine *Mutating Method* sicherlich der naheliegendste. Das Schlüsselwort `mutating` wurde eingeführt, weil die Swift-Entwickler die Veränderung der Daten bzw. Eigenschaften einer Struktur nicht als den Normalfall betrachten, sondern als Ausnahme. Deswegen verlangt der Swift-Compiler von den Programmierern, dass sie solche Methoden explizit als `mutating` (wörtlich: *verändernd*) kennzeichnen.

Swift-intern ist das Schlüsselwort `mutating` auch aus Effizienzgründen wichtig: Strukturen sind Werttypen und werden bei Zuweisungen kopiert. Das kostet aber Zeit, weswegen Swift eine »echte« Kopie oft auf später verschiebt. Erst wenn Daten verändert werden (z. B. durch den Aufruf einer Methode, die als `mutating` gekennzeichnet ist) und eine Trennung zwischen Original und Kopie also unbedingt erforderlich ist, wird die Kopie tatsächlich durchgeführt.

In Mutating Methods gilt noch eine Besonderheit: Sie können `self` eine neue Instanz zuweisen. Diese ersetzt dann die aktuelle Instanz. Damit tut sich ein weiterer Lösungsweg für die `normalize`-Methode auf:

```
struct Vector3 {
  // ... wie bisher

  // normalize verändert die aktuelle Instanz
  mutating func normalize() {
      let len = length()
      if len != 0 {
          self = Vector3(x: x / len, y: y / len, z: z / len)
      }
  }
}

// ausprobieren
var v3 = Vector3(x: 2, y: -2, z: 3)
v3.normalize()
v3.toString()  // "(0,4851, -0.4851, 0.7276)"
```

Im vorliegenden Fall führt `self = ...` zum kürzesten Code. Das Ersetzen der Instanz durch eine neue wird allerdings nur empfohlen, wenn wie hier *alle* Eigenschaften verändert werden.

Statische Methoden

Gewöhnliche Methoden werden auf Instanzen angewendet und verarbeiten in der Regel die dort gespeicherten Daten. Statische Methoden werden syntaktisch hingegen direkt auf den Typnamen angewendet. Es ist nicht erforderlich, vor ihrem Aufruf eine Instanz zu erzeugen. Dafür kann eine statische Methode allerdings auch auf keine Instanzdaten zugreifen.

Statische Methoden werden in Strukturen und Klassen mit dem Schlüsselwort `static` gekennzeichnet. Statische Methoden von Klassen können statt durch `static` auch durch das in diesem Kontext gleichwertige Schlüsselwort `class` gekennzeichnet werden. Die Swift-Dokumentation bezeichnet statische Methoden von Klassen vielfach auch als *Type Methods*, also als Typmethoden.

```
struct TestStruct {
    // statische Methoden in Strukturen
    static func m() -> Int { return 42 }
}
class TestClass {
    // statische Methoden = Typmethoden in Klassen
    static func m() -> Int { return 42 }
    class func n() -> Int { return 43}     // class = static
}
```

Um noch einmal zum `Vector3`-Beispiel zurückzukehren: Dort könnte man die Methoden `greater` und `smaller` auch statisch implementieren. Diese Methoden vergleichen zwei als Parameter übergebene `Vector3`-Instanzen und geben `true` zurück, wenn die erste größer oder kleiner als die zweite ist, wobei als Vergleichsmaßstab `length()` dient:

```
struct Vector3 {
    // ... Code wie bisher

    // verrät, welcher Vektor länger ist
    static func greater(v1: Vector3, v2: Vector3) -> Bool {
        return v1.length() > v2.length()
    }
    static func smaller(v1: Vector3, v2: Vector3) -> Bool {
        return v1.length() < v2.length()
    }
}
```

Damit ist es nun ein Kinderspiel, ein Array von Vektoren zu sortieren:

```
var v = [Vector3]()
v.append(Vector3(x: 1, y: 2, z: 3))
v.append(Vector3(x: 2, y: 2, z: 3))
v.append(Vector3(x: 1, y: 0, z: 1))

// sortiert das Array v, der längste Vektor wird
// zuerst aufgelistet
v.sort(by: Vector3.greater)
```

Noch klarer wird der Code, wenn Sie die Operatoren < und > wie folgt definieren:

```
struct Vector3 {
    // ... Code wie bisher

    // Definition neuer Operatoren für einen Vektor-Vergleich
    static func < (lhs: Vector3, rhs: Vector3) -> Bool {
        return lhs.smaller(than: rhs)
    }
    static func > (lhs: Vector3, rhs: Vector3) -> Bool {
        return lhs.greater(than: rhs)
    }
}
```

Damit können Sie noch eleganter sortieren:

```
v.sort(by: <)
```

Statische Eigenschaft

Der Vollständigkeit halber verfügt das Beispiel auch über eine statische Eigenschaft, um einen Null-Vektor zu erzeugen:

```
struct Vector3 {
    static let zero = Vector3(x: 0, y: 0, z: 0)
    ...
}

let v0 = Vector3.zero
let v0 = Vector3()      // gleichwertig, aber weniger klar
```

Signaturen von Methoden

Wenn Sie in Xcode in einem Codefenster in die Titelleiste klicken, wird eine Referenz aller Methoden der Swift-Datei angezeigt (siehe Abbildung 9.1). Xcode verwendet eine spezielle Kurzschreibweise, um die *Signatur* der Methode auszudrücken. Darin sind neben dem Namen der Methode auch die Namen der benannten Parameter zusammengefasst, nicht aber deren Typen.

In der Signaturschreibweise werden die Parameter wie üblich in runden Klammern angegeben. Jedem Parameter, auch dem letzten, folgt ein Doppelpunkt. Nicht benannte Parameter werden durch das Zeichen _ ausgedrückt.

In vielen Bibliotheken existieren gleichnamige Methoden, die sich nur durch die Parameterliste unterscheiden. Die Signatur kann die betreffende Methode dann eindeutig identifizieren. Deswegen wird die Signaturschreibweise fallweise auch in diesem

Buch verwendet, um auf eine bestimmte Variante von mehreren gleichnamigen Methoden hinzuweisen.

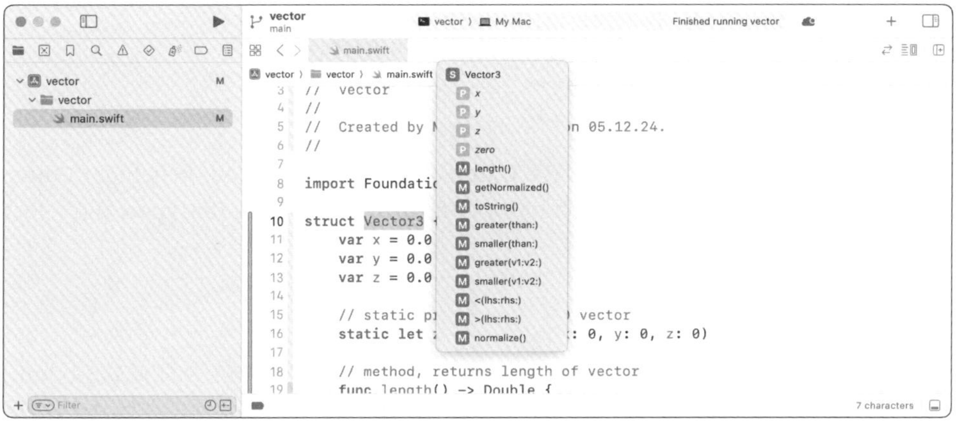

Abbildung 9.1 Ansicht der Signatur aller Methoden der Vector3-Struktur in Xcode

9.6 Subscripts

Bei einigen Swift-Datenstrukturen können Sie über einen Index in eckigen Klammern auf einzelne Elemente zugreifen. Dies gilt unter anderem für Arrays, Dictionaries und Zeichenketten:

```
var ar = [17, 29, 31, 47]
ar[2]                             // 31, Datentyp Int

var dict = ["GRZ": "Graz", "VIE": "Wien", "SZG": "Salzburg"]
dict["VIE"]                       // "Wien", Datentyp String?

var s = "Hello World!"
let start = s.startIndex
let end = s.index(start, offsetBy: 3)
s[start..<end]                    // "Hel", Datentyp Substring
```

Swift bietet Ihnen nun die Möglichkeit, diese sogenannte Subscript-Syntax auch für Ihre eigenen Datentypen zu nutzen. Dazu müssen Sie Ihre Klasse oder Struktur lediglich um spezielle Methoden ergänzen, die mit dem Schlüsselwort `subscript` beginnen und ähnlich wie bei Computed Properties einen `get`- und einen `set`-Teil aufweisen, um so Daten zu ändern bzw. auszulesen. Die folgenden Zeilen fassen die Syntax zusammen:

```
struct Test {
  // subscript-Methode für Test[index]-Zugriffe
  subscript(index: indexDatentyp) -> Datentyp {
    get           { return ...  }
    set(newValue) { newValue speichern ... }
  }
}
```

Sowohl für den Index als auch für die Daten an sich ist jeweils ein beliebiger Datentyp zulässig. Subscripts eignen sich besonders gut für eigene Datentypen, die selbst Aufzählungen (Collections) verwalten.

Beispiel

Die folgenden Zeilen erweitern das Vektor-Beispiel aus Abschnitt 9.5, »Methoden«, um eine Subscript-Methode, mit der die drei Komponenten des Vektors in der Form `vector[n]` ausgelesen bzw. verändert werden können.

```
// Projekt vector, Datei main.swift
struct Vector3 {
    var x = 0.0
    var y = 0.0
    var z = 0.0
    // Code wie bisher ...

    // Subscript-Methode zum Lesen/Verändern der
    // Vektorkomponenten
    subscript(index: Int) -> Double {
        get {
            switch index {
            case 0:  return x
            case 1:  return y
            case 2:  return z
            default: fatalError("Index out of bounds")
            }
        }
        set(newValue) {
            switch index {
            case 0:  x = newValue
            case 1:  y = newValue
            case 2:  z = newValue
            default: fatalError("Index out of bounds")
            }
        }
    }
}
```

```
// Anwendung
var vec = Vector3(x: 1, y: 2, z: 3)
vec[0] = 4      // vec enthält jetzt (4, 2, 3)
print(vec[2])  // 3
```

9.7 Typ-Aliasse

Mit typealias können Sie einem vorhandenen Datentyp einen zweiten Namen zuweisen, unter dem Sie den Typ von nun an ebenfalls nutzen können. Die folgende typealias-Anweisung macht Temperature gleichwertig zu Double:


```
typealias Temperature = Double
var temp: Temperature = 2.7
print(temp + Temperature(2.5))         // 5.2
```

Die Swift-Sprachdefinition enthält eine ganze Reihe von Typ-Aliassen, von denen hier auszugsweise einige wiedergegeben sind:

```
// trifft auf Instanzen aller Klassen zu (siehe nächstes Kapitel)
typealias AnyClass = AnyObject.Type
typealias CBool = Bool
typealias CChar = Int8
typealias IntegerLiteralType = Int
typealias Void = ()                    // leeres Tupel
...
```

Swift erlaubt auch die Definition generischer Typ-Aliasse (siehe Abschnitt 10.2, »Generics«):

```
typealias IntFunction<T> = (T) -> Int
```

Kapitel 10
Objektorientierte Programmierung für Fortgeschrittene

Nachdem ich in Kapitel 9 die Sprachelemente von Swift zur Definition von Strukturen und Klassen mit Eigenschaften, Init-Funktionen, Methoden und Subscripts erläutert habe, folgen in diesem Kapitel einige fortgeschrittene Funktionen zur objektorientierten Programmierung:

- Vererbung
- Generics
- Protokolle und Standardprotokolle
- Extensions
- Protokollerweiterungen

10.1 Vererbung

Vererbung ist ein Mechanismus, der nur Klassen, nicht aber Strukturen zur Verfügung steht. Mit Vererbung kann eine neue Klasse alle Eigenschaften und Methoden einer frei wählbaren Basisklasse übernehmen und darauf aufbauen: Die eigene Klasse kann zusätzliche Eigenschaften und Methoden hinzufügen sowie vorhandene Methoden durch neue Implementierungen ersetzen.

Syntaktisch gesehen ist Vererbung denkbar einfach implementiert: Sie geben einfach nach dem Namen Ihrer neuen Klasse einen Doppelpunkt und dann den Namen der Basisklasse an:

```
class BasisKlasse {                  // Basisklasse
    var x = 1                        // Eigenschaft
    func m1(...) { ... }             // Methode
}
class NeueKlasse : BasisKlasse {     // erweiterte Klasse
    var y = 1                        // neue Eigenschaft
    override func m1(...) { ... }    // vorhandene Methode ändern
    func m2(...) { ... }             // neue Methode
}
```

Anstelle von Vererbung ist auch der Begriff *Subclassing* üblich. Die neu definierte Klasse ist die *Sub-Klasse*, die vorhandene Basisklasse heißt *Super-Klasse*.

Es gibt keine universelle Basisklasse

Anders als beispielsweise in Java gibt es in Swift keine universelle Basisklasse, von der alle anderen Klassen abgeleitet werden. Wenn Sie also selbst eine Klasse definieren und dabei keine Vererbung nutzen, beginnen Sie bei null. Ihre neue Klasse wird also zu einer Basisklasse in Swift.

Falls Ihre Klassen zu Objective-C kompatibel sein sollen, leiten Sie diese von `NSObject` ab. `NSObject` gilt als Basisklasse für Objective-C. Weitere Details können Sie hier nachlesen:

https://stackoverflow.com/questions/24057525/swift-native-base-class-or-nsobject

Mehrfachvererbung

Swift unterstützt wie Java und C# keine Mehrfachvererbung: Jede Klasse kann also immer nur von einer Basisklasse erben. Anders als beim Vorbild aus der Biologie kann eine neue Klasse nicht gleichzeitig Eigenschaften von Mutter und Vater erben.

```
class A1 { ... }              // Basisklasse A1
class A2 { ... }              // Basisklasse A2
class B : A1, A2 { ... }  // FEHLER: B kann nur von einer Klasse
                              // abgeleitet sein!
```

Sehr wohl zulässig ist aber das Vererben in mehreren Schritten: Sie können also zuerst die Basisklasse A definieren, davon B und davon wiederum C ableiten:

```
class A { ... }               // Basisklasse A
class B : A { ... }           // erweiterte Klasse B
class C : B { ... }           // nochmals erweiterte Klasse C
```

Vererbung versus Protokolle versus Extensions

Vererbung zählt zu den elementarsten Konzepten der objektorientierten Programmierung. Swift bietet mit Protokollen und Extensions aber noch zwei weitere Mechanismen an zum Gestalten von Klassenbibliotheken (siehe Tabelle 10.1). Details zu Protokollen und Extensions folgen in Abschnitt 10.3, »Protokolle«, und in Abschnitt 10.5, »Extensions«.

Merkmal	Vererbung	Protokolle	Extensions
für Klassen geeignet	ja	ja	ja
für Strukturen geeignet	nein	ja	ja
für Enumerationen geeignet	nein	ja	ja
Stored Properties hinzufügen	ja	nein	nein
Computed Properties hinzufügen	ja	nein	ja
Property Observer hinzufügen	ja	nein	nein
Methoden hinzufügen	ja	nein	ja
Methoden ändern (`override`)	ja	nein	nein
Retroactive Modeling	nein	nein	ja
Generics-Syntax	`<T>`	`<T>`, Associated Types	–

Tabelle 10.1 Vererbung versus Protokolle versus Extensions

override bei Methoden

Sie können in der neuen Klasse Methoden, Computed Properties, Property Observer sowie Subscript-Funktionen durch eine neue Implementierung ersetzen. Dabei müssen Sie allerdings zwei Dinge beachten:

- Sie müssen Ihrer Neudefinition das Schlüsselwort `override` voranstellen und so klar machen, dass Sie ein vorhandenes Merkmal einer Basisklasse überschreiben möchten.
- Sie müssen die Attribute, die Parameterliste, die Datentypen und die anderen Merkmale exakt übernehmen. Eine private Methode kann nicht durch eine öffentliche Methode überschrieben werden; aus einer Methode, die ein `Double`-Ergebnis liefert, kann keine Methode werden, die eine `Int`-Zahl zurückgibt etc.

Das folgende Beispiel zeigt, wie die Methode `m1` der Klasse `X` in `Y` durch eine neue Implementierung überschrieben wird:

```
class X {
    var a = 1, b=2
    func m1() -> Int {
        return a + b
    }
}
```

```
class Y : X {
    override func m1() -> Int {
        return a*b
    }
}
// Anwendung der Klassen
var x = X()   // Instanz der Klasse X, a=1, b=2
var y = Y()   // Instanz der Klasse Y, a=1, b=2
x.m1()        // 1+2 ergibt 3
y.m1()        // 1*2 ergibt 2
```

override bei Eigenschaften

Ein direktes Überschreiben von Eigenschaften (*Stored Properties*) ist in Swift nicht vorgesehen. Mit override können Sie aber eine aus der Basisklasse gegebene Eigenschaft um eigene Property Observer erweitern. Dabei müssen Sie den Datentyp der Variablen explizit angeben.

```
class A {
    var x = 1
}

// B erweitert A um Property Observer
// für die Eigenschaft x
class B : A {
    override var x: Int {
        willSet(newX) {
            print("willSet: current=\(x) new will be=\(newX)")
        }
        didSet(oldX) {
            print("didSet:  current=\(x) old was=\(oldX)")
        }
    }   // Ende override var x
}       // Ende class B
// Anwendung
var b = B()
b.x = 2
// Ausgabe: willSet: current=1 new will be=2
//          didSet:  current=2 old was=1
```

»override« erweitert Property Observers und Computed Properties

Das Schlüsselwort override lässt vermuten, dass eine vorhandene Implementierung überschrieben wird. Das stimmt nicht. Vielmehr wird eine zusätzliche Implementierung hinzugefügt. So bleiben die Property Observers bzw. Computed Properties der Basisklasse aktiv, d. h., ihr Code wird weiter ausgeführt. Allerdings kommt nun in der eigenen Klasse zusätzlicher Code hinzu, der ebenfalls ausgeführt wird.

Bei Methoden und Init-Funktionen ist es ähnlich. Der wesentliche Unterschied besteht aber darin, dass Sie sich um den Aufruf des Codes der Basisklasse durch `super.init()` oder `super.methode()` bei Bedarf selbst kümmern müssen.

Das Schlüsselwort super

Sobald Sie in einer Klasse Methoden oder andere Elemente der Basisklasse überschreiben, haben Sie das Problem, dass die zugrunde liegende Methode bzw. ein anderes Element nicht mehr zugänglich ist. (Beide Methoden haben ja den gleichen Namen.)

Abhilfe schafft in solchen Fällen das Schlüsselwort `super`: Damit beziehen Sie sich explizit auf die Basisklasse. `super` hat damit eine ähnliche Funktion wie `self` – nur dass sich `self` auf die aktuelle Instanz bezieht, `super` hingegen auf die Instanz der Basisklasse (»Superklasse«).

```
// Basisklasse A mit den Eigenschaften a1 und a2
class A {
    var a1: Int
    var a2: Int

    init(a1: Int, a2: Int) {
        self.a1 = a1
        self.a2 = a2
    }

    func m() -> Int {    // Methode
        return a1 + a2
    }

    var p: Int {         // Computed Property
        get {
            return a1 + a2
        }
        set {
            a1 = 0
            a2 = newValue
        }
    }
}
```

```
// Spezialklasse B mit der zusätzlichen Eigenschaft b
class B : A {
    var b: Int

    init(a1: Int, a2: Int, b: Int) {
        self.b = b
        // Init-Funktion der Basisklasse aufrufen
        super.init(a1: a1, a2: a2)
    }

    // Methode überschreiben
    override func m() -> Int {
        // m1() der Basisklasse plus
        // B-spezifische Ergänzung
        return super.m() + b
    }
    // Computed Property überschreiben
    override var p: Int {
        get { return a1 + a2 + b }
        set { a1 = 0
            a2 = 0
            b  = newValue
        }
    }
}
```

Das Schlüsselwort final

Wenn Sie vermeiden möchten, dass eine ganze Klasse oder auch nur eine Methode oder eine Computed Property durch Vererbung verändert wird, dann kennzeichnen Sie das entsprechende Element einfach mit dem Schlüsselwort `final`:

```
final class A {          // diese Klasse kann nicht
  ...                    // vererbt  werden
}

class B {                // diese schon, aber
  final func m() { ...}  // die Methode m() darf nicht
                         // überschrieben werden
}
```

Der Swift-Compiler muss normalerweise auf dynamische Erweiterungen von Klassen und Methoden Rücksicht nehmen. Finale Klassen oder Methoden können aber nicht mehr erweitert werden. Das Kompilat kann »statischer« und damit effizienter formuliert werden. Insofern führt `final` zu einer (minimal) schnelleren Codeausführung.

Initialisierung

Bei der Initialisierung von vererbten Klassen gibt es vielfältige Syntaxvarianten, die im Swift-Referenzhandbuch in vielen Details beschrieben sind:

https://docs.swift.org/swift-book/documentation/the-swift-programming-language/initialization

Zumindest die Grundidee ist einfach: Der Compiler stellt sicher, dass alle Eigenschaften in allen Ebenen der Klassenhierarchie initialisiert werden. Dazu muss auf jeder Ebene eine vollwertige Init-Funktion aufgerufen werden. Dabei muss die folgende Reihenfolge eingehalten werden:

- Zuerst werden die spezifischen Eigenschaften der eigenen Klasse initialisiert.
- Anschließend wird `super.init()` aufgerufen, um die Eigenschaften der Basisklasse(n) zu initialisieren.
- Erst jetzt kann die Init-Funktion bei Bedarf weitere Aufgaben erledigen und dabei Eigenschaften der Klasse auslesen bzw. Methoden aufrufen.

Wenn *Convenience Init Functions* im Spiel sind, müssen diese eine *Designated Init Function* ihrer eigenen Klasse aufrufen. Eine Init-Funktion der Basisklasse rufen Sie mit `super.init(...)` auf. Entscheidend ist dabei die Reihenfolge: Die Init-Funktion der eigenen Klasse muss zuerst alle eigenen Eigenschaften initialisieren, bevor der Aufruf von `super.init()` zulässig ist. Das war vorhin bereits im `override`-Beispiel zu sehen: Die Init-Funktion von `B` hat zuerst die eigene Klassenvariable `b` initialisiert und dann mit `super.init()` die Init-Funktion von `A` aufgerufen.

Erst nachdem die gesamte Initialisierungskette durchlaufen ist, darf die Init-Funktion auf Eigenschaften der übergeordneten Klasse zugreifen. Die Kommentare im folgenden Listing verdeutlichen die vorgeschriebene Initialisierungsabfolge nochmals. Vergessen Sie nicht das Schlüsselwort `override`, wenn die Parameterliste Ihrer neuen Init-Funktion mit der der Basisklasse übereinstimmt!

```
class A {        // Basisklasse A
    var a1: Int, a2: Int

    init(_ a1: Int, _ a2: Int) {  // Designated Init Function
        self.a1 = a1
        self.a2 = a2
    }

    convenience init() {          // Convenience Init Function
        self.init(0, 0)           // mit Defaultwerten
    }
}
```

```
class B : A {  // erweiterte Klasse B
    var b: Int

    // Designated Init Function für B
    init(_ a1: Int, _ a2: Int, _ b: Int) {
        self.b = b
        // super.init(...) darf erst nach der Initialisierung
        // aller eigenen Eigenschaften (hier 'b') aufgerufen
        // werden. super.init() wäre nicht erlaubt, weil init()
        // nur eine Convenience Init Function ist!
        super.init(a1, a2)
        // Der Zugriff auf Eigenschaften von A ist erst hier,
        // also nach super.init(), zulässig.
        self.a1 += b
    }
    // Convenience Init Function für B
    convenience init() {
        // darf nur Init-Funktionen von B aufrufen, aber keine
        // Init-Funktionen von A!
        self.init(0, 0, 0)
    }
}
```

Vererbung von Init-Funktionen

Wenn Sie Ihre neue Klasse *nicht* mit eigenen Init-Funktionen ausstatten, dann erbt die neue Klasse einfach die Init-Funktionen der Basisklasse (auch die Convenience Init Functions) – alles erledigt also! Aber sobald Sie *eine* eigene Init-Funktion programmieren, müssen Sie sich um *alle* Init-Funktionen kümmern. Es gilt also: »Alles oder nichts.«

Das Schlüsselwort required

In der Basisklasse können Init-Funktionen mit dem Schlüsselwort `required` gekennzeichnet werden. Das hat zur Folge, dass die abgeleitete Klasse diese Init-Funktion implementieren muss. In der abgeleiteten Klasse muss die Init-Funktion ebenfalls als `required` gekennzeichnet werden, dafür entfällt `override`.

Generalisierung, Polymorphie und Casting

Wie in den meisten anderen objektorientierten Programmiersprachen können Sie auch in Swift die Konzepte der Generalisierung und der Polymorphie nutzen:

- Kurz gesagt bedeutet **Generalisierung**, dass Sie in einer Variablen oder einem Parameter eines allgemeinen Typs (einer Basisklasse, aber auch eines Protokolls, siehe Abschnitt 10.3) eine Instanz eines spezielleren Typs speichern dürfen (also einer erweiterten Klasse).
- **Polymorphie** besagt, dass Swift erkennen kann, welcher Klasse die Daten tatsächlich angehören, und entsprechend die richtigen Methoden aufruft.

Wenn Ihnen diese Begriffe nicht vertraut sind, finden Sie in der Wikipedia eine umfassende Erklärung:

https://de.wikipedia.org/wiki/Vererbung_(Programmierung)
https://de.wikipedia.org/wiki/Polymorphie_(Programmierung)

Das folgende Beispiel zeigt die Umsetzung dieser Begriffe in die Praxis. Zuerst werden drei Klassen definiert: eine allgemeine Klasse für Schachfiguren und dann zwei abgeleitete Klassen für einen Bauern bzw. einen König.

Sämtliche Klassen entsprechen dem Protokoll `CustomStringConvertible` (siehe auch Abschnitt 10.3, »Protokolle«). Es besagt, dass die Klassen die `String`-Eigenschaft `description` zur Verfügung stellen müssen, die die Instanz in lesbarer Form zurückgeben. `print(obj)` wertet diese Eigenschaft automatisch aus. `description` ist hier als Computed Property realisiert. Der Code von `Pawn` und `King` überschreibt die von `Figure` stammende Standardimplementierung.

Aufgrund des Prinzips der Generalisierung ist es zulässig, in einem Array für die Basisklasse `ChessFigure` auch Instanzen der abgeleiteten Klassen `Pawn` oder `King` zu speichern. In der OO-Nomenklatur spricht man in diesem Zusammenhang von einem *impliziten Upcast*.

Und weil Swift mit Polymorphie umgehen kann, wird in der Schleife bei `print(f)` immer die passende `description`-Eigenschaft ausgewertet aufgerufen. Das erscheint selbstverständlich, ist es aber nicht, weil `f` zum Zeitpunkt der Kompilierung eine Variable vom Typ `ChessFigure` ist. Swift kann daher erst zur Laufzeit ergründen, welchen Datentyp die Instanz hat, auf die `f` gerade zeigt.

```
// Projekt chess, Datei main.swift
// Basisklasse für eine allgemeine Schachfigur
class ChessFigure: CustomStringConvertible {
    var position: String
    required init(at position: String) {
        self.position = position
    }
    // für CustomStringConvertible
    var description: String {
        return "ChessFigure @ \(position)"
    }
}
```

```
// abgeleitete Klassen für Bauer und König
class Pawn: ChessFigure {
    // Override description instead of toString()
    override var description: String {
        return "Pawn @ \(position)"
    }
}
class King: ChessFigure {
    var hasCastled = false  // castling
    override var description: String {
        return "King @ \(position)"
    }
}

// Anwendung der Klassen: impliziter Upcast
var cf1: ChessFigure = Pawn(at: "h2")
var cf2 = Pawn(at: "h2") as ChessFigure // equivalent

// Generalisierung: Obwohl figures ein Array für ChessFigure-
// Elemente ist, dürfen darin auch Bauern, Könige etc.
// gespeichert werden:
var figures = [ChessFigure]()
figures.append(Pawn(at: "a2"))
figures.append(Pawn(at: "b2"))
figures.append(King(at: "b2"))

// Polymorphie: print() verwendet  immer die passende
// Eigenschaft 'description'
for f in figures {
    print(f) // äquivalent to print(f.description)
}
// Ausgabe: Pawn @ a2
//          Pawn @ b2
//          King @ b2
```

Nun ist es zwar toll, dass Swift zur Laufzeit erkennen kann, welchen Datentyp die Instanz eines Objekts hat. Mitunter wollen Sie die Typeninformation aber selbst auswerten oder gezielt eine Datentypumwandlung (ein *Casting*) vornehmen. Dafür sind die Operatoren `is` sowie `as`, `as?` und `as!` vorgesehen.

`as!` erzwingt einen sogenannten *Downcast*. Das Ausrufezeichen deutet darauf hin, dass hier ein Fehler auftritt, wenn der Datentyp nicht stimmt, der Downcast also unmöglich ist. `as?` ist fehlertoleranter und liefert bei inkompatiblen Datentypen `nil` zurück. Die Verwendung von `as` ist nur zulässig, wenn der Compiler erkennen kann, dass die Umwandlung auf jeden Fall funktioniert. Das ist bei Upcasts der Fall.

```
// is and as
if figures[1] is King {               // Typtest
    let k = figures[1] as! King       // impliziter Downcast mit as!,
    print(k.hasCastled)               // k hat den Datentyp 'Pawn'
}
if let k = figures[2] as? King {      // Typtest und Downcast
    print(k.hasCastled)               // zugleich mit as?
}
```

Während figures den allgemeinen Datentyp ChessFigure hat, ist k für Swift eindeutig eine King-Instanz. Für k ist somit die King-spezifische Eigenschaft hasCastled zugänglich.

10.2 Generics

Die Grundidee generischer Typen ist es, einzelne Datentypen bei der Programmierung nicht von vornherein festzulegen. Anstatt also z. B. eine Klasse zu entwerfen, die mit Instanzen des Typs A umgehen kann, und eine zweite Klasse für Instanzen des Typs B, wird bei der Deklaration der Klasse ein variabler Datentyp T festgelegt (Schreibweise <T>). Der Datentyp wird dann erst bei der Nutzung der generischen Klasse fixiert.

Grundsätzlich sind generische Typen für Funktionen, Methoden und Subscripts sowie für Enumerationen, Strukturen und Klassen erlaubt. Etwas komplizierter sieht es bei Protokollen aus, wo es zwei Syntaxformen für generische Typen sowie für *Associated Types* gibt (siehe Abschnitt 10.3, »Protokolle«).

In der Praxis kommen generische Typen am häufigsten bei Collections zum Einsatz, also bei Datenstrukturen, die eine Sammlung gleichartiger Daten verwalten.

Dieser Abschnitt gibt lediglich eine Generics-Einführung. Weitere Erklärungen und Beispiele folgen in den nächsten Abschnitten, wo es um Protokolle und Extensions geht. Wie Sie sehen werden, sind beide Themen in der Praxis oft eng mit Generics verknüpft.

Syntax

Der generische Typ oder die generischen Typen folgen unmittelbar nach dem Namen des Elements in spitzen Klammern. Als Name wird oft nur ein einzelner Großbuchstabe verwendet, syntaktisch ist aber jeder Name erlaubt. Wie bei allen Typen sollte der Name jedoch mit einem Großbuchstaben beginnen. In der Folge können die dort genannten Typen dazu verwendet werden, den Datentyp von Parametern, Eigenschaften oder Rückgabewerten festzulegen.

Das folgende Beispiel definiert die Struktur `Triple` zur Speicherung von drei Datenelementen desselben Typs. Welcher Typ tatsächlich verwendet wird, entscheidet sich erst beim Erzeugen einer Instanz. In vielen Fällen erkennt der Swift-Compiler den richtigen Typ selbst, andernfalls geben Sie den gewünschten Typ explizit an:

```
// Struktur mit dem generischen Typ 'T'
struct Triple<T> {
    var a: T, b: T, c: T
    init (_ a: T, _ b: T, _ c: T) {
        self.a = a
        self.b = b
        self.c = c
    }
}
var t1 = Triple(1, 2, 3)                // Datentyp Triple<Int>
var t2 = Triple("abc", "efg", "xyz") // Datentyp Triple<String>
var t3 = Triple<UInt64>(1, 2, 3)       // Datentyp Triple<UInt64>
print(t3.b)                              // 2, Datentyp UInt64
```

Generics in der Swift-Standardbibliothek

Generics werden in der Swift-Standardbibliothek intensiv genutzt, z. B. für die Strukturen `Array` und `Dictionary` sowie für eine Menge Protokolle und Funktionen zum Umgang mit Aufzählungen (Sequenzen). Wenn Sie eine Array-Variable mit `var x = [Int]()` deklarieren, dann ist das nur eine Kurzschreibweise für `var x = Array<Int>()`. Derartige Kurzschreibweisen, um deren Interpretation sich der Compiler kümmert, nennt man *syntaktischen Zucker.*

```
var x1 = [Int]()
var d2 = Array<Int>()  // gleichwertig
```

Das bedeutet, dass `x` nicht einfach irgendein Array ist, sondern eines, das ausschließlich Integer-Zahlen speichern kann. Egal, ob Sie ein Element hinzufügen oder auslesen – für den Swift-Compiler ist klar, dass es sich dabei wieder um eine Integer-Zahl handeln muss. Der Compiler kann damit sicherstellen, dass Ihr Code korrekt ist. Seit Sie mit Arrays arbeiten, arbeiten Sie also mit generischen Typen – vermutlich, ohne sich jemals Gedanken darüber gemacht zu haben.

Ähnlich verhält es sich bei Dictionaries:

```
var d1 = [Int: String]()
var d2 = Dictionary<Int, String>()  // gleichwertig
```

Regeln für generische Typen (Type Constraints)

In der Syntax `struct MyStruct<T>` akzeptiert Swift *jeden* Datentyp für die Struktur `MyStruct`. Das ist aber nicht immer zweckmäßig. Vielleicht wollen Sie eine generische Methode definieren, die mehrere Daten eines bestimmten Typs vergleicht. Dazu muss es eine Möglichkeit geben, den generischen Datentyp einzuschränken.

Swift kennt mehrere Varianten zur Einschränkung des generischen Typs. Die allgemeingültigste ist das Nachstellen von Bedingungen mit `where`. Der `where`-Ausdruck folgt am Ende der generischen Deklaration, bei Funktionen oder Methoden also nach deren Rückgabetyp.

```
class MyClass<T> (...) where bedingung1, bed2, bed3 { ... }
func MyFunc<T> (...) -> Ergebnistyp where bed1, bed2 { ... }
```


Im Folgenden zeige ich Ihnen anhand von Beispielen einige Syntaxvarianten. Die Struktur `MyStruct1`, deren Zweck und Code aus dem Beispiel nicht hervorgeht, kann nur Typen speichern und verarbeiten, die dem Protokoll `P1` entsprechen:

```
protocol P1 {}
protocol P2 {}
protocol P3 {}
struct MyStruct1<T> where T: P1 { ... }
```

Die folgenden gleichwertigen Definitionen von `MyStruct2a` und `MyStruct2b` akzeptieren nur generische Typen, die alle drei Protokolle `P1`, `P2` und `P3` erfüllen:

```
struct MyStruct2a<T> where T: P1 & P2 & P3 { ... }
struct MyStruct2b<T> where T: P1, T: P2, T: P3 { ... }
```

Anstatt Protokolle und Klassen mit `where` zu formulieren, können Sie sie auch direkt dem generischen Typ nachstellen. In einfachen Fällen macht das den Code kompakter; bei komplexeren Bedingungen ist dagegen die `where`-Schreibweise oft besser lesbar.

```
// gleichwertig zu MyStruct1
struct MyStruct1a<T: P1>  { ... }

// gleichwertig zu MyStruct2a und MyStruct2b
struct MyStruct2c<T: P1 & P2 & P3> { ... }

// gleichwertig zu myFunc1
func myFunc2<T: MyClass>(element: T, n: Int) -> Int { ... }
```

Generische Typ-Aliasse

`typealias` bietet die Möglichkeit, einem vorhandenen Datentyp einen neuen Namen zu geben (siehe Abschnitt 9.7, »Typ-Aliasse«). Diese Aliasse dürfen auch generisch formuliert werden:

```
typealias StringDictionary<T> = Dictionary<String, T>
typealias IntFunction<T> = (T) -> Int
typealias MatchingTriple<T> = (T, T, T)
```

10.3 Protokolle

Ein Protokoll definiert eine bestimmte Funktionalität, die eine Klasse, eine Struktur oder eine Enumeration erfüllt. Als Entwickler können Sie sich dazu entschließen, mit Ihrem neuen Datentyp ein Protokoll oder auch mehrere Protokolle einzuhalten. Das ist für Sie zwar mit einem gewissen Zusatzaufwand verbunden, dafür verhalten sich Instanzen Ihres Datentyps nun aber hinsichtlich des Protokolls genau so wie andere Objekte, deren Typen dasselbe Protokoll implementieren. Protokolle machen es also möglich, dass sich Daten, die von ihrer Natur her ganz unterschiedlich sind, hinsichtlich gewisser Funktionen einheitlich verhalten und dass sie somit auch einheitlich verarbeitet werden können.

Protokolle definieren neue Datentypen – aber ohne konkrete Implementierung oder gespeicherte Eigenschaften. Die Implementierung kommt erst hinzu, wenn eine Struktur, eine Enumeration oder eine Klasse ein Protokoll einhält. Dessen ungeachtet können Sie ein Protokoll wie einen Datentyp verwenden, z. B. bei der Deklaration von Variablen, Eigenschaften und Parametern.

Protokoll == Schnittstelle == Interface

Wenn Sie bisher mit anderen Programmiersprachen gearbeitet haben, kennen Sie Protokolle unter den Begriffen *Schnittstelle* oder *Interface*. In jedem Fall sind Mechanismen gemeint, die ein *Application Programming Interface* (API) definieren.

Ich habe schon erwähnt, dass es in für Swift optimierten Bibliotheken mehr Strukturen als Klassen gibt. Das funktioniert deswegen so gut, weil es mit Protokollen eine großartige Möglichkeit gibt, die Eigenschaften von Strukturen formell festzulegen. Weil Protokolle allgegenwärtig sind, wird Swift manchmal – durchaus zu Recht! – als protokollorientierte Programmiersprache bezeichnet.

Vorhandene Protokolle implementieren

Die Syntax für die Definition von Klassen, Strukturen und Enumerationen, die ein bestimmtes Protokoll einhalten sollen, sieht ähnlich aus wie bei der Vererbung: Dem Typnamen folgen ein Doppelpunkt und dann die Liste der Protokolle. Anders als bei der Vererbung kann ein Typ nämlich *mehrere* Protokolle gleichzeitig erfüllen. Bei Klassen können Protokolle auch mit Vererbung kombiniert werden. In diesem Fall muss die Basisklasse zuerst genannt werden, anschließend folgen die Protokollnamen:

```
struct MyStruct : Protocol1, Protocol2, Protocol3 { ... }
enum   MyEnum   : Protocol1, Protocol2, Protocol3 { ... }
class  MyClass1 : Protocol1, Protocol2, Protocol3 { ... }
class  MyClass2 : SuperClass, Prot1, Prot2, Prot3 { ... }
```


Indem Sie bei der Definition des Datentyps das Protokoll bzw. die Protokolle angeben, verpflichten Sie sich, die durch das Protokoll aufgelisteten Methoden oder Eigenschaften innerhalb Ihres Datentyps zu implementieren. Der Swift-Compiler kontrolliert dies – und er prüft auch, ob Sie in Ihrer Implementierung exakt dieselben Parameter und Datentypen verwenden.

Benannte Parameter

Wenn ein Protokoll Methoden mit benannten Parametern definiert, dann muss dieser Parametername auch bei der Implementierung verwendet werden!

Selbst Protokolle definieren

Protokolle werden mit dem Schlüsselwort `protocol` eingeleitet. Sie können die folgenden Anforderungen umfassen:

- Methoden
- Eigenschaften
- Init-Funktionen

Bei Methoden geben Sie nach `func` den Methodennamen, die Namen und Datentypen der Parameter sowie den Datentyp des Ergebnisses an. Wenn die Methode statisch sein soll, verwenden Sie das Schlüsselwort `class`. In Klassen muss die Methode dann ebenfalls mit `class` definiert werden, Strukturen oder Enumerationen hingegen mit `static`. Ähnlich differenziert ist die Sache mit `mutating`: Wenn eine Methode im Protokoll als `mutating` beschrieben ist, hat dies keinen Einfluss auf Klassen, die dieses Protokoll implementieren. Strukturen oder Enumerationen müssen die Methode aber ebenfalls als `mutating` definieren.

Eigenschaften werden durch `var name:Typ { get [set] }` definiert, wobei `set` optional ist. Die Klasse oder Struktur, die das Protokoll erfüllt, muss dann eine Eigenschaft mit dem angegebenen Namen oder Typ implementieren, wobei sowohl eine Stored als auch eine Computed Property zulässig ist. Konstanten können im Protokoll nur in der Form `var name:Type {get}`, nicht aber mit `let name:Type` deklariert werden.

Wenn Protokolle Init-Funktionen vorschreiben, sind dabei die Schlüsselwörter `convenience` oder `required` nicht zulässig. Der abgeleitete Typ muss die Init-Funktion mit `required` kennzeichnen oder die ganze Klasse als `final` deklarieren.

Failable Init Functions im Protokoll können wahlweise als gewöhnliche oder eben als Failable Init Functions in der abgeleiteten Klasse implementiert werden. Eine gewöhnliche Init-Funktion im Protokoll muss aber auf jeden Fall einer gewöhnlichen Init-Funktion im abgeleiteten Typ entsprechen; die Failable-Variante ist in diesem Fall nicht erlaubt.

```
protocol P {
    // Methoden
    func m1(a: Int) -> String          // gewöhnliche Methode
    static func m2() -> Double         // statische Methode
    mutating func m3(p: Int)           // Mutating Method

    // Eigenschaften
    var p1: Int {get set}              // gewöhnliche Eigenschaft
    var p2: String {get}               // Konstante bzw. read-only
    static var p3: Double {get set} // statische Eigenschaft

    // Init-Funktionen
    init(x: Int, y: Bool)              // gewöhnliche Init-Funktion
    init?(z: Double)                   // Failable Init Function
}
```

Protokolle sind vererbbar. Für das folgende Protokoll `P` müssen sowohl die Protokolle `M`, `N` und `O` erfüllt werden als auch die Methoden `m` und die Eigenschaft `p`:

```
// das Protokoll P umfasst auch die Protokolle
// M, N und O
protocol P : M, N, O {
    func m()
    var p: Double {get set}
}
```

Swift bietet die Möglichkeit, Protokolle zu definieren, die sich nur von Klassen erfüllen lassen, nicht aber von Strukturen oder Enumerationen. Dazu geben Sie in der Liste der vererbten Protokolle zuerst das Schlüsselwort `class` an, danach gegebenenfalls vererbte Protokolle.

```
// das Protokoll P kann nur von einer Klasse
// erfüllt werden, nicht von Strukturen und Enums
protocol P : class {
    func m()
    var p: Double {get set}
}
```

Innerhalb der Definition eines Protokolls können Sie mit `Self` auf den Datentyp der Klasse, Struktur oder Enumeration verweisen, die das Protokoll später implementiert. Das bietet sich für die Datentypen von Eigenschaften, Parametern und Methoden an:

```
protocol P {
    // die Funktion m gibt als Ergebnis eine Instanz der
    // Enumeration, Struktur oder Klasse zurück, die das
    // Protokoll implementiert
    func m() -> Self
}
```


Protokolle sind Datentypen

Swift-intern definieren Protokolle eigene Datentypen. Sie können Protokolle also als Datentyp für Variablen und Parameter verwenden:

```
var x: Protocol1
func f(x: Protocol1, y: Protocol2) -> Protocol3 { ... }
```

Um auszudrücken, dass ein Element *mehrere* Protokolle gleichzeitig erfüllt, können Sie ein eigenes, durch Vererbung zusammengesetztes Protokoll definieren. Alternativ ist auch die Schreibweise `P1 & P2 & P3` zulässig. Sie besagt, dass das betreffende Element alle drei Protokolle erfüllen muss. Die Swift-Dokumentation nennt das *Protocol Composition*.

```
var x: P1 & P2  & P3
```

Wie das Geometry-Beispiel im folgenden Abschnitt beweist, gelten die Prinzipien der Generalisierung und Polymorphie auch für Protokolle. Ebenso sind die in Abschnitt 10.1, »Vererbung«, erwähnten Schlüsselwörter `is` zum Typtest und `as` für explizite Downcasts auch auf Protokolle anwendbar.

Geometry-Beispiel

Das folgende Beispiel definiert zuerst das `Geometry`-Protokoll. Jeder Datentyp, der dieses Protokoll erfüllt, muss die Methoden `getArea` und `getPerimeter` zur Verfügung stellen. Für die danach definierten Strukturen `Rectangle` und `Circle` ist dies der Fall.

Auf der Basis des gemeinsamen Protokolls können nun verschiedene Geometrieinstanzen einheitlich verarbeitet werden. Im Beispielcode werden drei geometrische

Objekte in einem Array vom Typ `Geometry` gespeichert, anhand ihres Flächeninhalts sortiert und schließlich in einer Schleife durchlaufen.

```
// Projekt geometry, Datei main.swift
// Geometry-Protokoll
protocol Geometry {
    func getArea() -> Double
    func getPerimeter() -> Double
}

// Rechteck-Struktur
struct Rectangle : Geometry {
    var length:Double, width:Double
    init(_ l: Double, _ w: Double) {
        length = l
        width = w
    }
    func getArea() -> Double {
        return length * width
    }
    func getPerimeter() -> Double {
        return 2 * (length + width)
    }
}

// Kreis-Struktur
struct Circle : Geometry {
    var radius: Double
    init(_ r: Double) {
        radius = r
    }
    func getArea() -> Double {
        return radius * radius * .pi
    }
    func getPerimeter() -> Double {
        return 2 * radius * .pi
    }
}

// Beispieldaten zusammenstellen
var geos = [Geometry]()
geos.append(Circle(3.5))
geos.append(Rectangle(4.8, 3.6))
geos.append(Circle(2.2))
```

```
// nach Flächeninhalt sortieren und ausgeben
geos.sort( by: {$0.getArea() < $1.getArea() } )
for g in geos {
  print(g.getArea())
}
```

Natürlich hätte das obige Beispiel genauso gut mit Computed Properties statt mit Methoden realisiert werden können. Die folgenden Zeilen zeigen als Beispiele das Protokoll und eine passende Circle-Struktur:

```
// alternative Implementierung mit Computed Properties
protocol Geometry {
    var area: Double {get}
    var perimeter: Double {get}
}
struct Circle : Geometry {
    var radius: Double
    init(_ r: Double) {
        radius = r
    }
    var area: Double {
        return radius * radius * .pi
    }
    var perimeter: Double {
        return 2 * radius * .pi
    }
}
```


Generische Protokolle mit assoziierten Datentypen

Merkwürdigerweise gilt für generische Protokolle in Swift eine vollkommen andere Syntax als für generische Methoden oder Klassen. Sie müssen für jeden generischen Datentyp innerhalb des Protokolls eine associatedtype-Anweisungen einbauen. Damit geben Sie den generischen Elementen einen Namen, weisen ihnen aber keinen Typ zu. Die Typzuweisung erfolgt erst bei der Nutzung des Protokolls.

Die folgenden Zeilen definieren zuerst das Protokoll Container. Jede Klasse bzw. Struktur, die dieses Protokoll implementiert, muss eine Eigenschaft items mit einem Array von Item-Elementen zur Verfügung stellen, außerdem die Methode add, um ein Element hinzuzufügen. Stack ist eine Datenstruktur, die dieses Protokoll implementiert. Der Datentyp von Item heißt nun generisch T und bleibt weiter offen. Erst bei der Anwendung von Stack wird die Struktur in diesem Beispiel verwendet, um Zeichenketten zu speichern.

```
// Protokoll mit dem assoziierten (generischen) Typ 'Item'
protocol Container {
    associatedtype Item
    var items: [Item] { get set }
    mutating func add(_ item: Item)
}

// Struktur 'Stack', implementiert 'Container'
struct Stack<T>: Container {
    var items: [T] = []
    mutating func add(_ item: T) {
        items.append(item)
    }
}
// Anwendung eines 'Stack' zur Speicherung von Zeichenketten
var mystack = Stack<String>()
mystack.add("lorem")
mystack.add("ipsum")
```

In Swift 5.7 wurde dieses Konzept dahingehend ergänzt, dass nun ein assoziierter Typ in der Protokoll-Deklaration als generischen Parameter genannt werden kann (im folgenden Listing `protocol Container<Item>`). Der Typparameter heißt dann *Primary Associated Type*.

```
// hier ist 'Item' ein Primary Associated Type
protocol Container<Item> {
    associatedtype Item
    var items: [Item] { get set }
    mutating func add(_ item: Item)
}
// Anwendung wie zuvor ...
```

An der vorhin skizzierten Anwendung ändert sich nichts: `Stack` und `mystack` werden wie bisher deklariert und genutzt. Der Vorteil von primären assoziierten Typen besteht vielmehr darin, dass Sie nun syntaktisch unkompliziert festlegen können, dass Sie eine Datenstruktur erwarten, die einem Protokoll entspricht, aber gleichzeitig auf einen konkreten Datentyp eingeschränkt ist. Sie lassen zwar offen, wie das Protokoll implementiert wird, legen aber den Typ der verwalteten Daten fest. Mit dieser syntaktischen Spielart können diverse Deklarationen der Swift-Standardbibliothek einfacher und besser lesbar formuliert werden.

```
// an myFunc muss eine Datenstruktur übergeben werden, die das
// Protokoll 'Container' erfüllt und die Double-Zahlen enthält
func myFunc(data: some Container<Double>) { ... }
```

Hintergrundinformationen zu Primary Associated Types können Sie hier nachlesen:

https://www.hackingwithswift.com/swift/5.7/primary-associated-types
https://github.com/swiftlang/swift-evolution/blob/main/proposals/0346-light-weight-same-type-syntax.md
https://github.com/swiftlang/swift-evolution/blob/main/proposals/0358-primary-associated-types-in-stdlib.md

»some« und »any«

Wenn Sie den Datentyp einer Variable, Eigenschaft, Funktion oder Methode mit einem Protokoll festlegen, haben Sie die Qual der Wahl:


```
// myfunc() liefert eine Datenstruktur zurück, deren
// Klasse oder Struktur MyProtocol entspricht
func myfunc() -> MyProtocol { ... }
func myfunc() -> any MyProtocol { ... }
func myfunc() -> some MyProtocol { ... }
```

Die erste Variante ist der Normalfall. Die Funktion liefert also eine Datenstruktur zurück, deren Eigenschaften und Methoden dem angegebenen Protokoll entsprechen. Sie können das Ergebnis so verarbeiten wie jede andere Instanz, die `MyProtocol` entspricht.

Das Schlüsselwort `any` wurde in Swift 5.6 eingeführt. In den meisten Fällen sind einfach `MyProtocol` und `any MyProtocol` gleichwertig. Ursprünglich war aber geplant, dass `any` ab Swift 6 immer erforderlich wäre, um mehr sprachliche Klarheit zu schaffen. Davon sind die Swift-Entwicklerinnen und -Entwickler aber wieder abgekommen – die Umstellung hätte wohl zu viele Code-Inkompatibilitäten verursacht. Es gibt aber eine Ausnahme: Variablen, deren Typ mit einem *Bare Existential Protocol* wie `Equatable` deklariert werden, *müssen* mit `any` deklariert werden:

```
// Fehler, nicht erlaubt!
func func myfunc(x: Equatable, y: Equatable) { ... }

// stattdessen muss hier any verwendet werden
func func myfunc(x: any Equatable, y: any Equatable) { ... }
```

Bleibt noch die Frage offen, was *Bare Existential Protocols* sind. Dabei handelt es sich um Protokolle, deren Parameter mit `Self` deklariert sind, die sich also auf den Datentyp im Kontext beziehen.

```
// Deklaration des Equatable-Protokolls in der
// Swift-Standardbibliothek
public protocol Equatable {
    static func == (lhs: Self, rhs: Self) -> Bool
}
```

Wenn Sie Equatable für den Datentyp Circle implementieren, dann bezieht sich Self entsprechend auf Circle:

```
// Projekt geometry, Datei main.swift
struct Circle : Geometry, Equatable {
    var radius: Double
    // Code wie bisher ...
    // Operator, wie er vom Protokoll Equatable verlangt wird
    static func == (lhs: Circle, rhs: Circle) -> Bool {
        return lhs.radius == rhs.radius
    }
    // alternativ, gleichwertig; in diesem Kontext sind
    // Self und Circle ident!
    static func == (lhs: Self, rhs: Self) -> Bool {
        return lhs.radius == rhs.radius
    }
}
```

In Swift 5.7 kam zu any die Variante some hinzu. Eine Deklaration mit some MyProtocol ist dahingehend restriktiver, als zwar weiterhin jede Klasse/Struktur erlaubt ist, die MyProtocol entspricht, für den Compiler aber eindeutig erkennbar sein muss, welcher konkrete Typ tatsächlich verwendet wird. Mit diesem Wissen kann der Compiler effizienteren Code erzeugen.

Die folgenden Zeilen beziehen sich auf das vorhin vorgestellte Geometry-Protokoll. Die Funktion createRandomGeometryObject liefert zufällige geometrische Objekte, mal Kreise, dann wieder Rechtecke:

```
// Projekt geometry, Datei main.swift
// hier ist '-> some Geometry' unzulässig!
// '-> any Geometry' wäre erlaubt und gleichwertig
func createRandomGeometryObject() -> Geometry {
    if Bool.random() == true {
        return Circle(Double.random(in: 0...10))
    } else {
        return Rectangle(Double.random(in: 0...10),
                         Double.random(in: 0...10))
    }
}
```

Bei dieser Funktion dürfen Sie den Rückgabewert mit -> Geometry oder auch mit -> any Geometry deklarieren, aber *nicht* mit -> some Geometry! Der Compiler weiß nicht, welchen konkreten Typ die Funktion zur Laufzeit liefert. Der Rückgabetyp ist *opaque* (undurchsichtig).

Sie werden sich vielleicht denken, dass some and any Spitzfindigkeiten in der Swift-Syntax sind, die für die gewöhnliche App-Programmierung irrelevant sind – und ich wäre verführt, Ihnen darin recht zu geben. Allerdings macht SwiftUI intensiven Gebrauch von some! Deswegen ist es wichtig, dass Sie die Schlüsselwörter kennen.

Die folgenden Zeilen sind typischer SwiftUI-Code. Sie deklarieren damit die Datenstruktur ContentView, die das Aussehen Ihrer App festlegt. Ihre ContentView muss dem View-Protokoll entsprechen. Dieses verlangt, dass Ihr Code das Computed Property body implementiert. Diese Eigenschaft hat den Typ some View! Konkret bedeutet das, dass der weitere Code eine *konkrete* View-Instanz zurückgeben muss, in diesem Beispiel eine List-Instanz. Es ist an dieser Stelle kein Code erlaubt, der je nach Kontext mal einen Button, dann wieder einen Text zurückgibt. Beides sind wie List ebenfalls Views, aber wegen some View muss für den Compiler eindeutig erkennbar sein, welcher konkrete View-Typ zum Einsatz kommt.


```
// typischer SwiftUI-Code zur Deklaration einer ContentView-
// Struktur, die das Protokoll View implementiert
struct ContentView: View {
    var body: some View {
        List {
            ForEach(...)  // Listenelemente einfügen
        }
    }
}
```

Weitere, sehr technische Hintergründe zu some und any können Sie bei Interesse hier nachlesen:

https://github.com/swiftlang/swift-evolution/blob/main/proposals/0335-existential-any.md
https://github.com/swiftlang/swift-evolution/blob/main/proposals/0341-opaque-parameters.md
https://docs.swift.org/swift-book/documentation/the-swift-programming-language/opaquetypes
https://www.avanderlee.com/swift/some-opaque-types

10.4 Standardprotokolle

In der Swift-Typenbibliothek sind eine Menge Protokolle vordefiniert. Diese lassen sich in mehrere Gruppen gliedern (ohne Anspruch auf Vollständigkeit):

- **Grundlegende Datentypen:** AnyObject, BinaryFloatingPoint, BinaryInteger, FloatingPoint, OptionSet etc.

- **Eigenschaften grundlegender Datentypen:** Codable, Comparable, CustomStringConvertible, CustomReflectable, Equatable, Hashable, RawRepresentable, SignedNumeric, Strideable etc.
- **Eigenschaften von Aufzählungen:** Collection, LazyCollection, LazySequence, MutableCollection, RandomAccessCollection, Sequence etc.
- **Literale:** ExpressibleByArrayLiteral, ExpressibleByFloatLiteral, ExpressibleByIntegerLiteral, ExpressibleByNilLiteral, ExpressibleByStringLiteral etc. Diese Protokolle sind dafür verantwortlich, dass Swift 12 als ganze Zahl, 2.5 als Double-Wert und [2.5] als Double-Array interpretiert.
- **Sonstige:** ErrorProtocol (siehe Kapitel 11, »Fehlerabsicherung«)

Viele dieser Protokolle können nicht als Datentypen verwendet werden, sondern nur dazu, generische Typen in eigenen Klassen, Methoden oder Protokollen einzuschränken. In den folgenden Abschnitten gehe ich auf einige ausgewählte Protokolle und deren Anwendung näher ein.

CustomStringConvertible

Damit Sie Instanzen eines eigenen Typs einfach mit print(x) ausgeben können, muss der zugrunde liegende Typ das Protokoll CustomStringConvertible erfüllen. Dieses Protokoll hieß in Swift 1 etwas naheliegender Printable. Wie viele Protokolle ist CustomStringConvertible ein sehr einfaches Protokoll. Es besteht aus der Deklaration einer einzigen Eigenschaft, nämlich description:

```
// Definition des CustomStringConvertible-Protokolls
protocol CustomStringConvertible {
    public var description: String { get }
}
```

In Ihrer eigenen Klasse, Struktur oder Enumeration müssen Sie also eine Eigenschaft description implementieren. Wie Sie das tun, ist Ihnen überlassen – es liegt aber nahe, description als Computed Property so zu realisieren, dass die Eigenschaft eine Zeichenkette mit einer sinnvollen Repräsentation der Instanz liefert. Im folgenden Beispiel implementiert die Struktur Person das Protokoll CustomStringConvertible:

```
// Projekt standard-protocols, Datei main.swift
class Person : CustomStringConvertible {
    var name: String
    var tel  = [String]()
    var mail = [String]()

    init (_ name: String) {  // Init-Funktion
        self.name = name
    }
```

```
    // die Implementierung der description-Eigenschaft ist durch
    // das CustomStringConvertible-Protokoll vorgeschrieben
    var description: String {
        let telnr = tel.joined(separator: ", ")
        let email = mail.joined(separator: ", ")
        return "\(name): \(telnr); \(email)"
    }
}

// Anwendung
var p = Person("Hermann Huber")
p.tel.append("0123 5325345")
p.tel.append("0699 44556677")
p.mail.append("hermann@huber.com")
print(p)
// Ausgabe:
// Hermann Huber: 0123 5325345, 0699 44556677; hermann@huber.com
```

10

Automatische Implementierung von Hashable und Equatable

Die Protokolle `Hashable` bzw. `Equatable` schreiben die Implementierung einer Hash- bzw. Vergleichsfunktion vor. In Swift erfüllen alle elementaren Datentypen, z. B. `Int`, `String`, `Date`, `URL`, diese Protokolle.

Eigene Typen können Sie aber nur dann als Schlüssel in einem Dictionary verwenden, wenn sie das Protokoll `Hashable` erfüllen. Abermals ist das Protokoll an sich minimalistisch – es besteht nur aus der Deklaration der Methode `hash`. Das `Hashable`-Protokoll baut allerdings auf dem `Equatable`-Protokoll auf, das demzufolge ebenfalls implementiert werden muss:

```
// Definition des Equatable-Protokolls
protocol Equatable {
  public static func ==(lhs: Self, rhs: Self) -> Bool
}
// Definition des Hashable-Protokolls
protocol Hashable : Equatable {
  func hash(into hasher: inout Hasher)
}
```

Apple empfiehlt, in allen Strukturen zumindest das Protokoll `Equatable` zu implementieren. Bei Strukturen und Enumerationen gelingt die Implementierung von `Equatable` und `Hashable` oft ohne eine einzige Zeile Code! Sofern alle Eigenschaften selbst den Protokollen `Equatable` und `Hashable` entsprechen, implementiert der Compiler den erforderlichen Code für die Protokolle `Equatable` und `Hashable` automatisch.

Sie müssen lediglich bei der Deklaration des Datentyps die gewünschten Protokolle angeben:

```
// bei struct und enum wird der für Hashable und Equatable
// erforderliche Code automatisch generiert
struct MyPerson : Hashable, Equatable {
  var name: String
  var tel:  String
  var mail: String
}
```

Allerdings gilt es Einschränkungen:

- Die automatische Implementierung funktioniert nur für `struct` und `enum`, nicht für `class`.
- Sie funktioniert nicht, wenn die Struktur Arrays oder vergleichbare Aufzählungen enthält.
- Sie funktioniert auch dann nicht, wenn die Struktur statische Eigenschaften oder berechnete Eigenschaften (Computed Properties) enthält.

Bei Klassen müssen Sie selbst Hand anlegen, wobei Sie sich meist an folgendem Muster-Code orientieren können:

```
// Projekt standard-protocols, Datei main.swift
class Person : CustomStringConvertible, Hashable, Equatable {
    // Code wie bisher ...

    // == and hash() für Equatable und Hashable
    static func == (lhs: Person, rhs: Person) -> Bool {
        return lhs.name == rhs.name && lhs.tel == rhs.tel &&
               lhs.mail == rhs.mail
    }
    func hash(into hasher: inout Hasher) {
        hasher.combine(name)
        hasher.combine(tel)
        hasher.combine(mail)
    }
}
```

Performance-Tipp

Bei Datenstrukturen mit einer eindeutigen `id`-Eigenschaft ist es nicht notwendig, in `==` und `hash` alle anderen Eigenschaften zu berücksichtigen. Ein Vergleich von `lhs.id == rhs.id` bzw. der Aufruf von `hasher.combine(id)` reichen vollkommen aus.

Bei Strukturen und Enumerationen wird automatisch hash-Code erzeugt. Wenn es eine id-Eigenschaft gibt, sollten Sie dennoch eine manuelle Implementierung in Erwägung ziehen, die nur die id-Eigenschaft vergleicht! Das ist effizienter als die automatische Implementierung.

Comparable

Datentypen, die unkompliziert mit Kleiner- und Größer-Operatoren verglichen werden, sollten das Protokoll Comparable erfüllen. Es baut wiederum auf dem schon bekannten Equatable-Protokoll auf:


```
// Definition des Comparable-Protokolls
protocol Comparable : Equatable {
  public static func <= (lhs: Self, rhs: Self) -> Bool
  public static func >= (lhs: Self, rhs: Self) -> Bool
  public static func <  (lhs: Self, rhs: Self) -> Bool
  public static func >  (lhs: Self, rhs: Self) -> Bool
}
```

Auf den ersten Blick sieht es so aus, als müssten nun *vier* weitere Operatoren implementiert werden, zusätzlich zum schon vorhandenen Operator == also auch <, >, <= und >=. Die Swift-Dokumentation hält aber fest, dass die Operatoren == und < ausreichen. Alle anderen Operatoren können daraus durch logische Verknüpfungen gebildet werden. Da der Operator == schon für Equatable implementiert wurde, muss die Person-Struktur aus den vorangegangenen Beispielen nur noch um den Operator < ergänzt werden:

```
// Projekt standard-protocols, Datei main.swift
class Person : CustomStringConvertible, Hashable,
               Equatable, Comparable
{
    // Code wie bisher ...
    // < berücksichtigt beim Vergleich nur den Namen
    static func <(lhs: Person, rhs: Person) -> Bool {
      return lhs.name < rhs.name
    }
}
// Test
var p1 = Person("Harald Hosp")
var p2 = Person("Hermann Huber")
print(p1 == p2)   // false
print(p1 <  p2)   // true
print(p1 <= p2)   // true
print(p1 >  p2)   // false
print(p1 >= p2)   // false
```

Codable

Das Protokoll `Codable` setzt sich aus den Protokollen `Encodable` und `Decodable` zusammen. `Codable` wird standardmäßig von allen elementaren Swift-Datentypen unterstützt, also z. B. von `Int`, `String`, `Date` oder `URL`.

Solange Sie eigene Typen nur aus Standard-Swift-Datentypen zusammensetzen, können Sie davon abgeleitete Elemente dank `Codable` ohne zusätzlichen Code serialisieren und wieder einlesen, also z. B. im JSON-Format in eine Datei schreiben und später wieder daraus lesen. Im Detail gehe ich auf `Codable` in Abschnitt 19.5, »JSON-Dateien verarbeiten«, ein.

10.5 Extensions

Sogenannte *Extensions* (also Erweiterungen) geben Ihnen die Möglichkeit, eine vorhandene Klasse, Struktur, Enumeration und ein vorhandenes Protokoll nachträglich um die folgenden Merkmale zu erweitern:

- Computed Properties (aber keine Stored Properties!)
- Methoden (auch Mutating Methods)
- Init-Funktionen
- Subscripts
- Sub-Strukturen und -Klassen (Nested Types)
- Protokolle

Bemerkenswert sind dabei zwei Dinge: Zum einen können Sie auf diese Weise Typen erweitern, auf deren Code Sie gar keinen Zugriff haben. Man bezeichnet diesen Vorgang auch als *Retroactive Modeling*. Und zum anderen funktioniert das Extensions-Konzept nicht nur für Klassen (wo Sie Erweiterungen auch durch Vererbung realisieren könnten), sondern auch für Enumerationen, Strukturen und Protokolle.

In Ihrem Programm definierte Extensions gelten für *alle* Instanzen des betreffenden Typs, sogar für solche Instanzen, die schon vor der Definition der Extension erzeugt wurden! Freilich gibt es auch Einschränkungen:

- Sie können vorhandene Typen nicht um neue Stored Properties erweitern. Sie können dem Typ also keinen zusätzlichen Datenspeicher hinzufügen.
- Sie können keine Property Observer hinzufügen.
- Sie können Merkmale hinzufügen, aber vorhandene Merkmale nicht ändern. Anders als bei der Vererbung gibt es kein `override`.

Syntax

Die Syntax ist denkbar einfach:

```
extension MyType {
    // Code, der die Klasse, Struktur oder Enumeration
    // 'MyType' erweitert
}
```

Im Zuge von Extensions können Sie einem vorhandenen Typ ein zusätzliches Protokoll hinzufügen:

```
extension MyType : Protocol1, Protocol2 {
    // Code für zusätzliche Eigenschaften und Methoden,
    // damit 'MyType' die Regeln von 'Protocol1' und
    // 'Protocol2' einhält
}
```


Erweiterung generischer Typen

Sie können auch generische Typen erweitern (siehe auch Abschnitt 10.2, »Generics«). In diesem Fall dürfen Sie bei der Erweiterung die generischen Typen nicht angeben. Es gelten automatisch die Typenregeln und -namen des Grundtyps.

Bei der Erweiterung können Sie für die generischen Typen Bedingungen formulieren. Die Bedingung muss direkt in der `extension`-Zeile formuliert werden, nicht innerhalb der neuen Methode. Beispielsweise definiert der folgende Code die Methode `sum`, die alle Elemente eines Arrays addiert. `sum` kann aber nur auf solche Arrays angewendet werden, deren Datentyp dem Protokoll `BinaryInteger` entspricht. Dazu zählen z. B. `Int` und `Long`, aber nicht `Double` oder `String`.

```
// Definition der Array-Struktur, vorgegeben durch die
// Swift-Standardbibliothek
struct Array<Element> : RandomAccessCollection,
                        MutableCollection  { ... }

// Projekt extensions, Datei main.swift
// 'Array' erweitern, aber nur, wenn es ganze Zahlen enthält
extension Array where Element: BinaryInteger {
    func sum() -> Element {
        return self.reduce(0) { $0 + $1 }
    }
}
// Anwendung der sum-Methode
let data1 = [1, 2, 3, 4]
print(data1.sum())   // Ergebnis 10, Datentyp Int
var data2 = [UInt8]()
data2.append(12)
data2.append(15)
print(data2.sum())   // Ergebnis 27, Datentyp UInt8
```

Auch im zweiten Beispiel wird die `Array`-Struktur erweitert, diesmal um die Methode `find`. Sie liefert den Index des ersten Elements zurück, der mit dem Vergleichswert (Parameter `what`) übereinstimmt. Diese Erweiterung gilt nur für Arrays, deren Elemente dem Protokoll `Equatable` entsprechen.

```
extension Array where Element: Equatable {
    func find(what: Element) -> Int? {
        for i in 0..<self.count {
            if self[i] == what { return i }
        }
        return nil
    }
}

// Anwendung der find-Methode
var ar = [7, 12, 30]
if let index = ar.find(what: 12)  {
    print("Gefunden an Position \(index)")
    // Ausgabe: 1 (also zweites Element)
}
```

Die obige `find`-Methode hat nur didaktischen Nutzen. Die Standardbibliothek sieht für Arrays bereits die gleichwertige Methode `firstIndex(of:)` vor:

```
if let index = ar.firstIndex(of: 12) {
    print("Gefunden an Position \(index)")
}
```

10.6 Protokollerweiterungen

Mit *Protocol Extensions* können auch Protokolle nachträglich ergänzt werden. Insbesondere lassen sich durch Protokollerweiterungen neue Defaultmethoden für alle implementierenden Klassen eines Protokolls definieren. Dabei gilt wie bei den im vorigen Abschnitt behandelten Erweiterungen für Klassen, Strukturen und Enumerationen: Der Code des ursprünglichen Protokolls ist nicht erforderlich.

Wie die folgenden Zeilen beweisen, sind Protokollerweiterungen syntaktisch gesehen ganz einfach:

```
// ein Protokoll
protocol MyProtocol {
    func methodA() -> Double
    func methodB() -> Int
}
```

```
// Erweiterung des Protokolls (Originalcode von
// MyProtocol muss nicht vorliegen)
extension MyProtocol {
    // neue Methode
    func methodC() -> Double {
        return methodA() + Double(methodB())
    }

    // neue Computed Property
    var propertyD: Int {
        get { return 3 }
    }
}
```


Als Protokollerweiterungen sind Methoden und Computed Properties mit konkreter Implementierung erlaubt. Anders als im Protokoll selbst ist es in einer Erweiterung unmöglich, Methoden oder Computed Properties nur zu deklarieren und so die Implementierung durch den jeweiligen Typ zu erzwingen – eben weil Protokollerweiterungen kompatibel mit vorhandenem Code sein müssen. Würde man ein Protokoll nachträglich um eine Deklaration einer Methode erweitern, wären alle Typen, die das Protokoll bisher implementieren, unvollständig.

Durch Protokollerweiterungen realisierte Methoden bzw. Computed Properties gelten als Defaultimplementierung. Sie können im Code des Typs, der das Protokoll implementiert, durch eigenen Code ersetzt werden:

```
struct MyStruct : MyProtocol {
    // durch MyProtocol vorgeschrieben
    func methodA() -> Double { return 1.2 }
    func methodB() -> Int    { return 3 }

    // Erweiterung, Defaultimplementierung wird durch eigenen
    // Code  ersetzt
    func methodC() -> Double { return 2.2 }
}
```

Bedingte Protokollerweiterungen

Mit `where` besteht die Möglichkeit, Protokollerweiterungen so zu formulieren, dass sie nur für Typen gelten, die bestimmte Voraussetzungen erfüllen. Die Bedingung kann wahlweise für `Self`, also für den jeweiligen Typ, oder für eine Eigenschaft des Typs formuliert werden; außerdem geben Sie an, welches Protokoll `Self` bzw. die Eigenschaft erfüllen muss:

```
extension ExistingProtocol where Self : Protocol1 { ... }
extension ExistingProtocol where SomeProperty : Protocol1 { ... }
```

Beispiel: Die uniqueElements-Methode

Die folgenden Zeilen Code erweitern das `Collection`-Protokoll um die neue Methode `uniqueElements`. Diese Methode liefert ein Array als Ergebnis, das jedes Element der Collection nur einmal enthält:

```
// Projekt protocol-extensions, Datei main.swift
extension Collection where Element : Comparable {
    // liefert ein Array zurück, das jedes Element nur einmal
    // enthält
    func uniqueElements() -> [Element] {
        // ein vorerst leeres Array vom Typ Self.Element
        var result : [Element] = []
        if self.count == 0 { return result }

        // Schleife über alle Elemente
        for  e in self {
            if !result.contains(e) {
                result.append(e)
            }
        }
        return result
    }
}
```

Die neue Methode kann beispielsweise so angewendet werden:

```
var ar = Array("Hello World!")
print(ar.uniqueElements())
// Ergebnis: ["H", "e", "l", "o", " ", "W", "r", "d", "!"]
```

Die `uniqueElements`-Methode kann nur für Collections verwendet werden, deren Elemente vergleichbar sind – also `where Element : Comparable`. Die Vergleichsfunktion ist zur Feststellung der Eindeutigkeit erforderlich. Ohne diese Einschränkung stünde die `contains()`-Methode nicht zur Verfügung. Anstelle von `Element` können Sie auch `Self.Element` schreiben; beide Formulierungen sind gleichwertig.

Beispiel: Die uniqueSet-Methode

Bei einer Sammlung einmaliger Elemente spielt die Reihenfolge normalerweise keine Rolle. Insofern wäre es naheliegend, das Ergebnis von `uniqueElements` gleich als Set zurückzugeben. Wie Sie gleich sehen werden, ist dies prinzipiell kein Problem; allerdings muss `Element` nun noch stärker eingeschränkt werden: Sets können nur Elemente enthalten, die `Hashable` sind. Daher muss die Bedingung für die Protokollerweiterung so lauten: `where Element : Hashable`.

Die folgenden Zeilen zeigen den Code für die Methode uniqueSet, die die Elemente einer Collection als Set zurückgibt:

```
extension Collection where Element : Hashable {
  // liefert Set zurück
  func uniqueSet() -> Set<IElement> {
    // Ergebnis: ein Set für Elemente vom Typ Element
    var result = Set<Element>()

    // gegebenenfalls leeres Set zurückgeben
    if self.count == 0 { return result }

    // Schleife über alle Elemente von self
    for e in self {
        result.insert(e)
    }
    return result
  }
}
```


Die Anwendung sieht so aus:

```
var ar = Array("Hello World!")
print(ar.uniqueSet())
// Ergebnis: {"H", "r", "!", "e", "o", "l", " ", "W", "d"}
```

Beachten Sie, dass die Elemente eines Sets generell ungeordnet sind!

Kapitel 11
Fehlerabsicherung

Programmiererinnen machen Fehler, Anwender auch: Egal, ob Ihr Programm versucht, auf ein nicht vorhandenes Array-Element zuzugreifen, eine Datei zu speichern, obwohl das Dateisystem voll ist, oder eine Seite aus dem Internet zu laden, obwohl gerade keine Internetverbindung besteht – in jedem dieser Fälle tritt ein Fehler auf.

Dieses Kapitel zeigt Ihnen, welche Möglichkeiten Sie haben, mit solchen Situationen umzugehen. Im Mittelpunkt stehen dabei die Schlüsselwörter `try`, `catch` und `defer` sowie `throw`, `throws` und `rethrows`. Erfreulicherweise funktionieren diese Konstruktionen auch für asynchronen Code (siehe Abschnitt 18.1, »Tasks, async und await«).

11.1 Fehlerabsicherung mit try und catch

Auf Flüchtigkeitsfehler im Code reagiert ein Swift-Programm unbarmherzig. Ein Programm mit den folgenden Codezeilen wird sofort beendet, wenn versucht wird, auf das nicht existierende Array-Element `ar[3]` zuzugreifen:

```
let ar = [7, 12, -1]
for  i in 0...3 { // Fehler, sollte 0..<3 sein
    print(ar[i])
}
```

In Xcode sehen Sie die Fehlermeldung *fatal error* samt einer kurzen Erklärung: Beim obigen Beispiel lautet sie *Array index out of range*. Anschließend können Sie im Programmcode den aktuellen Wert der Variablen etc. analysieren. Wenn der gleiche Fehler aber in einer iOS-App auftritt, wird die App kommentarlos geschlossen. Und, um es gleich vorwegzunehmen: Derartige Fehler lassen sich auch mit `try` nicht abfangen!

Es gibt eine ganze Reihe von Möglichkeiten, Fehler unbeabsichtigt auszulösen. Ich habe mich hier bemüht, die »populärsten« Kandidaten aufzuzählen:

- **Integer-Arithmetik:** Division durch null, Überlauf
- **Arrays:** Zugriff auf nicht vorhandene Elemente

- **Zeichenketten:** Zugriff auf nicht vorhandene Zeichen:

  ```
  let s1 = "abc"
  print(s1[s1.endIndex])
  ```

- **Optionals:** erzwungenes Unwrapping durch `var!` bzw. `ausdruck!`, wenn der Inhalt `nil` ist
- **Casting:** Umwandlung in einen ungeeigneten Datentyp durch `as!`
- **Collections:** Manche Eigenschaften und Methoden zur Bearbeitung von Arrays und anderen Aufzählungen lösen Fehler aus, wenn sie auf leere Sequenzen angewendet werden (z. B. `removeLast`) oder wenn ungültige Parameter übergeben werden (z. B. `removeAt`).

Die einzige Möglichkeit, derartige Fehler zu vermeiden, besteht darin, die Parameter im Voraus strikt zu kontrollieren. Gewöhnen Sie es sich daher an, Ihren Code sorgfältig zu verfassen und Parameter von Funktionen oder Methoden bzw. Benutzereingaben generell zu validieren.

try-catch-Syntax

`try`-`catch`-Konstruktionen sind zur Absicherung von Funktionen und Methoden gedacht, die mit `throws` deklariert sind und somit Fehler auslösen können. Die `try`-`catch`-Syntax von Swift weicht von der anderer Programmiersprachen ab:

- Der abzusichernde Codeblock wird mit `do` eingeleitet.
- Innerhalb dieses Codes können Funktionen oder Methoden, die einen Fehler auslösen können, jeweils mit `try` ausgeführt werden. `try` gilt immer für eine gesamte Anweisung, nicht nur für einen einzelnen Methodenaufruf. Wenn `xxx()` und `yyy()` Fehler auslösen können, lautet der korrekte Aufruf zur Berechnung der Summe dieser Funktionen `try xxx()+yyy()`, nicht `try xxx() + try yyy()`.

  Bei Zuweisungen muss `try` unmittelbar nach dem Zuweisungsoperator angegeben werden, also `let c = try xxx()` oder `var v = try xxx()`, aber nicht `try let n = xxx()`. Analog lautet die korrekte Syntax `return try xxx()`, nicht `try return xxx()`.
- Tritt tatsächlich ein Fehler auf, bricht Swift den `do`-Block ab, sucht nach einem passenden `catch`-Block und führt dessen Code aus. Anschließend wird das Programm fortgesetzt, als wäre nichts passiert.
- Der restliche Code innerhalb des `do`-Blocks ist nicht abgesichert! Integer-Arithmetik-Fehler, Zugriff auf nicht vorhandene Zeichen oder Array-Elemente etc. führen auch innerhalb des `do`-Blocks zum Programmende.

Einführungsbeispiel

Das folgende Listing beginnt mit der Definition einer Enumeration, die das Protokoll Error implementiert. Die Enumeration dient lediglich zur Bereitstellung von Fehlerzuständen. Die Funktionen f1 und f2 lösen gegebenenfalls einen der dort aufgezählten Fehler aus.

```
// Projekt try-catch, Datei main.swift
// Definition eigener Fehlerzustände
enum MyErrors : Error {
    case tooSmall
    case tooBig(maximum: Int)
    case missing
    case other(explanation: String)
}
// Definition von Funktionen, die Fehler auslösen können
func f1(_ n: Int) throws -> Int {
    if n < 0   { throw MyErrors.tooSmall }
    if n > 100 { throw MyErrors.tooBig(maximum: 100) }
    return n + 1
}
func f2(_ n:Int?) throws -> Int {
    if n == nil { throw MyErrors.missing }
    return n! + 1
}
// Test der Funktionen
do {
    let a = try f1(101)
    let b = try f2(a)
    let c = a / (a - 6)  // kann nicht abgesichert werden
    try print(12 + f1(1) +  f2(7))
}
// für den Fehler .tooSmall
catch MyErrors.tooSmall {
    print("Fehler: Parameter zu klein")
}
// für den Fehler .tooBig
catch MyErrors.tooBig(let maximum) {
    print("Fehler: Parameter zu groß")
    print("Maximalwert = \(maximum)")
}
// alle anderen Fehler
catch {
    print("Ein anderer Fehler:")
    print(error)
}
```

```
print("Hier geht es weiter, wenn kein Fehler " +
      "oder ein abgesicherter Fehler aufgetreten ist.")
```

Vorerst geht es nur um die Anwendung von do, try und catch. Details zum Protokoll Error und den Schlüsselwörtern catch, throws und throw folgen in den weiteren Abschnitten.

try ist nicht freiwillig

Die Verwendung von try ist keine Option, um Code bei Bedarf abzusichern; vielmehr ist der Einsatz von try zwingend erforderlich, sobald Sie eine mit dem Schlüsselwort throws gekennzeichnete Methode ausführen möchten.

Umgekehrt ist try aber nur für Funktionen bzw. Methoden gedacht, die mit throws deklariert sind und somit Fehler auslösen können. Alle anderen Anweisungen können nicht mit try abgesichert werden! Xcode meldet gegebenenfalls einen Syntaxfehler (*No calls to throwing functions occur within try expression*).

Reaktion auf Fehler mit catch

Einem do-Block mit einer oder mehreren try-Anweisungen muss zumindest ein catch-Block folgen. Wenn ein durch try abgesicherter Fehler auftritt, verarbeitet Swift der Reihe nach die catch-Ausdrücke. Der erste zutreffende catch-Ausdruck wird als Reaktion auf den Fehler ausgeführt. Anschließend wird das Programm fortgesetzt.

Im Anschluss an catch kann ein beliebiger Ausdruck übergeben werden, der dem Error-Protokoll entspricht. Swift vergleicht diesen Ausdruck mit dem aufgetretenen Fehler, wobei intern wie bei switch der Pattern-Operator ~= zum Einsatz kommt (siehe Abschnitt 5.2, »Vergleichsoperatoren und logische Operatoren«).

Im einfachsten Fall geben Sie nach catch direkt einen konkreten Fehlerwert an. Sie haben dann allerdings im weiteren catch-Code keinerlei Zugriff auf die weiteren Eigenschaften des Fehlers.

```
// catch für einen expliziten Fehler
catch MyError.tooSmall {
    // wird ausgeführt, wenn der angegebene Fehler aufgetreten
    ist
}
```

Wenn zusammen mit dem Enumerationswert des Fehlers weitere Daten übergeben werden, wie dies im vorigen Beispiel bei MyError.tooBig der Fall war, können diese Daten mit let in eine Konstante übertragen und im folgenden Codeblock ausgewertet werden:

```
// catch für einen expliziten Fehler mit Zusatzinformationen
catch MyErrors.tooBig(let maximum) {
    // maximum enthält Details zum Fehler, in diesem Fall den
    maximal
    // zulässigen Wert
}
```

Die folgende catch-Variante trifft für *alle* Fehler zu, die in der MyErrors-Enumeration definiert sind. Die Details des aufgetretenen Fehlers können Sie der Konstanten myerror entnehmen. Sofern es sich bei der Fehlerenumeration um simple Konstanten handelt, kann ein Vergleich einfach mit myerror == MyError.xxx erfolgen. Die MyError-Enumeration aus dem Einführungsbeispiel macht aber von zugeordneten Werten Gebrauch. Die Unterscheidung der möglichen Fehler erfolgt in diesem Fall am besten durch switch:


```
// catch für eine Gruppe von Fehlern
catch let myerror as MyErrors {
    switch myerror {
    case .tooSmall:
        print("Parameter zu klein")
    case let .tooBig(n):
        print("Parameter zu groß, Maximum=\(n)")
    case .missing:
        print("Parameter darf nicht nil sein")
    case let .other(msg):
        print("Anderer Fehler: \(msg)")
    }
}
```

Default-catch

Ein catch ohne Ausdruck leitet den Defaultblock ein, der für alle bisher nicht berücksichtigten Fehler gilt. In diesem Block steht die Konstante error (Datentyp Error) zur Verfügung, die Auskunft über den aufgetretenen Fehler gibt. Dieser Block muss immer zuletzt angegeben werden.

```
// Default-catch, Auswertung von 'error'
catch {
    print(error)
    // Ausgabe z. B. "tooBig(100)"

    print(error.localizedDescription)
    // Ausgabe z. B. "The operation couldn't be completed.
    //               (try_catch.MyErrors error 1.)"
}
```

Zur detaillierten Auswertung der Konstanten error ist es manchmal erforderlich, aus ihr ein NSError-Objekt abzuleiten und dann dessen Eigenschaften auszuwerten. Sie können das NSError-Casting auch direkt im catch-Ausdruck durchführen:

```
// Default-catch mit integriertem NSError-Casting
catch let nserr as NSError {
    print("Fehlerbeschreibung: \(nserr.description)")
}
```

Sollten Sie am error-Objekt kein Interesse haben, ist catch _ am effizientesten:

```
// Default-catch ohne Fehleranalyse
catch _ {
    print("Irgendein Fehler ist aufgetreten ...")
}
```

try! und try? (Forced Try und Optional Try)

Zum gewöhnlichen Schlüsselwort try existieren die Variante try! mit einem nachgestellten Ausrufezeichen (*Forced Try*) und die Variante try? mit einem nachgestellten Fragezeichen (*Optional Try*). Im Unterschied zum gewöhnlichen try darf try! ohne eine do-catch-Konstruktion verwendet werden, um Methoden aufzurufen, die einen Fehler auslösen können. In der Praxis verwenden Sie try! nur in Testcode oder wenn Sie absolut sicher sind, dass kein Fehler auftreten wird. Passiert dies doch, so führt der Fehler unmittelbar zum Programmende (*Fatal Error*).

```
let a = try! f1(7)
try! f2(12)
```

try? ruft eine Funktion oder Methode auf, die einen Fehler verursachen kann. Tritt tatsächlich ein Fehler auf, liefert try? den Wert nil zurück, andernfalls das Ergebnis. Die folgenden Zeilen beziehen sich wieder auf die Funktion f1, die ich in dem Einführungsbeispiel zu diesem Abschnitt definiert habe:

```
var result1 = try? f1(10)  // Datentyp Int?
print(result1 as Any)      // Ergebnis Optional(11)
result1 = try? f1(1000)
print(result1 as Any)      // Ergebnis nil
```

Üblicherweise verwenden Sie try? in Kombination mit if let:

```
if let result = try? f1(50) {
    // result ist hier eine Int-Variable
    print("Ergebnis \(result)")
}
```

`if let x = try? f()` funktioniert auch dann, wenn die Funktion selbst ein Optional zurückgibt. Ein sogenanntes *Optional Flattening* stellt sicher, dass es zu keinem doppelten Optional kommen kann (intern `Optional<Optional<typ>>`).

Aufräumarbeiten mit defer

In einigen Programmiersprachen können Sie in `try-catch`-Konstruktionen einen `finally`-Block Code formulieren, der auf jeden Fall ausgeführt wird – egal, ob Fehler aufgetreten sind oder nicht. Der `finally`-Block eignet sich gut für Aufräumarbeiten, z. B. zum Schließen von Dateien bzw. von Datenbank- oder Netzwerkverbindungen.

Swift kennt zwar kein `finally`, stellt eine ähnliche Funktionalität aber über das Schlüsselwort `defer` zur Verfügung, das bereits in Abschnitt 7.1, »Funktionen definieren und ausführen«, vorgestellt wurde. Das Schlüsselwort `defer` kann also vollkommen losgelöst von `try-catch` verwendet werden. Seine Anwendung bietet sich aber häufig in `try-catch`-Konstruktionen an, wie der folgende Pseudocode zeigt: Die Datenbankverbindung wird in jedem Fall geschlossen, egal, ob während der Programmausführung Fehler auftreten oder nicht.

```
func f() {
    do {
        let db = open("database-connection")
        defer {
            db.close()  // Datenbank auf jeden Fall schließen
        }
        let result = try db.execute("SELECT ...")
        if result = "xxx" { return }
        try db.execute("UPDATE ...")
    } catch {
        print("Fehler")
    }
}
```

Debugging-Hilfe assert

Wenn Sie in Ihrem Programm nach dem Auftreten eines Fehlers bzw. bei der Übergabe ungeeigneter Parameter absolut keine Möglichkeit sehen, das Programm fortzusetzen, empfiehlt »The Swift Programming Language« den Einsatz von `assert`. Im ersten Parameter dieser Funktion geben Sie eine Bedingung an. Ist diese erfüllt, wird das Programm fortgesetzt, und alles ist in Ordnung. Ist die Bedingung hingegen nicht erfüllt, wird das Programm im Debug-Modus unterbrochen. Optional können Sie im zweiten Parameter noch eine Fehlermeldung an `assert` übergeben.

assert ist nur für das Debugging geeignet!

assert ist ausschließlich ein Hilfsmittel zur Fehlersuche, aber kein geeigneter Weg zur Fehlerabsicherung! assert wird bei Release-Kompilaten automatisch aus dem Code entfernt und ist dort wirkungslos.

Im folgenden Minibeispiel löst die print-Zeile bei einem Debug-Kompilat einen Fehler aus. Wird das Programm hingegen für ein Release kompiliert, lautet die Ausgabe nan (Not a Number). assert wird nicht kompiliert, und sqrt(-1) löst keinen Fehler aus, sondern gibt einen speziell für solche Fälle vorgesehenen Double-Wert zurück.

```
// eigene sqrt-Funktion
func mysqrt(_ x: Double) -> Double {
    assert(x>=0, "x must be greater than 0")
    return sqrt(x)
}
print(mysqrt(-1))  // Testbetrieb: löst Fehler aus
                   // Release: Ausgabe 'nan'
```

11.2 Selbst Fehler auslösen (throws und throw)

Wenn Sie eine Funktion oder Methode programmieren, die selbst Fehler auslösen soll, müssen Sie sie mit throws deklarieren. Dieses Schlüsselwort folgt dem Klammerpaar der Parameterliste. Bei Funktionen oder Methoden, die ein Ergebnis zurückgeben, ist throws vor dem Pfeiloperator mit dem Ergebnisdatentyp anzugeben. Im Gegensatz zu Sprachen wie Java, wo nach throws der oder die möglichen Fehler anzugeben sind, entfällt diese Information in Swift. throws besagt also nur, dass eine Funktion oder Methode Fehler auslösen kann, gibt aber keinen Hinweis, um *welche* Fehler es sich dabei handeln könnte.

```
func m1() throws { ... }
func m2(p1: Int, p2: Double) throws -> { ... }
```

Wenn Sie nun im Code Ihrer Funktion/Methode einen Zustand feststellen, auf den Sie nur durch das Auslösen eines Fehlers reagieren können, dann geben Sie im Anschluss an das Schlüsselwort throw einen Fehlercode an. Als *Fehlercode* gilt jedes Element bzw. jede Instanz einer Enumeration, Struktur oder Klasse, die das Protokoll Error implementiert. Der übliche Weg besteht darin, wie im Einführungsbeispiel zur Formulierung von Fehlerzuständen eine simple Enumeration zu verwenden, die mit EnumName : Error definiert ist.

```
// Fehler auslösen
if n == nil { throw MyErrors.missing }
```

throw bewirkt, dass die Funktion oder Methode sofort und ohne Rückgabewert verlassen wird. Auf den Fehler kann nun im entsprechenden catch-Block reagiert werden. throw darf nur in Funktionen bzw. Methoden verwendet werden, die mit throws deklariert sind!

Fehler in Init-Funktionen auslösen

throws ist auch in Init-Funktionen erlaubt, sofern diese mit throws gekennzeichnet sind. Hier gilt aber die merkwürdige Regel, dass alle Eigenschaften des Typs initialisiert werden müssen, bevor throw verwendet werden darf. Das widerspricht der in anderen Sprachen üblichen Vorgehensweise, in der Init-Funktion die Parameter zu überprüfen und gegebenenfalls noch *vor* der Erzeugung eines neuen Objekts einen Fehler auszulösen.

Das folgende Beispiel greift nochmals die Rectangle-Struktur auf, die unter anderem schon in Abschnitt 9.3, »Eigenschaften«, vorkam. Bei dieser Variante löst die Init-Funktion einen Fehler aus, wenn die Länge oder Breite kleiner als 0 ist. Die Struktur ist mit Read-only-Properties so konzipiert, dass Länge und Breite eines einmal erzeugten Rechtecks nachträglich nicht mehr verändert werden können. Diese Vorgehensweise wurde auch deswegen gewählt, weil Computed Properties in Swift keine Fehler auslösen und nicht mit throws gekennzeichnet werden können.

```
// Projekt try-catch, Datei main.swift
enum RectangleError : Error {
  case lengthTooSmall
  case widthTooSmall
}

// Struktur zur Speicherung eines Rechtecks
struct Rectangle {
    private var _length = 0.0             // intern
    private var _width = 0.0
    var length: Double { return _length } // Read-only
    var width: Double  { return _width }

    // init-Funktion, greift auf Computed Properties zurück
    init(_ length: Double, _ width: Double) throws {
        _length = length
        _width = width
        if length < 0.0 { throw RectangleError.lengthTooSmall }
        if width < 0.0  { throw RectangleError.widthTooSmall }
    }
}
```

```
// Beispiel 1: ein korrektes Rechteck
do {
    let r = try Rectangle(1.2, 2.4)
    print(r.length)
} catch {
    print("Fehler: \(error)")
}

// Beispiel 2: ein fehlerhaftes Rechteck
do {
    let r = try Rectangle(-1.2, 2.4)
    print(r.length)
} catch {
    print("Fehler: \(error)")
}
```

Failable Init Functions

Als Alternative zu einer Init-Funktion mit `throws` können Sie eine *Failable Init Function* definieren, die bei fehlerhaften Parametern `nil` anstelle des gewünschten Elements liefert (siehe auch Abschnitt 9.4, »Init- und Deinit-Funktion«). In der Anwendung sind solche Init-Funktionen oft angenehmer, weil Sie auf `try` verzichten und stattdessen mit `if let` oder `guard` arbeiten können. Die folgenden Zeilen skizzieren die Vorgehensweise:

```
struct Rectangle {
    var length: Double, width: Double

    // Init-Funktion mit Validitätskontrolle
    init?(_ length: Double, _ width: Double) {
        if length <= 0 || width <= 0 { return nil }
        self.length = length
        self.width = width
    }
}
// Test
if let r = Rectangle(-1.2, 2.4) { print("alles ok") }
else                            { print("Fehler")   }
```

Fehler in Eigenschaften und Subscripts

Eigenschaften und Subscripts dürfen in Swift keine Fehler auslösen. Die Schlüsselwörter `throws` und `throw` sind dort unzulässig. Wenn Sie im Code einer Eigenschaft dennoch einen Fehler auslösen wollen, können Sie zur Not mit `NSException(...)`.

raise() einen Low-Level-Fehler auslösen. Derart ausgelöste Exceptions lassen sich allerdings nicht mit try-catch abfangen und führen immer zum Programmende.

Parameterabsicherung mit guard

Das Schlüsselwort guard wird oft im Kontext mit der Fehlerabsicherung erwähnt. Es hat aber genau genommen nichts mit Exceptions oder try-catch zu tun. Vielmehr ist guard (siehe Abschnitt 6.2, »Inverse Logik mit guard«) eine Variante zu if let: Sie testen damit, ob einige Ausdrücke bestimmten Regeln entsprechen, und führen entsprechende Zuweisungen durch. Kommt es zu einer Regelverletzung, können Sie darauf im else-Block reagieren. Andernfalls stehen die mit guard zugewiesenen Variablen und Konstanten auch *nach* dem guard-Block zur Verfügung.

Der Vorteil von guard besteht darin, dass der Hauptcode weniger stark verschachtelt und somit besser lesbar ist. Im Kontext dieses Kapitels ist guard ausgesprochen praktisch, um mit throw einen Fehler auszulösen, wenn die Parameter einer Funktion oder Methode nicht den Erwartungen entsprechen:

```
// Projekt try-catch, Datei main.swift
func f4(_ n: Int?) throws -> Int {
    guard let a = n , a >= 0, a <= 100  else {
        throw MyErrors.other(explanation: "ungültiger Parameter")
    }
    return a * 2
}
```

11.3 Fehler in Funktionen weitergeben (rethrows)

Die Array-Methode map ist ebenso wie unzählige weitere Collection-Methoden mit dem Schlüsselwort rethrows deklariert:

```
// Definition von map in der Swift-Standardbibliothek
public struct Array<Element> {
    public func map<T>(_ transform: (Element) throws -> T)
                      rethrows -> [T]
}
```

rethrows wird anstelle von throws nach der Parameterliste, aber vor einem eventuellen Rückgabedatentyp angegeben. Das Schlüsselwort rethrows bedeutet:

- Wenn an map eine Funktion übergeben wird, die keinen Fehler auslöst, dann muss map nicht abgesichert werden. map verspricht laut Deklaration, selbst keinen Fehler auszulösen.

- Die gute Nachricht besteht darin, dass Sie map sogar eine Funktion oder Closure übergeben dürfen, die selbst einen Fehler auslösen kann. Deswegen ist der Parameter transform mit throws deklariert.

  Sollte bei der Ausführung von map tatsächlich ein Fehler auftreten, gibt map diesen Fehler zurück. Der Fehler wird also neuerlich ausgelöst (daher die Bezeichnung rethrows).

- Die logische Konsequenz besteht aber darin, dass Sie – sobald Sie an map eine Funktion mit throws übergeben – den gesamten Aufruf von map selbst wieder absichern müssen.

Wie Sie anhand der folgenden Beispiele gleich sehen werden, gibt es dabei durchaus einige Sonderfälle zu beachten.

rethrows in der Praxis

Das folgende Beispiel geht davon aus, dass f1 unverändert die Funktion aus dem Einführungsbeispiel dieses Kapitels ist:

```
// Projekt try-catch, Datei main.swift
enum MyErrors: Error { ... } // Code wie bisher

func f1(_ n: Int) throws -> Int {
  if n < 0   { throw MyErrors.tooSmall }
  if n > 100 { throw MyErrors.tooBig(maximum: 100) }
  return n + 1
}
```

Die zu verarbeitenden Daten befinden sich in einem Array:

```
let data = [1, 2, 3, 200]
```

Wenn nun map auf data anwenden und die Closure { $0 + 1} übergeben, kann nichts schiefgehen. map muss nicht durch try abgesichert werden:

```
// new1 hat den Datentyp [Int], Ergebnis [2, 3, 4, 201]
let new1 = data.map() { $0 + 1}
```

Syntaktisch nicht erlaubt ist es hingegen, einfach f1 an map zu übergeben. Xcode reklamiert *call can throw but is not marked with try* und meint damit, dass map jetzt sehr wohl einen Fehler auslösen kann – eben weil f1 mit throws deklariert ist.

```
let new2 = data.map(f1)   // nicht erlaubt
```

Sie können sich jetzt für eine do-try-catch-Konstruktion entscheiden oder wie im folgenden Beispiel einfach try? voranstellen. new3 enthält in diesem Fall als Ergebnis nil, weil f1 beim data-Element 200 einen Fehler auslöst.

```
// new3 hat den Datentyp [Int]?, Ergebnis nil
let new3 = try? data.map(f1)
```

Auf den ersten Blick sieht die folgende Variante gleichwertig aus: `f1` wird nicht unmittelbar als Parameter von `map` übergeben, sondern nachgestellt in eine Closure verpackt. Die Variante ist aber nicht gleichwertig. Durch die Verpackung betrachtet Swift die Closure als *neue* Funktion – und zwar als eine, die nicht mit `throws` deklariert ist. (Das ist syntaktisch gar nicht vorgesehen.)

```
let new4 = try? data.map() {  f1($0) }  // nicht erlaubt
```

Der Compiler beklagt auch bei der obigen Zeile, dass ein Funktionsaufruf einen Fehler verursachen kann, aber nicht durch `try` abgesichert werden kann. Diesmal meint er aber nicht `map`, sondern `f1`. Und tatsächlich bietet ein `try?` vor `f1($0)` eine andere Variante, `f1` an `map` zu übergeben:


```
// new5 hat den Datentyp [Int?], Ergebnis
// [Optional(2), Optional(3), Optional(4), nil]
let new5 = data.map() { try? f1($0) }
```

Die Closure kann nun keinen Fehler mehr auslösen. Vielmehr liefert `f1` entweder eine Integer-Zahl oder `nil`, der Datentyp ist also `Int?`. Deswegen erhält `new5` den Datentyp `[Int?]`, nicht `[Int]?` wie bei `new3`.

11.4 Das Error-Protokoll

Für das `try-catch`-Modell von Swift spielt das `Error`-Protokoll eine große Rolle:

- An `throw` können nur Daten übergeben werden, deren Typen diesem Protokoll entsprechen.
- Analog kann `catch` nur Fehlerzustände auf der Basis dieses Protokolls vergleichen.

Definition einer Error-Enumeration

In Berührung kommen Sie mit dem `Error`-Protokoll primär dann, wenn Sie selbst Fehlerzustände definieren. Der übliche und im Swift-Handbuch empfohlene Weg besteht darin, eine Enumeration zu erstellen, die `Error` implementiert:

```
// Projekt try-catch, Datei main.swift
enum MyErrors : Error {
  case tooSmall
  case tooBig(maximum: Int)
  case missing
  case other(explanation: String)
}
```

Erstaunlicherweise definiert das Error-Protokoll keinerlei Regeln. Ein [cmd]-Klick auf das Schlüsselwort offenbart die folgende Definition:

```
public protocol Error : Sendable { }
```

Sendable ist allerdings selbst nur ein leeres Protokoll. Das bedeutet: Sie können für jede Enumeration, für jede Struktur und für jede Klasse ohne irgendeinen Zusatzaufwand das Error-Protokoll implementieren.

Definition einer Error-Struktur

Wenn Sie zusammen mit einem Fehler Zusatzinformationen verpacken möchten, dann definieren Sie dazu am besten eine Struktur, wobei Sie anstelle von contextinfo1 und -2 natürlich für Ihren Fehler passende Namen wählen:

```
struct DetailedError : Error {
    enum ErrorKind {
        case tooSmall
        case tooBig(maximum: Int)
        case missing
        case other(explanation: String)
    }
    let kind: ErrorKind
    let contextinfo1: String
    let contextinfo2: Int
}
```

Der entsprechende throw-Aufruf kann so aussehen:

```
throw DetailedError(kind: .tooSmall,
                    contextinfo1: "bla",
                    contextinfo2: 42)
```

Kapitel 12
Swift-Interna

Im letzten Kapitel zur Swift-Syntax gehe ich kurz auf fortgeschrittene Sprach-Features sowie Interna von Swift ein. Bei der Beschreibung halte ich mich kurz: Es geht mir hier mehr darum, auf die Existenz dieser Features hinzuweisen und deren Relevanz zu erläutern, als auf alle technischen Details einzugehen.

- Speicherverwaltung
- Attribute und Makros
- Reflection und KeyPath-Syntax
- Externe Bibliotheken und der Swift Package Manager (SPM)

12.1 Speicherverwaltung

Sie müssen sich in Swift nur in Ausnahmefällen um die Speicherverwaltung kümmern. Objekte, auf die Sie im Code nicht mehr verweisen, werden automatisch aus dem Arbeitsspeicher entfernt. Sie müssen keine Angst haben, dass Ihr Programm aufgrund vergessener Aufräumarbeiten mehr und mehr Speicher beansprucht.

Interessant zu wissen ist, dass es in Swift im Gegensatz zu vielen anderen Sprachen keinen sogenannten *Garbage Collector* gibt, der ungenutzte Ressourcen aus dem Speicher räumt. Stattdessen zählt Swift mit, wie viele Referenzen auf ein Objekt zeigen (*Automatic Reference Counting*, ARC). Wenn die Anzahl der Referenzen auf null sinkt, wird das Objekt sofort aus dem Speicher entfernt. Hintergrundinformationen können Sie hier nachlesen:

https://docs.swift.org/swift-book/documentation/the-swift-programming-language/automaticreferencecounting

Wenn Sie verfolgen möchten, wann ein Objekt aus dem Speicherplatz entfernt wird, implementieren Sie die Deinit-Funktion. Sie wird unmittelbar aufgerufen, bevor ARC eine Instanz des Objekts aus dem Speicher entfernt.

Im folgenden Beispiel wird zuerst eine Instanz von `MyClass` erzeugt. Mit `b=a` und `c=a` verweisen schließlich drei Variablen auf das Objekt, d. h., der Reference Counter erreicht den Wert 3. Anschließend werden die Objektverweise alle auf `nil` gesetzt.

Mit der dritten `nil`-Zuweisung sinkt der Reference Counter auf 0, die Deinit-Funktion wird ausgeführt und das Objekt dann aus dem Speicher entfernt. Beachten Sie, dass Sie ein echtes, kompiliertes Programm benötigen, um das zu testen. Der Playground ist hierfür ungeeignet.

```
class MyClass {
    var data: String
    init(data: String) {
        self.data = data
    }
    deinit {
        print("deinit")
    }
}

var a: MyClass? = MyClass(data: "abc")
var b: MyClass? = a
var c: MyClass? = a
b = nil
a = nil
c = nil
print("fertig")
// Ausgabe: zuerst 'deinit', dann 'fertig'
```

weak und unowned

Das größte Problem von ARC besteht darin, dass es Fälle gibt, in denen der Reference Counter nie auf 0 sinkt. Das betrifft insbesondere geschlossene Verweisketten, wo also z. B. Objekt 1 auf Objekt 2 verweist, dieses auf Objekt 3 und dieses wieder zurück auf Objekt 1. Selbst wenn es im Programm keine direkten Verweise mehr auf Objekt 1 bis 3 gibt, diese also alle drei nicht mehr benötigt werden, verhindern die inneren Referenzen die Speicherfreigabe.

Um selbst derartige Sonderfälle korrekt zu verarbeiten, bietet Swift die Möglichkeit, Objektvariablen mit dem Schlüsselwort `weak` oder `unowned` zu kennzeichnen:

```
weak var name1: typ1?
unowned var name2: typ2
unowned let name2: typ2 = ...
```

- **weak:** Wenn es nur noch »schwache« Objektverweise gibt, darf ARC das Objekt aus dem Speicher entfernen. `weak` ist nur für optionale Variablen geeignet. Wenn eine `weak`-Variable auf ein Objekt verweist, das via ARC aus dem Speicher entfernt wird, dann wird diese Variable automatisch auf `nil` gesetzt. Das erklärt auch, warum `weak` Optionals voraussetzt.

- **unowned:** Ein »herrenloser« Objektverweis gilt für ARC als schwacher Objektverweis. Der syntaktische Unterschied besteht darin, dass `unowned` für Variablen bzw. Konstanten gedacht ist, die nie `nil` sein können, während `weak` für Optionals vorgesehen ist.

Übrigens gibt es auch das Schlüsselwort `strong`, das anstelle von `weak` oder `unowned` verwendet werden kann; da `strong` per Default gilt, ist sein Einsatz im Code überflüssig.

weak-Beispiel

Um zyklische Verweise zu illustrieren, sind im Beispielprojekt `weak-references` sechs Klassen definiert: `Class1a`, `Class2a` und `Class3a` enthalten jeweils Eigenschaften, damit Instanzen dieser Klassen aufeinander verweisen können (siehe Abbildung 12.1). `Class1b`, `Class2b` und `Class3b` enthalten einen ganz ähnlichen Code, allerdings sind die Eigenschaften `pointsToXxx` nun mit dem Schlüsselwort `weak` versehen.

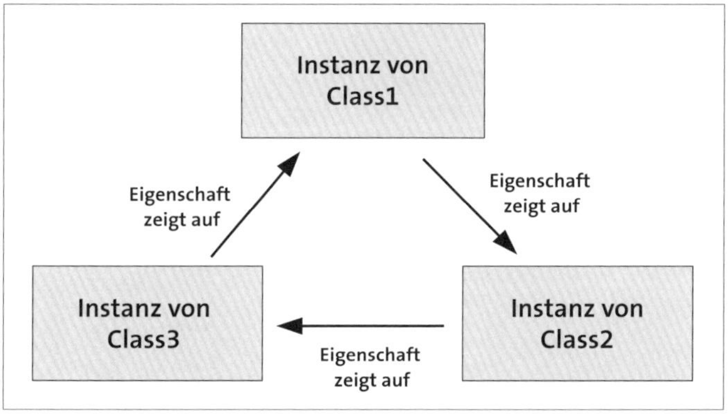

Abbildung 12.1 Zyklische Verweise von Instanzen können die ARC-Speicherverwaltung aus dem Takt bringen.

```
// Projekt weak-references, Datei main.swift
// drei Klassen mit strong-Referenzen
class Class1a {
    var pointsTo2: Class2a?
    deinit {
        print("deinit Class1a")
    }
}
class Class2a {
    var pointsTo3: Class3a?
    deinit {
        print("deinit Class2a")
    }
}
```

```
class Class3a {
    var pointsTo1: Class1a?
    deinit {
        print("deinit Class3a")
    }
}
// noch drei Klassen, aber mit weak-Referenzen
class Class1b {
    weak var pointsTo2: Class2b?
    deinit {
        print("deinit Class1b")
    }
}

class Class2b {
    weak var pointsTo3: Class3b?
    deinit {
        print("deinit Class2b")
    }
}
class Class3b {
    weak var pointsTo1: Class1b?
    deinit {
        print("deinit Class3b")
    }
}
```

In einem `if`-`true`-Block werden nun Instanzen von allen sechs Klassen erzeugt und miteinander verbunden. Da die sechs Variablen nur innerhalb des `if`-Blocks gültig sind, sollten die durch die Variablen belegten Ressourcen eigentlich anschließend wieder freigegeben werden. Bei den `a`-Instanzen scheitert dies an den zyklischen Verweisen, während die `b`-Instanzen wunschgemäß freigegeben werden:

```
// ARC ausprobieren
if true {
    let c1a = Class1a()
    let c2a = Class2a()
    let c3a = Class3a()
    c1a.pointsTo2 = c2a
    c2a.pointsTo3 = c3a
    c3a.pointsTo1 = c1a
    let c1b = Class1b()
    let c2b = Class2b()
    let c3b = Class3b()
    c1b.pointsTo2 = c2b
```

```
    c2b.pointsTo3 = c3b
    c3b.pointsTo1 = c1b
    print("if block ends")
}
print("after if block")
```

Das Programm liefert die folgenden Ausgaben:

```
if block ends
deinit Class3b
deinit Class2b
deinit Class1b
after if block
```

Mit anderen Worten: Die Instanzen der b-Klassen wurden korrekt aus dem Speicher entfernt. Aber die Instanzen der a-Klassen befinden sich weiter im Speicher, obwohl es im Code keine gültige Referenz mehr darauf gibt. Und wenn Sie jetzt denken, dass die drei Instanzen eigentlich kein großes Problem darstellen, dann verpacken Sie den `if-true`-Block in eine Schleife:


```
for _ in 1...100_000_000 {
    if true {
        let c1a = Class1a()
        // weiter wie oben ...
    }
}
```

Der Speicherbedarf dieses Programms wächst und wächst und wächst – ungebremst. Je länger die Schleife läuft, desto mehr Speicherplatz beansprucht das Programm. Das ist ein klassisches Beispiel für einen *Memory Leak*, den es unbedingt zu vermeiden gilt! In Xcode können Sie den Speicherhunger des Programms übrigens wunderbar im Dialogblatt DEBUG NAVIGATOR verfolgen (siehe Abbildung 12.2).

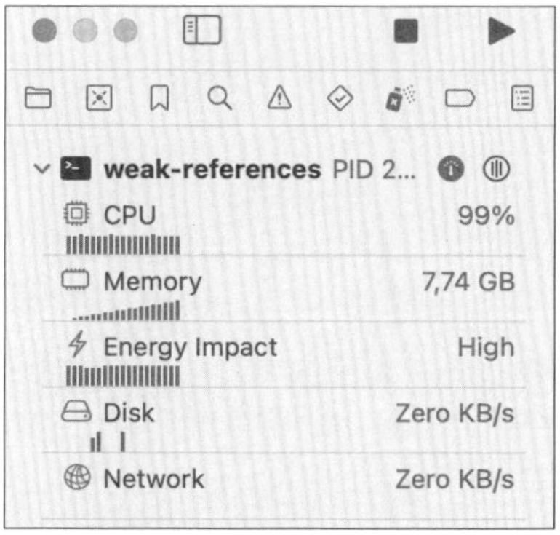

Abbildung 12.2 Den immer weiter steigenden Speicherbedarf können Sie in Xcode beobachten.

12.2 Attribute, Property Wrapper und Makros

Mit `@` eingeleitete Schlüsselwörter können in Swift unterschiedliche Bedeutungen haben:

- **Attribute:** Wenn sie Deklarationen oder Datentypen vorangestellt sind, drücken sie Zusatzinformationen aus, die dem Compiler übergeben werden. In diesem Fall werden die Schlüsselwörter Attribute genannt. Beispielsweise gibt das Attribut `@available` an, ab welcher Version ein Sprachelement verfügbar ist.
- **Property Wrapper:** Property Wrapper ergänzen Eigenschaften um eine zusätzliche Logikschicht. Damit wird das Verhalten bei Änderung oder die Synchronisation mit anderen Daten beeinflusst. Beispielsweise verbindet `@Binding` den Inhalt einer Eigenschaft mit dem Zustand einer SwiftUI-View.
- **Makros:** Makros werden wie Attribute vom Compiler ausgewertet. Sie haben in Swift verschiedene Erscheinungsformen und Aufgaben. Mit Makros können Sie beispielsweise Code-Zweige nur für bestimmte OS-Versionen definieren (`#if`), auf die aktuelle Zeilennummer im Code zugreifen (`#line`) oder sogar beim Kompilieren zusätzlichen Code generieren (`@Model`).

Ich gehe in diesem Abschnitt nur kurz auf die *Anwendung* vordefinierter Attribute, Property Wrapper und Makros ein. Swift gibt Ihnen darüber hinaus die Möglichkeit, eigene Property Wrapper und Makros zu programmieren. Wenn Sie mehr dazu wissen möchten, werfen Sie einen Blick auf die folgenden Seiten:

https://docs.swift.org/swift-book/documentation/the-swift-programming-language/attributes
https://docs.swift.org/swift-book/documentation/the-swift-programming-language/macros
https://docs.swift.org/swift-book/documentation/the-swift-programming-language/expressions#Macro-Expansion-Expression
https://developer.apple.com/documentation/swift/macros
https://developer.apple.com/videos/play/wwdc2023/10166

Attribute

Attribute stellen dem Compiler Zusatzinformationen zur Verfügung. Attribute werden der betreffenden Deklaration vorangestellt, z. B. einer Klasse, einer Methode oder einem Parameter. Attribute beginnen mit dem Zeichen `@` und können Parameter aufweisen. Die Übergabe von Werten an die Parameter erfolgt in Swift wie bei Funktionen und Methoden in der Schreibweise `parameter: wert`.

Swift bietet keine Möglichkeit, selbst Attribute zu definieren. Die folgende Liste fasst die gängigsten Swift-Attribute zusammen:

- @autoclosure kennzeichnet, dass ein Parameter automatisch als Closure betrachtet werden soll (siehe Abschnitt 7.5). @autoclosure wird Swift-intern von assert sowie von einigen booleschen Operatoren verwendet.

- @available dokumentiert, ab welcher Version ein Element verfügbar ist, ob es als veraltet gilt etc. An das Attribut können einige Parameter übergeben werden, wobei der erste immer angibt, für welche Plattform das Element zur Verfügung steht. Zur Auswahl stehen iOS, iOSApplicationExtension, macOS, macOSApplicationExtension etc. sowie * für plattformübergreifende Elemente.

  Anschließend kann eine beliebige Kombination von Parametern in der Form introduced=n, deprecated=n, obsoleted=n, message=s und renamed=s folgen. Dabei ist n eine Versionsnummer und s eine Zeichenkette. Ein typisches @available-Attribut sieht so aus:

  ```
  @available(iOS, introduced: 13.0, deprecated: 100000.0,
             message: "use NavigationStack or
                       NavigationSplitView instead")
  public struct NavigationView<Content> ...
  ```

  Der Wert 100000 für den Parameter deprecated ist keine konkrete Versionsnummer. Vielmehr soll die Struktur NavigationView in einer zukünftigen, noch nicht bekannten Version als obsolet gekennzeichnet werden. Xcode zeigt aber schon jetzt eine Warnung an, um Sie davon abzuhalten, diese SwiftUI-View noch einzusetzen.

- @discardableResult kennzeichnet Methoden und Funktionen, bei denen es zulässig ist, das Ergebnis zu ignorieren. Bei allen anderen Methoden und Funktionen, die ein Ergebnis zurückgeben, die aber so aufgerufen werden, dass das Ergebnis weder gespeichert noch weiterverarbeitet wird, liefert der Compiler eine Warnung (siehe Abschnitt 7.1, »Funktionen definieren und ausführen«).

- @escaping ist für Parameter einer Methode gedacht, an die eine Closure übergeben wird. Standardmäßig gelten Closures als *non-escaping*. Das bedeutet, dass die Closure weder in einer Variablen gespeichert noch an eine andere Methode weitergegeben werden kann. Wenn Sie das doch tun möchten, müssen Sie den Parameter mit dem Attribut @escaping kennzeichnen. Das ist beispielsweise für alle action-Parameter bei SwiftUI-Views der Fall. @escaping verhindert hier die sofortige Ausführung der Closure. Vielmehr kann der Code gespeichert und erst beim Auftreten eines Ereignisses ausgeführt werden.

- @propertyWrapper bringt zum Ausdruck, dass die folgende Struktur als Property Wrapper verwendet werden soll (siehe den folgenden Abschnitt).

- @MainActor bedeutet, dass der Code nur im Main-Thread ausgeführt wird bzw. dass Zugriffe auf die so markierte Variable nur im Main-Thread durchgeführt werden.

Bei SwiftUI-Apps ist der Main-Thread für die Benutzeroberfläche verantwortlich. Das Attribut verhindert somit Zugriffskonflikte durch parallel ausgeführte Threads (siehe auch Kapitel 18, »Asynchrone Programmierung«).

- @NSManaged ist für Methoden und Eigenschaften von Klassen vorgesehen, die von NSManagedObject abgeleitet sind. Das ist erforderlich, wenn das betreffende Element durch Core Data verwaltet werden soll.
- @objc dient zur Kennzeichnung von Elementen, die auch aus Objective-C-Code heraus genutzt bzw. aufgerufen werden können. Bei Klassen, die von NSObject abgeleitet sind, kann das Attribut entfallen.

Property Wrapper

Ein Property Wrapper ist ergänzender Code, der auf Eigenschaften angewendet werden kann. Das folgende Beispiel macht dies deutlich. Hier wird der äußerst einfache Property Wrapper @Trimmed als Struktur definiert. Er bewirkt, dass bei der Zuweisung von String-Eigenschaften (set) Leerzeichen und anderer Whitespace am Beginn und am Ende eliminiert wird.

```
// Projekt property-wrapper, Datei main.swift
// definiert den neuen Property Wrapper 'Trimmed'
@propertyWrapper
struct Trimmed {
    private var value: String = ""

    var wrappedValue: String {
        get { value }
        set { value = newValue.trimmingCharacters(
                          in: .whitespacesAndNewlines) }
    }
    init(wrappedValue initialValue: String) {
        self.wrappedValue = initialValue
    }
}
// wendet @Trimmed auf zwei Eigenschaften an
struct User {
    @Trimmed var name: String
    @Trimmed var email: String
}
// zeigt die Verwendung der User-Struktur
var user = User(name: "michael ", email: " michael@example.com ")
print(user.name)   // Ausgabe: "michael"
print(user.email)  //          "michael@example.com"
```

In der Struktur `User` wird der neue Property Wrapper auf die beiden Eigenschaften `name` und `email` angewendet. Die Wirkung sehen Sie bei der Anwendung der `User`-Struktur: Die unnötigen Leerzeichen im Namen und in der E-Mail-Adresse werden automatisch eliminiert.

Natürlich wäre es denkbar, entsprechenden Code auch direkt in der `User`-Struktur einzubauen. Property Wrapper sind dann zweckmäßig, wenn ein bestimmtes Verhalten für mehrere Eigenschaften gewünscht ist; in diesem Fall können Property Wrapper redundanten Code minimieren.

Bei der App-Programmierung kommen Property Wrapper besonders oft zum Einsatz, wenn es darum geht, den Zustand eines Dialogelements dauerhaft zu speichern oder den Inhalt einer Variablen mit dem Zustand einer View zu synchronisieren. Vordefinierte Property Wrapper wie `@State` und `@Binding` helfen dabei. Weil die Anwendung dieser Property Wrapper von großer Bedeutung für die App-Programmierung ist, gehe ich in Kapitel 14, »State, Binding, und Observable«, sehr ausführlich darauf ein.

Makros

In der Sprache Swift werden »Makros« in den unterschiedlichsten Spielarten verwendet. Insofern ist es ein wenig schwierig, einen gemeinsamen Nenner zu finden. Makros sind auf jeden Fall Schlüsselwörter im Code, die vom Compiler ausgewertet werden.

- **Freistehende Makros (freestanding macros)** werden mit # eingeleitet. Sie geben Auskunft über den aktuellen Funktionsnamen (`#function`), die Zeilennummer in der Code-Datei (`#line`) oder deren Namen (`#file`). Ebenfalls in diese Gruppe fallen Compiler-Anweisungen wie `#if` und `#endif`, mit denen Sie Code-Blöcke definieren können, die nur bei bestimmte OS-Versionen berücksichtigt werden (siehe Abschnitt 6.4, »Versions- oder plattformabhängiger Code«).
- **Zugeordnete Makros (attached macros)** werden mit @ eingeleitet und den Deklaration von Funktionen, Variablen etc. zugeordnet. Optisch sehen solche Makros wie Attribute aus. Beim Kompilieren wird der mit dem Makro deklarierte Code modifiziert oder erweitert. Im Unterschied zu Property Wrappers ist der Mechanismus der *Macro Expansion* (verfügbar seit Swift 5.9) aber nicht auf Eigenschaften eingeschränkt.

  Ein Beispiel für ein derartiges Makro ist `@Model`: Instanzen einer derartig gekennzeichneten Klasse können über die SwiftData-Bibliothek mit minimalem Aufwand persistent gespeichert werden. Zum Auslesen der gespeicherten Daten verwenden Sie mit `@Query` ein weiteres Makro (siehe Kapitel 21, »SwiftData«).

Wenn Sie in Xcode sehen möchten, *wie* Ihr eigener Code durch ein Makro verändert wird, klicken Sie mit der rechten Maus- oder Trackpad-Taste auf den Makronamen und führen EXPAND MACRO aus.

Sie können mit Swift selbst Makros definieren. Der Makro-Code muss mit dem Attribut `@attached` gekennzeichnet werden.

12.3 Reflection und KeyPath-Ausdrücke

Im vorletzten Abschnitt dieses Kapitels geht es darum, wie Sie Informationen über den Typ einer Variablen herausfinden können. Ich beginne mit einer kurzen Wiederholung zu den Operatoren `is` und `as`. Um zu testen, ob eine Variable einem bestimmten Datentyp entspricht, verwenden Sie den Operator `is`:

```
// Projekt mirror-keypath, Datei main.swift
func f(_ obj: Any) -> String {
    if obj is Int {
        return "Integer"
    } else if obj is Double {
        return "Double"
    } else if obj is Date {
        return "Datum/Zeit"
    } else {
        return "weder noch"
    }
}
```

Sofern Sie sicher sind, dass der Datentyp geeignet ist, können Sie mit `as!` einen sogenannten *Downcast* durchführen und das Ergebnis speichern oder weiterverarbeiten. Im folgenden Beispiel werden drei Klassen definiert: die Basisklasse `A`, die davon abgeleitete Klasse `B` und die wiederum von `B` abgeleitete Klasse `C` (siehe Abschnitt 10.1, »Vererbung«). Nun ist es möglich, in einer Variablen vom Typ `A` Instanzen von `A`, `B` oder `C` zu speichern. Mit `is` kann dann der tatsächliche Typ ermittelt werden:

```
class A {}      // Basisklasse
class B: A {}   // B ist von A abgeleitet
class C: B {}   // C ist von B abgeleitet

var obj: A      // Variable vom Typ A
obj = C()       // Instanz vom Typ C

if obj is C {
    let c = obj as! C
}
```

Oft ist es zweckmäßig, den Typentest und die Zuweisung mit `as?` zu kombinieren. Auch hier können Sie zwischen `if var` oder `if let` wählen, je nachdem, ob Sie den Inhalt der Variablen später noch ändern möchten oder nicht:

```
if let c = obj as? C {
    // c hat den Datentyp C
} else {  // obj enthält keine Instanz des Typs C
    print("Fehler ...")
}
```

Reflection

Über den Typ- oder Klassennamen hinaus können Sie in Swift nur wenig Informationen ermitteln, etwa die Liste der zur Auswahl stehenden Methoden. Swift fehlt hierfür ein allgemeingültiger Ansatz, etwa in der Art der Reflection-Funktionen, die in Objective-C, C# oder Java eine Selbstverständlichkeit sind.

Die folgenden Absätze und Codebeispiele zeigen die limitierten Möglichkeiten von Swift zur Selbstreflexion. Mit der Init-Funktion von `Mirror` erzeugen Sie eine gleichnamige Struktur, die das Element bzw. Objekt beschreibt. Das `Mirror`-Element verrät dann, wie viele Eigenschaften das betroffene Objekt hat. Diese Subelemente können in einer Schleife durchlaufen werden. Das funktioniert aber nur für Typen, die in Swift definiert sind.

```
// Klasse als Testbasis
class MyClass {
    var a: Double = 1.0
    var b: Int = 2
    func f() -> Double {
        return a + Double(b)
    }
}

var x = MyClass()                    // ein Objekt der Klasse
let mirr = Mirror(reflecting: x)
mirr.description                     // "Mirror for MyClass"
mirr.children.count                  // 2
for c in mirr.children {
    print("Label: \(c.label), Value: \(c.value)")
}
// Ausgabe: Label: Optional("a"), Value: 1.0
//          Label: Optional("b"), Value: 2
```

Wenn Sie den Namen eines Datentyps eines Objekts ermitteln möchten, wandeln Sie das Ergebnis der im vorigen Abschnitt präsentierten Funktion `type(of:)` in eine Zeichenkette um:

```
String(describing: type(of: x))  // "MyClass"
```

Die folgenden Zeilen zeigen die Typennamen für einige elementare Daten:

```
func typename(_ obj: Any) -> String {
    return String(describing: type(of: (obj)))
}

print(typename(x))                // Ausgabe: "MyClass"
print(typename(2.4))              //          "Double"
print(typename(Date()))           //          "Date"
print(typename([1, 2, 3]))        //          "Array<Int>"
print(typename( (1, 2, 3) ))      //          "(Int, Int, Int)"
```

Weitere Anwendungsmöglichkeiten von `Mirror` sind hier beschrieben:

https://www.swiftbysundell.com/posts/reflection-in-swift

KeyPath-Ausdrücke

In Swift können Sie Referenzen auf Methoden oder Funktionen unkompliziert anwenden:

```
func f(n: Int) -> Int {
    return 2 * n
}
let funcref = f
print(funcref(3))  // Ausgabe 6
```

Darüber hinaus besteht die Möglichkeit, durch sogenannte *KeyPath-Ausdrücke* auch Referenzen auf Eigenschaften zu formulieren. Sie können also gewissermaßen den Pfad zu einer Eigenschaft ausdrücken, die Auswertung aber erst später durchführen.

KeyPath-Ausdrücke beginnen immer mit dem Zeichen \. Sie werden intern als Objekte der `ReferenceWritableKeyPath`-Klasse ausgedrückt. Der Zugriff erfolgt in der Form `obj[keyPath: path]`, wobei Sie die betreffende Eigenschaft sowohl lesen als auch ändern können. Das folgende Beispiel zeigt eine simple Anwendung:

```
// Projekt mirror-keypath, Datei main.swift
class Rect {
    var x: Int, y: Int
    init(x: Int, y: Int) {
        self.x = x; self.y = y
    }
}

let r1 = Rect(x:2, y:3)
let r2 = Rect(x:7, y:2)
```

```
// KeyPath definieren,
// Datentyp ReferenceWritableKeyPath<Rect, Int>
let pathToX = \Rect.x

// KeyPath auf unterschiedliche Objekte anwenden
print(r1[keyPath: pathToX]) // Ausgabe 2
r2[keyPath: pathToX] = 17
print(r2[keyPath: pathToX]) // Ausgabe 17
```

KeyPaths funktionieren auch für Arrays und verschachtelte Konstruktionen:

```
class Geometry {
    var descr = ""
    var data = [Rect]()
}

let g = Geometry()
g.data.append(r1)
g.data.append(r2)

// Pfad zum 2. Rechteck (Zählung beginnt mit 0)
let pathToSecondRect = \Geometry.data[1].x
print(g[keyPath: pathToSecondRect]) // Ausgabe 17
```

Ein Sonderfall ist der KeyPath `\.self`. Er verweist auf das Objekt als Ganzes.

KeyPath-Ausdrücke anstelle von Closures

In der Praxis können KeyPaths in manchen Fällen Closures ersetzen und führen dann zu einem besser lesbaren Code. Nehmen wir an, Sie haben ein Array von Benutzern und wollen eine alphabetische Liste aller Wohnorte (natürlich jeden Ort nur einmal). Dazu machen Sie mit `map` ein Array der Wohnorte, bilden daraus ein Set (das eliminiert alle Doppelgänger) und sortieren dieses Set (liefert wieder ein Array).

```
struct User {
    let name: String
    let city: String
}
let myUsers = [User(name: "John", city: "New York"),
               User(name: "Jane", city: "London"),
               User(name: "Jack", city: "London")]
// geordnetes Array aller Städte bilden
let cities = Set(myUsers.map( { $0.city } )).sorted()
print(cities) // Ausgabe: ["London", "New York"]
```

Im obigen Code übergeben Sie an `map` mit `{ $0.city }` eine Closure, die aus jedem `User`-Element die `city`-Eigenschaft extrahiert. Mit einem KeyPath gelingt die gleiche

Aufgabe noch eleganter und mit weniger Klammern. Die Verkürzung in der zweiten Zeile ist zulässig, weil Swift aus dem Kontext ohnedies erkennt, dass es sich um `User`-Elemente handelt:

```
// map() mit KeyPath statt Closure
let cities = Set(myUsers.map(User.city)).sorted()
let cities = Set(myUsers.map(\.city)).sorted()     // gleichwertig
```

12.4 Swift Package Manager

Die meisten in diesem Buch präsentierten Beispielprogramme verwenden ausschließlich Standardbibliotheken wie `Foundation` (Command-Line-Apps) oder `SwiftUI` (Benutzeroberflächen für iOS oder macOS). Diese Bibliotheken stehen standardmäßig zur Verfügung, Sie müssen sie nur am Beginn der Code-Datei mit `import` einlesen.

Erfreulicherweise gibt es im Internet eine Menge Bibliotheken, die Swift um nützliche Funktionen erweitern. In der Vergangenheit war die Nutzung solcher Bibliotheken umständlich und erforderte Zusatz-Tools wie CocoaPods oder Carthage. Das hat sich geändert: Der von Apple entwickelte *Swift Package Manager* ist mittlerweile direkt in Xcode integriert, deutlich einfacher anzuwenden und für die meisten Fälle vollkommen ausreichend.

Um eine externe Bibliothek in Ihrem Xcode-Projekt zu nutzen, führen Sie in Xcode FILE • ADD PACKAGE DEPENDENCIES aus. Im Packages-Dialog fügen Sie im Suchfeld rechts oben den Link zum Git-Repository Ihrer Bibliothek ein (siehe Abbildung 12.3). In den meisten Fällen müssen Sie nur noch den Button ADD PACKAGE anklicken – fertig!

Halten Sie die Lizenzregeln ein!

Viele Swift-Bibliotheken gibt es kostenlos im Internet. Ihr Code wird oft auf Plattformen wie GitHub oder GitLab gehostet und kann mit SPM unkompliziert in Ihr Projekt integriert werden. Solange es sich um Test-Code oder um Apps für Ihre persönliche Nutzung handelt, ist das immer legal.

Wenn Sie Ihre App aber weitergeben, kommerziell nutzen oder im AppStore verkaufen wollen, müssen unbedingt die durch die jeweilige Lizenz des Projekts definierten Regeln einhalten! Keine Probleme sind bei liberalen Lizenzen wie MIT, BSD, LGPL, ISC oder Apache 2.0 zu erwarten. Wesentlich restriktiver ist die GPL, die Sie zwingt, den Quellcode Ihrer App öffentlich zur Verfügung zu stellen. Recherchieren Sie die jeweiligen Lizenzregeln, bevor Sie sich für eine Bibliothek entscheiden!

Abbildung 12.3 Mit dem Swift Package Manager können Sie Bibliotheken unkompliziert in Ihr Projekt einbauen.

Beispiel: SWXMLHash-Bibliothek

Die Foundation enthält zwar XML-Klassen, deren Anwendung ist aber ziemlich umständlich. Deswegen greifen viele Projekte, die XML-Dateien auswerten oder erzeugen müssen, auf externe XML-Bibliotheken zurück. Sehr populär ist die Bibliothek *SWXMLHash*, die ich Ihnen in Abschnitt 19.6, »XML-Dateien lesen«, näher vorstelle.

An dieser Stelle geht es mir nur darum, Ihnen anhand eines Hello-World-Beispiels die Integration dieser Bibliothek in eine Command-Line-App zu zeigen. Dazu starten Sie das Projekt, öffnen mit File • Add Package Dependencies den Package-Dialog und geben im Suchfeld die folgende URL an:

https://github.com/drmohundro/SWXMLHash

Das war's auch schon! In Ihrem Projekt finden Sie den Code der Bibliothek unter Package Dependencies (siehe Abbildung 12.4). Damit Sie die Bibliothek nutzen können, bauen Sie in Ihren Code `import SWXMLHash` ein. Das folgende Listing zeigt die Anwendung der Bibliothek. Die Eigenheiten der SWXMLHash-Bibliothek erläutere ich dann in Abschnitt 19.6, »XML-Dateien lesen«,.

```
// Projekt test-spm, Datei main.swift
import Foundation
import SWXMLHash
```

```
let xmlString = """
<?xml version="1.0" encoding="UTF-8"?>
<root>
    <message>Hello XML World!</message>
    <items>
        <item id="1">First Item</item>
        <item id="2">Second Item</item>
    </items>
</root>
"""

let xml = XMLHash.parse(xmlString)
do {
    let message: String =
        try xml["root"]["message"].value()
    print("Message:", message)

    for item in xml["root"]["items"]["item"].all {
        let id =
            item.element?.attribute(by: "id")?.text ?? "unknown"
        let text: String = try item.value()
        print("Item #\(id):", text)
    } // Ausgabe: Message: Hello XML World!
    //            Item #1: First Item
    //            Item #2: Second Item

} catch {
    print("Error parsing XML:", error)
}
```

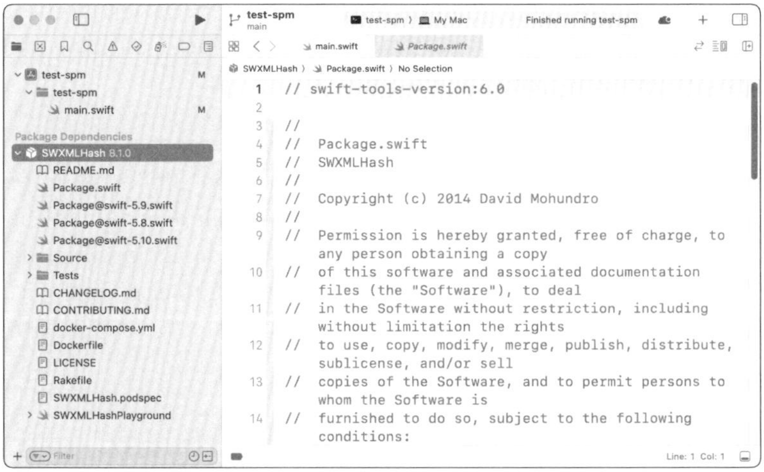

Abbildung 12.4 Der Projekt-Explorer zeigt unter »Package Dependencies« alle externen Bibliotheken samt deren Quellcode an.

TEIL III

SwiftUI

Kapitel 13
Views

Nach den zugegebenermaßen recht theoretischen Kapiteln zur Syntax der Sprache Swift folgt nun im dritten Teil dieses Buchs eine Einführung zu SwiftUI. Sie werden sehen, dass die Lektüre dieser Kapitel deutlich abwechslungsreicher ist: Der praktische Nutzen der einzelnen Komponenten (»Views«) erschließt sich sofort, zahlreiche Abbildungen lockern den Text auf.

SwiftUI steht für *Swift User Interface*. Die relativ neue Bibliothek eignet sich zur Gestaltung von grafischen Oberflächen für Apps auf allen erdenklichen Geräten – von der Apple Watch bis zur Brille Apple Vision Pro. Ich konzentriere mich in diesem Buch allerdings auf die Betriebssysteme iOS für iPhones und iPads sowie macOS für MacBooks und andere »herkömmliche« Computer von Apple.

Apple hat SwiftUI 2019 vorgestellt. Damals war SwiftUI aber alles andere als praxistauglich. Wer sich darauf verlassen hat, dass Apple normalerweise fertige, ausgereifte Produkte vorstellt, wurde 2019 enttäuscht. Die Bibliothek leidet bis heute darunter, dass viele Entwicklerinnen und Entwickler SwiftUI ausprobierten, nach einigen Monaten frustriert zum UIKit zurückkehrten und SwiftUI danach keine zweite Chance mehr gaben. Das ist schade, weil SwiftUI dem UIKit mittlerweile in beinahe jeder Hinsicht weit überlegen ist. (Es gibt aber noch immer vereinzelte UIKit-Komponenten ohne SwiftUI-Entsprechung. Zur Not müssen Sie UIKit-Code mit SwiftUI kombinieren – siehe Abschnitt 17.5, »UIKit-Views in SwiftUI verwenden«.)

Im Mittelpunkt dieses Kapitels stehen »Views« (Ansichten), also die Grundbausteine jeder App. Syntaktisch gesehen ist eine `View` ein Protokoll. Es schreibt vor, dass jede Struktur, die dieses Protokoll implementiert, die Eigenschaft `body` zur Verfügung stellt. Der Code für `body` legt dann fest, wie die View aussieht und funktioniert.

In der SwiftUI-Bibliothek gibt es zahlreiche vordefinierte Strukturen, die dem `View`-Protokoll entsprechen: Buttons, Textfelder, Listen, Stacks (Container) usw. Sie setzen Ihre eigenen Apps aus solchen vordefinierten Komponenten zusammen oder schreiben Code für eigene Views, also gewissermaßen für eigene Steuerelemente. Das gelingt verblüffend einfach!

In diesem Kapitel stelle ich Ihnen grundlegende Views wie `Button`, `Text`, `HStack` oder `VStack` vor und erkläre Ihnen, wie Sie daraus Oberflächen kombinieren und deren

Aussehen modifizieren. Zur optischen Gestaltung sowie zur Veränderung anderer Eigenschaften setzen Sie sogenannte Modifier ein. Auf technischer Ebene handelt es sich dabei um nachgestellte Methoden.

Um auf Ereignisse wie Berührungen oder Fingergesten zu reagieren, statten Sie Ihren Code mit Action-Closures aus. Der dort formulierte Code wird ausgeführt, sobald ein Ereignis auftritt.

Auch wenn Sie SwiftUI-Oberflächen ausschließlich durch Code steuern, hilft Ihnen Xcode bei der Gestaltung und beim Test. Daher gehe ich in diesem Kapitel auch darauf ein, mit welchen Funktionen Xcode den App-Entwurf unterstützt.

In den weiteren Kapiteln geht es dann um den Datenaustausch zwischen Views und Ihren eigenen Daten (Bindings), um den Umgang mit Listen, um die Gestaltung von Apps mit mehreren Ansichten (Navigation) sowie um die Programmierung von optisch ansprechenden Übergängen zwischen verschiedenen Ansichten (Animationen).

Deklarativ versus imperativ

SwiftUI ist ein deklaratives Framework zur Gestaltung von Oberflächen. »Deklarativ« bedeutet, dass Sie per Code das Aussehen und die Funktionsweise festlegen, ohne aber jedes Detail der dahinterliegenden Logik auszuformulieren. Das Framework weiß selbst, wie es sich beim Berühren eines Buttons verhalten soll, welche Daten/Variablen es mit der Oberfläche synchronisiert und wie es Komponenten der Oberfläche je nach Zielplattform (iOS, macOS etc.), Modus (Light/Dark Mode), Drehung (Portrait/Landscape) und Schriftgröße optisch und funktionell gestaltet.

Im Gegensatz dazu ist UIKit ein imperatives Framework. Hier legen Sie selbst fest, wie Ihr Programm reagiert, wenn ein Button berührt bzw. angeklickt wird. Sie formulieren selbst Code für Aktionen, verändern selbst Daten/Variablen in Ihrem Programm bzw. den Inhalt der Steuerelemente. Solange es nur einen Button gibt, ist die Programmierung imperativer Frameworks trivial einfach. Mit mehreren sich gegenseitig beeinflussenden Optionen, Programmzuständen und Ereignissen explodiert aber die Anzahl der Varianten, in welcher Reihenfolge imperativ formulierter Code ausgeführt wird. Oft gibt es zum Schluss Sonderfälle, bei denen sich Ihre App falsch verhält. Das Debugging ist dann sehr aufwendig, weil es kaum gelingt, die zum Fehler führende Ereignisabfolge zu rekonstruieren.

Deklarative Frameworks gelten aktuell als der beste Weg, komplexe Oberflächen zu gestalten. Deklarative Frameworks sind auch für viele andere Sprachen modern geworden, z. B. Jetpack Compose (Kotlin), Flutter (Dart) oder React (JavaScript/TypeScript).

SwiftUI versus UIKit

Trotz der unumstrittenen Vorteile des deklarativen Konzepts hatte SwiftUI einen schweren Start. Ein Grund bestand darin, dass die ersten SwiftUI-Versionen tatsächlich komplett unausgereift waren. Dazu kam die anfangs äußerst schwache Xcode-Unterstützung: Während UIKit-Oberflächen relativ intuitiv mit ein paar Mausklicks zusammengestellt und in XML-Dateien gespeichert werden, setzt SwiftUI rein auf Swift-Code. Persönlich sehe ich darin einen großen Vorteil, aber natürlich ist die erstmalige Umstellung unbequem. Mittlerweile hat Apple die Xcode-Integration stark verbessert: Xcode unterstützt Sie nun mit Dialogen bei der Einstellung grundlegender Eigenschaften von Views, beim Einfügen neuer Views sowie bei der Restrukturierung des Codes. Vor allem wenn Sie den Umgang mit SwiftUI neu lernen, sind diese Xcode-Features hilfreich. (Ein paar Wochen später werden Sie den Großteil des Codes über die Tastatur eingeben – das ist bei Weitem der schnellste Weg.)

Während diese behobenen Probleme wie ausgestandene Kinderkrankheiten erscheinen, kritisieren UIKit-Fans, dass SwiftUI das etablierte Framework bis heute nicht vollständig ersetzen kann. Beispielsweise fehlen Möglichkeiten zur Darstellung von Webseiten (`UIWebView`), zur Darstellung und Bearbeitung von formatiertem Text (`UITextView`), zum Abspielen von Mediendateien und zum Zugriff auf die Kamera, zur Ausführung von Low-Level-Grafik-Code etc. Der einfachste Ausweg besteht darin, die entsprechenden UIKit-Komponenten in die eigene SwiftUI-App zu integrieren. Das gelingt am einfachsten über eine Kompatibilitätsschicht (`UIViewRepresentable` und `UIViewControllerRepresentable`).

Trotz dieser Einschränkungen habe ich mich dazu entschlossen, in diesem Buch voll auf SwiftUI zu setzen. Natürlich ist das UIKit als Technologie nicht tot: Alleine zur Wartung alten Codes wird es das Framework sicher noch viele Jahre geben. Die Zukunft gehört aber ganz eindeutig SwiftUI. Das neue Framework bietet gegenüber dem UIKit unzählige Vorteile: einfacherer, kürzerer und besser wartbarer Code, effizientere Ausführung, höhere Entwicklungsgeschwindigkeit, höhere Kompatibilität über mehrere Plattformen usw. Wenn Sie also eine neue App starten, sollte SwiftUI unbedingt die erste Wahl sein!

13.1 Grundlagen

In Kapitel 1, »Hello, World!«, habe ich Ihnen bereits den Aufbau des Hello-World-Codes erläutert, mit dem jedes neue SwiftUI-Projekt startet. Ich gehe auch in diesem Kapitel davon aus, dass Sie mit einem neuen Testprojekt vom Typ MULTIPLATFORM • APP experimentieren. Nachdem Sie das Projekt geöffnet haben, ersetzen Sie in der Datei `ContentView.swift` den vorgegebenen Code für die `body`-Eigenschaft durch Ihren eigenen Code. Im Unterschied zu Kapitel 1 gehe ich jetzt aber davon aus, dass Ihnen

Begriffe wie »Closure«, »Konstruktor«, »Protokoll« oder »Read-only Property« vertraut sind.

Ich empfehle Ihnen, im Preview-Fenster ein iPhone als Vorschaugerät zu verwenden. Die Ausführung des dafür notwendigen Simulators kostet mehr Rechenzeit und Arbeitsspeicher als die Defaultansicht im macOS-Modus. Wenn Sie aber primär iOS-Apps entwickeln möchten, sollten Sie diese Nachteile in Kauf nehmen. Im Gegenzug erhalten Sie eine iOS-typische Arbeitsumgebung, was beim Erlernen von SwiftUI im Hinblick auf die App-Entwicklung durchaus hilfreich ist.

Was ist die »ContentView«?

Der Mustercode neuer Apps erzeugt in <projektname>App.swift eine Instanz der `ContentView`-Struktur und zeigt diese an. Somit bestimmt die `ContentView` das anfängliche Erscheinungsbild Ihrer App.

`ContentView` ist aber kein vorgegebener Name in SwiftUI. Sie können die Startansicht Ihrer App ebenso gut in einer eigenen Struktur realisieren. Diese Struktur muss wie `ContentView` das `View`-Protokoll implementieren. Außerdem müssen Sie den Main-Code in <projektname>App.swift anpassen und dort anstelle von `ContentView` den Konstruktor Ihrer eigenen Struktur aufrufen.

View-Gestaltung mit Modifiern

Views sind Komponenten einer App. Es gibt Views zur Darstellung von Texten, Bildern oder Listen, zur Realisierung von Buttons und Optionsfeldern, zur Auswahl von Datum und Uhrzeit usw. Wichtig ist, dass an vielen Stellen im SwiftUI-Code exakt *ein* `View`-Element erwartet wird. Sie müssen dort also Code eingeben, der genau eine View (z. B. einen Text oder einen Button) erzeugt und zurückgibt. Alles andere, also z. B. der Aufruf von `print` oder das Erzeugen mehrerer Views, führt zu einem Syntaxfehler. Falls Sie mehrere Views neben- oder übereinander platzieren möchten, müssen Sie diese in Container-Views wie `HStack` oder `VStack` verpacken. Darauf gehe ich gleich ein.

Views verwenden bei der Darstellung ihres Inhalts Defaulteinstellungen für Farben und Schriftgrößen, die von der Zielplattform abhängig sind. tvOS verwendet standardmäßig viel größere Schriften als iOS. Gleichzeitig berücksichtigt SwiftUI aber auch die gerade aktiven Einstellungen des Geräts (Light oder Dark Mode, vom Benutzer eingestellte größere oder kleinere Schriften etc.

Wenn Sie eine von den Defaulteinstellungen abweichende Darstellung wünschen, fügen Sie dem View-Konstruktor sogenannte Modifier hinzu. Modifier sind spezielle

Methoden, die die View verändern. Je nach View-Typ können Sie damit Farben, Größen, Abstände sowie die Ausrichtung des Inhalts beeinflussen (siehe Abbildung 13.1).

Als Ausgangspunkt zum Experimentieren mit Modifiern verwenden Sie am besten eine Text-View mit einem etwas längeren Text:

```
// Projekt hello-swiftui, Datei ContentView.swift
import SwiftUI  // importiert das SwiftUI-Framework, in
                // jeder Code-Datei erforderlich!

struct ContentView: View {
    var body: some View {
        Text("Lorem ipsum dolor sit amet, consetetur sadipscing
              elitr, sed diam nonumy eirmod tempor invidunt ut
              labore et dolore magna aliquyam erat, sed diam
              voluptua.")
            .font(.body)                      // Schriftgröße
            .fontWeight(.bold)                // fette Schrift
            .foregroundColor(.blue)           // blaue Schrift
            .background(.yellow)              // gelber Hintergr.
            .multilineTextAlignment(.center)  // zentriert
            .lineLimit(3)                     // max. 3 Zeilen
    }
}
```


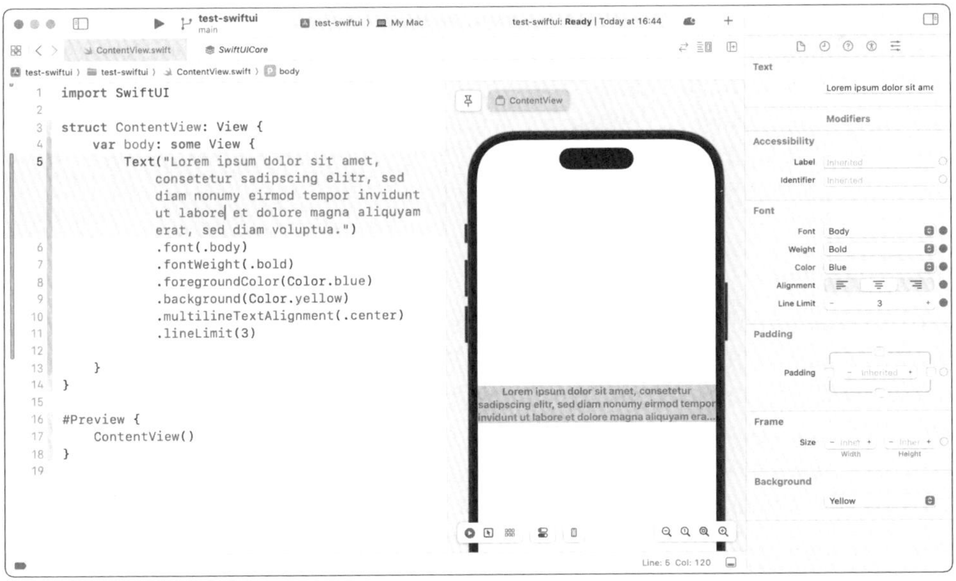

Abbildung 13.1 Die Darstellung des Texts wurde durch etliche Modifier beeinflusst. Rechts ist der Attributinspektor zu sehen.

Modifier sind Methoden, die als Ergebnis eine neue View zurückgeben. (Die Bezeichnung »Modifier« ist also irreführend! Modifier-Methoden verändern eine View nicht, sondern erzeugen eine neue View, bei der *eine* Eigenschaft anders ist als bisher.)

Im obigen Beispiel erzeugt `Text("Lorem ...")` die originäre Text-View. Die nachfolgenden Modifier liefern immer wieder neue Views. Tatsächlich angezeigt wird nur das vom letzten Modifier gelieferte Ergebnis.

Es ist üblich, die Modifier zeilenweise anzuwenden. Das liefert den am besten lesbaren Code. Syntaktisch ist es aber natürlich auch korrekt, mehrere Modifier in einer Zeile zu kombinieren, also beispielsweise:

```
Text("Lorem ...").font(.body).fontWeight(.bold)
    .foregroundColor(.blue).background(.yellow)
    .multilineTextAlignment(.center).lineLimit(3)
```

Die Modifier-Reihenfolge ist wichtig

Bei diesem Beispiel ist es egal, in welcher Reihenfolge Sie die Modifier anwenden. Sämtliche beeinflussten Eigenschaften sind voneinander unabhängig. Das ist aber nicht immer der Fall! Gerade bei Modifiern, die die Darstellung von Bildern beeinflussen, sieht das Endergebnis je nach Reihenfolge unterschiedlich aus!

Welche Modifier gibt es? Eine ganze Menge! Im Verlauf der nächsten Kapitel werde ich Ihnen eine Menge näher vorstellen. Bei der Code-Eingabe hilft die automatische Vervollständigung. Alternativ können Sie das betreffende View-Element im Code mit der rechten Maustaste anklicken und SHOW SWIFT UI INSPECTOR anklicken. Damit gelangen Sie in einen Dialog, in dem Sie per Mausklick die wichtigsten Modifier aktivieren bzw. einstellen können. Dieselben Optionen zeigt auch der Attributinspektor in der rechten Xcode-Seitenleiste (siehe Abbildung 13.1).

Container-Views

Die `body`-Eigenschaft des `View`-Protokolls erwartet genau eine `View`-Instanz. Die Oberflächen von Apps bestehen aber aus vielen Views. Die Lösung dieses Dilemmas sind Container-Views. In ihnen können mehrere andere Views platziert werden. Nach außen hin gelten Container aber als *eine* View. Die beiden wichtigsten Container sind der `HStack` und der `VStack`. In ihnen werden mehrere Views nebeneinander (horizontal) oder übereinander (vertikal) angeordnet (siehe Abbildung 13.2).

Das folgende Listing zeigt die Anwendung von `VStack` und `HStack` und stellt gleich den nächsten Modifier vor: `padding` umgibt die View mit einem außen liegenden Rand (standardmäßig 16 Punkte). `padding` wird oft dazu verwendet, um den Abstand zwischen Views zu vergrößern. Der `padding`-Abstand gilt normalerweise für alle vier

Ränder. Optional können Sie den Abstand aber auch gezielt nur an einzelnen Seiten anwenden, z. B. mit `.padding(.leading, 20)` oder ‘`.padding(.vertical, 6)`.

```
// Projekt hello-swiftui, Datei Container.swift
struct ContainerTest1: View {
    var body: some View {
        VStack {
            Text("Text 1")
                .background(.yellow)
            Text("Text 2")
                .background(.gray)
            HStack {
                Text("Text 3")
                    .background(.yellow)
                Text("Text 4")
                    .background(.gray)
            }
            .padding(8)
            .background(.blue)

            Text("Text 5")
                .padding() // 16 by default
                .background(.white)
        }
        .padding()          // 16 by default
        .background(.green)
    }
}
```


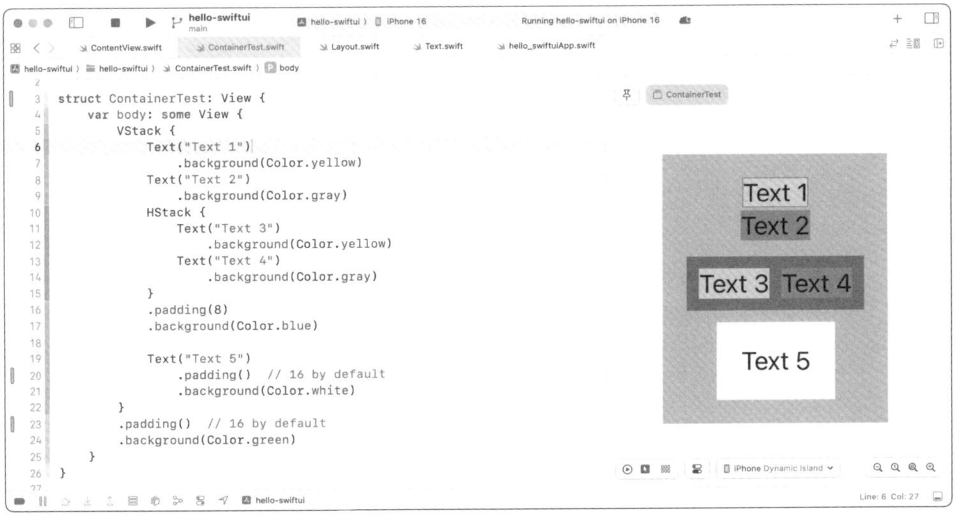

Abbildung 13.2 VStack- und HStack-Container

padding und background sind ein gutes Beispiel dafür, wie wichtig die Reihenfolge der Modifier ist. Im folgenden Listing wird »Text A« zuerst von einem 16 Punkt breiten Rand umgeben. Der Text samt Rand wird rot eingefärbt.

```
// um 20 Point vergrößerte Textbox mit rotem Hintergrund
Text("Text A")
    .padding(20)
    .background(.red)
```

Bei »Text B« ist dagegen nur der Texthintergrund blau. padding wird danach angewendet. Der Rand hat die Hintergrundfarbe des Containers, wirkt also durchsichtig.

```
// Textbox mit blauem Hintergrund, rundherum ein 20 Punkt
// breiter Rand in der Hintergrundfarbe des Containers
Text("Text B")
    .background(.blue)
    .padding(20)
```

Punkt versus Pixel

Absolute Maße werden grundsätzlich in Punkt ausgedrückt. Auf iPhones und iPads der ersten Generation entspricht ein Punkt einem Pixel. Bei Retina-Geräten entspricht ein Punkt pro Dimension zwei Pixeln, d. h., es werden 2 × 2 = 4 Pixel gezeichnet. Aktuelle Geräte haben eine noch höhere Auflösung, ein Punkt entspricht also noch mehr Pixeln. Punkt ist damit eine von der tatsächlichen Auflösung des Geräts unabhängige Einheit.

Mehrere Views mit ForEach erzeugen

In Containern und Listen wollen Sie oft in einer Schleife mehrere Views erzeugen (siehe Abbildung 13.3). Dabei hilft ForEach. Das ist kein grundlegendes Swift-Sprachelement, sondern vielmehr eine in der SwiftUI-Bibliothek definierte Struktur, die Elemente eines bestimmten Typs (im folgenden Code: Text-Views) produziert und zurückgibt. Sie übergeben an ForEach eine Aufzählung und geben in der nachfolgenden Closure an, wie aus der Schleifenvariable $0 eine View erzeugt wird.

```
// Projekt hello-swiftui, Datei Layout.swift
// erzeugt zehn Texte mit bunten Hintergrundfarben
VStack {
    ForEach(0..<10) {
        Text("Text \($0)")
            .padding(8)
            .background(Color.random())
    }
}
```

```
// Erweiterung zu 'Color' zum Erzeugen einer zufälligen Farbe
extension Color {
    static func random() -> Color {
        Color(
            red: Double.random(in: 0...1),
            green: Double.random(in: 0...1),
            blue: Double.random(in: 0...1)
        )
    }
}
```

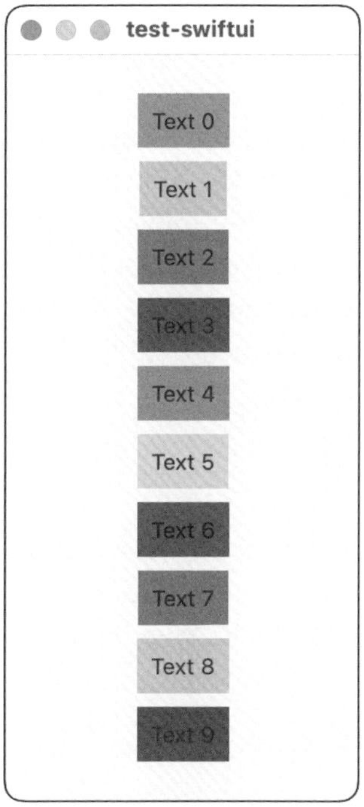

Abbildung 13.3 Zehn Texte mit zufälligen Hintergrundfarben in einem VStack, hier in einer macOS-App dargestellt

ForEach mit id-Parameter

Im obigen Beispiel produziert `VStack { ForEach(0..<10){ ... } }` zehn Textfelder. Wenn Sie den Wertebereich in `ForEach` auf `0...9` umstellen, funktioniert das Beispiel aber plötzlich nicht mehr! Die angezeigte Fehlermeldung wird Ihnen nicht weiterhelfen:

```
Cannot convert value of type 'ClosedRange<Int>' to expected
argument type 'Range<Int>'
```

Das Problem besteht darin, dass das SwiftUI-Framework jede View eindeutig identifizieren und zuordnen können muss. Der Zahlenbereich `0..<10` ist intern ein `Range<Int>`. Dieses entspricht dem Protokoll `RandomAccessCollection`, welches wiederum `Identifiable` implementiert. Mit anderen Worten: Jede von `0..<10` produzierte Zahl erfüllt den vom SwiftUI geforderten Eindeutigkeitsanspruch und ist für die Zuordnung ausreichend.

Wenn Sie dagegen den scheinbar gleichwertigen Zahlenbereich `0...9` verwenden, haben Sie intern eine Struktur vom Typ `ClosedRange<Int>`, der *nicht* dem `Identifiable`-Protokoll entspricht! (Warum sich Apple entschlossen hat, die beiden Range-Operatoren intern unterschiedlich zu implementieren, dürfen Sie mich nicht fragen.)

Es gibt mehrere Lösungen zu diesem Problem. In unserem Fall ist es am einfachsten, eben den Operator `..<` und nicht `...` einzusetzen. Aber oft wollen Sie mit `ForEach` gar keinen Zahlenbereich abbilden, sondern alle Elemente einer Aufzählung durchlaufen, also z. B. `ForEach(users){ user in ... }`. Der Idealfall besteht darin, dass die zugrunde liegende `User`-Klasse das Protokoll `Identifiable` implementiert, also selbst eine eindeutige `id`-Eigenschaft zur Verfügung stellt. Wenn das nicht der Fall ist, müssen Sie in `ForEach` den optionalen `id`-Parameter verwenden und – zumeist in der KeyPath-Syntax – einen Parameter angeben, der für alle Elemente eindeutig ist.

```
// setzt voraus, dass die User-Klasse eine email-Eigenschaft hat
// UND alle Benutzer eindeutige E-Mail-Adressen haben
ForEach(users, id: \.email) { ... }
```

Den `id`-Parameter können Sie natürlich auch verwenden, wenn Sie an `ForEach` einen Bereich mit dem Operator `...` übergeben. `\.self` verweist hier auf das gesamte gerade von `ForEach` produzierte Objekt, hier also eine Zahl zwischen 1 und 10. Wichtig ist nur, dass die Werte eindeutig sind!

```
// verwendet die Zahlenwerte zur Identifikation
ForEach(0..<10, id: \.self) {
    Text("Text \($0)")
}
```

Layout

Vielleicht ist es Ihnen aufgefallen: Die bisherigen Beispiele enthielten, abgesehen vom `padding`-Modifier, keine konkreten Layout-Anweisungen. Tatsächlich ist der Ansatz von SwiftUI diesbezüglich ganz anders als bei UIKit, wo es mit stundenlanger Arbeit verbunden war, passende Layoutregeln zu entwerfen. Bei SwiftUI überlassen Sie die Layoutdetails weitgehend dem Framework: Sie geben nur vor, welche Elemente wie relativ zueinander positioniert werden. Soweit möglich, sind Views automatisch so groß, um ihren Inhalt aufzunehmen. Die Größe einer `Text`-View hängt also vom Text und der Schriftgröße ab.

Ganz ohne manuelle Eingriffe gelingt aber auch in SwiftUI kein optimales Layout: Die Container `HStack` und `VStack` zur horizontalen und vertikalen Anordnung sowie den `padding`-Modifier zur Einstellung der Abstände zwischen den Views habe ich Ihnen bereits vorgestellt.

Offen ist bisher geblieben, wie Sie die Ausrichtung von Views steuern können. Nehmen wir an, Sie wollen, dass die Views in einem `VStack` nicht mittig ausgerichtet werden (das ist das Standardverhalten), sondern links- oder rechtsbündig. Eigentlich wäre zu erwarten, dass auch dieses Verhalten durch einen Modifier gesteuert werden kann – doch die Suche bleibt vergeblich.

Manche (zum Glück wenige) View-Eigenschaften können nur durch Parameter beeinflusst werden, die an die Init-Funktion der jeweiligen View übergeben werden. Das erscheint inkonsequent, hat aber technische Gründe. Init-Parameter beeinflussen fundamentale Eigenschaften von Views, die bereits bei der Erzeugung festgelegt und nicht später dynamisch verändert werden können. Die Ausrichtung von Views innerhalb eines Containers zählt da offensichtlich dazu.


```
// VStack mit drei Texten, die linksbündig ausgerichtet sind
VStack(alignment: .leading) {
    Text("lorem ipsum")
    Text("dolor")
    Text("sit")
}
```

Die drei Texte im `VStack` werden nun linksbündig angezeigt, der gesamte `VStack` aber weiter mittig im iPhone-Screen. Nehmen wir an, Sie wollen den ganzen `VStack` in der rechten unteren Ecke platzieren (siehe Abbildung 13.4). Das gelingt am einfachsten, indem Sie die Komponente neuerlich in einen `HStack` und einen `VStack` verpacken und als zusätzliches Element einen sogenannten `Spacer` hinzufügen. Das ist eine View, die einfach so viel Platz wie möglich einnimmt.

```
// Projekt hello-swiftui, Datei Layout.swift
HStack {
    Spacer()        // horizontal Platz ausfüllen
    VStack {
        Spacer()  // vertikal Platz ausfüllen
        VStack(alignment: .leading) {
            Text("lorem ipsum")
            Text("dolor")
            Text("sit")
        }
        .background(.yellow)
    }
}
```

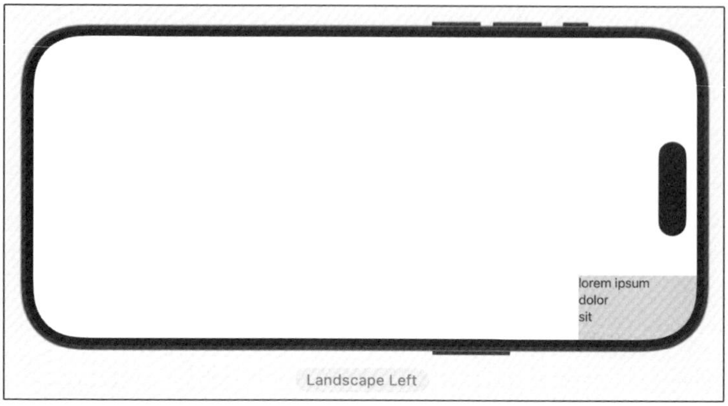

Abbildung 13.4 Linksbündiger Text in der rechten unteren Ecke einer iPhone-Vorschau im Querformat

In Ausnahmefällen können Sie die Größe einer View durch den `frame`-Modifier limitieren. Am häufigsten ist das bei der `Image`-View notwendig. Entsprechende Beispiele folgen in Abschnitt 13.4, »Image-Views«.

SwiftUI-Syntax

SwiftUI-Code sieht ein wenig anders aus als »gewöhnlicher« Swift-Code, wie Sie ihn in den bisherigen Kapiteln gesehen haben. Schon bei einfachen Beispielen entstehen unzählige Klammerebenen, wobei auf ersten Blick nicht immer klar ist, welchen syntaktischen Zweck die Klammern erfüllen. Relativ oft schließen Klammernpaare den Code zur Rückgabe eines Read-only-Properties ein (z. B. `body`). In anderen Fällen handelt es sich um Closures, deren Ergebnis an den (versteckten) letzten Parameter der Init-Funktion einer View übergeben wird. SwiftUI-Code nützt diverse Eigenheiten und Kurzschreibweise der Swift-Syntax aus, aber es handelt sich immer um *echten* Swift-Code.

```
struct ContentView: View {        // Code-Block für struct
   @State private var rotation = 0.0
   var body: some View {          // Read-only Computed Property
      VStack {                    // Closure für VStack-Init()
         ForEach(0..<10) {        // Closure für ForEach
            Text("Text \($0)")
         }
         Button("Rotieren") {  // Closure für Button-Init()
            rotation += 45
         }
         .rotationEffect(.degrees(rotation))
      }
   }
}
```

Der obige Code enthält einige Elemente, die in diesem Kapitel noch nicht behandelt wurden: Auf Buttons gehe ich im Abschnitt 13.3, »Buttons und Optionen«, näher ein, auf State-Variablen in Kapitel 14, »State, Binding und Observable«.

Wenn die Anzahl der Klammerebenen zu groß wird (persönlich versuche ich, sechs Ebenen möglichst nicht zu überschreiten), sollten Sie einen Teil des Codes in eine eigene View auslagern. Xcode ist Ihnen dabei behilflich. Entsprechende Beispiele folgen in Abschnitt 14.6, »Code-Organisation und eigene Views«.

13.2 Text

In diesem und den folgenden Abschnitten versuche ich, einen ersten Überblick über die wichtigsten in der SwiftUI-Bibliothek vorgegebenen Views zu geben. Weitere Views, z. B. zur Darstellung von Listen oder zur Navigation zwischen verschiedenen App-Ansichten, folgen in den weiteren Kapiteln. In diesem Abschnitt beginne ich mit Views zur Darstellung und Eingabe von Text (siehe Abbildung 13.5).

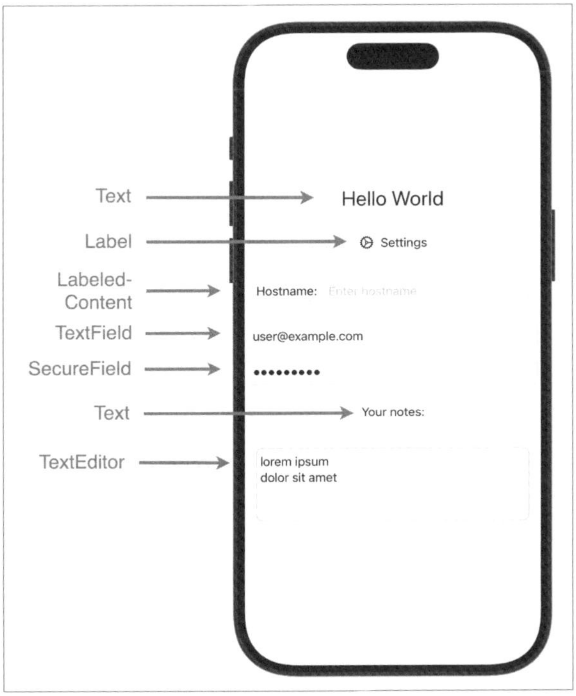

Abbildung 13.5 Grundlegende Text-Views

Das folgende Listing zeigt die Anwendung elementarer Text-Views. Die im Listing genannten Variablen müssen mit `@State` deklariert werden (z. B. `@State var email = ""`). Auf die Synchronisation zwischen Views und Variablen gehe ich in Kapitel 14,

»State, Binding und Observable«, ausführlich ein. Aus Platzgründen habe ich aus dem Listing diverse `padding`-Anweisungen entfernt.

```
// Projekt hello-swiftui, Datei Text.swift
VStack {
    // Text anzeigen
    Text("Hello World")
        .font(.title)
    // Text plus Icon
    Label("Settings", systemImage: "gear")
    // beschriftet die View in der nachfolgenden Closure
    LabeledContent("Hostname:") {
        TextField("Enter hostname", text: $hostname)
            .textFieldStyle(.roundedBorder)
    }
    // Texteingabe
    TextField("E-Mail", text: $email)
        .textFieldStyle(.roundedBorder)
        .keyboardType(.emailAddress)
    // Passworteingabe
    SecureField("Password", text: $password)
        .textFieldStyle(.roundedBorder)
    Text("Your notes:")
    // Text editor for multiline input
    TextEditor(text: $notes)
        .frame(height: 100)
        .overlay(
            RoundedRectangle(cornerRadius: 8)
                .stroke(Color.gray.opacity(0.4), lineWidth: 1)
        )
}
```

Text anzeigen

`Text` ist die populärste View zur Darstellung von Text. Der Text kann nicht verändert werden. Die Größe der View ergibt sich aus ihrem Inhalt, es sei denn, sie wird durch `frame`- oder `lineLimit`-Modifier beschränkt. In diesem Kapitel gab es bereits eine Menge Beispiele für die Anwendung dieser View.

Wenn Sie den Text mit einem Icon kombinieren möchten, bietet sich `Label` an. Über den Parameter `systemImage` können Sie wie im obigen Listing aus unzähligen vordefinierten Icons wählen. Alternativ können Sie mit dem Parameter `image` auf ein eigenes Bild verweisen, das sich in den Assets Ihrer App befindet (siehe auch Abschnitt 13.4, »Image-Views«). Eine dritte Option besteht darin, den Text und das darzustellende Bild selbst zu erzeugen. Das gibt Ihnen die größtmögliche Kontrolle über das Erscheinungsbild, ist syntaktisch aber umständlich. (Details zum Umgang mit der Image-View folgen in Abschnitt 13.4).

```
Label {
    Text("Login")
}
icon: {
    Image("my-custom-icon")
        .resizable()
        .scaledToFit()
        .frame(width: 20, height: 20)
}
```

Häufig verwenden Sie Text oder Label nur, um eine nachfolgende View zu beschriften. Für diesen Zweck können Sie auch LabeledContent verwenden. Der Vorteil: Das Erscheinungsbild der Beschriftung passt sich an den Stil des Kontexts an (z. B. einer Symbolleiste).

Markdown-Formatierung

Die Text-View hat ein verborgenes Feature: Sie berücksichtigt in der Zeichenkette enthaltene Markdown-Formatierungen und zeigt diese direkt an:

```
// formatiert 'bold' fett und 'italic' kursiv
Text("Text with **bold** and *italic* words.")
```

Swift betrachtet den Parameter der Init-Funktion von Text nicht als normale Zeichenkette, sondern als LocalizedStringKey, also als Zeichenkette, die bei mehrsprachigen Apps durch Texte in anderen Sprachen ausgetauscht wird (siehe auch Abschnitt 24.2, »Mehrsprachige Apps«). Die Verarbeitung grundlegender Markdown-Formatierungen gehört zu den LocalizedStringKey-Features.

Wenn Sie die automatische Formatierung nicht wünschen, stellen Sie den Markdown-Sonderzeichen \ voran, verwenden den verbatim-Parameter oder geben explizit an, dass die Zeichenkette als String betrachtet werden soll.

```
let txt = "**not bold**"  // txt ist ein String, kein
Text(txt)                 // LocalizedStringKey
Text(verbatim: "**not bold**")
Text("**not bold**" as String)
```

Damit die Markdown-Formatierung auch bei Texten funktioniert, die außerhalb von Text deklariert wurden, verwenden Sie explizit den Datentyp LocalizedStringKey oder verarbeiten die Zeichenkette mit LocalizedStringKey(s). Die folgenden Zeilen mit einer mehrzeiligen Raw-Zeichenketten zeigen die Grenzen der Markdown-Logik (siehe Abbildung 13.6).

```
let msg : LocalizedStringKey = #"""
    Regular text.

      * **Bold** text.
      * *Italic* text.
      * ***Bold, italic*** text.

    `Code works also: <html>\a\b\c`

    ```
    but multi-line
    listings fail
    ```

    My website: kofler.info
    """#

Text(msg)
```

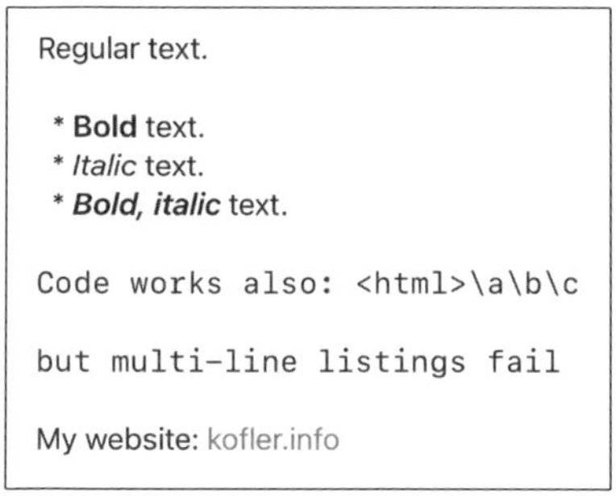

Abbildung 13.6 Markdown-Formatierung von Text

Texteingabe (TextField und SecureField)

Zur Eingabe einzeiliger Texte verwenden Sie normalerweise ein `TextField`. Der im ersten Parameter übergebene Text wird in grauer Schrift im Textfeld angezeigt, bis Sie mit der Eingabe beginnen. Der Text ist also ein Indikator für den Benutzer, welche Eingabe in dem Feld erwartet wird. Bei einfachen Formularen können Sie damit auf die explizite Beschriftung jedes Textfelds verzichten.

`TextField` nutzt standardmäßig die gesamte horizontale Breite, was bei einem iPhone im Portrait-Modus zweckmäßig ist. Wenn Sie ein `TextField` in einer iPad-App oder unter macOS verwenden, müssen Sie die Breite limitieren – entweder indirekt über einen Container oder direkt mit dem `frame`-Modifier (z. B. `frame(maxWidth: 400)`). Anders als bei `Text` ist es nicht möglich, die gewünschte Zeilenanzahl direkt festzulegen.

Standardmäßig ist ein TextField von einem dünnen rechteckigen Rahmen umgeben. Wenn Sie abgerundete Formen vorziehen, verwenden Sie den Modifier textField-Style(.roundedBorder).

Zur Eingabe von Passwörtern verwenden Sie ein SecureField. Anstelle des eingegebenen Texts werden nur Punkte angezeigt.

Eingabe mehrzeiliger Text (TextEditor)

Für mehrzeilige Eingaben benötigen Sie einen TextEditor. Diese View nimmt automatisch den gesamten zur Verfügung stehenden Raum ein. Deswegen ist es oft notwendig, die Größe mit dem Modifier frame zu beschränken.

Wie TextField fehlt auch dem TextEditor eine optische Umrandung. Zudem bleibt der Modifier textFieldStyle wirkungslos. Um die View mit einem Rahmen zu umgeben, verwenden Sie am besten den overlay-Modifier und zeichnen damit ein abgerundetes Rechteck über die View (siehe das vorherige Listing).

Tastatur

Solange Sie Ihre Apps in der Xcode-Vorschau oder im Simulator ausführen, können Sie Texteingaben mit Ihrer Mac-Tastatur durchführen. Die Software-Tastatur von iOS erscheint gar nicht. Um realistischere Tests durchzuführen, können Sie diese Funktion im Menü des Simulators unter I/O • KEYBOARD deaktivieren. Alternativ führen Sie die App auf einem echten iPhone oder iPad aus.

iOS kennt verschiedene Tastaturvarianten zur Eingabe von beliebigem Text, E-Mail-Adressen, Zahlen bzw. Telefonnummern etc. Die gewünschte Variante steuern Sie über den Modifier keyboardType. Zulässige Einstellungen sind unter anderem .email-Address, .numberPad, .decimalPad, .phonePad und .URL. Falls Sie Multi-Plattform-Apps entwickeln, dürfen Sie keyboardType nur für den iOS-Build verwenden!

```
// Email keyboard (nur iOS!)
TextField("Email", text: $email)
    #if os(iOS)
    .keyboardType(.emailAddress)
    #endif
```

Sofern es keine Bluetooth-Tastatur gibt, wird die iOS-Software-Tastatur bei Bedarf automatisch eingeblendet. Problematischer ist das Ausblenden: Nicht immer erkennt iOS, dass Ihre Eingabe abgeschlossen ist und Sie eigentlich gerne den von der Tastatur verborgenen Teil der App wieder sehen würden. In solchen Fällen müssen Sie die Tastatur explizit ausblenden.

Die Vorgehensweise ist leider umständlich: Sie müssen innerhalb Ihrer ContentView oder einer anderen App-Ansicht eine Variable mit dem Property Wrapper @FocusState deklarieren. Sie steuert, ob ein Element Ihrer App den Tastaturfokus hat. Diese Variable synchronisieren Sie bei allen Eingabefeldern mit dem Modifier focused. Über einen Button oder über eine Berührung des Hintergrunds der App haben Sie nun die Möglichkeit, diese Variable auf false zu stellen und die Tastatur so auszublenden.

```
// Projekt hello-swiftui, Datei Text.swift
struct KeyboardHandling: View {
    @State private var password = ""
    @State private var email = ""
    @FocusState private var isFocused: Bool

    var body: some View {
        ZStack {
            // gesamten Hintergrund berührbar machen
            Color.clear
                .contentShape(Rectangle())
                .onTapGesture {
                    // Tastatur ausblenden
                    isFocused = false
                }
            // über dem Hintergrund: VStack mit den TextFields
            VStack {
                TextField("Email", text: $email)
                    .keyboardType(.emailAddress)
                    .focused($isFocused)
                SecureField("Password", text: $password)
                    .focused($isFocused)
                // ...
            }
        }
    }
}
```

Ein letztes Problem besteht darin, den ganzen Hintergrund der App berührbar zu machen. Am zuverlässigsten ist die im vorigen Listing skizzierte Variante, bei der in einem ZStack unter die eigentliche Oberfläche eine weitere Ebene platziert wird, die nur aus einer unsichtbaren Farbe besteht. Color erfüllt das View-Protokoll und gilt daher als gültiges Element im ZStack-Container. Die Ebene wird mit einem Rechteck ausgefüllt. Bei einer Berührung (onTapGesture) wird der Code in der nachfolgenden Closure ausgeführt.

13.3 Buttons und Optionen

In seiner Grundform ist die `Button`-View denkbar einfach anzuwenden: Sie übergeben als Parameter die Beschriftung und stellen den beim Anklicken auszuführenden Code als Closure hintan:

```
Button("Click me") {
  doSomething()
}
```

In der Praxis werden Sie in Buttons oft Aktionen auslösen, z. B. das Schließen eines Dialogs oder den Wechsel in eine andere Ansicht der App. Beispiele dazu folgen in den weiteren Kapiteln. Um einen Button einfach nur auszuprobieren, möchten Sie vermutlich irgendein optisches Feedback. Ich zeige Ihnen hier, wie Sie den Button mit jedem Klick um 45 Grad drehen. Dazu speichern Sie den Rotationszustand des Buttons in der Variablen und verwenden diese Variable, um den Modifier `rotationEffect` einzustellen. Auch wenn das Beispiel schon wieder in das Thema des nächsten Kapitels reicht, in dem ich Ihnen den Property Wrapper `@State` genau erkläre (siehe Kapitel 14, »State, Binding und Observable«), sollte der folgende Code leicht verständlich sein.

```
// Projekt hello-swiftui, Datei Button.swift
struct RotatingButton: View {
    @State private var rotation = 0.0

    var body: some View  {
        Button("Click me") {
            rotation += 45
        }
        .rotationEffect(.degrees(rotation))
    }
}
```

Button-Gestaltung

Zur optischen Gestaltung des Buttons stehen diverse Modifier zur Wahl. Das folgende Listing zeigt die Anwendung der drei wichtigsten:

```
Button("Click me") { doSomething() }
    .buttonStyle(.borderedProminent)  // ausgefüllt
    .controlSize(.large)              // größer
    .tint(.red)                       // rot
```

Alternativ können Sie mit dem role-Parameter die Funktion des Buttons beschreiben. Die beiden zulässigen Einstellungen sind .destructive und .cancel:

```
Button("Delete", role: .destructive) {
    deleteAllData()
}
```

Buttons müssen nicht unbedingt aus Text bestehen. Sie können jede beliebige View in einen Button verpacken. Dazu formulieren Sie nach Button zwei Closures, eine für die Reaktion und eine für die Gestaltung. Die Reihenfolge dieser Closures ist ein wenig verwirrend: Die Action-Closure muss zuerst angegeben werden! (Sie werden im Verlauf der folgenden Kapitel feststellen, dass das ein übliches SwiftUI-Muster ist: Wenn es zwei Closures gibt, ist die erste für die Aktion zuständig, die zweite für das Aussehen.)

```
Button {
    deleteData()
} label: {
    // rot ausgefüllter Kreis mit Mülleimer-Icon
    Image(systemName: "trash")
        .padding()
        .background(Color.red)
        .foregroundColor(.white)
        .clipShape(Circle())
}
```

Closure-Interna

Wie kommt die anfänglich irritierende Closure-Reihenfolge zustande? Hier lohnt es sich, einmal genauer auf die Deklaration der Button-Struktur zu sehen. In Xcode klicken Sie dazu mit [cmd] auf das Schlüsselwort Button. Ich habe hier nur die Grunddeklaration und eine Extension wiedergegeben, auf alle weiteren Extensions und Sonderfälle verzichtet.

```
// interne Deklaration der Button-Struktur
struct Button<Label> : View where Label : View {
    // für Button { myAction() } label: { returnView() }
    init(action: @escaping () -> Void,
         @ViewBuilder label: () -> Label)
}
// Convenience Init, akzeptiert Text als ersten Parameter
extension Button where Label == Text {
    // erlaubt Button("text") { myAction() }
    init(_ titleKey: String, action: @escaping () -> Void)
}
```

In `struct Button<Label>` wird also die allgemeingültige Init-Funktion für den Button definiert, zuerst mit dem `action`-Parameter, dann `label`. Die übliche Formulierung

```
Button {
    myAction()  // Reaktion
} label: {
    Image(...)  // Aussehen
}
```

ist eigentlich eine Kurzschreibweise mit nachgestellten Closures (siehe Abschnitt 7.5, »Closures«). Ohne Nachstellen müssen beide Parameter benannt werden, und der Code würde so aussehen:

```
Button(action: { myAction() },
       label:  { Image(...) })
```

Zuletzt noch eine Auffrischung zum `@escaping`-Attribut (siehe Abschnitt 12.2, »Attribute, Property Wrapper und Makros«): Das Attribut ist notwendig, weil die `action`-Closure nicht sofort ausgeführt werden soll, sondern erst später, wenn der Button tatsächlich berührt wird.

Button-Varianten: Toggle, Picker, Stepper und Slider

Zum klassischen Button gibt es einige mehr oder weniger offensichtliche Varianten, um Optionen bzw. Werte in einem vorgegebenen Bereich auszuwählen (siehe Abbildung 13.7). Im folgenden Listing präsentiere ich Ihnen die grundsätzliche Anwendung von `Toogle`, `Picker`, `Stepper` und `Slider`. Die Views sind in ein Formular mit mehreren Abschnitten verpackt. `Form` ist ein Container, der speziell zur Gestaltung von Dialogen oder Formularen gedacht ist. `Section` gliedert den Dialog in mehrere Bereiche und beschriftet diese gleich.

Abbildung 13.7 Derselbe Code, aber ganz unterschiedliches Erscheinungsbild unter macOS und iOS

```
// Projekt hello-swiftui, Datei Button.swift
struct ButtonVariants: View {
    @State private var isNotificationsEnabled = false
    // analog für weitere Variablen

    var body: some View {
        Form {
            // Toggle unter iOS = Checkbox unter macOS
            Section(header: Text("Toggle")) {
                Toggle("Enable Notifications",
                       isOn: $isNotificationsEnabled)
            }
            Section(header: Text("Picker")) {
                // Picker als Multi-Button
                Picker("Select Option",
                       selection: $selectedOption)
                {
                    Text("Option 1").tag(0)
                    Text("Option 2").tag(1)
                    Text("Option 3").tag(2)
                }
                .pickerStyle(.segmented)
                // synchroner Picker als Menü
                Picker("Menu Style", selection: $selectedOption)
                {
                    Text("Option 1").tag(0)
                    Text("Option 2").tag(1)
                    Text("Option 3").tag(2)
                }
                .pickerStyle(.menu)
            }
            // Stepper und Slider
            Section(header: Text("Stepper")) {
                Stepper("Quantity: \(quantity)",
                        value: $quantity, in: 1...10)
            }
            Section(header: Text("Slider")) {
                VStack {
                    Slider(value: $volume)
                    Text("Volume: \(Int(volume * 100))%")
                }
            }
        }
    }
}
```

Wenn Sie bei der Änderung eines Zustands Code ausführen möchten, ergänzen Sie die View um einen onChange-Modifier. Die nachfolgende Closure wird bei jeder Änderung des Status ausgeführt. onChange-Code sollte aber nur in Ausnahmefällen notwendig sein. Im Regelfall reicht es aus, den Zustand des Auswahlelements mit einer @State-Variablen zu verbinden. Einmal mehr: Auf die Hintergründe solcher Variablen gehe ich in Kapitel 14 näher ein.

```
@State private var selectedOption = 0

Picker("Select Option", selection: $selectedOption) {
    Text("Option 1").tag(0)
    ...
}
// diesen Code bei jeder Zustandsänderung ausführen
.onChange(of: selectedOption) {
    print("Picker-Auswahl: \(selectedOption)")
}
```


Checkboxes für macOS

Es gibt in SwiftUI keine Checkbox-View. In den iOS-Richtlinien für die Gestaltung von Oberflächen gibt es dieses Eingabeelement tatsächlich nicht mehr. Unter macOS übernimmt Toggle diese Rolle, wobei das Element automatisch wie eine herkömmliche Checkbox dargestellt wird (siehe Abbildung 13.7).

13.4 Bitmaps und Icons (Image)

Häufig wollen Sie in Ihrer App Bitmaps oder Icons darstellen. Genau diese Aufgabe erfüllt die Image-View. Im einfachsten Fall sieht die Verwendung so aus:

```
// Projekt hello-swiftui, Datei ImageAndCanvas.swift
VStack {
    // System-Icon in Defaultgröße
    Image(systemName: "gear")
    // Bitmap aus den Assets, individuelle Größe
    Image("camera-tripod")
        .resizable()
        .frame(width: 60, height: 60)
}
```

System-Icons

`Image(systemname: "xxx")` lädt ein Icon aus einer riesigen, in iOS bzw. macOS integrierten Sammlung von über 6000 vordefinierten Icons. Diese Symbole sind Teil der SF-Symbols-Bibliothek, die hier dokumentiert ist:

https://developer.apple.com/design/human-interface-guidelines/sf-symbols

Bei der Suche nach einem Icon und dem zugeordneten Namen hilft die App »SF Symbols«. Merkwürdigerweise ist das Programm nicht im App Store zu finden. Stattdessen muss es von der Apple-Website heruntergeladen werden:

https://developer.apple.com/sf-symbols

Die Symbole sind intern Schriftzeichen, weswegen ihr Erscheinen unter anderem mit dem `font`-Modifier verändert werden kann. Einige Beispiele:

```
Image(systemName: "square.and.arrow.down.badge.clock")
    .foregroundColor(.red)               // rot
    .font(.system(size: 48,              // 48 Punkt
                  weight: .semibold))    // halbfett
    .symbolVariant(.fill)                // ausgefüllt
    .symbolEffect(.bounce)               // animiert
```

`symbolEffect` kann diverse Animationseffekte einschalten, z. B. `.bounce`, `.breath`, `.pulse` etc. Da eine dauerhafte Animation schnell nervt, sollten Sie die Animation über eine `@State`-Variable zeitlich beschränken. `Task` und `await` sind allerdings ein Vorgriff auf die asynchrone Programmierung (siehe Kapitel 18, »Asynchrone Programmierung«).

```
@State private var isAnimating = false

Image(systemName: "wifi")
    .font(.largeTitle)
    .symbolEffect(.bounce, isActive: isAnimating)
    .onAppear {
        Task {
            // Animation starten
            isAnimating = true
            // und nach einer Sekunde wieder stoppen
            try? await Task.sleep(for: .milliseconds(1000))
            isAnimating = false
        }
    }
```

Assets

Um eigene Bilddateien mit einer App mitzuliefern, fügen Sie diese am besten per Drag-and-drop in eine Asset-Datei (Kennung `*.xcassets`) Ihres Xcode-Projekts ein. Das hat zwei Vorteile: Erstens können Sie so mehrere Bitmaps an einem Ort verwalten, ohne den Projektbaum unübersichtlich zu machen. Zweitens können die Bilder in mehreren Auflösungen gespeichert werden. Ihre App wird immer die Bitmap in der richtigen Auflösung verwenden. (Dieses Argument wird übrigens zunehmend hinfällig, weil es in der iOS-Welt keine Nicht-Retina-Geräte mehr gibt. Anders sieht es zugegebenermaßen bei macOS-Apps aus. Wie dem auch sei: Wenn Sie eine Bitmap nur in einer Auflösung haben, funktioniert das auf jeden Fall auch.)

Unterstützte Bildformate sind PNG, JPG und HEIC. Beim Zugriff auf Ihre Assets müssen Sie darauf achten, an `Image` den Namen *ohne* die Dateikennung zu übergeben – also `Image("mypicture")`, auch wenn der Dateiname `mypicture.jpg` lautet.

Bildgröße, Overlays und Clipping

Die `Image`-View versucht, die »richtige« Bildgröße zu erkennen, und macht die View genau so groß. Das klappt aber nur in seltenen Fällen so, wie Sie sich die Darstellung vorstellen. Die gewünschte Bildgröße erreichen Sie oft durch die Kombination der folgenden drei Modifier:

```
// Bildgröße vorgeben, gesamtes Bild unverzerrt darstellen
Image("assetname")
    .resizable()                          // veränderliche Größe
    .aspectRatio(contentMode: .fit)       // Proportionen erhalten
    .frame(height: 60)                    // Höhe vorgeben
```

Mit `frame` geben Sie wahlweise die gewünschte Höhe oder Breite an. Wenn Sie umgekehrt den gesamten, maximal zur Verfügung stehenden Raum ausfüllen möchten, verwenden Sie `aspectRatio(contentMode: .fill)` in Kombination mit `clipped`:

```
// Bild in max. Größe anzeigen, an den Rändern beschneiden
Image("assetname")
    .resizable()
    .aspectRatio(contentMode: .fill)   // max. Raum nutzen
    .clipped()                         // Ränder beschneiden
```

Vielleicht wollen Sie das Bild mit Effekten darstellen. Im folgenden Beispiel wird das Bild zuerst mittig auf ein Quadrat mit 60 × 60 Punkten beschnitten, dann auf einen Kreis, der genau in dieses Quadrat passt. Mit dem `overlay`-Modifier wird der Kreis nun von einer 2 Punkt breiten, grauen Linie umgeben. Schließlich wird der gesamte Kreis von einem Schatten umgeben (siehe Abbildung 13.8).

```
// Bild kreisförmig ausschneiden und mit Rahmen und
// Schatten versehen
Image("assetname")
    .resizable()
    .scaledToFill()
    .frame(width: 60, height: 60)
    .clipShape(Circle())
    .overlay(Circle().strokeBorder(.gray, lineWidth: 2))
    .shadow(color: .black.opacity(0.5), radius: 10, x: 0, y: 5)
```

Abbildung 13.8 Einige Icons und Bilder

AsyncImage

Bis jetzt bin ich davon ausgegangen, dass die darzustellende Bilddatei schon vorliegt. Oft müssen Bilder aber zuerst aus dem Internet geladen werden. Dabei haben Sie zwei Optionen: Entweder kümmern Sie sich selbst um den Download-Prozess, oder Sie überlassen diese Arbeit inklusive Caching der `AsyncImage`-View. Das macht beim Programmieren weniger Arbeit, gibt aber nur eingeschränkte Möglichkeiten, den Prozess zu beeinflussen bzw. auf Download-Probleme zu reagieren.

`AsyncImage` erwartet drei Parameter: Eine `URL`-Instanz mit der Download-Adresse, eine Closure zur Verarbeitung des heruntergeladenen Images sowie eine weitere Closure, die während des Downloads einen Platzhalter anzeigt. Hier wird als Platzhalter die `ProgressView` angezeigt, ein rotierendes Symbol. Das heruntergeladene Bild wird schließlich von einem schwarzen Rahmen umgeben.

Beachten Sie, dass der Modifier `resizeable` sofort in der `content`-Closure aufgerufen werden muss. Eine spätere Anwendung bleibt wirkungslos. Die anderen hier eingesetzten Modifier können Sie wahlweise direkt auf die `image`-Variable oder wie im folgenden Listing auf das `AsyncImage` anwenden.

```
// Bild herunterladen, auf 60 Punkt Höhe skalieren und
// mit einem schwarzen Rand umgeben
AsyncImage(
    url: URL(string: "https://kofler.info/uploads/preber.jpg"),
    content: { image in
        image.resizable()  // resizable() unbedingt hier!
    },
    placeholder: { ProgressView() }
)
```

```
.aspectRatio(contentMode: .fit)
.frame(height: 60)
.border(.black, width: 1)
```

Wenn Sie dieses Beispiel mit dem vorigen vergleichen, fragen Sie sich vielleicht, warum ich zuvor den overlay-Modifier verwendet habe, hier aber border eingesetzt habe. Die Antwort ist einfach: border zeichnet einen Rahmen um die ganze View. Bei rechteckigen Formen passt das. Bei abgerundeten, kreisförmigen oder sonst wie besonders gestaltete Formen müssen Sie dagegen auf das etwas umständlichere overlay-Verfahren zurückgreifen.

13.5 Grafik (Canvas, Path und Shape)

Es gibt verschiedene Wege, um in SwiftUI-Oberflächen freie Grafikkommandos auszuführen. Ich stelle Ihnen hier ganz kurz drei Verfahren vor, ohne aber auf die Details der Grafikprogrammierung einzugehen.

Zum Zeichnen komplexer Grafiken ist die Canvas-View vorgesehen. Ihren Grafik-Code formulieren Sie in einer Closure, deren beide Parameter Ihnen die Größe des View-Rechtecks sowie den Grafikkontext zur Verfügung stellen. Im folgenden Code beschreibt das Path-Objekt den Umriss des zu zeichnenden Objekts – ein Dreieck (siehe Abbildung 13.9). Den Grafikkontext brauchen Sie in der Folge, um darauf Zeichenmethoden wie fill oder stroke für dieses Path-Objekt anzuwenden.

```
// Projekt hello-swiftui, Datei ImageAndCanvas.swift
// zeichnet ein gelbes Dreieck mit rotem Rand in einem Canvas mit
// einer Größe von 300x200 Punkt; der Canvas ist grau umrandet
Canvas { context, size in
    var path = Path()  // Dreiecks-Pfad zusammenstellen
    path.move(to: CGPoint(x: 0, y: size.height/2))
    path.addLine(to: CGPoint(x: size.width/2, y: 0))
    path.addLine(to: CGPoint(x: size.width, y: size.height))
    path.closeSubpath()
    // Pfad gelb füllen, rot umranden
    context.fill(path, with: .color(.yellow))
    context.stroke(path, with: .color(.red), lineWidth: 2)
}
.frame(width: 300, height: 200)
.border(.black, width: 1)
```

Wenn es Ihnen darum geht, wiederverwendbare Formen zu schaffen, bietet sich Shape an. Die folgenden Zeilen definieren zuerst die von Shape abgeleitete Struktur Triangle und wenden diese dann an. Es gibt übrigens einige vordefinierte Shapes, z. B. Rectangle, Circle, RoundedRectangle sowie Capsule (pillenförmig).

```
// bildet eine dreieckige Form innerhalb eines Rechtecks
struct Triangle: Shape {
    func path(in rect: CGRect) -> Path {
        Path { path in
            path.move(to: CGPoint(x: 0, y: rect.midY))
            path.addLine(to: CGPoint(x: rect.midX, y: 0))
            path.addLine(to: CGPoint(x: rect.maxX, y: rect.maxY))
            path.closeSubpath()
        }
    }
}
...
// nutzt die Triangle-Form
Triangle()
    .fill(.yellow)
    .stroke(.red, lineWidth: 2)
    .frame(width: 100, height: 100)
    .border(.gray, width: 1)
```

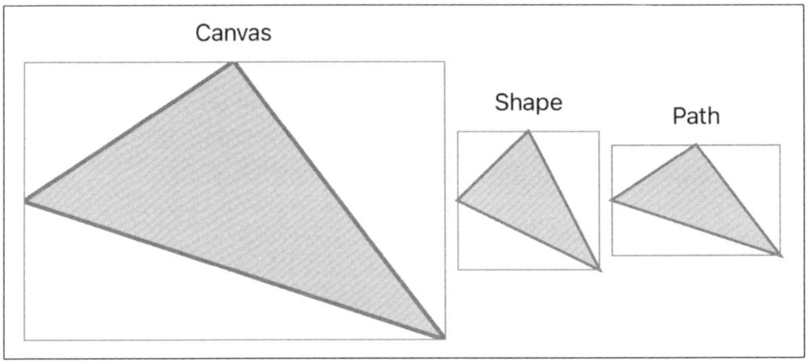

Abbildung 13.9 Rein optisch sehen alle drei Varianten (Canvas, Shape und Ad-hoc-Path) gleich aus.

Ein dritter Weg besteht darin, Path direkt zu verwenden, also ohne den Umweg über Canvas oder Shape. Das kann in einfachen Fällen den Code minimieren. Dabei ist zu beachten, dass Path an sich nicht dem View-Protokoll entspricht. Ein Path-Objekt wird aber View-kompatibel, sobald ein Modifier darauf angewendet wird.

```
// Ad-hoc-Path direkt zeichnen
Path { path in
    path.move(to: CGPoint(x: 60, y: 0))
    path.addLine(to: CGPoint(x: 0, y: 40))
    path.addLine(to: CGPoint(x: 120, y: 80))
    path.closeSubpath()
}
```

```
.fill(.yellow)  // Path -> View
.stroke(.red, lineWidth: 2)
.frame(width: 120, height: 80)
.border(.gray, width: 1)
```

13.6 Container (Stack, ScrollView, Grid)

Container brauchen Sie immer dann, wenn SwiftUI an einer Stelle im Code *eine* View erwartet, Sie aber mehrere Views darstellen möchten. Die zwei wichtigsten Container habe ich Ihnen in Abschnitt 13.1, »Grundlagen«, bereits vorgestellt: `VStack` platziert mehrere Views untereinander, `HStack` nebeneinander.

Standardmäßig werden die Views mittig zueinander angeordnet. Das können Sie mit dem optionalen Parameter `alignment` ändern. Die zulässigen Einstellungen sehen so aus:

- `VStack(alignment: xxx)`: `.center` (Defaultwert), `.leading`, `.trailing`
- `HStack(alignment: xxx)`: `.center` (Defaultwert), `.top`, `.bottom`, `.firstTextBaseline` und `.lastTextBaseline`

Die `TextBaseline`-Enumerationswerte helfen dabei, Texte mit unterschiedlichen Schriftgrößen optisch ansprechend auszurichten (siehe Abbildung 13.10).

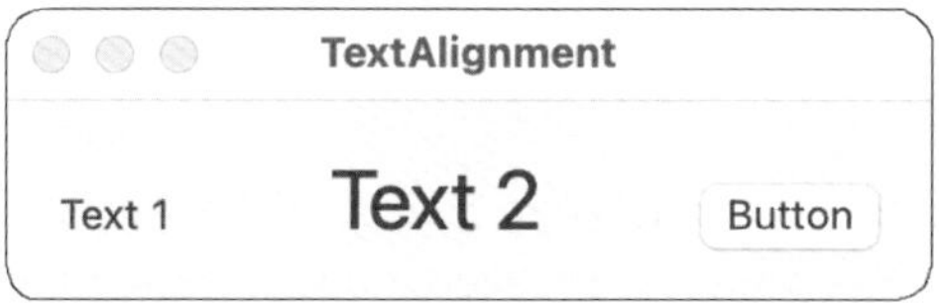

Abbildung 13.10 Die Texte sind an der Grundlinie ausgerichtet.

```
// Projekt hello-swiftui, Datei Container.swift
struct TextAlignment: View {
    var body: some View {
        HStack(alignment: .firstTextBaseline, spacing: 50) {
            Text("Text 1")
            Text("Text 2")
                .font(.largeTitle)
            Button("Button") { }
        }
        .padding()
    }
}
```

Abstandsteuerung in HStack und VStack (spacing, padding, Spacer)

Es gibt drei Mechanismen, um die Abstände zwischen den Elementen eines HStacks oder VStacks zu beeinflussen:

- Standardmäßig fügen beide Container einen kleinen Abstand zwischen den enthaltenen Views ein. Mit dem optionalen spacing-Parameter verkleinern oder vergrößern sie diesen Abstand bei Bedarf (siehe das obige Listing). Der Abstand gilt nur zwischen den Views, nicht am Anfang und am Ende.
- Mit dem Modifier padding, den Sie auf die im Container enthaltenen Views anwenden, können Sie bei jedem Element individuell Abstände in alle Richtungen vorgeben.
- Schließlich können Sie zwischen den Elementen Spacer einfügen. Das sind unsichtbare Views, die sich so viel Platz nehmen wie sie bekommen. Die folgende Kombination führt dazu, dass der VStack den größtmöglichen Bereich ausfüllt und der Text darin vertikal mittig dargestellt wird:

```
VStack {
    Spacer()
    Text("Text").border(.red)
    Spacer()
}
.border(.blue)
```

Views übereinanderlegen (ZStack)

Mit dem ZStack können Sie mehrere Views übereinanderlegen. *z* bezieht sich hier auf die Z-Achse, die in die Tiefe geht. Die zuerst im Container angegebenen Views werden ganz hinten angeordnet. Eine typische Anwendung für den ZStack ist die Gestaltung eines Hintergrunds, auf dem weitere Views platziert werden sollen.

```
ZStack {
    Color.yellow              // zuerst ein gelber Hintergrund
        .ignoresSafeArea()    // über die üblichen Grenzen hinaus
    Image(systemName: "star.fill")      // darüber ein
        .resizable()                    // weißer Stern
        .frame(width: 100, height: 100)
        .foregroundColor(.white)
    Text("Lorem ipsum\ndolor sit amet") // und schließlich
        .font(.largeTitle)              // ein Text
}
```

ScrollView

Wenn die in einem Container angezeigten Views die Screen- oder Fenstergröße (macOS) überschreiten, werden sie einfach abgeschnitten. Es ist dann oft unmöglich, die Elemente zu bedienen. Abhilfe schafft die `ScrollView`, die virtuell beliebig viel Platz zur Verfügung stellt (siehe Abbildung 13.11). Die `ScrollView` arbeitet normalerweise vertikal, kann aber auch horizontal oder in beiden Richtungen eingesetzt werden.

```
ScrollView { ... }                              // vertikal
ScrollView(.horizontal) { ... }                 // horizontal
ScrollView([.horizontal, .vertical]) { ... }    // beides
```

In der `ScrollView`-Closure können Sie beliebig viele Views anordnen. Die `ScrollView` kümmert sich aber nicht um das Layout. Deswegen werden mehrere Elemente meist in einen `VStack` oder `HStack` verpackt (oder in deren Varianten `LazyV/HStack`, die ich gleich behandle).

Der oder die Scrollbalken werden von macOS/iOS nur während einer Scroll-Bewegung eingeblendet. Diese Anzeige können Sie mit `ScrollView(showsIndicators: false)` ganz unterbinden. Umgekehrt ist es aber nicht möglich, eine ständige Darstellung der Balken zu erzwingen.

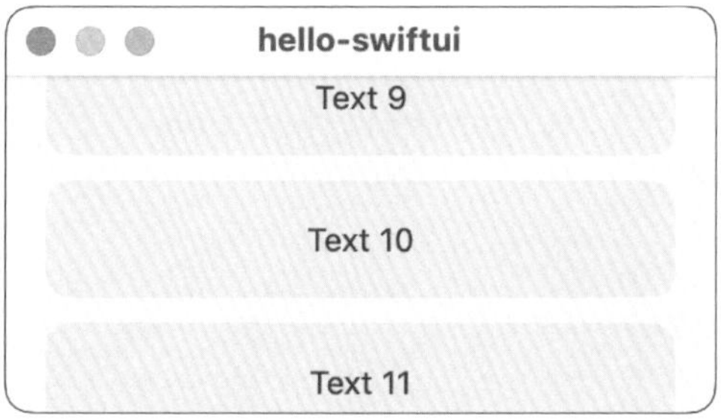

Abbildung 13.11 Darstellung von 20 Textfeldern

```
// Projekt hello-swiftui, Datei Container.swift
ScrollView {
    VStack(spacing: 10) {
        ForEach(1..<20) { number in
            Text("Text \(number)")
                .frame(maxWidth: .infinity)
                .padding()  // für die Texte
                .background(Color.blue.opacity(0.1))
                .cornerRadius(10)
        }
    }
    .padding() // für die ScrollView
}
```

Der Beispielcode zeigt eine einfache Anwendung der `ScrollView`. Der Modifier: `frame(maxWidth: .infinity)` bewirkt, dass jedes Textfeld die maximale Breite seines Containers nutzt, also z. B. die Breite des iPhone-Displays oder eines macOS-Fensters. Die Kombination aus `padding`, `background` und `cornerRadius` mit einer transparenten Hintergrundfarbe ergibt eine ansprechende optische Gestaltung.

LazyHStack und LazyVStack

`HStack` und `VStack` erzeugen sofort *alle* darin dargestellten Views und kümmern sich um deren Layout. Solange relativ wenige Views im Spiel sind, ist das der beste Ansatz. Aber nehmen Sie an, Sie wollen nicht wie im vorigen Beispiel 20 Texte anzeigen, sondern 2000! Es würde eine Menge Zeit und Speicherplatz brauchen, zuerst alle `Text`-Views zu erzeugen, nur um dann (vorerst) gerade einmal die ersten fünf oder zehn Elemente anzuzeigen.

Für solche Fälle sind der `LazyHStack` bzw. dessen Variante `LazyVStack` gedacht. Diese Container erzeugen immer nur die Elemente, die gerade sichtbar sind. Das funktioniert sogar dann, wenn die Größe der Elemente variiert! Die Anwendung der `Lazy`-Varianten von `HStack` und `VStack` ist nur innerhalb einer `ScrollView` sinnvoll.

```
// Projekt hello-swiftui, Datei Container.swift
ScrollView {
    LazyVStack(spacing: 10) {
        ForEach(1..<2001) { number in
            // erzeugt Textfelder in unterschiedlicher Höhe
            let height = CGFloat(20  + 10 * (number % 5))
            Text("Text \(number)")
                .frame(maxWidth: .infinity)
                .frame(height: height)
        }
    }
}
```

Darstellung von Listen

Bevor Sie einen `LazyVStack` einsetzen, sollten Sie sich überlegen, ob Sie Ihr Ziel nicht besser mit einer für die Darstellung von Listen optimierten View erreichen. Auf dieses in der Praxis sehr wichtige Thema gehe ich in Kapitel 15, »Listen«, ausführlich ein.

Form, Grid und Table

SwiftUI kennt noch mehr Container, auf die ich hier aber nur in aller Kürze eingehe. Da ist einmal `Form` zur Gestaltung von umfangreichen Dialogen. Im Prinzip leiten Sie den Dialog mit `Form` ein und gliedern und beschriften dann die diversen Optionen oder Eingabefelder mit `Section`. Ein Anwendungsbeispiel habe ich Ihnen bereits in Abschnitt 13.3, »Buttons und Optionen«, gezeigt (siehe Abbildung 13.7).

Mit `Grid` können Sie andere Views in einem Raster anordnen (siehe Abbildung 13.12). Der folgende Beispiel-Code illustriert nur die Basissyntax von `Grid` und `GridRow`. Darüber hinaus gibt es unzählige Gestaltungsmöglichkeiten. Beispielsweise können Sie bei Views innerhalb des Grids mit Modifiern wie `gridColumnAlignment` die Ausrichtung innerhalb der Zelle beeinflussen. `Divider` baut horizontale Trennlinien ein etc.

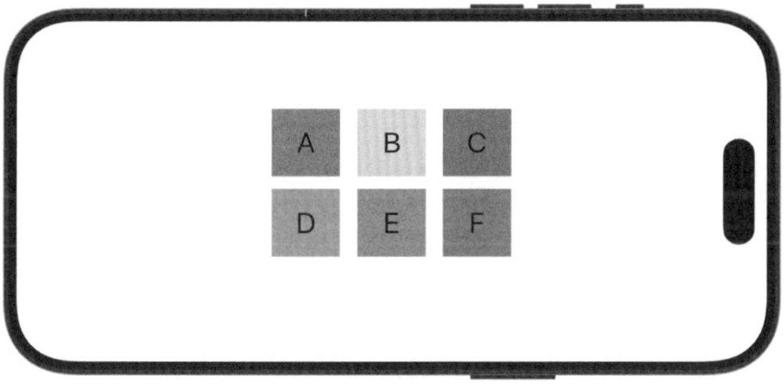

Abbildung 13.12 »Grid« platziert Views rasterförmig.

Um eine Menge Wiederholungen im Code der Textzellen zu vermeiden, habe ich hier mit `TextSquare` eine eigene View definiert. Der Code sollte ohne weitere Erklärungen verständlich sein. Hintergründe zu eigenen Views folgen dann in Abschnitt 14.6, »Code-Organisation und eigene Views«.

```
// Projekt hello-swiftui, Datei Container.swift
struct GridTest: View {
    var body: some View {
        Grid(alignment: .left,
             horizontalSpacing: 20,
             verticalSpacing: 15)
         {
            GridRow {
                TextSquare(txt: "A", color: .red)
                TextSquare(txt: "B", color: .yellow)
                TextSquare(txt: "C", color: .blue)
            }
```

```
            GridRow {
                TextSquare(txt: "D", color: .cyan)
                TextSquare(txt: "E", color: .gray)
                TextSquare(txt: "F", color: .red)
            }
        }
    }
}
struct TextSquare: View {
    let txt: String
    let color: Color
    var body: some View {
        Text(txt)
            .font(.largeTitle)
            .frame(width: 80, height: 80)
            .background(color)
    }
}
```

Zu `Grid` gibt es die Variante `LazyVGrid`, die vor allem zur vertikalen Darstellung großer, mehrspaltiger Foto-Galerien gedacht ist. Der folgende Code erzeugt zuerst ein Array mit 1000 Farben (siehe Abbildung 13.13).

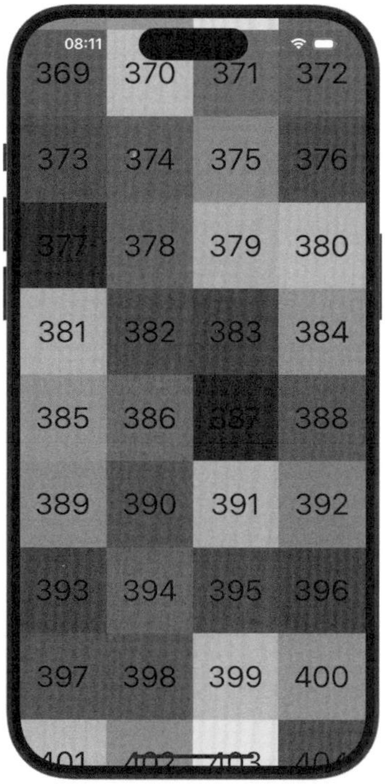

Abbildung 13.13 Farbenfrohe Demonstration des LazyVGrid-Containers

```
// Projekt hello-swiftui, Datei Container.swift
struct LazyVGridTest: View {
    // 1000 zufällige Farben speichern
    let colors: [Color] = (0..<1000).map { _ in
        Color.random()
    }
    // Grid-Layout mit vier Spalten ohne Rand
    let columns = [
            GridItem(.flexible(minimum: 0), spacing: 0),
            GridItem(.flexible(minimum: 0), spacing: 0),
            GridItem(.flexible(minimum: 0), spacing: 0),
            GridItem(.flexible(minimum: 0), spacing: 0)
        ]
    // LazyVGrid in ScrollView
    var body: some View {
        ScrollView {
            LazyVGrid(columns: columns, spacing: 0) {
                ForEach(1..<1001) { index in
                    Rectangle()
                        .fill(colors[index])
                        // quadratisch und die Spalte ausfüllend
                        .aspectRatio(1, contentMode: .fit)
                        .overlay(  // Beschriftung
                            Text("\(index)").font(.largeTitle)
                        )
                }
            }
        }
    }
}
```

Bei diesem Beispiel müssen die Farben vorweg dauerhaft in einem Array gespeichert werden. Eine dynamische Farbzuordnung würde dazu führen, dass sich die Zuordnung der Farben zu den Feldern während des Scrollens verändert. Das `columns`-Array mit vier `GridItem`-Elementen beschreibt das Aussehen der Spalten. Das `LazyVGrid` muss in einer `ScrollView` platziert werden.

Group

Die `Group`-View ist zwar kein Container, hilft aber dabei, mehrere Views gemeinsam zu verarbeiten. `Group` wird oft dazu eingesetzt, die gleichen Modifier auf mehrere Views anzuwenden und so redundanten Code zu vermeiden.

```
Group {
    Text("lorem")
    Text("ipsum")
    Text("dolor")
    Text("sit")
}
.padding(8)
.font(.caption)
.foregroundColor(.red)
```

Es gibt zwei weitere Anwendungsfälle für `Group`: Manchmal wollen Sie mehrere Views übergeben, wo nur eine View erwartet wird. `Group` löst dieses Problem zumindest auf syntaktischer Ebene. Aber auch an Stellen, an denen mehrere Views erlaubt sind (z. B. in einem `VStack`) kann `Group` weiterhelfen: Aus Performance-Gründen akzeptiert Swift maximal zehn im Code angegeben Views. Mit `Group` können Sie dieses Limit überschreiten.

13.7 Farbe, Datum und Uhrzeit auswählen (Date- und ColorPicker)

In iOS/macOS gibt es vorgefertigte Dialoge für Ja/Nein-Entscheidungen, zur Auswahl von Farben sowie zur Einstellung von Datum und Uhrzeit. Um die Nutzung dieser Dialoge bzw. entsprechender Views geht es in diesem Abschnitt.

Standarddialoge für Ja/Nein-Entscheidungen

Die Anzeige der Standarddialoge für Warnungen (Alert) und Bestätigung (Confirmation, siehe Abbildung 13.14) erfolgt über Modifier, die Sie der Grund-View hinzufügen – im folgenden Listing einem `VStack` für die Buttons der App. Die Sichtbarkeit steuern Sie durch `@State`-Variablen. Im folgenden Code werden diese in den Button-Action-Closures gesetzt. Die Integration der Dialoge in Modifiern hat wohl technische Gründe. Der resultierende Code ist leider alles andere als übersichtlich – selbst bei dem hier präsentierten minimalistischen Beispiel.

Abbildung 13.14 Links die Alert-Rückfrage in iOS-Optik, rechts der Bestätigungsdialog

```
// Projekt hello-swiftui, Datei Dialogs.swift
@State private var showingAlert = false
@State private var showingConfirm = false
...
VStack(spacing: 20) {
    // Buttons, um die Dialoge anzuzeigen
    Button("Show Alert") {
        showingAlert = true
    }
    Button("Show Confirmation Dialog") {
        showingConfirm = true
    }
}
// Dialog-Modifier für die gesamte View (hier VStack)
.alert("Warning", isPresented: $showingAlert) {
    Button("Cancel", role: .cancel) { }
    Button("Continue", role: .destructive) {
        // Code hier ausführen, wenn 'Continue'
    }
} message: {
    Text("Are you sure you want to continue?")
}
.confirmationDialog("Choose an action",
                    isPresented: $showingConfirm)
{
    Button("Save Draft") {
        // Code hier ausführen, wenn 'Save Draft'
    }
    Button("Delete", role: .destructive) {
        // Code hier ausführen, wenn 'Delete'
    }
    Button("Cancel", role: .cancel) { }
}
```


Farbauswahl

Mit dem `ColorPicker` bauen Sie eine Art Button in Ihren Dialog ein. Per Berührung oder Mausklick kann der Benutzer dann eine Farbe auswählen. Im folgenden Beispiel-Code wird die Farbe auf den Hintergrund des Screens angewendet. Der Modifier `fixedSize` bewirkt hier, dass die Beschriftung des Color Pickers und der dazugehörende Farb-Button kompakt dargestellt werden.

```
// Projekt hello-swiftui, Datei Dialogs.swift
@State private var backgroundColor = Color.white
...
ZStack {
    // Hintergrund für den ganzen Bildschirm
    backgroundColor.ignoresSafeArea()

    // Hintergrundfarbe ändern
    ColorPicker("Choose background color",
                selection: $backgroundColor)
    .fixedSize()
}
```

Datum und Uhrzeit

Die Anwendung des `DatePickers` zur Einstellung von Datum und Uhrzeit (siehe Abbildung 13.15) ist denkbar unkompliziert.

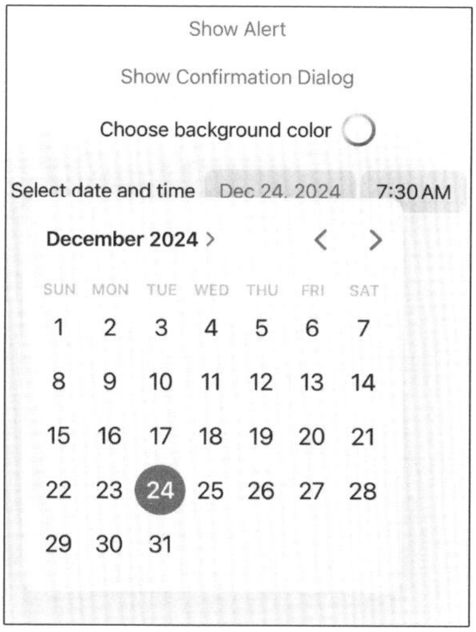

Abbildung 13.15 Der »Date-Picker« zur Auswahl eines Datums, hier auf einem iPhone mit US-Regionaleinstellungen

```
// Projekt hello-swiftui, Datei Dialogs.swift
@State private var selectedDateTime = Date()
...
DatePicker(
    "Select date and time",
    selection: $selectedDateTime,
    displayedComponents: [.date, .hourAndMinute]
)
.fixedSize()
```

Im Gegensatz zum `UIDatePicker` aus UIKit besteht beim `DatePicker` von SwiftUI aktuell aber keine Möglichkeit, bei den Minuten ein Intervall vorzugeben (z. B. `minuteInterval = 15`, wenn die Zeit nur auf 15 Minuten genau eingestellt werden soll). Diese Einschränkung können Sie umgehen, indem Sie in Ihren `View`-Code eine Init-Funktion einbauen, die die UIKit-Eigenschaft verändert. Wichtig ist, dass diese Einstellung gesetzt wird, bevor Sie den SwiftUI-`DatePicker` nutzen. Beachten Sie, dass diese Einstellung iOS-spezifisch ist und unter macOS nicht verwendet werden kann.

```
// Quelle: https://stackoverflow.com/questions/58976654
init() {
    UIDatePicker.appearance().minuteInterval = 15
}
```

Anstelle über einen Dialog können Sie Datum und Uhrzeit auch über virtuelle Räder einstellen (`datePickerStyle(.wheel)`), die iOS einblendet. Wenn Sie diese Variante vorziehen, ist die Integration in den Code etwas umständlicher. Im folgenden Code aktiviert ein Button die Sichtbarkeit des Elements, das mit einer `NavigationView` in einen eigenen Dialog verpackt ist. Die Zeiteinstellung schließen Sie mit dem Button DONE ab.

13

```
// Projekt hello-swiftui, Datei Dialogs.swift
@State private var selectedDateTime = Date()
@State private var showingPicker = false
...
Button("Select Date & Time") {
    showingPicker = true
}
.sheet(isPresented: $showingPicker) {
    NavigationView {
        DatePicker("Select", selection: $selectedDateTime)
            .datePickerStyle(.wheel))
            .navigationBarItems(trailing: Button("Done") {
                showingPicker = false
            })
    }
}
```

13.8 Ereignisse (Gestures)

Spätestens mit der Verwendung des ersten Buttons in einer App kennen Sie das Konzept von SwiftUI, dass Sie zur Reaktion auf bestimmte Ereignisse den Code in einer Closure formulieren. Je nach Steuerelement und Ereignis können Sie den Code direkt an die Init-Funktion übergeben (`Button`) oder müssen einen Ereignis-Modifier wie `onTapGesture` oder `onLongPressGesture` verwenden.

```
// Projekt hello-swiftui, Datei Gestures.swift
Button("Touch me") { // Gesture-Closure
    // Code zur Reaktion auf Click/Tap
}
Text("Touch me")
    .onTapGesture {
        // Code zur Reaktion auf Click/Tap
    }
Text("Touch me at least 2 seconds")
    .onLongPressGesture(minimumDuration: 2.0) {
        // Code zur Reaktion auf lange Berührung
    }
```

iOS und macOS kennen unzählige weitere Gesten, die je nach Betriebssystem auf dem Display oder auf dem Touchpad auszuführen sind: Drag/Swipe-Bewegungen mit einem oder mehreren Fingern, Drehen, Verkleinern (zwei Finger zusammenziehen), Vergrößern (Finger auseinanderziehen) usw. Anstatt für jede Gesture einen eigenen Modifier zu schaffen, gibt es zur Verarbeitung derartiger Ereignisse einen universellen `gesture`-Modifier. Dort bauen Sie dann die gewünschte `Gesture` ein.

```
// Projekt hello-swiftui, Datei Gestures.swift
@State private var scale = 1.0
...
var body: some View {
    Rectangle()
        .fill(.green)
        .frame(width: 200, height: 200)
        .scaleEffect(scale)
        .gesture(
            MagnifyGesture()
                .onChanged { value in
                    // Skalierungsfaktor des Rechtecks ändern
                    scale = value.magnification
                }
        )
        .overlay(Text("Shrink / Expand"))
}
```

Das obige Listing zeigt im Zentrum des Bildschirms ein grünes Rechteck an. Dessen Ausmaße können mit der `MagnifyGesture` verkleinert oder vergrößert werden. Der Skalierungsfaktor wird in der `@State`-Variablen `scale` gespeichert (siehe auch Kapitel 14, »State, Binding und Observable«).

Klick, Doppelklick und Drag in vier Richtungen

Wenn Sie in einer App verschiedene Arten von Gestures erkennen und verarbeiten müssen, wird der Code rasch unübersichtlich. Das Ziel des folgenden Beispiels besteht darin, im gesamten Bildschirm einfache Berührungen (Taps), Doppel-Taps sowie Drag-Bewegungen in vier Richtungen zu erkennen.

Der Code beginnt mit der Definition einer Enumeration für die vier Richtungen. Die Enumeration enthält auch eine Methode, die den Bewegungsvektor auswertet und der dominierenden Richtung zuordnet. Die State-Variable `lastGesture` merkt sich den Namen des zuletzt erkannten Ereignisses. Dieser Name wird in einem Overlay-Text in der Bildschirmmitte angezeigt.

Die Ereignisse werden im gesamten Hintergrundbereich der App verarbeitet. `Color.clear` erzeugt einfach einen unsichtbaren Hintergrund, auf den die Gesture-Modifier angewendet werden. Damit das Programm auch unter macOS korrekt funktioniert, muss der `onTapGesture`-Modifier für Doppelklicks *vor* dem für einzelne Klicks angewendet werden. (Für iOS spielt die Reihenfolge dagegen keine Rolle.)


```
// Projekt hello-swiftui, Datei Gestures.swift
// Enumeration für Swipe-Richtungen
enum SwipeDirection {
    case left, right, up, down
    var description: String {
        switch self {
            case .left:  return "left"
            case .right: return "right"
            case .up:    return "up"
            case .down:  return "down"
        }
    }
    // Methode, die dem Bewegungsvektor die dominante
    // Richtung zuordnet
    static func from(translation: CGSize) -> SwipeDirection {
        if abs(translation.width) > abs(translation.height) {
            return translation.width  < 0 ? .left : .right
        } else {
            return translation.height < 0 ? .up : .down
        }
    }
}
...
@State private var lastGesture = "No gesture detected"
...
```

```
// gesamter Hintergrund empfängt Gesture-Ereignisse
Color.clear
    .overlay(Text(lastGesture))  // Ereignis anzeigen
    .contentShape(Rectangle())
    .onTapGesture(count: 2) {    // vor onTapGesture !
        lastGesture = "Double tap detected"
    }
    .onTapGesture {
        lastGesture = "Single tap detected"
    }
    .gesture(
        DragGesture(minimumDistance: 50)
            .onEnded { value in
                let direction =
                    SwipeDirection.from(
                        translation: value.translation)
                lastGesture = "Swipe \(direction.description)"
            }
    )
    .ignoresSafeArea()
```

13.9 Vorschau (Preview-Optionen)

Während der Entwicklung werden Sie Ihre neue App natürlich gelegentlich in einem Simulator oder auch auf einem iPhone oder iPad ausführen (siehe Abschnitt 13.10). In vielen Fällen reicht es aber aus, eine Ansicht Ihrer App im Preview-Fenster von Xcode anzusehen bzw. auszuprobieren. Der größte Vorteil dieser Arbeitsweise ist die Geschwindigkeit: Solange die Preview-Funktion aktiv ist, wird die Vorschau nahezu verzögerungslos mit jeder Code-Änderung aktualisiert. Das ist gerade bei Layout-Optimierungen sehr hilfreich.

Neue Xcode-Projekte enthalten bereits Preview-Code für die `ContentView`. Um die Vorschau für andere Views zu aktivieren, bauen Sie Zeilen nach dem folgenden Muster in Ihre Code-Datei ein:

```
#Preview {
    MyView()  // Name der anzuzeigenden View
}
```

Entsprechende Zeilen dürfen sich in *jeder* SwiftUI-Datei befinden. Sie können dabei auf selbst definierte View-Strukturen verweisen, auch wenn diese in anderen Dateien deklariert sind. Ebenso ist es zulässig, in einer Code-Datei mehrere Vorschauen einzubauen. In diesem Fall ist es zweckmäßig, die Preview-Blöcke zu beschriften, indem Sie eine Zeichenkette als Parameter übergeben; Xcode zeigt diese Beschriftung dann auch im Preview-Fenster an und ermöglicht es Ihnen, blitzschnell zwischen der gerade aktiven Vorschau zu wechseln. Das Beispielprojekt zu diesem Kapitel macht von dieser Möglichkeit intensiv Gebrauch (siehe Abbildung 13.16).

```
// Projekt hello-swiftui, Datei Gestures.swift
#Preview("Pre-defined actions") {
    GestureTest()
}
#Preview("Tap and Swipe") {
    TapAndSwipe()
}
```

Xcode-Preview-Funktionen

Xcode kann mehr, als eine Vorschau Ihrer gesamten App bzw. einer speziellen Ansicht auszuführen! So können Sie unterschiedliche Geräte oder Modelle auswählen (macOS-Fenster, iPhone, iPad usw.), Ihre App im Querformat, im Dark Mode oder mit vergrößerter Schrift ausführen. Wenn Sie möchten, können Sie sogar mehrere Varianten parallel nebeneinander darstellen, also z. B. das Aussehen Ihrer App im Light und im Dark Mode *gleichzeitig* testen (siehe Abbildung 13.16). Probieren Sie es einfach aus!

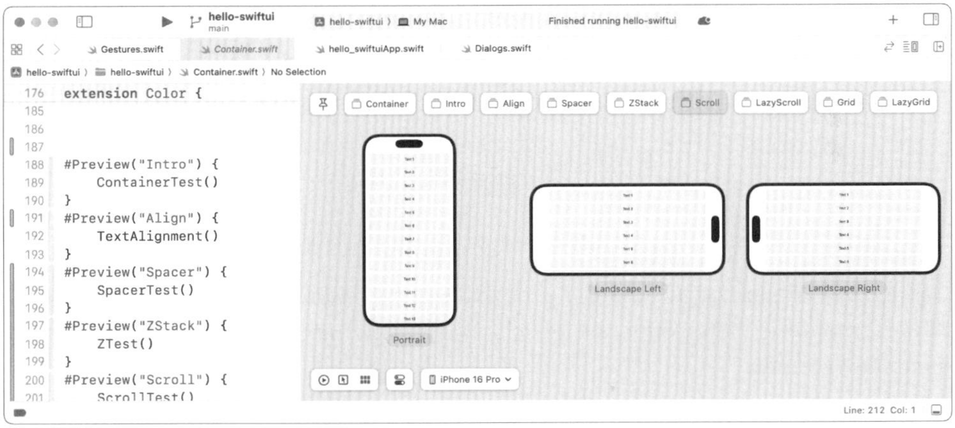

Abbildung 13.16 Gleichzeitige Anzeige mehrerer Preview-Ansichten

Die Vorschau einer besonders wichtigen Datei können Sie anpinnen; damit bleibt die Preview-Ansicht selbst dann zugänglich, wenn Sie in eine andere Code-Datei wechseln.

Sollten Sie die Orientierung in Ihrem Code und den dort erzeugten Views verloren haben, aktivieren Sie den Modus SELECTABLE. Zwar können Sie Ihr Programm nun nicht mehr steuern bzw. bedienen, aber dafür führt ein Klick auf ein sichtbares Element direkt zum zugrunde liegenden Code.

Preview-Funktionen per Code steuern

Einige Funktionen können Sie auch mit Modifiern steuern, die Sie im Preview-Code auf die betreffende View anwenden. Das folgende Listing gibt dafür einige Beispiele:

```
// Projekt hello-swiftui, Datei Preview.swift
// Farbmodus
#Preview("Dark Mode") {
    MyView()
        .preferredColorScheme(.dark)
}
// Fenstergröße (nur für macOS!)
#Preview("Custom Window Size") {
    MyView()
        .frame(width: 600, height: 300)
}
// Sprache/Lokalisierung
#Preview("Localization") {
    MyView() // Preview mit französischen Spracheinstellungen
        .environment(\.locale, .init(identifier: "fr"))
}
// Preview von mehreren Views mit unterschiedlichen Parametern
#Preview("Different States") {
    VStack(spacing: 20) {
        MyView(initialText: "Empty")
        MyView(initialText: "With some content")
        MyView(initialText: "A really long piece of
                             text that might overflow")
    }
}
```

Das letzte Beispiel zeigt, dass Sie innerhalb des Preview-Codes mittels eines Containers mehrere Views oder die gleiche View mit unterschiedlichen Parametern darstellen können.

Spracheinstellungen im Build-Schema

`.environment(\.locale, .init(identifier: "xx_XX"))` ändert zwar die Namen von Wochentagen und Monaten, nicht aber die restliche Formatierung von Daten (also z. B. »13:30« versus »1:30 PM» oder »31. Oct.« versus »Oct. 31st«). Damit Sie eine App vollständig in einer bestimmten Sprache ausprobieren können, müssen Sie die Xcode-Build-Einstellungen ändern: PRODUCT • SCHEME • EDIT SCHEME, dann das Schema RUN/DEBUG auswählen, Dialogblatt OPTIONS, dort die Punkte APP LANGUAGE und APP REGION verändern.

Daten initialisieren und verändern

Soweit Sie die Vorschau nicht für die zentrale ContentView Ihrer App verwenden, müssen Sie oft vorweg Daten initialisieren und an Ihre eigene View übergeben. Im einfachsten Fall deklarieren Sie einfach eine entsprechende Variable und übergeben diese als Parameter.

```
#Preview {
    let myUser = User(name: "John Doe",
                      email: "john@example.com", ...)
    UserDetailView(user: myUser)
}
```

Falls die Daten in der View verändert werden sollen, müssen Sie der Variablen üblicherweise @State voranstellen. Speziell für Preview-Code kommt noch das Attribut @Previewable hinzu. Auf diesen und andere Sonderfälle gehe ich in Abschnitt 14.1, »Variablen synchronisieren (@State und @Binding)« näher ein.


```
#Preview {
    @PreviewState var myUser =
        User(name: "John Doe", email: "john@example.com", ...)
    EditUserView(user: myUser)
}
```

Einschränkungen und Tastenkürzel

In der Praxis funktioniert die Vorschau leider nicht immer so gut wie in den WWDC-Videos. Ein Problem besteht darin, dass die Vorschau häufig pausiert wird – etwa bei größeren Code-Änderungen, bei (auch nur vorübergehenden) Syntaxfehlern im Code oder bei der Ausführung Ihrer App in einem Simulator oder auf echter Hardware. Abhilfe schaffen in den meisten Fällen der Refresh-Button bzw. die Tastenkombination [alt]+[cmd]+[P]. Es wird vermutlich nicht lange dauern, bis Sie diese Tastenkombination verinnerlichen.

Tastenkürzel	Funktion
[alt]+[cmd]+[P]	Preview neu starten (Refresh)
[alt]+[cmd]+[↵]	Preview-Seitenleiste ein-/ausblenden

Tabelle 13.1 Preview-Tastenkürzel

Eine grundlegende Einschränkung der Preview-Funktion besteht darin, dass Ihre App syntaktisch absolut fehlerfrei sein muss. Eine einzige falsche Klammer, womöglich in einer Code-Datei, die im aktuellen Kontext gar nicht relevant ist, stoppt die Preview-Anzeige. Das ist gerade bei größeren Code-Umbauten problematisch, bei denen die

Preview ja ein wichtiges Werkzeug zur Fehlersuche ist. Einen echten Ausweg gibt es in diesem Fall nicht. Ich kann Ihnen nur empfehlen, Ihren Code generell in möglichst kleinen Schritten weiterzuentwickeln bzw. zur Not die zuletzt durchgeführten Änderungen mit [cmd]+[Z] rückgängig zu machen.

13.10 Apps auf dem eigenen iPhone ausführen

Für anfängliche Tests reicht es aus, den eigenen Code im Preview-Fenster oder im Simulator auszuführen. Früher oder später wollen Sie Ihre Apps auf eigenen Geräten (iPhone, iPad etc.) ausprobieren. Dazu sind vier Vorbereitungsschritte notwendig, für die Sie beim ersten Mal eine Viertelstunde Zeit einrechnen müssen. In Zukunft gelten die neuen Einstellungen dann per Default.

- **iOS-Entwicklermodus:** Zuerst aktivieren Sie auf dem betreffende Gerät den Entwicklermodus. Unter iOS finden Sie die Optionen in der App *Einstellungen* ganz unten im Dialogblatt DATENSCHUTZ & SICHERHEIT. Zur Aktivierung muss das Gerät neu gestartet werden.

  Sofern sich Ihr Mac mit Xcode und das iPhone oder iPad im gleichen Netzwerk befinden, sollte Xcode das Gerät selbstständig erkennen (siehe Abbildung 13.17). Beim erstmaligen Koppeln werden allerdings diverse Cache-Daten vom iPhone heruntergeladen, weswegen der Prozess einige Minuten dauert. Xcode zeigt im Dialog WINDOWS • DEVICES AND SIMULATORS eine Fortschrittanzeige an.

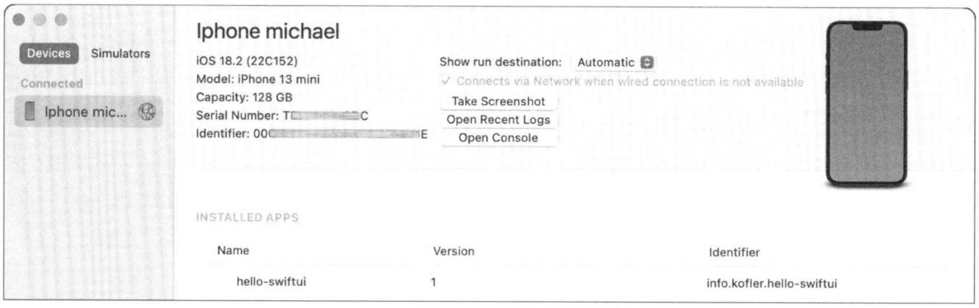

Abbildung 13.17 Xcode kann mit dem iPhone des Autors kommunizieren

- **Xcode-Account-Einstellungen:** Die Wartezeit können Sie nutzen und inzwischen im Dialogblatt ACCOUNTS der Xcode-Einstellungen entweder Ihren Developer Account oder Ihre Apple ID als Account hinzufügen (siehe Abbildung 13.18).

  Zur Ausführung von Apps auf Ihren Geräten ist also kein kostenpflichtiger Developer Account erforderlich, allerdings ist die Verwendung einer »gewöhnlichen« Apple ID mit Nachteilen verbunden. Insbesondere können Sie so signierte Apps nur sieben Tage lang ausführen/testen. Danach müssen Sie die App neu kompilieren und auf Ihr iPhone oder iPad übertragen.

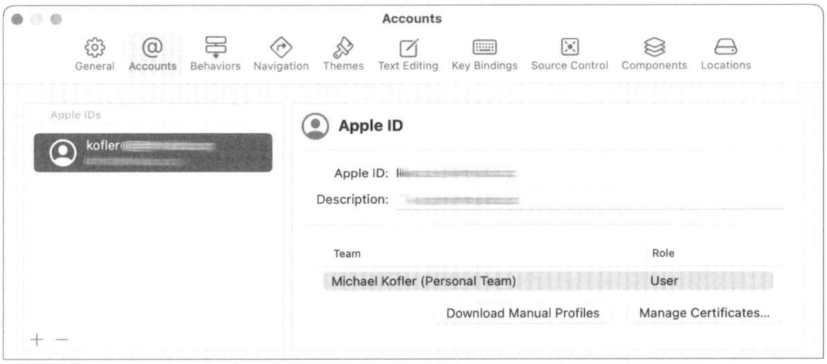

Abbildung 13.18 Die eigene Apple ID oder die des Developer Accounts muss in den Xcode-Einstellungen eingetragen werden.

- **Xcode-Signing:** In den Target-Einstellungen Ihrer App stellen Sie unter GENERAL • SIGNING Ihren Account als TEAM ein (siehe Abbildung 13.19).

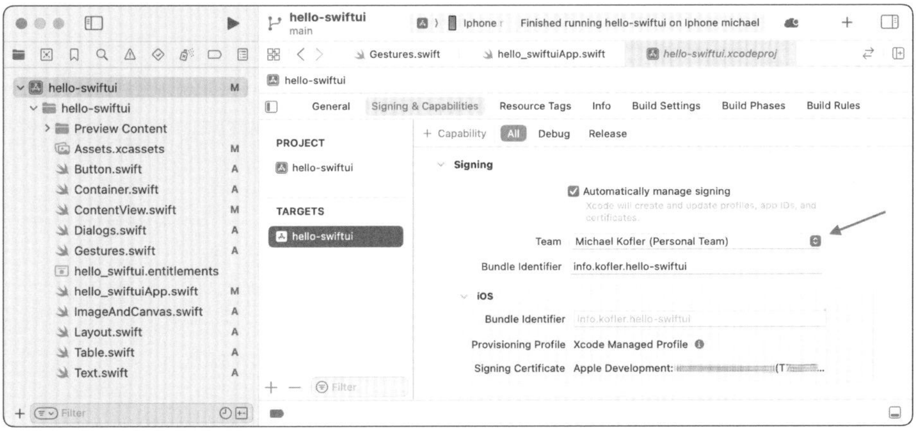

Abbildung 13.19 Die App muss mit dem Schlüssel Ihrer Apple ID oder Ihres Developer Accounts signiert werden.

- **Zertifikat vertrauen:** Wenn Sie in der Titelleiste von Xcode Ihr iPhone/iPad als Zielgerät auswählen und die App auszuführen versuchen, erscheint die Fehlermeldung, dass Ihr iPhone/iPad dem Entwicklungsteam nicht vertraut. Um auch diese Hürde zu umgehen, öffnen Sie auf Ihrem iPhone/iPad nochmals die Einstellungen und suchen nach ALLGEMEIN • VPN UND GERÄTEVERWALTUNG. Dort wird in der Rubrik ENTWICKLER-APP bereits Ihre Apple-ID angezeigt, allerdings als *nicht vertrauenswürdig*. Klicken Sie auf den Eintrag, und vertrauen Sie Ihrem eigenen Konto!

Kapitel 14
State, Binding und Observable

Beim Umstieg von UIKit auf SwiftUI fallen zuerst die deklarative Syntax und der weitgehende Verzicht auf einen visuellen Editor zum UI-Design ins Auge. Aber das sind letztlich Nebensächlichkeiten, an die Sie sich schnell gewöhnen.

Der fundamentale Unterschied zwischen UIKit und SwiftUI ist vielmehr die neuartige Verzahnung des visuellen Erscheinungsbilds von Views mit den zugrunde liegenden Daten: Diese erfolgt über Variablen oder Klassen, die mit `@State`, `@Binding` oder `@Observable` gekennzeichnet sind. Damit erreichen Sie, dass der Zustand/Inhalt von Views und die zugrunde liegenden Daten immer synchronisiert und gleichsam eins werden. Im Vergleich zu UIKit spart dieses Konzept eine Menge Code und reduziert gleichzeitig Fehlerquellen, die durch eine unterschiedliche Abfolge von Ereignissen entstehen können.

Das richtige Verständnis für die Verbindung (das *Binding*) von Views und Daten ist für die richtige Konzeption von SwiftUI-Apps äußerst wichtig. Deswegen habe ich diesem Thema hier ein eigenes Kapitel reserviert. Zwar gab es im vorigen Kapitel schon einige Beispiele für die Anwendung des Property Wrapper `@State`; aber erst hier folgt die ausführliche Erklärung, was `@State` bewirkt und worin die Unterschiede zu `@Binding` und `@Observable` liegen. Darüber hinaus stelle ich Ihnen einige weitere Property Wrapper wie `@GestureState`, `@Previewable` und `@Environment` vor.

So wichtig `@State`, `@Binding` & Co. sind – diese Schlüsselwörter bilden lediglich das Fundament für das *Model View ViewModel* (MVVM). Dieses Entwurfsmuster ist nicht SwiftUI-spezifisch, sondern auch in anderen modernen UI-Bibliotheken gebräuchlich. Es trennt das Datenmodell inklusive Logik (*Business Logic*) von der Darstellung und Bearbeitung der Daten in der Benutzeroberfläche (*Presentation Logic*). In diesem Kapitel erläutere ich Ihnen die Grundkonzepte von MVVM und gebe Ihnen Tipps, wie Sie Ihren Code optimal organisieren.

14.1 Variablen synchronisieren (@State und @Binding)

Falls Sie gerade neu in die App-Programmierung einsteigen, lohnt es sich, einen kurzen Blick in die Vergangenheit zu werfen. Beim bisher gebräuchlichen UIKit war es so, dass sich zwar jedes Steuerelement (jede View) ihren Zustand merkte; aber erst bei bestimmten Ereignissen – etwa wenn eine Benutzerin der App den OK-Button berührte – wurden die entsprechenden Eigenschaften durch Code ausgelesen und in eine Swift-Variable übertragen. Dieser Prozess erfolgte manuell, den dafür notwendigen Code mussten Sie selbst entwickeln.

In einfachen Fällen funktioniert dieses ereignisgesteuerte Verfahren gut. Aber je mehr Zustände und Abhängigkeiten gleichzeitig berücksichtigt werden müssen, je mehr unterschiedliche zeitliche Abläufe bei der Veränderung von Daten auftreten können, desto mehr Möglichkeiten gibt es leider auch, dass bei der Ereignisverarbeitung nicht bedachte Sonderfälle und letztlich Fehler auftreten.

Der Ansatz von SwiftUI ist fundamental anders: Sie geben bereits bei der Deklaration der Benutzeroberfläche an, welcher Zustand einer View mit welcher Variablen oder Eigenschaft verknüpft ist. Allerdings funktioniert diese Synchronisation mit gewöhnlichen Variablen nicht. Vielmehr müssen Sie die betreffenden Variablen speziell kennzeichnen. Dazu dienen die Property Wrapper `@State` und `@Binding`.

Wiederholung: Property Wrapper

Property Wrapper ergänzen Variablen (also Eigenschaften von Strukturen oder Klassen) um eine zusätzliche Logikschicht. Bei jedem Lese- oder Schreibzugriff auf eine mit `@State` gekennzeichnete Variable wird also zusätzlicher Code ausgeführt, der vom Property Wrapper stammt. Ein einfaches Beispiel für einen Property Wrapper habe ich Ihnen in Abschnitt 12.2, »Attribute, Property Wrapper und Makros«, gegeben.

Zustandsvariablen (@State, $-Syntax)

Die Kennzeichnung einer Variable mit `@State` bewirkt, dass diese Variable den Zustand einer View speichern kann. Sie müssen die Variable im richtigen Datentyp deklarieren, also z. B. `String` für ein `TextField` oder `Bool` für einen Button.

Im folgenden Beispiel habe ich drei Toggle-Button mit unterschiedlichem Erscheinungsbild miteinander synchronisiert. Ein Klick auf einen der drei Buttons verändert auch den Zustand der anderen Buttons (siehe Abbildung 14.1).

Aus UI-Sicht ergibt das Beispiel natürlich wenig Sinn, aber es untermauert eindrucksvoll den in der Dokumentation formulierten Anspruch, dass eine `@State`-Variable die *Single Source of Truth* ist und dass die Synchronisation in alle Richtungen funktioniert: Jede Änderung des Zustands – egal, ob per Code oder durch die Verknüpfung einer View – spiegelt sich sofort an allen Stellen der Benutzeroberfläche wider!

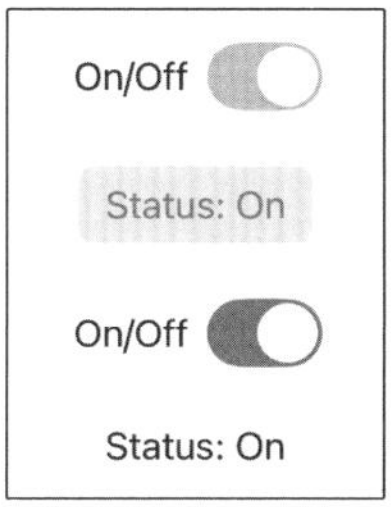

Abbildung 14.1 Die drei Toggle-Buttons und die Text-View werden automatisch synchronisiert.

Von Ihrer Seite ist zur Synchronisation keinerlei Extra-Code erforderlich. Sobald Sie damit beginnen, in den Closures von Buttons oder Gesture-Modifiern direkt den Zustand von Views oder von nicht mit `@State` deklarierten Variablen zu verändern, machen Sie höchstwahrscheinlich etwas falsch! Es ist ein zentrales Dogma von SwiftUI, dass das Erscheinungsbild (*View*) und der Inhalt der Daten (*Model*) stets synchron und letztlich eins sind. Diese Synchronisierung muss unbedingt über `@State`-Variablen erfolgen.


```
// Projekt state-bind-observer, Datei StateTest.swift
struct StateTest: View {
    // boolesche Statusvariable
    @State private var myState: Bool = false

    var body: some View {
        VStack(spacing: 25) {
            // myState ist mit dem internen Status des
            // Toggle-Buttons verbunden
            Toggle("On/Off", isOn: $myState)
            // ein zweiter, synchroner Toggle-Button
            Toggle("Status: " + (myState ? "On" : "Off"),
                   isOn: $myState)
                .toggleStyle(.button)
            // ein dritter Toggle-Button
            Toggle("On/Off", isOn: $myState)
                .tint(.blue)
            // ein Text, der den aktuellen Zustand anzeigt
            Text("Status: " + (myState ? "On" : "Off"))
        }
    }
}
```

Beachten Sie, dass Sie der Variablen (hier: `myState`) ein Dollar-Zeichen voranstellen müssen, wenn sie als Parameter übergeben wird. In diesem Beispiel betrifft das den

Parameter isOn der Init-Funktion von Toggle. Das Dollar-Zeichen drückt in SwiftUI das *Data Binding* aus, also die Verbindung zwischen einer Variablen und dem Zustand einer View. Intern produziert $ den Datentyp Binding<T> für die übergebene Variable. Die Syntax ist SwiftUI-spezifisch und ist nur für Variablen erlaubt, die mit @State oder einem dazu verwandten Property Wrapper gekennzeichnet sind.

Interna

Der SwiftUI-interne Code für @State ist unbekannt. In Xcode führt ein Klick mit cmd auf @State zwar zur Deklaration des Property Wrappers, nicht aber zum tatsächlichen Code. Wenn Sie dennoch neugierig sind, finden Sie auf GitHub ausführlich dokumentierten Code, wie @State und @Binding implementiert werden kann. Ob Apple ebenso vorgegangen ist oder einen anderen Weg beschritten hat, bleibt offen.

https://gist.github.com/AliSoftware/ecb5dfeaa7884fc0ce96178dfdd326f8

Die SwiftUI-Bibliothek unterliegt übrigens – im Gegensatz zur Sprache Swift – keiner Open-Source-Lizenz! Deswegen ist der Code nicht zugänglich.

Variablen zwischen mehreren Views teilen (@Binding)

Solange eine Zustandsvariable in derselben Ansicht deklariert und genutzt wird, reicht @State aus. Soll der Zustand aber mit anderen Views geteilt werden (die Apple-Dokumentation spricht von »Subviews«), müssen Sie die Variablen mit dem Property Wrapper @Binding ausstatten. Dieser Fall tritt immer dann ein, wenn Sie eigene Views deklarieren und an diese Daten zur Veränderung übergeben.

Das Konzept ist am einfachsten anhand eines Beispiels zu verstehen. Ich habe hier mit CustomSlider einen minimalistischen Slider realisiert (siehe Abbildung 14.2). Dieser Slider wird im BindingTest zweimal angewendet. Die so eingestellten Werte werden in den beiden @State-Variablen value1 und -2 gespeichert. Bis hierher entspricht die Logik des Beispiels ganz dem vorigen Beispiel.

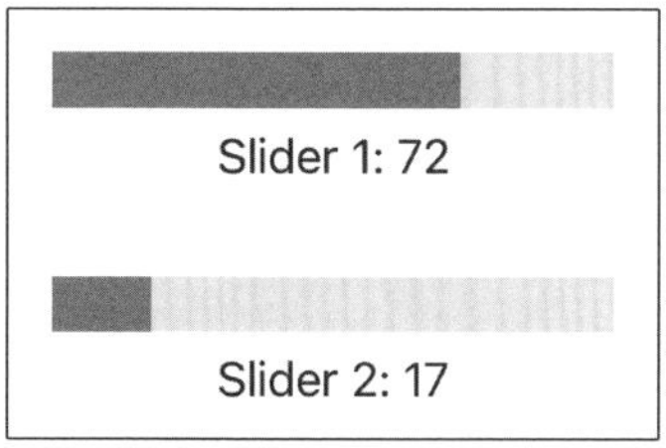

Abbildung 14.2 Die zweifache Anwendung eines selbst definierten Slider-Steuerelements mit einem Binding-Parameter

```
// Projekt state-bind-observer, Datei BindingTest.swift
struct BindingTest: View {
    @State private var value1 = 50.0
    @State private var value2 = 50.0

    var body: some View {
        VStack {
            // Stack mit zwei Slidern; die Init-Funktion
            // von CustomSlider erwartet eine @State-Variable
            CustomSlider(value: $value1)
            Text("Slider 1: \(Int(value1))")
                .padding(.bottom, 25.0)

            CustomSlider(value: $value2)
            Text("Slider 2: \(Int(value2))")
        }
    }
}

// ein minimalistischer Slider
struct CustomSlider: View {
    // für value muss über die Init-Funktion
    // eine @State-Variable übergeben werden
    @Binding var value: Double

    var body: some View {
        HStack(spacing: 0) {
            // linker Teil des Sliders
            Rectangle()
                .fill(.blue)
                .frame(width: CGFloat(value) * 2)
            // rechter Teil
            Rectangle()
                .fill(.gray.opacity(0.3))
        }
        .frame(width: 200, height: 20)
        .gesture(
            // Closure zur Einstellung des Slider-Werts
            DragGesture().onChanged { drag in
                value = min(100, max(0,
                  Double(drag.location.x) / 2))
            }
        )
    }
}
```

Spannender ist der Code in CustomSlider: Der Slider besteht aus zwei Rechtecken mit unterschiedlichen Farben innerhalb eines HStacks mit fix vorgegebener Größe. Die Closure zu DragGesture().onChanged rechnet die aktuelle X-Position mit einem Wertebereich von 0 bis 200 in den Zahlenbereich des Sliders um (0 bis 100). Der Wert wird in value gespeichert. Diese Variable gibt gleichzeitig die Breite der beiden Rechtecke vor.

Wenn wir den CustomSlider isoliert betrachten, würde dieser auch mit einer @State-Variablen funktionieren. Warum also @Binding? Dieser Property Wrapper ist notwendig, damit die Variable als veränderlicher Parameter an die (vom Swift-Compiler automatisch erzeugte) Init-Funktion von CustomSlider übergeben werden darf. Beachten Sie auch, dass @Binding-Variablen nicht vorweg initialisiert werden können. Der Datentyp von value lautet zudem nicht, wie es den Anschein hat, Double. Der Datentyp ist vielmehr Binding<Double>.

Ich habe mich bemüht, den Slider mit möglichst wenig Code zu realisieren. Deswegen ist seine Größe starr vorgegeben, zudem reagiert er nur auf Drag-, aber nicht auf Click-Ereignisse. Der Slider ist also kein Beispiel für perfektes UI-Design. Vielmehr wollte ich prägnant die Anwendung von sowohl @State- als auch @Binding-Variablen zeigen.

@State oder @Binding?

Die korrekte Differenzierung zwischen @State und @Binding ist anfänglich schwierig. Die Grundregel lautet so:

- @State: Die Statusvariable wird in der View initialisiert, es gibt keinen Kontakt nach außen.
- @Binding: Die Statusvariable wird mit Daten von außen (von einer anderen View) initialisiert, es findet ein Datenfluss zwischen Haupt- und Subview statt.

Wenn Sie also eigene Views programmieren oder aus dem Haupt-Code auslagern (Xcode-Kommando EXTRACT SUBVIEW) und dorthin eine veränderliche Zustandsvariable als Parameter übergeben möchten, muss die entsprechende Eigenschaft in der Subview (also in Ihrem eigenen Steuerelement) mit @Binding deklariert sein. @Binding stellt sicher, dass der Zustand der View bzw. der Wert der zugeordneten Variablen über die Grenze des neuen Steuerelements bzw. der Subview synchronisiert werden kann.

Wenn es dagegen keine Übergabe von Statusvariablen in die View gibt, *muss* die lokale Statusvariable mit @State deklariert werden. @Binding ist dann nicht erlaubt – alleine schon, weil eine direkte Initialisierung solcher Variablen (also @Binding var name = ...) nicht zulässig ist.

Manuelles Binding

Normalerweise funktionieren @State- oder @Binding-Variablen ausgezeichnet:

```
// automatisches Binding
@State var txt: String = ""
...
TextField("Enter text:", text: $txt)
```

Es gibt aber Sonderfälle, z. B. wenn die für das Binding gedachte Variable ein Optional ist. In solchen Fällen können Sie das Binding mit wenigen Zeilen Code manuell durchführen. Binding ist in diesem Fall ein Property-Wrapper-Typ, der den mit get und set formulierten Code ausführt:

```
// manuelles Binding für ein Optional
@State private var txt: String? = ""
TextField("Enter text:",
          text: Binding(
            get: { txt ?? "" },
            set: { txt = $0.isEmpty ? nil : $0 }))
```


Um allzu verschachtelten Code zu vermeiden, können Sie die Binding-Struktur vorweg deklarieren und in einer eigenen Binding-Variablen speichern:

```
@State private var txt: String? = ""   // optionale Variable
var txtBinding: Binding<String> {      // Binding mit get/set
    Binding(
        get: { txt ?? "" },
        set: { txt = $0.isEmpty ? nil : $0 }
    )
}
...
var body: some View {           // Verwendung von txtBinding
    TextField("Enter text:", text: txtBinding)
}
```

Preview für Binding- und State-Variablen

Häufig wollen Sie selbst entwickelte Steuerelemente bzw. Views mit @Binding-Variablen in der Preview-Ansicht testen. Der naheliegende Weg, im #Preview-Code-Block einfach eine @State-Variablen zu deklarieren, funktioniert aber nicht:

```
// Projekt state-bind-observer, Datei BindingTest.swift
#Preview("One Slider as isolated view") {
    @State var myValue = 50.0       // Fehler!
    CustomSlider(value: $myValue)
}
```

Abhilfe schafft das Makro `@Previewable`, das `@State` vorangestellt wird. Das bewirkt, dass der gesamte `#Preview`-Code in eine eigene View verpackt wird. `@Previewable` ersetzt den in älteren SwiftUI-Versionen notwendigen `PreviewWrapper`.

```
// so funktioniert es
#Preview("One Slider as isolated view") {
    @Previewable @State var myValue = 50.0
    CustomSlider(value: $myValue)
}
```

Gesture-Variablen (@GestureState)

Gestures sind Bewegungsmuster, auf die Sie in SwiftUI in Closures reagieren (siehe auch Abschnitt 13.8, »Ereignisse (Gestures)«). Wenn Sie im Zuge eines Gestures-Ereignisses den Zustand, die Größe oder den Ort einer View verändern, verwenden Sie dazu meistens ganz gewöhnliche `@State`-Variablen.

Es gibt allerdings eine Ausnahme: Bei manchen Ereignissen wollen Sie, dass die View zum Schluss wieder in den Ausgangszustand zurückversetzt wird. Dieser Sonderfall tritt in der Praxis gar nicht so selten auf. Deswegen gibt es dafür mit `@GestureState` einen eigenen Property Wrapper.

Um es nochmals zu betonen: Sie verwenden `@GestureState` nicht bei der Reaktion auf jede Gesture, sondern nur für spezielle Gesture-Modifier, die ein Zurückspringen in den Ausgangszustand vorsehen! Bei Drag-Gestures eignet sich z. B. der `updating`-Modifier für diesen Zweck.

Das folgende Beispiel illustriert den unterschiedlichen Umgang von `@State`- und `@GestureState`-Variablen. Auf dem Bildschirm befinden sich zwei Kreise (siehe Abbildung 14.3).

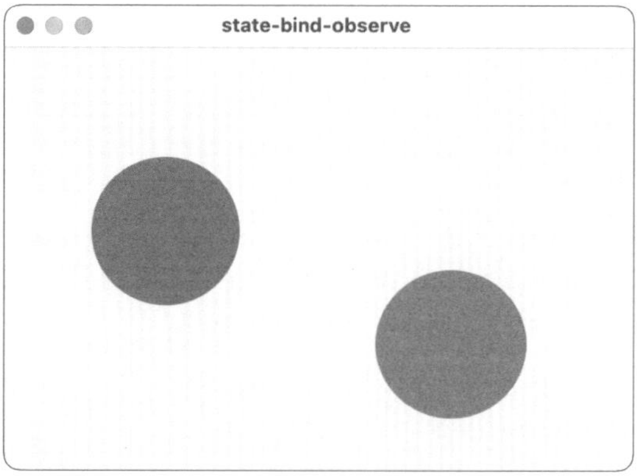

Abbildung 14.3 Beide Kreise können mit Drag-and-drop verschoben werden. Der blaue Kreis (links) bleibt an seiner neuen Position, der rote springt zurück zur Ursprungsposition.

Den blauen können Sie mit dem Finger (iOS) oder der Maus (macOS) frei verschieben. Den roten Kreis können Sie zwar auch verschieben, aber sobald Sie den Finger vom Display lösen bzw. die Maustaste loslassen, springt der Kreis zurück in seine Ausgangsposition.

Die beiden Kreise sind in einer ZStack übereinander angeordnet und können daher unabhängig voneinander platziert werden. Die Startposition befindet sich in den Variablen position1 und -2. Während der Drag-and-drop-Bewegung gibt offset1 und -2 die relative Verschiebung zur letzten Position an.

Beim ersten Kreis sind position1 und offset1 normale @State-Variablen. Sie werden in den Gesture-Closures onChanged und onEnded verändert. Die Addition von position1 (Datentyp CGPoint) und offset1 (CGSize) ist normalerweise nicht erlaubt. Ich habe deswegen einen neuen +-Operator genau für diesen Zweck definiert – siehe extension CGPoint am Ende des Listings.

```
// Beispielprojekt state-bind-observer, Datei GestureTest.swift
struct GestureTest: View {
    // Kreis 1, Position bleibt nach Drag-and-drop-Bewegung
    erhalten
    @State private var position1: CGPoint =
      CGPoint(x: 100, y: 200)
    @State private var offset1: CGSize = .zero
    // Kreis 2, springt nach Drag-and-drop-Bewegung zurück
    private let position2 = CGPoint(x: 300, y: 200)
    @GestureState private var offset2: CGSize = .zero

    var body: some View {
        ZStack {
            Circle()   // Kreis 1
                .fill(.blue)
                .frame(width: 100, height: 100)
                .position(position1)
                .offset(offset1)
                .gesture(
                    DragGesture()
                        .onChanged { value in
                            // Offset während Bewegung ändern
                            offset1 = value.translation
                        }
                        .onEnded { _ in
                            // neue Endposition, Offset = 0
                            position1 = position1 + offset1
                            offset1 = .zero
                        }
                )
```

Ein wenig anders sieht der Code für den zweiten Kreis aus. Hier ist position2 eine Konstante, die nie verändert wird. offset2 wird durch in der Closure des updating-Modifiers verändert. Dieser Modifier akzeptiert nur @GestureState-Variablen. Es ist kein Code notwendig, um offset2 auf 0 zurückzusetzen – darum kümmert sich der Wrapper Code von @GestureState.

```
            Circle()   // Kreis 2
                .fill(.red)
                .frame(width: 100, height: 100)
                .position(position2)
                .offset(offset2)
                .gesture(
                    DragGesture()
                        .updating($offset2) { value, state, _ in
                            state = value.translation
                        }
                )

        }           // ZStack-Closure
    }               // body-Property
}                   // View-Struktur

// neuer + Operator für Addition von CGPoint + CGSize
extension CGPoint {
    static func + (left: CGPoint, right: CGSize) -> CGPoint {
        return CGPoint(x: left.x + right.width,
                       y: left.y + right.height)
    }
}
```

14.2 Umgebungsvariablen (@Environment)

SwiftUI ermöglicht über den Property Wrapper @Environment Zugriff auf den Zustand der SwiftUI-Umgebung. Dazu zählen unter anderem der aktuelle Darstellungsmodus (Light/Dark Mode und High Contrast Mode), die Standardtextgröße (kann in den iOS-Einstellungen unter ANZEIGE & HELLIGKEIT verändert werden), die Textrichtung (in unserem Kulturraum von links nach rechts) sowie der Zustand einer View Ihrer App (Textfokus).

Der Zugriff auf die Umgebungsvariablen erfolgt in der KeyPath-Syntax (siehe Abschnitt 12.3, »Reflection und KeyPath-Ausdrücke«). \.colorScheme ist dabei eine Kurzschreibweise für \EnvironmentValues.colorScheme. Die Kurzschreibweise ist erlaubt, weil der Swift-Compiler weiß, dass @Environment ein Element von

`EnvironmentValues` erwartet. Der Datentyp der resultierenden Variable ist vom jeweiligen Element abhängig. Die folgenden Zeilen geben einige Beispiele:

```
// Light/Dark Mode, Datentyp ColorScheme, Werte: .light, .dark
@Environment(\.colorScheme) private var colorScheme

// hoher Kontrast, Datentyp ColorSchemeContrast
// Werte: .standard / .increased
@Environment(\.colorSchemeContrast) private var contrast

// Default-Schrift, Datentyp Font
@Environment(\.font) private var defaultFont

// Spracheinstellungen
@Environment(\.locale) private var locale

// Standardtextgröße, Datentyp DynamicTypeSize
// Werte: .xSmall bis .xxxLarge
@Environment(\.dynamicTypeSize) private var fontSize
```


SwiftUI verwendet Umgebungsvariablen für eine Menge weiterer Aufgaben. Dazu zählen die Steuerung des Edit-Modus von Listen, das Schließen von Dialogen etc. Entsprechende Beispiele folgen in Kapitel 15, »Listen und Tabellen«. Eine Referenz der SwiftUI-Umgebungsvariablen (es sind mehr als hundert!) finden Sie hier:

https://developer.apple.com/documentation/swiftui/environmentvalues

Wozu @Environment?

Vielleicht fragen Sie sich, warum das Auslesen von Umgebungszuständen über einen Property Wrapper erfolgt. Hätte nicht eine einfache Methode ausgereicht?

Der Clou an der Sache ist, dass Ihre App dynamisch über Änderungen informiert wird. Wenn das iPhone in den Dark Mode wechselt (egal, ob automatisch, weil es Abend geworden ist, oder weil sein Besitzer den Dark Mode gerade in den Einstellungen dauerhaft aktiviert hat), ändert sich das Erscheinungsbild Ihrer App sofort! Dazu ist keine Zeile Code notwendig. Die Änderungen betreffen nicht nur alle Views, die automatisch die Systemfarben verwenden, sondern auch jeden Code, der via `@Environment` die Eigenschaft `colorScheme` auswertet. Die betreffenden Variablen ändern sich quasi in Echtzeit!

Sie können mit `@Environment` auch auf eigene Umgebungsvariablen zugreifen und so mit SwiftUI synchronisierte Zustände App-global verwalten. Ein Beispiel zeige ich Ihnen in Abschnitt 14.4, »Instanzen von Klassen beobachten (@Observable)«.

Beispiel

Die folgenden Zeilen zeigen die Anwendung von `@Environment`. Der Variable `colorScheme` ist `@Environment(\.colorScheme)` vorangestellt. Damit spiegelt diese Variable stets den gerade aktuellen Darstellungsmodus wider (mögliche Zustände: `.dark` oder `.light`). Mit dieser Information wird nun die Vordergrundfarbe eines Texts auf Hell- oder Dunkelgrau gestellt (anstelle von automatisch Weiß bzw. Schwarz).

```
// Projekt state-bind-observer, Datei Environment.swift
struct EnvironmentTest: View {
    @Environment(\.colorScheme) private var colorScheme

    let darkgrey = Color(.darkGray)
    let lightgrey = Color(.lightGray)

    var body: some View {
        Text("Profile")
            .font(.headline)
            // Textfarbe hellgrau (auf dunklem Hintergrund)
            // oder dunkelgrau (auf hellem Hintergrund) je
            // nachdem, ob Dark Mode oder Light Mode aktiv ist
            .foregroundColor(colorScheme == .dark ?
                             Color(.lightGray) :
                             Color(.darkGray))
    }
}
```

14.3 Fokus-Management (@FocusState)

Der Fokus bestimmt, welches Steuerelement bzw. welche View gerade Eingaben empfängt. Grundsätzlich kümmert sich SwiftUI selbst um das Fokus-Management. Gelegentlich ist es aber notwendig, in den Prozess einzugreifen. Dabei hilft eine Variable, die mit dem Property Wrapper `FocusState` gekennzeichnet ist. Der Inhalt dieser Variable enthält nicht automatisch einen Verweis auf die aktive View, vielmehr müssen Sie die Variable in `focused`-Modifiern selbst synchronisieren. Dazu definieren Sie am besten wie im folgenden Beispiel eine Enumeration für alle in Frage kommenden Textfelder.

```
// Projekt state-binding-observer, Datei Environment.swift
import SwiftUI

struct EnvironmentTest: View {
    @State private var name = "John Doe"
    @State private var email = "john@example.com"
```

```
    // Fokus-Management
    @FocusState private var focusedField: Field?
    enum Field {
        case name
        case email
    }

    var body: some View {
        VStack(alignment: .leading) {
            TextField("Name", text: $name)
                .focused($focusedField, equals!s: .name)
                .textFieldStyle(.roundedBorder)
            TextField("Email", text: $email)
                .focused($focusedField, equals: .email)
                .textFieldStyle(.roundedBorder)
            Button("Save") {
                // setzt Fokus in das erste leere Textfeld
                if name.isEmpty {
                    focusedField = .name
                } else if email.isEmpty {
                    focusedField = .email
                } else {
                    // Daten speichern ...
                }
            }
        }
    }
}
```

Der Nutzen des Fokus-Managements ist im vorigen Listing beim Code für den SAVE-Button zu sehen. Wird dort festgestellt, dass der Benutzername leer ist, wird der Eingabefokus dorthin gestellt; analog wandert der Fokus in das E-Mail-Feld, wenn dieses leer geblieben ist. Nur wenn beide Eingaben vorliegen, werden die Daten tatsächlich gespeichert.

14.4 Instanzen von Klassen beobachten (@Observable)

Bis hierher habe ich mich ausschließlich mit einzelnen Variablen beschäftigt. Oft wollen Sie in einer Programmansicht aber ein ganzes Paket von Daten bearbeiten, z. B. eine Instanz Ihrer `User`-Klasse mit Benutzerdaten (Name, Adresse, Telefonnummer). Nun ist es zwar denkbar, die Eigenschaften der Klasse in entsprechende `@State`- oder `@Binding`-Variablen zu übertragen; das führt aber zu unübersichtlichem Code.

14

Viel besser ist es, Ihre Klasse mit dem Makro `@Observable` zu kennzeichnen. Damit erreichen Sie, dass SwiftUI den Inhalt aller Eigenschaften dieser Klasse synchronisieren kann. `@Observable` ist nur für Klassen geeignet (nicht für Strukturen). Parameter für `@Observable`-Daten, die von SwiftUI-Views bearbeitet werden, müssen mit `@Bindable` gekennzeichnet werden.

Als Eigenschaften innerhalb der `@Observable`-Klasse sind alle grundlegenden Swift-Datentypen (`Int`, `Double`, `String`, `Bool`) erlaubt, außerdem Enumerationen und Strukturen, Arrays und Dictionaries sowie andere Klassen, die selbst `@Observable` sind.

Im Unterschied zu `@State` und `@Binding` ist `@Observable` nicht Bestandteil der SwiftUI-Bibliothek. Das Makro ist ebenso wie die veralteten Schlüsselwörter `ObservableObject` und `Published` in der Foundation-Bibliothek definiert. Mit `@Observable` gekennzeichnete Klassen implementieren das gleichnamige Protokoll `Observable`. Die notwendigen Code-Ergänzungen sind Teil der durch das Makro ausgeführten Änderungen.

Makro-Code ansehen

`@Observable` ist ein *Attached Macro* (siehe Abschnitt 12.2, »Attribute, Property Wrapper und Makros«). Bei seiner Anwendung erweitert der Swift-Compiler den Code Ihrer Klasse um zusätzliche Anweisungen. Dieser Extra-Code ist ziemlich unübersichtlich und wird normalerweise nicht angezeigt. Wenn Sie neugierig sind, bauen Sie in Ihre Code-Datei zuerst `import Observation` ein und klicken dann mit der rechten Maus- oder Trackpad-Taste auf `@Observable`. Mit Expand Macro können Sie nun den Zusatz-Code in Xcode einblenden. Die betreffenden Zeilen sind grau hinterlegt und können nicht verändert werden.

Inkompatibilitäten mit anderen Protokollen und Compiler-Fehler

Grundsätzlich ist `@Observable` bzw. das zugrunde liegende Observation-Konzept eine großartige Sache. Ich habe mich bei der Datenmodellierung für die Beispiele dieses Buchs bemüht, `@Observable` möglichst konsequent einzusetzen, weil es zu kompaktem, gut verständlichem Code führt. Ich bin dabei aber immer wieder auf Inkompatibilitäten gestoßen, wenn ich `@Observable` mit anderen Protokollen oder Property Wrappern kombinieren wollte. Insbesondere funktioniert das Zusammenspiel mit `@AppStorage` und `Codable` nicht (siehe auch Abschnitt 17.2, »Einstellungen (UserDefaults, @AppStorage)«, sowie Abschnitt 19.5, »JSON-Dateien verarbeiten«).

In manchen Fällen ist `@Model` eine Alternative zu `@Observable` plus `Codable` (siehe Kapitel 21, »SwiftData«). Das trifft insbesondere dann zu, wenn Sie eigene Datenstrukturen unkompliziert mit Views verbinden und Ihre Daten gleichzeitig persistent speichern möchten. Mit `@Model` gekennzeichnete Klassen verhalten sich wie `@Observable`-Datentypen, werden aber darüber hinaus dauerhaft in einer mit der App verbundenen Datenbank gespeichert. `@Model` ist allerdings kein Ausweg, wenn Sie mit einer REST-API kommunizieren wollen und sowohl `@Observable` als auch `Codable` brauchen.

Egal ob Sie nun `@Observable` oder `@Model` verwenden, werden Sie immer wieder auf die folgende Xcode-Fehlermeldung stoßen: *The compiler is unable to type-check this expression in reasonable time.* Das größte Problem dabei ist, dass Ihnen Xcode keinerlei Hilfestellung gibt, *wo* das Problem konkret auftritt. Noch schlimmer: Sobald der Swift-Compiler scheitert, verlieren Sie wichtige Xcode-Hilfsmittel wie `alt`-Mausklick, um einen Datentyp zu ermitteln oder die Parameter einer Methode anzusehen. Das macht die Fehlersuche noch schwieriger.

In solchen Fällen habe ich versucht, verschachtelten Code in eigene View-Strukturen auszulagern. Das bringt (auch für den Swift-Compiler!) mehr Klarheit darüber, welche Datentypen an einer bestimmten Stelle im Code notwendig sind. (Bei mehrfach verschachtelten Closures kommen dagegen oft mehrere Varianten in Frage, und mit jeder weiteren Code-Ebene vervielfachen sich die Varianten.) Nicht selten habe ich im Rahmen solcher Umbauarbeiten letztlich eigene Fehler erkannt.

14

Besonders frustrierend ist es, wenn unscheinbare Änderungen zu großen Syntaxproblemen führen und Xcode Sie dann vollständig im Regen stehen lässt. Wo ist die KI-Hilfe, wenn man sie einmal braucht? Tatsächlich hilft es manchmal, den Code von Claude oder einem anderen KI-Werkzeug im Web kontrollieren oder verbessern zu lassen. Allerdings kennen KI-Tools kürzlich eingeführte Swift-Konzepte nicht oder nicht gut genug. KI-generierter Code ist in solchen Fällen oft umständlicher als notwendig, wenn er denn überhaupt funktioniert.

Property Wrapper für @Observable-Variablen

Der große Vorteil von `@Observable`-Typen besteht darin, dass Sie sich damit viele einzelne `@State`- oder `@Binding`-Variablen ersparen. Aber auch `@Observable` ändert nichts daran, dass sie Ihre Instanzvariablen je nach Anwendung mit Property Wrappern kennzeichnen müssen. Sehr hilfreich ist diesbezüglich das WWDC-Video »Discover Observation in SwiftUI«, das mir die Vorlage für Abbildung 14.4 gegeben hat:

https://developer.apple.com/videos/play/wwdc2023/10149

- `@State`: Wie bisher markieren Sie Variablen, deren Inhalt mit Views synchronisiert werden soll, mit dem schon vertrauten Property Wrapper `@State`. Eigenschaften, die in einer View verändert werden können, übergeben Sie mit `$var.property` (nicht `var.$property`!):

  ```
  @State var user: User = ...
  ...
  TextField("Name", $user.name)
  ```

- `@Bindable` statt `@Binding`: Für `@Observable`-Datentypen erfüllt `@Bindable` die gleiche Funktion wie `@Binding` für gewöhnliche Variablen. Beide Property Wrapper weisen darauf hin, dass SwiftUI Datenänderungen über die Grenzen der aktuellen View hinweg synchronisieren muss. Sie stellen also eine bidirektionale Verbindung mit Daten außerhalb der aktuellen View her.

```
struct FigureEditorView: View {
    @Bindable var user: User

    var body: some View {
        TextField("Name", $user.name)
    ...
```

- `@Environment`: Schließlich können Sie globale Einstellungen, die in unterschiedlichen Komponenten Ihrer App zugänglich und mit Views verknüpft sein sollen, über `@Environment` zugänglich machen.

  Die folgenden Code-Zeilen fassen das dabei übliche Muster zusammen: Sie erzeugen an einer zentralen Stelle, am besten im `@main`-Code eine Instanz Ihres `@Observable`-Typs und fügen diese mit dem `environment`-Modifier zu den Umgebungsvariablen hinzu. In der Folge können Sie überall in Ihrem Code mittels `@Environment` auf diese Instanz zugreifen.

```
// Datenmodell für globalen State-Manager
@Observable class AppState {
    static let shared = AppState()
    var globalData: MyType

    private init() { ... }
}

// im Main-Code oder in Code der Root-View
@main
struct MyApp: App {
    // Instanz erzeugen
    @State private var appState = AppState.shared

    var body: some Scene {
        WindowGroup {
            ContentView()
                // zu den Umgebungsvariablen hinzufügen
                .environment(appState)
        }
    }
}
```

```
// in anderen Programmteilen: Zugriff auf den State-Manager
struct ChildView: View {
    @Environment(AppState.self) private var appState

    var body: some View {
        // Zugriff auf appState.globalData
    }
}
```

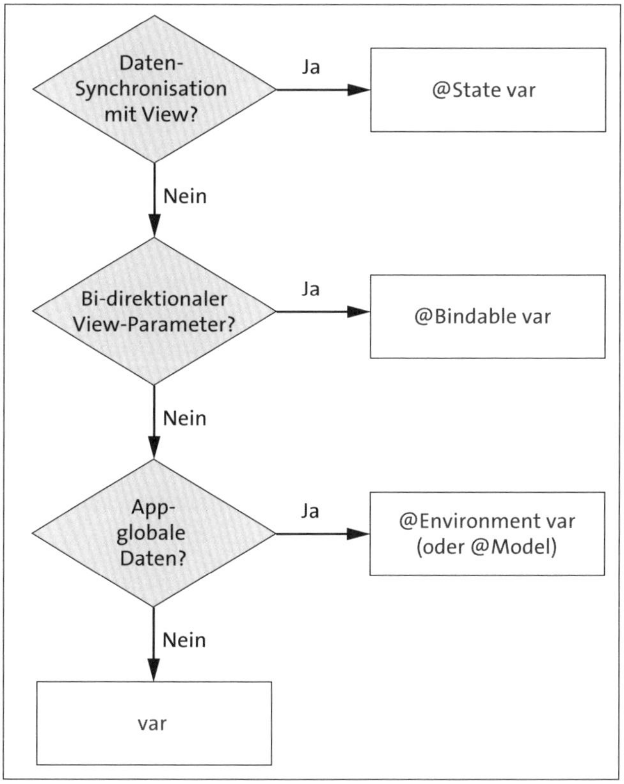

Abbildung 14.4 Property Wrapper für @Observable-Variablen

Beispiel

Das folgende Programm geht davon aus, dass Sie in Ihrer App verschiedene Spielfiguren konfigurieren können. Das Protokoll `CaseIterable` stellt uns ohne Mehrarbeit die Eigenschaft `allCases` mit einem Array aller Enumerationswerte zur Verfügung. Das erleichtert die Verwendung der Enumerationswerte in einer Auswahlliste (`Picker`-View). `powerTier` ist ein Computed Property, das in Abhängigkeit von `powerLevel` eine textuelle Beschreibung liefert.

```
// Projekt state-bind-observer, Datei ObservableTest
@Observable class PlayFigure {
    var name: String = ""
    var type: FigureType = .warrior
    var color: Color = .red
    var powerLevel: Double = 50.0

    enum FigureType: String, CaseIterable {
        case warrior, mage, rogue, healer
    }

    var powerTier: String {
        switch powerLevel {
        case 0..<20:  return "Novice"
        case 20..<50: return "Trained"
        case 50..<80: return "Expert"
        default:      return "Master"
        }
    }
}
```

Zur Einstellung des Namens und der Parameter der Spielfigur programmieren Sie eine View (siehe Abbildung 14.5). Die Struktur enthält die Eigenschaft `figure`, die mit `@Bindable` (nicht `@Binding`!) gekennzeichnet ist. Damit können Sie an die Init-Funktion eine `PlayFigure`-Instanz übergeben und deren Eigenschaften verändern. Die eine `figure`-Variable erspart hier vier `@Binding`-Variablen!

```
struct FigureEditorView: View {
    @Bindable var figure: PlayFigure

    var body: some View {
        Form {
            // Name
            TextField("Name", text: $figure.name)

            // Figurentyp
            Picker("Type", selection: $figure.type) {
                ForEach(PlayFigure.FigureType.allCases,
                        id: \.self)
                    { type in Text(type.rawValue.capitalized) }
            }

            // Farbe
            ColorPicker("Color", selection: $figure.color)
```

```
            // Power-Level
            HStack {
                Text("Power: \(Int(figure.powerLevel))")
                VStack(alignment: .center) {
                    Slider(value: $figure.powerLevel,
                           in: 0...100, step: 5)

                    Text("\(figure.powerTier)")
                        .font(.caption)
                        .foregroundColor(.gray)
                }
                .padding(.leading, 20)
            }
        }
        .padding()
    }
}
```


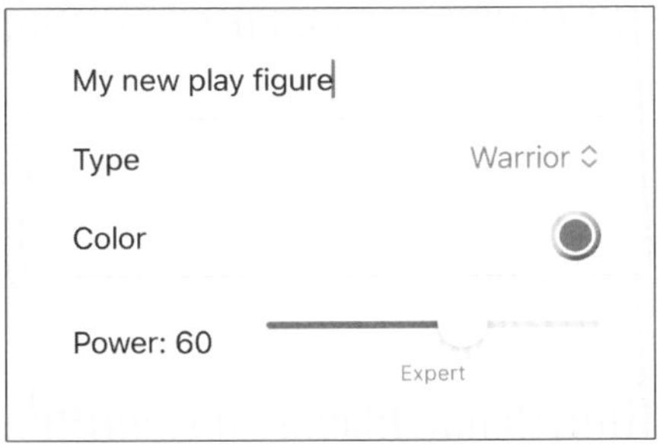

Abbildung 14.5 Einfacher Editor für Spielfiguren

Diese Editor-Ansicht können Sie testweise so nutzen. Beachten Sie, dass hier zur Deklaration einer `PlayFigure`-Variablen der vertraute Property Wrapper `@State` zum Einsatz kommt. Die Übergabe der Variablen an `FigureEditorView` erfolgt aber *ohne* das vorangestellte Dollarzeichen (`$figure`). Dieses Zeichen ist nur bei `@Binding` notwendig, nicht aber bei `@Bindable` für `@Observable`-Daten!

```
struct ObservableTest: View {
    @State private var figure = PlayFigure()

    var body: some View {
        FigureEditorView(figure: figure)
    }
}
```

In einer realen App werden Sie vermutlich mehrere Spielfiguren haben. Diese können Sie in einer Liste darstellen, dort ein Element auswählen und dieses dann bearbeiten.

Aber vorher müssen Sie sich in den beiden folgenden Kapiteln mit Listen und mit Navigationselementen auseinandersetzen.

Veraltet: ObservableObject-Protokoll und @Published

`@Observable` steht erst seit iOS 17 bzw. macOS 14 zur Verfügung. Es löst das Protokoll `ObservableObject` und den Property Wrapper `Published` ab.

```
// bis iOS 16 / macOS 13
class MyClassOld : ObservableObject {
    @Published var property1 = 123
    @Published var property2 = "Hello World!"
}

// ab iOS 17 / macOS 14
@Observable class MyClassNew {
    var property1 = 123
    var property2 = "Hello World!"
}
```

Achten Sie bei Internet-Recherchen oder der Anwendung von KI-Tools darauf, dass Sie nicht veralteten Code übernehmen! Zweckmäßig ist die Anwendung von `ObservableObject` nur, wenn Sie rückwärtskompatibel zu alten iOS- oder macOS-Versionen bleiben wollen.

14.5 Model-View-ViewModel (MVVM)

Im Gegensatz zu anderen UI-Frameworks, die häufig dem MVC-Muster entsprechen (*Model-View-Controller*), ist SwiftUI für das MVVM-Konzept (*Model-View-ViewModel*) optimiert (siehe Abbildung 14.6).

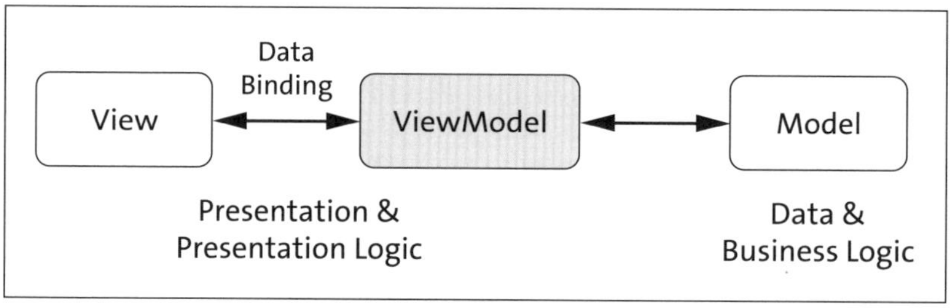

Abbildung 14.6 Die drei Grundbestandteile des MVVM-Entwurfsmusters

Leider stiften sowohl der Name als auch die Abkürzung MVVM mehr Verwirrung denn Klarheit. Konkret erfüllen die drei Bestandteile einer MVVM-Applikation die folgenden Funktionen:

- Das **Model** repräsentiert die eigentlichen Daten. Auf Code-Ebene handelt es sich um Klassen und Strukturen, die auch ohne SwiftUI funktionieren. Die Datenstrukturen enthalten häufig Methoden zur Realisierung der *Business Logic* – etwa zur Berechnung der Rechnungssumme für einen Einkauf, zur Durchführung einer Benutzer-Authentifizierung oder zur Verwaltung von Terminen (Datum/Zeit-Berechnungen etc.). Ein gutes Indiz dafür, dass eine Datenstruktur wirklich der reinen *Model*-Idee entspricht, ist eine Code-Datei ohne `import SwiftUI`.
- Die **View** im Sinne von MVVM kümmert sich um die Ansicht dieser Daten in der Benutzeroberfläche (App). Hier geht es um Layout-Details (Schriftgröße, Textausrichtung, Farben). Die *View* ist aber insofern minimalistisch, als es hier explizit *nicht* darum geht, Daten anzupassen (zu transformieren) oder Logikregeln anzuwenden (Datum 1 muss vor Datum 2 sein) etc. Bei SwiftUI wird die View in einer deklarativen Syntax ausgedrückt. Dass die Basisstruktur aller UI-Elemente (»Steuerelemente«) ebenfalls `View` heißt, macht die ganze Sache nicht unbedingt klarer.
- Das **ViewModel** befindet sich zwischen den *Model-* und *View*-Blöcken. Seine Aufgabe besteht darin, alle der Benutzeroberfläche zugeordneten Aufgaben zu erledigen, also: Daten formatieren, Warnungen und Fehler verarbeiten, den Zustand bzw. die aktive Ansicht der Benutzeroberfläche ändern usw. Wenn Sie so wollen, macht das ViewModel aus den eigentlichen Daten (*raw data*) für die Oberfläche geeignete, benutzerfreundliche Darstellungen.

  Sowohl Model als auch ViewModel legen fest, auf welche Art Daten verändert, erzeugt und gelöscht werden können. Der wesentliche Unterschied besteht darin, dass das ViewModel nur für die Details zuständig ist, die mit der Benutzeroberfläche zu tun haben (*Representation Logic*), während sich das Model mit der Natur der Daten an sich auseinandersetzt (*Business Logic*). Bei den bisherigen SwiftUI-Beispielen waren nie »echte«, komplexe Daten im Spiel. Model und ViewModel waren insofern eins und nicht voneinander unterscheidbar. Aber im weiteren Verlauf der Kapitel und insbesondere bei den App-Beispielen in Teil V dieses Buchs wird es eine klare Trennung zwischen Model und ViewModel geben.

Das MVVM-Entwurfsmuster wurde ursprünglich von Microsoft entwickelt und erstmals in der *Windows Presentation Foundation* (WPF) implementiert. Dabei handelt es sich um eine Bibliothek zur Gestaltung von Benutzeroberflächen für Windows. MVVM liegt auch diversen anderen Frameworks zugrunde, z. B. Jetpack Compose (Android/Kotlin) oder Flutter (Dart).

@State, @Binding und @Observable im MVVM-Kontext

Welche Rolle spielen die Property Wrapper `@State`, `@Binding` und das Makro `@Observable` in MVVM-Anwendungen?

- `@State` gehört eindeutig zur View-Ebene. Es dient dazu, einen View-internen Zustand zu speichern.
- `@Binding` bzw. `@Bindable` hilft SwiftUI-intern bei der Kommunikation zwischen `View`-Datenstrukturen. Im MVVM-Kontext gehören diese beiden Property Wrapper ebenfalls zur View-Ebene.
- `@Observable` wird dagegen meist auf der ViewModel-Ebene verwendet und hilft dabei, den Datenfluss zwischen Model und View herzustellen.

  Auch wenn es keine strenge Regel gibt, die den Einsatz von `@Observable` in der Model-Ebene verbietet, ist seine Anwendung doch umstritten. Wenn in ganz einfachen Fällen auf die ViewModel-Ebene komplett verzichtet wird, wird `@Observable` direkt in den Datenstrukturen der Model-Ebene verwendet. Selbst bei größeren Setups mit eigener ViewModel-Ebene kann `@Observable` innerhalb der Model-Ebene vorteilhaft sein. Das Makro führt sowohl in der ViewModel- als auch in der View-Ebene zu einfacherem, kürzeren Code.

  Die Gegenargumente: Sie *müssen* auf der Model-Ebene Klassen verwenden. Das ist nicht immer erwünscht. (`@Observable` kann nicht auf Strukturen angewendet werden.) Außerdem empfiehlt MVVM eine klare *Separation of Concerns*, also eine Trennung der Aufgaben. Die Model-Ebene soll frei von UI-Überlegungen bleiben und vollkommen unabhängig von der Oberfläche testbar sein. Je größer, komplexer eine App, desto mehr spricht dafür, in der Model-Ebene auf `@Observable` zu verzichten.

Alle Theorie ist grau. Deswegen zeige ich Ihnen im nächsten Abschnitt anhand eines konkreten Beispiels den Schritt von einem schwer wartbaren Spaghetti-Code hin zum übersichtlichen, MVVM-konformen Code. Zwei weitere MVVM-Setups stelle ich Ihnen in Abschnitt 15.2, »Listen manipulieren«, vor. MVVM dient natürlich auch als Fundament für alle größeren Beispiele in Teil V des Buchs.

14.6 Code-Organisation nach MVVM-Regeln

Der erste Versuch, eine eigene App zu entwickeln, führt oft zu einer riesigen `ContentView`-Struktur, die nahezu den ganzen Code enthält. Es dauert nur ein, zwei Tage, dann ist diese Struktur so unübersichtlich, dass sie die Weiterentwicklung blockiert.

Mit etwas Routine und der Organisation Ihres Codes gemäß dem gerade vorgestellten MVVM-Muster vermeiden Sie so ein Fiasko. Bis Sie diese Routine erwerben, gibt dieser Abschnitt einige leicht nachvollziehbare Tipps zum richtigen Design des eigenen Codes:

- **Datenmodell von Oberfläche trennen:** Code, der nicht unmittelbar mit der Oberfläche (User Interface, kurz UI) zu tun hat, gehört zur Model-Ebene und sollte in eigenen Dateien landen. Die dort deklarierten Klassen oder Strukturen sind vom UI-Code komplett getrennt. Wenn Sie also in Ihrer App Kochrezepte verwalten möchten, überlegen Sie sich zuerst dafür eine Datenstruktur (`Recipe`, `Ingredient` etc.).
- **Details in eigene View-Strukturen auslagern:** Wenn der Code für eine Ansicht zu lang oder zu verschachtelt ist, können Sie Teile davon in eigene Strukturen auslagern. Am einfachsten gelingt das überall dort, wo Ihr Code eine View zurückgibt. Sie richten in Ihrer Code-Datei einfach eine neue Struktur ein, die das `View`-Protokoll implementiert, deklarieren dort die `body`-Variable und verschieben den betreffenden Code-Teil dorthin.

```
// neue Struktur für ein Detail der Ansicht
struct DetailView: View {
    var body: some View {
        // betreffenden Code hierher verschieben
    }
}
```

Im ursprünglichen Code bauen Sie an der Stelle des Codes einen Aufruf der Init-Funktion der neuen Struktur ein. (Die Init-Funktion müssen Sie nicht implementieren. Wie ich in Abschnitt 9.4, »Init-Funktion«, ausgeführt habe, erzeugt der Swift-Compiler bei Strukturen ohnedies eine Default-Init-Funktion.)

```
// ursprünglicher Code
struct ContentView: View {
    var body: some View {
        VStack {
            DetailView()  // Init-Funktion der Detail-View
            // ...
        }
    }
}
```

Mit dem UIKit war die Programmierung eigener Steuerelemente bzw. Views ein relativ komplizierter Prozess. Dieses Beispiel hat bewiesen: Mit SwiftUI ist die Entwicklung eigener Steuerelemente/Views geradezu ein Kinderspiel. Wenigen Zeilen Code reichen aus – oder, wie Sie gleich sehen werden (siehe die nächste Überschrift), ein Mausklick in Xcode!

- **Eigene Views mit Parametern:** Das Auslagern von Views funktioniert oft nur, wenn Sie für die in der neuen View veränderlichen Daten eigene Variablen vorsehen. Beim folgenden, bewusst einfach gehaltenen Beispiel gibt es zwei `TextFields` in einem `VStack`. Diese sollen durch eine eigene View ersetzt werden.

```
// Projekt state-bind-observe, Datei NewView.swift
// ursprünglicher Code
struct MyContentView: View {
    @State var username: String = ""
    @State var address: String = ""

    var body: some View {
        VStack {
            TextField("User Name", text: $username)
                .textFieldStyle(RoundedBorderTextFieldStyle())
                .padding()
            TextField("Address", text: $address)
                .textFieldStyle(RoundedBorderTextFieldStyle())
                .padding()
        }
    }
}
```

Der Code für neue View `TextInputView` beginnt mit der Deklaration von zwei Variablen: `msg` enthält den Text, der in grauer Schrift im Textfeld angezeigt wird, solange noch keine Eingabe erfolgt ist. `input` ist mit der Texteingabe synchronisiert. Die Variable muss mit `@Binding` deklariert werden (nicht mit `@State!`), damit die Variable über das `TextField` hinaus mit einer außerhalb definierten Variablen (`username` bzw. `address` im nächsten Listing) synchronisiert werden kann.

```
// neue View für eine Texteingabe
struct TextInputView: View {
    var msg: String                 // zwei View-spezifische
    @Binding var input: String      // Variablen

    var body: some View {
        TextField(msg, text: $input)
            .textFieldStyle(RoundedBorderTextFieldStyle())
            .padding()
    }
}
```

Die folgenden Zeilen zeigen den Aufruf der neuen View. `msg` und `input` sind dabei Parameter der vom Swift-Compiler automatisch erzeugten Init-Funktion der `TextInputView`.

```
// Nutzung der neuen TextInputView
struct MyContentView: View {
    @State var username: String = ""
    @State var address: String = ""
```

```
    var body: some View {
        VStack {
            TextInputView(msg: "User Name", input: $username)
            TextInputView(msg: "Address", input: $address)
        }
    }
}
```

- **Variablen auslagern (@Observable-Klasse, ViewModel-Ebene):** Wenn es in Ihrer Ansicht eine Menge `@State`-Variablen gibt, die mit dem Inhalt von Views synchronisiert sind, ist es sinnvoll, sämtliche Variablen in eine eigene Klasse auszulagern. Diese kennzeichnen Sie mit dem Makro `@Observable`. Damit können alle darin enthaltenen Eigenschaften wie `@Bindable`-Variablen genutzt werden.

  Der Vorteil dieser Vorgehensweise besteht darin, dass Sie Daten und Code klarer voneinander trennen. Je nach Anwendung können Sie die neue Datenklasse auch dazu nutzen, dort Methoden zur Bearbeitung der Daten unterzubringen (z. B. um eingegebenen Daten dauerhaft zu speichern). Diese Trennung zwischen UI-Code und Model-Code entspricht dem MVVM-Muster, wobei die `@Observable`-Klasse der ViewModel-Ebene zugeordnet ist.

  Die folgenden Zeilen zeigen eine Variante des obigen Beispiel-Codes mit einer ausgelagerten View-Model-Klasse:

```
// Projekt state-bind-observe, Datei NewView.swift
struct MyContentView3: View {
    // einmalige Initialisierung der View-Model-Daten
    @State private var data = MyViewModel()

    var body: some View {
        VStack {
            TextInputView(msg: "User Name",
                          input: $data.username)
            TextInputView(msg: "Address",
                          input: $data.address)
        }
    }
}

// Klasse (ViewModel) mit allen Variablen der Ansicht
@Observable class MyViewModel {
    var username = ""
    var address = ""
}
```

- **Funktionen statt Closures:** In Abschnitt 7.5, »Closures«, habe ich Ihnen Closures als Hilfsmittel vorgestellt, Swift-Code kompakter und übersichtlicher zu formulieren. Tatsächlich sind Closures eine große Hilfe, wenn es darum geht, wenig Code (oft nur eine Anweisung) ad hoc als Funktion zu nutzen.

  Bei der SwiftUI-Programmierung kann der gegenteilige Effekt auftreten: Closures zur Reaktion auf Ereignisse sind etliche Zeilen lang und machen den Code der aktuellen Ansicht noch unübersichtlicher. In solchen Fällen ist es zweckmäßig, den Code in eine Funktion auszulagern, die Sie an einer anderen Stelle in der Code-Datei formulieren. Am besten geeignet ist die View-Model-Klasse (sofern es eine gibt):

```
Button("Save") { data.save() }  // Funktionsaufruf statt
                                // eingebetteter Code

// Klasse mit Daten und Methoden
@Observable
class MyViewModel {
    var username = ""
    var address = ""

    func save() {
        // Name und Adresse dauerhaft speichern ...
    }
}
```

Refactoring- und Navigationsunterstützung durch Xcode

Xcode hilft mit einem Kontextmenü sowohl beim Einfügen diverser Container (EMBED IN XXX) als auch dabei, Code ab einer bestimmten Ebene in eine eigene Struktur auszulagern (siehe Abbildung 14.7).

Ich möchte Ihnen hier insbesondere EXTRACT SUBVIEW nahelegen. Dieses Kommando kann in jeder Code-Ebene angewendet werden, die selbst wiederum eine View beschreibt. Xcode erzeugt dann am Ende der Code-Datei eine neue View-Struktur, verschiebt den Code dorthin und baut an der ursprünglichen Stelle im Code einen Aufruf der Init-Funktion ein. Damit haben Sie also mit einem einzigen Klick eine neue View programmiert. Die einzige Einschränkung betrifft den Variablenzugriff: Sie müssen sich selbst gegebenenfalls darum kümmern, in der neuen View-Struktur Variablen zu deklarieren und diese beim Aufruf der Init-Funktion zu übergeben.

Je mehr Zeilen eine Code-Datei hat, desto mehr Zeit verbringen Sie in Xcode, um die gerade relevanten Stelle im Code zu finden. Um den Suchaufwand zu minimieren, können Sie den Code in mehrere Teile gliedern und mit Kommentaren der Form

`// MARK: Überschrift` kennzeichnen. Die so formulierten Überschriften zeigt Xcode an, wenn Sie das Menü der Navigationsleiste öffnen (siehe Abbildung 14.8).

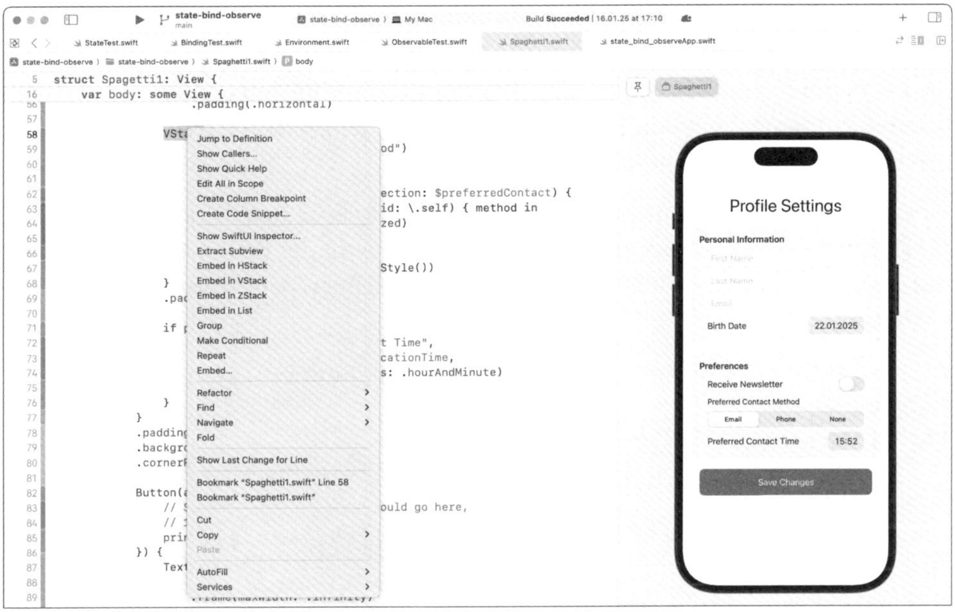

Abbildung 14.7 Xcode-Kommandos zum SwiftUI-Code-Umbau

Abbildung 14.8 Xcode baut Ihre MARK-Kommentare in das Navigations-Menü ein.

Beispiel

Die Beispieldatei `state-bind-observe/Spaghetti1.swift` enthält in rund 100 Zeilen den Code für einen Dialog zur Eingabe von Benutzer- und Kontaktdaten (rechts in Abbildung 14.7 zu sehen). Der gesamte Code befindet sich in der `Spaghetti1`-Struktur.

Sie können nun versuchen, manuell oder mit Xcode-Hilfe den Code so umzubauen (zu »refaktorieren«, um den Fachbegriff zu verwenden), dass die resultierenden einzelnen Bausteine übersichtliche Einheiten bilden.

Einen Lösungsvorschlag finden Sie in der Datei `Spaghetti2.swift`. Die ersten Zeilen dieser Datei sehen wie folgt aus und zeigen die Struktur des Codes. Auf den Abdruck des gesamten Codes in beiden Varianten (vorher/nachher) habe ich aus Platzgründen verzichtet.

```
// Projekt state-bind-observe, Datei Spaghetti2.swift
// View-Ebene
struct Spaghetti2: View {
    // alle Variablen sind in die ProfileViewModel-Klasse
    // ausgelagert
    @State private var viewModel = ProfileViewModel()

    var body: some View {
        VStack(spacing: 20) {
            // Detail-Views für die Teile des Formulars
            TitleView()
            PersonalInfoSection(viewModel: viewModel)
            PreferencesSection(viewModel: viewModel)
            SaveButton(action: viewModel.saveProfile)
            Spacer()
        }
        .padding()
    }
}
...

// ProfileViewModel (ViewModel-Ebene)
@Observable
class ProfileViewModel {
    var firstName = ""
    var lastName = ""
    ...

    func saveProfile() {
        // code to save profile ...
    }
}
```

Sie werden in dem Beispiel vermutlich die Model-Ebene vermissen. Sie haben recht, es gibt keine. Wie bei den meisten Beispielen in den SwiftUI-Einführungskapiteln ist die Aufgabenstellung zu einfach, als dass sich die Trennung zwischen Model- und ViewModel-Ebene lohnt.

Refactoring mit KI-Unterstützung

Bei in sich abgeschlossenen Beispielen wie hier können Sie zur Refaktorierung auch KI-Tools wie ChatGPT anwenden. Sie übergeben also den gesamten Code einer Datei und bitten darum, den Code besser zu strukturieren. Bei meinen Tests Anfang 2025 habe ich mit *claude.ai* ausgezeichnete Ergebnisse erzielt. Bitten Sie das KI-Tool Ihrer Wahl aber unbedingt, moderne Swift-Features wie `@Observable` einzusetzen – sonst besteht die Gefahr, dass der KI-generierte Code veraltete Protokolle und Property Wrapper wie `ObservableObject` und `@Published` verwendet.

KI-Tools funktionieren in Einführungsbeispielen wie in diesem Kapitel ziemlich gut. »Echte« Apps haben viel mehr Code, der oft über viele Dateien verteilt ist. Zwar können Sie die Dateien per Drag-and-drop an webbasierten KI-Tools übergeben. Das Hin und Her mit dem Code und die Integration der Änderungen in Xcode ist aber ausgesprochen mühsam und fehleranfällig. Deswegen ist zu hoffen, dass es Apple bald gelingt, brauchbare KI-Werkzeuge direkt in Xcode zu integrieren. Bis dahin setzen Sie besser auf Ihre eigene Intelligenz und organisieren Ihren Code vernünftig!

Kapitel 15
Listen und Tabellen

Die meisten Apps zeigen an der einen oder anderen Stelle Listen an: To-do-Punkte, Termine, Adressen, Fotos, Einstellungsoptionen, Spielfiguren usw. SwiftUI unterstützt Sie bei der Darstellung von Listen und Tabellen (speziell auf einem iPad oder Mac) mit `List` und `Table`. Dieses Kapitel gibt einen Überblick über die wichtigsten Programmiertechniken im Zusammenhang mit Listen und Tabellen. Sie lernen, wie Sie Listenelemente darstellen, hinzufügen und löschen, den Inhalt von Tabellen nach unterschiedlichen Spalten sortieren etc.

Bearbeitung von Listenelementen in einer Detail-View

Zum Umgang mit Listen gehören die Anzeige und Bearbeitung einzelner Einträge in einer Detailansicht. Den Übergang zwischen der Liste in der Detailansicht auf einem iPhone bzw. die gleichzeitige Darstellung der Liste (links) und der Detailansicht (rechts) auf größeren Geräten (iPad, macOS-App) bewerkstelligen Sie am besten mit einem `NavigationStack`. Diese und andere Views zur Verwaltung mehrerer Ansichten einer App behandle ich in Kapitel 16, »Navigation« ausführlich.

15.1 Listen

Der Umgang mit Listen in SwiftUI ist denkbar unkompliziert. Um eine statische Liste zu erzeugen, übergeben Sie an `List` einfach mehrere View-Instanzen. Der Inhalt der Closure wird an den `content`-Parameter der Init-Funktion von `List` übergeben. Die optische Gestaltung der Liste hängt vom Betriebssystem ab. Unter iOS im Light Mode wird die Liste in einem abgerundeten Container auf hellgrauem Hintergrund dargestellt (siehe Abbildung 15.1). Wenn es mehr Listenelemente gibt, als Platz zur Verfügung steht, kümmert sich `List` automatisch um das Scrolling.

```
List {  // erste Liste
    Text("Item 1")
    Text("Item 2")
}
```

Eine zweite Variante besteht darin, ein Array von Elementen an den `List`-Konstruktor zu übergeben. Achten Sie darauf, dass Ihre Datenstruktur dem Protokoll `Identifiable` entspricht. Dies erfüllen Sie am einfachsten, indem Sie eine `id`-Eigenschaft einbauen und diese mit eindeutigen Werten initialisieren. Die `List`-Closure wird für alle Elemente durchlaufen, wobei der Instanzzugriff mit `$0` erfolgt:

```
// Datenstruktur, die dem Identifiable-Protokoll entspricht
struct Level: Identifiable {
    let name: String
    let id = UUID()
}
// Array mit einigen Level-Elementen
private var levels = [
    Level(name: "Beginner"),
    Level(name: "Intermediate"),
    Level(name: "Advanced"),
]
...
// alle Elemente in einer Liste darstellen
List(levels) {      // zweite Liste
    Text($0.name)
}
```

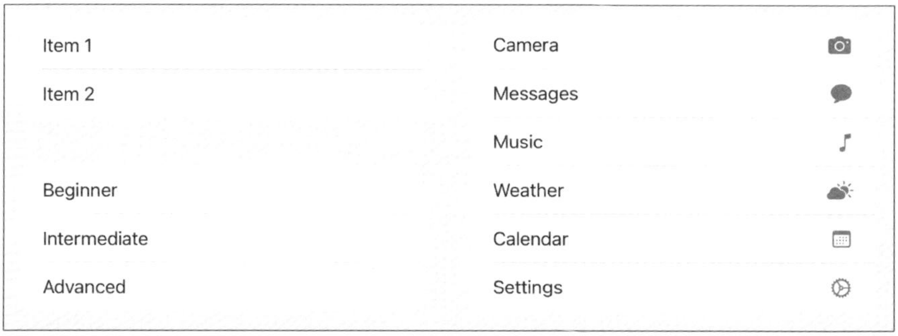

Abbildung 15.1 Drei einfache Listen

Die dritte Variante ist in der Praxis am häufigsten. Die in einer Aufzählung vorliegenden Elemente werden mit `ForEach` verarbeitet. `ForEach` habe ich in Abschnitt 13.1, »Grundlagen«, bereits eingehend beschrieben. Damit SwiftUI die Listenelemente intern unterscheiden kann, müssen Sie entweder Elemente übergeben, die `Identifiable` sind, oder mit dem `id`-Parameter einen für jedes Element eindeutigen Wert angeben. Im folgenden Beispiel wird dafür mit einem KeyPath-Ausdruck die erste Tupel-Eigenschaft der Array-Elemente ausgelesen, also `"Camera"`, `"Messages"` usw.

```
// Projekt lists, Datei ContentView.swift
struct ContentView: View {
    let items = [
        ("Camera", "camera.fill"),
        ("Messages", "message.fill"),
        ("Music", "music.note"),
        ("Weather", "cloud.sun.fill"),
        ("Calendar", "calendar"),
        ("Settings", "gear")
    ]

    var body: some View {
        List {  // dritte Liste
            ForEach(items, id: \.0) { item in
                // jedes Listenelement besteht aus einem
                // Text (links) und einem Symbol (rechts)
                HStack {
                    Text(item.0)
                    Spacer()
                    Image(systemName: item.1)
                        .foregroundColor(.blue)
                }
            }
        }
    }
}
```


SwiftUI geht intelligent mit großen Listen um: Intern werden nur für die gerade sichtbaren Listenelemente View-Instanzen erstellt. Beim Scrollen werden diese Views wiederverwendet.

Einzelne Listen füllen vertikal den gesamten zur Verfügung stehenden Platz. Wenn Sie mehrere Listen in einen `VStack` packen, kann die Optimierung der Listengröße aber zur Herausforderung werden. Standardmäßig bieten die Listen dann für ca. fünf bis sechs Zeilen Platz. Mit dem Modifier `frame(height: nnn)` können Sie eine Größe starr vorgeben.

Listen mit Abschnitten (Section)

Innerhalb von Listen können Sie mit `Section` Abschnitte definieren, die mit einer Zwischenüberschrift angezeigt werden. Wenn Sie die ganze Liste in einen `NavigationStack` verpacken (siehe dazu auch Abschnitt 16.1) und jeden Abschnitt mit dem Modifier `navigationTitle` beschriften, wird die zuletzt relevante Überschrift oberhalb der Liste eingeblendet (siehe Abbildung 15.2).

Das Einbetten in einen `NavigationStack` hat zwei weitere Vorteile: Erstens können Sie bei der Auswahl eines Listenelements eine Detailansicht öffnen (siehe Abschnitt 16.1). Zweitens können Sie die Liste mit dem Modifier `listStyle(GroupedListStyle())` ergänzen und so die gesamte horizontale Breite des Bildschirms nutzen. Beachten Sie, dass diese Darstellungsform nur in iOS vorgesehen ist; bei Multi-Plattform-Apps müssen Sie entsprechend `#if os(iOS)` verwenden.

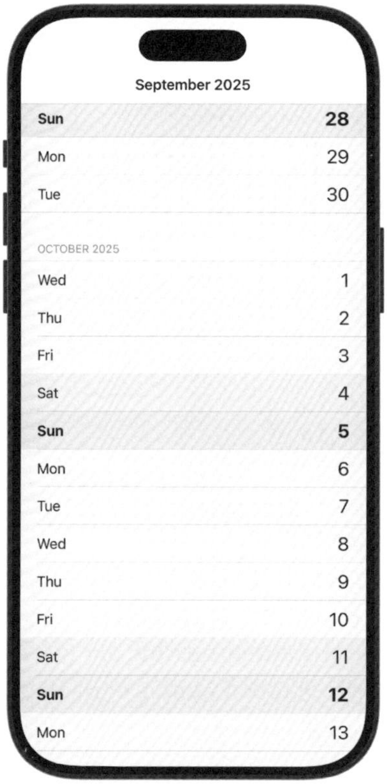

Abbildung 15.2 Datumsliste mit monatlichen Abschnitten

Der Code für die Datumsliste ist deutlich komplexer und langatmiger als bei den Einführungsbeispielen. Das liegt nicht zuletzt an den recht umständlichen Funktionen zur Verarbeitung von Daten und Zeiten. Das Array `days` besteht aus zwölf Elementen für jeden Monat, wobei jedes Element aus der Nummer des Monats und wiederum einem Array mit den Daten in diesem Monat besteht. `days` ist ein Read-only-Property, der in geschwungenen Klammern angegebene Code wird beim Auslesen ausgeführt (`get`).

`createMonthData` erzeugt die Einträge für einen ganzen Monat, `createDate` eine `Date`-Instanz für das durch Monat und Tag vorgegebene Datum. Als Jahr wird immer das gerade aktuelle Jahr verwendet.

```
// Projekt lists, Datei YearView.swift
struct YearView: View {
    let calendar = Calendar.current
    let year = Calendar.current.component(.year, from: Date())

    // days ist ein Read-only-Property mit einem Array aller
    // Daten des gerade aktuellen Jahrs
    var days: [(month: Int, days: [Date])] {
        (1...12).map { createMonthData(month: $0) }
    }
    private func createMonthData(month: Int) ->
          (month: Int, days: [Date])
    {
        let firstDayOfMonth =
            calendar.date(from: DateComponents(year: year,
                                               month: month,
                                               day: 1))!
        let daysInMonth = calendar.range(of: .day,
                                         in: .month,
                                         for: firstDayOfMonth)!
        let allDaysInMonth = daysInMonth.map {
            createDate(month: month, day: $0)
        }
        return (month, allDaysInMonth)
    }
    private func createDate(month: Int, day: Int) -> Date {
        calendar.date(from: DateComponents(year: year,
                                           month: month,
                                           day: day))!
    }
```

Nun geht es darum, auf Basis des `days`-Arrays eine Liste zu befüllen. Die Hilfsfunktion `formatMonthYear` formatiert ein Datum in der Form »Dezember 2025«. Die Liste befindet sich im `NavigationStack`. Dort wird zuerst für jeden Monat ein Abschnitt erzeugt. Dieser wird sowohl in der Liste als auch oberhalb der Liste mit dem Monat und dem Jahr beschriftet. Innerhalb jedes Abschnitts folgen nun die Einträge für jeden Tag des Monats.

```
// Projekt lists, Datei YearView.swift (Fortsetzung)
struct YearView: View {
    ...
    private func formatMonthYear(_ date: Date) -> String {
        let formatter = DateFormatter()
        formatter.dateFormat = "MMMM yyyy"
        return formatter.string(from: date)
    }
```

```
    var body: some View {
        NavigationStack {
            List {
                // Abschnitte für jeden Monat
                ForEach(days, id: \.month) { month in
                    Section(header:
                            Text(formatMonthYear(month.days[0])))
                    {
                        // Listeneinträge für jeden Tag
                        ForEach(month.days,
                                id: \.timeIntervalSince1970)
                        {
                            // create list entry for date of day
                            DateEntry(date: $0)
                        }
                    }
                    // dieser Text wird oberhalb der eigentlichen
                    //  Liste im NavigationStack angezeigt
                    .navigationTitle(
                        formatMonthYear(month.days[0]))
                }
            }
            #if os(iOS)
            // ganze iPhone-Breite für die Listeneinträge nutzen
            .listStyle(GroupedListStyle())
            #endif
        }
    }
}
```

Damit der Code nicht zu unübersichtlich wird, habe ich die Gestaltung eines Listenelements in `DateEntry` ausgelagert. Jedes Listenelement besteht aus dem Wochentag (links) und dem Tag im Monat (1–31) rechts. Samstage sind grau unterlegt, Sonntage blassrot. An Sonntagen wird außerdem eine fette Schrift verwendet.

Die in `backgroundcolor` gespeicherte Hintergrundfarbe ist gleichermaßen für den Light und den Dark Mode geeignet. Der »Trick« besteht darin, die Farbe mit `opacity` durchscheinend anzugeben. Damit geben Sie keine fixe Farbe vor, sondern verändern die Default-Hintergrundfarbe ein wenig.

Ein letztes Detail: Normalerweise ist es bei Closures oder im Code für Read-only-Properties nicht notwendig, `return` zu verwenden. Hier ist dies aber doch erforderlich, weil in der Closure zuerst die Variable `backgroundColor` initialisiert wird. Sie müssen dem Swift-Compiler explizit klar machen, dass ausschließlich der `HStack` mit dem Listenelement zurückgegeben werden soll.

```
// Projekt lists, Datei YearView.swift (Fortsetzung)
struct DateEntry: View {
    let calendar = Calendar.current
    var date: Date
    var body: some View {
        var backgroundColor: Color = .clear
        if isSaturday(date) {
            backgroundColor = Color.gray.opacity(0.2)
        } else if isSunday(date) {
            backgroundColor = Color.red.opacity(0.2)
        }
        // Hier muss return verwendet werden!
        return HStack {
            Text(date.formatted(.dateTime.weekday(.abbreviated)))
            Spacer()
            Text("\(calendar.component(.day, from: date))")
                .font(.title2)

        }
        .listRowBackground(backgroundColor)
        .fontWeight(isSunday(date) ? .bold : .regular)
    }

    private func isSunday(_ date: Date) -> Bool {
        return calendar.component(.weekday, from: date) == 1
    }
    private func isSaturday(_ date: Date) -> Bool {
        return calendar.component(.weekday, from: date) == 7
    }
}
```


15.2 Listen manipulieren

Sie wissen jetzt, dass es grundsätzlich nicht schwierig ist, Listen anzuzeigen. Bereits in Kapitel 2, »Learning by Doing: Die erste App« habe ich Ihnen diesbezüglich ein anschauliches Beispiel gegeben. Für viele Anwendungen reicht das aber nicht aus: Sie wollen Listen auch bearbeiten, also neue Elemente hinzufügen, vorhandene löschen und die Reihenfolge der Elemente ändern. Für all diese Operationen sieht `List` bereits fertige Funktionen vor, die Sie nur anwenden müssen. Der erforderliche Code bleibt dabei übersichtlich.

Die folgende Liste besteht einfach aus ein paar Texten. Mit dem Plus-Button fügen Sie am Ende der Liste einen weiteren Eintrag hinzu. Der Button EDIT/DONE aktiviert bzw. deaktiviert den Edit-Modus, in dem Sie Elemente löschen oder verschieben können (siehe Abbildung 15.3). Das Löschen von Elementen gelingt aber auch ohne Edit-Modus durch einen Schiebevorgang nach links.

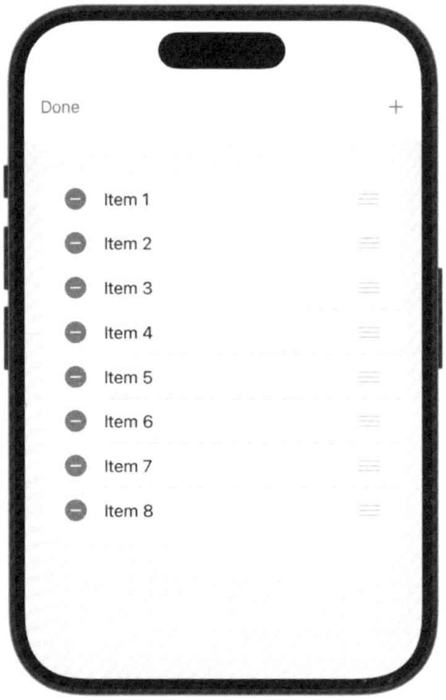

Abbildung 15.3 Eine einfache Liste im Edit-Modus

Preview-Einschränkungen

Bei meinen Tests hat das Verschieben von Listenelementen im Simulator sowie auf echter Hardware funktioniert, nicht aber in der Vorschau. Möglicherweise behebt Apple dieses Problem in zukünftigen Xcode-Versionen. Aber bevor Sie einen Fehler im Code suchen, testen Sie die App im Simulator!

Der erforderliche Code ist weiterhin erfreulich übersichtlich. Am oberen Rand der View sind zwei Buttons platziert. Einer davon schaltet die Variable `isEditing` zwischen `true` und `false` um, der andere fügt der Liste ein neues Element hinzu.

`List` enthält bereits den gesamten Code zur Verarbeitung von Verschiebe- und Löschaktionen. Sie müssen lediglich die `onMove`- und `onDelete`-Modifier mit Closures ausstatten, die die zugrunde liegenden Daten (hier: das Array `items`) verändern. An die `onMove`-Closure werden zwei Parameter übergeben. Der erste ist ein `IndexSet` und enthält die Indizes der zu verschiebenden Einträge. (Normalerweise ist es nur *ein* Listenelement.) Der zweite Parameter enthält die Zielposition. Die beiden Parameter können unverändert an die `move`-Methode von Arrays übergeben werden. Noch einfacher ist die Reaktion auf das `onDelete`-Ereignis: Sie löschen einfach das per Index angegebene Array-Element.

Der vielleicht verwirrendste Aspekt ist die Aktivierung des Edit-Modus für Listen. Diese erfolgt über die Environment-Variable `editMode`. Die Methode `constant` ist erforderlich, um auf die Zustände `active` und `inactive` der `EditMode`-Enumeration zuzugreifen und diese als Binding-Typ zu übergeben. Die `editMode`-Variable erwartet als Datentyp `Binding<EditMode>`. In der Praxis ist die Liste meist in einen `NavigationStack` eingebettet – dann übernimmt dieser die (De-)Aktivierung des Edit-Modus.

```
// Projekt lists, Datei ListEdit.swift
struct TestListEdit: View {
    @State private var items = ["Item 1", ..., "Item 8"]
    @State private var isEditing = false

    var body: some View {
        VStack {
            HStack {  // Buttons für den Edit-Modus und zum
                      // Hinzufügen neuer Einträge
                Button(isEditing ? "Done" : "Edit") {
                    isEditing.toggle()
                }
                Spacer()
                Button(action: {
                    items.append("New list item")
                }) {
                    Image(systemName: "plus")
                }
            }
            List { // die Listenelemente
                ForEach(items, id: \.self) { item in
                    Text(item)
                }
                // Reaktion auf Verschiebe- und Lösch-Aktionen
                .onMove { source, destination in
                    items.move(fromOffsets: source,
                               toOffset: destination)
                }
                .onDelete { indexSet in
                    items.remove(atOffsets: indexSet)
                }
            }
            .environment(\.editMode,
                .constant(isEditing ? .active : .inactive))
        }
    }
}
```

Tipp

Wenn Sie eine Toolbar verwenden (siehe Abschnitt 16.6, »Toolbar«), können Sie dort einen `EditButton()` einbauen. Dieser aktiviert den Edit-Modus für die Liste ohne weiteren Code und zeigt automatisch EDIT/DONE in der Landessprache an. Allerdings funktioniert die Auswertung der `editMode`-Umgebungsvariable oft nicht. Der hier präsentierte Weg ist universeller und zuverlässiger.

https://stackoverflow.com/questions/78954882

15.3 Beispiel: Issue-Management

Beim vorangegangenen Einführungsbeispiel habe ich mich bemüht, Ihnen die Edit-Konzepte mit so wenig Code wie möglich zu präsentieren. Besonders realitätsnah war der Code aber nicht. Das soll sich beim folgenden, deutlich komplexeren Beispiel ändern!

Der Ausgangspunkt ist eine App zur Verwaltung von Issues, also von Problemen oder Aufgaben bei der Software-Entwicklung (siehe Abbildung 15.4). Im Beispiel-Code geht es nur um die Darstellung der Issue-Liste. Bis zu einer »richtigen« App wäre es noch ein weiter Weg: Es fehlt ein Dialog zur vollständigen Erfassung bzw. Modifikation von Issues, zur Synchronisation der Issues mit einer Datenbank im Internet etc.

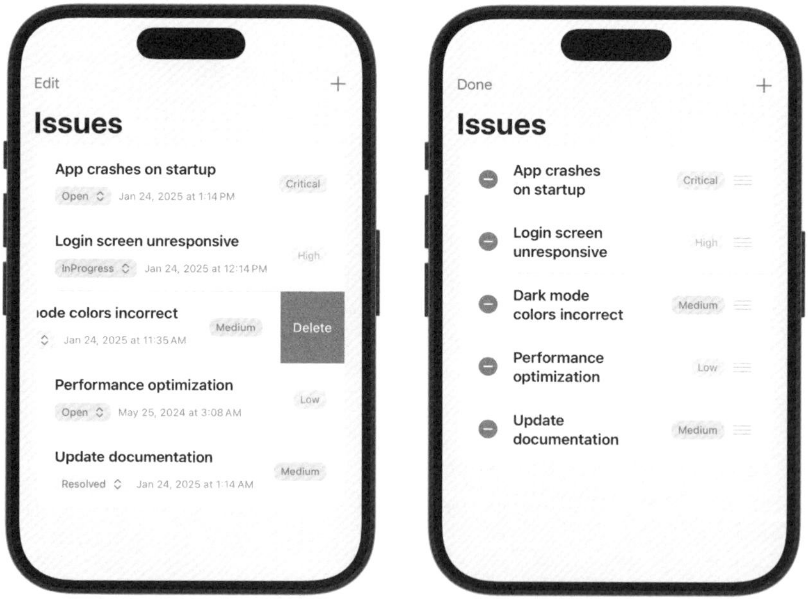

Abbildung 15.4 Links die Issue-Management-App im Normalzustand, rechts im Edit-Modus

Nach dem Start zeigt die App fünf vordefinierte Test-Issues an. Danach gibt es die folgenden Funktionen:

- Direkt in der Liste können Sie den Status einzelner Issues über ein Pop-up-Menü verändern. Dieses erscheint, sobald Sie auf einen der bunten Buttons (OPEN, INPROGRESS etc.) drücken.
- Mit dem Plus-Button können Sie ein neues Issue hinzufügen.
- Durch eine Ziehbewegung (»Swipe«) nach links können Sie ein Issue löschen.
- EDIT aktiviert den Edit-Modus. Auch hier können Sie Issues löschen. Außerdem können Sie die Reihenfolge der Listenelemente per Drag-and-drop verschieben.

Datenmodell

Obwohl es sich bei dem Beispiel nur um ein Fragment einer echten App handelt, habe ich mich bemüht, das MVVM-Muster einzuhalten (siehe Abschnitt 14.5, »Model-View-ViewModel (MVVM)«).

Beginnen wir mit der Model-Ebene, also dem Datenmodell. Hierfür reicht eine einzige Klasse aus, die mit dem Makro `@Observable` gekennzeichnet ist. Zwei Enumerationen listen die möglichen Werte für den Status und die Wichtigkeit jedes Issues auf. Das Protokoll `CaseIterable` gibt uns ohne zusätzlichen Code die Möglichkeit, alle Aufzählungselemente in einer Schleife zu durchlaufen.

```
// Projekt lists, Datei IssueManager.swift
// Klasse zur Speicherung eines Issues
@Observable class Issue: Identifiable {
    let id = UUID()
    var title: String
    var description: String
    var status: Status
    var priority: Priority
    var assignee: String?
    var createdDate: Date
    var lastUpdated: Date

    // Enumeration für den Status des Issues
    enum Status: String, CaseIterable {
        case open, inProgress, testing, resolved, closed
    }

    // und für die Wichtigkeit
    enum Priority: String, CaseIterable {
        case low, medium, high, critical
    }
```

```
    // Init-Funktion für alle Eigenschaften
    init(title: String, description: String, ...) {
        self.title = title
        self.description = description
        ...
    }
}
```

ViewModel

Die Klasse `IssueListViewModel` setzt auf dem Datenmodell auf. Das Array `issues` speichert alle anzuzeigenden Issues. (In einer realen App müsste die App die Issues aus einer Datenbank oder über eine REST-API laden.)

Die drei Methoden `add-`, `delete-` und `moveIssues` fügen ein neues Issue hinzu, löschen ein Issue oder verändern die Reihenfolge. Die Parameter für diese Methoden sind keineswegs willkürlich, sondern entsprechen der Parameterliste, die `List` beim Aufruf dieser Methoden voraussetzt. `IndexSet` ist eine in der Foundation-Bibliothek definierte Struktur, um mehrere Indizes für ein Array und verwandte Aufzählungen zu übergeben.

Die beiden Funktionen `priorityColor` und `statusColor` ordnen den Enumerationswerten Farben zu. Die ViewModel-Klasse wäre auch der ideale Ort für weitere Methoden, um Issues zu filtern oder zu sortieren.

```
// Projekt lists, Datei IssueManager.swift (Fortsetzung)
@Observable class IssueListViewModel {
    var issues: [Issue] = []   // Issues speichern

    // Issues hinzufügen, löschen oder verschieben
    func addIssue(_ issue: Issue) {
        issues.append(issue)
    }
    func deleteIssue(at indexSet: IndexSet) {
        issues.remove(atOffsets: indexSet)
    }
    func moveIssue(from source: IndexSet, to destination: Int) {
        issues.move(fromOffsets: source, toOffset: destination)
    }
    // Farbzuordnung für Enumerationswerte
    static func priorityColor(for priority: Issue.Priority)
            -> Color
    {
        switch priority {
            case .low:      return .gray
            case .medium:   return .blue
```

```
            case .high:     return .orange
            case .critical: return .red
        }
    }
    static func statusColor(for status: Issue.Status)
          -> Color { ... }  // analoger Code
}
```

Benutzeroberfläche (View-Ebene)

Damit kommen wir schon zur Benutzeroberfläche des Beispiels. Für die Gesamtansicht der App ist die `IssueListView` zuständig. Sie greift auf diverse Sub-Views zurück, die ich im weiteren Verlauf näher beschreiben werde.

Verblüffend knapp fällt der Code für die `onDelete`- und `onMove`-Modifier auf: Anstatt die Arbeit per Closure durchzuführen, werden hier Referenzen auf die entsprechenden Methoden des `IssueListViewModels` übergeben.

Die Liste ist in einen `NavigationStack` verpackt. Das hat mehrere Vorteile:

- Über den Modifier `toolbar` können oberhalb der Liste Bedienungselemente platziert werden.
- Der `NavigationStack` kümmert sich in Kombination mit dem vordefinierten `EditButton` um die Umschaltung des Edit-Modus. Damit erübrigt sich die manuelle Veränderung der entsprechende Umgebungsvariablen.
- Schließlich kann der `NavigationStack` mit dem `sheet`-Modifier weitere Ansichten (Dialoge) öffnen. In diesem Beispiel wird damit die Ansicht zur Eingabe der Daten eines neuen Issues geöffnet. Die Sichtbarkeit dieser Ansicht wird über die `@State`-Variable `showingAddIssue` gesteuert. (Der Code für die dazugehörende `AddIssueView` folgt in einigen Seiten.)

Mehr Details zu `NavigationStack` sowie zum `toolbar`- und `sheet`-Modifier folgen in Kapitel 16, »Navigation«.

```
// Projekt lists, Datei IssueManager.swift (Fortsetzung)
struct IssueListView: View {
    @State var viewModel: IssueListViewModel
    @State private var showingAddIssue = false

    var body: some View {
        NavigationStack {
            List {
                ForEach(viewModel.issues) { issue in
                    IssueRow(issue: issue)
                }
                .onDelete(perform: viewModel.deleteIssue)
```

```
                .onMove(perform: viewModel.moveIssue)
            }
            .navigationTitle("Issues")
            .toolbar {    // Toolbar mit Edit- und Plus-Button
                ToolbarItem(placement: .navigationBarTrailing) {
                    Button(action: { showingAddIssue = true }) {
                        Image(systemName: "plus")
                    }
                }
                ToolbarItem(placement: .navigationBarLeading) {
                    EditButton()
                }
            }
        }

        // Dialog zur Eingabe eines neuen Issues öffnen
        .sheet(isPresented: $showingAddIssue) {
            AddIssueView(viewModel: viewModel)
        }
    }
}
// Preview-Ansicht mit Testdaten
#Preview {
    IssueListView(viewModel: createTestIssues())
}
```

Damit Sie die App komfortabel ausprobieren können, werden in `createTestIssues` einige Beispiel-Issues erzeugt. Auf den Abdruck dieser Methode verzichte ich hier. Werfen Sie gegebenenfalls einen Blick in die Beispieldateien zum Buch.

Darstellung der Listenelemente (IssueRow)

Für die Darstellung der Listenelemente ist die View `IssueRow` zuständig. Dessen Init-Funktion erwartet eine `Issue`-Instanz als `@Binding`-Parameter. Verpackt in einen `HStack` und einen `VStack` werden der Issue-Titel, zwei »Badges« (bunte Texte) für Status und Priorität sowie der Zeitpunkt der letzten Änderung angezeigt. Um Platz zu sparen, werden im Edit-Modus Status und Datum ausgeblendet. Diesen Zustand ermitteln Sie aus der in Abschnitt 15.2, »Listen manipulieren«, schon erläuterten Umgebungsvariablen `editMode`.

```
// Projekt lists, Datei IssueManager.swift (Fortsetzung)
struct IssueRow: View {
    @Bindable var issue: Issue
    @Environment(\.editMode) private var editMode
```

```
    var body: some View {
        HStack {
            VStack(alignment: .leading) {
                // Issue-Titel
                Text(issue.title).font(.headline)

                HStack {
                    // Status und Zeit im Edit-Modus ausblenden
                    if editMode?.wrappedValue.isEditing == false
                    {
                       // Issue-Status
                        StatusBadge(status: $issue.status)
                        // Zeitpunkt der letzten Änderung
                        let txt = issue.lastUpdated.formatted(
                            date: .abbreviated, time: .shortened)
                        Text(txt)
                            .font(.caption)
                            .foregroundColor(.secondary)
                    }
                }
            }
            Spacer()
            // Issue-Priorität
            PriorityBadge(priority: issue.priority)
        }
        .padding(.vertical, 4)
    }
}
```

15

Darstellung der Priorität (PriorityBadge)

Die Wichtigkeit des Issues wird in `PriorityBadge` in einem abgerundeten, bunten Textfeld angezeigt. Der einzig spannende Punkt ist hier die Methode `capitalFirst`, die den Enumerationswert mit einem großen Anfangsbuchstaben ausstattet. `"inProgress".captitalFirst()` liefert somit `"InProgress"`. Swift kennt eine ähnliche String-Eigenschaft `capitalized`, diese würde aber `Inprogress` liefern (mit kleinem p) und wäre daher ungeeignet. Deswegen habe ich `captitalFirst` als Erweiterung zum `String`-Datentyp definiert.

```
struct PriorityBadge: View {
    let priority: Issue.Priority

    var body: some View {
        let color =
            IssueListViewModel.priorityColor(for: priority)
```

```
        Text(priority.rawValue.capitalFirst())
            .font(.caption)
            .padding(.horizontal, 8)
            .padding(.vertical, 4)
            .background(color.opacity(0.2))
            .foregroundColor(color)
            .cornerRadius(8)
    }
}
extension String {
    func capitalFirst() -> String {
        prefix(1).uppercased() + dropFirst()
    }
}
```

Darstellung und Veränderung des Status (StatusBadge)

`StatusBadge` übernimmt für den Issue-Status eine ähnliche Aufgabe wie `Priority-Badge`. Der wesentliche Unterschied besteht darin, dass ein Klick auf das bunte Textfeld ein kleines Menü öffnet, mit dem Sie den Status direkt ändern können. Dementsprechend muss `status` mit `@Binding` deklariert werden.

Die View beginnt mit der Definition des Menüs, wobei der gerade aktive Zustand mit einem Auswahlhäkchen gekennzeichnet wird. Eine Menüauswahl führt dazu, dass in der `action`-Closure die `status`-Variable verändert wird.

Der Code zur Darstellung der Status-Badge folgt in der `label`-Closure des Menüs. Als Indikator, dass der Status verändert werden kann, folgt dem Text ein Symbol mit einem Auf-/Ab-Pfeil.

```
// Projekt lists, Datei IssueManager.swift (Fortsetzung)
struct StatusBadge: View {
    @Binding var status: Issue.Status

    var body: some View {
        Menu {
            ForEach(Issue.Status.allCases, id: \.self) { st in
                Button(action: { status = st }) {
                    HStack {
                        Text(st.rawValue.capitalFirst())
                        if status == st {
                            Image(systemName: "checkmark")
                        }
                    }
                }
            }
```

```
        } label: {
            HStack {
                Text(status.rawValue.capitalFirst())
                    .font(.caption)
                Image(systemName: "chevron.up.chevron.down")
                    .font(.caption)
            }
            .padding(.horizontal, 8)
            .padding(.vertical, 4)
            .background(IssueListViewModel
                .statusColor(for: status).opacity(0.2))
            .cornerRadius(8)
        }
    }
}
```

Eingabe eines neuen Issues (AddIssueView)

Die `AddIssueView` wird als Reaktion auf den Plus-Button in einer Art Pop-up-Dialog angezeigt (siehe Abbildung 15.5). Weil der Code wenig mit dem Listen-Management zu tun hat, habe ich nur die Eingabe des Titels implementiert und die restlichen Issue-Eigenschaften ignoriert.

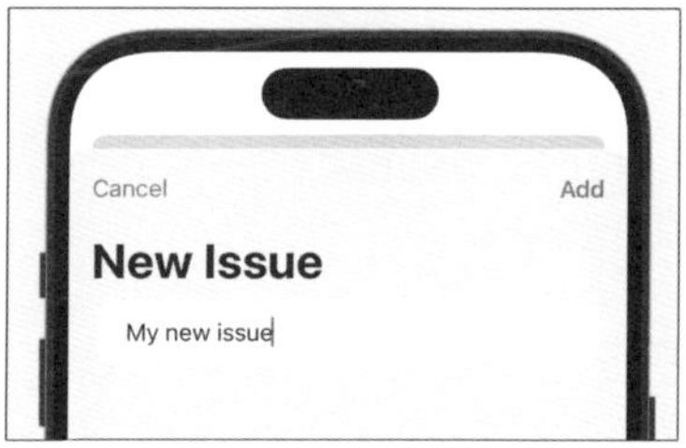

Abbildung 15.5 Halbfertiger Dialog zur Eingabe eines neuen Issues

An die Init-Funktion von `AddIssueView` wird eine Referenz auf das `IssueListViewModel` übergeben. Beachten Sie, dass `viewModel` einfach mit `let` deklariert ist. Sie brauchen weder `var` (Sie wollen kein neues `IssueListViewModel` erzeugen und der Variablen zuweisen) noch `@Binding` (das ViewModel als Ganzes ist mit keinen Views des Dialogs verbunden).

Der Eingabedialog ist in einen `NavigationStack` sowie in eine `Form` verpackt. Das hilft beim View-Management und bei der optischen Gestaltung. Das Eingabeformular ist mit einer Toolbar ausgestattet. Der CANCEL-Button schließt den Dialog, ohne die Eingabe zu speichern. Bemerkenswert ist hier die `dismiss`-Funktion, die die gleichnamige Umgebungsvariable zur Verfügung stellt.

Der ADD-Button ist nur aktiv, wenn der Titel des neuen Issues nicht leer ist. Als Reaktion wird dem in `viewModel` gespeicherten Array das neue Issue hinzugefügt; dann wird der Dialog ebenfalls geschlossen.

```
// Projekt lists, Datei IssueManager.swift (Fortsetzung)
struct AddIssueView: View {
    @Environment(\.dismiss) var dismiss   // Dialog schließen
    @State private var issue =            // das neue Issue
        Issue(title: "",
              description: "",
              status: .open,
              priority: .medium,
              assignee: nil,
              createdDate: Date(),
              lastUpdated: Date())
    let viewModel: IssueListViewModel     // kein @Binding!

    var body: some View {
        NavigationStack {
            Form {
                TextField("Issue Title", text: $issue.title)
                // hier weitere Eingabefelder für die restlichen
                // Issue-Eigenschaften hinzufügen
            }
            .navigationTitle("New Issue")
            .toolbar {
                ToolbarItem(placement: .cancellationAction) {
                    Button("Cancel") { dismiss() }
                }
                ToolbarItem(placement: .confirmationAction) {
                    Button("Add") {
                        viewModel.addIssue(issue)
                        dismiss()
                    }
                    .disabled(issue.title.isEmpty)
                }
            }
        }
    }
}
```

MVVM-Design-Überlegungen

Ich habe mich dazu entschieden, `Issue` als `@Observable class` zu deklarieren. Das führt zu einem kürzeren, einfacher zu verstehenden Code.

Die Variante bestünde darin, `Issue` einfach als `struct` zu deklarieren. Eine direkte Veränderung von `Issue`-Eigenschaften in Views (bei diesem Programm z. B. in `IssueRow`) ist nun nicht mehr möglich. Diese Einschränkung umgehen Sie, indem Sie in `IssueRow` eine zusätzliche Variable `onStatusChange` für eine Funktion vorsehen. Diese Funktion rufen Sie bei einer Statusänderung auf.

```
// Code-Änderungen, wenn Issue als struct definiert wird
struct IssueRow: View {
    let issue: Issue

    // neue Variable zur Speicherung einer Call-back-Funktion
    // mit dem Parameter Issue.Status
    let onStatusChange: (Issue.Status) -> Void
    ...
    Menu {
        ForEach(Issue.Status.allCases, id: \.self) { status in
            Button(action: { onStatusChange(status) }) {
              ...
```

In `IssueListView` übergeben Sie als Parameter für `onStatusChange` eine Closure, die wiederum eine `ViewModel`-Methode aufruft (hier `updateIssueStatus`, diese Methode müssen Sie der `IssueListViewModel` hinzufügen).

```
struct IssueListView: View {
    ...
    List {
        ForEach(viewModel.filteredIssues) { issue in
            // Closure zur Durchführung der Status-Änderung an
            // die Init-Funktion von IssueRow übergeben
            IssueRow(issue: issue, onStatusChange: { newStatus in
                // Status mit ViewModel-Methode ändern
                viewModel.updateIssueStatus(issue,
                                            newStatus: newStatus)
            })
        }
        ...
```

Welcher Weg ist nun besser? Ich bin grundsätzlich ein Anhänger des KISS-Ansatzes (*Keep it Simple, Stupid!*) und habe mich daher für die `@Observable`-Lösung entschieden. Es gibt aber auch Argumente für die soeben skizzierte `struct`-Variante:

- Zum einen gibt es in Swift eine generelle Präferenz für Strukturen gegenüber Klassen. `@Observable` verlangt aber Klassen.
- Zum anderen spricht eine strenge Auslegung des MVVM-Musters dafür, Datenänderungen lieber durch Methoden in der ViewModel-Ebene als durch das direkte Modifizieren von Eigenschaften durchzuführen; der zugegebenermaßen etwas

umständlichere Methodenaufruf erlaubt es, in der ViewModel-Ebene weitere Abhängigkeiten, Regeln etc. zu berücksichtigen (was in diesem Beispiel aber nicht notwendig ist).

15.4 Tabellen

Die `Table`-View zur Darstellung von Tabellen war ursprünglich nur für macOS gedacht (siehe Abbildung 15.6). Seit Version 16 funktioniert `Table` auch auf iOS-Geräten, wobei auf einem iPhone aber nur die erste Spalte angezeigt wird. Auf iPads wird dagegen die ganze Tabelle angezeigt (siehe Abbildung 15.7). Das folgende Listing zeigt, dass das reine Anzeigen eines Arrays von Datensätzen mit denkbar wenig Code gelingt:

```
// Projekt tables, Datei Table.swift
struct User: Identifiable {
    let id = UUID()
    let name: String
    let email: String

    let role: String
    let salary: Double
}
...
let users = [
    User(name: "John Doe", email: "john@example.com",
         role: "Admin",    salary: 75000), ...
    ]
...
Table(users) {
    // Auswahl des Spalteninhalts in der KeyPath-Syntax
    TableColumn("Name",   value: \.name)
    TableColumn("Email",  value: \.email)
    TableColumn("Role",   value: \.user)
    TableColumn("Salary", value: \.salary)
    }
}
```

Das abgebildete Beispielprogramm bietet mehr Features, deren Realisierung allerdings auch mehr Code erfordert.

- Sie können die Tabelle nach dem Inhalt der Spalten auf- und absteigend sortieren.
- Administratoren unter den Benutzern werden durch eine rote »Admin«-Zeichenkette hervorgehoben.
- Das Gehalt wird rechtsbündig dargestellt und ordentlich formatiert.

- Die Liste kann durch die Eingabe eines Suchausdrucks gefiltert werden.
- Ein Klick auf das Info-Symbol führt in einen Detaildialog. Dieser zeigt im Beispielprogramm zwar nur den Namen an, könnte bei einer echten App aber mehr Informationen sowie die Möglichkeit zur Änderung der Daten enthalten.
- Die Spalten haben per Default sinnvolle Breiten.

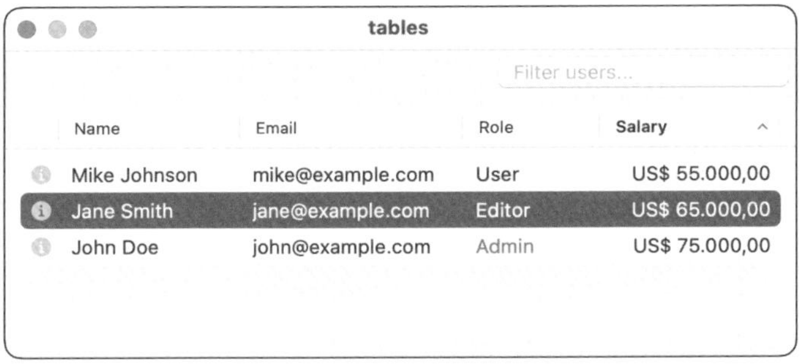

Abbildung 15.6 Einfache Tabelle unter macOS

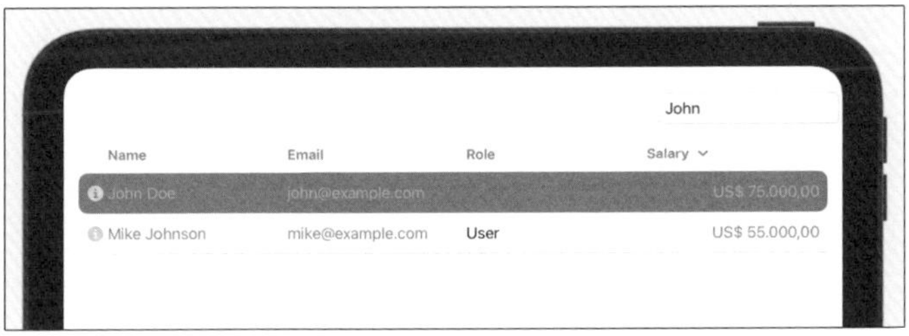

Abbildung 15.7 Dieselbe Tabelle mit aktivem Filter auf dem iPad

Model-Ebene

Der Code des Beispiels ist wieder nach MVVM-Regeln organisiert. Die Model-Ebene besteht aus der in der Einleitung des Abschnitts bereits abgedruckten Datenstruktur `User`, die mit der `id`-Eigenschaft das `Identifiable`-Protokoll erfüllt.

ViewModel-Ebene

Die ViewModel-Ebene besteht aus der `UserListViewModel`-Klasse. Die dazugehörenden Methoden helfen dabei, die Benutzerliste nach verschiedenen Kriterien zu sortieren sowie zu filtern. Das Computed Property `selectedUsers` zeigt sehr anschaulich die Anwendung der Methode `filter` und `sorted` (siehe auch Abschnitt 8.2, »Arrays und Aufzählungen verarbeiten«).

```
// Projekt tables, Datei Table.swift
@Observable
class UserListViewModel {
    // Array aller Benutzer
    var users: [User]
    // Suchausdruck für den Filter
    var filterText = ""
    // Default-Sortierung nach Namen
    var sortOrder = [KeyPathComparator(\User.name)]
    // UUID des in der Tabelle ausgewählten Benutzers
    var selectedUserId: UUID?
    // Steuert die Sichtbarkeit des Detail-Dialogs
    var showingUserDetails = false

    // Init-Funktion
    init(users: [User]) {
        self.users = users
    }

    // liefert eine gefilterte und sortierte Benutzerliste
    var filteredUsers: [User] {
        let filtered = filterText.isEmpty ?
                users : users.filter { user in
            user.name.
                localizedCaseInsensitiveContains(filterText) ||
            user.email.
                localizedCaseInsensitiveContains(filterText) ||
            user.role.
                localizedCaseInsensitiveContains(filterText)
        }
        return filtered.sorted(using: sortOrder)
    }

    // liefert den Benutzer zur UUID aus selectedUserId
    var selectedUser: User? {
        users.first { $0.id == selectedUserId }
    }
}
```

View-Ebene (Tabellenansicht)

Die `UserTableView` zur Darstellung der Tabelle startet mit der Initialisierung einiger Testdaten. Diese werden an die Init-Funktion von `UserListViewModel` übergeben und in einer `@State`-Variablen gespeichert. In der Read-only-Property `body` folgt die Deklaration des Textfelds zur Eingabe des Suchmusters. Der dort eingegebene Text wird mit der ViewModel-Eigenschaft `fitlterText` synchronisiert.

Der aus Sicht dieses Abschnitts spannendste Teil beginnt mit der `Table`-View. An deren Init-Funktion werden die darzustellenden Benutzer übergeben (`filteredUsers`), außerdem die Eigenschaft `selectedUserId`, in die `Table` automatisch die ID des gerade ausgewählten Benutzers speichert, sowie `sortOrder`, wo `Table` nach dem Klick auf eine Spalte einen KeyPath-Ausdruck zur Sortierung speichert. Das Verarbeiten von Klick-Ereignissen in der Tabelle, das Umdrehen der Sortierrichtung beim nochmaligen Anklicken des Spaltennamens, die Anzeige eines Sortierpfeils – all diese Aufgaben übernimmt `Table`, ohne dass Sie den Code selbst formulieren müssen.

Wie die in `filtertUsers` enthaltenen Daten dargestellt werden sollen, steuern Sie mit `TableColumns`. Die erste Spalte enthält einen Button in Form eines Info-Icons, das mit `showingUserDetails = true` den Detaildialog einblendet. Die Spalte benötigt wenig Platz, weswegen ihre Breite mit dem `width`-Modifier reduziert wird.

Die Namens- und E-Mail-Spalten zeigen einfach die Benutzernamen bzw. deren E-Mail-Adressen an.

```
struct UserTableView: View {
    // Testdaten
    @State private var viewModel = UserListViewModel(users: [
        User(name: "John Doe", email: "john@example.com", ...),
        User(...),  User(...) ])

    var body: some View {
        VStack {
            // Eingabefeld für Suchausdruck
            HStack {
                Spacer()
                TextField("Filter users...",
                          text: $viewModel.filterText)
                    .textFieldStyle(.roundedBorder)
                    .padding(4)
                    .frame(width: 200)
            }
            // die Tabelle mit den Benutzerdaten
            Table(viewModel.filteredUsers,
                  selection: $viewModel.selectedUserId,
                  sortOrder: $viewModel.sortOrder)
            {
                // Spalte für Info-Icon
                TableColumn("", value: \.id) { user in
                    Button(action: {
                        viewModel.selectedUserId = user.id
                        viewModel.showingUserDetails = true
                    }) {
                        Image(systemName: "info.circle.fill")
```

```
                    .foregroundColor(.yellow)
                }
                .buttonStyle(.borderless)
            }
            .width(min: 10, ideal: 10, max: 15)

            // Spalte für den Namen
            TableColumn("Name", value: \.name)

            // Spalte für die E-Mail-Adresse
            TableColumn("Email", value: \.email)
```

Schon spannender ist die Spalte ROLE: Wenn der Benutzer Admin-Rechte hat, wird die Rollenbezeichnung rot hervorgehoben. Bei der Spalte SALARY wird das Gehalt rechtsbündig mit zwei Nachkommastellen und Tausendertrennung angezeigt.

```
            // role column, 'Admin' red
            TableColumn("Role", value: \.role) { user in
                Text(user.role)
                    .foregroundColor(user.role == "Admin" ?
                        .red : .primary)
            }

            // salary column with formatting
            TableColumn("Salary", value: \.salary) { user in
                Text(user.salary,
                     format: .currency(code: "USD"))
                    .multilineTextAlignment(.trailing)
                    .frame(maxWidth: .infinity,
                           alignment: .trailing)
            }
        }
    }
    // Dialog mit Detailansicht
    .sheet(isPresented: $viewModel.showingUserDetails) {
        UserDetailView(viewModel: viewModel)
    }
  }
}
```

Die Sichtbarkeit des Dialogs mit der Detailansicht eines Benutzers wird durch die ViewModel-Eigenschaft `showingUserDetails` gesteuert. Der eigentliche Dialog ist unspektakulär: Er zeigt nur den Benutzernamen an. Hier könnten Sie natürlich mehr Details unterbringen. Der CLOSE-Button blendet den Dialog mit `showingUserDetails = false` wieder aus.

```
struct UserDetailView: View {
    let viewModel: UserListViewModel
    var body: some View {
        VStack {
            let name = viewModel.selectedUser?.name ?? "Unknown"
            Text("Selected User: \(name)")
                .font(.headline)
                .padding()
            // weitere User-Eigenschaften ...
            Button("Close") {
                viewModel.showingUserDetails = false
            }
        }
        .frame(width: 300, height: 150)
    }
}
```

Tabelleninterna

Ich möchte Ihnen hier keine Illusionen machen. `Table` sowie die vielen zugehörigen Strukturen bilden ein ausgesprochen komplexes Framework mit unzähligen Darstellungs- und Zusatzfunktionen (Mehrfachauswahl, Einträge verändern usw.), auf die ich hier nicht eingehen kann.

Die wenig hilfreiche Syntaxreferenz finden Sie in der Apple-Dokumentation. Einige Anwendungsbeispiele gibt die Website *hackingwithswift.com*. Wenn Sie eine reale Anwendung entwickeln, geht kein Weg daran vorbei, die Interna rund um `Table` in Ruhe zu studieren und zu testen, um die für Ihren Anwendungsfall optimalen Programmiertechniken herauszufinden.

https://developer.apple.com/documentation/swiftui/tables
https://www.hackingwithswift.com/quick-start/swiftui/how-to-create-multi-column-lists-using-table

Kapitel 16
Navigation

»Navigation« ist ein zweideutiger Titel. In diesem Kapitel geht es nicht um Navigations-Software, Wegsuche oder GPS, sondern darum, eine App in mehreren Ansichten zu organisieren und zwischen diesen Ansichten zu navigieren. SwiftUI hilft dabei mit eigenen Views: Sie lernen in diesem Kapitel den `NavigationStack` und dessen Alternative für breite Bildschirme, die `NavigationSplitView`, kennen. Außerdem gehe ich auf die `TabView`, modale Dialoge (`Sheets`) sowie Toolbars ein.

16.1 NavigationStack

Der `NavigationStack` ist ein außergewöhnlich vielseitiges Hilfsmittel, um (gerade auf einem kleinen Bildschirm) verschiedene Ansichten zu präsentieren. Ich beginne hier mit der in der Praxis häufigsten Anwendung: Ihre App zeigt in einer Ansicht Listenelemente an. Die Berührung bzw. das Anklicken eines Elements führt in eine Detailansicht. Von dort gelangen Sie mit einem Button zurück in die Listenansicht. Dieses Konzept funktioniert auch über mehrere Ebenen (siehe Abbildung 16.1).

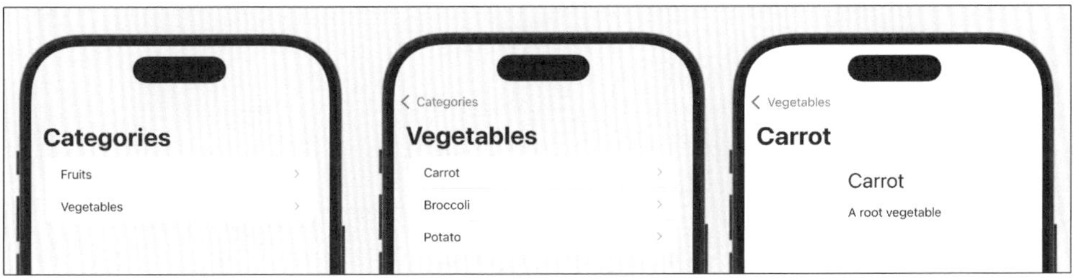

Abbildung 16.1 Navigation von Kategorien über einzelne Elemente bis hin zur Detailansicht

Das Datenmodell für das Beispiel besteht aus zwei einfachen Strukturen:

```
// Projekt navigation, Datei IntroVegetables.swift
struct Category: Identifiable {
    let id = UUID()
    let name: String
    let elements: [Element]
}
```

```
struct Element: Identifiable {
    let id = UUID()
    let name: String
    let description: String
}
```

In der Startansicht wird das Datenmodell mit ein paar Beispieldatensätzen initialisiert. Die für diesen Abschnitt entscheidende Zeile beginnt mit `NavigationStack`. An dessen Closure wird eine Liste übergeben. Anstatt die Liste wie bisher direkt mit Elementen zu befüllen, wird nun jedes Element in ein `NavigationLink` verpackt. Die erste Closure enthält die Detailansicht, die beim Anklicken des Listenelements geöffnet werden soll; in der zweiten Closure für `label` folgt dann das eigentliche Listenelement. Diese Reihenfolge ist gewöhnungsbedürftig, ist aber immerhin konsistent über viele Navigations-Views: Sie geben also immer zuerst das Ziel an und erst danach mit `label` das Element, dessen Auswahl zum Ziel führt.

Die Beschriftung des `NavigationStack`s erfolgt auf der ersten Ebene durch den Modifier `navigationTitle`, der allerdings nicht direkt auf den `NavigationStack` angewendet wird, sondern auf das dort verpackte Element (hier `List`).

```
// Hauptansicht mit Liste
struct ContentView: View {
    let categories = [    // Beispieldaten
       Category(name: "Fruits", elements: [
           Element(name: "Apple",
                   description: "A sweet, edible fruit"), ... ]),
       Category(name: "Vegetables", elements: [
           Element(name: "Carrot",
                   description: "A root vegetable"), ... ]) ]

    var body: some View {
        NavigationStack {
            List(categories) { category in
                NavigationLink {
                    // beim Anklicken des Listenelements
                    // diese Detailansicht zeigen
                    CategoryView(category: category)
                } label: {
                    // Listenelement
                    Text(category.name)
                }
            }
            .navigationTitle("Categories")
        }
    }
}
```

Die im vorigen Listing als Ziel angegebene CategoryView zeigt die Liste der zu dieser Kategorie passenden Elemente an – mit einem weiteren Link in die Detailansicht. Beachten Sie, dass Sie für eine mehrstufige Navigation nur *einen* NavigationStack benötigen, aber in jeder Ebene einen entsprechenden NavigationLink.

```
// Detailansicht für eine Kategorie (Obst, Gemüse)
struct CategoryView: View {
    let category: Category

    var body: some View {
        // Liste aller Elemente der Kategorie
        List(category.elements) { element in
            NavigationLink {
                // verweist auf die Detailansicht des Elements
                ElementDetailView(element: element)
            } label: {
                Text(element.name)
            }
        }
        .navigationTitle(category.name)
    }
}
```


Die Detailansicht enthält keine weiteren Navigationsmöglichkeiten. Der Rückwärts-Button wird durch den navigationTitle-Modifier mit dem Elementnamen beschriftet.

```
// Detailansicht für ein Element (Apfel, Karotte)
struct ElementDetailView: View {
    let element: Element

    var body: some View {
        VStack(alignment: .leading, spacing: 16) {
            Text(element.name).font(.title)
            Text(element.description).font(.body)
            Spacer()
        }
        .padding()
        .navigationTitle(element.name)
    }
}
```

Das gesamte hier präsentierte Beispielprogramm ist Read-only. Wenn die Listenelemente auch verändert werden sollen, sollten Sie in Ihren Code eine ViewModel-Ebene einfügen. Außerdem müssen Sie die Variablen mit @State bzw. @Binding deklarieren und veränderliche Datenstrukturen mit @Observable kennzeichnen.

Sowohl in diesem Buch als auch im Internet finden Sie unzählige Beispiele, die den `NavigationStack` mit einer Liste kombinieren. Das ist keineswegs zwingend. Der `NavigationStack` ist auch mit allen anderen Views kompatibel – ganz egal, ob es sich dabei um Container wie das `LazyVGrid` für Fotos handelt, um einen `HStack` für horizontal angeordnete Elemente oder um individuell organisierte Views (siehe den folgenden Abschnitt).

Veraltet: NavigationView

Der `NavigationStack` wurde mit iOS-Version 16 eingeführt. Bis dahin erfüllte die `NavigationView` ähnliche Aufgaben. Diese View sollte aber nicht mehr verwendet werden – auch wenn KI-Tools und Internet-Anleitungen dies immer wieder vorschlagen.

16.2 Navigation entlang eines Pfads

Im Einführungsbeispiel haben die verschachtelten `Category`- und `Element`-Instanzen nicht nur die Datenstruktur bestimmt, sondern auch die möglichen Navigationswege von Kategorien über Elemente bis hin zu deren Detailseiten. Der `NavigationStack` erlaubt aber auch eine vollkommen freie Navigation, z. B. durch die Dialoge eines Assistenten, bei dem Sie sich an jeder Stelle dazu entschließen können, zur vorigen Seite zurückzukehren oder den Prozess ganz abzubrechen.

Zur Realisierung der Rückwärts-Navigation sieht der `NavigationStack` das Konzept eines Pfads vor. Dabei handelt es sich um ein Array, dessen Elemente Ansichten oder Schritte eines Assistenten repräsentieren. Mit jedem Navigationsschritt (z. B. durch einen WEITER-Button) fügt die App dem Pfad-Array einen der gerade aktuellen Ansicht zugeordneten Wert hinzu. Auf Basis dieser Informationen zeigt der `NavigationStack` einen ZURÜCK-Button an, der in die vorige Ansicht führt.

Wo ist mein Storyboard?

Bei der UIKit-Programmierung hätten Sie eine vergleichbare Aufgabe vermutlich mit einem Storyboard gelöst. Das ist ein visueller Editor in Xcode, um mehrere Views logisch miteinander zu verbinden. Storyboards waren visuell sehr anschaulich, haben aber in der Praxis mehr Probleme geschaffen als gelöst. Das Konzept wurde in SwiftUI nicht übernommen (glücklicherweise, würde ich sagen).

Theoretisch möglich, aber auch nicht empfehlenswert, ist die Entwicklung einer eigenen Navigationslogik ohne `NavigationStack`. Der Vorteil des `NavigationStack`s liegt darin, dass dieser mit diversen Modifiern tief in SwiftUI verankert ist und sich auch um das Speicher-Management kümmert.

Beispiel

Das folgende Beispiel veranschaulicht das Konzept der Pfad-Navigation. Nehmen wir an, Sie wollen einen dreiteiligen Assistenten realisieren (siehe Abbildung 16.2), um Konfigurationsdaten zu erfassen, zu testen und schließlich zu speichern.

Natürlich könnten alle Daten auf einer Seite eingegeben werden, zur Not in einer `ScrollView`. Es geht hier nicht um die Erfassung von drei Texten, sondern um die Veranschaulichung der Programmiertechnik mit so wenig Code wie möglich.

Abbildung 16.2 Links oben die Startansicht. Danach die drei Konfigurationsansichten »Hostname«, »Username« und »Password«. An jeder Stelle kann die Konfiguration abgebrochen oder ein zuvor aktiver Dialog noch einmal besucht werden. Rechts unten die Ansicht, wenn die Konfiguation erfolgreich abgeschlossen wurde.

Ich beginne die Diskussion über den Code wie immer mit den Datenstrukturen. Die `DatabaseConfig`-Klasse sollte auf Anhieb verständlich sein.

```
// Projekt navigation, Datei Assistant.swift
@Observable class DatabaseConfig {
    var hostname: String = ""
    var username: String = ""
    var password: String = ""

    // isComplete ist ein Computed Property
    var isComplete: Bool {
        !hostname.isEmpty && !username.isEmpty &&
        !password.isEmpty
    }
```

```
    func reset() {
        hostname = ""
        username = ""
        password = ""
    }
}
```

Die AssistantView-Enumeration bezeichnet die drei Views zur Eingabe von Host- und Benutzername sowie Passwort.

```
enum AssistantView: Hashable {
    case hostname, username, password
}
```

Als Ausgangspunkt der App dient die StartView. Dort werden zwei @State-Variablen deklariert, eine für den Navigationspfad und eine für die Konfigurationsdaten. Die path-Variable wird an die Init-Funktion des NavigationStacks übergeben und kann später im navigationDestination-Modifier ausgewertet werden. Grundsätzlich ist der NavigationStack eine recht simple Datenstruktur, der Sie mit append Werte hinzufügen und aus der Sie mit remove Werte löschen können. In diesem Beispiel werden im NavigationStack Werte der AssistantView-Enumeration gespeichert (siehe z. B. die Closure zum Button START CONFIGURATION am Ende des nächsten Listings).

Welche View die Startansicht des NavigationStack präsentiert, hängt davon ab, ob config noch leer ist (erste Ansicht in Abbildung 16.2) oder schon vollständige Daten enthält (fünfte Ansicht in Abbildung 16.2). Der dazugehörende Code folgt in den Readonly Properties configurationSummary bzw. startButton.

Der für die Navigation spannendste Teil ist der navigationDestination-Modifier. Als Parameter muss der Datentyp übergeben werden, den die im path gespeicherten Elemente haben; in unserem Fall sind das Werte der AssistantView-Enumeration. (AssistantView.self liefert den Datentyp an sich.)

Die nachfolgende Closure wird bei Navigationsprozessen ausgeführt. Dessen Parameter (hier step, Sie können einen Namen Ihrer Wahl verwenden) enthält ein Element der AssistantView-Enumeration. Der Wert entscheidet, welchen der drei Assistenten-Views (welchen »Dialog«) der NavigationStack anzeigt. Übergeben wird an die drei Views jeweils der Navigationspfad (wichtig für die Buttons NEXT, COMPLETE und CANCEL) sowie die Instanz mit den Konfigurationsdaten.

```
struct StartView: View {
    @State private var path = NavigationPath()
    @State private var config = DatabaseConfig()

    var body: some View {
        NavigationStack(path: $path) {
```

```
            VStack(spacing: 20) {
                if config.isComplete {     // Ansicht nach Ende
                    configurationSummary  // der Konfiguration
                } else {
                    startButton            // Ansicht beim Start
                }                          // des Programms
                Spacer()
            }

            .navigationDestination(for: AssistantView.self)
            { step in                      // Navigation durch
                switch step {              // die Ansichten des
                case .hostname:            // Assistenten
                    HostnameView(path: $navPath, config: config)
                case .username:
                    UsernameView(path: $navPath, config: config)
                case .password:
                    PasswordView(path: $navPath, config: config)
                }
            }
        }
    }
```


Die Read-only-Eigenschaft `startButton` liefert den View-Code für die Startansicht zurück. Sobald START CONFIGURATION berührt bzw. angeklickt wird, wird der Enumerationswert `AssistantView.hostname` dem Navigationspfad hinzugefügt. Das führt dazu, dass in `navigationDestination` die erste Ansicht des Assistenten angezeigt wird. Analog liefert `configurationSummary` den Code, um die Abschlussansicht mit den eingegebenen Konfigurationsdaten anzuzeigen.

```
    // Fortsetzung StartView
    private var startButton: some View {
        VStack {
            Text("Database Connection Assistant")
                .font(.headline).padding()
            Button("Start Configuration") {
                path.append(AssistantView.hostname)
            }
        }
    }
    private var configurationSummary: some View {
        VStack(alignment: .leading, spacing: 10) {
            Text("Configuration Complete").font(.headline)
            Group {
                Text("Hostname: \(config.hostname)")
                Text("Username: \(config.username)")
```

```
                Text("Password: ***********")
            }
            .font(.subheadline)

            Button("Reset Configuration") {
                config.reset()
            }
        }
    }
}
```

Die Ansichten des Assistenten

Jetzt bleibt noch der Code für die drei Ansichten des Assistenten. Im Textfeld zur Eingabe des Hostnamens sind sowohl die Autokorrektur als auch die automatische Verwendung großer Anfangsbuchstaben deaktiviert. In der Closure des NEXT-Buttons wird dem Navigationspfad ein weiteres Element für den nächsten Dialog hinzugefügt. Das löst die Navigation zum nächsten Schritt aus. Der Button ist nur aktiv, wenn eine Eingabe für den Hostnamen erfolgt ist. CANCEL löscht alle Pfad-Elemente und führt einen Reset der Konfigurationsdateien durch. Die gesamte Ansicht wird mit dem `navigationTitle`-Modifier beschriftet.

```
// Projekt navigation, Datei Assistant.swift (Forts.)
struct HostnameView: View {
    @Binding var path: NavigationPath
    @Bindable var config: DatabaseConfig

    var body: some View {
        VStack {
            TextField("Hostname", text: $config.hostname)
                .textFieldStyle(.roundedBorder)
                .autocorrectionDisabled()
                .padding()
                #if os(iOS)
                .textInputAutocapitalization(.never)
                #endif

            Button("Next") {
                path.append(AssistantView.username)
            }
            .disabled(config.hostname.isEmpty)

            Button("Cancel", role: .destructive) {
                path.removeLast(path.count)
                config.reset()
```

```
            }
            Spacer()
        }
        .navigationTitle("Hostname")
    }
}
```

Der Code für den mittleren Dialog sieht ganz ähnlich aus. Die Closure zum NEXT-Button fügt dem Navigationspfad ein weiteres Element hinzu:

```
struct UserNameView {
    ...
    Button("Next") {
        path.append(AssistantView.password)
    }
```

Der erfolgreiche Abschluss der Konfiguration erfolgt in der Closure des COMPLETE-Buttons. `removeLast(path.count)` entfernt alle Navigationseinträge aus dem Pfad. Damit werden in der Startansicht die eingegebenen Daten (`configurationSummary`) angezeigt.

```
struct PasswordView {
    ...
    Button("Complete") {
        path.removeLast(path.count)
    }
```


16.3 Deep Links

Im Kontext von Webseiten bezeichnet ein *Deep Link* einen Link direkt auf eine bestimmte Seite, oft auf die Produktseite eines Webstore. Eine ähnliche Funktion können Sie auch in Apps realisieren, die mit einem `NavigationStack` einen Baum von Detailseiten zugänglich machen. Damit kann Ihre App gezielt zu einer per URL formulierten Seite springen (*myapp://articles/catName/itemName*).

Das Konzept lässt sich noch weiterführen. Normalerweise führt das Anklicken eines Links wie *https://my-shop.com/articles/catName/itemName* im Webbrowser zur entsprechenden Produktseite. Aber falls Ihre App richtig konfiguriert auf dem iPhone des potenziellen Käufers installiert ist, wird stattdessen die App gestartet und automatisch darin die passende Artikelseite angezeigt.

Beim `NavigationStack` lässt sich die Deep-Link-Funktionalität auf Basis der gerade beschriebenen Pfadnavigation realisieren. Anstelle der vorhin verwendeten, von SwiftUI vorgegebenen `NavigationPath`-Klasse müssen Sie nun aber eine entsprechende Klasse selbst programmieren. Das ist nicht besonders schwierig – die Klasse braucht in erster Linie ein Array zur Speicherung der Navigationselemente. Die Eigenschaft mit diesem Array übergeben Sie an die Init-Funktion des `NavigationStacks`. Die Klasse muss außerdem in der Lage sein, eine URL auszuwerten und daraus einen entsprechenden Pfad zusammenzusetzen. (Ein ausführliches Code-Beispiel folgt gleich.)

An die `NavigationLink`-Elemente übergeben Sie einen Parameter zur Identifizierung des Listenelements. Die nachfolgende Closure beschreibt, wie das Listenelement aussieht. Die Verzweigung in die Zielansicht erfolgt nicht wie bisher direkt über den `NavigationLink`, sondern im nachgestellten `navigationDestination`-Modifier. Im Vergleich zur »gewöhnlichen« `NavigationStack`-Anwendung wird damit die sonst übliche Reihenfolge auf den Kopf gestellt: Sie geben also zuerst die View des Listenelements an, bevor dann per Modifier die View für die Detailansicht folgt.

```
// Pseudo-Code für die Anwendung des NavigationStacks
// zur Verarbeitung von Deep Links
@State private var navState = NavState()
NavigationStack(path: $navState.path) {
    List(items) { item in
        NavigationLink(value: item.id)) {
            ListItemView(item)
        }
    }

    // DataType muss mit den Daten übereinstimmen, die
    // im Navigationspfad gespeichert sind
    .navigationDestination(for: DataType) {
        destination in
        DetailView(...)
    }
}
```

Deep-Link-Beispiel

Das folgende Beispielprogramm zeigt nochmals Obst und Gemüse an: zuerst die beiden Kategorien, dann Vertreter dieser Kategorien und schließlich Details zum ausgewählten Obst oder Gemüse. Neu ist die Möglichkeit, über den Button TEST DEEP LINK direkt zum Element *Karotten* zu springen (siehe Abbildung 16.3). RESET führt zurück in die Startansicht.

Die Model-Ebene besteht wie in der Einführungs-App aus den beiden Strukturen `Category` und `Element`. Der Code ist identisch, weswegen ich auf einen neuerlichen Abdruck verzichte.

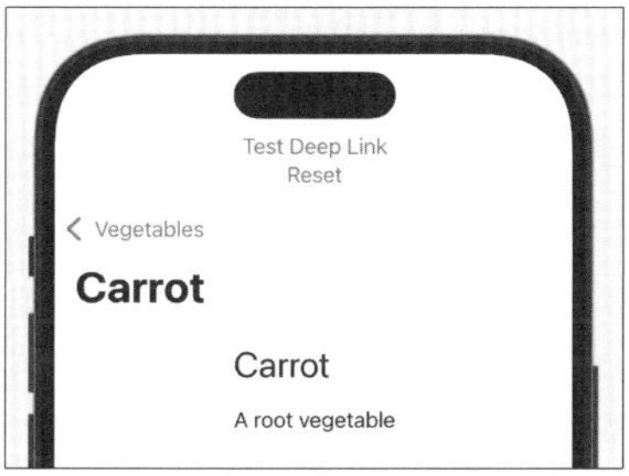

Abbildung 16.3 Test-App für Deep Links

ViewModel-Ebene

In der ViewModel-Ebene wird zuerst die Enumeration `NavDestination` definiert. Ein Element dieser Enumeration kann wahlweise aus dem Namen `category` und der dazugehörigen ID-Nummer bestehen oder aus dem Namen `element` mit ID-Nummer für die Kategorie und das Element. Die ID-Werte werden als *Associated Values* bezeichnet. Diese Swift-Syntaxeigenheit habe ich Ihnen in Abschnitt 9.2, »Enumerationen« kurz vorgestellt. Somit kann ein `NavDestination`-Wert sowohl eine Kategorie als auch ein bestimmtes Element innerhalb einer Kategorie ausdrücken.

```
// Projekt deeplink, Datei ContentView.swift
// Datentyp, der einen Punkt im NavigationStack-Baum bezeichnet
enum NavDestination: Hashable {
    // Verweis auf Kategorie mit UUID
    case category(UUID)
    // oder Verweis auf Element innerhalb einer Kategorie
    case element(category: UUID, element: UUID)
}
```

16

Die Klasse `NavState` ist der Dreh- und Angelpunkt der Deep-Link-Navigation:

- `path` ist ein Array von `NavDestination`-Elementen, die den Weg zu einem bestimmten Element zeigen. Der `NavigationStack` ist mit dieser Eigenschaft synchronisiert, zeigt also immer das dort angegebene Element an. Wenn das Array leer ist, wird die Startansicht angezeigt, in unserem Fall die Liste der Kategorien.
- `categories` dient bei dieser App als Speicherort für alle Daten.
- `handleDeepLink` verarbeitet eine URL. Sofern die URL gültige Daten enthält, speichert die Methode in `path` die passenden `NavDestination`-Werte und führt auf diese Weise dazu, dass in der App die richtige Seite angezeigt wird.

  Zum Verständnis des Codes ist es wichtig, dass Sie die `URL`-Eigenschaften kennen. Bei der URL *myapp://articles/catName/itemName* liefert `host` die Zeichenkette `myapp` und `pathComponents` das Array `["/", "catName", "itemName"]`.

Damit Sie die App einfacher testen können, verwende ich in der URL die Namen von Kategorien und Elementen, beispielsweise *myapp://articles/fruits/banana*. In einer echten App werden Sie anstelle von Namen, die vielleicht gar nicht eindeutig sind, ID-Nummern verwenden. (Diese App erzeugt bei jedem Testlauf neue UUIDs. Deren Angabe ist für Tests viel zu mühsam.)

Der Array-Zugriff mit `array[safe: n]` testet, ob `n` ein gültiger Index ist, und liefert entsprechend das Array-Element oder `nil` zurück. Das ist keine eingebaute Funktion der Foundation-Bibliothek, sondern eine ausgesprochen praktische dreizeilige Erweiterung des `Collection`-Protokolls.

```
// ein Element dieser Klasse steuert die Navigation im
// NavigationStack
@Observable class NavState {
    var path: [NavDestination] = []
    let categories = Category.createSampleData()

    func handleDeepLink(_ url: URL) {
            guard url.host == "articles",
                  let categoryName = url.pathComponents[safe: 1],
                  let category = categories.first(where: {
                      $0.name.lowercased() ==
                      categoryName.lowercased()
                  })
            else {
                // URL ist inkorrekt -> Reset
                path.removeAll()
                return
            }
            // path führt zur Kategorie
            path = [.category(category.id)]

            // eventuell noch ein Array-Element hinzufügen,
            // das zu einem bestimmten Obst oder Gemüse führt
            if let elementName = url.pathComponents[safe: 2],
               let element = category.elements.first(where: {
                   $0.name.lowercased() ==
                      elementName.lowercased() })
            {
                path.append(.element(category: category.id,
                                     element: element.id))
            }
        }
```

```
    // Hilfsfunktionen, suchen Kategorie/Element für eine ID
    func getCategory(id: UUID) -> Category? {
        categories.first { $0.id == id }
    }
    func getElement(categoryId: UUID, elementId: UUID)
         -> Element?
     {
        getCategory(id: categoryId)?.elements.first {
            $0.id == elementId
        }
    }
}

// Projekt deeplink, Datei ContentView.swift (Forts.)
// Erweiterung, um sicher auf Array-Elemente zuzugreifen
extension Collection {
    subscript(safe index: Index) -> Element? {
        indices.contains(index) ? self[index] : nil
    }
}
```


View-Ebene

Nach diesen doch recht komplexen Vorbereitungsarbeiten gelingt nun die Inbetriebnahme des Deep-Link-tauglichen `NavigationStacks` schnell. Der Code für die zentrale Ansicht der App beginnt mit der Deklaration der `navState`-Variablen, einer Instanz der gerade beschriebenen `NavState`-Klasse. Für einen unkomplizierten Test der Deep-Link-Fähigkeiten sind zwei Buttons vorgesehen. Beim Anklicken des ersten Buttons wird ein `URL`-Objekt erzeugt und an `handleDeepLink` übergeben. Die Closure des zweiten Buttons setzt die `path`-Eigenschaft zurück und bewirkt so die Anzeige der Startansicht.

An die Init-Funktion des `NavigationStacks` wird der `navState.path` übergeben. Die Liste durchläuft alle Kategorien und zeigt deren Namen an.

Die Closure für den Modifier `navigationDestination` steuert, welche Detail-View angezeigt werden soll. Wenn es sich um einen `category`-Enumerationswert handelt, ermittelt `getCategory` aus der damit verbunden ID das zugehörige `Navigation`-Element und zeigt die `CategoryView` an. Ist `destination` dagegen ein `element`-Enumerationswert, sucht `getElement` anhand der beiden assoziierten IDs das passende `Element` und zeigt dann die `ElementDetailView` an.

Die Closure für den Modifier `onOpenUrl` ist schließlich dafür verantwortlich, dass die App beim Anklicken eines Links in einem Webbrowser die übermittelte URL tatsächlich verarbeitet.

```
struct ContentView: View {
    @State private var navState = NavState()

    var body: some View {
        Button("Test Deep Link") {
            let carrot = "myapp://articles/Vegetables/Carrot"
            if let url = URL(string: carrot) {
                navState.handleDeepLink(url)
            }
        }
        Button("Reset") {
            navState.path = []
        }

        // NavigationStack mit Category-Liste
        NavigationStack(path: $navState.path) {
            List(navState.categories) { category in
                NavigationLink(
                    // Navigationsziel (ID der Kategorie)
                    value: NavDestination.category(category.id))
                {
                    // Kategoriename als Listenelement
                    Text(category.name)
                }
            }
            .navigationTitle("Categories")
            .navigationDestination(for: NavDestination.self)
            {
                // Closure für die Navigation, destination
                // hat den Datentyp NavDestination
                destination in
                switch destination {
                case .category(let categoryId):
                    if let category = navState.getCategory(
                                         id: categoryId)
                    {
                        CategoryView(category: category)
                    }
                case .element(let categoryId, let elementId):
                    if let element = navState.getElement(
                                        categoryId: categoryId,
                                        elementId: elementId)
                    {
                        ElementDetailView(element: element)
                    }
```

```
                }
            }   // Ende navigationDestination-Modifier
            .onOpenURL { url in
                // URL verarbeiten
                navState.handleDeepLink(url)
            }
        }       // Ende NavigationStack
    }           // Ende body: some View
}               // Ende struct ContentView
```

Der Code für die vorhin genutzte `CategoryView` ist vergleichsweise trivial. An die Init-Funktion von `NavigationLink` wird diesmal ein `NavDestination`-Enumerationswert mit den IDs der Kategorie und des Zielelements übergeben.

```
struct CategoryView: View {
    let category: Category

    var body: some View {
        List(category.elements) { element in
            NavigationLink(
                // Navigationsziel (ID von Kategorie + Element)
                value: NavDestination.element(
                         category: category.id,
                         element: element.id))
            {
                Text(element.name)
            }
        }
        .navigationTitle(category.name)
    }
}
```

In der `ElementView` werden nur die Detailinformationen eines Elements angezeigt:

```
// Projekt deeplink, Datei ContentView.swift (Forts.)
struct ElementDetailView: View {
    let element: Element

    var body: some View {
        VStack(alignment: .leading, spacing: 16) {
            Text(element.name).font(.title)
            Text(element.description).font(.body)
            Spacer()
        }
        .padding()
        .navigationTitle(element.name)
    }
}
```

16

URL-Schema registrieren und testen

Sie können die App nun mit dem Button TEST DEEP LINK ausprobieren. Damit eine URL aber auch dann an die App weitergeleitet wird, wenn Sie sie in Safari anklicken oder testweise eingeben, müssen Sie das URL-Schema (hier *myapp*, in der Praxis natürlich ein eindeutiger Name!) in den App-Einstellungen registrieren (siehe Abbildung 16.4). Nach einem Neustart der App im Simulator oder auf Ihrem iPhone öffnen Sie Safari und geben als Adresse *myapp://articles/fruits/apple* ein. Nach einer Rückfrage wird Ihre App geöffnet und die richtige Seite angezeigt.

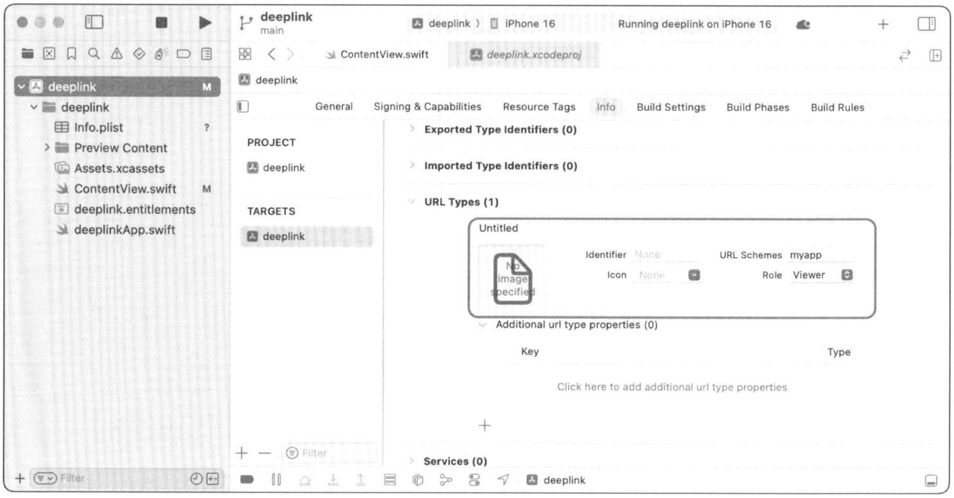

Abbildung 16.4 URL-Schema in den Xcode-Target-Einstellungen verankern

In der Praxis wollen Sie, dass Ihre App auch dann geöffnet wird, wenn Sie einen Link auf *https://myapp-site.com/articles/fruits/apple* anklicken. Dazu muss Ihre App sogenannte *Universal Links* unterstützen. (Das analoge Konzept für Android nennt sich *App Links*.) Weitere Details können Sie hier nachlesen:

https://developer.apple.com/documentation/xcode/supporting-universal-links-in-your-app
https://developer.apple.com/documentation/xcode/allowing-apps-and-websites-to-link-to-your-content

16.4 NavigationSplitView

Auf einem iPad oder in einer macOS-App besteht die Möglichkeit, die Liste in der Navigationsleiste links und das ausgewählte Element rechts anzuzeigen. Während dies bei der veralteten `NavigationView` automatisch funktionierte, sind für Multiplattform-Apps nun zwei Code-Zweige erforderlich: einer für schmale Displays (iPhone, iPad im Hochformat) mit dem bereits vorgestellten `NavigationStack` und ein zweiter für breite Displays auf Basis der `NavigationSplitView`. Bei der Programmierung gibt es viele Ähnlichkeiten zwischen den beiden Komponenten, sodass es in der Regel nicht allzu aufwendig ist, unterschiedliche Bildschirmgrößen perfekt zu unterstützen.

Zuerst einmal müssen Sie überhaupt wissen, welche Art von Display vorliegt. Das verraten die beiden Umgebungsvariablen `horizontalSizeClass` und `verticalSizeClass`, wobei die möglichen Werte jeweils `compact` und `regular` sind. Die Ergebnisse hängen davon ab, welches Gerät (iPhone, iPad) Sie verwenden und ob dieses gerade gedreht ist. Unter macOS lautet das Ergebnis immer `regular`.

```
@Environment(\.horizontalSizeClass) var horizontalSizeClass
@Environment(\.verticalSizeClass)   var verticalSizeClass
```

Den Code für die Hauptansicht folgt dann dem folgenden Schema:

```
// Pseudo-Code für die Nutzung der NavigationSplitView (3 Ebenen)
if horizontalSizeClass == .regular {  // für iPad, macOS
    NavigationSplitView {
        // List mit NavigationLinks Ebene 1
    } content: {
        // List mit NavigationLinks Ebene 2
    } detail: {
        // Detailansicht (Ebene 3)
    }
} else {                              // für iPhone
    NavigationStack {
        // wie bisher
    }
}
```

Wenn es nur zwei Ebenen gibt, also eine flache Liste plus Detailansicht, entfällt der `content`-Teil. Wenn Sie umgekehrt eine tief verschachtelte Liste mit mehreren Ebenen haben und Deep Links unterstützen möchten, verpacken Sie am besten einen `NavigationStack` in eine `NavigationSplitView`. Entsprechende Beispiele und Tipps finden Sie hier:

https://developer.apple.com/videos/play/wwdc2022/10054
https://developer.apple.com/documentation/swiftui/bringing-robust-navigation-structure-to-your-swiftui-app

Ein letzter Tipp: Wenn Sie Ihren Code so einfach wie möglich halten wollen, können Sie in manchen Fällen auf die Fallunterscheidung je nach Display-Größe verzichten und *immer* eine `NavigationSplitView` verwenden. Diese funktioniert auch auf schmalen Displays, Erscheinungsbild und Funktionsweise sind praktisch identisch mit einem `NavigationStack`. (Im Einführungsbeispiel in Kapitel 2, »Learning by Doing:

Die erste App«, habe ich diesen Weg beschritten, damit der Code möglichst kompakt bleibt.)

Es gibt natürlich auch Einschränkungen: Die `NavigationSplitView` kann keine Pfade verarbeiten, ist also nicht Deep-Link-fähig (es sei denn, Sie realisieren entsprechende Funktionen selbst). Außerdem hält die `NavigationSplitView` die Listen für alle Ebenen im Speicher, selbst wenn wie auf einem iPhone nur eine einzige Ebene sichtbar ist. Bei kleinen Listen ist das egal, bei großen Datenmengen kann dies aber einen spürbaren Unterschied machen.

Tipp: Ziehen Sie flache Strukturen vor

Viele App-Nutzerinnen und -Nutzer empfinden stark verschachtelte Strukturen als unübersichtlich. Ein aus UI-Sicht praktikabler Ausweg ist die Verwendung von »flachen« Listen, die durch `Sections` strukturiert sind. Diesen Weg sollten Sie insbesondere dann wählen, wenn die Anzahl der Listenelemente nicht überschaubar ist.

Veraltet: SidebarView

Die `NavigationSplitView` wurde zusammen mit dem `NavigationStack` mit iOS 16 eingeführt und wird seither für iPad- und macOS-Apps empfohlen. In der Vergangenheit wurden stattdessen eine `SidebarView` mit einer `NavigationView` kombiniert. Diese beiden Views sollten Sie in modernen Apps vermeiden.

Beispiel

Im folgenden Beispiel (siehe Abbildung 16.5) greife ich wieder die schon bekannte Datenstruktur für Obst, Gemüse usw. auf. Die einzige Änderung am Datenmodell besteht darin, dass ich die beiden Strukturen für dieses Beispiel um das Protokoll `Hashable` ergänzt habe. Glücklicherweise ist Swift bei Strukturen in der Lage, den notwendigen Zusatzcode selbst einzubauen.

```
// Beispielprojekt navsplit, Datei ContentView.swift
struct Element: Identifiable, Hashable { ... } // Code wie bisher
struct Category: Identifiable, Hashable { ... }
```

In der `ContentView` gibt es außer der schon erwähnten Umgebungsvariable zwei neue `@State`-Variablen, die die gerade ausgewählte Kategorie und das dazugehörende Element enthalten. Diese Variablen sind deswegen notwendig, damit Sie in der `NavigationSplitView` einen Hinweis anzeigen können, wenn gerade kein Element ausgewählt ist. Ein ansonsten komplett leerer Bildschirm ist für die Bedienung nicht förderlich. Die Variable columnVisibibility steuert das Erscheinungsbild der App beim Start. Auf iPhones und Mac-Rechnern wird automatisch die Liste der Kategorien angezeigt, auf einem iPad aber nur ein fast leerer Bildschirm mit einer ausgeblendeten Seitenleiste und einem Icon, um diese einzublenden. Die Voreinstellung all, die zusätzlich im onAppear-Modifier modifiziert wird, bewirkt die sofortige Anzeige der Seitenleiste und damit eine intuitivere Bedienung.

```
struct ContentView: View {
    let categories = Category.createSampleData()
    // aktuell ausgewählte(s) Kategorie/Element
    @State private var selectedCategory: Category? = cat
    @State private var selectedElement: Element?
    // anfänglich Listen anzeigen
    @State private var columnVisibility =
        NavigationSplitViewVisibility.all
    // Displaygröße erkennen
    @Environment(\.horizontalSizeClass)
        private var horizontalSizeClass
```

Abbildung 16.5 Verschiedene Erscheinungsbilder der Beispiel-App unter macOS. Rechts unten ist die Seitenleiste ausgeblendet.

Im ContentView-Code folgt nun die Fallunterscheidung je nach Displaygröße. Für iPads und unter macOS kommt eine NavigationSplitView zum Einsatz. In der ersten Closure (Level 1) wird eine Liste mit den Kategorien angezeigt. Bemerkenswert ist der Parameter selection, der die aktuelle Auswahl in der @State-Variablen selectedCategory speichert.

Die zweite Closure für `content` (Level 2) testet, ob `selectedCategory` einen gültigen Wert enthält. In diesem Fall wird eine Liste mit den Elementen dieser Kategorie erstellt. `selectedElement` enthält nach einer Auswahl das betreffende Element.

Die dritte Closure für `detail` (Level 3) kümmert sich um die Detailansicht, wobei diese Aufgabe an die `ElementDetailView` delegiert wird (Code wie in Abschnitt 16.1, »NavigationStack«).

```
// Fortsetzung ContentView
var body: some View {
    if horizontSize == .regular  {  // iPad + macOS
        NavigationSplitView(columnVisibility:
                                $columnVisibility)
        {
            // Kategorien (Level 1) in der Seitenleiste
            List(categories, selection: $selectedCategory)
            {   category in
                NavigationLink(category.name,
                               value: category)
            }
            .navigationTitle("Categories")

        } content: {
            // Elemente (Level 2) in der nächsten Ebene
            if let category = selectedCategory {
                List(category.elements,
                     selection: $selectedElement)
                {   element in
                    NavigationLink(element.name,
                                   value: element)
                }
                .navigationTitle(category.name)
            } else {
                // falls keine Kategorie ausgewählt ist
                Text("Select a category")
            }
        } detail: {
            // Detailansicht eines Elements (Level 3)
            if let element = selectedElement {
                ElementDetailView(element: element)
            } else {
                Text("Select an element")
            }
        }
```

```
        .onAppear {
            // nur für iPad erforderlich, vermeidet leere
            // Startansicht
            columnVisibility = .all
        }
```

Der Zweig für das iPhone-Layout bleibt im Vergleich zu Abschnitt 16.1, »NavigationStack« unverändert und verwendet die CategoryView zur Anzeige der Kategorien.

```
            // Fortsetzung ContentView
            } else {    // iPhone-Layout mit NavigationStack
                NavigationStack {
                    List(categories) { category in
                        NavigationLink {
                            CategoryView(category: category)
                        } label: {
                            Text(category.name)
                        }
                    }
                    .navigationTitle("Categories")
                }
            }
        }
    }
```


16.5 TabView

Die TabView dient dazu, eine App in bis zu fünf Grundansichten bzw. Funktionen zu strukturieren. Während die Anwendung des NavigationStacks und der NavigationSplitView oft mit komplexen Code verbunden ist, führt die TabView nie zu Kopfzerbrechen. Das folgende Listing sollte nahezu ohne Erklärung verständlich sein.

```
// Projekt tab, Datei ContentView.swift
struct ContentView: View {
    var body: some View {
        TabView {
            HomeView()
                .tabItem {
                    Image(systemName: "house.fill")
                    Text("Home")
                }
            SearchView()
                .tabItem {
                    Image(systemName: "magnifyingglass")
                    Text("Search")
                }
```

```
            SettingsView()
                .tabItem {
                    Image(systemName: "gear")
                    Text("Settings")
                }
                .badge(3)
            HelpView()
                .tabItem {
                    Image(systemName: "questionmark.circle")
                    Text("Help")
                }
        }

    }
}
// die Home-Ansicht der App
struct HomeView: View {
    var body: some View {
        Text("Home View")
    }
}
// analog: SearchView, SettingsView und HelpView
```

Innerhalb der `TabView` können Sie also mehrere Views platzieren, deren Code Sie üblicherweise in eigene Strukturen auslagern. Der `tabItem`-Modifier fügt dem Tab ein Icon und seine Beschriftung hinzu (siehe Abbildung 16.6).

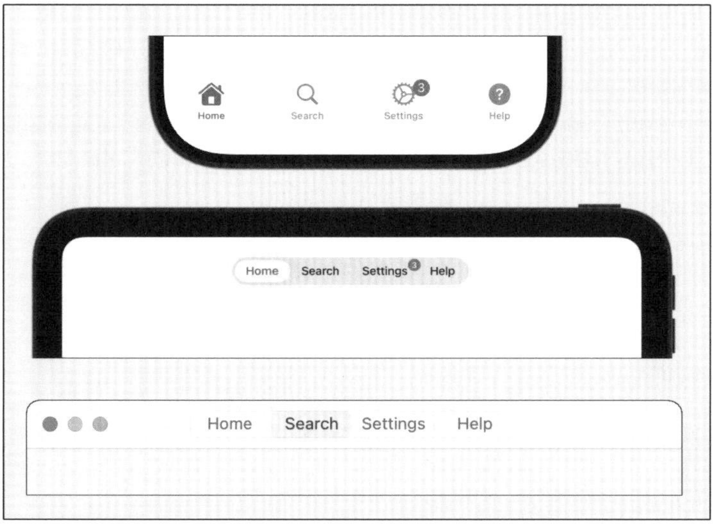

Abbildung 16.6 Die TabView wird je nach Gerät (iPhone, iPad, Mac) oben oder unten platziert und mit oder ohne Icons dargestellt.

Wenn Sie möchten, können Sie auf die Beschriftung verzichten. Die UI-Richtlinien von Apple erlauben maximal fünf Tabs. Mit dem badge-Modifier können Sie zusätzlich eine Zahl hinzufügen, die rot auf Warnungen, offene Aufgaben oder eingetroffene Nachrichten hinweist. Das Erscheinungsbild variiert je nach Plattform erheblich.

Programmiertechniken

Die TabView kümmert sich selbst darum, den gerade aktiven Tab anzuzeigen und dessen Beschriftung optisch hervorzuheben. Wenn Sie den Tab-Wechsel per Code steuern möchten, übergeben Sie an die Init-Funktion eine @State-Variable mit einem *Tag*, also einer Zahl, einer Zeichenkette oder einem Enumerationswert. Außerdem müssen Sie die tabItems mit gleichlautenden *Tags* kennzeichnen.

```
@State var selectedTab = "home"
...
TabView(selection: $selectedTab) {
    HomeView()
        .tabItem { ... }
        .tag("home")
```

In Kombination mit dem selection-Parameter können Sie die TabView um einen onChange-Modifier ergänzen, der immer dann ausgeführt wird, wenn es zu einem Wechsel des gerade aktiven Tabs kommt:


```
TabView(selection: $selectedTab) {
    // Views mit tabItem
}
.onChange(of: selectedTab) { oldValue, newValue in
    print("Switched from tab \(oldValue) to \(newValue)")
    // eigener Code bei Tab-Wechsel ...
}
```

16.6 Toolbar

Grundsätzlich bedarf es nur weniger Zeilen Code, um Ihre App mit ein paar Buttons auszustatten. Der Vorteil der Toolbar besteht darin, dass Ihre App dem Erscheinungsbild anderer Apps entspricht und die dort integrierten Buttons je nach Zielgerät (iPhone, iPad, Mac) entsprechend den UI-Richtlinien von Apple aussehen. Zudem ist die Anwendung der Toolbar kinderleicht.

Unter iOS gibt es allerdings eine Einschränkung: Toolbars werden mit dem toolbar-Modifier erstellt. Dieser kann zwar prinzipiell auf jede View angewendet werden, funktioniert aber nur, wenn sich diese View innerhalb eines NavigationStack oder einer NavigationSplitView befindet. Die Toolbar benötigt diesen Container als Verankerungspunkt. Wichtig ist: Es gibt nicht *eine* Toolbar für alle Ansichten, in die Sie navigieren können; vielmehr bekommt jede Ansicht ihre eigene Toolbar. Das ist sinnvoll: In der Listenansicht gibt es vielleicht einen Plus-Button, um ein neues Element hinzuzufügen, während die Detailansicht Buttons zum Ändern oder zum Teilen der Daten vorsieht.

Anders ist die Situation unter macOS: Dort können Sie den `toolbar`-Modifier überall anwenden. Die Toolbar wird in die Fensterleiste integriert; diese steht immer zur Verfügung. Die Kombination mit einem `NavigationStack` ist natürlich auch hier erlaubt, aber sie ist nicht zwingend erforderlich.

Einen einzelnen Button bauen Sie als `ToolbarItem` in Ihren Code ein. Aus Platzgründen werden Sie Ihre Buttons häufig nicht beschriften, sondern stattdessen vordefinierte Symbole verwenden:

```
// Projekt toolbar, Datei ContentView.swift
ViewInANavigationStack { ... }
    .toolbar {
        ToolbarItem(placement: .primaryAction) {
            Button(action: { /* action closure */ }) {
                Image(systemName: "plus")
            }
        }
    }
```

Für mehrere zusammengehörige Buttons verwenden Sie eine `ToolbarItemGroup`:

```
.toolbar {
    ToolbarItemGroup(placement: .secondaryAction) {
        // secondaryAction bildet unter iOS ein Submenü;
        // die Buttons müssen beschriftet sein!
        Button(action: { }) {
            Label("Settings", systemImage: "gear")
        }
        Button(action: { }) {
            Label("Help", systemImage: "questionmark.circle")
        }
    }
}
```

Für die Positionierung des Buttons (`placement`-Parameter) gibt es ein ganzes Dutzend Optionen. Ich beschränke mich hier auf die allerwichtigsten:

- `primaryAction`: Ort für Hauptaktion gemäß der UI-Design-Richtlinien
- `secondaryAction`: Ort für weniger wichtige Aktionen. iOS verpackt die entsprechenden Buttons in ein Submenü. Buttons ohne Text sind hier nicht erlaubt. Verwenden Sie `Button("text")` oder `Button(){ Label("text", systemImage: ...)}`!

- `navigation`: Ort für Navigations-Buttons
- `topBarLeading` und `topBarTrailing`: oben links bzw. oben rechts
- `bottomBar`: unten

Bei den ersten drei Varianten wird der Button entsprechend den UI-Designrichtlinien platziert, für die `primaryAction` auf einem iPhone rechts oben. Die Optionen `topBarXxx` und `bottomBar` stehen unter macOS nicht zur Verfügung. Bei Multi-Plattform-Code müssen Sie mit `#if !macOS` eine entsprechende Fallunterscheidung einbauen. Beachten Sie auch, dass Toolbar-Buttons am unteren Bildschirmrand auf einem iPhone nur dann zweckmäßig sind, wenn Sie keine `TabView` verwenden. (Sonst gibt es unten zwei Reihen von Buttons, eine für die Tab-Umschaltung und eine zweite für die Toolbar.)

Beispiel

Um die verschiedenen Erscheinungsformen einer Toolbar je nach Plattform zu demonstrieren, habe ich ein kleines Beispielprogramm verfasst. Es besteht aus einer `TabView`, deren erster Tab einen `NavigationStack` mit einer kleinen Liste enthält. In der Listenansicht gibt es drei Toolbar-Buttons. Der Plus-Button ist *primary*, die restlichen Button sind *secondary* und unter iOS deswegen in einem Menü versteckt (siehe Abbildung 16.7). Die Detailansicht der Liste hat nur einen Button.

Abbildung 16.7 Toolbar auf dem iPhone, iPad (mit ausgeklapptem Menü für die Secondary Items) sowie unter macOS

Sie finden den Code in den Beispieldateien im Projekt `toolbar`. Auf ein vollständiges Listing habe ich verzichtet. Der Code ist über die bereits abgedruckten Passagen hinaus nicht sonderlich interessant. Sie können das Projekt aber verwenden, um unkompliziert mit Toolbars zu experimentieren.

16.7 Modale Dialoge (Alerts, Sheets, Popovers)

Modale Dialoge bzw. Ansichten sind Bedienungselemente, die die restliche App vorübergehend blockieren. Vielleicht sind Sie gerade im Begriff, Daten zu löschen. Die App zeigt nun eine Warnung an; Sie können die App erst weiternutzen, wenn Sie sich dafür entscheiden, wirklich zu löschen oder die Aktion abzubrechen.

SwiftUI stellt diverse Modifier zur Auswahl, um modale Ansichten (iOS) oder Dialoge (macOS) anzuzeigen:

- `alert` ist für kritische Entscheidungen oder Benachrichtigungen gedacht (Beispiel: Foto löschen? Ja/Nein). Der Benutzer muss den Dialog bestätigen (OK) oder sich für eine Option entscheiden.
- `confirmationDialog` bietet zusätzlich die Möglichkeit, die Aktion als Ganzes abzubrechen (Beispiel: Foto senden per Mail oder AirDrop bzw. die Aktion ganz abbrechen). Der Dialog verwendet ein anderes Styling und ist für Entscheidungen von geringerer Wichtigkeit gedacht.
- `sheet` bietet die Möglichkeit, einen modalen Dialog komplett frei zu gestalten.
- `popover` ist dazu gedacht, eine ergänzende Option einzustellen (z. B. die Texteffekte fett und kursiv oder einen Suchfilter) oder einen Hilfetext anzuzeigen. Der Dialog wird nahe zum auslösenden Element positioniert. Auf einem iPad oder Mac ist der Dialog außerdem möglichst klein. Der Dialog kann ohne Auswahl geschlossen werden, indem ein Punkt außerhalb berührt oder angeklickt wird.
- `fullScreenCover` (nur iOS) ist für Aktionen gedacht, die den gesamten Bildschirm benötigen. Typische Aufgaben innerhalb eines `fullScreenCover` sind die Aufnahme eines Fotos oder das Einscannen eines Codes oder Dokuments. Im Unterschied zu `sheet` kann der Dialog nicht mit einer Wischbewegung (Swipe) geschlossen werden.

alert-Modifier

Ich berücksichtige im Weiteren nur die ersten vier Varianten (siehe Abbildung 16.8). Etwas gewöhnungsbedürftig bei der Programmierung ist der Umstand, dass Sie nicht eine Funktion oder Methode aufrufen, um den Dialog anzuzeigen, sondern dass der deklarative Code für den Dialog quasi immer schon da ist. Eine mit dem `isPresented`-Parameter übergebene `@State`-Variable steuert die Sichtbarkeit.

Das Konzept ist anhand des folgenden `alert`-Beispiels nachvollziehbar. Die Closure zum Button SHOW ALERT setzt die Variable `showAlert` auf `true`. Der Dialog wird angezeigt, bis er mit einem der Buttons geschlossen wird. `alert` kümmert sich selbst darum, `showAlert` wieder auf `false` zu stellen. Die Reaktion auf die Auswahl erfolgt in den Closures der Buttons im `alert` (hier DELETE und CANCEL). Im Beispiel-Code wird die Variable `lastAction` verändert, deren Inhalt in der Hauptansicht gezeigt wird und so ein visuelles Feedback gibt.

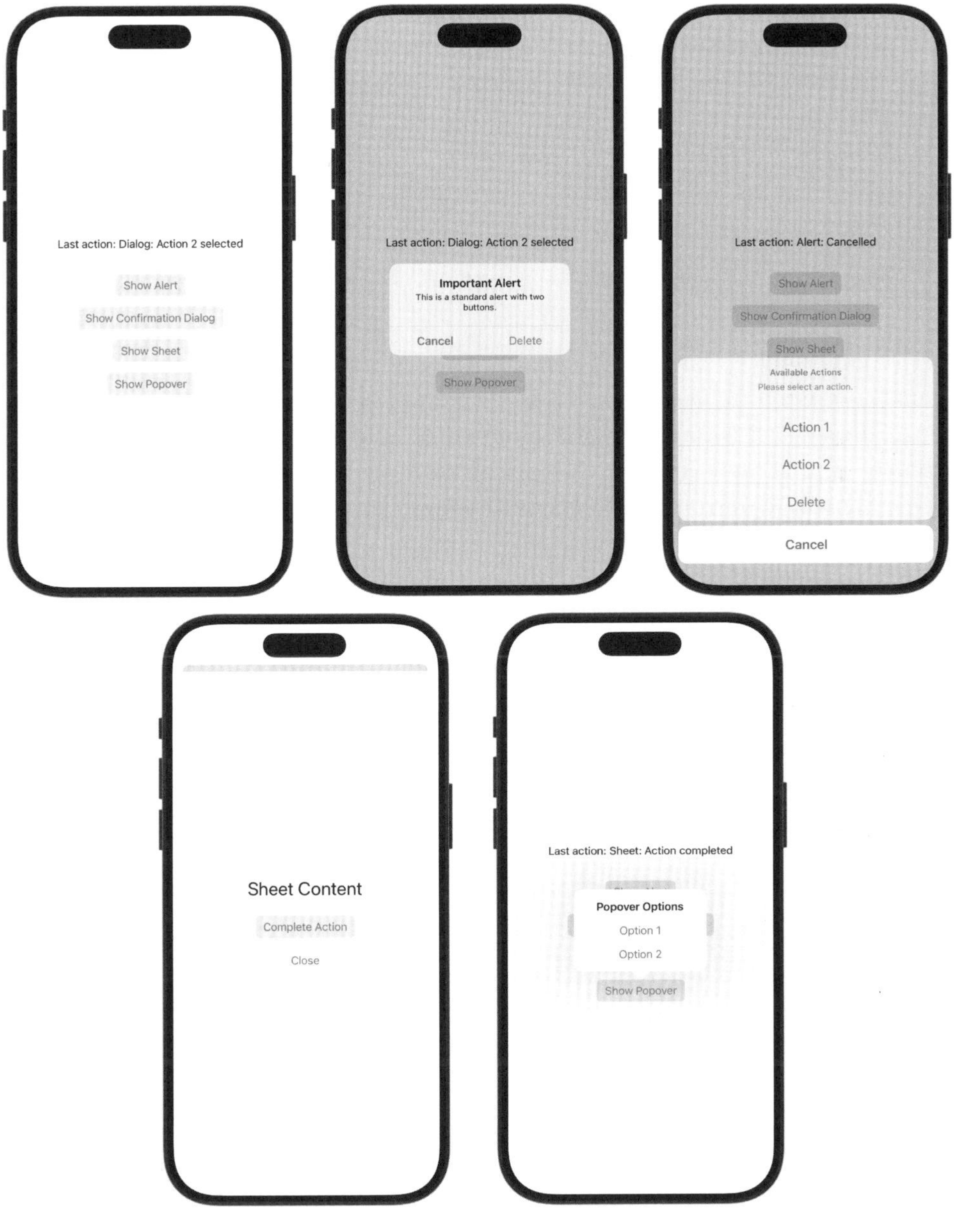

Abbildung 16.8 Links oben der Ausgangspunkt, dann der Reihe nach »alert«, »confirmation«, »sheet« und »popover«


```
// Projekt modal, Datei ContentView.swift
@State private var showAlert = false
@State private var lastAction = ""
Button("Show Alert") {
    showAlert = true
}
```

```
.alert("Important Alert", isPresented: $showAlert) {
    Button("Delete", role: .destructive) {
        lastAction = "Alert: Delete pressed"
    }
    Button("Cancel", role: .cancel) {
        lastAction = "Alert: Cancelled"
    }
} message: {
    Text("This is a standard alert with two buttons.")
}
```

Der Modifier-Ansatz hat den Nachteil, dass er zu unübersichtlichem Code führen kann: Zum Code für die aktuelle Ansicht kommen viele Zeilen mit Anweisungen hinzu, die sich auf (womöglich nur selten notwendige) Warnungen beziehen. Damit entsteht einmal mehr die SwiftUI-typische Klammernhölle. Der Code lässt sich nur durch die relativ umständige Deklaration eines eigenen Modifiers auslagern (siehe Abschnitt 17.4).

confirmationDialog-Modifier

Die Anwendung des `confirmationDialog`-Modifiers erfolgt nahezu gleich wie beim `alert`-Modifier. Allerdings wird der in der Init-Funktion übergebene Titel standardmäßig nicht angezeigt. Abhilfe schafft der zusätzliche Parameter `titleVisibility`.

```
.confirmationDialog("Available Actions",
    isPresented: $showingConfirmationDialog,
    titleVisibility: .visible)
{
    // Code für Buttons ...
} message: {
    Text("Please select an action.")
}
```

sheet-Modifier

Der `sheet`-Modifier erlaubt die Programmierung ganz eigenständiger modaler Dialoge. Im Unterschied zu `alert` und `confirmationDialog` lässt sich der gesamte Code unkompliziert in eine Subview auslagern. Wichtig ist, dass Sie zum Schließen des Dialogs die `dismiss`-Funktion aus der gleichnamigen Umgebungsvariable verwenden.

```
// Projekt modal, Datei ContentView.swift
@State private var showingSheet = false // per Button auf true
@State private var lastAction = ""
...
```

```
.sheet(isPresented: $showingSheet) {
    SheetContent(lastAction: $lastAction)
}
...
// Code für den Sheet-Dialog
struct SheetContent: View {
    @Environment(\.dismiss) var dismiss  // dismiss-Funktion
    @Binding var lastAction: String

    var body: some View {
        Text("Sheet Content").font(.title).padding()

        Button("Complete Action") {
            lastAction = "Sheet: Action completed"
            dismiss()  // zum Schließen des Dialogs per Code
                       // muss dismiss() verwendet werden!
        }
        .buttonStyle(.bordered)

        Button("Close") {
            dismiss()  // siehe oben
        }
        .padding()
    }
}
```


Der Benutzer kann den Dialog auch durch einen Swipe nach unten schließen. In diesem brauchen Sie sich nicht um `dismiss` zu kümmern.

popover-Modifier

Während die Platzierung der Modifier `alert`, `confirmationDialog` und `sheet` irgendwo im Code für die sichtbare Ansicht erfolgen kann, sollte `popup` direkt bei der View platziert werden, zu der eine Zusatzinformation, Warnung oder Eingabeoption angezeigt werden soll.

Auf einem iPad oder Mac erscheint der Popover-Dialog automatisch so klein wie möglich. Am iPhone ist das per Default merkwürdigerweise nicht der Fall. Abhilfe schafft der zusätzliche Modifier `presentationCompactAdaptation`.

```
@State private var showingPopover = false
...
Button("Show Popover") {
    showingPopover = true
}
.buttonStyle(.bordered)
```

```
.popover(isPresented: $showingPopover) {
    VStack(spacing: 16) {
        Text("Popover Options").font(.headline)
        Button("Option 1") { /* action1 */ }
        Button("Option 2") { /* action2 */ }
    }
    .padding()
    .presentationCompactAdaptation(.popover)
}
```

16.8 Best Practices

Natürlich können Sie alle in diesem Kapitel vorgestellten Werkzeuge kombinieren, also einen `NavigationStack` in einem Tab einer `TabView` verwenden etc. Aber Vorsicht! Je größer und komplexer Ihre App wird, desto mehr müssen Sie auf eine effiziente Speichernutzung und Performance achten. Dieser Abschnitt fasst einige Tipps und *Best Practices* zusammen, ohne aber ins Detail zu gehen:

- **NavigationStack:** Die Pfad-Navigation mit dem Modifier `navigationDestination` lädt View erst bei Bedarf (also *lazy*). Das ist ein Vorteil im Vergleich zu `NavigationLinks`, die sofort initialisiert werden. Löschen Sie nicht mehr benötigte Navigationspfade (z. B. beim Wechsel in einen anderen Tab).
- **TabView:** Die `TabView` behält alle einmal geladenen Tabs im Arbeitsspeicher. Das ermöglichst schnelle Tab-Wechsel, kostet aber Speicherplatz. Ziehen Sie Aufräumarbeiten mit den Modifiern `onDisappear` (für Ihre View) oder `onChange` (für die `TabView`) in Erwägung!
- **Lazy Views:** `List` agiert automatisch *lazy*, lädt also Listenelemente nur bei Bedarf. Passen Sie aber auf, wenn Sie Ansammlungen größerer Datenmengen selbst in einer `ScrollView` mit `HStack` oder `VStack` darstellen: Hier werden alle Views sofort geladen! Weichen Sie, wenn möglich, auf `LazyHStack`, `LazyVStack` oder `LazyVGrid` aus.
- **State, Binding, Observable:** Verwenden Sie diese Property Wrapper bzw. Makros nur, wenn sie tatsächlich notwendig sind. Übergeben Sie nur Daten in Subviews, die dort tatsächlich verwendet werden. Um den unveränderlichen Inhalt in einer View anzuzeigen, reicht eine gewöhnliche Konstante (`let data`).
- **onAppear, onDisappear:** Alle Views kennen die Modifier `onAppear` und `onDisappear`. Die Closure für `onAppear` kann verwendet werden, um speicher- oder zeitaufwendige Initialisierungen erst beim tatsächlichen Erscheinen der View durchzuführen. Umgekehrt bietet sich `onDisappear` dazu an, nicht mehr benötigte Ressourcen zu löschen.

- **Weak References:** Verwenden Sie, wo möglich, `weak`, um die Speicherverwaltung von Swift zu unterstützen (siehe Abschnitt 12.1, »Speicherverwaltung«).

Video- und Lesetipps

Es bleibt Ihnen nicht erspart, eigenständig zu recherchieren, wie Sie die Effizienz gerade Ihrer App verbessern können. Die folgenden Videos bzw. Artikel sind ein guter Startpunkt:

- Demystify SwiftUI performance (WWDC 2023):
  https://developer.apple.com/videos/play/wwdc2023/10160
- Make blazing fast lists and collection views (WWDC 2021):
  https://developer.apple.com/videos/play/wwdc2021/10252
- Memory Optimization Journey for a SwiftUI + Core Data App (2023):
  https://fatbobman.com/en/posts/memory-usage-optimization
- SwiftUI Performance Optimisation, Manage Data Flow and UI Updates (2024):
  https://www.youtube.com/watch?v=yvfv6N6O-vY

Kapitel 17
SwiftUI-Spezialthemen

Die vorangegangenen vier SwiftUI-Kapitel vermitteln einen guten ersten Überblick. Nach deren Lektüre wissen Sie, aus welchen Komponenten SwiftUI-Programme zusammengesetzt werden und welche grundlegenden Spielregeln Sie dabei einhalten müssen. In diesem Kapitel schneide ich einige Spezialthemen an. Auch wenn deren Kenntnis nicht für alle Apps erforderlich ist, runden diese Themen den SwiftUI-Crashkurs dieses Buchs gut ab.

- **Animationen:** SwiftUI animiert standardmäßig den Übergang zwischen unterschiedlichen App-Ansichten. Mit dem `animate`-Modifier können Sie darüber hinausgehend Vorgänge stärker betonen oder optisch ansprechender gestalten.
- **Einstellungen in den User-Defaults dauerhaft speichern:** In vielen Apps können Sie Einstellungen vornehmen. Damit die beim nächsten App-Start immer noch gelten, müssen sie gespeichert werden. Dabei hilft der Property Wrapper `@AppStorage` bzw. die Klasse `UserDefaults`.
- **macOS-Apps mit mehreren Fenstern und Menü:** Auch wenn fast alle in diesem Buch vermittelten Programmiertechniken plattformübergreifend funktionieren, liegt der Fokus dieses Buchs doch bei iOS. Für einen Abschnitt mache ich von diesem Grundsatz eine Ausnahme und zeige Ihnen, wie Sie mit wenig Aufwand eine dokumentenbasierte macOS-Oberfläche erstellen können.
- **Eigene Modifier:** Das Aussehen und Verhalten von Views lässt sich mit speziellen Methoden, den sogenannten *Modifiern*, beeinflussen. Es ist ganz einfach, eigene Modifier zu programmieren. Das kann einerseits die redundante Anwendung der immer gleichen Modifier reduzieren und andererseits dabei helfen, unübersichtlichen Code besser zu strukturieren.
- **UIKit-Views verwenden:** SwiftUI löst das UIKit ab, bietet aber leider noch immer nicht die gleiche Funktionsfülle. In diesem Abschnitt zeige ich Ihnen, wie Sie UIKit- bzw. WKWebKit-Views in Ihrer SwiftUI-App einsetzen können.
- **Capabilities und Entitlements:** Damit Ihre App Zusatzfunktionen wie die iCloud oder das HealthKit nutzen kann, müssen Sie diese in Form sogenannter *Capabilities* und *Entitlements* anfordern.

17.1 Animationen

Bei vielen Grundoperationen kümmert sich SwiftUI selbstständig um animierte Übergänge. Beispielsweise erfolgt der Wechsel von einer Listenansicht zur Detailansicht eines Elements nicht ruckartig; vielmehr wird die bisherige Ansicht nach links ausgeblendet, die neue Ansicht von rechts kommend eingeblendet. Derartige Animationen erfüllen vielfältige Aufgaben:

- Die App in ihrer Gesamtheit fühlt sich elegant und geschmeidig an.
- Die App-Benutzerinnen und -Benutzer erhalten ein visuelles Feedback zu gerade durchgeführten Aktionen.
- Die App vermittelt, *was* gerade passiert – beispielsweise wenn ein gerade gelöschtes Element nach links verschwindet und dabei kleiner wird und die Liste danach zusammengeschoben wird, um den frei gewordenen Platz zu nutzen.
- Die App richtet den Fokus der Aufmerksamkeit auf die Stelle, wo etwas passiert – etwa wenn eine neue Nachricht eintrifft und der Zähler für ungelesene Nachrichten nicht ruckartig, sondern animiert um eins erhöht wird.

Automatische Animationen dauern sowohl in UIKit als auch in SwiftUI nur 0,35 Sekunden. Sie nehmen die Animationen nur wahr, wenn Sie sich gezielt darauf konzentrieren.

In diesem Abschnitt geht es darum, wie Sie Aktionen oder Zustandsänderungen in Ihrer App gezielt mit eigenen Animationen ausstatten. Berücksichtigen Sie dabei das Motto »Weniger ist mehr«! Die vielfältigen Möglichkeiten verleiten dazu, auffällige und verspielte Animationen zu programmieren. Damit erzielen Sie zwar beim ersten Mal den gewünschten Wow-Effekt, irritieren auf Dauer die Benutzerinnen und Benutzer Ihrer App.

Hello, Animation!

SwiftUI kennt drei zentrale Animationsmechanismen:

- Mit dem `animation`-Modifier steuern Sie den Übergang von einem Darstellungszustand zu einem anderen (z. B. die Größe oder Farbe eines Texts verändern). Sie können dabei die Dauer und den zeitlichen Verlauf beeinflussen.
- Die `withAnimation`-Funktion gibt mehr Steuerungsmöglichkeiten, insbesondere wenn Sie mehrere Eigenschaften unabhängig voneinander verändern oder Animationen nur unter bestimmten Umständen (nicht immer) ausführen möchten.
- Der `transition`-Modifier steuert View-Übergänge (z. B. Views ein- und ausblenden).

Ich berücksichtige in diesem Kapitel nur den `animate`-Modifier, der für viele Fälle ausreicht. Im Einführungsbeispiel können Sie den Toggle-Button umstellen. Dann werden der Button und die drei geometrischen Figuren vergrößert (siehe Abbildung 17.1).

Das Rechteck ändert außerdem die Farbe von Grün nach Rot. Der Text DELAYED ANIMATION wird mit etwas Verzögerung auf die Seite geschoben.

Abbildung 17.1 Das Umschalten des Buttons löst einen animierten Übergang in den jeweils anderen Darstellungszustand aus.

Im Beispielprogramm wird die Animation durch die Veränderung der `@State`-Variable `isExpanded` ausgelöst. Die Größe des Buttons wird durch den `scaleEffect`-Modifier beeinflusst. Sie beträgt im Grundzustand 100 Prozent, wächst aber auf 150 Prozent, wenn `isExpanded == true` gilt. Der Modifier `fixedSize` hat nichts mit der Animation zu tun. Er bewirkt, dass der Button immer so kompakt wie möglich angezeigt wird, dass also zwischen dem Text TAP ME und dem Schieberegler kein Leerraum eingefügt wird.

Für die Animation ist der `animation`-Modifier verantwortlich. Die Änderung des `scaleEffects` wird deswegen mit einer Default-Animation durchgeführt. Probieren Sie das Beispielprogramm aus! Wenn Sie `animate` weglassen, erfolgt die Größenänderung des Buttons ruckartig. (Die Veränderung des Zustands Schieberegler, der ja Teil des Buttons ist, wird weiterhin animiert. Um diese Animation kümmert sich SwiftUI intern. Sie ist unabhängig von der Variablen `isExpanded`.)

Es gibt einige Modifier, die sich besonders gut animieren lassen. Dazu zählen `scaleEffect`, `size` oder `frame` für Größenänderung, `rotationEffect` für Rotationen, `offset` für Positionsänderungen sowie `opacity` und `blur` für Ein- und Ausblendeffekte.

```
// Projekt animations, Datei ContentView.swift
@State private var isExpanded = false
...
Toggle("Tap Me", isOn: $isExpanded)
    .fixedSize()
    .scaleEffect(isExpanded ? 1.5 : 1.0)
    .animation(.default, value: isExpanded)
```

animation erwartet zwei Parameter:

- Der erste Parameter steuert den Animationsverlauf und dessen Dauer. Das folgende Listing zählt die wichtigsten Optionen auf:

```
.default                   // = .easeInOut(duration: 0.35)
.linear                    // linearer Verlauf, 0,35 s
.linear(duration: 0.5)     // linearer Verlauf, 0,50 s
.easeIn                    // langsamer Start, schnelles Ende
.easeOut                   // schneller Start, langsames Ende
.easeInOut                 // im Mittelteil schnell
.spring                    // federnder, elastischer Verlauf
.spring(response: 0.5, dampingFraction: 0.5)
.repeatCount(3)            // dreimal wiederholen
.repeatForever()           // Animation endlos wiederholen
.repeatForever(autoreverses: true)
.delay(1.0)                // 1 s später starten
.speed(2.0)                // doppelte Geschwindigkeit
```

  Die Optionen können bzw. müssen miteinander kombiniert werden. Beispielsweise können Sie .repeatCount nicht eigenständig verwenden, aber .easeIn.repeatCount(2) ist erlaubt. Die unterschiedlichen Animationsverläufe (linear versus easeOut versus spring) sind nur erkennbar, wenn Sie die Zeitspanne erhöhen.

- Der zweite Parameter value steuert den Startzeitpunkt der Animation. Dieser wird durch die Wertänderung des übergebenen Parameters bestimmt (hier: die @State-Variable isExpanded). SwiftUI erkennt, welche anderen Eigenschaften von isExpanded abhängen (es dürfen mehrere sein), und animiert genau diese Eigenschaften.

Zum Abschluss einige Beispiele:

```
// Kreis-Größe ändern, langsamer Start, schnelles Ende,
// relativ lange Dauer (0,6 s)
Circle()
    .fill(Color.blue)
    .frame(width: isExpanded ? 100 : 50)
    .animation(.easeIn(duration: 0.6), value: isExpanded)

// Größe und Farbe des Rechtecks gleichzeitig ändern
Rectangle()
    .fill(isExpanded ? Color.red : Color.green)
    .frame(width: isExpanded ? 200 : 100, height: 50)
    .animation(.linear, value: isExpanded)
```

```
// elastische Animation der Rechteckgröße
RoundedRectangle(cornerRadius: 10)
    .fill(Color.purple)
    .frame(width: 100, height: isExpanded ? 100 : 50)
    .animation(
        .spring(
            response: 0.5,         // Dauer des ersten Zyklus
            dampingFraction: 0.2) // Dämpfung
        ),
        value: isExpanded
    )

// verzögerte Animation für die Positionsänderung
Text("Delayed Animation")
    .offset(x: isExpanded ? 100 : 0)
    .animation(.default.delay(0.3), value: isExpanded)
```

Beispiel: Eingabevalidierung und Markierung fehlerhafter Felder

Stellen Sie sich vor, Ihre App erwartet an einer Stelle Texteingaben. Bevor Sie die Daten speichern, führen Sie eine grundlegende Validierung durch: Ist der Name leer? Missachtet die E-Mail die üblichen Regeln? Ist der Benutzer zu jung (Mindestalter 18 Jahre)? In all diesen Fällen wird rund um das Eingabefeld für zwei Sekunden ein roter Rahmen rund um das Eingabefeld gezeichnet und dann wieder ausgeblendet (siehe Abbildung 17.2).

Abbildung 17.2 Vorübergehende Kennzeichnung fehlender bzw. fehlerhafter Eingaben

Die Grundidee besteht darin, dass es zu jedem Eingabefeld eine `@State`-Variable für den Fehlerindikator gibt, z. B. `emailError` für die E-Mail-Adresse. Rund um das Eingabefeld wird mit `overlay` ein rotes, abgerundetes Rechteck gezeichnet – aber nur, wenn die Error-Variable `true` ist. Das Ein- und Ausblenden erfolgt animiert.

Die Validierung wird durch den OK-Button ausgelöst. Wenn die E-Mail-Adresse nicht dem regulären Muster entspricht, wird `emailError` auf `true` gesetzt. Damit die Fehlerindikatoren nicht endlos angezeigt werden, setzt `await Task.sleep()` diese nach zwei

Sekunden wieder zurück. (Task, await und sleep lernen Sie in Kapitel 18, »Asynchrone Programmierung« näher kennen.)

Das folgende Listing skizziert nur die Vorgehensweise. Werfen Sie bei Bedarf einen Blick in den vollständigen Code in den Beispieldateien zu diesem Buch.

```
// Projekt animations, Datei InputValidation.swift
// weist auf fehlende oder falsche E-Mail-Adresse hin
@State private var emailError = false
...
// Eingabefeld für die E-Mail-Adresse
TextField("Email", text: $email)
     .textFieldStyle(.roundedBorder)

     // die folgenden Modifier gibt es nur für iOS
     #if os(iOS)
     .textInputAutocapitalization(.never)
     .autocorrectionDisabled()
     .textContentType(.emailAddress)
     .keyboardType(.emailAddress)
     #endif

     // Fehlermarkierung
     .overlay(
         RoundedRectangle(cornerRadius: 5)
             .stroke(emailError ? .red : .clear, lineWidth: 1)
     )
     .animation(.easeInOut(duration: 0.2), value: emailError)
...
// OK-Button -> Validierung
let emailRegex = /[A-Z0-9a-z._%+-]+@[A-Za-z0-9.-]+\.[A-Za-z]{2,}/
emailError = email.wholeMatch(of: emailRegex) == nil
...
// Error-Variablen nach zwei Sekunden zurücksetzen
if nameError || emailError || birthDateError {
    Task {
        try? await Task.sleep(for: .seconds(2))
        await MainActor.run {
            nameError = false
            emailError = false
            birthDateError = false
        }
    }
} else {
    processForm()
}
```

Mehr Beispiele, mehr Dokumentation

Das erste Animationsbeispiel in diesem Buch gab es schon in Abschnitt 2.5, »Schritt 5: Die RatingView«: Dort habe ich Ihnen gezeigt, wie Sie ein Bewertungsfeld mit rotierenden Sternchen aufpeppen. Noch ein Beispiel folgt in Abschnitt 25.6, »Shopping-Tab (View)«. Natürlich gibt es auch im Internet eine Menge Tutorials. Besonders empfehlenswert sind die WWDC-Videos, die zum Teil sehr in die Tiefe gehen:

https://developer.apple.com/videos/play/wwdc2023/10156 (Einführung)
https://developer.apple.com/videos/play/wwdc2023/10157 (Advanced Animations)
https://developer.apple.com/videos/play/wwdc2024/10151 (Custom Visual Effects)
https://developer.apple.com/tutorials/swiftui/animating-views-and-transitions

17.2 Einstellungen (User-Defaults, @AppStorage)

In den meisten Apps müssen Sie Benutzereinstellungen speichern: Benutzer-, Host- oder Loginnamen, das Datum der letzten Synchronisation usw. iOS, macOS bzw. die anderen Apple-Betriebssysteme sehen für diesen Zweck die sogenannten User-Defaults vor. Intern handelt es sich dabei um Property Lists, letztlich simple `*.plist`-Dateien. In Ihrem Code greifen Sie auf die Einstellungen wahlweise über die `UserDefaults`-Klasse oder über den `@AppStorage`-Property-Wrapper zu.

An dieser Stelle konzentriere ich mich auf den moderneren, SwiftUI-konformen Weg mit `@AppStorage`. Die Grundidee ist denkbar einfach: Sie deklarieren eine Variable, initialisieren sie mit einem Defaultwert und stellen `@AppStorage` voran:

```
@AppStorage("username") var username: String = ""
```

Beachten Sie, dass in der obigen Zuweisung `""` nur als Backup dient. Falls SwiftUI in den UserDefaults einen Eintrag für den Key `username` findet, initialisiert es die Variable damit. Nur wenn in den UserDefaults noch gar kein Benutzername gespeichert wurde, kommt die leere Zeichenkette zur Anwendung. In Zukunft wird bei jeder Änderung von `username` der neue Wert sofort auch in den UserDefaults gespeichert.

Mit `@AppStorage` gekennzeichnete Variablen können wie `@State`-Variablen mit SwiftUI-Views verbunden werden:

```
TextField("Username", text: $username)
```

Beispiel

Die Beispiel-App besteht aus zwei Tabs, einer Startseite und den Einstellungen. In den Einstellungen geben Sie Ihren Namen an und legen fest, wie die Oberfläche dargestellt werden soll: immer im Dark Mode, immer im Light Mode oder entsprechend den Systemeinstellungen des Geräts. Die App merkt sich diese Einstellungen über das

Programmende bzw. über Testläufe hinaus und begrüßt Sie auf der Startseite im richtigen Darstellungsmodus namentlich (siehe Abbildung 17.3).

Abbildung 17.3 Ihr Name und der gewünschte Darstellungsmodus werden dauerhaft gespeichert.

Der gesamte Code für die Beispiel-App befindet sich in der `ContentView`. Die Enumeration `AppearanceMode` bestimmt drei Zahlenwerte für Dark Mode, Light Mode und die Übernahme der Systemeinstellungen. Die Read-only-Eigenschaft `colorScheme` ordnet dem Wert in `appearanceMode` den entsprechenden `ColorScheme`-Zustand zu.

```
// Projekt settings, Datei ContentView.swift
struct ContentView: View {
    @AppStorage("username") var username: String = ""
    @AppStorage("appearanceMode")
        var appearanceMode: AppearanceMode = .system

    enum AppearanceMode: Int {
        case dark = 0
        case light = 1
        case system = 2
    }
```

```
    // Read-only Property
    var colorScheme: ColorScheme? {
        switch appearanceMode {
        case .dark:
            return .dark
        case .light:
            return .light
        case .system:
            return nil
        }
    }
```

Den weiteren Code gebe ich nur noch fragmentarisch an. Im Settings-Tab sind die Variablen `username` und `appearanceMode` direkt mit einem `TextField` bzw. `Picker` verbunden. Dank `@AppStorage` wird jede Veränderung dieser Variablen sofort dauerhaft gespeichert.

```
    // ContentView (Forts.)
    var body: some View {
        TabView {
            // Home-Tab
            ...

            // Settings-Tab
            Form {
                Section("User Settings") {
                    TextField("Username", text: $username)
                }
                Section("Appearance") {
                    Picker("Theme", selection: $appearanceMode) {
                        Text("Dark Mode")
                            .tag(AppearanceMode.dark)
                        Text("Light Mode")
                            .tag(AppearanceMode.light)
                        Text("Use System Settings")
                            .tag(AppearanceMode.system)
                    }
                }
            }
            .tabItem { ... }
        }
        // Farbschema der App einstellen
        .preferredColorScheme(colorScheme)
    }
}
```

Einschränkungen

Der Property Wrapper `@AppStorage` war im Frühjahr 2025 inkompatibel zu `@Observable`. Sie können also nicht alle Einstellungen in eine `@Observable`-Klasse verpacken und deren Eigenschaften dann mit SwiftUI-Views verbinden. Schade! Mögliche Auswege sind die Verwendung des eigentlich veralteten `ObservableObject`-Protokolls oder der direkte Zugriff auf die Einstellungen über die `UserDefaults`-Klasse. Ein Beispiel dafür folgt in Abschnitt 17.3, »macOS-App mit mehreren Fenstern (FileDocuments)«.

Der `@AppStorage`-Property-Wrapper ist eine Zwischenschicht für den Zugriff auf die User-Defaults. Deswegen sind nur die Datentypen erlaubt, die auch intern unterstützt werden – boolesche Werte, Zahlen, Zeichenketten, URLs, Arrays und Dictionaries.

Nicht unterstützt werden unter anderem Datum- und Zeitangaben, Farben und UUIDs. Zur Speicherung von Daten in diesen Typen müssen Sie Umwege beschreiten und beispielsweise ein Datum oder eine Farbe in eine Zeichenkette umwandeln. Das macht den resultierenden Code sofort wesentlich umständlicher.

Verwenden Sie User-Defaults nur für Einstellungen!

Die Anwendung von `@AppStorage` bzw. `UserDefaults` ist so einfach, dass es verlockend ist, auch andere Daten außer den App-Einstellungen so zu speichern. Dieser Verlockung sollten Sie widerstehen – nicht zuletzt deswegen, weil die missbräuchliche Verwendung der User-Defaults ein Ablehnungsgrund sein kann, wenn Sie Ihre App im App Store anbieten möchten.

17.3 macOS-App mit mehreren Fenstern (FileDocuments)

Alle bisherigen Apps begannen damit, dass in `<name>App.swift` der mit `@main` gekennzeichnete Code eine `ContentView` oder andere App-Ansicht anzeigte. Von diesem Muster weichen wir in diesem Abschnitt ausnahmsweise ab. SwiftUI bietet mit `DocumentGroup` eine alternative Möglichkeit, eine auf Dokumente bzw. Dateien basierende Benutzeroberfläche zu initialisieren. Dabei wird jede Datei in einem eigenen Tab bzw. Fenster angezeigt. Der Clou an der Nutzung von `DocumentGroup` besteht darin, dass Sie die gesamte Tab- und Fensterverwaltung frei Haus bekommen und mit ganz wenig eigenem Code eine App programmieren können, die Dateien lädt und speichert sowie in Fenstern oder Tabs anzeigt und bearbeitet.

Beispiel: Texteditor

Das Beispiel für diesen Abschnitt ist ein Texteditor für macOS. Sie können darin beliebig viele Textdateien öffnen, bearbeiten und wieder speichern. In einem Einstellungsdialog können Sie außerdem die Defaultschriftart und Schriftgröße festlegen (siehe Abbildung 17.4). Diese Einstellungen werden dauerhaft gespeichert. Die App verwendet eigene Menüeinträge und Tastenkürzel. Der Editor hat zugegebenermaßen weniger Funktionen als Visual Studio Code, umfasst dafür aber auch nur etwas mehr als 100 Code-Zeilen.

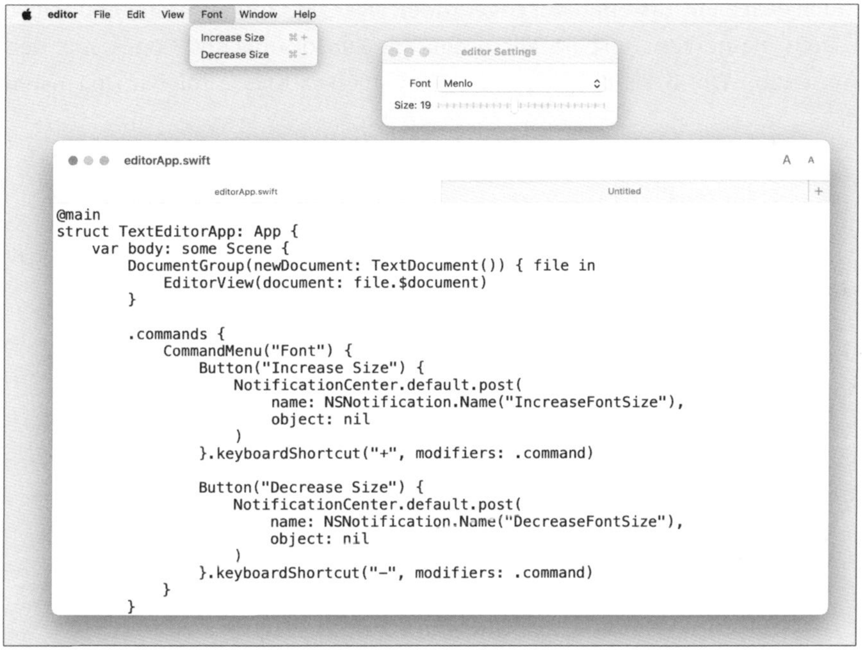

Abbildung 17.4 Minimalistischer macOS-Texteditor mit eigenem Menü und Konfigurationsdialog

Der Startpunkt der App befindet sich wie immer in der Datei `<projektname>App.swift`, in diesem Fall in `editorApp.swift`. Normalerweise ist der Code dieser Datei in diesem Buch nicht abgedruckt, weil er bei nahezu jedem Beispiel identisch aussieht (siehe Abschnitt 1.2, »Der Hello-World-Code«): Die `body`-Variable gibt eine `Scene`-Instanz mit einer `WindowGroup` und darin wiederum die `ContentView` zurück.

Dieses Mal gibt es eine Variation: Anstelle der `WindowGroup` kommt eine `DocumentGroup` zum Einsatz. Der nachfolgende Code stellt die Zuordnung zwischen dem Dokumenttyp (hier `TextDocument`) und der zugeordneten View (`EditorView`) her. Auf den Code zu diesen beiden Datenstrukturen gehe ich gleich ein. Wenn Ihr Programm mehrere Arten von Dokumenten verarbeiten kann, führen Sie `DocumentGroup` mehrfach aus.

Jedes macOS-Programm wird standardmäßig mit einem Basismenü ausgestattet. Es enthält die von anderen Programmen bekannten Einträge <APPNAME>, FILE, EDIT, WINDOWS und HELP (natürlich auch in deutscher Sprache, wenn Sie sich die

Mühe machen, das Programm zu lokalisieren – siehe Abschnitt 24.2, »Mehrsprachige Apps«).

Mit dem Modifier commands können Sie zusätzliche Menüeinträge definieren. Um Ihnen dafür ein Beispiel zu geben, habe ich die App mit FONT • INCREASE SIZE und FONT • DECREASE SIZE ausgestattet und den beiden Kommandos mit keyboardShortcut auch gleich ein Tastenkürzel zugeordnet. Der Code sollte weitgehend selbsterklärend sein. Bemerkenswert ist allerdings die Zuordnung des Codes mit den Menükommandos. Die Beschreibung zur EditorSettings-Klasse folgt im nächsten Abschnitt.

```
// Projekt editor, Datei editorApp.swift
@main
struct TextEditorApp: App {
    var body: some Scene {
        // Zuordnung zwischen Dokumenttyp und View; der Code für
        // TextDocument und EditorView ist in Editor.swift
        DocumentGroup(newDocument: TextDocument()) { file in
            EditorView(document: file.$document)
        }
        // zusätzliche Menükommandos
        .commands {
            CommandMenu("Font") {
                Button("Increase Size") {  // cmd +
                    EditorSettings.shared.increaseFont()
                }.keyboardShortcut("+", modifiers: .command)
                Button("Decrease Size") {  // cmd -
                    EditorSettings.shared.decreaseFont()
                }.keyboardShortcut("-", modifiers: .command)
            }
        }

        // Einstellungsdialog, wird über das Menü oder
        // mit cmd+, geöffnet
        Settings {
            SettingsView()  // definiert in Settings.swift
        }
    }
}
```

Verwaltung der Einstellungen (EditorSettings)

Der Editor merkt sich zwei Einstellungen in den User-Defaults: Die Schriftgröße und die Schriftart. Die Schriftgröße kann jederzeit über das Menü oder mit cmd+`+` bzw. cmd+`-` verändert werden, die Schriftart nur im Einstellungsdialog.

Um die Einstellungen zwischen dem Settings-Dialog und dem Editor mühelos zu synchronisieren, ist die Klasse `EditorSettings` mit `@Observable` gekennzeichnet. Aus diesem Grund ist es aber leider unmöglich, den User-Defaults-Zugriff mit `@AppStorage` durchzuführen. Stattdessen verwendet die `EditorSettings`-Klasse eine `UserDefaults`-Instanz für den Zugriff auf die beiden Einstellungen.

Die `EditorSettings`-Klasse entspricht dem Singleton-Muster. Der Zugriff auf die einzige Instanz der Klasse, die in allen Teilen des Programms genutzt werden kann, erfolgt über die `shared`-Eigenschaft.

Die beiden Eigenschaften `fontSize` und `fontName` sind mit Property Observern ausgestattet, die jede Änderung sofort dauerhaft speichern (siehe auch Abschnitt 9.3, »Eigenschaften«). In der Init-Funktion werden die beiden Eigenschaften erstmals gelesen. Als Defaultwerte für den ersten Start gelten die Schriftgröße 12 und die Schriftart *Menlo*. Die Methoden `increaseFont` und `decreaseFont` sind selbsterklärend. Diese Methoden werden sowohl von den entsprechenden Menükommandos als auch über die beiden Toolbar-Buttons aufgerufen.

Der Zugriff auf die User-Default-Werte erfolgt üblicherweise mit `double(forKey: "keyname")` bzw. `set(newvalue, forKey: "keyname")`. Die direkte Angabe von Zeichenketten ist aber eine Fehlerquelle. (Der Compiler kann Tippfehler nicht erkennen.) Deswegen sind die Zeichenketten in der `SettingKeys`-Struktur gespeichert. Naheliegender wäre hier eine Enumeration, aber dann wäre die umständliche Schreibweise `SettingKeys.fontsize.rawValue` notwendig.

17

```
// Projekt editor, Datei Settings.swift
struct SettingKeys {          // Keys für die User-Defaults
    static let fontsize = "fontsize"
    static let fontname = "fontname"
}
typealias SK = SettingKeys  // macht den Code kürzer

@Observable class EditorSettings {
    static let shared = EditorSettings()  // Singleton
    private let ud = UserDefaults.standard

    var fontSize: Double {
        didSet {  // Änderungen sofort in User-Defaults speichern
            ud.set(fontSize, forKey: SK.fontsize)
        }
    }
    var fontName: String {
        didSet {
            ud.set(fontName, forKey: SK.fontname)
        }
    }
```

```
    // Startwerte aus den User-Defaults lesen
    private init() {
        // ud.double liefert 0, wenn es den Key nicht gibt
        let size = ud.double(forKey: SK.fontsize)
        fontSize = size > 0 ? size : 12.0
        // ud.string liefert nil, wenn es den Key nicht gibt
        fontName = ud.string(forKey: SK.fontname) ?? "Menlo"
    }
    func increaseFont() {
        fontSize += 2
    }
    func decreaseFont() {
        fontSize = max(8, fontSize - 2)
    }
}
```

Erfreulich kurz fällt der Code für den Einstellungsdialog aus. Die Settings-Instanz wird in einer @State-Variable gespeichert und direkt mit dem Picker bzw. Slider verbunden.

```
// Projekt editor, Datei Settings.swift (Forts.)
// Einstellungsdialog
struct SettingsView: View {
    @State var settings = EditorSettings.shared
    private let monospacedFonts = ["Menlo", "Monaco", "Courier"]

    var body: some View {
        Form {
            Picker("Font", selection: $settings.fontName) {
                ForEach(monospacedFonts, id: \.self) { font in
                    Text(font).tag(font)
                }
            }
            Slider(value: $settings.fontSize,
                   in: 8...32, step: 1)
            {
                Text("Size: \(Int(settings.fontSize))")
            }
        }
        .padding()
        .frame(width: 300)
    }
}
```

Datenmodell und Editor (TextDocument und EditorView)

Bevor Ihre App eine `DocumentGroup` verwenden kann, müssen Sie zwei Strukturen programmieren: eine zur Abbildung Ihrer Daten (muss das Protokoll `FileDocument` implementieren) und eine `View`-Struktur, die ein per `@Binding` zugeordnetes Dokument darstellen und verarbeiten kann.

`FileDocument` stellt drei Anforderungen:

- Sie müssen über die Variable `readableContentTypes` die von Ihnen unterstützten Datentypen angeben. Das Beispielprogramm verarbeitet nur Textdateien (`UTType.plainText`). Die Typen sind in der Bibliothek `UniformTypeIdentifiers` definiert.
- Sie müssen `init(configuration:)` implementieren. An die Init-Funktion wird eine `ReadConfiguration`-Instanz übergeben, wobei Ihnen `configuration.file` einen File-Wrapper zum Lesen der Datei zur Verfügung stellt.
- Schließlich liefern Sie in der Funktion `fileWrapper` einen File-Wrapper mit den zu speichernden Daten zurück.

Der Code ist ziemlich abstrakt und hat nur den Zweck, dass SwiftUI sich um den ganzen Rest kümmern kann: Die Darstellung von Dateiauswahldialogen, die tatsächliche Speicherung Ihrer Texte, die Warnung beim Programmende, wenn es ungespeicherte Änderungen gibt usw.


```
// Projekt editor, Datei Editor.swift
import UniformTypeIdentifiers  // für UTType

// Document model
struct TextDocument: FileDocument {
    // gibt an, welche Datentypen Sie unterstützen
    static var readableContentTypes: [UTType] { [.plainText] }

    // speichert den im Editor angezeigten Text
    var text = ""

    // init() für FileDocument, lädt Textdatei
    init(configuration: ReadConfiguration) throws {
        if let data = configuration.file.regularFileContents {
            text = String(decoding: data, as: UTF8.self)
        }
    }

    // optionales init() für Preview
    init(text: String = "") {
        self.text = text
    }
```

```
    // zum Speichern
    func fileWrapper(configuration: WriteConfiguration) throws
            -> FileWrapper
    {
        let data = text.data(using: .utf8)!
        return .init(regularFileWithContents: data)
    }
}
```

Die EditorView beschreibt die Ansicht eines Fenster-Tabs. Die Hauptarbeit übernimmt die TextEditor-View, deren Aussehen durch die Settings-Variablen fontName und fontSize bestimmt wird.

Im Fenster wird eine Toolbar mit zwei Buttons zur Veränderung der Schriftart dargestellt. Die Buttons könnten mit dem keyboardShortcut mit Tastenkürzeln versehen werden. Weil aber die entsprechenden Menükommandos dieselben Tastenkürzel haben, ergibt sich daraus kein Nutzen. Wenn Sie dagegen auf das FONT-Menü verzichtet hätten, würden die Toolbar-Buttons eine gute Gelegenheit bieten, die Aktionen mit Tastenkürzeln auszustatten.

```
// Projekt editor, Datei Editor.swift (Forts.)
struct EditorView: View {
    @Binding var document: TextDocument
    let settings = EditorSettings.shared

    var body: some View {
        TextEditor(text: $document.text)
           .font(.custom(settings.fontName,
                         size: settings.fontSize))
           .frame(minWidth: 400, minHeight: 300)
           .toolbar {
               ToolbarItemGroup {
                   Button(action: { settings.increaseFont() }) {
                       Label("Increase Font",
                         systemImage: "textformat.size.larger")
                   }//.keyboardShortcut("+", modifiers: .command)
                   Button(action: { settings.decreaseFont() }) {
                       Label("Increase Font",
                         systemImage: "textformat.size.smaller")
                   }//.keyboardShortcut("-", modifiers: .command)
               }
           }
    }
}
```

`DocumentGroup` kümmert sich um die Verwaltung der Tabs innerhalb eines Fensters sowie um alle Fensterfunktionen. Beispielsweise können Sie Tabs per Drag-and-drop von einem Fenster zu einem anderen ziehen. Werfen Sie beim Ausprobieren der App auch einen Blick in das WINDOW-Menü, dessen zahlreichen Kommandos von SwiftUI zur Verfügung gestellt werden.

Um das Aussehen *eines* Tabs in der Preview-Ansicht zu testen, erzeugen Sie ein `TextDocument` mit ein paar Zeilen Text und übergeben dieses an die `EditorView`:

```
// Projekt editor, Datei Editor.swift (Forts.)
#Preview("Editor") {
    @Previewable @State var doc =
        TextDocument(text: "lorem ipsum\ndolor est")
    EditorView(document: $doc)
}
```

Dateizugriff erlauben (Entitlements)

Jede App legt in den sogenannten *Entitlements* fest, welche Betriebssystemfunktionen sie nutzen und welche Dateioperationen sie durchführen will (siehe auch Abschnitt 17.6, »Capabilities und Entitlements«). Diese Ansprüche werden in den Target-Einstellungen festgelegt (siehe Abbildung 17.5). Bei diesem Programm ist wichtig, dass Sie den schon vorgesehenen Punkt USER SELECTED FILES auf READ/WRITE umstellen. Standardmäßig gilt nur READ. Damit darf der Editor zwar Dateien öffnen, aber keine Änderungen speichern.

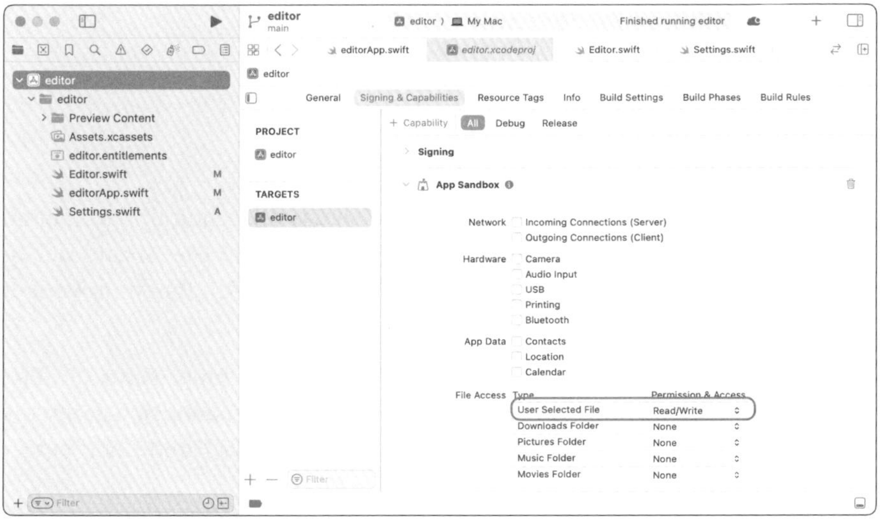

Abbildung 17.5 Das Programm muss Schreibzugriffe im Dateissystem durchführen, damit es korrekt funktioniert.

Einschränkungen und Alternativen

`DocumentGroup` verhilft zu einem schnellen Erfolgserlebnis. Das ist natürlich wunderbar. Allerdings wird die App vielleicht nicht in jederlei Hinsicht so funktionieren, wie Sie sich das vorstellen. Jede Abweichung von den per `DocumentGroup` vorgegebenen Mustern ist, soweit überhaupt möglich, relativ umständlich. Natürlich ist es toll, dass die App auf Anhieb mit Fenstern und Tabs umgehen kann. Aber es ist schwer nachvollziehbar, warum neue, leere Dokumente in Tabs, vorhandene Dateien beim Laden dagegen in neuen Fenstern geöffnet werden. Noch ein Beispiel: Beim Start des Programms erscheint ein Dateiauswahldialog. Es scheint keinen einfachen Weg zu geben, das Programm stattdessen mit einem leeren Dokument zu öffnen. Hintergründe und Beispiele zur Programmierung dokumentenbasierter App finden Sie natürlich auch im Internet:

https://developer.apple.com/videos/play/wwdc2023/10154
https://developer.apple.com/documentation/swiftui/building-a-document-based-app-with-swiftui
https://stackoverflow.com/questions/63653474

Wenn Sie sich mit dem Konzept der `DocumentGroup` nicht anfreunden können bzw. wenn Ihre App nicht auf Dateien bzw. Dokumenten basiert, ist `WindowGroup` die nächstbeste Alternative. Alle bisherigen Beispiele mit Ausnahme des hier vorgestellten Editors haben eine `WindowGroup` als Basis verwendet – allerdings immer in Kombination mit nur einer Startansicht bzw. einem Fenster. Eine `WindowGroup` bietet Ihnen aber durchaus die Möglichkeit, weitere Fenster nach Bedarf zu erzeugen. Ein entsprechendes Einführungs-Video finden Sie hier:

https://developer.apple.com/videos/play/wwdc2024/10149

17.4 Eigene View-Modifier

Ein Grundkonzept von SwiftUI besteht darin, dass Sie das Aussehen und Verhalten von Views durch das Hinzufügen von Modifiern beeinflussen. Die Anzahl der in SwiftUI vordefinierten Modifier ist riesig, die wichtigsten habe ich Ihnen im Verlauf der letzten Kapitel vorgestellt.

Wenn Sie mehrere Views selbst gestalten (modifizieren) möchten, kann die Programmierung eines eigenen Modifiers zweckmäßig sein. Sie ersparen sich damit die wiederholte Anwendung vorhandener Modifier und können so Ihren Code besser und weniger redundant gestalten.

Die Vorgehensweise ist nicht schwierig: Zuerst programmieren Sie eine neue Struktur, die vom `ViewModifier`-Protokoll abgeleitet ist. Das Protokoll schreibt vor, dass Sie eine `body`-Funktion zur Verfügung stellen. An diese Funktion wird eine View übergeben. (Der Datentyp `Content` beschreibt den tatsächlich übergebenen Datentyp, z. B. ein `Text` oder `Button`.) Das Ergebnis der body-Funktion muss eine ganz allgemeine `View` sein.

Damit die `ViewModifier`-Struktur nun tatsächlich auf eine View angewendet werden kann, müssen Sie den dazugehörenden Modifier als Erweiterung von `View` deklarieren. Dort übergeben Sie eine Instanz Ihres neuen Modifier-Typs an die Methode `modifier`. Deren Aufgabe ist es, einen Modifier auf eine View anzuwenden.

Beispiel: CardModifier

Die Vorgehensweise wird anhand eines Beispiels schnell verständlich. Der neue `cardStyle`-Modifier gestaltet eine View so, dass sie wie eine Karte mit Schatten aussieht (siehe Abbildung 17.6).

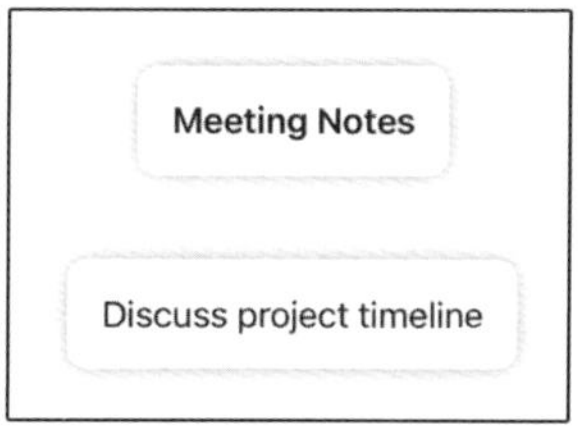

Abbildung 17.6 Der neue »cardStyle«-Modifier gibt einer View das Aussehen einer Karte.


```
// Struktur für den neuen Modifier
struct CardModifier: ViewModifier {
    func body(content: Content) -> some View {
        content
            .padding()
            #if os(iOS)
            .background(Color(.systemBackground))  // nur iOS
            #else
            .background(Color.white) //
            #endif
            .cornerRadius(10)
            .shadow(radius: 5)
            .padding(.horizontal)
    }
}
// View-Extension für die dazugehörende Modifier-Methode
extension View {
    func cardStyle() -> some View {
        modifier(CardModifier())
    }
}
```

```
// Anwendung
struct ContentView: View {
    var body: some View {
        VStack {
            Text("Meeting Notes").font(.headline)
                .cardStyle()  // <- Anwendung des neuen Modifiers

            Text("Discuss project timeline").font(.body)
                .cardStyle()  // <-
        }
    }
}
```

Klarerer, besser wartbarer Code mit eigenen View-Modifiern

In Abschnitt 14.6, »Code-Organisation nach MVVM-Regeln«, habe ich eine Sammlung von Tipps präsentiert, um Ihren Code übersichtlich zu organisieren. Eigene View-Modifier können dabei auch helfen, insbesondere dann, wenn Sie einzelne Views mit einer Menge komplexer Modifier ausstatten müssen (oft Closures zur Reaktion auf Ereignisse). Der Code mit unzähligen Klammerebenen wird dann immer schwieriger zu lesen. Mitunter beklagt sich selbst der von Xcode aufgerufene Compiler, dass er die Syntax Ihres Codes nicht mehr in einer vernünftigen Zeit überprüfen kann. Schuld daran ist zwar oft eine falsch platzierte Klammer; dennoch sollten Sie den Xcode-Fehler als Hinweis werten, dass Ihr Code zu unübersichtlich geworden ist.

Das Auslagern von Code in einen neuen Modifier hat allerdings einen Nachteil: Sie müssen alle Variablen, auf die Sie in den Modifiern bzw. deren Closures zugreifen, über `@Binding` in den neuen Modifier übertragen. Ihr Code wird zwar übersichtlicher, aber in Summe etwas länger und auch ein wenig ineffizienter.

Das folgende Beispiel illustriert die Vorgehensweise. Als Ausgangspunkt dient ein STATUS-Test, der mit diversen Modifiern ausgestattet ist. (In einem realen Beispiel ist der in Closure verpackte Code oft noch viel länger, außerdem gibt es weitere Views.)

```
// Projekt modifier, Datei Spaghetti.swift
struct SpaghettiView: View {
   @State private var isLoading = false
   @State private var showError = false
   @State private var someValue = 0

   var body: some View {
      Text("Status")
         .onAppear {
            isLoading = true     // simuliert einen Ladeprozess,
            Task {               // der zwei Sekunden dauert
```

```
                try? await Task.sleep(for: .seconds(2))
                isLoading = false
            }
        }
        .onChange(of: someValue) { oldValue, newValue in
            if newValue > 10 {
                showError = true
            }
        }
        .overlay {
            if isLoading {
                ProgressView("Loading...")
                    .padding()
                    .background(.ultraThinMaterial)
                    .cornerRadius(8)
            }
        }
        .alert("Error", isPresented: $showError) {
            Button("Reset") {
                someValue = 0
            }
            Button("Cancel", role: .cancel) { }
        } message: {
            Text("Value cannot exceed 10")
        }
    }
}
```

Sehen Sie sich im Vergleich dazu den neuen Code an!

```
// Projekt modifier, Datei Spaghetti.swift (Forts.)
struct CleanView: View {
   @State private var isLoading = false
   @State private var showError = false
   @State private var someValue = 0

   var body: some View {
       Text("Status")
           .modifier(StatusViewModifier(
               isLoading: $isLoading,
               showError: $showError,
               someValue: $someValue
           ))
   }
}
```

Der `StatusViewModifier` wird hier direkt mit `modifier` angewendet, womit die View-Extension eingespart wird. Die ersten Zeilen des neuen Modifier mit dem ausgelagerten Code sieht so aus:

```
struct StatusViewModifier: ViewModifier {
   @Binding var isLoading: Bool
   @Binding var showError: Bool
   @Binding var someValue: Int

   func body(content: Content) -> some View {
       content
           .onAppear {
               // simuliert einen Ladeprozess, der zwei
               // Sekunden dauert
               isLoading = true
               Task {
                   try? await Task.sleep(for: .seconds(2))
                   isLoading = false
               }
           }
           ...
```

Um die Refaktorierung müssen Sie sich vorerst selbst kümmern. Xcode kennt zwar das Kontextmenükommando EXTRACT SUBVIEW, ein äquivalentes Kommando EXTRACT MODIFIER fehlt aber leider noch.

17.5 UIKit-Views in SwiftUI verwenden

In SwiftUI stehen alle Basiselemente zur Verfügung, die Ihnen aus UIKit vertraut waren. Allerdings gibt es einige UIKit-Views für Spezialaufgaben, zu denen es bis heute keine richtige Entsprechung gibt. Am häufigsten vermissen SwiftUI-Entwicklerinnen und -Entwickler die `WKWebView` zur Darstellung von HTML-Code und Webseiten. Ärgerlich ist auch, dass die `TextView` nicht mit der `UITextView` mithalten kann, soweit es um die Darstellung von formatiertem Text geht (also um sogenannten *Rich Text*). Vielleicht erbarmt sich Apple und bessert diesbezüglich nach.

Die gute Nachricht ist, dass wenige Zeilen Code für einen Wrapper um eine UIKit-View Ihrer Wahl ausreichen, damit Sie diese Komponenten auch in einem SwiftUI-Programm nutzen können. Die weniger gute Nachricht ist, dass dermaßen »verpackte« UIKit-Views keinen vollwertigen Ersatz für native SwiftUI-Komponenten darstellen. Es gibt diverse Einschränkungen im Layout, bei der Anwendung von Modifiern und bei der Verarbeitung von Ereignissen.

UIKit-Wrapping

Die Grundidee eines UIKit-Wrappers besteht darin, dass Sie eine Struktur erzeugen, die das Protokoll `UIViewRepresentable` einhält. Sie müssen zumindest zwei Methoden implementieren, `makeUIView` und `updateUIView`. Falls Sie Ereignisse verarbeiten möchten, brauchen Sie auch einen Koordinator (Methode `makeCoordinator`).

```
import UIKit

struct MyUIKitWrapper: UIViewRepresentable {
    func makeUIView(context: Context) -> UIView {
        // View erzeugen ...
        return uiKitView
    }

    // View aktualisieren
    func updateUIView(_ uiView: UIView, context: Context) {
        // View aktualisieren
    }
}
```

Vergessen Sie nicht den Import für `UIKit`! Und denken Sie daran, dass die `UIKit`-Bibliothek unter macOS nicht zur Verfügung steht. `import UIKit` löst deswegen bei Multi-Plattform-Apps einen Fehler aus.

Im folgenden Beispiel gehe ich davon aus, dass Sie aus irgendeinem Grund nicht den SwiftUI-DatePicker verwenden möchten, sondern dessen UIKit-Pendant (siehe Abbildung 17.7). Die folgenden Zeilen zeigen den Wrapper samt `Coordinator` zur Verarbeitung des `dateChanged`-Ereignisses.

```
// Projekt embed-uikit, Datei DatePicker.swift
struct WrappedDatePicker: UIViewRepresentable {
    @Binding var date: Date

    // erzeugt UIDatePicker, richtet Ereignisverarbeitung ein
    func makeUIView(context: Context) -> UIDatePicker {
        let picker = UIDatePicker()
        // erlaubte Modi: .date, .time, .dateAndTime,
        //                .yearAndMonth, .countDownTimer
        picker.datePickerMode = .date
        picker.addTarget(
            context.coordinator,
            action: #selector(Coordinator.dateChanged(_:)),
            for: .valueChanged)
        return picker
    }
```

```
    // Updates verarbeiten
    func updateUIView(_ uiView: UIDatePicker, context: Context) {
        uiView.date = date
    }
    // gibt Coordinator zurück
    func makeCoordinator() -> Coordinator {
        Coordinator(self)
    }
    // Coordinator für das dateChanged-Ereignis
    class Coordinator: NSObject {
        let parent: WrappedDatePicker

        init(_ parent: WrappedDatePicker) {
            self.parent = parent
        }
        // @MainActor stellt sicher, dass der Update-Code im
        // Main-Thread ausgeführt wird
        @MainActor @objc func dateChanged(_ sender: UIDatePicker)
    {
            parent.date = sender.date
        }
    }
}
```

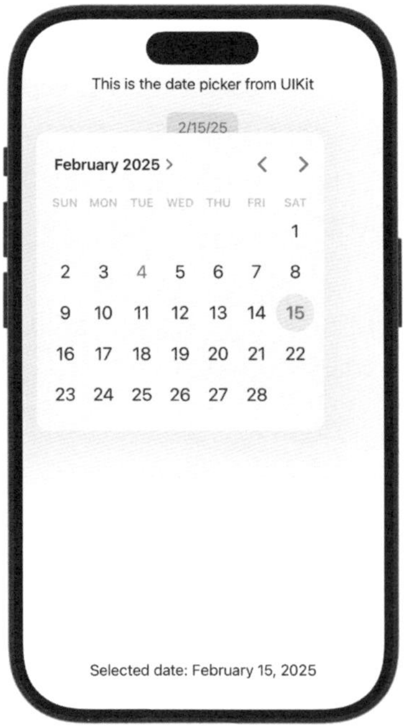

Abbildung 17.7 Beispiel-App mit dem UIKit-DatePicker

Als größtes Problem bei der Anwendung stellt sich heraus, dass der `WrappedDatePicker` den gesamten zur Verfügung stehenden Platz für sich beansprucht, obwohl die Komponente recht klein ist. Diverse Versuche, die View auf ihre »richtige« Größe zu reduzieren, sind leider gescheitert. Letztlich blieb mir nichts anderes übrig, als die Größe mit dem `frame`-Modifier starr festzuschreiben. Das ist nicht optimal, weil der Platzbedarf unter anderem von der eingestellten Schriftgröße abhängt. Davon abgesehen funktioniert der Testcode aber zufriedenstellend inklusive Synchronisation der `@State`-Variable und Aufruf der `onChange`-Closure.

```
// Projekt embed-uikit, Datei DatePicker.swift (Forts.)
// Anwendung des WrappedDatePickers
@State private var selectedDate = Date()
...
VStack {
    Text("This is the date picker from UIKit")
    WrappedDatePicker(date: $selectedDate)
        .frame(width: 80, height: 40)
        .padding(8)
        .onChange(of: selectedDate) { oldValue, newValue in
              print("Date changed from: \(oldValue)
                     to: \(newValue)")
          }
    Spacer()
    Text("Selected date: \(selectedDate, style: .date)")
}
```


WKWebView

Die `WKWebView` ist vermutlich die Komponente, die in der SwiftUI-Bibliothek am häufigsten vermisst wird. Sie können damit unkompliziert Webseiten und Hilfetexte anzeigen.

Grundsätzlich können Sie die `WKWebView` mit einem minimalistischen Wrapper ohne Koordinator anwenden. Allerdings gehen damit nahezu alle Features zur Interaktion mit dem Webbrowser verloren. Im folgenden Beispiel wollte ich zumindest einen BACK-Button realisieren, um App-Anwendern einen intuitiven Weg zu geben, zurück zur Ursprungsseite zu gelangen. Wie Sie gleich sehen werden, erfordert die Erfüllung dieses bescheidenen Wunschs eine Menge Zusatz-Code.

Die Beispiel-App besteht aus einer `TabView`, wobei der Home-Tab lediglich einen Hello-World-Text anzeigt. Der Help-Tab zeigt Hilfe- oder Support-Seiten im Webbrowser an (siehe Abbildung 17.8). Der BACK-Button wird halb-transparent links oben im Browser eingeblendet – allerdings nur, wenn es überhaupt eine Möglichkeit der Rücknavigation gibt, und somit nicht auf der ersten angezeigten Seite.

Abbildung 17.8 Nutzung der WKWebView in einer SwiftUI-App

Der Code für den `WebView`-Wrapper hat grundsätzlich denselben Aufbau wie beim vorherigen Beispiel. Der wesentliche Unterschied ist der `Coordinator`, der bei diesem Beispiel gleichzeitig zur Speicherung der `WKWebView`-Instanz dient (Variable `webView`). Weil der Navigator `WKNavigationDelegate` implementiert, wird bei jeder Navigation im Browser die Methode `webView` aufgerufen und kann dann die Variable `canGoBack` mit der gleichnamigen `WKWebView`-Eigenschaft synchronisieren. Der Koordinator muss vorweg erzeugt werden und dann zusammen mit einer URL an die Init-Funktion der `WebView`-Struktur übergeben werden.

```
// Projekt embed-uikit, Datei WebView.swift
struct WebView: UIViewRepresentable {
    let url: URL
    let coordinator: Coordinator

    // Initialisierung
    init(url: String, coordinator: Coordinator) {
        self.url = URL(string: url) ?? URL(string: "about:blank")
    !
        self.coordinator = coordinator
    }
```

```
    func makeUIView(context: Context) -> WKWebView {
        let webView = WKWebView()
        webView.navigationDelegate = coordinator
        webView.load(URLRequest(url: url))
        coordinator.webView = webView
        return webView
    }

    // keine Updates notwendig
    func updateUIView(_ webView: WKWebView, context: Context) {}

    // Koordinator zur Ereignisverwaltung
    func makeCoordinator() -> Coordinator {
        coordinator
    }
    @MainActor @Observable
    class Coordinator: NSObject, WKNavigationDelegate {
        var canGoBack = false
        weak var webView: WKWebView?

        // Aufruf via WKNavigateDelegate
        func webView(_ webView: WKWebView,
                     didFinish navigation: WKNavigation!)
        {
            canGoBack = webView.canGoBack
        }

        func goBack() {
            webView?.goBack()
        }
    }
}
```


Die Struktur BrowserView kombiniert die WebView mit einem halbtransparenten BACK-Button. Der Browser und der Button sind in einem ZStack übereinander angeordnet. Wenn der Button angeklickt/berührt wird, wird die Koordinator-Methode goBack ausgeführt.

```
// Projekt embed-uikit, Datei WebView.swift (Forts.)
struct BrowserView: View {
    let url: String
    @State private var coordinator = WebView.Coordinator()

    var body: some View {
        ZStack(alignment: .topLeading) {
            WebView(url: url, coordinator: coordinator)
```

```
                // Back-Button nur anzeigen, wenn sinnvoll
                if coordinator.canGoBack {
                    Button(action: coordinator.goBack) {
                        Label("Back", systemImage: "chevron.left")
                        .padding(.horizontal, 12)
                        .padding(.vertical, 8)
                        .background(.regularMaterial.opacity(0.6))
                        .clipShape(Capsule())
                        .font(.subheadline)
                    }
                    .padding()
                }
            }
        }
}
```

Die Anwendung der `BrowserView` ist denkbar einfach:

```
// Projekt embed-uikit, Datei ContentView.swift
TabView {
    // Home-Tab mit 'Hello, World!'
    VStack { ... }
    .tabItem {
        Image(systemName: "house.fill")
        Text("Home")
    }
    // Hilfe-Tab
    BrowserView(url: "https://kofler.info/apps/support")
        .tabItem {
            Image(systemName: "questionmark.circle.fill")
            Text("Help")
        }
}
```

17.6 Capabilities und Entitlements

Capabilities sind Dienste oder Features, die Apps nur benutzen dürfen, wenn dies explizit so vereinbart ist. Das gilt z. B. für iCloud-, HealthKit-, HomeKit- oder Gaming-Funktionen.

Um Ihrer App Capabilities hinzuzufügen, wählen Sie in den Target-Einstellungen das Dialogblatt SIGNING & CAPABILITIES aus und klicken auf den unscheinbaren Button + CAPABILITY. Der Button ist nicht als solcher erkennbar und sieht wie normaler Text aus. Dann können Sie die gewünschten Funktionen auswählen (siehe Abbildung 17.9).

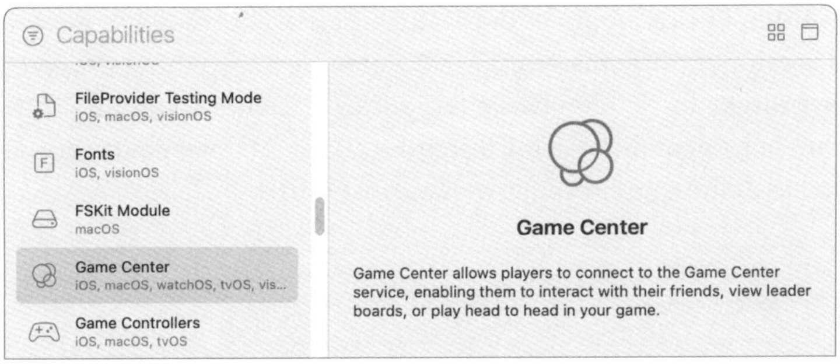

Abbildung 17.9 Der Capabilities-Dialog listet verfügbare Zusatzfunktionen für Ihre App auf.

> **Developer-Account erforderlich**
>
> Manche Capabilities stehen im Dialog CAPABILITIES nur zur Wahl, wenn Ihr Projekt unter SIGNING • TEAM mit einem Developer-Account verbunden ist! Das trifft unter anderem auf die iCloud-Funktionen zu.

Entitlements

Entitlements geben der App das Recht, bestimmte Aktionen auszuführen. Sie sind besonders wichtig bei macOS-Apps, die in einer Sandbox (in einer abgesicherten Umgebung) ausgeführt werden. In diesem Fall müssen Sie explizit Optionen setzen, damit die App Dateien schreiben, auf ausgewählte Verzeichnisse zugreifen oder Audio-Funktionen nutzen darf. Die Sandboxing-Entitlements werden ebenfalls bei den Target-Einstellungen im Dialogblatt SIGNING & CAPABILITIES eingestellt (siehe Abbildung 17.10).

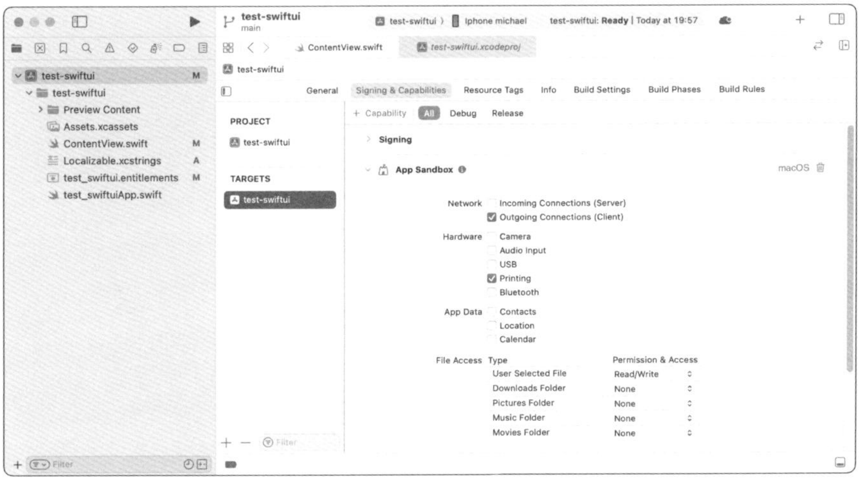

Abbildung 17.10 Entitlements für macOS-Sandbox-Apps

Hinter den Kulissen werden Entitlements in der Datei `appname.entitlements` gespeichert. Das ist eine als Dictionary organisierte XML-Datei (eine sogenannte *Property List*), die Sie bei Bedarf direkt in Xcode bearbeiten können (siehe Abbildung 17.11). Auch die Nutzung mancher Capabilities wird durch Entitlements gesteuert. Xcode fügt die erforderlichen Einstellungen normalerweise selbst hinzu.

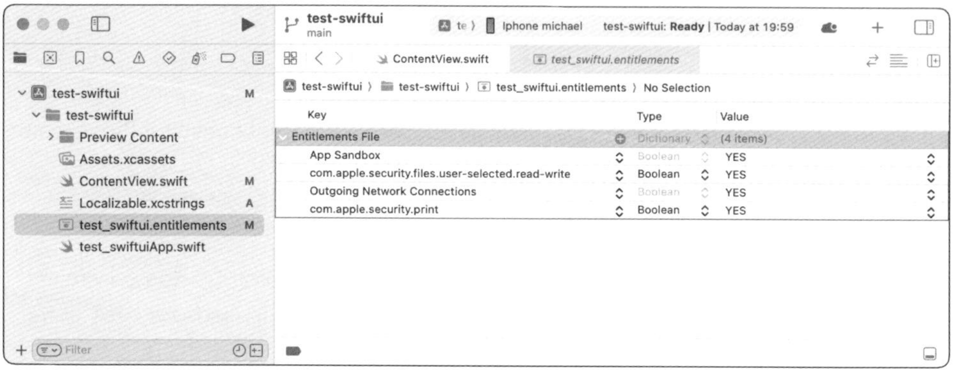

Abbildung 17.11 Die Entitlements werden in einer Property-List-Datei gespeichert.

TEIL IV

Programmier- und Arbeitstechniken

Kapitel 18
Asynchrone Programmierung

Von *asynchroner* oder *nebenläufiger Programmierung* spricht man, wenn Teile des Programms in unterschiedlichen Teilprozessen parallel zueinander laufen. Gewöhnlicher Code wird *synchron* ausgeführt. Das bedeutet, dass die Anweisungen nacheinander ausgeführt werden:

```
func1()  // synchroner Code:
func2()  // func2() wird erst gestartet, wenn func1() fertig ist
```

In Apps blockiert die synchrone Ausführung von Code die Benutzeroberfläche. Solange Ihre Methoden innerhalb weniger Millisekunden fertig sind, bleibt das unbemerkt. Für länger andauernde Berechnungen, Up- oder Downloads, Datei- oder Datenbankoperationen müssen Sie sich mit der asynchronen Programmierung anfreunden. Die Verteilung aufwendiger Berechnungen auf mehrere Threads, die parallel ausgeführt werden, kann bei Multi-Core-CPUs zudem eine Menge Zeit sparen.

In Swift wurden mit Version 5.5 moderne Features zur nebenläufigen Programmierung eingeführt. Dazu zählen das Schlüsselwort `Task` zur Formulierung von asynchron auszuführenden Code-Blöcken, `async` zur Kennzeichnung von asynchronen Funktionen sowie das Schlüsselwort `await` zum Aufruf solcher Funktionen.

Speziell für SwiftUI kommt das Attribut `@MainActor` hinzu. Es kennzeichnet Code, der im selben Thread wie die Oberfläche SwiftUI laufen soll. `@MainActor` ist gleichzeitig ein Hinweis darauf, dass SwiftUI-Apps standardmäßig auf einen Pool von Hintergrund-Threads zugreifen, ohne dass Sie dies bemerken. Diese Threads werden für Aufgaben verwendet, die rechenintensiv sind (Komprimierung/Dekomprimierung) oder deren Dauer nicht planbar ist (Netzwerkzugriffe).

Dieses Kapitel gibt eine Einführung in moderne Sprachmerkmale in Swift zur Steuerung asynchronen Codes in SwiftUI-Apps. Zwei Beispiele führen von der Theorie in die Praxis: Das erste Beispiel zeigt verschiedene Wege zum asynchronen Download von Bildern. Im zweiten Beispiel geht es darum, ein komplexes Datenmodell beim Start der App zu initialisieren. Noch mehr Beispiele für die asynchrone Programmierung folgen in nahezu allen weiteren Kapiteln. Besonders viel asynchronen Code gibt es im Abschlussprojekt dieses Buchs (siehe Kapitel 25, »Familieneinkaufsliste«).

Veraltet: DispatchQueue

Vor Swift 5.5 mussten Sie direkt mit dem *Grand Central Dispatch* (GCD) interagieren. Der Ausgangspunkt war die Klasse `DispatchQueue`. Das Internet ist noch voll von derartigen Beispielen, dementsprechend schlagen auch KI-Tools oft Code mit diesen veralteten Konzepten vor. Bestehen Sie auf modernem Code mit `async/await`!

Asynchron ist nicht einfach

Asynchrone Programmierung ist kompliziert und auf jeden Fall deutlich schwieriger, als dieses Kapitel den Anschein weckt. Eigentlich bräuchte es ein kleines Buch, um asynchrone Programmierung umfassend und mit vielen Beispielen zu erläutern.

Das Hauptproblem beim Verfassen asynchronen Codes besteht darin, sogenannte *Race Conditions* zu vermeiden. Darunter versteht man den gleichzeitigen Zugriff von zwei Codezweigen auf dieselben Daten, wobei zumindest ein Zugriff schreibend ist. (Parallele Lesezugriffe sind unproblematisch.) *Race Conditions* können zu fehlerhaften Ergebnissen führen, sind aber schwer reproduzierbar. Dementsprechend schwierig ist dann die Fehlersuche. Ein weiteres Problem sind *Dead locks*, wenn sich mehrere Tasks gegenseitig blockieren. Dazu kommt es, wenn Sie zu viele Tasks starten, die auf gemeinsame Daten zugreifen.

Seit Version 6 überschüttet Sie der Swift-Compiler mit Warnungen und Fehlermeldungen, die auf tatsächliche oder mögliche Probleme (*Race Conditions*, Isolation-Konflikte etc.) hinweisen. An sich ist das eine großartige Hilfe. Allerdings ist der Compiler derart pingelig, dass die Entwicklung asynchronen Codes sowie die Umstellung von Swift-5-Projekten auf Swift 6 zum Albtraum geworden sind.

Insofern überrascht es nicht, dass (Stand Frühjahr 2025) noch immer der »alte« Swift-5-Compiler per Default in neuen Projekten zum Einsatz kommt. Das ist aber natürlich keine Lösung! Gerade bei neuen Projekten ist es vernünftig, in den Target-Einstellungen unter BUILD SETTINGS Swift 6 als Compiler auszuwählen und auftretende Compiler-Warnungen sofort zu beheben. Das ist zielführender, als die Umstellung später zu versuchen und dann angesichts unzähliger Probleme zu resignieren.

Ein weiteres Problem besteht darin, dass Swift es nicht bei `Task`, `async` und `await` belassen hat, sondern eine Menge weiterer Sprachmerkmale, Schlüsselwörter und Zusatz-Features geschaffen hat: Task-Gruppen, Aktoren, verteilte Aktoren, das `Sendable`-Protokoll, `isolated` und `nonisolated` Methoden usw.

Asynchrone Programmierung war schon immer schwierig. Die Implementierung in Swift macht es leider auch nicht besser. Die Komplexität überfordert viele Programmiererinnen und Programmierer und führt dazu, dass asynchrone Funktionen fehlerhaft oder zumindest nicht optimal genutzt werden. Das hat sogar das Swift-

Entwicklungsteam eingesehen. Die folgende Seite fasst Zielvorgaben zusammen, wie die asynchrone Swift-Programmierung in den kommenden Versionen vereinfacht werden soll, vor allem für häufige Standardsituationen:

https://github.com/swiftlang/swift-evolution/blob/main/visions/approachable-concurrency.md

Ob diese Pläne fruchten und wie lange das dauert, bleibt abzuwarten. Meine persönliche Ansicht ist, dass die Syntax von Swift schon seit Jahren unter einem übertriebenen Perfektionismus leidet. Die Intention vieler neuer Features war/ist gut, aber in Summe ist Swift zu einer äußerst komplexen und schwer zu beherrschenden Sprache geworden. Bei den asynchronen Funktionen ist das besonders stark bemerkbar.

18.1 Tasks, async und await

Swift führt Code normalerweise synchron aus, also eine Anweisung nach der anderen. Um einen Code-Block asynchron auszuführen, erzeugen Sie einen Task und übergeben eine Closure mit dem Code.

```
Task {
    // Code, der asynchron ausgeführt wird, z. B.
    // Datei- und Netzwerkzugriffe
}
```

18

In der Closure enthaltene Referenzen (inklusive `self`) werden automatisch freigegeben, sobald der Code beendet ist. Deswegen ist es in der Regel nicht notwendig, Referenzen mit `weak` zu kennzeichnen (auch nicht `weak self`). `Task` ersetzt die in älteren Swift-Versionen übliche Schreibweise `async`. Das Schlüsselwort `async` wird in Swift 6 nur noch zur Deklaration von Funktionen verwendet.

```
async {   // alte Schreibweise, nicht mehr verwenden!
    ...   // asynchroner Code
}
```

Asynchron versus nebenläufig/parallel

Eine asynchrone Ausführung bedeutet, dass der Code unterbrochen werden kann, z. B. wenn er auf Daten wartet (typischerweise bei Datei-, Datenbanken- und Netzwerkzugriffen). Während dieser Wartezeit ist der restliche Code nicht blockiert. Die Codezweige können also asynchron voneinander fortgeführt werden.

Asynchron bedeutet aber nicht, dass der Code seinen eigenen Thread bekommt und unabhängig vom restlichen Code, idealerweise sogar parallel auf einem eigenen CPU-Kern, ausgeführt wird! Der Unterschied wird vor allem dann bemerkbar, wenn

Sie in asynchronem Code eine zeitintensive Berechnung ohne inhärente Wartezeiten ausführen (z. B. eine Schleife über Millionen von Datenpunkten). Die asynchrone Durchführung solcher Berechnungen ohne einen eigenen Thread bringt keine Vorteile mit sich, weil es während der Berechnung keine »natürlichen« Wartezeiten gibt. Der restliche Code (bzw. in SwiftUI die Benutzeroberfläche) wird daher blockiert, bis die Berechnung beendet ist!

Für zeitintensive Berechnungen sollte daher unbedingt ein eigener, vom restlichen Code losgelöster Ausführungszweig (»Thread«) genutzt werden. Der einfachste Weg dorthin führt über `Task.detached { ... }`. Beispiele dazu folgen gleich.

Priorität und Thread

An `Task` kann eine Priorität übergeben werden, die für den nachfolgenden Code gilt. Apple hat sich nicht die Mühe gemacht, die Bedeutung der Enumerationswerte zu dokumentieren. Mit `print(TaskPriority.xxx.rawValue)` können Sie aber die zugeordneten Zahlenwerte ermitteln (siehe Tabelle 18.1). Die Priorität ist vor allem dann relevant, wenn das Gerät gerade viel zu tun hat: Dann bekommen Tasks mit geringerer Priorität weniger Rechenzeit.

```
// Code asynchron ausführen, minimale Dringlichkeit
Task(priority: .background) { ... }
```

Priorität	Wert	Bedeutung
`high = userInitiated`	25	höchste Priorität
`medium`	21	gilt per Default
`low = utility`	17	
`background`	9	niedrigste Priorität

Tabelle 18.1 Task-Priorität

Standardmäßig werden neue Tasks dem aktuellen Aktor zugeordnet, in SwiftUI-Code dem `MainActor`. Hintergrundinformationen zu diesem Thema folgen in Abschnitt 18.3, »Asynchrone Programmierung in SwiftUI«. Wenn Sie wollen, dass ein Task davon losgelöst wird (er gilt dann als *non-isolated task*) und in einem eigenen Thread-Pool ausgeführt wird, verwenden Sie `Task.detached`, wiederum mit optionaler Priorität:

```
// Code asynchron und nebenläufig ausführen, hohe Dringlichkeit
Task.detached(priority: .high) { ... }
```

async und await

Eigene Funktionen, die asynchron ausgeführt werden sollen, kennzeichnen Sie mit dem Schlüsselwort `async`:

```
func myfunc() async -> [Int] {
    // Code der Funktion ...
}
```

Asynchrone Funktionen werden normalerweise mit `await` ausgeführt:

```
await myfunc()                 // Ergebnis ignorieren
let result = await myfunc()    // Ergebnis speichern
```

`await` ist nur in einem asynchronen Kontext zulässig. Wenn Ihr Code also nicht schon asynchron ist, müssen Sie den Aufruf in eine `Task`-Closure verpacken. Das trifft insbesondere in SwiftUI-Code zu:

```
Button("Test") {               // Action-Closure: synchron
    Task {                     // Task: asynchron
        await myfunc()
    }
}
```

`await` wartet das Ende des asynchronen Aufrufs ab und führt die nächste Anweisung erst danach aus. Das klingt zunächst fast so wie die synchrone Code-Ausführung. Der entscheidende Unterschied besteht darin, dass die aufgerufene Funktion jederzeit und beliebig oft pausieren darf (die englische Bezeichnung lautet *to suspend*) – beispielsweise um auf das Eintreffen weiterer Daten zu warten (`sleep`). Diese Zeit vergeht dann nicht ungenutzt, vielmehr geht die Kontrolle zurück an den zugrunde liegenden Thread.

Mit anderen Worten: Während die asynchrone Funktion wartet, kann die freie Rechenleistung für andere Aufgaben verwendet werden. Führt die asynchrone Aufgabe dagegen ununterbrochen Code aus (z. B. in einer Schleife zur Berechnung eines Werts), gibt es keine freien Slots, die der Thread anderweitig verwenden kann. Der Thread ist dann blockiert. Wenn Sie das vermeiden wollen, müssen Sie `Task.detached` einsetzen.

Zuweisungen können Sie statt mit `let var = await func()` auch mit `async let` durchführen. Später müssen Sie die Variable mit `await` auslesen. Die Vorgehensweise ist zwar ein wenig umständlich, sie erlaubt aber die Initialisierung einer oder mehrerer Variablen asynchron zu anderem Code:

18

```
async let work1 = myfunc1()  // startet alle drei
async let work2 = myfunc2()  // Aufrufe sofort
async let work3 = myfunc3()
doSomethingElse()
// abwarten, bis alle Ergebnisse bereitstehen
let (result1, result2, result3) = await (work1, work2, work3)
```

Sie merken schon: `async` und `await` sind eine zwingende Kombination: Sie können mit `await` keine gewöhnlichen Funktionen aufrufen, ebenso wenig wie Sie ohne `await` asynchrone Funktionen nutzen können. (Bei `async let` kommt `await` etwas später, aber es geht kein Weg daran vorbei.) Häufig kommt `await` auch innerhalb eigener asynchroner Funktionen (hier `myfunc`) zum Einsatz, um dort wiederum asynchrone Funktionen aufzurufen.

`await` und `async let` sind selbst nur in einem asynchronen Kontext zulässig. Wenn Ihr Code also nicht schon asynchron ist, müssen Sie den Aufruf in eine `Task`-Closure verpacken. Das trifft insbesondere in SwiftUI-Code zu.

await in Schleifen (AsyncStream)

Sie können Funktionen bzw. Methoden entwickeln, die ihre Ergebnisse asynchron liefern, also nicht alle Ergebnisse sofort, sondern mit Verzögerungen immer wieder neue Ergebnisse. (Denken Sie an eine Funktion, die 100 Bilder von einem Server laden soll.) Die Funktion muss den Ergebnisdatentyp `AsyncStream<type>` aufweisen. Dann ist eine Auswertung der Ergebnisse wie folgt möglich:

```
for await item in myfunc() { ... }
```

Die folgenden Zeilen sollen Ihnen eine Vorstellung von der Deklaration einer geeigneten Funktion geben. An die Init-Funktion von `AsyncStream` kann eine Closure übergeben werden, die die Werte produziert und mit `yield` weitergibt. Hier wurde mit `sleep` eine künstliche Verzögerung eingebaut, um den asynchronen Charakter zu betonen.

```
// liefert asynchron Integer-Werte
func myfunc() -> AsyncStream<Int> {
    AsyncStream { continuation in
        Task {
            for i in 1...3 {
                try? await Task.sleep(for: .seconds(1))
                continuation.yield(i)
            }
            continuation.finish()
        }
    }
}
```

TaskGroups

Taskgroups bieten die Möglichkeit, mehrere zusammengehörige Tasks parallel zu starten und dann zu warten, bis alle Tasks fertig sind. Die Funktion fetchUserData erwartet die ID-Nummern mehrerer Benutzer als Parameter. Die Funktion erzeugt mit await withTaskGroup eine neue Task-Gruppe, die User-Instanzen als Ergebnisse liefert. User ist ein im Programm definierter Datentyp.

In der Gruppe erzeugt addTask einen neuen Task, um die User-Daten zu lesen (z. B. über eine Netzwerkfunktion, auf jeden Fall kann der Vorgang eine Weile dauern). In einer Schleife werden nun alle group-Ergebnisse in ein Array gesammelt und zurückgegeben.

```
// Projekt hello-async, Datei TaskGroup.swift
func fetchUserData(for userIDs: [Int]) async throws -> [User] {
    await withTaskGroup(of: User?.self) { group in
        // start concurrent fetches
        for id in userIDs {
            group.addTask {
                try? await fetchUser(id: id)
            }
        }
        // collect results as they complete
        var users = [User]()
        for await user in group {
            if let user {
                users.append(user)
            }
        }
        return users
    }
}
```

18

Weniger ist mehr

In diesem und dem vorigen Abschnitt habe Ihnen zwei einfache Möglichkeiten gezeigt, mehrere neue Tasks zu erstellen. Übertreiben Sie es aber nicht! Wenn viele Tasks auf gemeinsame Daten mit irgendeiner Form des Lockings zugreifen, kann es zu *Dead Locks* kommen: Zwei oder mehr Tasks warten wechselseitig darauf, dass die anderen Tasks fertig werden. Der folgende Blog-Artikel preist Aktoren (siehe Abschnitt 18.2, »actor und Sendable«) als Lösung an, aber mir ist es auch damit gelungen, nicht auflösbare Hänger zu produzieren.

https://www.avanderlee.com/swift/deadlocks-detecting-solving

Tasks abbrechen

Es ist möglich, die Ausführung von Tasks abzubrechen. Dazu speichern Sie den von Task zurückgegebenen Handle und führen bei Bedarf cancel aus:

```
let work = Task { ... }
...
work.cancel()
```

Das Konzept hat eine große Einschränkung namens *Cooperative Cancellation*. Der asynchrone Code muss selbst regelmäßig die Eigenschaft Task.isCancelled lesen und gegebenenfalls seine Arbeit abbrechen. Tasks werden also nicht »gekillt«, sondern müssen ihre Code-Ausführung selbst stoppen (siehe Abschnitt 18.4, »Beispiel: Asynchroner Download«).

Umgang mit Fehlern

Auch asynchrone Funktionen können Fehler auslösen. Die Deklaration sieht dann so aus:

```
func myfunc() async throws -> [Int] {
    // ...
}
```

Beim Aufruf müssen Sie dann mit try await arbeiten (nicht await try!) und Ihren Code in do und catch absichern (siehe Kapitel 11, »Fehlerabsicherung«). Auf do/catch können Sie verzichten, wenn sich Ihr Code in einer Funktion befindet, die selbst mit throws gekennzeichnet ist. Dann wird der Fehler um eine Aufrufebene nach oben weitergeleitet.

```
let result = try await myfunc()
```

Auch mit async let erfolgt die Absicherung mit try await:

```
async let work1 = myfunc() // die Initialisierung
async let work2 = myfunc() // asynchron starten
                           // und später abschließen
let (result1, result2) = try await (work1, work2)
```

Veraltet: Result-Ergebnisse

Die syntaktisch elegante Kombination von try und await löst die Weitergabe von Ergebnissen und Fehlerzuständen in Form einer Result-Enumeration mit assoziierten Werten ab:

https://developer.apple.com/documentation/swift/result

Sie werden in altem Code, in Artikeln im Internet und in KI-Ergebnissen immer wieder auf asynchrone Funktionen stoßen, die nicht mit `throws` gekennzeichnet sind, sondern stattdessen ein `Result`-Objekt zurückgeben. Dieses enthält wahlweise das Ergebnis (`.success`) oder den Fehlerzustand (`.failure`). Alleine schon die Vermeidung der syntaktisch haarsträubenden Konstruktion `if case .success = result` ist Grund genug, den Code auf `func() async throws` umzustellen!

sleep

In asynchronem Code können Sie mit `Task.sleep` die Ausführung pausieren. Swift kann in der Wartezeit anderen Code im gleichen Thread ausführen. Der Aufruf muss mit `try` abgesichert werden, weil `sleep` die Pause abbrechen kann (`CancellationError`). Die drei wichtigsten Syntaxvarianten von `sleep` sehen so aus:

```
try await Task.sleep(for: .seconds(2))                // 2 s
try await Task.sleep(until: .now + .milliseconds(50)) // 0,05 s
try await Task.sleep(nanoseconds: 1_000_000)          // 0,001 s
```

Vermeiden Sie »sleep«, verwenden Sie »Task.sleep«!

Die Foundation-Bibliothek enthält auch eine `sleep`-Funktion, die praktischerweise ohne `try await` und vorangestelltes `Task` funktioniert. Die Zeitangabe erfolgt in ganzen Sekunden. Allerdings ist `sleep` inkompatibel zum asynchronen Konzept von Swift und blockiert den gesamten Thread.

18

Regelmäßiger Funktionsaufruf (Timer)

Das `async`/`await`-Framework hat keine vorgegebenen Methoden zum periodischen Aufruf von Funktionen. Sie können die Funktion aber mit `Task.sleep` unkompliziert selbst programmieren. Die folgenden Zeilen zeigen dafür ein mögliches Muster:

```
func startRepeatingTask() async {
    while !Task.isCancelled {
        print("Timer tick")
        // Code, der regelmäßig ausgeführt werden soll ...

        do {  // danach warten (hier: eine Sekunde)
            try await Task.sleep(for: .seconds(1))
        } catch {
            break
        }
    }
}
```

```
// Aktivierung
let timerTask = Task {
    await startRepeatingTask()
}

// De-Aktivierung
timerTask.cancel()
```

Gerade in SwiftUI-Programmen ist es oft einfacher, in einer zentralen View einen Timer (eigentlich ein altes Konzept) einzurichten und in einem onReceive-Modifier auf dessen Ereignisse zu reagieren:

```
struct ContentView: View {
    var body: some View {
        VStack {
            ...
        }
        .onReceive(
            Timer.publish(every: 20.0,   // alle 20 Sekunden
                          on: .main,
                          in: .common).autoconnect())
        {
            _ in Task { await runSomeAsyncFunc() }
        }
    }
}
```

Auf diese Vorgehensweise habe ich bei der größten Beispiel-App dieses Buchs zurückgegriffen (siehe in Kapitel 25, »Familieneinkaufsliste«, und insbesondere Abschnitt 25.5, »Grundaufbau der Benutzeroberfläche (ContentView)«).

Dokumentation

Wie so oft gäbe es auch zu den Grundlagen und Varianten der asynchronen Programmierung noch mehr zu schreiben. Erste Anlaufstelle sollten die WWDC-Videos sein:

https://developer.apple.com/videos/play/wwdc2021/10132 (async/await)
https://developer.apple.com/videos/play/wwdc2021/10134 (Structured Concurrency)
https://developer.apple.com/videos/play/wwdc2021/10019 (SwiftUI)
https://developer.apple.com/videos/play/wwdc2022/10142 (SwiftUI)
https://developer.apple.com/videos/play/wwdc2024/10169 (Swift 6)

Bei den älteren Videos ist aber zu beachten, dass sich seither einige Details verändert haben. Insbesondere wurde aus `async { code ... }` die Konstruktion `Task { ... }`.

Sehr hilfreich sind auch der Grundlagenartikel zu Concurrency auf den Apple-Dokumentationsseiten, der Swift-6-Migration-Guide sowie der Blog von Antoine van der Lee, der viele Spezialthemen in großer Tiefe behandelt:

https://docs.swift.org/swift-book/documentation/the-swift-programming-language/concurrency
https://www.swift.org/migration/documentation/migrationguide (viele gute Tipps!)
https://www.avanderlee.com/category/concurrency
https://swiftwithmajid.com/2025/02/04/mastering-task-groups-in-swift

18.2 actor und Sendable

Mit `actor` werden Datentypen deklariert, die sicher für die nebenläufige Programmierung sind und verhindern, dass zwei unabhängige Tasks gleichzeitig Daten verändern.

```
// Projekt hello-async, Datei TestActor.swift
// actor für einen Counter
actor Counter {
    private var value = 0

    func increment() -> Int {
        value += 1
        return value
    }
    func getValue() -> Int {
        return value
    }
}
```

Die Veränderung von Aktor-Eigenschaften ist von außen unzulässig. Selbst wenn die Variable `value` nicht wie in diesem Beispiel `private` wäre, dürfte sie von außen nur gelesen, nicht verändert werden.

Der Aufruf von `actor`-Methoden von außen muss mit `await` erfolgen. Swift stellt durch ein internes Nachrichtensystem sicher (*First In – First Out* Prinzip), dass alle Zugriffe serialisiert werden. Das schließt ein paralleles Überschreiben durch mehrere Threads oder andere Datenkonflikte aus. Umgekehrt bedeutet das aber, dass Sie beim Aufruf einer Aktor-Methode damit rechnen müssen, dass die Verarbeitung erst etwas später erledigt wird. Deswegen müssen alle Aktor-Methoden mit `await` aufgerufen werden.

18

```
// Anwendung des Counters
private let counter = Counter()

func doSomething() async {
    ...
    let result = await counter.increment()
}
```

Strukturelle Grenzen von Aktoren

Nun habe ich bereits erwähnt, dass ein Aktor von außen kommende Methodenaufrufe einen nach dem anderen abarbeitet und so Konflikte vermeidet. Es gibt aber eine Ausnahme: Wenn der Aktor selbst asynchronen Code ausführt (`await myfunc()`) und dabei Wartezeiten auftreten, lässt der Aktor in dieser Zeit andere Methodenaufrufe zu. Einerseits ist das vernünftig, weil sonst z. B. eine nicht funktionierende Netzwerkverbindung alle anderen Aktor-Nutzer blockieren würde. Aber andererseits geht an dieser Stelle die strikte Serialisierung verloren.

Sehen Sie sich den folgenden Bitmap-Cache an. Der Code sieht vollkommen harmlos aus: Sie übergeben an `getImage` eine URL. Entweder findet die Methode das gewünschte Bild im Cache, der als einfaches Dictionary ausgeführt ist, und gibt es sofort zurück; oder die Bitmap wird heruntergeladen und für wiederholte Downloads zwischengespeichert. (Ein echter Cache würde alte Downloads nach einer Zeitspanne verwerfen, vielleicht zählen, wie oft eine Bitmap benötigt wird usw. Das sind hier alles sekundäre Fragen.)

```
actor ImageCache {
    private var cache: [URL: Image] = [:]

    func getImage(for url: URL) async -> Image {
        if let cachedImage = cache[url] {
            return cachedImage
        }
        // Image herunterladen, wenn nicht im Cache
        let image = await downloadImage(from: url)
        cache[url] = image // im Cache speichern
        return image       // und zurückgeben
    }
    // Bild herunterladen
    private func downloadImage(from url: URL) async -> Image {
        ...
        return Image() // Return dummy image
    }
}
```

Wo ist also das Problem? Es kann passieren, dass Thread A `getImage` aufruft. Das Bild ist nicht im Cache, also muss die asynchrone Funktion `downloadImage` aufgerufen werden. Aber der Server, der das Bild anbietet, ist gerade etwas langsam. Die asynchrone Download-Funktion der Swift-Bibliothek (z. B. `URLRequest` oder `URLSession`) verhält sich kooperativ und wartet mit `sleep` auf Daten. Diese Gelegenheit nutzt der Aktor und akzeptiert einen weiteren Aufruf von `getImage` von Thread B. Blöderweise braucht B genau das gleiche Bild wie A. Und damit wird `downloadImage` ein zweites Mal für dieselbe Bitmap gestartet. Es kommt zwar zu keinem Datenkonflikt, aber der Cache verfehlt seine eigentliche Aufgabe und lädt eine Bitmap doppelt herunter.

Mit dieser unvollständigen Cache-Implementierung will ich Ihnen klarmachen, dass die Tücke im Detail liegt und dass auch `actor` keine Wunder vollbringen kann. Eine korrekte Cache-Implementierung würde sich die mit `downloadImage` begonnenen Tasks merken und mehrfache `getImage`-Requests für das gleiche, noch nicht vollständig heruntergeladene Bild entsprechend berücksichtigen.

Boote im Meer

In einem WWDC-Video verwendet Apple eine anschauliche Analogie: Tasks und insbesondere *detached* Tasks sind wie kleine Boote im Meer. Jeder Task bildet eine Einheit für sich (ist *isolated*). Die direkte Übergabe von Waren von einem Boot zum anderen ist in der stürmischen See aber so schwierig wie die Übergabe von Daten von einem Task zum nächsten.

Jetzt kommen Aktoren ins Spiel: Sie entsprechen Inseln mit genau einem Anlegeplatz. Dort kann ein Boot anlegen und Waren abliefern oder einsammeln. Erst wenn es damit fertig ist und den Anlegeplatz verlässt, kann das nächste Boot anlegen. Dieser Analogie folgend serialisieren Aktoren also die Datenübergabe zwischen Tasks und garantieren, dass nie zwei Tasks gleichzeitig Code im Aktor ausführen.

https://developer.apple.com/videos/play/wwdc2022/110351

Wie die meisten Vergleiche hinkt auch dieser. Gerade bei Apps gibt es selten unzählige Tasks, die miteinander kommunizieren müssen (also ein Meer voller kleiner Boote). Vielmehr gibt es einen großen Dampfer: Der gesamte UI-Code und alle in diesem Kontext aufgerufenen Methoden nutzen den `MainActor`-Thread, sind also miteinander verbunden. (Mehr Infos zum `MainActor` folgen gleich.)

In diesem Kontext ausgeführte asynchrone Netzwerk- oder Datenbankfunktionen sind in aller Regel *kein* Problem! Sie blockieren die Oberfläche nicht, weil sie bei Wartezeiten (Server nicht erreichbar, langsamer Download) von sich aus in den Hintergrund treten und währenddessen andere UI-Arbeiten zulassen. Ein echtes Problem stellt nur Code dar, der viel Rechenzeit beansprucht. Wenn Sie über einen Button die

Berechnung von einer Million Primzahlen starten (egal ob synchron oder mit `Task { await calc() }`), *dann* wird die Oberfläche Ihrer App blockiert.

Erst jetzt brauchen Sie vom `MainActor` losgelöste Tasks (z. B. `Task.detached`). Erst jetzt werden Sie mit den Kommunikationsproblemen konfrontiert, die Aktoren lösen sollen. In der Praxis der App-Programmierung gibt es also oft gar keine oder nur wenige außerhalb des `MainActor`-Kontexts laufende Tasks.

actor und MainActor

Das Schlüsselwort `actor` steht auf einer Ebene mit `enum`, `struct` und `class` und definiert einen Datentyp mit Methoden und Eigenschaften. Ein Actor ist ein Referenztyp und hat insofern mehr Ähnlichkeiten mit einer Klasse als mit einer Struktur. Es gibt allerdings keine Vererbung. Jeder mit `actor` definierte Typ implementiert automatisch das `Actor`-Protokoll.

In SwiftUI-Oberflächen gibt es einen besonders wichtigen Aktor: Der `MainActor` ist für die Darstellung und die Verarbeitung von Ereignissen zuständig. Auch diese Aufgaben müssen serialisiert werden. Die Oberfläche kann somit nicht durch zwei Tasks gleichzeitig verändert werden. Sobald an irgendeiner Stelle ein länger laufender Code den `MainActor`-Zugriff an sich bindet, werden alle anderen Threads blockiert. Nach außen hin wirkt die App eingefroren – ein Zustand, der unbedingt vermieden werden muss!

Während es von gewöhnlichen Aktoren beliebig viele Instanzen geben kann (jede Instanz ist für sich thread-sicher), gibt es vom `MainActor` nur eine Instanz (Singleton-Pattern).

Isolation

Der Begriff *Isolation* bezieht sich bei der asynchronen Programmierung darauf, dass der Zugriff auf veränderliche Daten (*mutable* im Gegensatz zu *sendable*) starken Einschränkungen unterliegt:

- *Actor isolation* bedeutet, dass veränderliche Daten in einem `actor` ausschließlich durch Aktor-Methoden verändert werden können. Das Aktor-Konzept stellt sicher, dass solche Methoden nie gleichzeitig durch mehrere Threads aufgerufen werden können.
- *Mainactor isolation* bezieht sich auf SwiftUI-Code und bedeutet, dass der Zugriff auf Views ausschließlich durch den Main-Thread erfolgt. »Normaler« SwiftUI-Code ist automatisch mit dem Mainactor verbunden. Eigene Klassen oder einzelne Funktionen/Methoden können Sie bei Bedarf mit dem Attribut `@Mainactor` kennzeichnen. Sie erzwingen damit, dass dieser Code ebenfalls nur im Main-Thread ausgeführt wird.

Wenn der Compiler erkennt, dass Sie diese Regeln nicht einhalten, kommt es zur befürchteten Fehlermeldung: *Task-isolated xxx is captured by a main actor-isolated closure. main actor-isolated uses in closure may race against later nonisolated uses.* Mit anderen Worten: Sie übergeben an eine asynchron auszuführende Closure Daten, die an einen anderen Task (Aktor) gebunden (*isolated*) sind. Das kann zu einem Zugriffskonflikt führen. Sie haben nun unterschiedliche Möglichkeiten, diesen Fehler zu umgehen. Die beiden wichtigsten Varianten sind:

- Wenn es sich um SwiftUI-Code handelt, ist es am einfachsten, externe Klassen oder Funktionen mit `@MainActor` zu kennzeichnen. Diese Lösung ist aber nicht immer die effizienteste! Lang andauernde Berechnungen oder sonstige Operationen sollten eben gerade *nicht* mit dem `MainActor` verbunden sein.
- Sie können Thread-sichere Daten übergeben (siehe die nächste Überschrift zum Thema `Sendable`).

Mehr Tipps zu diesem Thema finden Sie hier:

https://www.swift.org/migration/documentation/swift-6-concurrency-migration-guide/commonproblems

isolated- und nonisolated-Methoden

In Swift gibt es die Schlüsselwörter `isolated` und `nonisolated` zur Kennzeichnung von Funktionen bzw. Methoden und Parametern. Innerhalb eines `actors` ist jede Methode implizit `isolated`. Sie können aber eine einzelne Methode explizit als `nonisolated` kennzeichnen, wenn diese Methode keine veränderlichen Daten berührt. Das erlaubt einen effizienteren Aufruf dieser Methode ohne `await`.

Wenn Parameter einer Aktor-Methode mit `isolated` gekennzeichnet werden, betrachtet der Swift-Compiler diese Daten als *isolated*, also mit dem Aktor gebunden. Die Daten werden *nicht* wie üblich kopiert, was gerade bei großen Arrays Zeit spart. Allerdings kontrolliert der Compiler, dass der Aufruf der Methode tatsächlich im Aktor-Kontext erfolgt und dass die Daten `Sendable` sind (siehe den folgenden Abschnitt). Mit anderen Worten: `isolated` macht die Methode effizienter, schränkt aber die gleichzeitig die Möglichkeiten ein, die Methode aufzurufen.

```
actor DataManager {
    private var data = [String: Int]()

    // implizit isolated
    func update(key: String, value: Int) {
        data[key] = value
    }
```

18

```
    // kann gefahrlos ohne Isolation (und ohne await)
    // verwendet werden
    nonisolated func getVersion() -> String {
        return "v1.0" // Accessing only immutable/global state
    }

    // Parameter ist an diesen Aktor gebunden ('isolated')
    // und wird NICHT kopiert
    func process(isolated values: [String: Int]) {
        // direkter Zugriff auf 'values' ohne Kopieren
        for (key, value) in values {
            data[key] = value
        }
    }
}
```

Thread-sichere Datentypen (Sendable)

Eine einfache Konstante (`let magic = 42`) verursacht bei der asynchronen Programmierung nie Probleme. Egal, wie viele Tasks darauf zugreifen – der Wert ist immer derselbe. Leider ist es unmöglich, nur mit Konstanten eine App zu entwickeln oder ganz generell sinnvolle Algorithmen zu programmieren.

Auf der nächsten Stufe stehen mit `struct` definierte Datentypen. Sie können zwar veränderliche Variablen bzw. Eigenschaften enthalten, die aus asynchroner Sicht gefährlich sind. Aber weil Strukturen bei Zuweisungen bzw. beim Aufruf von Methoden als Werte übergeben werden, entsteht jedes Mal eine *Kopie* der Daten. Das ist gut, weil jede Kopie unabhängig ist. Wenn zwei Tasks voneinander unabhängige Kopien bearbeiten, können keine Konflikte auftreten. Zur Erinnerung: In Swift sind auch Arrays und Dictionaries `structs`!

```
var data = [1, 2]     // Arrays sind Strukturen
var copy = data       // und werden daher kopiert
data.append(3)
copy.append(4)
print(data)           // [1, 2, 3]
print(copy)           // [1, 2, 4]
```

Insofern sind die meisten Strukturen sicher für die asynchrone Programmierung. Um das auszudrücken, können Sie Strukturen mit dem Protokoll `Sendable` kennzeichnen. Die Implementierung des Protokolls erfordert keinen Extra-Code, allerdings überprüft der Compiler, ob von der Struktur wirklich keine Gefahr bei der Übergabe an asynchrone Funktionen ausgeht. Die Verwendung von `Sendable` hat den Vorteil, dass der Compiler in der Folge die Übergabe derartiger Daten an asynchrone Funktionen ohne Warnungen oder Fehlermeldungen erlaubt.

```
struct User : Sendable {
    let id = UUID()
    var name: String
    var email: String
}
```

Warum sind nicht *alle* Strukturen automatisch Sendable? Eine Struktur kann als Eigenschaft auf eine Instanz einer Klasse verweisen:

```
struct User {          // User ist nicht mehr Sendable!
    let id = UUID()
    var name: String
    var email: String
    var preferences = UserPreferences() // Referenz auf Klasse
}
class UserPreferences {
    var darkMode = false
}
```

Und auch wenn bei der Übergabe einer Instanz an eine asynchrone Funktion eine Kopie der User-Daten erzeugt wird, zeigt preferences nun auf eine gemeinsame Instanz von UserPreferences. Diese Eigenschaft kann *Data Races* verursachen. Den Versuch, User als Sendable zu markieren, quittiert der Compiler mit einem Fehler.

Klassen können nur in Ausnahmefällen mit dem Protokoll Sendable ausgestattet werden. Die Klassen müssen dazu final sein und dürfen nur Konstanten enthalten. Alternativ können Sie sich intern selbst um das Locking kümmern und die Klasse mit @unchecked Sendable kennzeichnen und so die Compiler-Checks abstellen.

In der Praxis wichtiger sind Funktionen oder Closures, die Sie mit dem Attribut @Sendable kennzeichnen. Damit bringen Sie zum Ausdruck, dass die Funktionen nur Daten verarbeiten dürfen, die selbst Sendable sind.

https://www.avanderlee.com/swift/nonisolated-isolated

Dokumentation

Weiterführende Informationen zur asynchronen Kommunikation und zum Einsatz von Aktoren finden Sie hier:

https://developer.apple.com/videos/play/wwdc2021/10133 (Swift Actors)
https://developer.apple.com/videos/play/wwdc2022/110351 (Eliminate data races)
https://developer.apple.com/documentation/swift/actor
https://developer.apple.com/documentation/swift/mainactor
https://developer.apple.com/documentation/swift/sendable
https://www.avanderlee.com/swift/mainactor-dispatch-main-thread
https://de.wikipedia.org/wiki/Actor_Model

18.3 Asynchrone Programmierung in SwiftUI

In diesem Buch geht es ja fast ausschließlich um die Anwendung von Swift zur App-Programmierung. Ich habe es schon erwähnt: Auch per Task ausgeführter Code kann die Benutzeroberfläche blockieren, insbesondere dann, wenn dort rechenintensive Vorgänge stattfinden:

```
Button("Test") {
    Task {
        // blockiert die Benutzeroberfläche, bis die
        // Summe berechnet ist
        var sum = 0.0
        for i in 1...100_000_000 {
            sum += sin(Double(i))
        }
        print(sum)
    }
}
```

Innerhalb von SwiftUI-Code übernimmt (»erbt«) Task die Abhängigkeit vom MainActor. Damit Ihr Code nicht blockierend läuft, müssen Sie den Task mit detatched vom MainActor loszulösen. Der Code gilt dann als *non-isolated* Task. Die wörtliche Übersetzung von *isolated* als *isoliert* stiftet hier Verwirrung. Gemeint ist eher »beschränkt« oder »gebunden«. Ein *isolated task* ist also auf die Funktionalität seines Aktors reduziert/beschränkt bzw. an einen Aktor gebunden. Erst ein *non-isolated* Task ist frei von den Einschränkungen bzw. Regeln seines Aktors.

```
Button("Test") {
    Task.detached {
        // läuft losgelöst von der Oberfläche, darf aber
        // keine Views bzw. @State/@Binding-Variablen ändern;
        // der folgende Code gilt als 'non-isolated task'
        var sum = 0.0
        for i in 1...100_000_000 {
            sum += sin(Double(i))
        }
        print(sum)
    }
}
```

Aber Vorsicht! Task.detached reicht nicht aus, um eine anderswo deklarierte Funktion oder Methode *non-isolating* auszuführen!

```
Button("Test") {
    Task.detached {
        await sinSum()  // blockiert die Oberfläche!!
    }
}
...
func sinSum() async {
    var sum = 0.0
    for i in 1...100_000_000 {
        sum += sin(Double(i))
    }
    print(sum)
}
```

Um unser Ziel zu erreichen, nämlich den Aufruf einer Funktion zur Durchführung einer langen Berechnung ohne UI-Blockade, gibt es mehrere Möglichkeiten. Am besten gehen Sie wie im folgenden Muster vor und bauen `Task.detached` in die Funktion ein:

```
Button("Test") {
    Task {
        await sinSum()  // blockiert nicht
    }
}
...
func sinSum() async {
    Task.detached {      // hier muss detached verwendet werden!
        var sum = 0.0
        for i in 1...100_000_000 {
            sum += sin(Double(i))
        }
        print(sum)
    }
}
```


In der Regel führen Sie die Berechnung nicht wie in den obigen Beispielen durch, um den Wert mit `print` auszugeben; vielmehr möchten Sie das Ergebnis in Ihrer App nutzen. Dazu restrukturieren Sie `sinSum` in einer Weise, dass das Ergebnis zurückgegeben und angezeigt wird. Beim folgenden Code ist zudem der Button während der Berechnung deaktiviert, außerdem gibt das Textfeld Auskunft darüber, dass gerade eine Berechnung läuft.

```
// Projekt hello-async, Datei ContentView.swift
struct ContentView: View {
    @State private var result: Double?
    @State private var msg = "No result yet..."
    @State private var isWorking = false
```

```
    var body: some View {
        VStack {
            Button("Test") {
                msg = "Calculating ..."
                isWorking = true
                Task {
                    result = await sinSum()
                    msg = "Result: \(result ?? 0)"
                    isWorking = false
                }
            }.disabled(isWorking)

            Text(msg)
        }
    }
}

// zeitaufwendige Berechnung durchführen
func sinSum() async -> Double {
    await Task.detached(priority: .userInitiated) {
        var sum = 0.0

        for i in 1...100_000_000 {
            sum += sin(Double(i))
        }
        return sum
    }.value
}
```

MainActor-Synchronisierung

Sobald Sie mit `Task.detached` vom MainActor losgelöste Threads nutzen, ist der direkte Zugriff auf `@State`-Variablen und andere mit SwiftUI verbundenen Daten verboten. Diese Variablen sind »MainActor-isolated«.

Der Compiler erkennt, dass es aufgrund der parallelen Ausführung von SwiftUI-Code (MainActor-Thread) und Ihrem asynchronen Code (in anderen Threads) zu Konflikten kommen könnte. Eine Lösung besteht darin, derartige Zugriffe mit `await MainActor.run` durchzuführen, wie das folgende Beispiel zeigt:

```
// Projekt hello-async, Datei TestMainActor.swift
@State private var message = "Initial text"

var body: some View {
    VStack {
        Text(message)
```

```
        Button("Test") {
            Task.detached {
                // aufwendige Berechnung in eigenem,
                // non-isolated Task
                await doSomeBackgroundWork()
                // Darstellung des
                // Ergebnisses mit MainActor synchronisieren
                await MainActor.run {
                    message = "Updated text"
                }
            }
        }
    }
}
```

Alternativ kennzeichnen Sie Variablen, Datentypen oder Funktionen mit dem Attribut `@MainActor`, damit der Compiler weiß und kontrollieren kann, dass jeder Datenzugriff bzw. dass die Code-Ausführung ausschließlich im Main-Thread der Oberfläche erfolgt. Statt mit `await MainActor.run` funktioniert auch der Aufruf einer mit `@MainActor` gekennzeichneten Funktion:

```
// Projekt hello-async, Datei TestMainActor.swift
Button("Test") {
    Task.detached {
        await doSomeBackgroundWork()
        await updateUI()   // Variante zum vorigen Listing
    }
}
...

@MainActor           // updateUI wird garantiert im
func updateUI() {    // Main-Thread ausgeführt
    message = "Updated \(Date())"
}
```


Tipp: Isolation-Probleme lösen

Die Kennzeichnung ganzer Klassen (ein besonders häufiger Kandidat ist das View-Model!) oder zumindest ausgewählter Methoden mit `@MainActor` ist der bei Weitem einfachste Weg, die meisten vom Compiler beanstandeten Isolation-Konflikten zu beheben. Auch wenn viele Tutorials davon abraten, hat das `@MainActor`-Attribut kaum negative Auswirkungen auf das Verhalten Ihrer App, solange Ihr asynchroner Code nicht rechenintensiv ist. Alles, was sich in ein paar Millisekunden tun lässt, darf gerne im Main-Thread laufen. Asynchrone Downloads blockieren die Oberfläche nicht und sind auch kein Problem.

Weitere Beispiele für den Einsatz für `@MainActor` folgen in den weiteren Abschnitten sowie in Kapitel 22, »iCloud« und in Kapitel 25, »Familieneinkaufsliste«.

Erst wenn die Oberfläche Ihrer App durch rechenintensiven Code blockiert wird, lassen sich die Untiefen der asynchronen Programmierung nicht länger vermeiden. Dann ist der richtige Zeitpunkt für die Programmierung eigener Aktoren, dann brauchen Sie Datenstrukturen, die `Sendable` sind und von einen Task in den anderen übergeben werden können etc.

task-Modifier

Relativ oft soll eine App beim Start Initialisierungsarbeiten durchführen, und ebenso oft besteht der Wunsch, diesen Vorgang asynchron durchzuführen. Der naheliegende Ort ist der `onAppear`-Modifier einer zentralen View. An dieser Stelle wird aber synchroner Code erwartet, d. h., Sie müssen mit `Task` einen asynchronen Kontext herstellen und eine weitere Klammernebene öffnen. Apple hat deswegen mit Swift 5.5 einen neuen `task`-Modifier vorgesehen, der direkt asynchronen Code erwartet.

```
struct ContentView: View {
    var body: some View {
        VStack {
            // Benutzeroberfläche
        }
        .onAppear {
            // ehemals Ort für Initialisierungsarbeiten, synchron
        }
        .task {
            // neuer Ort für Initialisierungsarbeiten, asynchron!
        }
    }
}
```

18.4 Beispiel: Asynchroner Download

Im ersten Beispiel geht es darum, ein Bild asynchron herunterzuladen und in einem `Image` anzuzeigen. Dazu können Sie natürlich die für diesen Zweck optimierte `AsyncView` verwenden, die ich Ihnen in Abschnitt 13.4, »Bitmaps und Icons (Image)«, schon vorgestellt habe. Aber in diesem Kapitel geht es ja darum, die entsprechenden Programmiertechniken zu erlernen. Deswegen zeige ich Ihnen im Folgenden zwei Code-Varianten, wie Sie den Download selbst durchführen können.

Variante 1: Quick and dirty

Bei der ersten Variante habe ich mich bemüht, den Code kompakt zu halten und auf allzu viele Sonderfälle und Absicherungen zu verzichten. Die ContentView zeigt anfänglich einen LOAD-Button an. In der Action-Closure wird isLoading gesetzt und der Download gestartet. Statt des Buttons erscheint jetzt mit ProgressView ein rotierendes Aktivitätssymbol, das aber keine Abschätzung gibt, wie lange die Wartezeit dauert.

```
// Projekt image-download, Datei ContentView.swift
struct ContentView: View {
    @State private var image: UIImage?
    @State private var isLoading = false

    var body: some View {
        VStack {
            if let image {
                Image(uiImage: image).resizable()
                                     .scaledToFit()
                                     .frame(width: 300)
            } else if isLoading {
                ProgressView()  // zeigt während Download Spinner
            } else {
                Button("Load") {
                    isLoading = true
                    Task {
                        await loadImage("https://kofler.info/
                                        uploads/preber.jpg")
                    }
                }
            }
        }
    }
    // lädt Bild asynchron herunter und speichert es in image
    private func loadImage(_ urlString: String) async {
        defer { isLoading = false }
        do {
           let (data, response) = try await URLSession.shared
                  .data(from: URL(string: urlString)!)
           guard let httpResponse = response as? HTTPURLResponse,
                  (200...299).contains(httpResponse.statusCode),
                  let img = UIImage(data: data)
           else { return }
           self.image = img
        } catch { }  // allfällige Fehler ignorieren
    }
}
```

`loadImage` beginnt mit `defer { isLoading = false }`. Ganz egal, wie die Funktion endet, d. h. mit einem erfolgreichen Download oder mit einem Fehler, `isLoading` wird auf jeden Fall zurück auf `false` gestellt.

Der restliche Code erzeugt mit `try await` eine `URLSession`, testet den Status-Code und weist der `@State`-Variablen `image` schließlich das Bild zu. Sollten dabei Fehler auftreten, werden diese einfach ignoriert. Grundlageninformationen zu den hier genutzten `URL`-Funktionen folgen in Kapitel 20, »Netzwerkfunktionen und REST-APIs«.

Bei diesem Beispiel ist es weder notwendig noch sinnvoll, mit non-isolated Tasks (also mit `Task.detached`) zu arbeiten. Wenn die selbst asynchrone Methode `URLSession.data` auf Daten warten muss, blockiert sie die Oberfläche der App dabei nicht.

Langsames Netzwerk simulieren

Wenn Sie über eine schnelle Internetverbindung verfügen, lässt sich der asynchrone Download-Code schwer testen: Der Download ist in jedem Fall so schnell, dass das Bild nahezu verzögerungsfrei angezeigt wird. Apple stellt für solche Fälle ein optionales Tool zur Verfügung, um das Netzwerk gezielt zu verlangsamen.

XCODE • OPEN DEVELOPER TOOLS • MORE DEVELOPER TOOLS öffnet nach einem Apple-ID-Login eine Download-Seite im Webbrowser. Dort laden Sie *Additional Tools for Xcode n.n* herunter. Nachdem Sie die DMG-Datei geöffnet haben, navigieren Sie in das Verzeichnis `Hardware` und starten `Network Link Conditioner.prefPane` per Doppelklick. Damit wird ein neues Modul in den Apple-Einstellungen hinzugefügt, in dem Sie die Netzwerkgeschwindigkeit drosseln können (z. B. mit der Einstellung DSL auf 2 MBit/s, siehe Abbildung 18.1).

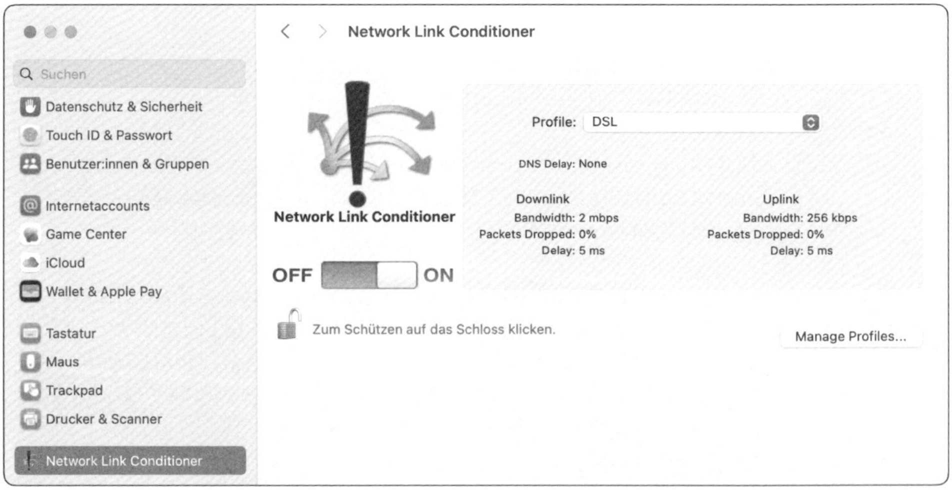

Abbildung 18.1 Mit dem »Network Link Conditioner« können Sie eine langsame Netzwerkverbindung simulieren.

Vorsicht, das Tool gilt nicht nur für Xcode, sondern für Ihren gesamten Mac. Vergessen Sie also nicht, das Tool nach den Tests wieder zu deaktivieren! Beachten Sie auch, dass Caching-Mechanismen das Tool manchmal wirkungslos machen. Wenn Sie also die gleiche Datei immer wieder herunterladen, ist dies nur beim ersten Mal langsam. Abhilfe schafft eine spezielle URLSession mit deaktiviertem Caching:

```
let config = URLSessionConfiguration.ephemeral
config.requestCachePolicy = .reloadIgnoringLocalCacheData
let session = URLSession(configuration: config)
let (bytes, response) = try await
    session.bytes(from: url, delegate: nil)
```

Variante 2: Fehlerabsicherung, Fortschrittsanzeige und Abbruchmöglichkeit

Die Überschrift sagt eigentlich schon alles: Wenn Sie detaillierte Fehlermeldungen wünschen, den Fortschritt des Downloads verfolgen und den Download bei Bedarf auch wieder stoppen möchten, dann greift der vorhin erläuterte Lösungsansatz zu kurz. Sie werden es gleich sehen: Es ist leider viel mehr Code notwendig!

Die Grundidee sieht diesmal so aus: Der gesamte Code zum Laden des Bilds ist in der ImageLoader-Klasse verpackt, die @Observable ist und im @MainActor-Kontext ausgeführt wird. Wenn Sie zurück an das MVVM-Pattern denken, gehört die Klasse zum ViewModel, also in die Ebene zwischen Datenmodell und View.

Beim Erzeugen einer Instanz übergeben Sie eine URL als Zeichenkette. Der Download-Prozess wird später über die load-Methode gestartet. Die Eigenschaften image, isLoading, progress und error geben Zugriff auf das heruntergeladene Bild und den Zustand des Downloads. Wegen @Observable können diese Eigenschaften mit SwiftUI-Views verbunden werden. Bei Bedarf kann der Download mit cancel abgebrochen werden.

18

Das folgende Listing zeigt die Anwendung der Klasse. Bemerkenswert ist, dass zur Nutzung der Klasse weder ein Task noch await notwendig ist; der gesamte asynchrone Code ist in der Klasse »versteckt«.

```
// Projekt image-download, Datei ImageLoader.swift
@State private var imageLoader =
    ImageLoader("https://kofler.info/uploads/preber.jpg")

var body: some View {
    VStack {
        // wenn Download erfolgreich war: Bild anzeigen
        if let image = imageLoader.image {
            Image(uiImage: image)
                .resizable().scaledToFit().frame(width: 300)
        } else if imageLoader.isLoading {
```

```
            // während Download läuft: Fortschritt und
            // Cancel-Button anzeigen
            ProgressView(value: imageLoader.progress)
                .frame(width: 200)
            Text("\(Int(imageLoader.progress * 100))%")
            Button("Cancel") {
                imageLoader.cancel()
            }
        } else {
            // beim Programmstart: 'Load'-Button zeigen bzw.
            // nach einem Fehler: 'Reload'-Möglichkeit
            Button(imageLoader.error == nil ? "Load" : "Retry") {
                imageLoader.load()
            }
            if let error = imageLoader.error {
                Text(error.localizedDescription)
                    .foregroundColor(.red).padding()
            }
        }
    }
}
```

ImageLoader-Klasse

Schon um einiges abstrakter geht es in `ImageLoader` zu. Die Klasse beginnt mit der Definition einiger Eigenschaften und der Init-Funktion. Der Code ist ein gutes Beispiel für eine sinnvolle Anwendung von `private(set)`: Die Eigenschaften können innerhalb der Klasse verändert, von außen aber nur gelesen werden.

```
// Projekt image-download, Datei ImageLoader.swift (Forts.)
@Observable @MainActor
class ImageLoader {
    // URL of image to load
    private let urlString: String
    // properties for image, progress and error
    private(set) var image: UIImage?
    private(set) var isLoading = false
    private(set) var progress = 0.0
    private(set) var error: Error?
    // internal, necessary to cancel task
    private var downloadTask: Task<Void, Never>?

    init(_ urlString: String) {
        self.urlString = urlString
    }
```

Die öffentliche load-Methode startet den Download. Der Code beginnt mit einigen Absicherungen: Wenn der Ladeprozess bereits gestartet wurde oder wenn die URL ungültig ist, wird die Methode sofort beendet. Andernfalls bekommen die Statusvariablen sinnvolle Startwerte. Task erzeugt einen asynchronen Task für alle weiteren Arbeiten. Die Task-Instanz wird gespeichert, damit der asynchron laufende Prozess bei Bedarf mit der cancel-Methode gestoppt werden kann.

```
// Ladeprozess starten
func load() {
    // Absicherung
    guard !isLoading else { return }
    guard let url = URL(string: urlString) else {
        error = URLError(.badURL)
        return
    }
    // Initialisierungsarbeiten
    isLoading = true
    error = nil
    progress = 0.0
    // Download asynchron durchführen
    downloadTask = Task {
        do {
            // den eigentlichen Download starten
            self.image = try await downloadImage(from: url)
        } catch {
            if !Task.isCancelled {
                self.error = error
            }
        }
        self.isLoading = false
    }
}

// Ladeprozess abbrechen
func cancel() {
    downloadTask?.cancel()
    Task {
        // Reset, sobald cancel-Vorgang abgeschlossen ist
        await downloadTask?.value
        downloadTask = nil
        isLoading = false
        progress = 0.0
    }
}
```

18

Der eigentliche Download befindet sich in der privaten Methode `downloadImage`. Dazu wird mit `bytes` eine asynchrone URL-Session erzeugt und mit `for try await byte ...` Byte für Byte ausgelesen.

```
    private func downloadImage(from url: URL) async throws
        -> UIImage
    {
        // URLSession für den asynchronen Download starten
        let session = URLSession.shared
        let (asyncBytes, response) = try await
            session.bytes(from: url, delegate: nil)

        // Fehler auslösen, wenn HTTP-Status != 2xx
        guard let httpResponse = response as? HTTPURLResponse,
                  (200...299).contains(httpResponse.statusCode)
        else {
            throw URLError(.badServerResponse)
        }

        // alle 100.000 Byte progress aktualisieren und
        // cancel ermöglichen
        let chunkSize = 100_000
        let length = max(1, response.expectedContentLength)
        var data = Data(capacity: Int(length))
        var bytesProcessed = 0

        // Daten herunterladen
        for try await byte in asyncBytes {
            data.append(byte)
            bytesProcessed += 1
            if bytesProcessed % chunkSize == 0 {
                if Task.isCancelled { throw CancellationError() }
                self.progress = Double(data.count) /
                                Double(length)
            }
        }

        // Image erzeugen und zurückgeben
        guard let image = UIImage(data: data) else {
            throw URLError(.cannotDecodeRawData)
        }
        return image
    }
}
```

Geschwindigkeitsoptimierung

Mit einer schnellen Internetverbindung kann ein typisches Foto im Bruchteil einer Sekunde heruntergeladen werden. Der hier präsentierte Download-Code ermöglicht Abbruch, Fortschrittsanzeige usw., macht den Download aber gleichzeitig quälend langsam. Insofern zeigt der Code zwar eine Menge Programmiertechniken, ist gleichzeitig aber nicht mehr praxistauglich. Tipps zur Geschwindigkeitsoptimierung finden Sie hier:

https://wadetregaskis.com/urlsession-performance-for-reading-a-byte-stream

18.5 Beispiel: Datenauswertung und -visualisierung

Als Ausgangspunkt für dieses Beispiel dient eine ca. 8 MByte große CSV-Datei mit öffentlichen Daten zum Energieverbrauch aller Länder dieser Erde. Eine Beschreibung des Datensatzes sowie einen Download-Link finden Sie hier:

https://ourworldindata.org/energy

Abbildung 18.2 App zur Visualisierung des Primärenergieverbrauchs pro Kopf und Tag für verschiedene Länder

Die für ein iPad optimierte App (siehe Abbildung 18.2) lädt die Datei herunter, speichert eine lokale Kopie und erstellt ein internes Datenmodell. Dieses enthält für jedes Land die Jahreszahl und den Primärenergieverbrauch pro Kopf für die letzten 20 Jahre (soweit Daten zur Verfügung stehen, bei den meisten Ländern bis 2023).

Beispielsweise verbrauchten die Einwohner der Vereinigten Staaten 2023 durchschnittlich 211 kWh Primärenergie pro Tag. (Diese Menge ist ein statistisches Mittel, in das neben dem Verbrauch im eigenen Haushalt, Benzin oder Diesel für das eigene Auto auch ein statistischer errechneter Anteil für Infrastruktur und Energie einfließt. Die CSV-Datei enthält also den gesamten Energieverbrauch verschiedener Länder dividiert durch die Anzahl der Einwohner.)

In der App können Sie nun zuerst den Anfangsbuchstaben der Länderliste und dann ein Land auswählen. Die App zeichnet dann ein Balkendiagramm des Energieverbrauchs. Der für dieses Kapitel spannende Aspekt des Programms ist die asynchrone Initialisierung samt CSV-Download und -Auswertung.

CSV-Daten

Die CSV-Datei hat den folgenden Aufbau:

```
country,year,iso_code,population,...,energy_per_capita,...
...
United Kingdom,2022,GBR,67508936,...,30097.885,...
```

Die Datei ist mit ca. 22.000 Zeilen und 129 Spalten riesig! Die dort erfassten Daten reichen zum Teil bis ins Jahr 1900 zurück. Uns interessieren allerdings für jedes Land nur die 20 aktuellsten Zeilen und von jeder Zeile nur die Spalten 1 (Ländername), 2 (Jahreszahl) und 32 (Primärenergieverbrauch pro Kopf und Jahr).

Datenmodell

Damit sind wir auch schon beim Datenmodell: Jeder einzelne Datensatz für ein Land und ein Jahr wird durch den `EnergyData`-Typ ausgedrückt.

```
// Projekt world-energy, Datei ContentView.swift
// Model-Ebene
struct EnergyData: Identifiable {
    let id = UUID()
    let year: Int
    let energyPerCapita: Double
}
```

Wo bleibt das Land, werden Sie vielleicht fragen. Es wird als Schlüssel (Key) für Dictionary-Einträge verwendet, mit einem Array von `EnergyData`-Elementen als Value. Das `EnergyViewModel` ist mit den Attributen `@Observable` und `@MainActor` gekennzeichnet. Damit können die Eigenschaften mit Views gekoppelt werden, ohne dass Konflikte aufgrund des weiteren asynchronen Codes zu erwarten sind. Hintergrundinformationen zu `documentDirectory` und `appendingPathComponent` folgen in Abschnitt 19.2, »Standardverzeichnisse«. Beachten Sie, dass der Code iOS als Betriebssystem voraussetzt!

```
// Projekt world-energy, Datei ContentView.swift (Forts.)
// ViewModel-Ebene
@Observable @MainActor
class EnergyViewModel {
    // Länderdaten: ein Array von Dictionaries, jedes
    // Dictionary besteht aus Ländername und einem Array
    // von EnergyData-Elementen
    var countryData: [String: [EnergyData]] = [:]
    var selectedCountry: String = ""

    // externe URL und lokaler Speicherort für iOS-App
    private let remoteURL =
      "https://nyc3.digitaloceanspaces.com/owid-public/data/
       energy/owid-energy-data.csv"
    private let fileURL = FileManager.default.urls(
        for: .documentDirectory,
        in: .userDomainMask)[0]
            .appendingPathComponent("energy_data.csv")
```

Neben den oben deklarierten Eigenschaften enthält die Klasse `EnergyViewModel` nur eine einzige Methode: `loadData` sieht nach, ob es schon eine lokale Kopie der CSV-Datei gibt. Wenn das nicht der Fall ist, wird sie heruntergeladen und gespeichert. Der Download erfolgt mit der asynchronen `URLSession`-Methode `data`. Für diesen Teil des Codes ist kein `Task.detached` erforderlich, weil `data` bei Download-Wartezeiten ohnedies pausiert.


```
// Projekt world-energy, Datei ContentView.swift (Forts.)
func loadData() async {
    if !FileManager.default.fileExists(atPath: fileURL.path) {
        guard let url = URL(string: remoteURL) else { return }
        do {
            // CSV-Datei asynchron herunterladen und speichern
            let (data, _) = try await URLSession.shared
                                        .data(from: url)
            try data.write(to: fileURL)
        } catch {
            print("Download error:", error)
            return
        }
    }
```

Jetzt folgt die CPU-intensive Auswertung der CSV-Datei – und hier ist `Task.detached` empfehlenswert. Vorweg eine kurze Erklärung der Konstruktion: Hier wird an `await Task.detached` eine Closure übergeben. Diese enthält den asynchron ausgeführten Code. In der Closure gibt `return` das Ergebnis zurück. Allerdings liefert `await Task.detached` eine `Task`-Instanz zurück (Datentyp `Task<SomeType, Error>?`). Sie sind hier nicht an Fehlern interessiert, sondern nur am eigentlichen Ergebnis. Dieses lesen Sie mit `.value` aus.

Die eckigen Klammern für `[data]` sind hier kein Array-Indikator, sondern geben an, welche Daten in der Closure verarbeitet werden sollen. `[data]` macht klar, dass die Closure nur auf diese Variable Zugriff hat. Sie vermeiden damit, dass Sie (womöglich unbeabsichtigt) andere Daten in der Closure nutzen und während der Ausführung der Closure blockieren (*closure capture*).

```
// Pseudo-Code für die asynchrone Verarbeitung von data und zur
// direkten Speicherung des Ergebnisses
let result = await Task.detached(priority: .high) { [data] in
    ...
    return taskresult
}.value
```

Nun zum tatsächlichen Code: Zuerst wird die lokale Datei in eine `String`-Variable gelesen. Die `content`-Variable wird dann in einem losgelösten Task in Zeilen zerlegt. `dropFirst` überspringt die erste Zeile mit der Spaltenbeschriftung. Die restlichen Zeilen werden mit einem Komma als Separator in Spalten zerlegt. Nur wenn es mindestens 32 Spalten gibt, werden die erste, zweite und 32. Zeile (Index 0, 1 und 31) gelesen und in einem Array von Dictionaries gespeichert (`tempData`). Der Jahresenergieverbrauch wird dabei durch 365 dividiert, um den besser fassbaren Verbrauch pro Tag zu errechnen.

Das abschließende `return`-Statement hat es noch einmal in sich: `mapValues` verarbeitet alle Dictionaries (Länder). `sorted` sortiert die Daten nach Jahreszahlen, `suffix(20)` berücksichtigt nur die neuesten 20 Datensätze. `map` bildet aus den Tupeln `EnergyData`-Instanzen.

Damit endet der *detached* Task. Das Ergebnis wird in der Eigenschaft `countryData` gespeichert. Damit die App von Anfang an ein Balkendiagramm darstellt, wird `selectedCountry` mit dem ersten Ländernamen initialisiert.

```
// Projekt world-energy, Datei ContentView.swift (Forts.)
    do {
        // lokale CSV-Datei lesen
        let content = try String(contentsOf: fileURL,
                                 encoding: .utf8)
        // Datei in einem losgelösten Prozess auswerten
        let processedData =
              await Task.detached(priority: .high) { [content] in
            // Text in Zeilen zerlegen, erste Zeile überspringen
            let rows = content.components(separatedBy: "\n")
                .dropFirst()
            var tempData: [String: [(Int, Double)]] = [:]
```

```
            // Schleife über alle weiteren Zeilen
            for row in rows {
                let columns = row.components(separatedBy: ",")
                guard columns.count >= 32,
                      let year = Int(columns[1]),
                      let energyPerCapita = Double(columns[31])
                else { continue }

                let country = columns[0]
                // Datensatz vorübergehend speichern
                tempData[country, default: []]
                    .append((year, energyPerCapita / 365.0))
            }
            // Schleife über alle Länder
            return tempData.mapValues { values in
                // nur die aktuellsten 20 Datensätze pro Land
                values.sorted { $0.0 < $1.0 }  // aufsteigend
                    .suffix(20)                // nur 20 Jahre
                    .map { EnergyData(year: $0.0,
                                      energyPerCapita: $0.1) }
            }
        }.value

        // ab hier gilt wieder @MainActor, Ergebnis in
        // countryData-Eigenschaft speichern
        countryData = processedData

        // selectedCountry zeigt auf das erste Land
        if !countryData.keys.contains(selectedCountry) {
            selectedCountry =
              countryData.keys.sorted().first ?? ""
        }
    } catch {
        print("Processing error:", error)
    }  // Ende do/catch
}      // Ende func loadData()
```

Benutzeroberfläche

Die Benutzeroberfläche der App besteht aus zwei Teilen: Das obere Drittel des Bildschirms dient zur Länderauswahl, im unteren Drittel wird ein Balkendiagramm für das ausgewählte Land angezeigt.

Die Länderauswahl würde am einfachsten mit einem `Picker` gelingen, der alle Ländernamen enthält. Dazu reichen drei oder vier Zeilen Code aus. Allerdings wäre die

Auswahl aus einer Liste mit über 300 Einträgen für die Anwender der App extrem mühsam. (Die CSV-Datei enthält nicht nur die Daten zu knapp 200 Ländern, sondern auch ca. 100 Gruppennamen für Europa, die EU, Asien, verschiedene afrikanische Ländergruppen usw.)

Deswegen habe ich für die App in der View `CountrySelector` ein anderes Auswahlmodell realisiert (siehe Abbildung 18.2): Die App-Benutzerin muss zuerst den Anfangsbuchstaben auswählen und kann dann in einem horizontalen Grid (`ScrollView` mit `LazyHGrid`) das gewünschte Land oder eine Ländergruppe auswählen. Auf den Abdruck des Codes verzichte ich hier aus Platzgründen; er hat nichts mit asynchroner Programmierung zu tun. Werfen Sie bei Interesse einen Blick in die Beispieldateien! Die Gestaltung des `CountrySelectors` ist speziell für große Displays (iPad) optimiert.

Wesentlich interessanter ist die `ContentView` mit der Gesamtansicht der App. Die folgenden Zeilen zeigen vorweg die Struktur des Codes. Der `task`-Modifier der `VStack` kümmert sich um die asynchrone Initialisierung. Bis die Daten geladen sind, zeigt die App einen rotierenden Spinner und den Text »Loading data«. Sobald Daten zur Verfügung stehen, erscheinen die Länderauswahl und das Balkendiagramm zum gerade ausgewählten Land.

```
// Projekt world-energy, Datei ContentView.swift (Forts.)
struct ContentView: View {
    @State private var viewModel = EnergyViewModel()

    var body: some View {
        VStack{
            if viewModel.countryData.isEmpty {
                // Spinner und 'Loading data' anzeigen
            } else {
                // Länderauswahl und Balkendiagram anzeigen,
                // Code folgt gleich
            }
        }
        .task {
            // asynchrone Dateninitialisierung
            await viewModel.loadData()
        }
    }
}
```

Die weiteren Code-Zeilen betreffen die Länderauswahl, die Beschriftung des Diagramms und das mit der `Chart`-View visualisierte Balkendiagramm. Um die vertikale Aufteilung des zur Verfügung stehenden Raums kümmert sich ein `GeometryReader`. Dank dieser View kann im weiteren Code mit `geometry.size.height` die vertikale

Größe des VStacks ermittelt werden. frame(height: ...) bestimmt, wie viel Platz einzelne Teile des CountrySelector und die Chart-View beanspruchen dürfen.

```
// Projekt world-energy, Klasse ContentView (Forts.)
GeometryReader { geometry in
    VStack {
        // Länderauswahl
        CountrySelector(viewModel: $viewModel)
            .background(.gray.opacity(0.2))
            .frame(height: geometry.size.height * 0.2)

        if let data =
             viewModel.countryData[viewModel.selectedCountry]
        {
            // Beschriftung des Diagramms
            let lastYear = data.max(
                by: { $0.year < $1.year })?.year ?? 0
            let lastEnergy = // Energieverbrauch im letzten Jahr
                Int(round(data.filter { $0.year == lastYear }
                         .first?
                         .energyPerCapita ?? 0))
            Text("Primary energy consumption per capita")
                .padding(4)
            Text("\(viewModel.selectedCountry): \(lastEnergy)
                  kWh/day in \(String(lastYear))")
                .font(.largeTitle)

            // Balkendiagramm
            Chart(data) { item in
                BarMark(
                    x: .value("Year", String(item.year)),
                    y: .value("Daily Energy",
                    item.energyPerCapita)
                )
            }
            .chartYAxis {
                AxisMarks(position: .leading) { value in
                    AxisGridLine()
                    AxisValueLabel {
                        if let val = value.as(Double.self) {
                            Text("\(val, specifier: "%.1f")")
                        }
                    }
                }
            }
```

18

```
            .chartYAxisLabel(
                "Daily Energy Consumption per person (kWh)\n
                 (Primary Energy, not only Electricity!)")
            .frame(height: geometry.size.height * 0.6)
            .padding()
        }
    }
    .padding()
}
```

Das Balkendiagramm wird grundsätzlich mit `Chart(data)` und der nachfolgenden Closure initialisiert. Die nachfolgenden Modifier `chartYAxis` und `chartYAxisLabel` sind für die Beschriftung der Y-Achse verantwortlich. Für eine ausführliche Beschreibung der `Chart`-View fehlt in diesem Buch der Platz; mir geht es an dieser Stelle ausschließlich darum, Sie auf dieses großartige Hilfsmittel aufmerksam zu machen. Sehen Sie sich bei Bedarf das WWDC-Video und die Apple-Dokumentation an:

https://developer.apple.com/documentation/charts
https://developer.apple.com/videos/play/wwdc2022/10136

Kapitel 19
Dateien, JSON und XML

Egal, für welche Plattform Sie Ihre App entwickeln – ganz häufig wollen Sie Daten in Dateien speichern oder von dort lesen. Dieses Kapitel stellt dafür diverse Programmiertechniken vor, wobei ich unter anderem die folgenden Themen behandle:

- Umgang mit Dateinamen und URLs
- Zugriff auf Bundle-Dateien und Assets
- Ort von Standardverzeichnissen ermitteln
- Dateien kopieren, verschieben und löschen
- Textdateien lesen und schreiben
- XML- und JSON-Dateien verarbeiten

Eine attraktive Alternative zu eigenen Dateien sind die sogenannten *User-Defaults*: Darin können Sie unkompliziert Key-Value-Paare ablegen bzw. auslesen. Wie der Name bereits andeutet, sind User-Defaults speziell für Benutzereinstellungen gedacht. In SwiftUI verwenden Sie zum Zugriff auf solche Einstellungen am besten den Property Wrapper `@AppStorage` (siehe Abschnitt 17.2) bzw. die Klasse `UserDefaults`.

Anstatt eigene Daten selbst zu speichern, können Sie Ihre Datenstrukturen mit SwiftData verknüpfen. Diese Bibliothek kümmert sich (fast) vollautomatisch um die Persistenz, also um das automatische Laden und Speichern Ihrer Daten in einer Art Datenbank. Eine Einführung in den Umgang mit dieser Bibliothek gibt das Kapitel 21, »SwiftData«.

Sofort speichern!

iOS-Apps werden im Gegensatz zu macOS-Programmen nicht explizit per Menükommando oder durch [cmd]+[Q] beendet. Vielmehr entscheidet iOS, welche gerade nicht aktiven Programme es bei Bedarf aus dem Speicher entfernt. Starten Sie Ihr selbst entwickeltes Programm später neu, hat es alles vergessen – auch den Zustand, in dem es sich zuletzt befand. Daten werden nur dann bleibend gespeichert, wenn Sie sich als Programmierer darum explizit kümmern. Speichern sollten Sie nach Möglichkeit sofort, d. h., sobald sich neue Daten oder neue App-Zustände aus Benutzereingaben ergeben.

19.1 Dateinamen und URLs

Viele Methoden zur Bearbeitung von Dateien erwarten den Dateinamen als Parameter. Daneben gibt es aber eine Reihe von Klassen bzw. Methoden, die gleichermaßen für lokale Dateien wie für im Netzwerk befindliche Dokumente gedacht sind. Diese Methoden erwarten den Ort der Datei in Form einer URL (*Uniform Resource Locator*). Typische URLs sind:

```
file:///Users/kofler/foto.jpg
https://kofler.info/uploads/foto.jpg
```

URLs für Dateien enthalten wirklich oft drei aufeinanderfolgende /-Zeichen. Die ersten zwei kennzeichnen das Protokoll (hier `file://`), das dritte leitet den absoluten Pfad ein.

Dateinamen in URLs umwandeln

In Swift werden URLs nicht durch Zeichenketten dargestellt, sondern durch Elemente der `URL`-Struktur. Um ein `URL`-Element aus einem Dateinamen zu erzeugen, sollten Sie grundsätzlich die Init-Funktion mit dem `fileURLWithPath`-Parameter verwenden:

```
// liefert den Datentyp URL
let url = URL(fileURLWithPath: "/User/kofler/foto.jpg")
```

Wenn Sie dabei keinen absoluten Pfad angeben, wird Ihre Zeichenkette relativ zum aktuellen Verzeichnis interpretiert. Die Zeichenkette darf auch Leerzeichen enthalten, diese werden korrekt verarbeitet.

Alternativ werden Sie oft auf die Init-Funktion mit dem `string`-Parameter stoßen:

```
// Vorsicht, das liefert den Datentyp 'URL?'
let url = URL(string: "file:///User/kofler/foto.jpg")
```

Diese Init-Funktion sollten Sie nur verwenden, wenn Sie sich sicher sind, dass die Zeichenkette alle URL-Regeln einhält. So sollte die Zeichenkette mit `file://` beginnen – sonst fehlt der URL das Schema, und gewisse Operationen funktionieren nicht. Außerdem darf die Zeichenkette in diesem Fall keine Leerzeichen enthalten. Das widerspräche den Syntaxregeln für URLs. Die Init-Funktion liefert dann `nil`. Wenn der Dateiname wirklich ein Leerzeichen enthält, müssen Sie das URL-Objekt so erzeugen: `URL(string: "file:///bla%20bla")`. Wie gesagt: Viel einfacher ist `URL(fileURLWithPath: "bla bla")`.

URL in Dateinamen umwandeln

Um in umgekehrter Richtung aus einem `URL`-Element den Dateinamen als Zeichenkette herauszuholen, werten Sie die `path`-Eigenschaft aus. Verwenden Sie nicht `absoluteString`! Diese Eigenschaft liefert die URL-Zeichenkette inklusive `file://`.

URLs bearbeiten

Der Hauptvorteil von URL-Elementen im Vergleich zu simplen Zeichenketten besteht darin, dass Sie mit diversen Methoden einzelne Komponenten der URL extrahieren bzw. neue Komponenten hinzufügen können. Alle Methoden erzeugen neue URL-Elemente und lassen das Originalelement unverändert.

```
let url = URL(fileURLWithPath: "/Users/kofler/foto.jpg")
let url2 = url.deletingPathExtension() // /Users/kofler/foto
let url3 =
    url.deletingLastPathComponent() // /Users/kofler/
let url4 = url
    .appendingPathExtension("bak")  // /Users/kofler/foto.jpg.bak
let fname = url.lastPathComponent   // "foto.jpg"

let url5 = url.deletingLastPathComponent()
  .appendingPathComponent("subdir")
  .appendingPathComponent(url.lastPathComponent)
// /Users/kofler/subdir/foto.jpg
```

Testen, ob eine Datei existiert

Sie können URL-Elemente für beliebige Dateinamen erzeugen. Das bedeutet aber keinesfalls, dass diese Dateien auch existieren. Ob eine Datei oder ein Verzeichnis tatsächlich für Ihre App zugänglich ist (d. h., dass die App auch die erforderlichen Zugriffsrechte hat), können Sie mit der Methode checkResourceIsReachable testen. Dabei ist zu beachten, dass diese Methode einen Fehler auslösen kann. Daher ist eine Absicherung erforderlich, am einfachsten wie im folgenden Codeschnipsel mit try?:

```
if (try? url.checkResourceIsReachable()) == true {
  print("Datei/Verzeichnis existiert")
}
```

Wie Sie noch mehr Eigenschaften einer Datei ergründen, zeige ich Ihnen in Abschnitt 19.3, »Dateioperationen«.

19.2 Standardverzeichnisse

In iOS-Apps dürfen Sie ausschließlich in den dafür vorgesehenen Standardverzeichnissen eigene Dateien ablegen – z. B. das Cache-Verzeichnis als Zwischenspeicher oder das Dokumentenverzeichnis für Benutzerdaten. Ihre Apps haben keinen generellen Zugriff auf das Dateisystem. macOS ist in dieser Hinsicht weniger restriktiv, aber auch dort sollten Sie nach Möglichkeit Standardverzeichnisse vorziehen. Vorweg ein kurzer Überblick über den Ort der wichtigsten Verzeichnisse:

- Heimatverzeichnis:
  `/var/mobile/Containers/Data/Application/<id>`
- Dokumentenverzeichnis:
  `/var/mobile/Containers/Data/Application/<id>/Documents`
- Library-Verzeichnis:
  `/var/mobile/Containers/Data/Application/<id>/Library`
- Cache-Verzeichnis:
  `/var/mobile/Containers/Data/Application/<id>/Library/Caches`
- temporäres Verzeichnis:
  `/private/var/mobile/Containers/Data/Application/<id>/tmp`

Dabei ist `<id>` eine UUID, also eine lange hexadezimale Zahl, die die App auf dem Gerät identifiziert. Wenn Sie iOS-Apps im Simulator oder in der Xcode-Preview ausprobieren, befinden sich die Verzeichnisse innerhalb von `~/Library/Developer/Xcode/UserData/Previews/Simulator Devices`. Bei macOS-Apps kommt `~Library/Containers/<bundle-id>/Data` als Basisverzeichnis zur Anwendung. Wenn Sie also beispielsweise in einer macOS-Sandbox-App das Dokumentenverzeichnis verwenden, dann handelt es sich dabei *nicht* um `~/Documents`, sondern um ein App-spezifisches Verzeichnis!

Sandboxing

Beim »Sandboxing« handelt es sich um eine Sicherheitsmaßnahme. Das Betriebssystem (iOS, macOS etc.) überwacht die Ausführung der App und insbesondere den Zugriff auf das Dateisystem sowie auf Netzwerk- und Systemfunktionen (Geoinformationen, HealthKit usw.). Viele Funktionen können nur genutzt werden, wenn die App das Recht hierfür explizit anfordert (siehe Abschnitt 17.6, »Entitlements«) und dieses von der Benutzerin der App auch gewährt wird.

Während iOS-Apps *immer* in einer Sandbox ausgeführt werden, ist das Verhalten unter macOS optional. Standardmäßig ist aber auch für neue macOS-Apps Sandboxing aktiviert. Das können Sie ändern, indem Sie bei den Target-Einstellungen im Dialogblatt SIGNING & CAPABILITIES den ganzen Abschnitt APP SANDBOX durch einen Klick auf das dort vorgesehene Mülleimer-Icon löschen.

Verzeichnisse mit dem File-Manager ermitteln

Bei vielen wichtigen Verzeichnissen hilft ein File-Manager dabei, den Ort zu ergründen. Die `FileManager`-Klasse stellt darüber hinaus Methoden für unterschiedliche Operationen zur Verfügung, z. B. zum Erzeugen, Verschieben, Kopieren und Löschen von Dateien und Verzeichnissen (siehe Abschnitt 19.3, »Dateioperationen«).

Auf den File-Manager greifen Sie einfach mit FileManager.default zu. Über die Methode urls können Sie nun gezielt nach Verzeichnissen suchen. Dabei geben Sie im ersten Parameter durch ein Element der SearchPathDirectory-Enumeration die Art des gesuchten Verzeichnisses an. Mit dem zweiten Parameter schränken Sie durch die Angabe von SearchPathDomainMask-Konstanten die Suche auf bestimmte Domänen ein.

Dieser allgemeingültige Ansatz wirkt komplizierter, als er tatsächlich ist. Die Art des Verzeichnisses ist z. B. document-, downloads-, pictures-, caches- oder trashDirectory – das ist leicht zu verstehen. Und als Domäne geben Sie so gut wie immer userDomainMask an. Die urls-Methode liefert zwar ein Array von URLs, bei der hier skizzierten Anwendung wird das Array aber genau ein Element enthalten, das Sie mit first auslesen. Also:

```
// Documents-Verzeichnis ermitteln
let fm = FileManager.default
let urls = fm.urls(for: .documentDirectory, in: .userDomainMask)
if let url = urls.first {
    print(url.path)
}
```

Heimatverzeichnis

iOS-Apps laufen immer in einer Sandbox, die nur einen Zugriff auf Dateien innerhalb des App-spezifischen Heimatverzeichnisses zulässt. Dazu gibt es für jede App ein eigenes Heimatverzeichnis, innerhalb dessen es weitere Unterverzeichnisse gibt (z. B. Documents und Library).

19

Merkwürdigerweise liefert die urls-Methode für den Enumerationswert userDirectory *kein* Ergebnis:

```
// funktioniert nicht, urls enthält ein leeres Array
let urls = fm.urls(for: .userDirectory, in: .userDomainMask)
```

Um das Heimatverzeichnis zu ermitteln, werten Sie stattdessen einfach die Foundation-Funktion NSHomeDirectory aus:

```
let homepath = NSHomeDirectory()
```

Grundsätzlich funktioniert das auch bei macOS-Apps. In diesem Fall ist das Ergebnis aber davon abhängig, ob die App in einer Sandbox läuft oder nicht. Im ersten Fall erhalten Sie wie unter iOS das App-spezifische Heimatverzeichnis, beispielsweise /Users/kofler/Library/Containers/<bundle-name>/Data. Im zweiten Fall liefert NSHomeDirectory hingegen tatsächlich das Heimatverzeichnis des Benutzers, beispielsweise /Users/kofler.

Aktuelles Verzeichnis ermitteln und ändern

Um das aktuelle Verzeichnis herauszufinden, also das Verzeichnis, in dem Ihre App ausgeführt wird und auf das sich relative Pfadangaben und URLs beziehen, erzeugen Sie einfach ein URL-Element für einen leeren Dateinamen:

```
// aktuelles Verz. ermitteln
let current = URL(fileURLWithPath: "")
print(current.path)
```

Alternativ können Sie auch die Eigenschaft currentDirectoryPath des File-Managers auswerten. Sie liefert kein URL-Element, sondern eine Zeichenkette:

```
let fm = FileManager.default
print(fm.currentDirectoryPath)
```

Nach dem Start einer App ist das aktuelle Verzeichnis kein geeigneter Ort, um darin eigene Dateien zu speichern. Sie können das aktuelle Verzeichnis aber wechseln und z. B. das Dokumentenverzeichnis Ihrer App zum aktuellen Verzeichnis machen. Die dazu vorgesehene Methode changeCurrentDirectoryPath des File-Managers liefert true oder false zurück, je nachdem, ob die Änderung möglich war oder nicht.

```
let fm = FileManager.default  // aktuelles Verzeichnis ändern
let urls = fm.urls(for: .documentDirectory, in: .userDomainMask)
if let url = urls.first {
  let ok = fm.changeCurrentDirectoryPath(url.path)
}
```

Temporäres Verzeichnis

Mit der File-Manager-Eigenschaft temporaryDirectory ermitteln Sie den Ort des temporären Verzeichnisses. Es gibt allerdings keine Funktion, die einen Namen für eine temporäre Datei vorschlägt. Sie können sich damit behelfen, dass Sie eine zufällige UUID-Zeichenkette als Dateinamen verwenden:

```
let fm = FileManager.default
let temporaryDirectory = fm.temporaryDirectory
let tmpfilePath = temporaryDirectory
    .appendingPathComponent(UUID().uuidString)
```

Den Inhalt von Verzeichnissen auflisten

Mit der File-Manager-Methode contentsOfDirectory finden Sie heraus, welche Dateien und Unterverzeichnisse sich in einem Verzeichnis befinden. Sofern kein Fehler auftritt, liefert die Methode ein Array von Zeichenketten mit Dateinamen. Die Dateinamen sind relativ, enthalten also keine Pfadangaben. Die folgenden Zeilen geben die Namen der Dateien und Unterverzeichnisse aus, die sich im Heimatverzeichnis befinden:

```
let fm = FileManager.default
let homepath = NSHomeDirectory()
if let files = try? fm.contentsOfDirectory(atPath: homepath) {
    for file in files {  // file hat den Datentyp String
        print(file)
    }
}
```

Welches Verzeichnis für welchen Zweck?

Je nach Plattform gibt es unterschiedliche Vorgaben, wo Sie welche Daten speichern dürfen. Halten Sie sich nicht an diese Regeln, kann es Ihnen passieren, dass Ihr Programm im App Store abgelehnt wird.

- **iOS:** Daten des Benutzers sollten im Dokumentenverzeichnis gespeichert werden. Dort befindliche Dateien werden bei Backups in der iCloud automatisch gesichert. Wenn Ihre App große Datenmengen beansprucht, sollten Sie den Nutzerinnen und Nutzern eine Möglichkeit anbieten, Daten wieder zu löschen.

  Nichts im Dokumentenverzeichnis verloren haben Daten, die später neuerlich heruntergeladen werden können oder die anderswie rekonstruierbar sind; solche Dateien gehören in das Cache-Verzeichnis.

- **tvOS:** tvOS erlaubt keine persistente Speicherung von Dateien! Selbst wenn Sie Dateien im Dokumentenverzeichnis ablegen, kann es sein, dass sie bereits beim nächsten Start der App wieder von dort verschwunden sind. Der einzig zulässige Speicherort sind die User-Defaults – aber dort sind keine großen Datenmengen erlaubt. Wenn die Speicherung von Daten unumgänglich ist, müssen Sie eine (i)Cloud-Lösung anstreben.

  Natürlich können Sie das Cache-Verzeichnis verwenden, um gerade benötigte Bilder, Filme etc. zwischenzuspeichern – aber Ihre App muss damit zurechtkommen, dass beim letzten Mal heruntergeladene Dateien beim nächsten Start nicht mehr da sind und eben neuerlich heruntergeladen werden müssen.

- **macOS:** Bei macOS hängt es stark davon ab, ob Sie die Sandbox-Funktion aktivieren oder nicht. Wenn nicht, haben Sie nahezu unbegrenzten Zugriff auf das ganze Dateisystem. Die einzigen Schranken ergeben sich durch die Rechte, mit denen Ihre App später ausgeführt wird. macOS-Sandbox-Apps verhalten sich dagegen recht ähnlich wie iOS-Apps, wobei Sie in Xcode auswählen können, auf welche Standardverzeichnisse Ihre App zugreifen darf.

Für alle Plattformen gilt: Programmeinstellungen (und nur die) sollten in den User-Defaults gespeichert werden (siehe auch Abschnitt 17.2).

19.3 Dateioperationen

Wenn ein Dateiname als Zeichenkette oder URL-Element vorliegt, werden Sie oft wissen wollen: Gibt es die Datei überhaupt? Wie groß ist sie? Darf sie verändert werden?

Das folgende Listing beantwortet all diese Fragen. Ausgangspunkt für die meisten Dateioperationen ist eine File-Manager-Instanz (Variable fm), die Sie ja bereits kennengelernt haben. Der Test-Code befindet sich in einem Command-Line-Tool für macOS. Vergessen Sie dabei nicht, dass alle Pfadangaben relativ zum gerade aktuellen Verzeichnis verarbeitet werden, wenn sie nicht mit / beginnen!

```
// Projekt macos-file, Datei main.swift
let fm = FileManager.default
let path = NSHomeDirectory() + "/foto.jpg"

// test, if file exists
if fm.fileExists(atPath: path) {
    print("File exists.")
    if fm.isReadableFile(atPath: path) {
        print("File is readable.")
    }
    if fm.isWritableFile(atPath: path) {
        print("File is writable.")
    }
    if fm.isDeletableFile(atPath: path) {
        print("File can be deleted.")
    }
    // file size
    let url = URL(fileURLWithPath: path)
    let fileSize = try? url.resourceValues(
          forKeys: [.fileSizeKey]).fileSize
    if let size = fileSize {
        print("File size: \(size) bytes")
    }
}
```

Verzeichnistest

Etwas komplizierter wird es, wenn Sie nicht wissen, ob ein Pfad auf eine Datei oder ein Verzeichnis zeigt. Am besten bilden Sie aus dem Pfad wieder eine URL-Instanz und übergeben an resourceValues den Enumerationswert isDirectoryKey.

```
if let isDirectory = try? url.resourceValues(
    forKeys: [.isDirectoryKey]).isDirectory
{
    print(isDirectory ? "It's a directory" : "It's a file")
}
```

Rekursiv die Verzeichnisgröße ermitteln

Die `enumerator`-Methode des File-Managers bietet den einfachsten Weg, rekursiv alle Elemente eines Verzeichnisses zu durchlaufen. Die folgende Funktion `getDirectorySize` erzeugt zuerst einen `DirectoryEnumerator` und durchläuft dann alle Elemente. `for case let ... as URL` berücksichtigt dabei nur `URL`s. Der Enumerator kann auch andere Datentypen zurückgeben. `guard let` ermittelt in der Folge, ob die URL auf eine Datei zeigt, und ermittelt deren Größe. (Das Überspringen der Verzeichnisse ist hier deswegen zweckmäßig, weil der Enumerator an sich schon rekursiv arbeitet.)

```
// Projekt macos-file, Datei main.swift
func getDirectorySize(url: URL) -> Int64 {
    let fm = FileManager.default
    var totalSize: Int64 = 0

    // enumerator hat den Typ DirectoryEnumerator
    guard let enumerator =
        fm.enumerator(
            at: url,
            includingPropertiesForKeys:
                [.fileSizeKey, .isDirectoryKey],
            options: [])
    else {
        return 0
    }

    // in der Schleife über alle Enumerator-Ergebnisse
    // nur URLs berücksichtigen
    for case let fileURL as URL in enumerator {
        // uns interessieren nur Dateien
        guard let resourceValues = try? fileURL.resourceValues(
                    forKeys: [.fileSizeKey, .isDirectoryKey]),
              let isDirectory = resourceValues.isDirectory,
              !isDirectory,  // skip directories
              let fileSize = resourceValues.fileSize
        else {
            continue
        }
        totalSize += Int64(fileSize)
    }
    return totalSize
}
```

Das folgende Listing zeigt die Anwendung der Funktion. Ich gehe hier davon aus, dass es sich um ein macOS-Programm *ohne* Sandboxing handelt, also z. B. ein Command-Line-Tool.

```
// Größe des Downloads-Verzeichnisses ermitteln
if let downloadsURL = fm.urls(
    for: .downloadsDirectory,
    in: .userDomainMask).first
{
    let size = getDirectorySize(url: downloadsURL)
    print("Total size: \(size / 1024 / 1024) MByte")
}
```

Dateien kopieren, verschieben und löschen

Diverse Methoden des File-Managers helfen Ihnen dabei, Dateien zu kopieren, zu verschieben oder zu löschen. Alle hier vorgestellten Methoden gibt es in zwei Varianten, die wahlweise Zeichenketten oder `URL`-Elemente als Parameter erwarten, um den Ort der Dateien anzugeben. Die Methoden müssen mit `try` gegen mögliche Fehler abgesichert werden. Alle Methoden liefern `true` oder `false` zurück, je nachdem, ob die Operation erfolgreich durchgeführt werden konnte.

- **Datei kopieren:** `copyItem(at: f1, to: f2)` kopiert Datei `f1` in Datei `f2`. Wenn es `f2` schon gibt, tritt ein Fehler auf.
- **Datei umbenennen:** `moveItem(at: f1, to: f2)` benennt Datei `f1` in `f2` um. Wenn es `f2` schon gibt, tritt ein Fehler auf.
- **Datei löschen:** `removeItem(at: f)` löscht Datei `f` unwiderruflich.
- **Datei in den Papierkorb bewegen:** Unter macOS ist `trashItem(at: f)` eine sichere Alternative zu `removeItem`. Die angegebene Datei wird nicht wirklich gelöscht, sondern nur in den Papierkorb verschoben.

Die `FileManager`-Klasse stellt darüber hinaus eine Menge weitere Methoden zur Verfügung, mit denen Sie z. B. Links einrichten oder iCloud-Objekte bearbeiten können.

Das folgende Listing zeigt die Anwendung aller drei Methoden: Im Dokumentenverzeichnis soll die Datei `myfile123.txt` gespeichert werden. Wenn diese Datei schon existiert, wird davon die Backup-Datei `myfile123.bak` erstellt. Und sollte es schon ein älteres Backup geben, wird dieses zuvor gelöscht. Von `myfile123.txt` wird außerdem ein Duplikat unter dem Namen `myfile123.duplicate` angelegt. Dabei wird ein Fehler auftreten, sobald der Playground zum zweiten Mal ausgeführt wird – weil es das Duplikat dann schon gibt und im Code Anweisungen fehlen, um dieses Duplikat vorher zu löschen. Auf die Auswertung der Rückgabewerte der Methoden habe ich in diesem Minibeispiel verzichtet.

```
// Projekt macos-file, Datei main.swift
// VORSICHT: überschreibt ~/Documents/myfile123.txt und .bak
let docurl = fm.urls(for: .documentDirectory,
                     in: .userDomainMask).first!
```

```
let myfile   = docurl.appendingPathComponent("myfile123.txt")
let mybackup = docurl.appendingPathComponent("myfile123.bak")
let mycopy = docurl.appendingPathComponent("myfile123.duplicate")
do {
    // gibt es schon ein Backup? --> löschen
    if fm.fileExists(atPath: mybackup.path) {
        try fm.removeItem(at: mybackup)
    }
    // gibt es die Zieldatei schon? --> umbenennen
    if fm.fileExists(atPath: myfile.path) {
        try fm.moveItem(at: myfile, to: mybackup)
    }
    let txt = "Zeile 1\nZeile 2 äöü\nZeile 3\n"  // neue Datei
                                                 // speichern
    try txt.write(toFile: myfile.path,
                  atomically: true,
                  encoding: .utf8)
    try fm.copyItem(at: myfile, to: mycopy)  // Kopie der Datei
                                             // erzeugen
} catch {
    print(error.localizedDescription)
}
```

Textdateien lesen und schreiben

Ganz nebenbei hat das vorige Beispiel gezeigt, wie einfach es ist, eine Zeichenkette als Textdatei zu speichern: Dazu wenden Sie einfach die `write`-Methode auf die `String`-Variable an. Falls die angegebene Datei bereits existiert, wird sie überschrieben. `write` muss mit `try` gegen mögliche Fehler abgesichert werden.

Als Parameter übergeben Sie den Pfad, die gewünschte Codierung (in der Regel `utf8`) sowie den Parameter `atomically`. Dieser Parameter steuert, wie die Datei gespeichert wird:

- Bei `false` wird eine eventuell schon vorhandene Datei sofort überschrieben. Sollte der Schreibvorgang aus irgendeinem Grund nicht beendet werden können, ist auch die ursprüngliche Datei verloren.
- Mit `true` wird die Zeichenkette zuerst in eine temporäre Datei geschrieben. Erst wenn das erfolgreich war, wird die ursprüngliche Datei durch die neue ersetzt (Alles-oder-nichts-Prinzip). `true` ist also sicherer und hat lediglich den Nachteil, dass es kurzzeitig zwei Versionen der Datei im Dateisystem gibt. Textdateien sind selten so groß, dass dies zu Platzproblemen führen kann.

```
let txt = "Zeile 1\nZeile 2 äöü\nZeile 3\n"
do {
  // Textdatei schreiben
  try txt.write(toFile: myfile.path,
                atomically: true,
                encoding: .utf8)
} catch { ... }
```

Ebenso einfach ist es, eine Textdatei zu laden. Dazu verwenden Sie die Init-Funktion der `String`-Klasse mit dem Parameter `contentsOf` bzw. `contentsOfFile` und übergeben wahlweise eine URL oder den Pfad. Abermals müssen Sie die Methode durch `try` absichern:

```
let newtxt = try String(contentsOfFile: myfile.path,
                        encoding: .utf8)
```

Zur zeilenweisen Verarbeitung verwenden Sie am besten die `components`-Methode des `String`-Typs:

```
let lines = newtxt.components(separatedBy: .newlines)
for line in lines { ... }
```

Dateien zeilenweise lesen oder schreiben

Unbegreiflicherweise gibt es in der Foundation keine Methoden, die Textdateien zeilenweise verarbeiten oder auch nur eine Zeichenkette am Ende einer vorhandenen Datei hinzufügen. Sie müssen in solchen Fällen auf Low-Level-Klassen wie `FileHandle`, `Input`- oder `OutputStream` zurückgreifen.

19.4 Bundle-Dateien und Assets

Xcode bietet zwei Möglichkeiten, eigene Dateien mit einer App zu verbinden:

- Am einfachsten ist es, die Datei einfach per Drag-and-drop in den Projektbaum einzufügen. Die Datei wird standardmäßig mit der App ausgeliefert. Sie gilt als *Bundle-Datei*, sie wird also in das Bündel von Dateien integriert, das eine App ausmacht.
- Bei Bilddateien bietet es sich an, sie in eine Asset-Datei (Kennung `*.xcassets`) einzufügen. Daraus ergeben sich zwei Vorteile: Erstens können so mehrere Bitmaps an einem Ort verwaltet werden, ohne den Projektbaum unübersichtlich zu machen. Zweitens können die Bilder in mehreren Auflösungen gespeichert werden. Ihre App wird immer die Bitmap in der richtigen Auflösung verwenden.

Sonderfall Command-Line-Tools

Command-Line-Tools für macOS haben standardmäßig keine Bundle-Dateien. Um Bundle-Dateien oder Assets auszuprobieren, erstellen Sie ein Projekt für eine App (egal, ob nur für iOS oder für mehrere Plattformen).

Zugriff auf Bundle-Dateien

In Ihr Xcode-Projekt eingefügte Dateien werden, soweit es sich nicht um Code handelt, gemeinsam mit der App als sogenanntes *Bundle* ausgeliefert. Dieses Dateibündel umfasst auch die für die Auflösung des Zielgeräts geeigneten Xcassets-Bitmaps. In Xcode finden Sie einen Überblick über alle Bundle-Dateien in den Projekteinstellungen des App-Targets im Dialogblatt BUILD PHASES (siehe Abbildung 19.1).

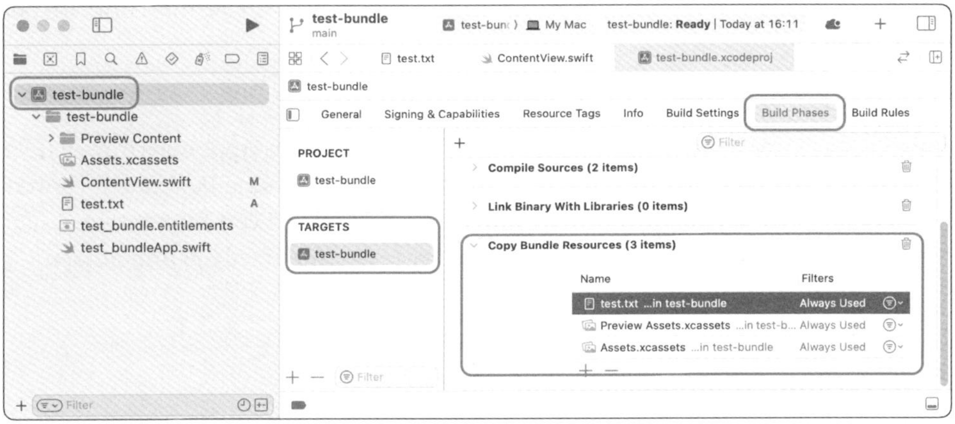

Abbildung 19.1 Der in Xcode gut versteckte Überblick über die Bundle-Dateien

Im Code greifen Sie über `Bundle.main` auf die zugehörende `Bundle`-Instanz zu. Deren Methode `url` verrät, unter welchem URL Sie auf die Datei zugreifen können. Dabei übergeben Sie im ersten Parameter den Dateinamen ohne Kennung, im zweiten Parameter die Kennung. Es spielt keine Rolle, in welchem Verzeichnis sich die Datei – hier `test.txt` – innerhalb der Xcode-Projektdateien befindet.

```
// Projekt test-bundle, Datei ContentView.swift
@State var txt: String? = ""
...
VStack {
    Text(txt ?? "Could not load file")
}
.padding()
```

```
.onAppear {
    // URL für Bundle-Datei ermitteln
    if let url = Bundle.main.url(
        forResource: "test",
        withExtension: "txt")
    {
        // Textdatei laden
        txt = try? String(contentsOf: url, encoding: .utf8)
    }
}
```

Zugriff auf Bitmap-Dateien

Bereits in Abschnitt 13.4, »Bitmaps und Icons (Image)«, habe ich Ihnen gezeigt, wie einfach die Darstellung von Bildern ist, die in einer Asset-Datei gespeichert sind. Sie übergeben einfach den Namen (ohne Kennung) der Bilddatei an die Init-Funktion der `Image`-View:

```
Image("photo").resizable().aspectRatio(contentMode: .fit)
```

Falls Sie die Bilddatei selbst laden möchten, können Sie in iOS-Apps den Umweg über ein `UIImage` beschreiten und die Init-Variante mit dem `uiImage`-Parameter verwenden. Beachten Sie aber, dass das `UIKit` unter macOS nicht zur Verfügung steht! Unter macOS können Sie auf ähnliche Weise eine `NSImage`-Instanz erzeugen und nutzen.

```
import UIKit
...
if let image = UIImage(named: "photo") {
    Image(uiImage: image).resizable()
        .aspectRatio(contentMode: .fit)
} else {
    Text("Image not found")
}
```

19.5 JSON-Dateien verarbeiten

Die *Java Object Notation* ist ein populäres Format zum Austausch von Daten im Internet. Es kann in Swift auch dazu verwendet werden, um Datenstrukturen zu »serialisieren« (also in eine Zeichenkette umzuwandeln und zu speichern) bzw. aus derartigen Zeichenketten wieder die entsprechenden Instanzen zu erzeugen (also eine JSON-Datei zu »deserialisieren«).

Das Codable-Protokoll

Das Codable-Protokoll setzt sich aus den Teilprotokollen Decodable und Encodable zusammen. Dieses Protokoll wird von allen elementaren Swift-Datentypen inklusive Arrays und Dictionaries implementiert. Eigene Datentypen, die aus Codable-kompatiblen Elementen zusammengesetzt sind, unterstützen ohne zusätzlichen Programmieraufwand ebenfalls Codable. Sie müssen lediglich das Protokoll zur Klassendeklaration hinzufügen. (Leider ist das Makro @Observable inkompatibel zu Codable. Sie können @Observable und Codable nur kombinieren, wenn Sie die von Codable verlangten Methoden zum Codieren bzw. Encodieren selbst programmieren.)

Die Swift-Standardbibliothek enthält gleich zwei Implementierungen des Codable-Protokolls. Ich gehe an dieser Stelle nur auf die Klassen JSONEncoder und JSONDecoder ein. Alternativ können Sie auch auf PropertyListEncoder und PropertyListDecoder zurückgreifen, um eigene Daten in einer Property List zu speichern bzw. von dort wieder einzulesen.

Ausgangspunkt für das folgende Beispiel sind die Strukturen Author und Book, die jeweils die Protokolle Codable und CustomStringConvertible implementieren. (Das zweite Protokoll habe ich Ihnen bereits in Abschnitt 10.3, »Protokolle«, vorgestellt. Es verlangt die Implementierung der String-Eigenschaft description.)

```
// Projekt test-json, Datei ContentView.swift
struct Author : Codable, CustomStringConvertible {
    let name: String

    var description: String {
           return name
       }
}
struct Book : Codable, CustomStringConvertible {
    let title: String
    let isbn: String
    let authors: [Author]
    let published: Date
    // erzeugt Testdatensatz
    static func example() -> Book {
        return Book(...)
    }
    // liefert formatierte Zeichenkette eines Buchs
    var description: String {
        return "..."
    }
}
```

Um die Instanz eines Buchs bzw. eines beliebigen Codable-Objektbaums in das JSON-Format umzuwandeln, erzeugen Sie einen JSONEncoder, übergeben die Daten an die encode-Methode und wandeln die resultierende Data-Instanz in eine Zeichenkette um.

Standardmäßig verwendet der JSON-Decoder eine platzsparende, aber schwer lesbare JSON-Formatierung und wandelt Daten in UNIX-Timestamps um. Wenn Sie vor dem encode-Aufruf outputFormatting und dataEncodingStrategy verändern, erhalten Sie besser lesbare JSON-Zeichenketten mit ISO-kompatiblen Zeitangaben.

Weitere Parameter des JSON-Encoders sind dataEncodingStrategy (wie sollen Binärdaten verarbeitet werden) und nonConformingFloatEncodingStrategy. Diese Eigenschaft gibt an, wie der Encoder mit den Fließkommawerten NaN (*Not a Number*) sowie positiv und negativ unendlich umgehen soll. Wichtig: Wenn Sie nicht bei den Defaultwerten bleiben, müssen Sie äquivalente Einstellungen auch beim Decoder verwenden.

Die verbleibenden Zeilen des Listings zeigen, wie Sie die Zeichenkette in einer Datei im Documents-Verzeichnis speichern.

```
func saveBookToJsonFile(book: Book = Book.example()) {
    let encoder = JSONEncoder()

    // Einrückungen, besser lesbarer JSON-Code
    encoder.outputFormatting = .prettyPrinted

    // Zeit und Datum gemäß ISO 8601
    encoder.dateEncodingStrategy = .iso8601

    // JSON-Zeichenkette erstellen
    if let jsondata = try? encoder.encode(book),
       let jsonstr = String(data: jsondata, encoding: .utf8)
    {
       // Zeichenkette in JSON-Datei speichern
       do {
            let fm = FileManager.default
            let doc = fm.urls(for: .documentDirectory,
                              in: .userDomainMask)[0]
            let fname = doc.appendingPathComponent("test.json")
            try jsonstr.write(toFile: fname.path,
                              atomically: true,
                              encoding: .utf8)
        } catch(let error) {
            print("Could not save file. \(error)")
        }
    }
}
```

Noch weniger Code bedarf es, um eine derart erstellte JSON-Datei wieder einzulesen. Sie erzeugen einen `JSONDecoder` und übergeben an `decode` den Zieldatentyp (hier `Book`) und die binären Daten. Das Einlesen der Datei übernimmt die Init-Funktion von `Data`. Die folgende Funktion setzt voraus, dass `mybook.json` als Bundle-Datei mit der App ausgeliefert wird.

```
func loadBookFromJsonFile() -> Book? {
    let decoder = JSONDecoder()
    decoder.dateDecodingStrategy = .iso8601
    if let url = Bundle.main.url(forResource: "mybook",
                                 withExtension: "json")
    {
        return try? decoder.decode(Book.self,
                                   from: Data(contentsOf: url))
    }
    return nil
}
```

Eigene Encoder und Decoder

Solange Ihre eigenen Datentypen aus lauter Eigenschaften zusammengesetzt sind, die selbst dem Protokoll `Codable` entsprechen, können Sie ohne Zusatzaufwand codieren bzw. decodieren. Verwenden Sie aber Eigenschaften mit anderen Datentypen, dann müssen Sie eine Init-Funktion zum Decodieren sowie die Methode `encode` selbst implementieren. Außerdem benötigen Sie nun zwingend eine Enumeration mit den Schlüsseln aller Elemente, die verarbeitet werden müssen. Ein Code-Beispiel finden Sie in der Apple-Dokumentation:

https://developer.apple.com/documentation/foundation/archives_and_serialization/encoding_and_decoding_custom_types

19

Datenmodell an JSON-Struktur anpassen

In der Praxis kommt es oft vor, dass Sie ein JSON-Dokument decodieren möchten, aber nicht an allen darin enthaltenen Informationen interessiert sind. In diesem Fall ist es zulässig, dass Sie Datenstrukturen definieren, die nur die für Sie relevanten Teile des JSON-Dokuments abbilden. Ausgangspunkt für das folgende Beispiel ist eine Zeichenkette, die im JSON-Format eine Menüstruktur abbildet (Quelle: *https://json.org/example.html*):

```
// Projekt json-menu, Datei main.swift
let jsonstr = """
  { "menu": {
      "id": "file",
```

```
        "value": "File",
        "popup": {
          "menuitem": [
            {"value": "New", "onclick": "CreateNewDoc()"},
            {"value": "Open", "onclick": "OpenDoc()"},
            {"value": "Close", "onclick": "CloseDoc()"}
          ]
        }
      }
    }
    """
```

Von den so dargestellten Daten seien aber nur die Popup-Menüeinträge von Interesse. In diesem Fall kann das JSON-Dokument durch die folgende Datenstruktur abgebildet werden. (Beachten Sie, dass in der Struktur `Menu` die Eigenschaften `id` und `value` absichtlich fehlen, weil wir an diesen Daten nicht interessiert sind.)

```
struct Toplevel : Codable {
    let menu: Menu
}
struct Menu : Codable {
    let popup: Popup
}
struct Popup : Codable {
    // Array, es kann pro Popup mehrere Menuitem-Objekte geben
    let menuitem: [Menuitem]
}
struct Menuitem : Codable {
    let value: String
    let onclick: String
}
```

Sobald es gelungen ist, das Datenmodell durch Swift-Typen darzustellen, ist die Decodierung ein Kinderspiel. Denken Sie daran, dass Sie die JSON-Zeichenkette zuerst mit der Methode `data` in ein `Data`-Element umwandeln müssen!

```
let decoder = JSONDecoder()
if let jsondata = jsonstr.data(using: .utf8),
   let top = try? decoder.decode(Toplevel.self, from: jsondata)
{
    for itm in top.menu.popup.menuitem {
        print("Value = \(itm.value), OnClick=\(itm.onclick)")
        // Ausgabe Value = New, OnClick=CreateNewDoc()
        //         Value = Open, OnClick=OpenDoc()
        //         Value = Close, OnClick=CloseDoc()
    }
}
```

Zuordnung zwischen JSON-Dokument und Swift-Typen ändern

Oft weichen die Elementnamen in vorgegebenen JSON-Dokumenten von den Konventionen für Variablennamen in Swift ab. In solchen Fällen können Sie die Zuordnung zwischen den JSON-Namen und den Swift-Eigenschaften durch eine Enumeration mit dem Namen `CodingKeys` anpassen. Die Enumeration muss für jede Eigenschaft der betreffenden `Codable`-Struktur oder -Klasse einen Eintrag enthalten. Bei Elementen, deren Name im JSON-Dokument von den Swift-Namen abweicht, müssen Sie dem Element eine entsprechende Enumerationszeichenkette zuordnen.

In dieser Variante des vorigen Beispiels gibt es JSON-Elemente mit den Namen `menu_item` und `on_click`. Diese Elemente sollen den Swift-Eigenschaftsnamen `menuItem` bzw. `onClick` zugeordnet werden.

```
// Projekt json-menu2, Datei main.swift
let jsonstr = """
  { "menu": {
      "id": "file",
      "value": "File",
      "popup": {
        "menu_item": [
          {"value": "New", "on_click": "CreateNewDoc()"},
          {"value": "Open" },
          {"value": "Close", "on_click": "CloseDoc()"}
        ]
      }
    }
  }
  """
struct Toplevel : Codable { ... }  // wie im vorigen Beispiel
struct Menu : Codable { ... }      // wie im vorigen Beispiel
struct Popup : Codable {
  let menuItem: [MenuItem]

  enum CodingKeys: String, CodingKey {
    case menuItem = "menu_item"    // menuItem <--> menu_item
  }
}
struct MenuItem : Codable {
  let value: String
  let onClick: String?

  enum CodingKeys: String, CodingKey {
    case value
    case onClick = "on_click"      // onClick <--> on_click
  }
}
```

```
let decoder = JSONDecoder()
if let jsondata = jsonstr.data(using: .utf8) ,
  let top = try? decoder.decode(Toplevel.self, from: jsondata) {
    for itm in top.menu.popup.menuItem {
      print("Value=\(itm.value),
             OnClick=\(itm.onClick ?? "[empty]")")
      // Ausgabe Value=New, OnClick=CreateNewDoc()
      //         Value=Open, OnClick=[empty]
      //         Value=Close, OnClick=CloseDoc()
  }
}
```

Optionals in Codable-Datentypen

Wenn Sie eine JSON-Datei einlesen, bei der gewisse Elemente manchmal vorhanden sind, in anderen Teilen aber fehlen, müssen Sie den entsprechenden Datentyp in den Swift-Strukturen zur Nachbildung der JSON-Struktur als Optional definieren. Dieser Aspekt ist im obigen Beispiel bei der Eigenschaft `onClick` zu sehen.

JSON-Dateien ohne Codable auswerten (JSONSerialization)

Das `Codable`-Protokoll ist großartig, wenn Swift-Objektbäume im JSON-Format abgebildet werden sollen. Oft ist die Zielsetzung aber eine ganz andere: Sie wollen eine komplexe JSON-Datei auswerten, sind aber nur an wenigen Details interessiert. Die Nachbildung der JSON-Dokumentstruktur durch Swift-Datentypen verursacht in solchen Fällen eine Menge unnötigen Code. Eine alternative Vorgehensweise besteht dann darin, die JSON-Zeichenkette mit `JSONSerialization` in einen Objektbaum umzuwandeln, der aus einfachen Arrays, Dictionaries, Zeichenketten und Zahlen besteht. Diesen Baum können Sie dann unkompliziert auswerten.

Die folgende Funktion verarbeitet noch einmal das vorhin abgedruckte JSON-Dokument. Es sucht darin nach Menüeinträgen in Popups in Menüs und verarbeitet die Einträge in einer Schleife:

```
// Projekt json-menu2, Datei main.swift
func parseMenuItems(from jsonstr: String) {
    guard let jsonData = jsonstr.data(using: .utf8),
          let json = try? JSONSerialization.jsonObject(
                with: jsonData) as? [String: Any] else
    {
        print("Failed to parse JSON")
        return
    }
```

```
    // Navigation nach menu.popup.menu_item
    guard let menu = json["menu"] as? [String: Any],
          let popup = menu["popup"] as? [String: Any],
          let menuItems = popup["menu_item"]
                as? [[String: Any]] else
    {
        print("Failed to find menu items")
        return
    }
    // Schleife über alle Menüeinträge
    for item in menuItems {
        let value = item["value"] as? String ?? ""
        let onClick = item["on_click"] as? String ?? "[empty]"
        print("Value=\(value), OnClick=\(onClick)")
    }
}
```

Weitere Beispiele für die Auswertung von JSON-Dokumenten folgen in Kapitel 20, »Netzwerkfunktionen und REST-APIs«.

19.6 XML-Dateien lesen

Die Foundation-Bibliothek stellt diverse `XMLXxx`-Klassen zur Verfügung (ehemals `NSXMLXxx`), die bei der Verarbeitung von XML-Daten helfen. Speziell zum Lesen von XML-Dokumenten ist die `XMLParser`-Klasse gedacht. Deren Anwendung ist allerdings ausgesprochen unhandlich, weswegen ich Ihnen in diesem Kapitel stattdessen die Open-Source-Bibliothek `SWXMLHash` vorstelle. Die Bibliothek untersteht der MIT-Lizenz und kann somit auch in kommerziellen Projekten kostenlos eingesetzt werden. Die Bibliothek wird seit vielen Jahren gut gewartet und ist entsprechend populär.

Sie müssen die Bibliothek mit File • Add Package Dependencies zu Ihrem Projekt hinzufügen, wobei Sie die folgende Adresse verwenden. Hintergrundinformationen zur Verwendung externer Bibliotheken können Sie in Abschnitt 12.4, »Swift Package Manager«, nachlesen.

https://github.com/drmohundro/SWXMLHash

Zur Anwendung der Bibliothek bilden Sie aus der Zeichenkette bzw. einer `Data`-Instanz mit den XML-Daten zuerst ein `XMLIndexer`-Objekt. Anschließend greifen Sie auf dessen XML-Elemente über Indizes mit den Elementnamen zu. Bei XML-Elementen gibt die Methode `attribute` Zugriff auf ein bestimmtes Attribut. Wenn Sie ein Dictionary mit allen Attributen benötigen, werten Sie `allAttributes` aus:

```
let xml = XMLHash.parse(xmlstring)      // Typ XMLIndexer
let x1 = xml["Root"]                    // Typ XMLIndexer
// alle Level1-Elemente verarbeiten
for x2 in xml["root"]["Level1"].all {   // Typ XMLIndexer
    ...
}
let e = xml["Root"]["Level1"].element   // Typ XMLElement?
let s = e?.text                         // Typ String? (Inhalt)
let a = e?.attribute(by: "attrname")    // Typ XMLAttribute?
let an = a?.name                        // Typ String?
let at = a?.text                        // Typ String?
let allA = e?.allAttributes             // Typ [String :
                                        //      XMLAttribute]?
```

Die SWXMLHash-Bibliothek ist sehr fehlertolerant. Falsche XML-Elementnamen oder -Attributnamen führen einfach dazu, dass der entsprechende Ausdruck nil liefert.

Beispiel

Ausgangspunkt für dieses Beispiel ist eine XML-Datei mit den Daten von 50 (natürlich fiktiven) Mitarbeitenden einer Firma. Der Aufbau der XML-Datei sieht wie folgt aus:

```
<?xml version="1.0" encoding="UTF-8"?>
<employees>
    <employee>
        <emp_no>10001</emp_no>
        <birth_date>1953-09-02</birth_date>
        <first_name>Georgi</first_name>
        <last_name>Facello</last_name>
        <gender>M</gender>
        <salary>88958</salary>
        <hiredate>2002-06-22</hiredate>
    </employee>
    ...
```

Das Programm lädt die XML-Daten in ein Array und zeigt deren Elemente in einer alphabetisch geordneten Liste an (siehe Abbildung 19.2). In der Detailansicht können Sie das Gehalt verändern. Das neue Gehalt wird allerdings nicht gespeichert.

Die Struktur zur Speicherung eines Mitarbeiters oder einer Mitarbeiterin sieht so aus:

```
// Projekt test-xml, Datei Employee.xml
@Observable
class Employee {
    var empNo: Int
    var birthDate: Date
    var firstName: String
```

```
    var lastName: String
    var gender: String
    var hireDate: Date
    var salary: Int
    var hiredate: Date

    // Init-Funktion und Computed Properties
    init(empNo: Int, ..., hiredate: Date) { ... }
    var fullName: String { ... }
    var age: Int { ... }
    var yearsEmployed: Int { ... }
}
extension Employee: Identifiable {  // empNo als ID verwenden
    var id: Int { empNo }
}
extension Employee: Equatable {
    static func == (lhs: Employee, rhs: Employee) -> Bool {
        return lhs.empNo == rhs.empNo
    }
}
```

Abbildung 19.2 Das SWXMLHash-Beispielprogramm zeigt fiktive Mitarbeiterdaten an.

Die aus der Sicht dieses Kapitels interessanteste Komponente des Codes ist die Funktion `loadEmployeesFromXMLBundle`. Sie lädt zuerst die Bundle-Datei `employees.xml` und bildet daraus einen `XMLIndexer`. In einer Schleife werden dann alle Elemente der Ebene `<employees><employee>` durchlaufen. Sofern alle Daten korrekt ausgelesen werden können, wird eine neue `Employee`-Instanz erzeugt und dem Ergebnis-Array hinzugefügt.

```
extension Employee {
    static func loadEmployeesFromXMLBundle() -> [Employee] {
        guard let url = Bundle.main.url(forResource: "employees",
                                        withExtension: "xml"),
              let data = try? Data(contentsOf: url) else
        {
            print("Failed to load employees.xml from bundle")
            return []
        }
        let xml = XMLHash.parse(data)    // Typ XMLIndexer
        var employees: [Employee] = []
        let dateFormatter = DateFormatter()
        dateFormatter.dateFormat = "yyyy-MM-dd"

        for employeeXml in xml["employees"]["employee"].all {
            guard
                let empNoString = employeeXml["emp_no"]
                   .element?.text,
                let empNo = Int(empNoString),
                let birthDateString = employeeXml["birth_date"]
                    .element?.text,
                ...
                let birthDate = dateFormatter.date(
                    from: birthDateString),
                let hireDate = dateFormatter.date(
                    from: hireDateString)
            else {
                continue
            }

            employees.append(Employee(
                empNo: empNo,
                birthDate: birthDate,
                ...
                hiredate: hireDate
            ))
        }
        return employees
    }
}
```

In der ContentView erfolgt die Initialisierung in der Closure des task-Modifiers. Dort werden die Elemente des Arrays auch sortiert. Anstelle von task können Sie hier auch onAppear verwenden – das Laden der kleinen Mitarbeiterliste erfolgt in jedem Fall blitzschnell.

```
// Projekt test-xml, Datei ContentView.swift
struct ContentView: View {
    // Mitarbeiterdaten
    @State private var employees: [Employee] = []

    var body: some View {
        NavigationStack {
            List(employees) { employee in
                NavigationLink(destination:
                    // Detailansicht
                    EmployeeDetailView(employee: employee))
                {   // Darstellung eines Listenelements
                    EmployeeRow(employee: employee)
                }
            }
            .navigationTitle("Employees")
        }
        .task() {
            // asynchrone Initialisierung
            employees = Employee.loadEmployeesFromXMLBundle()
                // sortieren (zuerst Nachname, dann Vorname)
                .sorted {
                    if $0.lastName == $1.lastName {
                        return $0.firstName < $1.firstName
                    }
                    return $0.lastName < $1.lastName
                }
        }
    }
}
```

Auf eine Diskussion des restlichen Codes verzichte ich hier. Werfen Sie einen Blick in die Beispieldateien, wenn Sie Ihre NavigationStack-Kenntnisse auffrischen möchten!

Weitere Beispiele zur Verarbeitung von XML-Dokumenten folgen in Kapitel 20, »Netzwerkfunktionen und REST-APIs«, sowie in Kapitel 23, »Währungskalkulator«.

Kapitel 20
Netzwerkfunktionen und REST-APIs

Dieses Kapitel fasst Programmiertechniken zusammen, mit denen Sie Dateien aus dem Netzwerk laden und REST-APIs anwenden. Sie benötigen diese Grundlagen immer dann, wenn Sie Daten aus dem Internet in einer App auswerten möchten.

REST-APIs sind aber auch der Schlüssel, um eigene Cloud-basierte Apps zu entwickeln. Immer dann, wenn Sie Daten zwischen verschiedenen Geräten (iPhone, iPad, Mac, eventuell noch einer Web-Schnittstelle) oder zwischen verschiedenen Personen (Familien- oder Gruppenmitgliedern, Spielgemeinschaften etc.) austauschen möchten, brauchen Sie einen externen Server, der dafür zuständig ist. Eine Option ist die iCloud – aber die ist mit vielen Einschränkungen verbunden (siehe Kapitel 22, »iCloud«). Die Alternative besteht darin, einen eigenen Server mit einer Datenbank einzurichten und die Daten über eine REST-API zugänglich zu machen. Ein konkretes Beispiel dafür, wie so eine API aus Client- und aus Server-Sicht aussehen kann, gebe ich Ihnen in Abschnitt 25, »Familieneinkaufsliste«.

Nahezu alle Netzwerkfunktionen der Foundation werden asynchron aufgerufen und können Fehler auslösen. In diesem Kapitel setze ich daher voraus, dass Sie mit `do/catch` und mit `async/await` vertraut sind (siehe Kapitel 11, »Fehlerabsicherung«, und Kapitel 18, »Asynchrone Programmierung«,).

Eigene REST-APIs mit Swift programmieren

In diesem Kapitel geht es ausschließlich um die Nutzung vorhandener APIs. Mit der Kombination aus Swift und der Bibliothek *Vapor* können Sie aber auch eigene APIs programmieren und auf einem macOS- oder Linux-Server ausführen. Der Vorteil: Sowohl Ihre Client-App als auch das Server-Backend sind damit programmiertechnisch »aus einem Guss«. Der Nachteil: Vapor hat sich in den letzten Jahren noch schneller als Swift entwickelt; der sichere und stabile Betrieb eines Servers mit einer auf Vapor basierenden REST-API war mit vielen Hürden verbunden.

https://vapor.codes

Deswegen ist es oft einfacher, externe APIs mit gängigen Tools (beispielsweise TypeScript mit NodeJS, Python mit Django oder Java mit Spring Boot) zu realisieren.

20.1 Dateien herunterladen

Um einen Download einer Datei aus dem Web durchzuführen, erstellen Sie zuerst eine URL-Instanz und übergeben diese an URLSession.shared.data. Die Methode wird asynchron durchgeführt und kann einen Fehler auslösen; der Aufruf muss deswegen mit try await erfolgen.

data liefert ein Tupel zurück. Es besteht aus den heruntergeladenen binären Daten (Datentyp Data) sowie einer URLResponse-Instanz. Diese gibt unter anderem Zugriff auf den HTTP-Status-Code. Das ist wichtig, um einen fehlerfreien Download (Code 2xx) zu erkennen.

Falls es sich bei der heruntergeladenen Datei um einen Text handelt, müssen Sie die binären Daten in einen String umwandeln. Auch dabei kann ein Fehler auftreten, z. B. wenn der Text anders codiert ist als von Ihnen erwartet.

In den folgenden Zeilen habe ich diese Schritte samt Fehlerabsicherung in eine Funktion verpackt.

```
// Projekt test-net, Datei ContentView.swift
func downloadFileAsString(from urlString: String) async throws
      -> String
{
    // URL erzeugen
    guard let url = URL(string: urlString) else {
        throw URLError(.badURL)
    }
    // Datei herunterladen, liefert binäre Daten und URLResponse
    let (data, response) =
        try await URLSession.shared.data(from: url)
    // HTTP-Status überprüfen
    guard let httpResponse = response as? HTTPURLResponse,
          (200...299).contains(httpResponse.statusCode) else {
        throw URLError(.badServerResponse)
    }
    // binäre Daten als UTF-8-Zeichenkette auswerten
    guard let string = String(data: data, encoding: .utf8) else {
        throw NSError(domain: "StringConversionError", code:  -1)
    }
    return string
}
```

Falls Sie keinen Text herunterladen, sondern z. B. ein Bild, können Sie wie folgt ein UIImage erzeugen (siehe auch Abschnitt 18.4, »Beispiel: Asynchroner Download«). Beachten Sie, dass die Klasse UIImage in UIKit definiert ist und daher nur unter iOS zur Verfügung steht. Unter macOS müssen Sie mit NSImage arbeiten.

```
import UIKit
...
// binäre Daten in ein UIImage umwandeln
guard let image = UIImage(data: data) else {
    throw NSError(domain: "ImageConversionError", code:  -1)
}
```

Zurück zu downloadFileAsString: Die Funktion kann nur asynchron ausgeführt werden. Dazu erzeugen Sie entweder mit Task einen asynchronen Kontext (siehe Kapitel 18, »Asynchrone Programmierung«), oder Sie verwenden wie im Beispiel den task-Modifier, der sich besonders gut für Initialisierungsarbeiten eignet. Außerdem müssen Sie sich um die Fehlerabsicherung kümmern. Die folgenden Zeilen zeigen den Download einer Textdatei und deren Darstellung in einer Text-View.

```
// Projekt test-net, Datei ContentView.swift (Forts.)
@State private var txt: String = "waiting for initialization"
let urlString: String = "https://kofler.info/uploads/hello.txt"
var body: some View {
    VStack {
        Text(txt)
    }
    .task() {
        do {
            txt = try await downloadFileAsString(from: urlString)
        } catch(let e) {
            txt = "Error: \(e)"
            print(e)
        }
    }
}
```

macOS-Sandbox: Erlauben Sie »Outgoing Connections«!

iOS-Apps dürfen standardmäßig Verbindungen zu einem Webserver herstellen und Dateien herunterladen etc. Für macOS-Apps gelten unbegreiflicherweise strengere Regeln! Ein Download von einem Webserver gelingt nur, wenn Sie bei den Target-Einstellungen unter CAPABILITIES die Option OUTGOING CONNECTIONS aktivieren! Andernfalls erhalten Sie die Fehlermeldung *Operation not permitted*.

Authentifizierung

Wenn Sie sich zum Download authentifizieren müssen, erzeugen Sie vorweg eine URLRequest-Instanz und übergeben mit setValue die Authentifizierungsdaten. Die folgenden Zeilen zeigen eine Bearer-Authentifizierung, wobei Sie xxx durch den Bearer-Code ersetzen müssen.

```
var request = URLRequest(url: url)
request.setValue("Bearer xxxx",
                 forHTTPHeaderField: "Authorization")
let (data, response) =
    try await URLSession.shared.data(for: request)
```

Ein wenig umständlicher erfolgt eine Basic Authentication. Hierfür müssen Sie die Authentifizierungszeichenkette zuerst Base64-codieren.

```
var request = URLRequest(url: url)
let loginString = "name:xxxx"
guard let loginData = loginString.data(using: .utf8) else {
    throw URLError(.cannotParseResponse)
}
let base64LoginString = loginData.base64EncodedString()
request.setValue("Basic \(base64LoginString)",
                 forHTTPHeaderField: "Authorization")
let (data, response) =
    try await URLSession.shared.data(for: request)
```

20.2 REST-APIs nutzen

Der *Representational State Transfer* beruht auf einem Datenaustausch über etablierte HTTP-Requests wie Get, Put oder Post. Die Daten werden zumeist im JSON-Format übertragen. Manche APIs erfordern zudem eine Authentifizierung.

Get-Request

Ein Get-Request ist in Wirklichkeit nichts anderes als ein Download. Der folgende Code sieht deswegen ganz ähnlich aus wie die Listings aus Abschnitt 20.1, »Dateien herunterladen«. Neu ist die Möglichkeit, mehrere Parameter in Form von `URLComponents` zu verpacken und an den `URLRequest` zu übergeben. Die Parameter werden dann in den URL eingebaut (`?name1=value1&name2=value2`). Bei `URLRequest` können Sie die gewünschte Methode explizit über die Eigenschaft `httpMethod` festlegen.

```
// Projekt test-rest, Datei main.swift
func get(from url: String,
         parameters: [String: String]? = nil) async throws
     -> String
 {
    // set parameters
    var components = URLComponents(string: url)!
```

```
    if let parameters {
        components.queryItems = parameters.map {
            URLQueryItem(name: $0.key, value: $0.value) }
    }
    // create request, pass parameters
    var request = URLRequest(url: components.url!)
    request.httpMethod = "GET"  // per default

    // process request
    let (data, response) =
        try await URLSession.shared.data(for: request)
    if let httpResponse = response as? HTTPURLResponse {
        let status = httpResponse.statusCode
        if status < 200 || status >= 300 {
            throw NSError(
                domain: "error, http status: \(status)",
                code: -1)
        }
    }
    guard let string = String(data: data, encoding: .utf8) else {
        throw NSError(domain: "StringConversionError", code:  -1)
    }
    return string
}
```

Die obige get-Methode liefert das Ergebnis als Zeichenkette, in der Regel eine JSON-Zeichenkette. Wenn Sie wissen, wie das JSON-Dokument aufgebaut ist, können Sie die Daten mit dem `JSONDecoder` direkt in eine entsprechende Swift-Datenstruktur umwandeln. Diese Vorgehensweise demonstriere ich sowohl in Abschnitt 20.3, »Beispiel: Aktuelles Wetter ermitteln«, als auch in Abschnitt 20.4, »Beispiel: New-York-Times-Bestsellerliste«.

Für erste REST-Experimente ist *https://httpbin.org/anything* gut geeignet. Diese URL liefert in einem JSON-Dokument alle gesendeten Daten wieder zurück und bietet damit eine großartige Möglichkeit, eigene REST-Funktionen samt Parameterübergabe, Authentifizierung usw. auszuprobieren.

Der Beispiel-Code für diesen Abschnitt befindet sich in einem Projekt vom Typ MACOS • COMMAND-LINE TOOL. Damit das Programm nicht endet, bevor der asynchrone Aufruf verarbeitet ist, wartet `try await task.value`, bis das (hier leere) Ergebnis eintrifft.

```
let task = Task {
    let para = ["user": "username"]
    let result = try? await get(
        from: "https://httpbin.org/anything",
```

```
        parameters: para)
    print(result ?? "empty")
}
// abwarten, bis der Task verarbeitet ist (andernfalls
// endet das Command-line Tool ohne Ergebnis)
try await task.value
```

Put-, Post-, Patch-Requests

Bei Put-, Post- oder Patch-Requests übergeben Sie zusätzlich Daten, die zum Server übertragen und dort gespeichert oder sonst verarbeitet werden sollen. Die folgende Funktion sendRequest lässt sich allgemeingültig für diese Request-Typen nutzen. Sie erwartet die Daten in Form eines Dictionaries und wandelt sie mit JSONSerializiation in das JSON-Format um.

```
func sendRequest(to url: String,
                 method: String,
                 body: [String: Any]) async throws -> String
{
    var request = URLRequest(url: URL(string: url)!)
    // Request Typ: "POST", "PUT", or "PATCH"
    request.httpMethod = method
    // Daten (Body) als JSON-Zeichenkette hinzufügen
    request.addValue("application/json",
                     forHTTPHeaderField: "Content-Type")
    request.httpBody = try JSONSerialization.data(withJSONObject:
     body)
    // Request ausführen
    let (data, response) =
        try await URLSession.shared.data(for: request)
    if let httpResponse = response as? HTTPURLResponse {
        let status = httpResponse.statusCode
        if status < 200 || status >= 300 {
            throw NSError(
                domain: "error, http status: \(status)",
                code: -1)
        }
    }
    // JSON-Zeichenkette zurückgeben
    guard let string = String(data: data, encoding: .utf8) else {
        throw NSError(domain: "StringConversionError", code:  -1)
    }
    return string
}
```

Die Anwendung der Funktion kann beispielsweise so aussehen:

```
let newUser = ["name": "John", "email": "john@example.com"]
let jsonResult = try? await
     sendRequest(to: "https://httpbin.org/anything",
                 method: "POST",
                 body: newUser)
```

REST-API-Klasse

Zur Abbildung einer komplexen API ist es zweckmäßig, die diversen Requests in einer gemeinsamen API-Klasse zu verpacken. Dann können Sie zuerst eine Instanz dieser Klasse erzeugen und dabei die Basis-URL und Authentifizierungsinformationen übergeben. In der Folge wenden Sie dann Methoden wie `get`, `put` etc. auf die Instanz an. Das kann in etwa so aussehen:

```
// Projekt test-rest, Datei main.swift
guard let api = MyRestApi("https://httpbin.org") else {
    print("Invalid URL")
    exit(1)
}
api.setBearerToken("xxxx")  // Authentifizierung
let jsonString = try await api.get("/anything")
```

Ein beispielhaftes Konzept für eine derartige Klasse finden Sie im Beispielprojekt `test-rest` in der Datei `RestApi.swift`. Die Methoden von `MyRestApi` liefern bzw. verarbeiten JSON-Dokumente. Sie können aber natürlich auch Methoden schreiben, die direkt Swift-Datenstrukturen zurückgeben bzw. als Parameter erwarten.

20.3 Beispiel: Aktuelles Wetter ermitteln

Das Ziel des folgenden Beispiels besteht darin, das aktuelle Wetter für einen beliebigen Ort herauszufinden. Als Datenquelle dient die API *https://api.weatherapi.com*, die mit gewissen Einschränkungen kostenlos zur Verfügung steht. Sie müssen sich allerdings einen API-Key besorgen. Dazu reicht die Angabe Ihrer E-Mail-Adresse aus, Sie müssen weder eine Kreditkartennummer noch sonstige persönliche Daten angeben. Allerdings dürfen Sie die Daten nicht kommerziell nutzen. Die Anzahl der Requests pro Monat ist limitiert, eine Wettervorhersage ist nur für drei Tage möglich.

Die aktuellen Wetterdaten liefert ein Get-Request, wobei in die URL der persönliche API-Key und der Ort eingebettet werden müssen:

https://api.weatherapi.com/v1/current.json?key=1234xxx&q=Graz

Das Resultat ist ein JSON-Dokument. Es hat den folgenden Aufbau, enthält aber noch wesentlich mehr Elemente:

```
{
   "location":{
      "name":"Graz",
      "region":"Steiermark",
      "country":"Austria",
      ...
   },
   "current":{
      "temp_c":2.3,
      "condition":{
         "text":"Clear",
         ...
      },
      "wind_kph":4.7,
      "humidity":60,
      ...
   }
}
```

Der erste Schritt besteht nun darin, die Datenstruktur in Swift nachzubilden. Die `CodingKeys` in `Current` sorgen für die Zuordnung zwischen JSON-Namen wie `temp_c` und Swift-typischen Eigenschaftsnamen wie `tempC`. Elemente des JSON-Dokuments, an denen wir kein Interesse haben, können in den Strukturen einfach weggelassen werden.

```
// Projekt weather-api, Datei Weather.swift
struct WeatherResponse: Codable {
    let location: Location
    let current: Current
}
struct Location: Codable {
    let name: String
    let region: String
    let country: String
}
struct Current: Codable {
    let tempC: Double
    let condition: Condition
    let windKph: Double
    let humidity: Int

    enum CodingKeys: String, CodingKey {
        case tempC = "temp_c"  // Swift tempC = JSON temp_c
        case condition
```

```
        case windKph = "wind_kph"
        case humidity
    }
}
struct Condition: Codable {
    let text: String
}
```

Tipp

Den schnellsten Weg, die erforderlichen Strukturen zusammenzustellen, bieten KI-Tools. Dazu laden Sie zuerst die JSON-Datei in einen Editor und entfernen alle Elemente, die für Sie nicht relevant sind. Die Struktur des Dokuments muss dabei erhalten bleiben. Danach bitten Sie Claude, ChatGPT oder ein anderes Werkzeug Ihrer Wahl, den Code für passende Swift-Strukturen zu erzeugen:

Die Klasse `WeatherService` ist für den Get-Request und dessen Auswertung zuständig. Ihr Aufbau ist leicht nachvollziehbar.

```
class WeatherService {
    private let apiKey: String
    private let session = URLSession.shared

    init(apiKey: String) {      // Init-Funktion
        self.apiKey = apiKey
    }
    // Methoden
    func getCurrentWeather(for location: String) async throws
        -> WeatherResponse { ... }
    func printCurrentWeather(for location: String) async { ... }
}
```

Die Methode `getCurrentWeather` setzt zuerst die URL zusammen. Die `String`-Methode `addingPercentEncoding` stellt sicher, dass Leer- und Sonderzeichen in gültige URL-Zeichen umgewandelt werden. Sie macht beispielsweise aus *São Paulo* die Zeichenkette `S%C3%A3o%20Paulo`.

Der Get-Request ignoriert die `response`-Komponente. Die binären Daten werden an einen `JSONDecoder` übergeben, der daraus eine `WeatherResponse`-Instanz erzeugt und als Funktionsergebnis zurückgibt.

```
func getCurrentWeather(for location: String) async throws
     -> WeatherResponse
{
    // URL zusammensetzen
    let urlApi = "https://api.weatherapi.com/v1/current.json"
```

20

```
    let urlLocation = location.addingPercentEncoding(
        withAllowedCharacters: .urlQueryAllowed) ?? location
    let urlString = "\(urlApi)?key=\(apiKey)&q=\(urlLocation)"
    guard let url = URL(string: urlString) else {
        throw URLError(.badURL)
    }
    // Get-Request, Objektbaum aus JSON-Dokument erstellen
    let (data, _) = try await session.data(from: url)
    return try JSONDecoder().decode(WeatherResponse.self,
                                     from: data)
}
```

Die Methode `printCurrentWeather` ruft `getCurrentWeather` auf und gibt die wichtigsten Eckdaten aus:

```
func printCurrentWeather(for location: String) async {
    do {
        let weather = try await getCurrentWeather(for: location)
        print("Current weather in \(weather.location.name),
               \(weather.location.country):")
        print("Temperature: \(weather.current.tempC)°C")
        print("Condition:   \(weather.current.condition.text)")
        print("Wind:        \(weather.current.windKph) km/h")
        print("Humidity:    \(weather.current.humidity)%")
    } catch {
        print("Error: \(error.localizedDescription)")
    }
}
```

Der Test-Code in `main.swift` sieht so aus:

```
// Projekt weather-api, Datei main.swift
let task = Task {
    let weatherService = WeatherService(apiKey: "1234xxxx")
    await weatherService.printCurrentWeather(for: "Graz")
}
await task.value  // warten, bis Task fertig ist
```

20.4 Beispiel: New-York-Times-Bestsellerliste

Die New York Times stellt über eine vorbildlich dokumentierte API diverse Bestsellerlisten in Form von JSON-Dokumenten zur Verfügung. Diese Hardcover-Liste dient als Ausgangspunkt für die Beispiel-App. Sie zeigt eine Liste mit den Top-15-Titeln an (siehe Abbildung 20.1). Die Auswahl eines Titels führt in die Detailansicht mit Bestell-Links bei diversen Buchhandlungen.

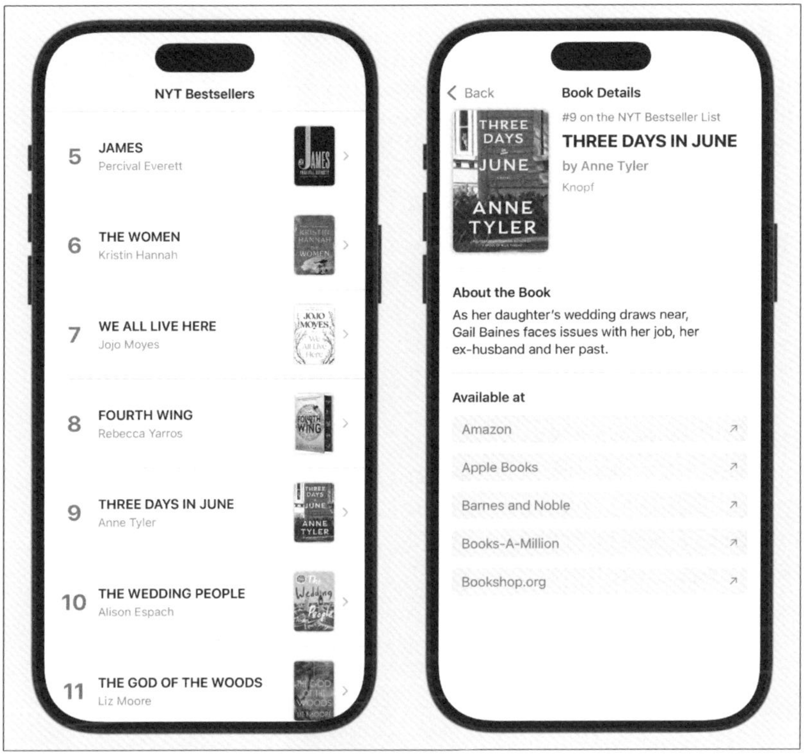

Abbildung 20.1 Die App listet die aktuellen New-York-Times-Bestseller auf.

Für den Zugang zu den Bestsellerlisten benötigen Sie einen API-Key, den Sie kostenlos nach einer unkomplizierten Registrierung erhalten.

https://developer.nytimes.com/accounts/create

In der Folge führt die folgende Adresse zu einem JSON-Dokument mit den Hardcover-Bestsellern. (Sie müssen natürlich xxx durch Ihren API-Key ersetzen.)

https://api.nytimes.com/svc/books/v3/lists/current/hardcover-fiction.json?api-key=xxx

Der Aufbau der resultierenden JSON-Datei sieht (stark gekürzt) wie folgt aus:

```
{
  "status": "OK",
  "copyright": "Copyright (c) 2025 The New York Times Company.",
  "num_results": 15,
  "last_modified": "2025-02-19T23:05:14-05:00",
  "results": {
    "list_name": "Hardcover Fiction",
    ...
```

```
"books": [
  {
    "rank": 1,
    "rank_last_week": 1,
    "weeks_on_list": 4,
    "asterisk": 0,
    "dagger": 0,
    "primary_isbn10": "1649377150",
    "primary_isbn13": "9781649377159",
    "publisher": "Red Tower",
    "description": "The third book in the Empyrean ...",
    "price": "0.00",
    "title": "ONYX STORM",
    "author": "Rebecca Yarros",
    "book_image": "https://storage.googleapis.com/du-prd/
                   books/images/9781649374189.jpg",
    "book_image_width": 310,
    "book_image_height": 500,
    ...
    ],
    "buy_links": [
      {
        "name": "Amazon",
        "url": "https://www.amazon.com/dp/1649374186?tag=..."
      }, ...
    ],
    "book_uri": "nyt://book/8aa689f7-187e-5292-..."
  },
  {
    "rank": 2, ...
```

Datenmodell

Zur Auswertung des JSON-Dokuments kommt wieder der `JSONDecoder` zum Einsatz. Deswegen muss die JSON-Struktur durch ein Datenmodell abgebildet werden. Ich habe mich auf die wenigen Elemente der Bestsellerliste beschränkt, die für das Programm relevant sind. Die `Book`-Struktur ist zusätzlich `Identifiable`, damit die Bücher problemlos als Elemente einer `List`-View verarbeitet werden können.

```
// Projekt net-nyt, Datei DataModel.swift
struct NYTBestsellerResponse: Codable {
    let results: BestsellerResults
}
struct BestsellerResults: Codable {
    let books: [Book]
}
```

```
struct Book: Codable, Identifiable {
    let rank: Int
    let publisher: String
    let description: String
    let price: String
    let title: String
    let author: String
    let bookImage: String
    let bookImageWidth: Int
    let bookImageHeight: Int
    let buyLinks: [BuyLink]
    let bookUri: String

    // Computed Property für Identifiable
    var id: String { bookUri }

    // Zuordnung Swift <-> JSON
    enum CodingKeys: String, CodingKey {
        case rank, publisher, description, price, title, author
        case bookImage = "book_image"
        case bookImageWidth = "book_image_width"
        case bookImageHeight = "book_image_height"
        case buyLinks = "buy_links"
        case bookUri = "book_uri"
    }
}
struct BuyLink: Codable {
    let name: String
    let url: String
}
```


Der aus der Sicht dieses Kapitels interessanteste Code ist gerade einmal zehn Zeilen lang! Die Methode fetchBestsellers setzt die URL zusammen, lädt das JSON-Dokument herunter, bildet daraus eine NYTBestsellerResponse-Instanz und gibt von dieser das Array mit den Büchern zurück.

```
class BestsellerService {
    private let apiKey = "xxx"
    private let baseUrl = "https://api.nytimes.com/svc/books/v3/
                           lists/current/hardcover-fiction.json"

    func fetchBestsellers() async throws -> [Book] {
        guard let url =
            URL(string: "\(baseUrl)?api-key=\(apiKey)")
        else {
            throw URLError(.badURL)
        }
```

```
        let (data, _) =
            try await URLSession.shared.data(from: url)
        // JSON-Ergebnis in Swift-Objekte umwandeln
        let nytResponse = try JSONDecoder()
              .decode(NYTBestsellerResponse.self, from: data)
        // nur die Bücher zurückgeben
        return nnytResponse.results.books
    }
}
```

Benutzeroberfläche

Auf den restlichen Code gehe ich nur fragmentarisch ein. Die Bestsellerliste wird im `task`-Modifier in der `ContentView` geladen und dann in einem `NavigationStack` in einer Liste dargestellt.

```
// Projekt net-nyt, Datei ContentView.swift
struct ContentView: View {
    @State private var books: [Book] = []
    @State private var isLoading = true
    @State private var errorMessage: String?

    var body: some View {
        NavigationStack {
            Group {
                if isLoading {
                    // rotierender Spinner
                    ProgressView("Loading books ...")
                } else if let error = errorMessage {
                    VStack { ... } // Fehlermeldung
                } else {
                    // maximal 15 Titel anzeigen
                    List(books.prefix(15)) { book in
                        NavigationLink(destination:
                            // Link zur Detailansicht
                            BookDetailView(book: book))
                        {
                            // Listenelement
                            BookRow(book: book)
                        }
                    }
                    .listStyle(GroupedListStyle())
                }
            }
            .navigationTitle("NYT Bestsellers")
```

```
            .task {
                if books.isEmpty {
                    fetchBooks()
                }
            }
        }
    }

    private func fetchBooks() {     // async. Download der
        isLoading = true            // Bestsellerliste
        errorMessage = nil

        Task {
            do {
                books = try await BestsellerService()
                    .fetchBestsellers()
                isLoading = false
            } catch {
                errorMessage = error.localizedDescription
                isLoading = false
            }
        }
    }
}
```

Cover-Bilder asynchron laden

Die Views BookRow und BookDetailView sind für die Darstellung der Listenelemente bzw. für die Detailansicht eines Buchs zuständig. Ich gehe hier auf zwei Details ein, die bisher im Buch nicht vorgekommen sind. Die Cover-Abbildungen der Bücher werden in AsyncImage-Elementen dargestellt. Das hat den Vorteil, dass sich SwiftUI um den Download kümmert. Das spart eine Menge Code! Die Closure mit dem phase-Parameter stellt sicher, dass die App während des Downloads einen rotierenden Spinner anzeigt und dass bei Download-Fehlern ersatzweise ein Buch-Icon angezeigt wird.

```
// Projekt net-nyt, Datei ContentView.swift, in BookRow
...
AsyncImage(url: URL(string: book.bookImage)) { phase in
    switch phase {
    case .empty:     // während des Ladeprozesses
        ProgressView()
            .frame(width: 50, height: 75)
    case .success(let image):
        image        // geladenes Bild formatieren
```

```
                .resizable()
                .aspectRatio(contentMode: .fit)
                .frame(width: 50, height: 75)
                .cornerRadius(4)
                .shadow(radius: 2)
    case .failure:  // bei Fehler Buch-Icon zeigen
        Image(systemName: "book.closed")
            .font(.largeTitle)
            .foregroundColor(.gray)
            .frame(width: 50, height: 75)
    @unknown default:
        EmptyView()
    }
}
```

Webbrowser-Links

Die Detailansicht der Bücher enthält Web-Links. Beim Berühren bzw. Anklicken wird die betreffende Seite im Webbrowser (nicht in der App) geöffnet. Beachten Sie, dass das nur im Simulator funktioniert, nicht in der Preview-Ansicht in Xcode!

Derartige anklickbare Links werden in SwiftUI in `Link`-Views verpackt. Dabei gibt der Parameter `destination` die Ziel-URL an. Die optische Darstellung des Links bleibt vollkommen Ihnen überlassen. Ich habe hier in einem `HStack` mit blauem Hintergrund einen Text mit dem Shop-Namen sowie ein Pfeil-Icon platziert.

```
// Projekt net-nyt, Datei ContentView.swift, in BookRow
...
ForEach(book.buyLinks, id: \.url) { link in
    Link(destination: URL(string: link.url)!) {
        HStack {
            Text(link.name)  // Name des Buch-Shops
                .foregroundColor(.blue)
            Spacer()
            Image(systemName: "arrow.up.right")
                .font(.caption)
        }
        .padding(.vertical, 8)
        .padding(.horizontal, 12)
        .background(Color.blue.opacity(0.1))
        .cornerRadius(8)
    }
}
```

Kapitel 21
SwiftData

Die Bibliothek SwiftData ermöglicht es, eigene Daten (fast) ohne Zusatzaufwand persistent zu speichern. Konkret bedeutet das, dass die in Ihrer App durchgeführten Eingaben bzw. Änderungen beim nächsten Start wieder zur Verfügung stehen. Apple verspricht, dass Sie dazu lediglich die Klassen Ihres Datenmodells mit dem Makro `@Model` kennzeichnen müssen. Ganz stimmt das natürlich nicht, aber im Idealfall gelingt der Umbau einfacher Apps von `@Observable` auf `@Model` wirklich erstaunlich schnell. Allerdings wird die Anwendung von SwiftData komplizierter, je komplexer Ihr Datenmodell aussieht und desto mehr Sonderfälle zu berücksichtigen sind.

SwiftData ist unter der Prämisse entwickelt worden, eine bestmögliche Integration mit SwiftUI mit möglichst wenig Code zu ermöglichen. Unter anderem erfüllen `@Model`-Klassen automatisch das `Observable`-Protokoll und können nahtlos mit View-Inhalten synchronisiert werden.

Gegen SwiftData spricht, dass die Bibliothek noch relativ neu ist. SwiftData wurde erstmals bei der WWDC 2023 vorgestellt. Bereits ein Jahr später gab es ein grundlegendes Update mit vielen internen Strukturänderungen. Das beweist, dass Apple viel Energie investiert, um aus SwiftData *das* Framework für Datenpersistenz unter Swift zu machen. Allerdings hatte ich während der Arbeit an diesem Kapitel mehrfach den Eindruck, dass es noch nicht so weit ist.

Dieses Kapitel gibt einen Überblick über die Basis-Features von SwiftData und zeigt beispielhaft deren Anwendung. Das Kapitel endet mit der Beschreibung einer To-do-App samt Undo-Manager.

21.1 Persistenz

»Persistenz« bedeutet, dass sich ein Programm Daten merkt und auf diese nach einem Neustart wieder zugreifen kann. Persistenz ist also ein selbstverständliches Merkmal fast jeder App. Die Frage ist, wie Sie Persistenz als Entwicklerin oder Programmierer realisieren. Es stehen Ihnen diverse Wege zur Wahl, die ich hier kurz skizziere:

- **Programmeinstellungen/User-Defaults:** Einfache App-Einstellungen speichern Sie am besten in den sogenannten User-Defaults. Hinter den Kulissen handelt es sich dabei um eine speziell für diesen Zweck vorgesehene Property-List-Datei. Aus Swift-Perspektive erfolgt der Datenzugriff über die `UserDefaults`-Klasse oder den `@AppStorage`-Property-Wrapper (siehe Abschnitt 17.2).
- **Dateien:** Alles, was über App-Einstellungen hinausgeht, können Sie in eigenen Dateien speichern (siehe Kapitel 19). Sie sind beim Format vollkommen frei. Sehr beliebt ist JSON, solange die Datenmengen nicht zu groß sind.
- **SwiftData, CoreData oder eigene Datenbanken:** Bei komplexen Strukturen und großen Datenmengen ist es vorteilhafter, die Daten in einer Datenbank zu speichern. Die in diesem Kapitel vorgestellte SwiftData-Bibliothek sowie deren Vorgänger und Fundament CoreData sind die gängigsten Alternativen, wenn Sie im Apple-Kosmos bleiben möchten. Sie können aber auch eigene Datenbanklösungen realisieren, z. B. auf der Basis von SQLite.
- **iCloud:** User-Defaults, Dateien und Datenbanken werden direkt auf dem Gerät gespeichert. Ein Synchronisation über mehrere Geräte desselben Nutzers oder ein Datenaustausch mit anderen Nutzerinnen ist so kaum möglich. Abhilfe schafft die Speicherung der Daten auf externen Servern. Apple wäre es am liebsten, wenn Sie dazu die iCloud verwendeten (siehe Kapitel 22). Erfreulicherweise ist SwiftData iCloud-kompatibel.
- **Eigene Server/eigene Cloud-Lösungen:** Anstatt auf die iCloud zu setzen, können Sie einen eigenen Server betreiben oder auf ein externes Cloud-Service setzen. Damit können Sie den Mechanismus des Datenaustauschs zu Ihrer App selbst bestimmen, z. B. mit einer REST-API. Wie das konkret aussehen kann, zeige ich Ihnen anhand eines größeren Beispiels in Kapitel 25, »Familieneinkaufsliste«.

In der Praxis reicht die Entscheidung für *einen* Weg oft nicht aus. Beispielsweise soll eine Notiz-App zwar eine automatische Datensynchronisation zu Ihren anderen Geräten erlauben (das spricht für eine Cloud-Lösung), sie muss aber das Erfassen von Notizen auch dann erlauben, wenn Ihr Gerät gerade offline ist (also lokale Dateien/Datenbanken auf dem Gerät). Damit haben Sie *zwei* Speichermechanismen. Mit etwas Pech treten beim Datenabgleich Konflikte auf, etwa wenn die Benutzer Ihrer App eine Notiz auf zwei Geräten unabhängig voneinander verändert haben.

SwiftData, Core Data oder eine andere Lösung?

Sollen Sie bei neuen Apps auf die bewährte Core-Data-Bibliothek setzen oder auf das neue SwiftData? Im Internet gehen die Meinungen zu diesem Thema stark auseinander. Für die vorige Auflage dieses Buchs habe ich ein 40-seitiges Kapitel zu Core Data verfasst.

Glücklich bin ich mit Core Data nicht geworden. Core Data wurde lange vor Swift entwickelt, und das merkt man: Die Programmierung ist enorm umständlich.

Im Unterschied dazu führt SwiftData zu sehr kompaktem, leicht wartbarem Code. Das gilt insbesondere im Zusammenspiel mit SwiftUI. Aber je komplizierter die Aufgabenstellung und das Datenmodell sind, je mehr Sonderfälle Sie berücksichtigen müssen, desto mehr wird der Black-Box-Charakter von SwiftData zum Hindernis. Generell empfinde ich eine große Skepsis gegenüber Technologien, die komplexe Probleme wie von Zauberhand lösen wollen. Das hat in der Vergangenheit noch nie funktioniert. Ich will beim Entwickeln wissen, was ich tue. Leider ist die offizielle Dokumentation zu SwiftData an vielen Stellen äußerst oberflächlich. Ein tiefer gehendes Verständnis kann nur durch Versuch und Irrtum erworben werden, was frustrierend ist und eine Menge Zeit kostet.

Apple will SwiftData offensichtlich als Nachfolger von Core Data positionieren. (Absurderweise basiert SwiftData selbst noch auf Core Data, aber das wird sich möglicherweise in den nächsten Versionen ändern.) SwiftData ist bzw. wird aus meiner Sicht eine Schlüsseltechnologie im Apple-Universum und rechtfertigt damit dieses Kapitel.

Die mühselige Arbeit beim Verfassen dieses Texts und beim Erstellen der Beispielprogramme hat mich aber nicht davon überzeugt, dass SwiftData in seiner jetzigen Form schon praxistauglich ist. Bis Sie dieses Buch lesen, gibt es vielleicht schon die nächste oder übernächste Generation von SwiftData. Dann ist Zeit für eine Neubewertung. Bis dahin würde ich bei großen Projekten versuchen, eine endgültige Festlegung zu vermeiden, und eventuell als Übergangslösung bei simplen JSON-Dateien bleiben.

21.2 SwiftData-Überblick

Bevor ich in den folgenden Abschnitten auf die Details der SwiftData-Programmierung eingehe, möchte ich Ihnen hier einen ersten Überblick verschaffen:

- **@Model:** Damit Sie SwiftData verwenden können, müssen Sie die gleichnamige Bibliothek importieren und Ihren Datenklassen `@Model` voranstellen:

```
import SwiftDatas

@Model
class MyType { ... }
```

- **Container:** Normalerweise verwenden Sie SwiftData in Kombination mit SwiftUI. Das setzt voraus, dass die App beim Start bzw. beim Anzeigen einer View eine Verbindung zur SwiftData-Datenbank (zum »Container«) herstellt. Darum kümmert sich der `modelContainer`-Modifier, der sowohl im `@Main`-Code als auch im Preview-Code auf die `ContentView` angewendet wird. Mit dem `for`-Parameter übergeben Sie ein Array Ihrer `@Model`-Datentypen:

  ```
  ContentView().modelContainer(for: [MyType.self, Type2.self])
  ```

  Im Abschnitt 21.4, »Container« werde ich Ihnen zeigen, dass Sie SwiftData selbstverständlich auch ohne SwiftUI nutzen können.

- **Daten lesen, speichern und löschen per Kontext:** Um Daten zu lesen oder zu verändern, benötigen Sie einen `ModelContext`. Dessen Methoden `fetch`, `insert`, `delete` unterstützen alle grundlegenden CRUD-Operationen (*Create, Read, Update, Delete*). Mit `save` speichern Sie die aktuell offenen Änderungen dauerhaft.

  ```
  @Environment(\.modelContext) var context
  items = try? context.fetch(FetchDescriptor<MyType>())
  context.insert(object1)
  context.delete(object2)
  try? context.save()
  ```

- **Abfragen:** Anstatt mit `context.fetch` Daten explizit abzufragen, können Sie `@Query`-Variablen einrichten, die ein stets aktuelles Abbild Ihrer Daten enthalten:

  ```
  // artists enthält ein Array aller Künstler, geordnet nach
  // deren Namen
  @Query(sort: \Artist.name) private var artists: [Artist]
  ```

- **SwiftUI-Automatismen:** Sie müssen sich zwar explizit darum kümmern, neue Objekte zu speichern bzw. Objekte zu löschen; eine Menge anderer Operationen laufen aber automatisch ab. SwiftData-Variablen werden direkt mit SwiftUI-Views verbunden (wie mit `@Observable`). Dort in der Oberfläche durchgeführte Änderungen werden sofort synchronisiert.

  Alle offenen Änderungen in Ihren Daten werden automatisch dauerhaft gespeichert. Die Speicherung erfolgt in regelmäßigen Abständen bzw. wenn Sie die App schließen oder in eine andere App wechseln.

  Mit minimalem Mehraufwand können Sie eine Undo-Funktion realisieren: Die Benutzerinnen und Benutzer Ihrer App müssen nur ihr iPhone schütteln, schon wird die zuletzt durchgeführte Operation rückgängig gemacht.

21.3 Modellierung (Schema)

SwiftData kann nur für Klassen verwendet werden, nicht für Strukturen. @Model ist ein Makro. Das bedeutet, dass Ihr eigener Code vor dem Kompilieren mit zusätzlichem Code angereichert wird. Sie können sich diesen Code sogar ansehen, wenn Sie in Xcode das Kontextmenükommando EXPAND MACRO ausführen.

Laut Apple-Dokumentation unterstützt SwiftData alle grundlegenden Datentypen (Int, Double, String, Bool, Date) sowie Arrays, Sets und Dictionaries. Enumerationen und eigene Datentypen sind auch in Ordnung, sofern das Protokoll Codable implementiert ist. Ihre Klassen dürfen schließlich Eigenschaften enthalten, die auf andere @Model-Klassen verweisen.

https://developer.apple.com/documentation/swiftdata/preserving-your-apps-model-data-across-launches

Diese Aussagen sind mit Vorsicht zu genießen. Um SwiftData auszuprobieren, wollte ich das folgende, harmlos aussehende Datenmodell verwenden:

```
// Projekt swiftdata-commandline, Datei Main.swift
@Model
class Book {
    var title: String
    var publisher: Publisher  // Publisher ist eine @Model-Klasse
    var authors: [String]
    init(...) { ... }
}
@Model
class Publisher {
    var name: String
    var location: String
    init(...) { ...}
}
```

Beim Speichern von Büchern lieferte das Programm aber merkwürdige Warnungen: *Could not materialize Objective-C class named »Array« from declared attribute value type »Array« of attribute named authors.* Außerdem stellte sich später heraus, dass es unmöglich war, nach Büchern zu suchen, die von einem bestimmten Autor verfasst waren. Die Ursache der Probleme bestand darin, dass SwiftData das String-Array für authors in SQLite in einer binären BLOB-Spalte speichert.

Die einfachste Lösung besteht darin, authors als einfache Zeichenkette zu definieren und die Autorennamen durch Strichpunkte zu trennen (beispielsweise "Michael Kofler; Bernd Öggl"). Ich werden Ihnen in Abschnitt 21.6, »Relationen«, einen anderen Lösungsweg mit dem @Relationship-Makro zeigen, der aber wesentlich komplizierter ist.

```
@Model
class Book {
    // alle Autorennamen in *einer* Zeichenkette speichern
    var authors: String

    // Read-only Computed Property, liefert die
    // Autorennamen als Array
    var authorNames: [String] {
        authors.split(separator: ";").map { String($0) }
    }
    // ... restlicher Code wie bisher
```

Computed Properties

`@Model` ignoriert Computed Properties wie `authorNames`. Diese müssen nicht gespeichert werden, wenn ihr Inhalt wie im obigen Beispiel aus gewöhnlichen Eigenschaften zusammengesetzt werden kann.

ID-Eigenschaft

Mit `@Model` gekennzeichnete Klassen erfüllen automatisch das Protokoll `PersistentModel`. Dieses Protokoll implementiert selbst einige Protokolle, unter anderem `Identifiable`, `Hashable` und `Observable`:

https://developer.apple.com/documentation/swiftdata/persistentidentifier

Jede Klasse wird mit einem internen `PersistentIdentifier` ausgestattet. Es ist daher überflüssig, dass Sie Ihre Datentypen selbst mit einer `id`-Eigenschaft ausstatten. Wenn Sie das dennoch tun, gibt es *zwei* Identifier, einen SwiftData-internen und einen, der von Ihnen stammt. Das muss nicht zwangsläufig zu Problemen führen, kann es aber:

https://stackoverflow.com/questions/77696483

Makros mit Zusatzattributen für @Model-Eigenschaften

In manchen Fällen ist es notwendig, einzelne Eigenschaften mit Property Wrapper oder Makros aus der SwiftData-Bibliothek anzureichern:

- **Unique:** `@Attribute(.unique)` stellt sicher, dass der Wert über alle gespeicherten Objekte eindeutig ist:

  ```
  @Attribute(.unique)
  var isbn: String    // ISBN muss eindeutig sein
  ```

Der Versuch, ein neues Buch mit der gleichen ISBN zu speichern, führt nicht zu einem Fehler, sondern zu einem *Upsert*. Das ist eine Mischung aus *Insert* und *Update*. Das bereits vorhandene Buch mit derselben ISBN wird also aktualisiert.

Passen Sie aber auf, dass die Eindeutigkeit nur garantiert werden kann, wenn die ISBN-Codes in einem einheitlichen Format gespeichert werden, am besten ohne Bindestriche. Aus SwiftData-Sicht sind die ISBNs `"978-3-367-10734-6"` und `"9783367107346"` unterschiedlich, obwohl es die gleichen Codes sind.

- **Unique für mehrere Eigenschaften:** Wenn sich die Eindeutigkeit auf eine Kombination aus mehreren Eigenschaften bezieht, verwenden Sie statt `@Unique` das Makro `#Unique` und übergeben ein Array mit KeyPath-Ausdrücken für alle betroffenen Ausdrücke. Im folgenden Beispiel zur Event-Planung darf es keine zwei Veranstaltungen geben, die zum gleichen Zeitpunkt im gleichen Raum starten.

```
@Model class Event {
    // zwei Events können nicht zur gleichen Zeit
    // am gleichen Ort beginnen
    #Unique<Event>([\.room, \.begin])
    var room: String
    var begin: Date
    ...
```

- **Index:** Wenn Ihre App große Datenmengen speichert (mehr als 500 Instanzen eines `@Model`-Typs), lohnt es sich, die zugrundeliegende Tabelle mit Indizes auszustatten. Indizes beschleunigen Such- und Sortierkommandos, verlangsamen aber Datenänderungen.

  Dazu übergeben Sie an das Makro `#Index` die Eigenschaften oder Eigenschaftskombinationen, nach denen Sie Ihre Daten häufig durchsuchen oder filtern. In diesem Beispiel werden *drei* Indizes erzeugt, einer nur für den Nachnamen, einer nur für den Vornamen und ein dritter für die Kombination aus beiden Eigenschaften (wichtig für Suchanfragen, die beide Namensbestandteile beinhalten):

```
// Suche nach Namen beschleunigen
#Index<User>([\.lastName],
             [\.firstName],
             [\.lastName, \.firstName])
```

  Bei vielen Apps sind die Datenmengen klein; Indizes lohnen sich dann nicht. Anders sieht es aus, wenn Sie eine Messenger-App in der Art von WhatsApp entwickeln und Tausende von Nachrichten lokal speichern. Hier wäre ein Volltextindex wünschenswert, mit dem Sie nach Worten im Text suchen können. Diese Art von Index unterstützt SwiftData aber nicht.

- **Eigenschaft nicht speichern:** `@Transient` kennzeichnet eine Eigenschaft, die *nicht* gespeichert werden soll. Das ist z. B. für Eigenschaften sinnvoll, die nur für die UI-Logik relevant sind:

  ```
  @Transient
  var isBeingEdited: Bool = false   // nicht speichern
  ```

Eine Referenz weiterer Makros und Property Wrapper finden Sie in der Apple-Dokumentation. Viel Mühe hat sich das Dokumentations-Team aber nicht gegeben: Nach der Lektüre der zumeist einzeiligen Beschreibung bleibt offen, unter welchen Umständen ein Feature genutzt werden kann, soll oder muss:

https://developer.apple.com/documentation/swiftdata/model()

Relationen

Häufig verweisen `@Model`-Klassen aufeinander. Die Objekte sind also miteinander verknüpft bzw. durch Relationen verbunden. Im einfachsten Fall verwenden Sie bei der Deklaration einer Eigenschaft den entsprechenden `@Model`-Datentyp – und fertig!

Leider gibt es bei Relationen eine Menge Sonderfälle. Damit SwiftData diese korrekt berücksichtigen kann, müssen Sie die Eigenschaften mit `@Relationship` kennzeichnen. Dieses Makro zählt ebenfalls zu den Modellierungs-Tools von SwiftData. Haben Sie noch etwas Geduld! Damit Sie die in Abschnitt 21.6, »Relationen«, präsentierten Beispiele nachvollziehen können, muss ich Ihnen vorher erklären, wie Sie SwiftData-Objekte speichern, abfragen, ändern und löschen.

iCloud-Kompatibilität

Falls Sie vorhaben, SwiftData in Kombination mit der iCloud einzusetzen (siehe Abschnitt 22.3, »SwiftData und iCloud«), müssen Sie bei der Modellierung drei Zusatzregeln beachten:

- Alle Eigenschaften müssen optional sein oder einen fixen Defaultwert aufweisen (z. B. `var name = "empty name"`).
- Eigenschaften, die auf andere `@Model`-Klassen verweisen (Relationen), müssen in jedem Fall optional sein.
- `@Attribute(.unique)` ist unzulässig.

21.4 Container

Mit der Definition des Datenmodells ist es nicht getan. Sie müssen SwiftData auch sagen, wo und wie es Ihre Daten speichern soll. Dazu stellt der Modifier `modelContainer` eine Verbindung zwischen einer SwiftUI-View und der Datenbank her. Für die App wird `modelContainer` meistens im `@main`-Code ausgeführt. Damit Sie SwiftData-Funktionen im Testbetrieb nutzen können, müssen Sie den Modifier auch auf den Preview-Code anwenden.

Im einfachsten Fall übergeben Sie an `modelContainer` alle mit `@Model` gekennzeichneten Klassen (gegebenenfalls als Array). Miteinander verknüpfte Klassen berücksichtigt SwiftData automatisch, d. h., beim `Book`/`Publisher`-Beispiel reicht die Angabe des Typs `Book.self`. Wegen der Eigenschaft `publisher` inkludiert SwiftData auch den `Pulisher`-Typ.

SwiftData ist keine Datenbank

SwiftData ist streng genommen weder eine Datenbank noch eine Datenbank-Bibliothek. Zwar verwendet SwiftData standardmäßig die Bibliothek SQLite, seit 2024 ist das SwiftData-Backend (der *Data Store*) aber austauschbar. Der Container kümmert sich somit um die Verbindung zum Backend, wie auch immer dieses aussieht. Dennoch bleibe ich in diesem Kapitel beim leichter verständlichen Datenbankbegriff, zumal dieser in den meisten Anwendungsfällen zutreffend ist.

```
@main
struct test_dataApp: App {
    var body: some Scene {
        WindowGroup {
            ContentView()
                // Verbindung zur Datenbank herstellen
                // gilt automatisch auch für Publisher
                .modelContainer(for: [Book.self])
        }
    }
}
...
#Preview {
    ContentView()
        // auch die Preview-Ansicht benötigt den Model-Container
        .modelContainer(for: [Book.self])
}
```

Beim ersten Start der App im Simulator oder auf einem Gerät erzeugt SwiftData die zur Speicherung der Daten notwendigen Dateien. Bei weiteren Starts werden die bereits vorhandenen Dateien gelesen bzw. bei einer Änderung des Datenmodells angepasst (siehe die Überschrift »Schema-Migration« in Abschnitt 21.7, »SwiftData-Interna«).

An `modelContainer` können diverse optionale Parameter übergeben werden:

```
.modelContainer(
    for: MyType.self,
    // Datenbank im RAM (keine Persistenz, default: false)
    inMemory: true,
    // Änderungen NICHT automatisch speichern (default: true)
    isAutosaveEnabled: false,
    // Undo-Funktion aktivieren (default: false)
    isUndoEnabled: true)
```

Die Undo-Funktion ermöglicht es mit einigem Extra-Code, die zuletzt durchgeführten Datenänderungen rückgängig zu machen. Ein diesbezügliches Beispiel folgt in Abschnitt 21.9, »Undo-Funktion für die To-do-App«. Auf eine weitere optionale Funktion, die iCloud-Integration, gehe ich in Kapitel 22.3, »SwiftData und iCloud«, näher ein.

SwiftData in Command-line-Tools nutzen

Beim Experimentieren mit SwiftData hat es sich als praktisch erwiesen, grundlegende SwiftData-Funktionen in einem minimalistischen macOS-Programm ohne den Overhead von SwiftUI auszuprobieren. Dazu müssen Sie den `ModelContainer` selbst erzeugen und in der `ModelConfiguration` einen Speicherort angeben.

```
// Projekt swiftdata-commandline, Datei Main.swift
let schema = Schema([MyType.self, ...])
let url =  URL(fileURLWithPath: "/Users/kofler/test.store")
let modelConfiguration = ModelConfiguration(schema: schema,
                                            url: url)
let container =
    try ModelContainer(for: schema,
                       configurations: [modelConfiguration])
let context = ModelContext(container)
```

21.5 Daten lesen und speichern (Kontext)

SwiftData funktioniert teilweise automatisch: Wenn Sie Änderungen an einem Objekt durchführen, das SwiftData bekannt ist, dessen Eigenschaften es also verfolgt, werden diese Änderungen automatisch gespeichert. Die Speicherung erfolgt zwar nicht immer sofort, aber spätestens nach ein paar Sekunden sowie immer bei einer Status-

Änderung der App – z. B. wenn Sie in eine andere App wechseln (iOS) oder die App beenden (macOS).

Beachten Sie, dass diese automatische Synchronisation zwischen Ihren Objekten und der SwiftData-Datenbank nur für Objekte funktioniert, die Sie mit fetch laden, die Teil eines @Query-Ergebnisses sind oder die Sie mit insert in die SwiftData-Datenbank eingefügt haben! Ein mit var book = Book(...) neu erzeugtes Objekt ist dagegen noch nicht mit SwiftData verbunden.

Hinter den Kulissen ist für die Verbindung zu SwiftData der modelContext zuständig. Diese Eigenschaft steht in jeder @Model-Klasse zur Verfügung.

```
let newPublisher = Publisher(name: "Rheinwerk Verlag",
                             location: "Bonn")
if newPublisher.modelContext == nil {
    print("noch nicht mit SwiftData verbunden")
}
context.insert(newPublisher)  // Verlag dauerhaft speichern
if newPublisher.modelContext != nil {
    print("jetzt mit SwiftData verbunden")
}
```

Kein automatisches Speichern bei Code-Änderungen in der Preview-Ansicht

Im Simulator oder auf echter Hardware funktioniert das Speichern gut. Beim Testen einer App in der Preview-Ansicht kommt es aber bei jeder Code-Änderung zu Preview-Neustarts. Leider erhält die Preview-App keine Information, dass die Ausführung gleich endet. Deswegen gehen beim Testen in der Preview-Ansicht oft Daten verloren. Abhilfe schafft der explizite Aufruf der save-Methode, auf die ich gleich eingehe.

Datenbankoperationen mit Kontext

Für sämtliche Daten-Operationen, die nicht automatisch stattfinden, benötigen Sie den gerade erwähnten SwiftData-Kontext. In SwiftUI-Programmen deklarieren Sie dazu eine Umgebungsvariable @Environment. In Command-line-Tools verwenden Sie stattdessen die Init-Funktion von ModelContext und übergeben Ihren Container als Parameter:

```
@Environment(\.modelContext) var context   // SwiftUI
let context = ModelContext(container)      // Command-line Tool
```

Auf diesen Kontext können Sie nun diverse Methoden anwenden. Die drei wichtigsten sind insert, delete und save:

- insert übergibt ein neues Objekt an die SwiftData-Verwaltung. Hinter den Kulissen wird das Objekt als Datensatz in der entsprechenden Tabelle gespeichert. Wenn Sie mit anderen Datenbankbibliotheken gearbeitet haben, wird es Sie vielleicht verblüffen, dass Sie bei insert nicht angeben, wo (in welche Tabelle) das Objekt eingefügt werden soll. Das ist nicht notwendig, weil SwiftData das anhand des Typs selbst entscheiden kann.
- save speichert die Änderungen dauerhaft. (Wie gesagt, wenn Sie den Container mit der Defaulteinstellung isAutosaveEnabled: false erzeugt haben, werden alle Änderungen früher oder später automatisch gespeichert. Darüber hinaus können Sie mit save immer implizit speichern.)
- delete entfernt ein Objekt aus der SwiftData-Verwaltung. Achten Sie darauf, dass Sie keine Objekte löschen dürfen, auf die andere Objekte verweisen. Wenn wir beim Einführungsbeispiel bleiben, dann dürfen Sie keinen Verlag löschen, solange dieser Bücher enthält. Sie müssen *zuerst* die Bücher löschen! (Alternativ können Sie bei der Book-Klasse die Eigenschaft publisher als Optional deklarieren – dann sind auch Bücher erlaubt, die keinem Verlag zugeordnet sind.)

Das folgende Listing zeigt die Anwendung der Methoden:

```
let publ = Publisher(name: "Rheinwerk Verlag", location: "Bonn")
// SwiftData kennt das Objekt jetzt und speichert es irgendwann
context.insert(publ)
// sofort speichern, muss mit try abgesichert werden
context.save()
// Objekt aus SwiftData löschen; die Variable publ bleibt
// unverändert, aber beim nächsten Start findet SwiftData das
// Objekt nicht mehr
context.delete(publ)
```

Objekte lesen (fetch)

Um Objekte aus der SwiftData-Datenbank zu lesen, gibt es zwei Möglichkeiten. An dieser Stelle beschreibe ich Ihnen die Kontextmethode fetch. Im nächsten Abschnitt zeigen ich Ihnen als Alternative die Deklaration von @Query-Variablen.

In der einfachsten Form erzeugen Sie einen FetchDescriptor für den relevanten Datentyp – hier Publisher – und übergeben diesen an die fetch-Methode. Als Ergebnis erhalten Sie, sofern kein Fehler auftritt, ein ungeordnetes Array aller in der Datenbank gespeicherten Objekte.

```
// ungeordnetes Array aller Verlage, Datentyp [Publisher]?
let publishers = try? context.fetch(FetchDescriptor<Publisher>())
```

Falls Sie eine geordnete Liste wünschen, haben Sie die Wahl: Sie können zuerst alle Datensätze lesen und darauf die Swift-Methoden sort oder sorted anwenden, oder Sie können den Such-Descriptor entsprechend anpassen:

```
// alle Bücher, geordnet nach dem Titel
var desc = FetchDescriptor<Book>()
desc.sortBy = [SortDescriptor<Book>(\.title)]
var books = try? context.fetch(desc)
```

Mit dem Makro #Predicate können Sie zusätzliche Suchkriterien formulieren:

```
// Bücher, erschienen bei Macmillan, geordnet nach dem Titel
let predicate = #Predicate<Book> { book in
    book.publisher.name == "Macmillan Publishers"
}
var desc = FetchDescriptor<Book>(predicate: predicate)
desc.sortBy = [SortDescriptor(\.title)]
let books = try? context.fetch(desc)
```

@Query-Variablen

Für SwiftUI-Programme ist die fetch-Methode nicht ideal geeignet. Eine einmal erzeugte Ergebnisliste spiegelt spätere Änderungen nicht wider. Dort deklarieren Sie besser in der View eine @Query-Variable. Der Clou besteht darin, dass die Variable books nun stets aktuelle Daten enthält. Das gilt auch, wenn während der Programmausführung ein Buch gelöscht oder ein neues hinzugefügt wird.

```
// books mit dem Datentyp [book] enthält stets alle Bücher,
// sortiert nach Titel
@Query(sort: \Book.title) private var books: [Book]
```

Um in umgekehrter Reihenfolge zu sortieren, brauchen Sie einen SortDescriptor:

```
@Query(sort: [SortDescriptor(\Book.title, order: .reverse)])
private var books: [Book]
```

@Query kann auch mit #Predicate kombiniert werden. Das macht aus einer Variablendeklaration allerdings ein reichlich unübersichtliches Code-Ungetüm:

```
// books enthält die bei Macmillan erschienenen Bücher
@Query(filter: #Predicate<Book> { book in
            book.publisher.name == "Macmillan Publishers"
       },
       sort: \.title)
private var books: [Book]
```

Mehrere Objekte löschen

Um mehrere Objekte zu löschen, können Sie mit fetch ein Array erzeugen und dieses in einer Schleife mit context.delete verarbeiten. Auf diese Weise können Sie natürlich auch nur Objekte löschen, die ein bestimmtes Kriterium erfüllen.

```
// alle Bücher löschen
books = try? context.fetch(FetchDescriptor<Book>())
for book in books ?? [] {
    context.delete(book)
}
try? context.save()  // Änderungen sofort anwenden
```

Für große Datenmengen gibt es effizientere Wege. Um wirklich alle Objekte eines Typs zu löschen, übergeben Sie an delete nicht ein einzelnes Objekt, sondern den Datentyp.

```
// alle Bücher löschen, effizienter
try? context.delete(model: Book.self)
try? context.save()
```

Diese delete-Variante kann auch mit einem Kriterium verbunden werden:

```
// alle Bücher löschen, die bei Macmillan erschienen sind
predicate = #Predicate<Book> { book in
    book.publisher.name == "Macmillan Publishers"
}
try? context.delete(model: Book.self, where: predicate)
try? context.save()
```

Mehr Kontextmethoden

Die ModelContext-Klasse unterstützt eine Menge weiterer Methoden, auf die ich hier nicht im Detail eingehen kann. Dazu zählen fetchCount (nur die Anzahl der gefundenen Objekte ermitteln), enumerate (eine Closure auf ausgewählte Objekte anwenden) sowie transaction und rollback (mehrere Operationen zu einer Transaktion bündeln).

https://developer.apple.com/documentation/swiftdata/modelcontext

21.6 Relationen

Relationen, also Verknüpfungen zwischen Tabellen, sind der größte Stolperstein beim Design relationaler Datenbanken. Nun bezeichnet Apple SwiftData an keiner Stelle als Datenbankbibliothek, schon gar nicht als Framework für relationale Datenbanken. Aber das ändert nichts daran, dass SwiftData aktuell mit SQLite eine relationale Datenbankbibliothek nutzt. Selbst wenn sich das in Zukunft ändern sollte, muss SwiftData heute und in Zukunft mit den vielen Sonderfällen umgehen, die sich ergeben können, wenn ein Objekt auf ein anderes Objekt verweist.

In SwiftData können Sie mit dem `@Relationship`-Makro bestimmen, wie sich miteinander verknüpfte `@Model`-Klassen verhalten sollen. Im Folgenden gehe ich auf einige Anwendungsfälle ein.

Enumerationswerte

Die Speicherung von Enumerationswerten in einer Eigenschaft gilt nicht als Relationen. Im folgenden Beispiel ist `BookCategory` keine `@Model`-Klasse. Die Verwendung von `@Relationship` wäre hier syntaktisch falsch.

```
// Projekt swiftdata-relations-commandline, Datei Main.swift
@Model class Book {
    ...
    var category: BookCategory?  // OHNE @Relationship!
}
enum BookCategory: String, Codable {
    case fiction
    case nonFiction
}
```

Einfache Verknüpfungen

In anderen Fällen ist das `@Relationship`-Makro optional. Ein Beispiel dafür ist der Zusammenhang zwischen Büchern und Verlagen. `Book.publisher` verweist auf ein `Publisher`-Objekt. Egal, ob Sie dieser Eigenschaft `@Relationship` voranstellen oder nicht, die Modellierung funktioniert. Bei einem komplexen Modell mit vielen Klassen und Eigenschaften schafft `@Relationship` aber mehr Klarheit.

21

```
@Model class Book {
    ...
    @Relationship  // optional, ändert nichts
    var publisher: Publisher
}
@Model class Publisher { ... }
```

Verknüpfte Objekte automatisch löschen

Wenn Sie möchten, dass das verknüpfte Element automatisch zusammen mit dem Ausgangsobjekt gelöscht werden soll, verwenden Sie `@Relationship` mit der `deleteRule: .cascade`. Bei der Verknüpfung zwischen Büchern und Verlagen wäre das nicht sinnvoll. Auch wenn ein Buch gelöscht wird, kann es ja andere Bücher geben, die im gleichen Verlag erschienen sind. Anders sieht es bei Kommentaren zu einem Blogpost aus. Wenn der Blogpost gelöscht wird, machen die Kommentare keinen Sinn mehr und werden ebenfalls gelöscht.

```
@Model class BlogPost {
    var title: String
    // beim Löschen eines Blogposts auch die Kommentare löschen
    @Relationship(deleteRule: .cascade)
    var comments: [Comment] = []
    ...
}
```

Inverse Verknüpfungen

Wie ich bereits beschrieben habe, reicht die Eigenschaft `Book.publisher` (mit oder ohne `@Relationship`) aus, um einem Buch einen Verlag zuzuordnen. Vielleicht wäre es für Ihre App zweckmäßig, wenn diese umgekehrt herausfinden könnte, welche Bücher in einem bestimmten Verlag erschienen sind. Sogenannte inverse Verknüpfungen erlauben Ihnen, den Zusammenhang zwischen zwei Datentypen in beide Richtungen auszuwerten.

```
@Model class Book {
    // @Relationship ist immer noch optional
    var publisher: Publisher
    ...
}
@Model class Publisher {
    // inverse Verknüpfung
    @Relationship(inverse: \Book.publisher)
    var books: [Book] = []
    ...
}
```

Bemerkenswert an derartigen inversen Verknüpfungen ist der Umstand, dass Sie `Publisher.books` nie initialisieren müssen, aber dennoch auslesen können! Sie richten also eine kleine Bibliothek ein, indem Sie zuerst einige Verlage erzeugen, danach Bücher, die in diesen Verlagen erschienen sind:

```
let macmillan = Publisher(name: "Macmillan Publishers",
                          location: "New York")
context.insert(macmillan)
let newbook = Book(title: ..., publisher: macmillan, ...)
context.insert(newbook)
```

Das Beispielprojekt zu diesem Abschnitt enthält die Methode `createSampleData`, die ein Dutzend Bücher erzeugt, die in verschiedenen Verlagen erschienen sind und von mehrerer Autoren verfasst wurden. Die folgenden Zeilen zeigen eine Schleife über alle Verlage. In dieser Schleife befindet sich eine weitere Schleife über alle Bücher. Das funktioniert, obwohl Sie nie etwas in `Publisher.books` gespeichert haben. Der Inhalt von `publisher.books` wird dynamisch von SwiftData generiert (also aus der zugrunde liegenden Datenbank abgefragt).

```
// Projekt swiftdata-relations-commandline, Datei Main.swift
// Schleife über alle Verlage
let publishers = try? context.fetch(FetchDescriptor<Publisher>())
for publisher in publishers ?? [] {
    print(publisher.name)
    // Schleife über alle Bücher, die im Verlag erschienen sind
    for book in publisher.books {
        print("  \(book.title)")
    }
}
```

Dieser Aspekt von SwiftData ist faszinierend! Nur durch die Deklaration von `@Relationship(inverse)` erhalten Sie Zugriff auf Informationen, um deren Organisation Sie sich nie selbst gekümmert haben. Sie dürfen `Publisher.books` sogar verändern. SwiftData kümmert sich dann darum, `Book.publisher` entsprechend anzupassen. Beispielsweise fügt die folgende Zeile das Buch `mybook` zu den beim Verlag `mypublisher` erschienenen Büchern hinzu.

```
// mybook ist bei mypublisher erschienen
mypublisher.books.append(mybook)
```

Das ist gleichwertig zur folgenden Anweisung:

```
mybook.publisher = mypublisher
```

Bei der Veränderung der Eigenschaften inverser Relationen ist Vorsicht geboten! Im folgenden Beispiel wird ein Buch `b` erzeugt, das im Verlag `p` erschienen ist. Danach wird `p.books` ein leeres Array zugeordnet. Buch `b` hat jetzt keinen Verlag mehr. Das Programm stürzt unmittelbar ab.

```
let p = Publisher(name: "...", location: "...")
context.insert(p)
let b = Book(title: "...", isbn: "...", publisher: p)
context.insert(b)
p.books = []  // Crash
```

Das Programm stürzt ab, weil die Eigenschaft `Book.publisher` nicht leer sein darf. Abhilfe würde die Deklaration von `publisher` als Optional schaffen. (Eine derartige Deklaration ist zwingend erforderlich, falls Sie vorhaben, SwiftData später in Kombination mit der iCloud zu verwenden.)

```
@Model class Book {
    @Relationship
    var publisher: Publisher?  // publisher darf auch nil sein
    ...
}
```

n:m-Verknüpfungen

Im Einleitungsbeispiel dieses Kapitels habe ich erwähnt, wie mein erster Modellierungsversuch für `Book.authors` scheiterte. Dabei wollte ich mit dem `String`-Array für die Autorennamen der »richtigen« Modellierung aus dem Weg gehen, die tatsächlich ein wenig diffizil ist: Ein Buch kann mehrere Autoren haben, aber eine Autorin kann auch mehrere Bücher schreiben. Im Kontext relationaler Datenbanken heißt so ein Zusammenhang eine »n:m-Verknüpfung«. Solche Verknüpfungen sind kein theoretischer Sonderfall, sondern treten in der Praxis recht oft auf.

Um n:m-Verknüpfungen in der SwiftData-Logik nachzubilden, brauchen Sie für beide Seiten der Verknüpfung eine `@Model`-Klasse, hier also `Book` und `Author`. In der `Book`-Klasse kennzeichnen Sie die `authors`-Variable (Datentyp: `Author`-Array) erwartungsgemäß mit `@Relationship`. Umgekehrt müssen Sie in der `Author`-Klasse eine `books`-Variable mit `@Relationship(inverse)` kennzeichnen. Damit weiß SwiftData, wie die beiden Eigenschaften miteinander zusammenhängen.

```
// Projekt swiftdata-relations-commandline, Datei Main.swift
@Model class Book {
    @Relationship
    var authors: [Author] = []
    // ansonsten wie bisher ...
}
@Model class Author {
    var name: String
    @Relationship(inverse: \Book.authors)
    var books: [Book] = []

    init(name: String) { ... }
}
```

Bemerkenswert ist der Umstand, dass Sie die Verknüpfung von beiden Seiten aus nutzen und verändern können. Die jeweils andere Eigenschaft wird automatisch korrekt aktualisiert.

Mehr als nur Bequemlichkeit

Es ist faszinierend, wie Sie über `Author.books` quasi rückwärts herausfinden können, wer an welchem Buch mitgearbeitet hat – aber womöglich brauchen Sie dieses

Feature gar nicht. Kommen Sie nun nicht auf die Idee, die Anweisung `@Relationship(inverse: \Book.authors)var books: [Book] = []` wegzulassen! Selbst wenn Sie die Eigenschaft `books` nie benutzen wollen, ist die inverse Verknüpfung hier zwingend notwendig, damit derselbe Autor mehreren Büchern zugeordnet werden kann! Das `@Relationship`-Makro hat Einfluss darauf, wie Ihre Daten innerhalb der Datenbank (oder in einem anderen DataStore) physikalisch organisiert werden und ist hier unbedingt erforderlich!

21.7 SwiftData-Interna

Standardmäßig basiert SwiftData (Stand Frühjahr 2025) auf CoreData und verwendet zur Speicherung der Daten eine SQLite-Datenbank. Deren Ort können Sie durch die Auswertung des Kontexts herausfinden:

```
@Environment(\.modelContext) private var context
...
.onAppear {
    print(context.container.configurations.first?.url
            .path(percentEncoded: false) ?? "not found")
}
```

Die Datenbankdatei hat aktuell immer den Namen `default.store` und befindet sich im Verzeichnis `Library/Application Support`. Der folgende Pfad wurde bei der Ausführung einer SwiftData-App auf einem iPhone ermittelt:

```
/var/mobile/Containers/Data/Application/57D7xxx/Library/
  Application Support/default.store
```


Sofern Sie Ihre App in einem Simulator oder unter macOS ausführen, können Sie die Datenbankdatei mit dem Kommando `sqlite3` in einem Terminal öffnen und ansehen (siehe Abbildung 21.1). Der Pfad enthält oft Leerzeichen. Deswegen müssen Sie den Pfad in Anführungszeichen stellen.

```
sqlite3 '<path>'
```

`sqlite3` ist ein interaktives Tool zur Ausführung von SQLite-Kommandos:

- `.tables` listet alle Tabellen auf.
- `.schema` zeigt die Definition aller Tabellen und Indizes
- `SELECT * FROM <tablename>;` listet den Inhalt einer Tabelle auf. SQL-Kommandos müssen immer mit einem Strichpunkt enden.

SwiftData-Tabellennamen setzen sich aus `Z` und dem Typnamen zusammen, also z. B. `ZBOOK` für die `@Model`-Klasse `Book`. Außerdem gibt es ein paar zusätzliche Tabellen mit Metadaten zum Datenmodell.

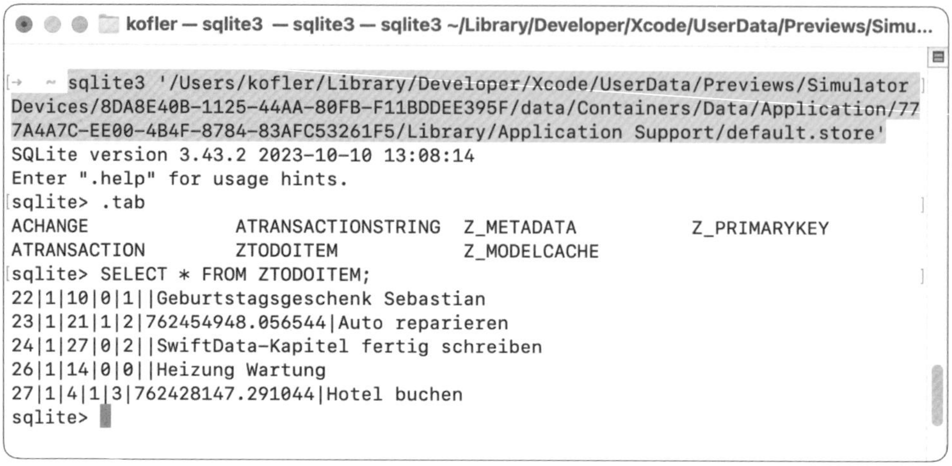

Abbildung 21.1 Ein Blick in die SwiftData-Datenbank der To-do-App

Sie können SwiftData sogar zusehen, welche SQL-Kommandos es gerade ausführt. Dazu führen Sie in Xcode PRODUCT • EDIT • SCHEME aus, wechseln beim RUN-Schema in das Dialogblatt ARGUMENTS und fügen mit dem Plus-Button einen neuen Debugging-Parameter hinzu, der beim Ausführen an die App übergeben werden soll:

```
-com.apple.CoreData.SQLDebug 1
```

Wenn Sie Ihre App nun im Simulator (nicht in der Preview-Ansicht) ausführen, werden im Debug-Bereich von Xcode unzählige SQL-Kommandos angezeigt.

Seit Mitte 2024 unterstützt SwiftData verschiedene Backends (sogenannte Data-Stores), um die Daten physikalisch zu speichern. Wenn Sie wollen, können Sie sogar einen eigenen DataStore programmieren:

https://developer.apple.com/videos/play/wwdc2024/10138

Somit ist es denkbar, dass Apple den Default-Datastore in Zukunft ändert und anstelle von CoreData und SQLite ein anderes Backend einsetzt. Die hier beschriebenen Verfahren zur Analyse der SwiftData-Interna würden dann nicht mehr funktionieren.

Schema-Migration

Was passiert, wenn Sie Ihre App in einer ersten Version ausliefern und danach Änderungen am Datenmodell, also an den mit `@Model` gekennzeichneten Klassen, durchführen? Sie wollen natürlich unbedingt vermeiden, dass Ihre Kundinnen und Kunden im Zuge des Updates vorhandene Daten verlieren.

SwiftData bemüht sich, so gut es geht, Änderungen ohne Datenverlust nachzuvollziehen. Zusätzliche Klassen oder Eigenschaften stellen diesbezüglich nie ein Problem dar. Wenn Sie Eigenschaften umbenennen, können Sie mit Property Wrappern den Zusammenhang zum bisherigen Namen herstellen:

```
@Attribute(originalName: "oldname")    var newname: String
@Relationship(originalName: "oldname") var newname: SomeType
```

Wenn eine automatische Migration nicht möglich ist, müssen Sie Ihre Schemavarianten mit `VersionedSchema` explizit kennzeichnen und in einem `SchemaMigrationPlan`-Code zur Verfügung stellen, der beim Umstieg von Version A zu Version B ausgeführt wird. Die Vorgehensweise wird im folgenden WWDC-Video kurz skizziert:

https://developer.apple.com/videos/play/wwdc2023/10195/?time=330

Datenbank-Reset

Beim Entwickeln einer App ändern Sie das Schema häufig und wollen sich nicht mit Migrationsfragen auseinandersetzen. Wenn Probleme auftreten, ist mitunter unklar, ob diese eventuell damit zu tun haben, dass es in der Datenbankdatei noch Fragmente Ihres alten Schemas gibt. In solchen Fällen ist es das Beste, die Datenbankdatei einfach komplett zu löschen.

Solange Sie mit Command-line-Tools experimentieren oder Ihre Apps im Simulator ausführen, können Sie die Datei direkt im Terminal mit `rm` löschen. Schon schwieriger ist es bei Apps, die direkt auf einem iPhone oder iPad ausgeführt werden. Dort können Sie sich damit behelfen, dass Sie in den `@main`-Code Ihres Programms vorübergehend (nur für einen Start) eine zusätzliche `main`-Methode einbauen. Diese setzt den Pfad zur noch nicht geöffneten Datei `default.store` zusammen und löscht diese. Diese Vorgehensweise funktioniert in der aktuellen SwiftData-Version. Das kann sich aber in Zukunft ändern, falls SwiftData per Default einen anderen DataStore verwendet. Hintergrundinformationen zum Umgang mit dem `FileManager` finden Sie in Kapitel 19, »Dateien, JSON und XML«.

```
// Projekt swiftdata-todo, Datei swiftdata_todoApp.swift
@main
struct swiftdata_todoApp: App {
    static func main() {
        let fm = FileManager.default
        if let appSupportDir =
                 fm.urls(for: .applicationSupportDirectory,
                         in: .userDomainMask).first
        {
            let storeURL = appSupportDir
                .appendingPathComponent("default.store")
            print("Store path: \(storeURL.path)")
```

```
            do {
                if fm.fileExists(atPath: storeURL.path) {
                    try fm.removeItem(at: storeURL)
                    print("Successfully deleted SwiftData store")
                } else {
                    print("Store file doesn't exist yet")
                }
            } catch {
                print("Error deleting file: \(error)")
            }
        }

        sleep(5)  // to see output
        exit(0)
        //
        // Programmende!
    }

    var body: some Scene { ... }  // wie bisher
}
```

Preview

Damit Sie SwiftData-Apps im Xcode-Preview testen können, müssen Sie den `modelContainer`-Modifier auch dort anwenden und dabei dieselben Optionen übergeben wie im `@main`-Code.

```
#Preview {
    ContentView()
        .modelContainer(for: MyType.self, options ...)
}
```

Grundsätzlich funktioniert die Persistenz auch für die Preview. Eine Einschränkung betrifft aber das automatische Speichern. Jedes Mal, wenn Sie Ihren Code ändern, unterbricht Xcode die Programmausführung, und zwar *ohne* SwiftData eine Chance zu geben, offene Änderungen dauerhaft zu speichern. Abhilfe schafft der Einbau von `context.save`-Anweisungen an allen Stellen im Code, wo sich Daten ändern.

Manchmal ist es zweckmäßig, für die Preview-Ansicht immer gleiche Testdaten zu verwenden und dafür auf eine persistente Speicherung zu verzichten. Die folgenden Zeilen zeigen, wie Sie an den `modelContainer` eine Closure zur Initialisierung von Beispieldaten übergeben, hier für die im nächsten Abschnitt präsentierte To-do-App.

```
// Projekt swiftdata-todo, Datei ContentView.swift
#Preview("in memory with test data") {
   ContentView()
      .modelContainer(for: TodoItem.self,
                      inMemory: true,
                      isUndoEnabled: true) { result in
         switch result {
         case .success(let container):
             // Seed preview data using the container
             do {
                 let context =  container.mainContext
                 let todo1 = TodoItem(title: "Learn SwiftData")
                 let todo2 = TodoItem(title: "Build sample app")
                 context.insert(todo1)
                 context.insert(todo2)
                 try context.save()
             } catch {
                 print("Failed to seed preview data: \(error)")
             }
         case .failure(let error):
             print("Failed to set up model container: \(error)")
         }
      }
}
```

Weitere Varianten zur Initialisierung von Testdaten mit sogenannten `PreviewTraits` beschreibt Xu Yang in seinem Blog:

https://fatbobman.com/en/posts/swiftdata-in-wwdc2024

Dokumentations

Apple präsentiert SwiftData in diversen WWDC-Videos. Diese bieten einen guten Einstieg. Ich habe hier nur die drei wichtigsten der im Frühjahr 2025 verfügbaren Videos verlinkt. Eine Suche nach *SwiftData WWDC* gibt weitere Treffer:

https://developer.apple.com/videos/play/wwdc2023/10187 (Intro)
https://developer.apple.com/videos/play/wwdc2023/10195 (Modellierung)
https://developer.apple.com/videos/play/wwdc2024/10137 (Neuerungen 2024)

Die Videos bilden einen guten Startpunkt, machen aber nicht klar, wo die Grenzen von SwiftData liegen. Die Online-Dokumentation der unzähligen Klassen, Methoden und Enumerationswerte hat leider wenig Tiefgang. Eine detaillierte Beschreibung, wie die SwiftData-Bibliothek grundlegend funktioniert, fehlt vollständig.

https://developer.apple.com/xcode/swiftdata
https://developer.apple.com/documentation/swiftdata

Hilfreicher und praxisnäher sind die Blog-Beiträge und Videos von Xu Yang und Paul Hudson:

https://fatbobman.com/en/tags/SwiftData
https://www.hackingwithswift.com/quick-start/swiftdata
https://www.youtube.com/@twostraws/search?query=swiftdata

21.8 Beispiel: To-do-App

Die Zielsetzung für dieses Beispielprogramm ist leicht zu verstehen: Sie können in der App To-do-Einträge verfassen (siehe Abbildung 21.2). Der neueste Eintrag wird in der Liste immer oben angezeigt. Sie können die Liste aber immer manuell ordnen.

Ein Klick auf den grünen Checkbox-Kreis kennzeichnet den Eintrag als erledigt. Er rutscht damit in die zweite Liste mit allen historischen Einträgen. Damit können Sie den Eintrag jederzeit reaktivieren. Die Einträge der zweiten Liste werden stets chronologisch angezeigt, der zuletzt erledigte Eintrag befindet sich oben. Eine Veränderung der Reihenfolge ist nicht vorgesehen, Sie können aber Einträge löschen.

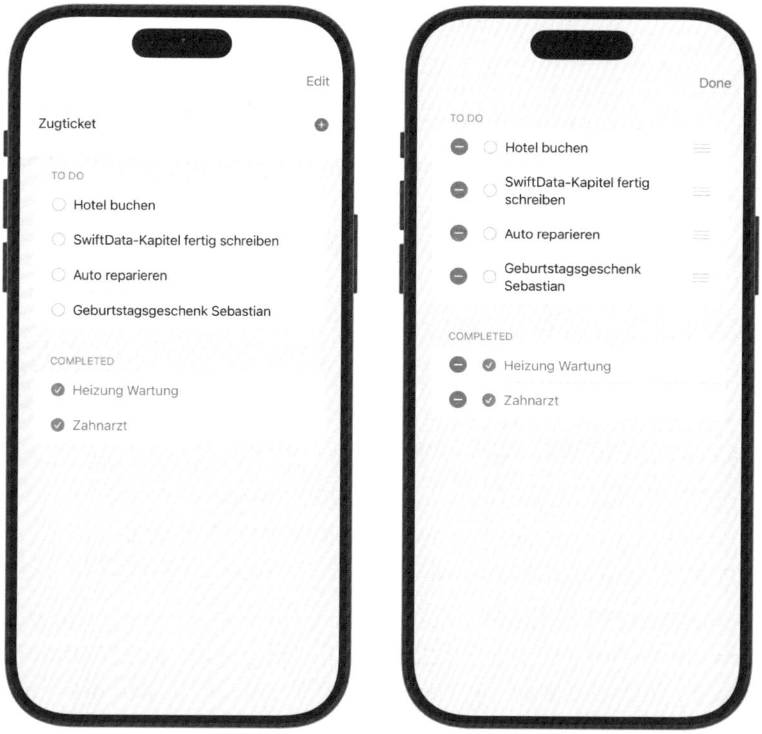

Abbildung 21.2 To-do-App links im Normalzustand, rechts im Listen-Edit-Modus

Bei der Entwicklung der App habe ich zuerst eine erste Fassung ohne dauerhafte Speicherung erstellt. Der Code, zugegebenermaßen fast ohne Fine-Tuning, umfasste weniger als 120 Zeilen (siehe die Beispieldatei `todo-without-persistance`). Die hier präsentierte Variante mit SwiftData, MVVM-Organisation und ein paar zusätzlichen Optimierungen (z. B. das Ausblenden der Tastatur, ein Detail, das man bei Simulatortests oft vergisst) ist mit rund 240 Zeilen immer noch relativ kompakt.

Datenmodell

Am wenigsten Arbeit macht das Datenmodell. Die `TodoItem`-Klasse ist leicht zu verstehen. Die Eigenschaft `rank` fixiert die Reihenfolge der noch nicht erledigten To-do-Einträge, während `doneDate` für die Reihenfolge der erledigten Einträge wichtig ist.

```
// Projekt swiftdata-todo, Datei Model.swift
@Model
class TodoItem {
    var title: String
    var isCompleted = false
    var doneDate: Date? = nil
    var rank = 0    // 0 = am Beginn der Liste

    init(title: String) {
        self.title = title
    }

    func setCompleted(status: Bool) {
        isCompleted = status
        if status == true {
            doneDate = Date()
        } else {
            doneDate = nil
            rank = 0 // wiederhergestellte Einträge oben anzeigen
        }
    }
}
```

ViewModel

Schon viel mehr Code beansprucht das ViewModel. Die dort gesammelten Methoden helfen dabei, neue Einträge einzufügen, vorhandene Einträge neu zu ordnen oder zu löschen etc. Die Klasse ist `@Observable`, damit die Eigenschaft `newTodoTitle` mit dem entsprechenden `TextField` der Benutzeroberfläche verknüpft werden kann. Hier wäre aber auch eine andere Modellierung denkbar gewesen.

Relativ viel Kopfzerbrechen hat die context-Variable bereitet. Diese ist für alle SwiftData-Operationen notwendig. Allerdings steht der Kontext am Beginn der Initialisierung der ContentView noch nicht zur Verfügung. Sie kann erst in der Closure des onAppear-Modifiers gesetzt werden. Aus diesem Grund ist die Variable ein Optional, was leider zu einer Menge unschönen context?.method()-Anweisungen führt.

Die Alternative hätte darin bestanden, die Variable @State var viewModel: TodoViewModel in der ContentView optional zu machen und mit dem Erzeugen das ganze ViewModel erst in onAppear zu erzeugen. Das hätte aber Probleme mit dem Binding von newTodoTitle verursacht. Irgendein Kompromiss war hier notwendig, und die hier präsentierte Variante erscheint mir trotz allem eleganter zu sein.

```
// Projekt swiftdata-todo, Datei Model.swift
@Observable
class TodoViewModel {
    var context: ModelContext? = nil
    var newTodoTitle = ""

    // diverse Methoden, Code folgt gleich
}
```

To-do-Eintrag hinzufügen (ViewModel)

In den folgenden Abschnitten erläutere ich kurz die wichtigsten Methoden des ViewModels. addTodo wird aufgerufen, wenn die App-Benutzerin auf den Plus-Button klickt, um einen neuen Eintrag zu speichern. Der Text des neuen Eintrags geht aus der schon erwähnten Variablen newTodoTitle hervor. guard beendet die Methode sofort, wenn der Eintrag leer ist.

An die Methode werden die aktuell offenen To-do-Einträge übergeben. (Sie werden bei den Erläuterungen zur ContentView sehen, dass es sich bei dem Array um ein @Query-Ergebnis handelt.) Damit der neue Eintrag mit rank = 1 oben in den To-do-Einträgen eingeordnet wird, wird rank für alle schon existierenden Einträge neu eingestellt, beginnend mit 2 für den aktuell ersten Eintrag.

Die Methode saveChanges enthält einen mit do/catch abgesicherten Aufruf von context.save. Eigentlich wäre save überflüssig. SwiftData kümmert sich sowieso regelmäßig und vor allem zu kritischen Zeitpunkten (beim Wechsel in eine andere App) um das Speichern. Aber im Preview-Betrieb funktioniert das nicht. Sobald Sie den Code ändern, wird die Ausführung unterbrochen, und das, *ohne* vorher zu speichern. Deswegen enthält der Code an allen kritischen Stellen eine explizite Speicheraufforderung.

```
// Projekt swiftdata-todo / Model.swift, TodoViewModel-Klasse
func addTodo(openTodos: [TodoItem]) {
    guard !newTodoTitle.isEmpty else { return }

    // Existing todos get rank from 2 to n+1
    for (index, todo) in openTodos.enumerated() {
        todo.rank = index + 2
    }

    // add new todo at rank 1
    let newTodo = TodoItem(title: newTodoTitle)
    newTodo.rank = 1
    context?.insert(newTodo)
    saveChanges()
    newTodoTitle = ""
}
// vereinfacht das Preview-Testen
func saveChanges() {
    do {
        try context?.save()
    } catch {
        print("Error saving context: \(error)")
    }
}
```

To-do-Status ändern

toggleTodoStatus ändert den Erledigt-Status des im ersten Parameter übergebenen Eintrags. Das hat zur Folge, dass sich die Liste der noch offenen To-do-Einträge ändert.

Mit reorderTodos werden diese Elemente neu durchnummeriert. reorderTodos hat das Problem, dass sich openTodos noch auf den Status der Liste *vor* der Veränderung bezieht. Aber weil ein von *completed* nach *todos* verschobener Eintrag den Rang 0 erhält (siehe TodoItem.setCompleted()), ist die Reihenfolge auf jeden Fall korrekt. (Die @Query-Ergebnisse in der ContentView werden erst nach der Ausführung von toggleTodoStatus aktualisiert.) Wenn Sie probeweise den gerade aktuellen rank aller To-do-Einträge »live« mitverfolgen möchten, bauen Sie in TodoItemView den rank-Wert in den Text der Listeneinträge ein.

```
func toggleTodoStatus(todo: TodoItem, openTodos: [TodoItem]) {
    todo.setCompleted(status: !todo.isCompleted)
    reorderTodos(openTodos: openTodos)
    saveChanges()
}
```

```
func reorderTodos(openTodos: [TodoItem]) {
    // rank mit Werten von 1 bis n neu durchnummerieren
    for (index, todo) in openTodos.enumerated() {
        todo.rank = index + 1
    }
}
```

To-do-Einträge löschen

An `deleteTodos` wird in `items` ein Array von zu löschenden Einträgen übergeben. Dabei kann es sich sowohl um noch offene als auch um schon erledigte Einträge handeln.

```
func deleteTodos(items: [TodoItem], openTodos: [TodoItem]) {
    for item in items {
        context?.delete(item)
    }
    reorderTodos(openTodos: openTodos)
    saveChanges()
}
```

Reihenfolge der To-do-Einträge ändern

Am schwierigsten zu verstehen ist die Logik von `moveTodos`. Diese Methode wird aufgerufen, nachdem der Benutzer einen Listeneintrag verschoben hat. Nun können die Elemente im Array `todos` aber nicht ohne Weiteres verschoben werden! `todos` spiegelt ein `@Query`-Ergebnis wider, die Reihenfolge ergibt sich automatisch aus den `rank`-Eigenschaften der Einträge. `todos` ist deswegen *immutable*, die Array-Elemente können nicht verändert werden.

Deswegen wird mit der sinnlos erscheinenden Anweisung `todoCopy = todos` eine Kopie des Arrays erstellt. Das Array verweist auf dieselben Ergebnisse, ist aber von `@Query` losgelöst und *mutable*, d. h., die Array-Einträge der Kopie können mit `move` verschoben werden. Auf dieser Basis werden die Einträge nun neu durchnummeriert. Beim nächsten Update der SwiftUI-Oberfläche wird das `@Query`-Ergebnis aktualisiert. Damit ändert sich die Reihenfolge auch dort.

```
func moveTodos(from source: IndexSet,
               to destination: Int,
               todos: [TodoItem])
{
    var todoCopy = todos
    todoCopy.move(fromOffsets: source, toOffset: destination)
```

```
    for (index, todo) in todoCopy.enumerated() {
        todo.rank = index + 1
    }
    saveChanges()
}
```

Darstellung von Listeneinträgen (TodoViewModel)

Das Erscheinungsbild der App wird durch zwei Strukturen geprägt, der `TodoItemView` für einen To-do-Listeneintrag und `ContentView` für die eigentliche Oberfläche. Mit `onToggle` gibt es in `TodoItemView` eine Eigenschaft zum Speichern der Funktion, die durch `onTapGesture` aufgerufen wird. (Sie werden später sehen, dass es sich um `viewModel.toggleTodoStatus` handelt.) Der restliche Code kümmert sich nur um die optische Gestaltung des Checkbox-Symbols und des To-do-Texts, die jeweils in unterschiedlichen Farben bzw. mit unterschiedlicher Deckungskraft dargestellt werden. Die Vorgehensweise wurde so gewählt, dass alle UI-Elemente auch im Dark Mode gut sichtbar sind.

```
// Projekt swiftdata-todo, Datei Model.swift
struct TodoItemView: View {
    let todo: TodoItem
    let onToggle: () -> Void

    var body: some View {
        HStack {
            Image(systemName: todo.isCompleted ?
                  "checkmark.circle.fill" : "circle")
                .foregroundColor(
                    todo.isCompleted ? .gray : .green)
                .onTapGesture(perform: onToggle)

            // Text des To-do-Eintrags
            Text(todo.title)
                .foregroundStyle(.primary.opacity(
                    todo.isCompleted ? 0.5 : 1))
        }
    }
}
```

Die Benutzeroberfläche (ContentView)

Der Code für die `ContentView` beginnt mit der Deklaration einer Menge Variablen, auf die ich hier etwas genauer eingehen muss:

- context enthält den ModelContext für SwiftData. Dieser wird später in onAppear an das TodoViewModel übergeben.

  Viel eleganter wäre natürlich viewModel = TodoViewModel(context), aber das ist syntaktisch leider unmöglich (Fehlermeldung *property initializers run before 'self' is available*).
- viewModel gibt Zugriff auf das TodoViewModel mit der gesamten Datenlogik.
- isEditing gibt an, ob gerade der Listen-Edit-Modus aktiv ist oder nicht. Die Variable wird durch den Toolbar-Button EDIT/DONE eingestellt und steuert, ob das Eingabefeld für neue To-do-Einträge sichtbar ist oder nicht.
- isTextField steuert die Sichtbarkeit der Bildschirmtastatur auf iPhones oder iPads. Die Variable ist notwendig, um die Tastatur explizit auszublenden, wenn sie nicht mehr benötigt wird.
- todos und completedTodos sind schließlich stets aktuelle @Query-Ergebnisse, einmal für noch offene To-do-Einträge, geordnet nach rank, einmal für schon erledigte Einträge, umgekehrt geordnet (der neueste Eintrag zuerst) nach doneDate.

```
// Projekt swiftdata-todo, Datei Model.swift
struct ContentView: View {
    @Environment(\.modelContext) private var context
    @State private var isEditing = false
    @State private var viewModel = TodoViewModel()
    @FocusState private var isTextFieldFocused: Bool

    @Query(filter: #Predicate<TodoItem>
              { todo in todo.isCompleted == false },
           sort: \TodoItem.rank)
    private var todos: [TodoItem]

    @Query(filter: #Predicate<TodoItem>
              { todo in todo.isCompleted == true },
           sort: [SortDescriptor(\TodoItem.doneDate,
                                 order: .reverse)])
    private var completedTodos: [TodoItem]

    var body: some View { ... } // Code folgt
}
```

Die äußeren Ebenen der body-Eigenschaft beginnen mit einem NavigationStack, der nur notwendig ist, damit die Benutzeroberfläche mit einer Toolbar ausgestattet werden kann. Der ZStack dient wiederum dazu, eine zusätzliche Ebene unter die eigentliche Oberfläche zu legen. Das Berühren dieser Ebene blendet die Tastatur aus.

In der Toolbar hatte ich ursprünglich einen EditButton untergebracht, der den Edit-Modus für die Listen automatisch umschaltet. Allerdings ist es dann unmöglich, über die @Environment-Variable editMode den geraden aktuellen Zustand auszuwerten (vermutlich ein Bug in SwiftUI). Deswegen ändert ein Klick auf den Button die @State-Variable isEditing, die überall in der ContentView ausgewertet werden kann.

Zuletzt kümmert sich die schon erwähnte onAppear-Closure darum, den ModelContext an die View-Model-Instanz weiterzureichen.

```
// Datei Model.swift, Code innerhalb der ContentView
var body: some View {
    NavigationStack {     // für die .toolbar
        ZStack {          // damit die Tastatur ausgeblendet
            Color.clear   // werden kann
                .frame(maxWidth: .infinity, maxHeight: .infinity)
                .contentShape(Rectangle())
                .onTapGesture {
                    isTextFieldFocused = false
                }
            VStack {
                // die eigentliche Oberfläche, Code folgt ...
            }
            .toolbar {
                Button(isEditing ? "Done" : "Edit")
                    { isEditing.toggle() }
            }
        }
    }
    .onAppear { viewModel.context = context }
}
```


Damit fehlt jetzt nur noch die eigentliche Benutzeroberfläche, die in einem VStack platziert ist. Sofern nicht gerade der Edit-Modus aktiv ist, zeigt der nachfolgende HStack ein Texteingabefeld, das mit der View-Model-Variable newTodoTitle verbunden ist. Die Button-Closure ruft die addTodo-Methode des View-Models auf.

Die nachfolgende Liste besteht aus zwei Teilen, eine für die noch zu erledigende Aufgaben, die zweite für bereits abgeschlossene. Die Closure für TodoItemView enthält die Funktion, die beim Berühren der Checkbox ausgeführt werden soll. Die Closures der onDelete- und onMove-Modifier werden automatisch aufgerufen, wenn ein Listeneintrag gelöscht oder verschoben wird. Weil die deleteTodo-Funktion TodoItem-Elemente erwartet, ermittelt map die zu den Offsets passenden Elemente.

```
// Datei Model.swift, Code im VStack in der ContentView
VStack {
    if !isEditing {
        HStack {
            // Eingabefeld für neue Todos
            TextField("New todo", text: $viewModel.newTodoTitle)
                .textFieldStyle(RoundedBorderTextFieldStyle())
                .focused($isTextFieldFocused)
                .submitLabel(.done)
            // To-do speichern
            Button {
                viewModel.addTodo(openTodos: todos)
                isTextFieldFocused = false
            } label: {
                Image(systemName: "plus.circle.fill")
                    .foregroundColor(.blue)
            }
        }
        .padding()
    }

    List {
        // Teil 1 der Liste: offene Aufgaben
        Section(header: Text("To do")) {
            ForEach(todos) { todo in
                TodoItemView(todo: todo) {
                    viewModel.toggleTodoStatus(todo: todo,
                                               openTodos: todos)
                }
            }
            .onDelete { offsets in   // für den List-Edit-Modus
                let itemsToDelete = offsets.map { todos[$0] }
                viewModel.deleteTodos(items: itemsToDelete,
                                      openTodos: todos)
            }
            .onMove { source, destination in
                viewModel.moveTodos(from: source,
                                    to: destination,
                                    todos: todos)
            }
        }
        // Teil 2: erledigte Aufgaben
        Section(header: Text("Completed")) {
```

```
                ForEach(completedTodos) { todo in
                    TodoItemView(todo: todo) {
                        viewModel.toggleTodoStatus(todo: todo,
                                                   openTodos: todos)
                    }
                }
                .onDelete { offsets in    // für den List-Edit-Modus
                    let itemsToDelete = offsets
                                          .map { completedTodos[$0] }
                    viewModel.deleteTodos(items: itemsToDelete,
                                          openTodos: todos)
                }
            }
        }
        // Edit-Modus der Liste aktivieren/deaktivieren
        .environment(\.editMode,
                     .constant(isEditing ? .active : .inactive))
}
```

Am Ende der Liste aktiviert bzw. deaktiviert der `environment`-Modifer den Edit-Modus – je nachdem, welchen Zustand die `@State`-Variable `isEditing` gerade hat.

Fazit

Beim Einsatz von SwiftData sind bei dieser To-do-App keine unüberwindbaren Hindernisse aufgetreten. Das Schema dieser App ist zwar denkbar einfach, aber selbst ein, zwei weitere `@Model`-Klassen hätten den Code nicht grundlegend verändert.

Eher stellt sich die Frage, ob SwiftData bei so einer Anwendung überhaupt zweckmäßig ist. 100 To-do-Einträge ergeben mit etwas Overhead 2 bis 3 kByte Daten. Aus Effizienzgründen spricht nichts dagegen, einfach das komplette To-do-Array bei jeder Änderung zu speichern, am ehesten mit `Codable` im JSON-Format. Die Datenmengen sind so klein, dass sämtliche Sortier- und Filteroperationen unkompliziert und schnell mit `sort`, `filter` oder `map` ausgeführt werden können. Kurz und gut: SwiftData funktioniert, bringt bei diesem Beispiel aber keine nennenswerten Vorteile mit sich und vergrößert stattdessen die Komplexität des Codes. (Ein wenig anders sieht die Perspektive aus, wenn Sie sich Undo-Funktionen oder eine iCloud-Synchronisation wünschen.)

Erweiterungs-Ideen

Mir ist schon klar, Apples App *Erinnerungen* sowie professionelle To-do-Apps aus dem App Store haben mehr Funktionen. Trotzdem zeigt das Beispiel, dass mit verhältnismäßig wenig Zeilen Code richtige Apps möglich sind.

Falls Sie selbst weiterprogrammieren möchten, habe ich einige Vorschläge:

- **Edit-Funktion:** In der App kann ein einmal erstellter To-do-Eintrag nicht mehr verändert werden. Wenn Sie einen Tippfehler machen, müssen Sie den Eintrag löschen und dann neu erstellen. Hilfreich wäre also eine Edit-Funktion.
- **Doppelgänger vermeiden:** Aktuell können Sie neue To-do-Einträge verfassen, die es schon gibt. Intelligenter wäre es, in solchen Fällen einen schon vorhandenen Eintrag nach oben zu reihen bzw. einen gleichnamigen erledigten Eintrag mit `setCompleted(true)` zu reaktivieren.
- **Kategorien:** Noch nützlicher wäre die App mit To-dos für mehrere Kategorien. Erweitern Sie also die `TodoItem`-Klasse um eine `category`-Eigenschaft. Sie können entweder eine Enumeration mit typischen Kategorien (Familie, Arbeit, Privat, Schule/Studium) fix vorgeben, oder Sie geben Ihren Benutzern die Möglichkeit, Kategorien selbst zu definieren. Das erfordert eine zweite `@Model`-Klasse und viel mehr Code. Losgelöst davon müssen Sie sich überlegen, wie Sie die Oberfläche gestalten, um die aktive Kategorie zu wechseln oder Einträge aller Kategorien anzuzeigen.
- **Undo-Funktion:** Ein To-do-Eintrag ist nicht wirklich wertvoll, dennoch wäre es natürlich nett, wenn das Löschen von Einträgen rückgängig gemacht werden könnte. Diese Erweiterungsidee habe ich im Rahmen des nächsten Abschnitts selbst verfolgt, um Ihnen das Konzept des Undo-Managers zu erklären.

21.9 Undo-Funktion für die To-do-App

Der `ModelContext` von SwiftData gibt über die Eigenschaft `undoManager` Zugang zum Undo-Manager der Foundation-Bibliothek. Damit Sie den Undo-Manager verwenden können, müssen Sie den Container mit dem Parameter `isUndoEnabled` einrichten:

```
ContentView()
    .modelContainer(for: TodoItem.self, isUndoEnabled: true)
```

Die spärliche Apple-Dokumentation dieses Features besagt, dass Sie sonst nicht viel tun müssen – aber leider stimmt das nicht ganz:

https://developer.apple.com/documentation/swiftdata/reverting-data-changes-using-the-undo-manager
https://developer.apple.com/documentation/foundation/undomanager

Zwar registriert SwiftData selbstständig Insert-, Update- und Delete-Ereignisse und bietet über den Undo-Manager die Möglichkeit, diese rückgängig zu machen – aber ein wenig eigene Arbeit ist dazu doch erforderlich. Sie müssen feststellen, ob aktuell die Möglichkeit für eine Undo- oder Redo-Aktion besteht. Das verraten die Eigenschaften canUndo und canRedo. Um tatsächlich eine Aktion rückgängig zu machen bzw. um eine Rückgängig-Aktion zu widerrufen, führen Sie die Methoden undo oder redo aus. Auf einem iPhone verbinden Sie den undo-Aufruf idealerweise auch mit der Schüttelbewegung. Bei einer macOS-App ist es besser, die undo und redo-Methoden als Reaktion auf die Tastenkombinationen [cmd]+[Z] und [⇧]+[cmd]+[Z] auszuführen.

Undo in der To-do-App

Gesagt, getan! Bei der Realisierung der Funktionen habe ich den Undo-Manager über Eigenschaften und Methoden des View-Models zugänglich gemacht. (Dieser Schritt ist optional. Sie können in der ContentView auch direkt context.undoManager?.xxx ausführen. Aber im Sinne des MVVM-Patterns gehören die Funktionen eigentlich zum ViewModel.)

```
// Projekt swiftdata-todo, Datei Model.swift
@Observable
class TodoViewModel {
    ... // Code wie bisher

    // Zugriff auf den Undo-Manager
    func undoAction() {
        context?.undoManager?.undo()
    }
    func redoAction() {
        context?.undoManager?.redo()
    }

    // Undo- und Redo-Aktion ausführen
    var canUndo: Bool {
        context?.undoManager?.canUndo ?? false
    }
    var canRedo: Bool {
        context?.undoManager?.canRedo ?? false
    }
}
```

Außerdem habe ich in die Toolbar zwei Buttons eingebaut, um die Undo- oder Redo-Aktion auszulösen. Die Buttons sind nur dann aktiv, wenn tatsächlich die Möglichkeit eines Undos oder Redos besteht.

```
// Projekt swiftdata-todo, Datei ContentView.swift
struct ContentView: View {
    var body: some View {
        ...                    // Code wie bisher
        VStack { ... }
```

```
        .toolbar {
            ToolbarItemGroup(
                 placement: .navigationBarTrailing)
            {
                // neu: Undo- und Redo-Buttons
                Button(action: viewModel.undoAction) {
                    Image(systemName: "arrow.uturn.backward")
                }
                .disabled(!viewModel.canUndo)

                Button(action: viewModel.redoAction) {
                    Image(systemName: "arrow.uturn.forward")
                }
                .disabled(!viewModel.canRedo)

                // Edit-Button wie bisher
                Button(isEditing ? "Done" : "Edit")
                    { isEditing.toggle() }
            }
        }
        ...
```

Zuletzt habe ich isUndoEnabled im contentModel-Modifier aktiviert und war gespannt, was beim nächsten Test passieren würde. Tatsächlich wird der Undo-Button nun nach dem Einfügen, Verschieben oder Löschen eines Eintrags automatisch aktiv, und die Aktion kann wirklich widerrufen werden. Auch wenn ich nicht mit jedem Aspekt von SwiftData glücklich bin – viel einfacher geht es wirklich nicht!

Allerdings wird der Undo-Button auch aktiv, wenn ein Eintrag als erledigt markiert bzw. ein erledigter Eintrag reaktiviert wird. Und in diesem Fall scheitert die Undo-Operation. Ich bin der Sache nicht auf den Grund gegangen, weil es für diese Funktion gar keinen Undo braucht. Vielmehr habe ich für diese Aktion die Undo-Funktion deaktiviert. Mit den Methoden disable- und enableUndoRegistration gelingt das mühelos:

```
@Observable class TodoViewModel {
    ... // Code wie bisher

    func toggleTodoStatus(todo: TodoItem, openTodos: [TodoItem])
    {
        // kein Undo für diese Aktion
        let undoManager = context?.undoManager
        undoManager?.disableUndoRegistration()

        todo.setCompleted(status: !todo.isCompleted)
        reorderTodos(openTodos: openTodos)
        saveChanges()
```

```
        // Undo wieder reaktivieren
        undoManager?.enableUndoRegistration()
    }
```

Undo per Tastatur

Unter macOS wird Undo und Redo mit den Tastenkombinationen [cmd]+[Z] und [⇧]+[cmd]+[Z] ausgelöst. Die Beispiel-App ist nur für iOS gedacht, aber falls Sie eine macOS-Variante entwickeln möchten, können Sie diese Tastenkombinationen mit dem `keyboardShortcut`-Modifier unkompliziert mit den beiden Buttons verbinden:

```
ToolbarItemGroup(placement: .navigationBarTrailing) {
    Button(action: viewModel.undoAction) { Image(...) }
      .keyboardShortcut("z")          // cmd+Z
      .disabled(!viewModel.canUndo)
    Button(action: viewModel.redoAction) { Image(...) }
      .keyboardShortcut("z",          // shift+cmd+Z
                        modifiers: [.command, .shift])
      .disabled(!viewModel.canRedo)
```

Undo beim Schütteln des Geräts

Nachdem die Aktivierung der Undo-Funktion erfreulich einfach ging, habe ich mein Glück weiter strapaziert. Es kann doch kein Problem sein, die Undo-Aktion durch das Schütteln des iPhones auszulösen? Leider ist die Sache nicht trivial. Es beginnt damit, dass es in SwiftUI momentan keinen Shake-Modifier bzw. keine Gesture gibt. Eine kurze Internet- oder KI-Recherche liefert aber Code, wie sich diese Funktion nachrüsten lässt.

Zuerst richten Sie einen UIKit-Notification-Wrapper ein. Danach erweitern Sie `UIWindow`, damit Sie dort das Shake-Event erkennen können. Auf dieser Basis können Sie jetzt einen `ViewModifier` erstellen (siehe Abschnitt 17.4, »Eigene View-Modifier«), um diese Funktionalität auf jede View anzuwenden. Das Ergebnis ist ein neuer `onShake`-Modifier. Etwas mehr Details können Sie hier nachlesen:

https://www.hackingwithswift.com/quick-start/swiftui/how-to-detect-shake-gestures

```
// Projekt swiftdata-todo, Datei ShakeExtension.swift
import SwiftUI
import UIKit

// UIKit notification wrapper
extension UIDevice {
    static let deviceDidShakeNotification =
        Notification.Name(rawValue: "deviceDidShakeNotification")
}
```

```
// UIWindow erweitern
extension UIWindow {
    override open func motionEnded(
        _ motion: UIEvent.EventSubtype,
        with event: UIEvent?)
    {
        if motion == .motionShake {
            NotificationCenter.default.post(
                name: UIDevice.deviceDidShakeNotification,
                object: nil)
        }
        super.motionEnded(motion, with: event)
    }
}
// neuen ViewModifer erzeugen
struct DeviceShakeViewModifier: ViewModifier {
    let action: () -> Void

    func body(content: Content) -> some View {
        content
            .onAppear()
            .onReceive(NotificationCenter.default.publisher(
                for: UIDevice.deviceDidShakeNotification)) { _ in
                action()
            }
    }
}
extension View {
    func onShake(perform action: @escaping () -> Void)
        -> some View
    {
        self.modifier(DeviceShakeViewModifier(action: action))
    }
}
```

Jetzt können Sie den onShake-Modifier unkompliziert auf den NavigationStack anwenden:

```
// Projekt swiftdata-todo, Datei ContentView.swift
NavigationStack { ... }
    .onAppear { ... }
    .onShake {
        if viewModel.canUndo { viewModel.undoAction() }
    }
```

Wenn Sie gelegentlich Ihr iPhone oder iPad schwungvoll auf dem Sofa ablegen, haben Sie vielleicht schon einmal eine Undo-Aktion unbeabsichtigt ausgelöst. Aus diesem Grund wollte ich die Undo-Aktion mit einem `confirmationDialog` absichern (siehe Abschnitt 16.7, »Modale Dialoge (Alerts, Sheets, Popovers)«). Eigentlich wäre das kein Problem, aber unbegreiflicherweise funktioniert die Undo-Aktion dann nicht mehr. (Sie finden den Code in `ContentView.swift` im Beispielprojekt und können sich selbst vergewissern. Es ist mir nicht gelungen, die Fehlerursache zu ergründen.)

Kapitel 22
iCloud

Wenn Sie mit macOS oder iOS arbeiten, kennen Sie die iCloud als privaten Cloud-Speicher, mit dem Sie Backups erstellen und Fotos und andere Dateien bzw. Daten zwischen Apple-Geräten synchronisieren. Aus Entwicklersicht stellt iCloud verschiedene Verfahren und APIs für verschiedene Verwendungszwecke zur Auswahl. Dementsprechend stehen verschiedene Vorgehensweisen zur Wahl, iCloud-Funktionen in eigene Apps einzubinden:

- als Key-Value-Speicher (`NSUbiquitousKeyValueStore`)
- als abstrakte Datenbank (CloudKit)
- zusammen mit SwiftData (verwendet intern ebenfalls CloudKit)
- in dokumentenbasierten Apps (iCloud Drive, UIKit mit `UIDocument`)

Dieses Kapitel geht nur auf die erste und die dritte Variante ein. Bei der CloudKit-Programmierung gibt es so viele Sonderfälle und Details, dass eine vollständige Behandlung ein kleines Buch erfordern würde. Ähnlich verhält es sich mit dokumentenbasierten Apps. Insofern kann dieses Kapitel Ihnen bei Ihren ersten Schritten in die iCloud helfen; viel weiter reicht es aber nicht.

Developer Account erforderlich!

Zum Ausprobieren der iCloud-Funktionen benötigen Sie einen kostenpflichtigen Apple-Developer-Account. Die iCloud zählt zu den Features, deren Test mit einem kostenlosen Account nicht möglich ist.

22.1 iCloud-Grundlagen

Bevor Sie mit der Entwicklung eigener iCloud-Apps beginnen, müssen Sie sich mit den iCloud-Grundlagen vertraut machen. Dieser Abschnitt gibt einen ersten Überblick.

Key-Value-Speicher

Diese einfachste Form der iCloud-Nutzung ist dazu gedacht, winzige Datenmengen (insgesamt maximal 1 MByte, maximal 1024 Schlüssel mit einer Länge von jeweils maximal 64 Byte) zwischen mehreren Geräten des Benutzers bzw. der Benutzerin Ihrer App zu synchronisieren. Eine wichtige Anwendung ist die Speicherung von App-Einstellungen.

CloudKit

Über die CloudKit-Bibliothek kann Ihre App die iCloud als einen datenbankähnlichen Speicher mit Synchronisationsfunktionen nutzen. Das CloudKit kommt mit komplexen Daten und großen Datenmengen zurecht. Das CloudKit unterscheidet zwischen verschiedenen Arten von Daten:

- **Public:** Die *Public Database* teilen sich alle Nutzerinnen und Nutzer einer App. Dieser Bereich der Datenbank ermöglicht das Sammeln gemeinsamer Daten aller Benutzer, wie dies in vielen Social-Media-Apps üblich ist. Beispielsweise können Sie so eine Restaurant-Bewertungs-App realisieren: Jeder Benutzer kann Bewertungen durchführen und speichern, alle Benutzer sehen alle Bewertungen.

  Diese Art der Cloud-Nutzung hat nichts mit dem jeweils privaten iCloud-Konto des Benutzers zu tun! Der Cloud-Speicher gilt vielmehr spezifisch für Ihre App! Apple stellt für derartige Apps ein kostenloses Speicherkontingent zur Verfügung, das mit der Anzahl der aktiven App-Nutzer wächst und für die meisten Anwendungen ausreicht.

- **Private:** Die *Private Database* ist nur für einen bestimmten Benutzer sichtbar, wobei das Kriterium die iCloud-Anmeldung über die Apple-ID ist. In dieser Datenbank können eine iPhone-, eine iPad- und eine macOS-App Daten teilen bzw. synchronisieren. Die hier gespeicherten Daten werden zum iCloud-Kontingent des Benutzers gerechnet, das standardmäßig auf 5 GByte limitiert ist. Genau hier befindet sich die größte Einschränkung: Zwar bezahlen viele Anwender von Apple-Produkten für iCloud-Upgrades, noch mehr entscheiden sich aber dagegen. Als Entwicklerin stellt Sie das vor ein Dilemma: Wenn Ihre App auf die private iCloud-Datenbank setzt, wird das nur funktionieren, wenn in der iCloud des App-Nutzers noch Speicher frei ist.

- **Shared:** Schließlich besteht die Möglichkeit, Bereiche aus der privaten Datenbank mit anderen Benutzern zu teilen. Beispielsweise können Sie in der Apple-App *Notizen* eine Notiz mit einem anderen iCloud-Benutzer teilen. Hinter den Kulissen bleibt die Notiz weiterhin in der privaten Datenbank gespeichert; der eingeladene Benutzer erhält gewissermaßen einen Link, der ihm Zugriff auf diese eine Notiz gibt. Am Speicherort der Daten ändert sich dadurch nichts (die Daten befinden sich weiter im privaten Bereich des Benutzers), es haben nun aber auch andere Benutzer Zugriff auf die Daten. Diese Art der iCloud-Nutzung ist vor allem in kleinen Gruppen üblich (z. B. innerhalb einer Familie oder zwischen den Mitgliedern einer Sportgruppe).

Bei der Programmierung haben Sie die Wahl, CloudKit direkt oder via SwiftData zu verwenden. Für die erste Variante spricht, dass Sie so das gesamte Spektrum der CloudKit-Funktionen nutzen können. Allerdings sollten Sie die Komplexität des CloudKits nicht unterschätzen: Bevor Sie die erste Zeile Code schreiben können, müssen Sie sich mit der eigenwilligen Nomenklatur auseinandersetzen und in der *CloudKit Console*, einer Website zur iCloud-Administration, Ihr Datenmodell (die *Record Types*) einrichten.

Die SwiftData-Variante erspart Ihnen eine Menge Low-Level-Code und eine Menge Mühe beim Datenbankdesign; allerdings verhält sich SwiftData als Blackbox innerhalb enger, funktionaler Grenzen. Wenn diese Grenzen mit Ihren Anforderungen übereinstimmen, führt SwiftData sehr schnell zum Ziel, andernfalls ebenso direkt in eine schlecht dokumentierte Sackgasse.

iCloud Drive

Schließlich können Apps sogenannte *Dokumente* in der iCloud Drive speichern. Bekannte Apple-Apps, die diese Form des iCloud-Speichers nutzen, sind *Pages*, *Numbers* und *Keynote*. Als »Dokumente« gelten ganz allgemein Dateien eines speziellen Typs, mit denen Ihre App umgehen kann.

Für diese Art der iCloud-Nutzung gibt es für jeden iCloud-Benutzer ein Verzeichnis seiner iCloud-Dateien; dieses Verzeichnis wird über alle eigenen Geräte synchronisiert. In diesem Buch behandle ich dokumentenbasierte Apps aber nur am Rande und ohne iCloud-Bezug – siehe Abschnitt 17.3, »macOS-App mit mehreren Fenstern (FileDocuments)«.

22.2 Hello, iCloud!

Das folgende Beispiel ist an Einfachheit schwer zu übertreffen – und damit ist es ideal für den Einstieg in die iCloud-Programmierung geeignet. Die Test-App besteht aus einem Textfeld und einem bunten Rechteck, dessen Farbe Sie mit einem Color-Picker verändern können (siehe Abbildung 22.1). Der Text und die Farbe werden in zwei winzigen Key-Value-Einträgen in Ihrer iCloud gespeichert. Wenn Sie die App mehrfach starten (auf Ihrem Mac, auf Ihrem iPhone und vielleicht auf Ihrem iPad), werden der Textinhalt und die Hintergrundfarbe innerhalb weniger Sekunden über alle Geräte synchronisiert.

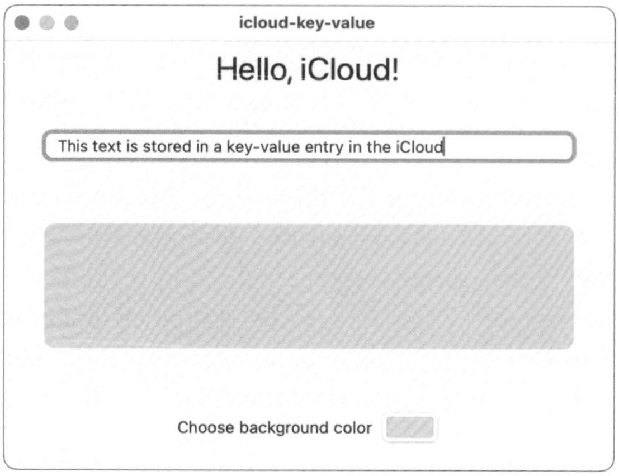

Abbildung 22.1 Hello-World-App für die iCloud

Projekteinstellungen

Sie starten die Entwicklung der App wie üblich mit einem neuen Projekt des Typs MULTIPLATFORM • APP. Anschließend wechseln Sie bei den Target-Einstellungen in das Dialogblatt SIGNING & CAPABILITIES und klicken dort auf + CAPABILITY. Dieser Button ist schwer als solcher erkennbar. Er führt in eine lange Liste von Zusatzfunktionen, aus denen Sie ICLOUD per Doppelklick auswählen. (ICLOUD steht nur zur Wahl, wenn Ihr Projekt unter SIGNING • TEAM mit einem Developer-Account verbunden ist!)

Innerhalb der nun angezeigten iCloud-Einstellungen aktivieren Sie die Option KEY-VALUE STORAGE (siehe Abbildung 22.2). Wie bereits erwähnt benötigen Sie einen Apple-Developer-Account, um iCloud-Apps testen zu können!

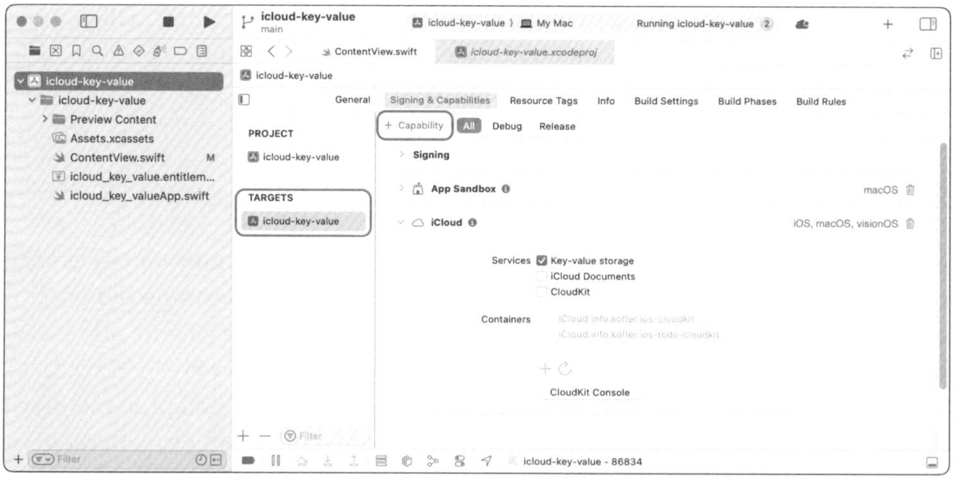

Abbildung 22.2 Sie müssen Ihrem Projekt iCloud-Capabilities hinzufügen

Xcode kümmert sich automatisch um alle Konfigurationsarbeiten und richtet insbesondere die Datei `projektname.entitlements` ein (siehe Abbildung 22.3). Dort entspricht der Eintrag iCLOUD KEY/VALUE STORE dem internen Key `com.apple.developer.ubiquity-kvstore-identifier`. (Davon können Sie sich überzeugen, wenn Sie die Datei mit OPEN AS SOURCE CODE ansehen.)

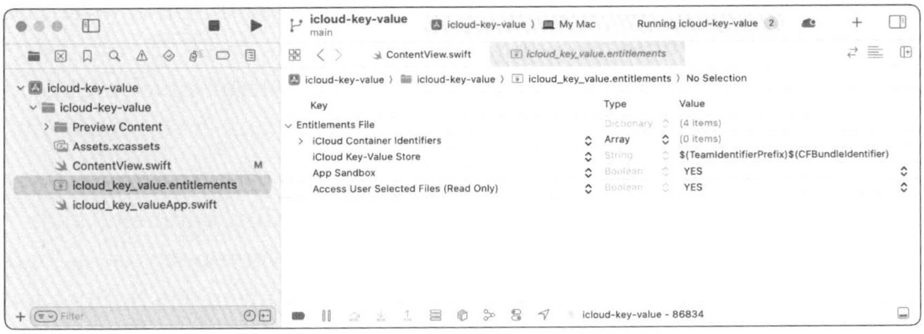

Abbildung 22.3 Xcode ergänzt die erforderliche Entitlements-Datei selbstständig.

Swift 5 statt Swift 6

Im Frühjahr 2025 (Xcode 16.3) funktionierte dieses Beispiel nur mit Swift 5. Sobald ich in den Target-Einstellungen unter BUILD SETTINGS • SWIFT COMPILER Swift 6 einstellte, stürzte das Programm ab. Ich bin mir einigermaßen sicher, dass es sich hierbei um einen Bug im Compiler oder in einer Bibliothek handelt, ich will aber nicht ganz ausschließen, dass die Ursache doch in meinem Code zu suchen ist. Ich gehe auf die Problematik am Ende dieses Abschnitts nochmals ein.

Key-Value-Manager

Es ist empfehlenswert, alle iCloud-Funktionen in eine eigene Klasse auszulagern. Im Folgenden beziehe ich mich nur auf die Synchronisation des Textfelds über die Eigenschaft `text`. Auf die Speicherung der Farbcodes gehe ich später getrennt ein, um die Beschreibung hier so übersichtlich wie möglich zu halten.

Der Zugriff auf den Key-Value-Speicher der iCloud erfolgt über ein `NSUbiquitousKeyValueStore`-Objekt. Mit dessen Methode `string(forKey:)` können Sie eine Zeichenkette für einen bestimmten Schlüssel auslesen. Wenn der Wert früher gespeichert wurde, erhalten Sie ein Ergebnis – andernfalls (z. B. beim ersten Start der App) müssen Sie einen Defaultwert verwenden.

Um selbst eine Zeichenkette zu speichern, verwenden Sie die Methode `set`. Die Methode unterstützt außer Zeichenketten auch einige weitere elementare Datentypen, unter anderem ganze Zahlen, Fließkommazahlen, boolesche Werte sowie

Arrays. Zum Auslesen müssen Sie dann anstelle der `string`-Methode `long`, `double`, `bool` etc. verwenden.

Wenn Sie `set` ausführen (im folgenden Code im Property Observer `didSet`), dann wird das neue oder geänderte Key-Value-Paar sofort im Arbeitsspeicher sowie im Dateisystem gesichert. Außerdem kommt es nach einer gewissen Zeit – typischerweise nach rund fünf bis zehn Sekunden – automatisch zu einer Synchronisierung mit der iCloud. Sie können versuchen, die Synchronisierung mit `synchronize` auslösen. Die Dokumentation dieser Methode stellt allerdings klar, dass die Synchronisierung auch nach dem Aufruf dieser Methode nicht zwangsläufig sofort erfolgt und dass ein expliziter Aufruf der Methode normalerweise nicht notwendig ist.

Jetzt bleibt noch die Frage zu klären, wie Ihre App davon erfährt, wenn eine andere gleichzeitig laufende Instanz, die mit derselben Apple-ID verbunden ist, iCloud-Daten ändert. Apple-intern gibt es für derartige Benachrichtigungen den Notification Manager. Mit `addObserver` richten Sie eine Notification-Methode für das Ereignis `didChangeExternallyNotification` ein.

Der Notification Manager zählt zu den Urgesteinen aus der Apple-Geschichte, wurde also lange vor Swift entwickelt. Deswegen können Sie Funktionsreferenzen nicht als KeyPath übergeben, sondern müssen auf `#selector` zurückgreifen. Dieses Swift-Konstrukt (es handelt sich *nicht* um ein Makro) schlägt eine Brücke in die Objective-C-Welt und erlaubt die Übergabe von Funktionsreferenzen, wobei diese mit `@objc` gekennzeichnet sein müssen.

Im Beispielprogramm ruft der Notification Manager die Methode `kvUpdate` auf. Diese testet zuerst, ob sich die Benachrichtigung auf den richtigen Schlüssel bezieht, und aktualisiert dann die `text`-Eigenschaft. Weil die ganze Klasse `@Observable` ist, kommt es automatisch auch zur Aktualisierung der SwiftUI-Oberfläche.

Beachten Sie, dass die ganze `KVManager`-Klasse mit `@MainActor` gekennzeichnet ist. Das stellt sicher, dass der Code im selben Thread ausgeführt wird, der auch für die Benutzeroberfläche zuständig ist. Allerdings gilt das nicht für die `kvUpdate`-Methode, die als Call-back-Funktion ausgeführt wird, und zwar im selben Thread, in dem der Notification Manager läuft. Deswegen stellt `Task { @MainActor ... }` sicher, dass die UI-relevante Veränderung der `text`-Eigenschaft sicher im richtigen Thread erfolgt.

```
// Projekt icloud-key-value, Datei KVManager.swift
@Observable @MainActor
class KVManager {
    private let kvStore = NSUbiquitousKeyValueStore.default
    private let notifCt = NotificationCenter.default
    private let txtKey = "txtKey"
    private let colorKey = "colorKey"
```

```
    // Text-Eigenschaft, kann mit SwiftUI verbunden werden
    var text = "" {  // Property Observer speichert
        didSet {     // alle Änderungen in der iCloud
            kvStore.set(text, forKey: txtKey)
        }
    }

    // Benachrichtigung über iCloud-Updates aktivieren
    init() {
        notifCt.addObserver(
            self,
            selector: #selector(kvUpdate),
            name: NSUbiquitousKeyValueStore
                      .didChangeExternallyNotification,
            object: kvStore)

        // text-Eigenschaft initialisieren
        text = kvStore.string(forKey: txtKey) ?? ""
    }
    deinit {  // Observer entfernen
        notifCt.removeObserver(self)
    }

    // Call-back-Funktion, wird vom Notification Manager
    // aufgerufen
    @objc
    private func kvUpdate(_ notification: Notification) {
        guard let userInfo = notification.userInfo,
              let changedKeys = userInfo[
                  NSUbiquitousKeyValueStoreChangedKeysKey]
                as? [String]
        else { return }
        // text nur im @MainActor-Thread verändern!
        Task { @MainActor in
            if changedKeys.contains(txtKey) {
                text = kvStore.string(forKey: txtKey) ?? ""
            }
        }
    }

    // iCloud-Synchronisation (erfolgt normalerweise automatisch)
    func sync() {
        kvStore.synchronize()
    }
}
```

Benutzeroberfläche

Der Code für die Benutzeroberfläche weist keine Besonderheiten auf. Der Inhalt des Textfelds und die Farbe des Rechtecks sind mit den entsprechenden Eigenschaften des KVManagers direkt verbunden.

```
// Projekt icloud-key-value, Datei ContentView.swift
struct ContentView: View {
    @State private var kvm = KVManager()

    var body: some View {
        VStack(spacing: 20) {
            Text("Hello, iCloud!")
                .font(.largeTitle)

            TextField("Enter text to sync", text: $kvm.text)
                .textFieldStyle(.roundedBorder)
                .padding()

            Rectangle()
                .fill(kvm.color)
                .frame(height: 100)
                .cornerRadius(8)
                .padding()

            ColorPicker("Choose background color",
                        selection: $kvm.color)
                .padding()
        }
        .padding()
        .onDisappear() {
            kvm.sync()  // letzte Synchronisation sicherstellen
        }
    }
}
```

Farbe speichern

Der KVManager soll nicht nur einen Text speichern, sondern auch einen Farbcode (Eigenschaft color). Die diesbezügliche Erweiterung ist nicht ganz trivial, weil der Key-Value-Speicher keinen Color-Datentyp kennt. Deswegen speichere ich Farben in vier Fließkommazahlen (rot, grün, blau und Transparenz).

```
// Projekt icloud-key-value, Datei KVManager.swift
// Erweiterungen für die color-Eigenschaft
@Observable @MainActor
class KVManager {
    ...
    var color: Color = .blue {
        didSet {
            // Farbkomponenten bei jeder Änderung in
            // der iCloud speichern
            let components = color.rgbaComponents
            kvStore.set([components.red, components.green,
                         components.blue, components.opacity],
                        forKey: colorKey)
        }
    }
    init() {
        ...
        // Farbcode beim Start auslesen (falls vorhanden)
        if let colorComponents = kvStore.array(forKey: colorKey)
                as? [Double],
            colorComponents.count == 4
        {
            color = Color(
                red:     colorComponents[0],
                green:   colorComponents[1],
                blue:    colorComponents[2],
                opacity: colorComponents[3]
            )
        }
    }
    private func kvUpdate(_ notification: Notification) {
        ...
        Task { @MainActor in
            ...
            // Benachrichtigung über neuen Farbcode
            if changedKeys.contains(colorKey) {
                if let colorComponents = ... {
                    color = ...  // wie oben
                }
            }
        }
    }       // Ende kvUpdate()
}           // Ende class
```

Die Eigenschaft `rgbaComponents` steht nicht standardmäßig für die `Color`-Struktur zur Verfügung, sondern wurde als winzige Erweiterung implementiert. Je nach Betriebssystem (iOS oder macOS) wird `Color` dabei zuerst in `UIColor` oder `NSColor` umgewandelt. Mit `getRed` können dann Rot-, Grün- und Blau-Anteil sowie die Alpha-Komponente in `CGFloat`-Variablen übertragen werden. `return` macht daraus dann iCloud-kompatible `Double`-Werte.

```
extension Color {
    var rgbaComponents: (red: Double, green: Double,
                         blue: Double, opacity: Double)
    {
        var red:     CGFloat = 0
        var green:   CGFloat = 0
        var blue:    CGFloat = 0
        var opacity: CGFloat = 0

        // Color je nach Betriebssystem als UIColor oder
        // NSColor interpretieren
        #if canImport(UIKit)
        UIColor(self).getRed(&red, green: &green,
                             blue: &blue, alpha: &opacity)
        #elseif canImport(AppKit)
        NSColor(self).getRed(&red, green: &green,
                             blue: &blue, alpha: &opacity)
        #endif

        return (Double(red), Double(green),
                Double(blue), Double(opacity))
    }
}
```

Test

Um iCloud-Apps zu testen, brauchen Sie echte Geräte, idealerweise gleich mehrere. Grundsätzlich ist ein Test auch im Simulator möglich (Sie können das Gerät in den Einstellungen mit einer Apple-ID verbinden), aber meine Erfahrungen und die anderer Entwicklerinnen und Entwickler waren eher durchwachsen.

Alle physischen Testgeräte müssen in Ihrem Apple-Entwickler-Account registriert sein. Das gelingt mühelos, Sie müssen lediglich beim ersten Testlauf REGISTER DEVICE bestätigen. Einen Überblick über derart registrierte Geräte sowie die Möglichkeit, einzelne Geräte zu entfernen, bietet die Apple-Developer-Website unter der folgenden Adresse:

https://developer.apple.com/account/resources/devices/list

Leider besteht keine Möglichkeit, über eine Web-Console den Inhalt des K/V-Stores der iCloud anzusehen. Die folgenden Methoden, die Sie z. B. in onAppear aufrufen können, liefert dafür eine vollständige Auflistung aller aktuell gespeicherten K/V-Paare.

```
// Projekt icloud-key-value, Datei KVManager.swift
@Observable @MainActor
class KVManager {
    private let kvStore = NSUbiquitousKeyValueStore.default
    ...
    func printAllKeyValueStoreEntries() {
        let dictionary = kvStore.dictionaryRepresentation
        print("All iCloud Key-Value Store Entries:")
        for (key, value) in dictionary {
            print("Key: \(key), Value: \(value)")
        }
    }
}
```

Crash mit Swift 6

Der Beschreibung dieses kleinen Beispielprogramms ist nicht anzusehen, dass ich vier Tage gebraucht habe, um die winzige App zu schreiben. Schuld daran waren für mich unerklärliche Abstürze, wobei das Programm immer wieder bei einem Breakpoint der Funktion dispatch_assert_queue_fail der Bibliothek libdispatch hängen blieb (siehe Abbildung 22.4).

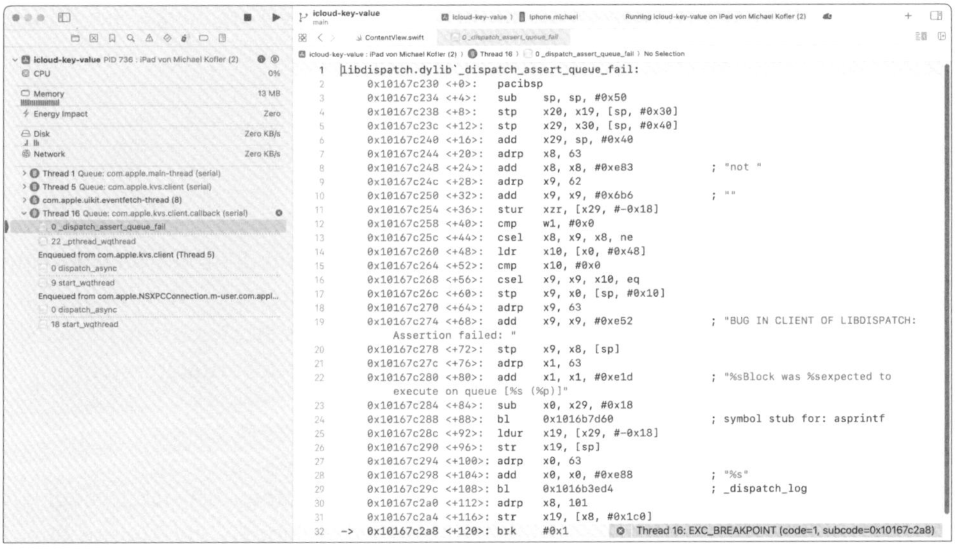

Abbildung 22.4 Abstürze wie in diesem Screenshot haben mich drei Arbeitstage und viel Nerven gekostet.

Xcode zeigt dann den Assembler-Code dieser Funktion an, gibt aber keinerlei Hilfe bei der Suche nach dem Fehlerort oder dessen Ursache. Klar ist nur, dass Code im falschen Thread ausgeführt wird.

Ich bin mir ziemlich sicher, dass die Callback-Aufrufe des Notification Managers das Problem auslösen. Ich habe mir größte Mühe gegeben, den Code der Methode `kvUpdate` bestmöglich abzusichern – aber der Crash tritt selbst dann auf, wenn diese Methode gar keinen Code enthält und komplett leer ist. Ich habe tagelang in der Dokumentation nachgelesen (die aber schon lange nicht mehr im Hinblick auf Swift 6 und das aktuelle `async`/`await`-Framework aktualisiert wurde). Den Code meines `KVManager` habe ich sicher ein Dutzend Mal reorganisiert, allein: Es half nichts.

Zuletzt bin ich eher zufällig auf einen StackOverflow-Artikel gestoßen, in dem ein Entwickler Abstürze beklagt, die nur unter Swift 6 auftreten, nicht aber unter Swift 5. Der Kontext ist dort zwar ein ganz anderer (3D-Rendering mit der Metal-Library), aber auch dort stoppt die Code-Ausführung in einem internen Breakpoint der `libdispatch`-Bibliothek:

https://stackoverflow.com/questions/79254397/swift-6-not-swift-5-hits-a-breakpoint-in-libdispatch-dylib

Der Beitrag hat mich auf die Idee gebracht, den Swift-Compiler auf Version 5 zurückzustellen – und mit einem Mal funktionierte meine App fehlerfrei. Mit etwas Glück ist die Ursache dieses Problems behoben, bis Sie dieses Buch lesen – dann funktioniert der Code auch mit Swift 6. Andernfalls müssen Sie für diese App und vergleichbare Anwendungen des iCloud-K/V-Speichers wohl bei Swift 5 bleiben. Sollten Sie doch einen Fehler in meinem Code entdecken oder eine andere Vorgehensweise finden, wie das Problem umgangen werden kann, schreiben Sie mir bitte!

22.3 SwiftData und iCloud

SwiftData ist iCloud-kompatibel. Es ist verblüffend einfach, eine vorhandene SwiftData-App so umzustellen, dass diese die private iCloud verwendet. Alle Daten der App werden damit automatisch zwischen verschiedenen Geräten des Nutzers bzw. der Nutzerin synchronisiert. Vorausgesetzt wird natürlich, dass die Geräte mit derselben Apple-ID verbunden sind und dass genug iCloud-Speicher zur Verfügung steht.

Capabilities

Zur Aktivierung der iCloud-Funktionen von SwiftData öffnen Sie das Dialogblatt SIGNING & CAPABILITIES der Target-Einstellungen. Nachdem Sie die App im Punkt SIGNING mit Ihrer Developer App verbunden haben, fügen Sie zwei Zusatzfunktionen hinzu (siehe Abbildung 22.5):

- **iCloud:** Wie im vorigen Beispiel fügen Sie zuerst ICLOUD hinzu. Bei dessen Einstellungen aktivieren Sie die Option CLOUDKIT. Schließlich fügen Sie mit dem Plus-Button bei CONTAINERS einen neuen iCloud-Container hinzu. Sie müssen dem Container einen Namen geben. Dieser setzt sich üblicherweise aus `iCloud` und dem Bundle Identifier zusammen.

  In der CloudKit-Nomenklatur ist der »Container« der Ort, an dem die Daten gespeichert werden – also gewissermaßen die Datenbank. Über die CloudKit Console (siehe die entsprechende Überschrift am Ende dieses Abschnitts) können Sie sogar die Struktur dieser Datenbank ergründen.

- **Remote Notifications:** Zum Empfang von Benachrichtigungen, dass sich in der iCloud Daten verändert haben, greift SwiftData auf sogenannte *Remote Notifications* zurück. Damit das funktioniert, fügen Sie Ihrer App die Funktion BACKGROUND MODES • REMOTE NOTIFICATIONS hinzu.

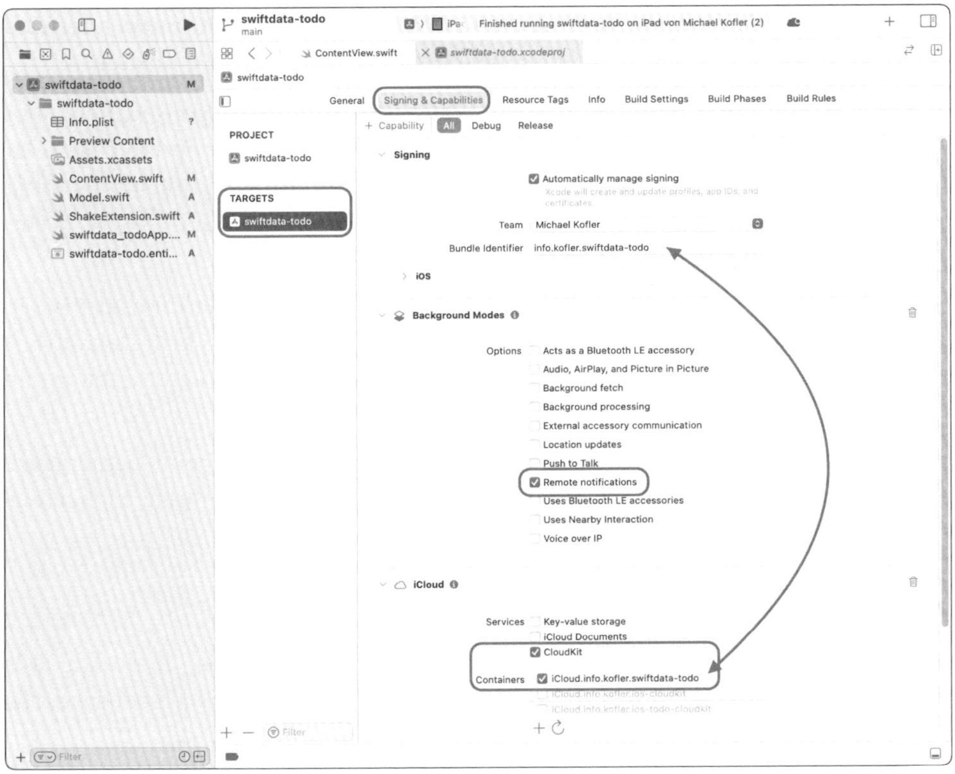

Abbildung 22.5 Die notwendigen Capabilities, um bei einer SwiftData-App die iCloud-Funktionen zu aktivieren

iCloud-kompatibles Datenmodell

Sobald Sie bei den Capabilities die iCloud aktivieren, verwendet SwiftData automatisch die iCloud anstelle einer lokalen Datenbank zur Speicherung Ihrer Daten. Sie müssen dazu weder zusätzlichen Parameter an den `modelContainer`-Modifier übergeben, noch müssen Sie im CloudKit-Container eine Datenbank einrichten. SwiftData kümmert sich um all diese Details automatisch.

Dass SwiftData die iCloud verwendet, bemerken Sie an den schier endlosen Debugging-Ausgaben der zugrunde liegenden CoreData- und CloudKit-Bibliotheken, die in der Debug-Console von Xcode angezeigt werden. Dort weist SwiftData auf eventuelle Inkompatibilitäten Ihres Datenmodells hin:

```
CloudKit integration requires that all attributes be optional,
or have a default value set. The following attributes are marked
non-optional but do not have a default value: xxx
```

Damit sind wir beim einzigen Punkt, wo *doch* Code-Änderungen notwendig sind. Damit Ihr Datenmodell iCloud-kompatibel ist, muss es drei Regeln einhalten:

- **Alle Eigenschaften mit Defaultwert oder optional:** Alle Eigenschaften Ihres Datenmodells müssen entweder fixe Defaultwerte haben oder optional sein. `var title: String` ist nicht erlaubt, auch wenn `title` in der Init-Funktion immer initialisiert wird. SwiftData mit iCloud erwartet entweder `var title = "empty title"` oder `var title: String?`.
- **Verknüpfungen optional:** Sämtliche Eigenschaften, die auf andere `@Model`-Klassen verweisen, müssen optional sein. Gegen diese Regel hilft auch kein Defaultwert. Die Umstellung auf optionale Eigenschaften zieht leider einen Rattenschwanz an Änderungen im restlichen Code nach sich.
- **Keine Unique-Regeln:** Das CloudKit kennt keine Unique-Regeln. Dementsprechend müssen Sie alle `@Attribute(.unique)`-Anweisungen aus Ihrem Modell entfernen.

Praktische Erfahrungen und Dokumentation

Um SwiftData mit der iCloud auszuprobieren, habe ich die To-do-App aus Abschnitt 21.8 verwendet. Nach der Änderung der Capabilities habe ich bei der `title`-Eigenschaft einen Defaultwert zugewiesen.

```
// Projekt swiftdata-todo, Datei Model.swift
@Model
class TodoItem {
    var title = "empty title"    // einzige Code-Änderung
    var isCompleted = false
```

```
    var doneDate: Date? = nil
    var rank = 0
    ...
}
```

Bei meinen Tests war ich einerseits beeindruckt, dass meine To-do-App tatsächlich auf Anhieb lief und Änderungen an den To-do-Einträgen nach einer kurzen Verzögerung auf einem zweiten Gerät mit der gleichen Apple-ID auftauchten. Großartig! Sogar Undo funktioniert weiterhin.

Die App funktioniert übrigens auch dann problemlos, wenn keine Apple-ID eingerichtet ist oder gerade keine Verbindung zur iCloud besteht. Die To-do-Einträge werden dann nur lokal gespeichert.

Allerdings traten bei meinen Tests fallweise auch Synchronisationsprobleme auf: Nachdem die ersten fünf Änderungen schnell und korrekt zwischen meinen Geräten hin und her übertragen wurden, stockte der Datenabgleich dann plötzlich ohne nachvollziehbare Gründe. Generell hatte ich den Eindruck, dass die App besser und flüssiger funktionierte, wenn ich sie losgelöst von Xcode startete (also nicht im Debug-Modus).

Damit kommen wir zum einzigen gravierenden Problem von SwiftData plus iCloud: Wie schon bei den Grundfunktionen ist auch dieses Feature von SwiftData schlecht bis gar nicht dokumentiert. Auf den Seiten von Apple habe ich die folgende Beschreibung gefunden, die aber offensichtlich nicht (mehr) zutrifft:

https://developer.apple.com/documentation/swiftdata/syncing-model-data-across-a-persons-devices

Tatsächlich weitergeholfen hat mir einmal mehr die Website *Hacking with Swift* von Paul Hudson:

https://www.hackingwithswift.com/quick-start/swiftdata/how-to-sync-swiftdata-with-icloud

Aber auch dort fehlen Quellenangaben. Damit bleibt SwiftData, auch was die iCloud-Unterstützung betrifft, eine Blackbox. Angesichts der mangelhaften Dokumentation haben Sie bei Problemen nicht einmal einen Anhaltspunkt, wo Sie mit der Fehlersuche beginnen könnten. Soweit es das iCloud-Feature betrifft, haben Sie ja gar keinen eigenen Code beigetragen; insofern entzieht sich die Synchronisation vollständig Ihrer Kontrolle. Eventuelle Fehler liegen bei SwiftData oder der CloudKit-Bibliothek.

CloudKit Console

Damit SwiftData plus CloudKit in der iCloud Daten speichern kann, muss es dort ein Datenbankschema einrichten. SwiftData kümmert sich darum automatisch. Der Button CLOUDKIT CONSOLE im Dialogblatt SIGNING & CAPABILITIES führt zu einer Webseite, auf der Sie zuerst den Container auswählen und dann unter dem Punkt SCHEMA • RECORD TYPES das Datenbankschema ansehen können (siehe Abbildung 22.6).

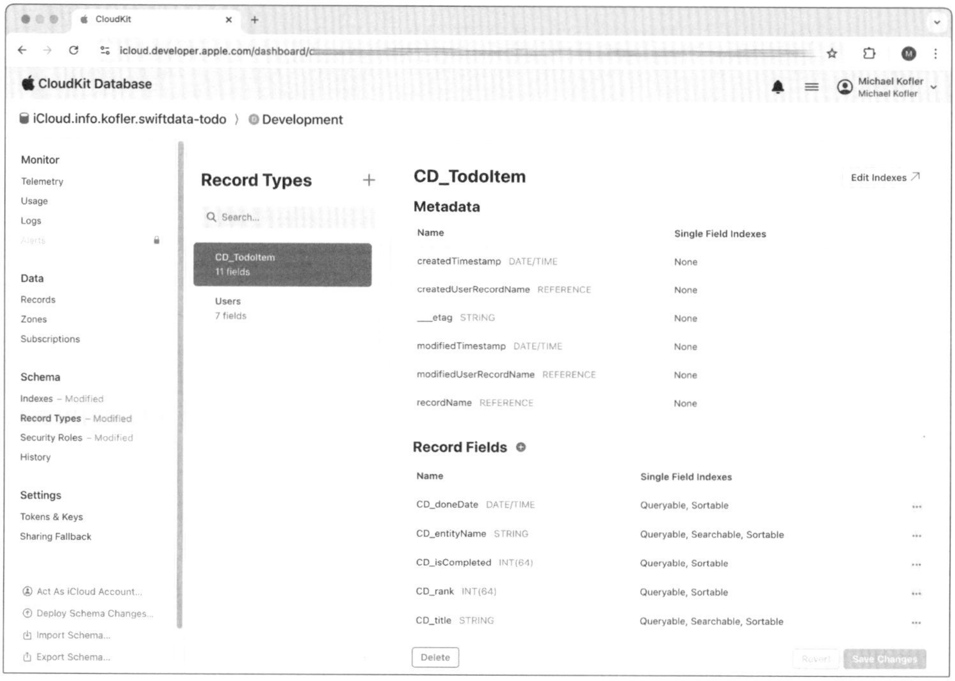

Abbildung 22.6 Die CloudKit Console

Grundsätzlich könnten Sie auf dieser Website auch einen Blick in die gespeicherten Daten werfen. Das klappt allerdings nur, wenn Sie auf Ihren Testgeräten als Apple ID Ihren Developer Account verwenden. Wenn Sie auf Ihrem iPhone, iPad etc. dagegen mit Ihrer privaten Apple-ID angemeldet sind, bleibt der Punkt DATA • RECORDS leer.

TEIL V

Apps

Kapitel 23
Währungskalkulator

Dieses Kapitel stellt einen Währungsrechner für das iPhone vor. Die App bezieht die Kurse von ca. 30 Währungen von der Website der Europäischen Zentralbank. Der App-Benutzer kann zwei dieser Währungen auswählen und dann unkompliziert Beträge zwischen diesen Währungen umrechnen.

Die Benutzeroberfläche der App steht in zwei Sprachen zur Verfügung: Deutsch und Englisch. Die App kann zudem kostenlos aus dem App Store heruntergeladen werden:

https://itunes.apple.com/us/app/wahrungs-rechner/id985004449

Hintergrundinformationen zur Lokalisierung sowie zu den Arbeiten, um das Programm App-Store-tauglich zu machen, finden Sie in Kapitel 24, »App Store & Co.«. In diesem Kapitel geht es nur um die eigentliche Funktionsweise des Programms.

Sowohl der Code der App als auch dessen Beschreibung in diesem Kapitel folgen dem MVVM-Pattern (siehe Abschnitt 14.5, »Model-View-ViewModel (MVVM)«). Die folgenden Abschnitte geben zuerst einen Überblick über die Funktionen der App und beschreiben dann das Datenmodell, das View Model (also die UI-Logik zur Datenverwaltung) und zuletzt die eigentliche Benutzeroberfläche. Es ist erschreckend, wie viel Code für die auf den ersten Blick so simple App notwendig ist!

23.1 App-Überblick

Die Benutzeroberfläche der App besteht aus zwei Tabs (siehe Abbildung 23.1): In der Hauptansicht können Sie in einem der beiden Textfelder eine Zahl eingeben. Der Betrag wird unmittelbar von der einen Währung in die andere umgerechnet. Das funktioniert unabhängig davon, welches der beiden Eingabefelder Sie verwenden. Die Tastatur wird ausgeblendet, sobald Sie die Oberfläche irgendwo außerhalb der Texteingabefelder berühren.

Im zweiten Tab mit den Einstellungen können Sie zwei Währungen aus einem Pool von circa 30 Währungen auswählen. Die Auswahl wird dauerhaft gespeichert. Mit dem Doppelpfeil-Button können Sie die erste und die zweite Währung vertauschen.

Die App lädt beim Start automatisch die aktuellen Kurse von der Europäischen Zentralbank und speichert diese in einem Cache-Verzeichnis. Falls das iPhone gerade keine Internetverbindung hat, kann es auf die zuletzt gespeicherten Kurse zurückgreifen. Der Einstellungs-Tab zeigt das Datum der Umrechnungskurse an und bietet die Möglichkeit, die Daten zu aktualisieren.

Abbildung 23.1 Die beiden Tabs des Währungsumrechners

Was heißt »aktuell«?

Die EZB legt die Wechselkurse aber nur einmal täglich fest, und das auch nur an Arbeitstagen. Die Kurse werden dann etwa um 16:00 Uhr auf der folgenden Seite veröffentlicht:

www.ecb.europa.eu/stats/exchange/eurofxref/html/index.en.html

Es handelt sich also nicht um Aktienkurse, die sich sekündlich ändern.

Flaggen

Die in der App benötigten Flaggen befinden sich in der Assets-Datei `Flags.xcassets`. Die Bitmaps können von der folgenden Website kostenlos heruntergeladen werden:

https://flagpedia.net

Zusammen mit der App werden fast 200 Flaggen ausgeliefert, obwohl die EZB aktuell nur 31 Währungskurse zur Verfügung stellt. Wenn Sie die App schlanker machen möchten, können Sie alle überflüssigen Flaggen löschen. Ich habe darauf verzichtet, auch weil die Möglichkeit besteht, dass die EZB in Zukunft weitere Umrechnungskurse zur Verfügung stellt. Zusätzlich zur Flaggensammlung von *https://flagpedia.net* habe ich die Bitmap `eu.png` mit der EU-Flagge eingefügt (Quelle: Wikipedia).

Vielleicht fragen Sie sich, wie Sie Ihrem Projekt eine zusätzliche Asset-Datei hinzufügen können. Das gelingt im Projekt-Explorer per Kontextmenü mit NEW FILE FROM TEMPLATE • RESOURCE • ASSET CATALOG.

Verbesserungsideen

Wenn Sie Gefallen an der App finden oder einfach zu Übungszwecken eigenen Code hinzufügen möchten, habe ich ein paar Verbesserungsideen:

- Die App unterstützt als einzige Zielplattform das iPhone. Sie können unter den Target-Einstellungen (GENERAL • SUPPORTED DESTINATIONS) iPads als zweite Plattform hinzufügen. Die App funktioniert prinzipiell auf Anhieb, das Layout sollte aber für den wesentlich größeren Bildschirm optimiert werden.
- Ein eigenes Tab-Blatt könnte eine numerische Auflistung aller Kurse anzeigen, also z. B. 1 EUR = 1,09 USD.
- Ein weiteres Tab-Blatt könnte eine Kurve mit der Kursentwicklung der letzten 90 Tage für das ausgewählte Währungspaar darstellen. Die erforderliche Datenbasis stellt die EZB unter folgender Adresse kostenlos zur Verfügung:

  https://www.ecb.europa.eu/stats/policy_and_exchange_rates/euro_reference_exchange_rates/html/index.en.html
- Der Währungskalkulator könnte zu einem vollständigen Taschenrechner ausgebaut werden.
- Anstelle der EZB-Kurse gibt es im Internet auch andere Quellen für die aktuellen Wechselkurse mit zum Teil noch mehr Währungen. Entsprechende Links finden Sie auf der folgenden Stack-Overflow-Seite:

  https://stackoverflow.com/questions/3139879

Beispieldateien

Sie finden diese App *zweimal* in den Beispielverzeichnissen: einmal im Verzeichnis für dieses Kapitel und ein zweites Mal im Verzeichnis für Kapitel 24, »Lokalisierung und App Store«. Die App-Store-Variante enthält im Vergleich zu diesem Kapitel eine deutsche Lokalisierung und ein »richtiges« App-Icon. Außerdem wurden ein paar weitere Kleinigkeiten für die App-Store-Einreichung geändert.

23.2 Umrechnungskurse herunterladen und speichern (Model)

Die Datengrundlage für die Währungs-App sind Wechselkurse, die die Europäische Zentralbank (EZB) auf der folgenden Seite täglich im XML-Format zur Verfügung stellt:

www.ecb.europa.eu/stats/eurofxref/eurofxref-daily.xml

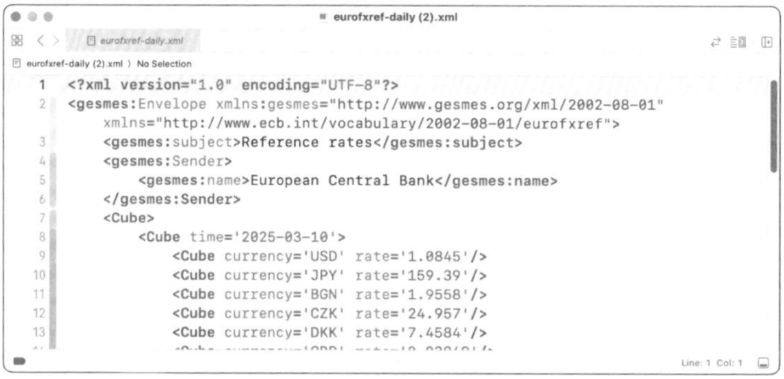

Abbildung 23.2 Wechselkurse relativ zum Euro, verpackt als XML-Dokument

Der Aufbau der Datei ist simpel (siehe Abbildung 23.2): Nach einigen Metadaten leitet ein `<Cube>`-Element die eigentlichen Kursdaten ein. Ein zweites `<Cube>`-Element enthält als Attribut das Datum der Kurse, weitere `<Cube>`-Elemente mit den Attributen `currency` und `rate` liefern die eigentlichen Wechselkurse. Die Währungskürzel werden dabei als Drei-Buchstaben-Code gemäß der ISO-Norm 4217 formuliert.

Für das Einlesen dieser Daten ist die asynchrone Methode `fetchEcbRates` der Klasse `CurrencyCalculator` verantwortlich. Die Kurse werden als Dictionary in der Eigenschaft `rates` gespeichert, das Datum der Kursfreigabe in der Eigenschaft `lastupdate`. Außerdem wird `currencies` mit einer alphabetischen Liste aller Währungen initialisiert. Die Klasse ist `@Observable`, damit die Eigenschaften unkompliziert an das View Model weitergereicht und im Einstellungs-Tab als Datenquellen für die Picker-Views verwendet werden können.

```
// Projekt currency-converter, Datei Model.swift
@Observable
class CurrencyConverter {
    enum FetchResult {
        case freshRates   // erfolgreicher Download der Kurse
        case cachedRates  // Fallback (früher gespeicherte Kurse)
    }

    private(set) var lastUpdate: Date = .distantPast
    private(set) var rates: [String: Double] = ["EUR": 1.0]
    private(set) var currencies: [String] = []
```

```
    init() {
        Task {
            await fetchEcbRates()
        }
    }

    // weitere Methoden, Code folgt
}
```

`fetchEcbRates` versucht die XML-Datei der EZB herunterzuladen und verwendet dann die SWXMLHash-Bibliothek zur Auswertung der Daten (siehe auch Abschnitt 19.6, »XML-Dateien lesen«). Die Methode liefert den Enumerationswert `freshRates` oder `cachedRates` zurück, je nachdem, ob der Download erfolgreich war oder nicht.

Das Datum wird mit einem `DateFormatter` in eine `Date`-Instanz umgewandelt. Sollten dabei Probleme auftreten, gilt `Date.distantPast` mit dem ältesten darstellbaren Datum als Defaultwert.

Die Umrechnungskurse werden in einem Dictionary gespeichert. Es enthält alle Kurse relativ zum Euro. Damit Umrechnungen von jeder Währung in jede andere Währung (inklusive Euro) unkompliziert funktionieren, benötigt das Dictionary auch einen Euro-Eintrag. Der Umrechnungskurs des Euro zu sich selbst lautet 1,0 und muss manuell hinzugefügt werden. Er ist aufgrund seiner Selbstverständlichkeit in der XML-Datei der EZB nicht enthalten.

```
// Projekt currency-converter, Datei Model.swift, Forts.
func fetchEcbRates() async -> FetchResult {
    let ecbUrl = URL(string: "https://www.ecb.europa.eu/stats/
                              eurofxref/eurofxref-daily.xml")!
    do {
        // Download
        let (data, _) =
            try await URLSession.shared.data(from: ecbUrl)
        let content = String(decoding: data, as: UTF8.self)
        let xml = XMLHash.parse(content)
        guard let ecbTime = xml["gesmes:Envelope"]["Cube"]
                ["Cube"].element?.attribute(by: "time")?.text,
              ecbTime != "1900-01-01"
        else {
            loadRates()
            return .cachedRates
        }

        // Datum auswerten
        let formatter = DateFormatter()
        formatter.dateFormat = "yyyy-MM-dd H:mm"
```

23

```
        formatter.timeZone = TimeZone(abbreviation: "CET")
        lastUpdate = formatter.date(from: ecbTime + " 15:00")
                     ?? .distantPast

        // Umrechnungskurse in Dictionary sammeln
        var newRates = ["EUR": 1.0]
        for r in xml["gesmes:Envelope"]["Cube"]["Cube"]
                 ["Cube"].all
        {
            if let currency =
                   r.element?.attribute(by: "currency")?.text,
               let rateStr =
                   r.element?.attribute(by: "rate")?.text,
               let rate = Double(rateStr), rate > 0
            {
                newRates[currency] = rate
            }
        }

        // rates-Eigenschaft aktualisieren, wenn kein Fehler
        // aufgetreten ist
        if newRates.count > 3 {
            rates = newRates
            saveRates()
            currencies = rates.keys.sorted()
            return .freshRates
        else {
            loadRates()  // alte Kurse verwenden
            return .cachedRates
        }
    } catch {
        print("Error fetching exchange rates:
               \(error.localizedDescription)")
        loadRates()
        return .cachedRates
    }
}
```

Kurse lokal speichern und wieder laden

Für den Fall, dass die App offline verwendet wird (was gerade im Urlaub durchaus plausibel ist), werden die Kurse in `refreshRates` nach dem Herunterladen lokal gespeichert bzw. bei Download-Problemen geladen. Um den Schreibprozess so einfach wie möglich zu machen, werden das Datum und die Kurse in ein Dictionary verpackt. Dieses wird in ein `NSDictionary` umgewandelt, damit dessen `write`-Methode verwendet werden kann. Der Leseprozess erfolgt umgekehrt. save- und loadRates verwenden jeweils getRatesFilename, um den Pfad zur Datei rates.plist im Cache-Verzeichnis zusammenzusetzen.

```
// Kurse in Cache-Datei speichern
private func saveRates() {
    guard rates.count > 1,
          let ratesPath = getRatesFilename()
    else { return }

    // Datum und Kurse in Dictionary verpacken und speichern
    let dict: [String: Any] = [ "lastupdate": lastUpdate,
                                "rates": rates ]
    (dict as NSDictionary).write(toFile: ratesPath,
                                 atomically: true)
}
// Kurse aus Cache-Datei laden
private func loadRates() {
    lastUpdate = .distantPast  // Default-Werte
    rates = ["EUR": 1.0]
    currencies = []
    guard let ratesPath = getRatesFilename(),
          let dict = NSDictionary(contentsOfFile: ratesPath),
          let update = dict["lastupdate"] as? Date,
          let newRates = dict["rates"] as? [String: Double]
    else { return }

    lastUpdate = update
    rates = newRates
    currencies = rates.keys.sorted()
}
// Dateiname aus Cache-Verzeichnis und rates.plist zusammensetzen
private func getRatesFilename() -> String? {
    FileManager.default
        .urls(for: .cachesDirectory, in: .userDomainMask)
        .first?
        .appendingPathComponent("rates.plist")
        .path
}
```

Länder-Code aus Währungskürzel

Die Flaggen in der Assets-Datei haben Namen wie ch (Schweiz), fr (Frankreich) oder eu (EU). Um aus dem Währungskürzel den passenden Länder-Code zu erzeugen, liest getCountryFromCurrency die ersten beiden Buchstaben des Währungskürzels und wandelt sie in Kleinbuchstaben um (z. B. CHF zu ch oder USD zu us).

```
static func getCountryFromCurrency(_ currency: String)
            -> String
{
    guard currency.count > 2
    else { return currency.lowercased() }

    return String(currency.prefix(2)).lowercased()
}
```

Dieser Hack funktioniert für alle aktuell von der EZB angebotenen Währungen. Die Vorgehensweise ist aber nicht universell gültig. Sollten Sie eine App entwickeln, die alle weltweit gebräuchlichen Währungen unterstützt, benötigen Sie ein Dictionary mit Zuordnungen zwischen ISO 3166 (internationale Länder-Codes) und ISO 4217 (internationale Währungskürzel). Eine geeignete Tabelle finden Sie hier:

https://github.com/srcagency/country-currencies

Kursumrechnung

Der eigentliche Zweck der CurrencyConverter-Klasse besteht darin, Kurse umzurechnen. Die entsprechende Methode ist nur wenige Zeilen lang. Sie erwartet drei Parameter: den Betrag, das Währungskürzel der Ausgangswährung und das Kürzel der Zielwährung. guard let testet, ob beide Währungen im rates-Dictionary enthalten sind, und berechnet dann den neuen Betrag. Liegen hingegen ungültige Daten vor, gibt die Methode einfach 0 zurück.

```
// Beispiel convert(100, from: "EUR", to: "USD")
func convert(_ value: Double, from: String, to: String) -> Double
{
    guard let rateFrom = rates[from], let rateTo = rates[to]
    else { return 0.0 }

    return value / rateFrom * rateTo
}
```

23.3 UI-Logik (View Model)

Die Klasse CurrencyViewModel baut auf dem CurrencyConverter auf. Sie erfüllt die folgenden Funktionen:

- Model-Funktionen weiterreichen
- Laden/Speichern der eingestellten Währungen in den User-Defaults

- Verwaltung des Tastaturfokus (Welches der beiden Eingabefelder ist gerade aktiv?)
- Synchronisation der Textfelder (Währungsumrechnung während der Eingabe)
- Darstellung des Reload-Status

Organisation der Klasse, User-Defaults

Die folgenden Zeilen zeigen die prinzipielle Organisation des Codes. Die Klasse ist wiederum `@Observable`, damit die Benutzeroberfläche mit den öffentlichen Variablen der Klasse synchronisiert werden kann. `@Observable` ist aber leider (Stand Frühjahr 2025) inkompatibel zu `@AppStorage`. Deswegen reicht es nicht aus, `currency1` und `currency2` als öffentliche Variablen zu deklarieren und mit diesem Property-Wrapper auszustatten. Stattdessen kümmern sich die Init-Funktion sowie `setCurrency1/2` um das Laden bzw. Speichern der Werte. Gleichzeitig wird bei jeder Änderung einer Währung der Inhalt der beiden Textfelder zurückgesetzt. Auf die dabei eingesetzten Variablen `_value1/2` gehe ich gleich näher ein.

```
// Projekt currency-converter, Datei ViewModel.swift
@Observable
class CurrencyViewModel {
    // Zugriff auf den CurrencyConverter
    private let model: CurrencyConverter
    // lastUpdate und currencies einfach durchreichen
    var lastUpdate: Date { model.lastUpdate }
    var currencies: [String] { model.currencies }

    // Währungseinstellungen in/aus User-Defaults speichern/laden
    private let ud = UserDefaults.standard
    private let currency1Key = "currency1"
    private let currency2Key = "currency2"
    private(set) var currency1: String
    private(set) var currency2: String

    // weitere Eigenschaften, Code folgt

    init() {
        model = CurrencyConverter()
        self.currency1 = ud.string(forKey: currency1Key) ?? "EUR"
        self.currency2 = ud.string(forKey: currency2Key) ?? "USD"
    }

    // Währung 1/2 ändern und speichern, Input zurücksetzen
    func setCurrency1(_ newValue: String) {
        currency1 = newValue
        _value1 = ""
```

```
            _value2 = ""
            ud.set(newValue, forKey: currency1Key)
        }
        func setCurrency2(_ newValue: String) {
            currency2 = newValue
            _value1 = ""
            _value2 = ""
            ud.set(newValue, forKey: currency2Key)
        }

        // Methode vom Model an das View Model weiterreichen
        static func getCountry(from currency: String) -> String {
            CurrencyConverter.getCountryFromCurrency(currency)
        }
}
```

Tastaturfokus

Die App muss sich aus zweierlei Gründen um den Tastaturfokus kümmern:

- Zum einen ist für die Währungsumrechnung wichtig zu wissen, welches der beiden Textfelder gerade Eingaben empfängt. Damit können bei der Synchronisation des zweiten Felds zyklische Updates vermieden werden: Eine Eingabe in Feld 1 verursacht ein Update in Feld 2; dieses darf aber nicht zu einem weiteren Update in Feld 1 führen!
- Zum anderen muss es eine Möglichkeit geben, die bei Zahleneingaben automatisch eingeblendete Tastatur wieder auszublenden.

Der Großteil des Codes für das Tastaturmanagement befindet sich in `ContentView.swift`. Im View Model sind dafür die private Variable `activeField` und die öffentliche Funktion `setActiveField` vorgesehen. Die zulässigen Werte sind in der Enumeration `ActiveField` definiert.

```
// Projekt currency-converter, Datei ViewModel.swift (Forts.)
@Observable class CurrencyViewModel {
    ...
    // Verwaltung des Tastaturfokus
    enum ActiveField {
        case first, second
    }
    private var activeField: ActiveField? = nil

    func setActiveField(_ field: ActiveField?) {
        self.activeField = field
    }
}
```

Synchronisation der Textfelder

Die Inhalte der beiden Textfelder des Währungsumrechners sind mit `value1/2` verbunden. Dabei handelt es sich um Computed Properties, die eigentliche Speicherung erfolgt in den privaten Variablen `_value1/2`. Der `set`-Code der Computed Properties synchronisiert bei jeder Änderung das jeweils andere Textfeld, aber nur, wenn das dem `set`-Code zugeordnete Textfeld gerade aktiv ist, also Benutzereingaben empfängt.

Die eigentliche Umrechnung erfolgt in `syncValues`. Diese Methode testet, ob sich die Eingabe überhaupt in eine `Double`-Zahl umwandeln lässt, ruft dann `model.convert` auf, formatiert das Ergebnis mit einer Nachkommastelle und speichert es in der Variablen für das Textfeld, das gerade *nicht* den Tastaturfokus hat.

```
// Projekt currency-converter, Datei ViewModel.swift (Forts.)
@Observable class CurrencyViewModel {
    // Inhalt der beiden Textfelder
    private var _value1 = ""
    private var _value2 = ""
    var value1: String {
        get { _value1 }
        set {
            _value1 = newValue
            if activeField == .first {
                syncValues(from: .first)
            }
        }
    }
    var value2: String {
        get { _value2 }
        set {
            _value2 = newValue
            if activeField == .second {
                syncValues(from: .second)
            }
        }
    }
    // Inhalt des jeweils anderen Textfelds synchronisieren
    private func syncValues(from field: ActiveField) {
        switch field {
        case .first:
            guard let amount = Double(_value1)
            else {
                _value2 = ""
                return
            }
```

```
            let converted = model.convert(amount,
                                          from: currency1,
                                          to: currency2)
            _value2 = String(format: "%.1f", converted)

        case .second:
            guard let amount = Double(_value2)
            else {
                _value1 = ""
                return
            }
            let converted = model.convert(amount,
                                          from: currency2,
                                          to: currency1)
            _value1 = String(format: "%.1f", converted)
        }
    }
}
```

Umrechnungskurse neu laden

Im Einstellungs-Tab besteht die Möglichkeit, die Umrechnungskurse neu zu laden. In der Folge soll dort angezeigt werden, ob der Reload erfolgreich war und von welchem Datum die Kurse sind. Weil der Download asynchron erfolgt, ist der Umgang mit den diversen Sonderfällen nicht trivial.

Die Enumeration `RefreshStatus` berücksichtigt vier Zustände. `idle` ist der Normalzustand. `refreshing` bedeutet, dass die Kurse gerade geladen werden, aber noch kein Ergebnis vorliegt. `success` weist auf einen erfolgreich durchgeführten Download hin. Mit `error` kann die Fehlermeldung als *Associated Value* mitgeliefert werden (siehe Abschnitt 9.2, »Enumerationen«).

Leider führt die Verwendung von *Associated Values* dazu, dass der Swift-Compiler nicht selbstständig in der Lage ist, das Protokoll `Equatable` zu implementieren. Um simple Vergleiche wie `refreshStatus == .success` zu ermöglichen, müssen Sie `Equatable` selbst implementieren. Das ist zum Glück nicht schwierig.

```
// Projekt currency-converter, Datei ViewModel.swift (Forts.)
@Observable class CurrencyViewModel {
    ...
    enum RefreshStatus: Equatable {
        case idle
        case refreshing
        case success
        case error(String)
```

```
        // Code für Equatable
        static func == (lhs: RefreshStatus, rhs: RefreshStatus)
                    -> Bool
        {
            switch (lhs, rhs) {
            case (.idle, .idle), (.refreshing, .refreshing),
                 (.success, .success):
                return true
            case (.error(let lhsMsg), .error(let rhsMsg)):
                return lhsMsg == rhsMsg
            default:
                return false
            }
        }
    }
    private(set) var refreshStatus: RefreshStatus = .idle
```

Für das Neuladen der Kurse ist die asynchrone Methode `refreshRates` zuständig. Sie ruft `fetchEcbRates` aus der `CurrencyConverter`-Klasse auf. Wenn der Download erfolgreich ist, nimmt `refreshStatus` für drei Sekunden den Zustand `success` ein und wird dann wieder zurückgestellt. Sollte ein Download dagegen scheitern, wird ind `refreshStatus` mittels `error(msg)` eine Fehlernachricht gespeichert.

```
// Projekt currency-converter, Datei ViewModel.swift (Forts.)
    ...
    // Kurse von der EZB neu laden
    func refreshRates() async {
        refreshStatus = .refreshing

        let result = await model.fetchEcbRates()

        switch result {
        case .freshRates:
            refreshStatus = .success
            Task {  // nach drei Sekunden auf .idle zurückstellen
                try? await Task.sleep(for: .seconds(3))
                if refreshStatus == .success {
                    refreshStatus = .idle
                }
            }
        case .cachedRates:
            if model.lastUpdate == .distantPast {
                refreshStatus = .error("Failed to load rates.
                                        Check your connection.")
            } else {
```

```
                let df = DateFormatter()
                df.dateStyle = .medium
                df.timeStyle = .none
                let date = df.string(from: model.lastUpdate)
                refreshStatus = .error("Using cached rates
                                        from \(date)")
            }
        }
    }
}
```

23.4 Benutzeroberfläche (View)

Die Benutzeroberfläche der App besteht aus einer `TabView`. Die beiden Tabs werden jeweils durch eigene Views dargestellt. Damit bleibt die `ContentView` sehr übersichtlich. Es gibt nur zwei gemeinsame Variablen, `vm` für das View Model sowie `selectedTab` für den gerade aktiven Tab.

```
// Projekt currency-converter, Datei ContentView.swift
struct ContentView: View {
    let vm = CurrencyViewModel()
    @State private var selectedTab = 0

    var body: some View {
        TabView(selection: $selectedTab) {
            CurrencyView(vm: vm, tabSelection: $selectedTab)
                .tabItem {
                    Image(systemName: "dollarsign.circle.fill")
                    Text("Converter")
                }
                .tag(0)

            SettingsView(viewModel: vm)
                .tabItem {
                    Image(systemName: "gear")
                    Text("Settings")
                }
                .tag(1)
        }
    }
}
```

Eingabefeld (CurrencyInputView)

Das Feld zur Eingabe bzw. Darstellung der Währungsbeträge ist in eine eigene View verpackt. Es besteht im Wesentlichen aus einer `TextView`, die unten in einem `ZStack` angeordnet ist. Am linken Rand werden darüber die Flagge und die Bezeichnung der aktuellen Währung angezeigt.

An die Init-Funktion müssen fünf Parameter für die Eigenschaften der View übergeben werden.

- `currencyCode` enthält das Währungskürzel.
- `value` ist mit dem Inhalt des `TextFields` verbunden.
- `isFocused` gibt an, ob das Textfeld den Eingabefokus hat.
- Die Funktion `onFocusChanged` wird bei einem Eingabefokuswechsel aufgerufen. Den dabei ausgeführten Code behandle ich im nächsten Abschnitt.
- Auch `onFlagTapped` ist eine Funktion. Sie ist dafür verantwortlich, beim Berühren der Flagge oder des Währungscodes den Einstellungs-Tab zu aktivieren.

`countryCode` ist ein Computed Property, das aus dem `currencyCode` den passenden Ländercode ermittelt. Dieser wird zur Anzeige der richtigen Flagge benötigt.

Weil nur Zahlen eingegeben werden sollen, verwendet das Textfeld eine `decimalPad`-Tastatur. Von den verbleibenden `TextField`-Modifiern ist nur `onChange` von Interesse: Wenn sich der Eingabefokus ändert, wird die Funktion `onFocusChanged` aufgerufen. Falls das Textfeld gerade den Fokus erhalten hat, wird außerdem der bisherige Inhalt gelöscht, sodass sofort mit der Eingabe eines neuen Werts begonnen werden kann.

Um Platz zu sparen, habe ich diverse `padding`-Modifier aus dem Listing entfernt.

```
// Projekt currency-converter, Datei ContentView.swift (Forts.)
struct CurrencyInputView: View {
    let currencyCode: String
    @Binding var value: String
    @FocusState var isFocused: Bool
    let onFocusChanged: (Bool) -> Void
    let onFlagTapped: () -> Void

    var countryCode: String {
        CurrencyViewModel.getCountry(from: currencyCode)
    }

    var body: some View {
        ZStack(alignment: .topLeading) {
            // Text field background
            TextField("0", text: $value)
                .font(.system(size: 34, weight: .bold))
```

```
                .keyboardType(.decimalPad)
                .multilineTextAlignment(.trailing)
                .frame(height: 100)
                .frame(maxWidth: .infinity)
                .background(Color(.systemGray6))
                .cornerRadius(12)
                .focused($isFocused)
                .onChange(of: isFocused) { _, newValue in
                    onFocusChanged(newValue)
                    if newValue == true {
                        value = ""
                    }
                }

            // Flagge und Währungskürzel überlagern links das
            // Textfeld
            VStack(spacing: 4) {
                Image(countryCode)
                    .resizable()
                    .aspectRatio(contentMode: .fit)
                    .frame(width: 60, height: 40)

                Text(currencyCode)
                    .font(.subheadline)
                    .fontWeight(.semibold)
            }
            .onTapGesture {
                onFlagTapped()
            }
        }
    }
}
```

Hauptansicht (CurrencyView)

Die `CurrencyView` ist die zentrale App-Ansicht. Sie besteht aus zwei in einem `VStack` platzierten `CurrencyInputViews`. An die Init-Funktion müssen eine Referenz auf das View Model sowie eine `@Binding`-Variable für den aktiven Tab übergeben werden. Letztere ist notwendig, damit der aktive Tab per Code verändert werden kann. Die beiden `@FocusState`-Variablen helfen dabei beim Management des Eingabefokus (siehe Abschnitt 14.3).

Der `body`-Code beginnt mit einem `VStack` mit den beiden `CurrencyInputViews`. Bemerkenswert sind dabei die fünf an die Init-Funktion übergebenen Parameter, die den

Datenfluss bestimmen. (Werfen Sie noch einmal einen Blick in den vorigen Abschnitt, wo ich die fünf Parameter aus der Sicht der `CurrencyInputView` beschrieben habe!)

- Die View-Model-Eigenschaft `currency` legt das Währungskürzel und die Flagge fest.
- Die View-Model-Eigenschaft `value` wird mit dem Inhalt des Textfelds verbunden (`@Observable` im Datenmodell bzw. `@Binding` in `CurrencyInputView`).
- `isFocused` gibt an, ob das Textfeld gerade den Eingabefokus hat oder nicht. Etwas befremdlich ist hier der vorangestellte Unterstrich. Er ist notwendig, weil an dieser Stelle nicht einfach ein boolscher Wert übergeben werden soll, sondern der Property Wrapper selbst (also `@FocusState`). Auch in `CurrencyInputView` ist die Eigenschaft mit `@FocusState` deklariert.

  Der Property Wrapper verbindet `varname` mit einer internen Eigenschaft `_varname`. Diese interne Eigenschaft muss übergeben werden. Xcode weist dankenswerterweise sogar auf diesen Umstand hin, sollten Sie den Unterstrich vergessen.
- Mit `onFocusChange` übergeben Sie eine Funktion (hier in Form einer Closure), die bei jedem Wechsel des Fokus innerhalb von `CurrencyInputView` ausgeführt wird. An die Closure wird ein Parameter übergeben, den ich im Code `isFocused` bezeichne. Der Parameter enthält die Information, ob das Textfeld gerade den Fokus hat oder nicht.

  Diese Information wird mit `setActiveField` an das View Model weitergeleitet. Verliert das Textfeld den Fokus und hat auch das zweite Textfeld keinen Fokus, wird mit `setActiveField` die Variable `activeField` im `CurrencyViewModel` auf `nil` gesetzt. (Der Datentyp ist optional, somit ist dies eine zulässige Operation.)
- Auch mit `onFlagTapped` wird eine Funktion übergeben. Sie wird ausgeführt, wenn der Benutzer bzw. die Benutzerin der App die Flagge oder den Währungstext berührt. Dann kommt es dank `tabSelection=1` zur Aktivierung des Einstellungs-Tabs.

Auf den `VStack` wird zuerst ein `contentShape`-Modifier angewendet, damit in der Folge mit `onTapGesture` das Berühren des Hintergrunds festgestellt werden kann. In der Gesture-Closure werden beide Fokusvariablen auf `false` gesetzt. Das führt dazu, dass die Tastatur ausgeblendet wird. Auf den Abdruck diverser `padding`-Modifier habe ich auch bei diesem Listing verzichtet.

```
// Projekt currency-converter, Datei ContentView.swift (Forts.)
struct CurrencyView: View {
    @State var vm: CurrencyViewModel
    @Binding var tabSelection: Int

    @FocusState private var isField1Focused: Bool
    @FocusState private var isField2Focused: Bool
```

```
    var body: some View {
        VStack(spacing: 24) {
            // erstes Eingabefeld
            CurrencyInputView(
                currencyCode: vm.currency1,
                value: $vm.value1,
                isFocused: _isField1Focused,
                onFocusChanged: { isFocused in
                    if isFocused {
                        vm.setActiveField(.first)
                    } else if !isField2Focused {
                        vm.setActiveField(nil)
                    }
                },
                onFlagTapped: { tabSelection = 1 }
            )

            // zweites Eingabefeld, analoger Code
            CurrencyInputView(...)

            Spacer()  // Eingabefelder ganz oben
                      // unten ist Platz für die Tastatur
        }
        // Tastatur ausblenden, wenn das Rechteck im Hintergrund
        // des VStacks berührt wird
        .contentShape(Rectangle())
        .onTapGesture {
            isField1Focused = false
            isField2Focused = false
        }
    }
}
```

23.5 Währungseinstellung (View)

Der zweite Tab der `TabView` ist für die Währungseinstellungen sowie für den Reload der Währungsdaten zuständig. Die folgenden Zeilen fassen die prinzipielle Struktur zusammen:

```
// Projekt currency-converter, Datei ContentView.swift
// Einstellungen, Code-Struktur (Details folgen)
struct SettingsView: View {
    @Bindable var vm: CurrencyViewModel
```

```
    // im Picker ausgewählte Währungen
    @State private var curr1Select: String
    @State private var curr2Select: String

    var body: some View {
        VStack {
            HStack {
                CurrencyPickerView(...)  // erste Währung
                CurrencyPickerView(...)  // zweite Währung
            }
            Button(...)             // Währungen vertauschen
            Spacer()
            RatesRefreshView(...) // Reload-Button, Statusanzeige
        }
    }
}
```

Ich beschreibe die zwiebelähnliche Struktur von innen nach außen und beginne daher mit der CurrencyPickerView und der RatesRefreshView.

Picker im Wheel-Modus zur Auswahl der Währungen

Die CurrencyPickerView zeigt die Währungsflaggen und -Bezeichnungen in einem radförmigen Picker an (siehe Abbildung 23.3).

Abbildung 23.3 Die »CurrencyPickerView«

An die View werden drei Parameter übergeben, die Beschriftung, ein sortiertes String-Array mit den Währungen und eine @Binding-Variable für die gerade ausgewählte Währung. Die Listenelemente werden mit ForEach initialisiert. Die Flaggen haben unterschiedliche Proportionen. Innerhalb des Pickers werden alle Flaggen in der gleichen Höhe angezeigt. Die Breite variiert deswegen. Um die Flaggen zentriert darzustellen, werden sie in einem ZStack mit vorgegebener Breite platziert.

```
// Projekt currency-converter, Datei ContentView.swift (Forts.)
struct CurrencyPickerView: View {
    let title: String
    let currencies: [String]
    @Binding var selectedCurrency: String

    var body: some View {
        VStack(alignment: .left, spacing: 8) {
            Text(title).font(.title3).padding(.bottom, 4)

            Picker("", selection: $selectedCurrency) {
                ForEach(currencies, id: \.self) { currency in
                    HStack {
                        // Flaggen im ZStack zentrieren
                        ZStack {
                            Image(CurrencyViewModel.getCountry(
                                                     from: currency))
                                .resizable()
                                .aspectRatio(contentMode: .fit)
                                .frame(height: 22)
                        }
                        .frame(width: 50, alignment: .center)

                        Spacer()

                        // Bezeichnung der Währung
                        Text(currency)
                           .font(.body)
                           .frame(width: 60, alignment: .leading)
                    }
                    .tag(currency)
                }
            }
            .pickerStyle(.wheel)  // radförmiges Erscheinungsbild
            .frame(width: 145)
            .background(Color(.systemGray6))
            .cornerRadius(8)
        }
    }
}
```

Kein endloses Drehen

Dem `Picker` in der SwiftUI-Bibliothek fehlt (Stand Frühjahr 2025) die Darstellungsoption eines sich endlos drehenden Rads, wie Sie dies von den Dialogen zur Zeiteinstellung gewöhnt sind. Sie können diese Einschränkung mit einem Trick umgehen: Sie initialisieren die Liste mit zehn Zyklen aller Elemente und beginnen in der Mitte. Damit kann die Benutzerin bei der Auswahl einer Währung in jede Richtung fünf komplette Durchläufe machen. Es sollte klar sein, dass diese auf StackOverflow skizzierte »Lösung« nur ein Hack ist.

https://stackoverflow.com/questions/63332500

Reload-Button und Statusanzeige

Im unteren Bereich der Settings-Ansicht zeigt die App das Datum der Kurse an und bietet die Möglichkeit, aktuelle Kurse zu laden (siehe Abbildung 23.4). Bei einem Neustart der App werden immer die aktuellen Kurse geladen, sofern eine Internet-Verbindung besteht. Aber bei einer längeren Verwendung der App kann ein manueller Refresh zweckmäßig sein.

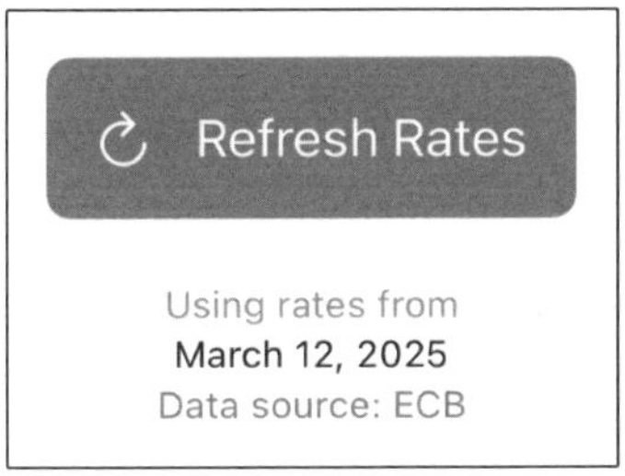

Abbildung 23.4 Die »RatesRefreshView«

Den relativ umfangreichen Code habe ich in die `RatesRefreshView` verpackt. Der Button Refresh Rates löst einen asynchronen Ladeprozess auf. Der Status des Ladeprozesses wird über die Eigenschaft `refreshStatus` des View Models kommuniziert. Solange der Ladeprozess läuft, wird der Button deaktiviert (ausgegraut); außerdem wird innerhalb des Buttons mit dem `ProgressView` ein rotierender Spinner angezeigt. (Die Datenmengen sind winzig, d. h., bei einer guten Internetverbindung dauert der Prozess deutlich weniger als eine Sekunde.)

Die nachfolgenden Texte werden in Abhängigkeit vom Refresh-Status zusammengestellt. Sie zeigen das Datum des Downloads bzw. die Meldung des zuletzt aufgetretenen Fehlers. Zuletzt folgt ein Link auf die Webseite der EZB, die die Herkunft der Kurse erläutert.

Wie schon in den vorangegangenen Abschnitten habe ich aus dem Listing diverse Layout-Modifier entfernt (`padding`, `font`, zum Teil auch `xxxColor`). Damit bleibt der Code übersichtlich, und Sie können sich beim Durchsehen auf die Logik konzentrieren.

```
// Projekt currency-converter, Datei ContentView.swift (Forts.)
struct RatesRefreshView: View {
    @Bindable var vm: CurrencyViewModel

    var body: some View {
        VStack {
            // Button 'Refresh Rates'
            Button(action: {
                Task { await vm.refreshRates() }
            }) {
                HStack {
                    if case .refreshing = vm.refreshStatus {
                        ProgressView()
                    } else {
                        Image(systemName: "arrow.clockwise")
                    }
                    Text("Refresh Rates")
                }
                .background(vm.refreshStatus == .refreshing ?
                            Color.gray : Color.blue)
                .cornerRadius(8)
            }
            .disabled(vm.refreshStatus == .refreshing)

            // Status anzeigen
            switch vm.refreshStatus {
            case .idle:
                Text("Using rates from")
                Text(vm.lastUpdate, style: .date)
            case .refreshing:
                Text("Refreshing rates...")
            case .success:
                Text("Rates updated successfully!")
                Text(vm.lastUpdate, style: .date)
            case .error(let message):
                Text(message).foregroundColor(.red)
            }

            // Link zur Datenquelle
            let ecb = "https://www.ecb.europa.eu/..."
```

```
            Link(destination: URL(string: ecb)!) {
                Text("Data source: ECB").font(.caption)
            }
        }
    }
}
```

Der Einstellungs-Tab

Jetzt sind nur noch einige Erläuterungen zur `SettingsView` notwendig, die die beiden vorhin beschriebenen Subviews einbettet. Die drei View-Eigenschaften habe ich in der Einleitung dieses Abschnitts schon beschrieben; ihre Initialisierung ist selbsterklärend.

Die beiden `CurrencyPickerViews` sind in einen `HStack` verpackt. Der `onChange`-Modifier ruft `setCurrency1/2` auf. Diese Methode aus dem View Model verändert nicht nur die entsprechende `currency`-Eigenschaft, sondern setzt auch `value1/2` zurück. Das ist wichtig, weil sonst eine zuvor durchgeführte Umrechnung zu nicht mehr dazu passenden Währungen stehen bliebe.

Der Swap-Button vertauscht `curr1Select` und `curr2Select` und führt diese Veränderung auch im View Model durch. Am unteren Bildschirmrand werden schließlich der Button Refresh Rates und die Statusinformationen angezeigt.

```
// Projekt currency-converter, Datei ContentView.swift (Forts.)
struct SettingsView: View {
    @Bindable var vm: CurrencyViewModel
    @State private var curr1Select: String
    @State private var curr2Select: String

    init(viewModel: CurrencyViewModel) {
        vm = viewModel
        curr1Select = viewModel.currency1 // aktuelle Währungen
        curr2Select = viewModel.currency2
    }

    var body: some View {
        VStack(spacing: 20) {
            HStack(alignment: .top, spacing: 12) {
                // Picker für Währung 1
                CurrencyPickerView(
                    title: "Currency 1",
                    currencies: vm.currencies,
                    selectedCurrency: $curr1Select
                )
```

23

```
                .onChange(of: curr1Select) { _, newValue in
                    vm.setCurrency1(newValue)
                }
                // Picker für Währung 2
                CurrencyPickerView(...)  // analoger Code
            }
            // Währungen vertauschen (auch im View Model!)
            Button(action: {
                let temp = curr1Select
                curr1Select = curr2Select
                curr2Select = temp
                vm.setCurrency1(curr1Select)
                vm.setCurrency2(curr2Select)
            }) {
                Image(systemName: "arrow.left.arrow.right")
            }
            .buttonStyle(PlainButtonStyle())

            Spacer()  // Abstand

            RatesRefreshView(vm: vm)  // Reload und Status
        }
    }
}
```

Kapitel 24
Lokalisierung und App Store

Solange Sie einfach nur Swift lernen möchten, ist die Weitergabe von Apps kein Thema. Aber sobald Sie Ihre App anderen Personen zur Verfügung stellen möchten – egal, ob gratis oder gegen Bezahlung –, müssen Sie sich neuen Herausforderungen stellen:

- Sie müssen Ihre App mit *Artwork* ausstatten, also mit Icons in den richtigen Größen, Launch-Bitmaps etc.
- Um einen möglichst großen Markt zu erschließen, sollten Apps mehrere Sprachen unterstützen. Die App muss dazu »lokalisiert« werden. Xcode unterstützt Sie bei diesem Schritt mit sogenannten *String Catalogs*. Dieses relativ neue Feature funktioniert zumeist genial gut. Allerdings gibt es viele Sonderfälle, auf die ich in Abschnitt 24.2, »Mehrsprachige Apps«, eingehe.
- Bevor Sie die App im App Store einstellen können, muss Xcode das Kompilat korrekt signieren.
- Unter macOS ist es weiterhin möglich, Apps am App Store vorbei weiterzugeben. Wenn Sie diesen Weg gehen möchten, müssen Sie die App in ein Image (DMG-Datei) oder in ein Installationspaket (PKG-Datei) verpacken. Idealerweise sollten Sie Ihre App außerdem signieren.

Dieses Kapitel beschäftigt sich mit den oben aufgezählten Aspekten der App-Perfektionierung und -Weitergabe und berücksichtigt dabei iOS und macOS. Grundlage für die Screenshots und den hier präsentierten Code ist die in Kapitel 23, »Währungskalkulator«, beschriebene iOS-App. Alle in diesem Kapitel beschriebenen Schritte setzen voraus, dass Sie über einen Apple-Developer-Account verfügen.

24.1 Artwork

Bevor Sie eine iOS-App im App Store einreichen können, müssen Sie das Projekt mit einem eigenen Icon ausstatten. Dazu öffnen Sie in Xcode die Projektdatei `Assets.xcassets` und den dort bereits vorgesehen Eintrag APPICON. Sie müssen das Icon in diversen Varianten zur Verfügung stellen (siehe Abbildung 24.1):

- **iOS:** Xcode erwartet drei Icons in einer Auflösung von 1024 × 1024 Pixel, eines für den Light Mode, eines für den Dark Mode und eine transparente Schwarz/Weiß-Variante, die nur die Konturen Ihres Icon-Symbols oder Bilds enthält. Diese dritte Variante verwendet iOS manchmal in Dialogen (Daten teilen oder suchen, Einstellungen, Siri-Vorschläge). Üblicherweise erstellen Sie die drei Icons mit einem Bildbearbeitungsprogramm (Photoshop, Gimp etc.). Beachten Sie, dass Sie für die Tinted-Variante ein Bildformat verwenden müssen, das Transparenz unterstützt. PNG ist eine gute Wahl.
- **macOS:** Absurd ist die Situation bei macOS-Apps. Xcode erwartet, dass Sie zehn Bitmaps in diversen Auflösungen zwischen 16 × 16 und 1024 × 1024 Pixel per Drag-and-drop einfügen. Man würde eigentlich erwarten, dass eine hochauflösende Bitmap ausreicht und Xcode dann in der Lage wäre, die restlichen Bitmaps selbst zu erstellen.

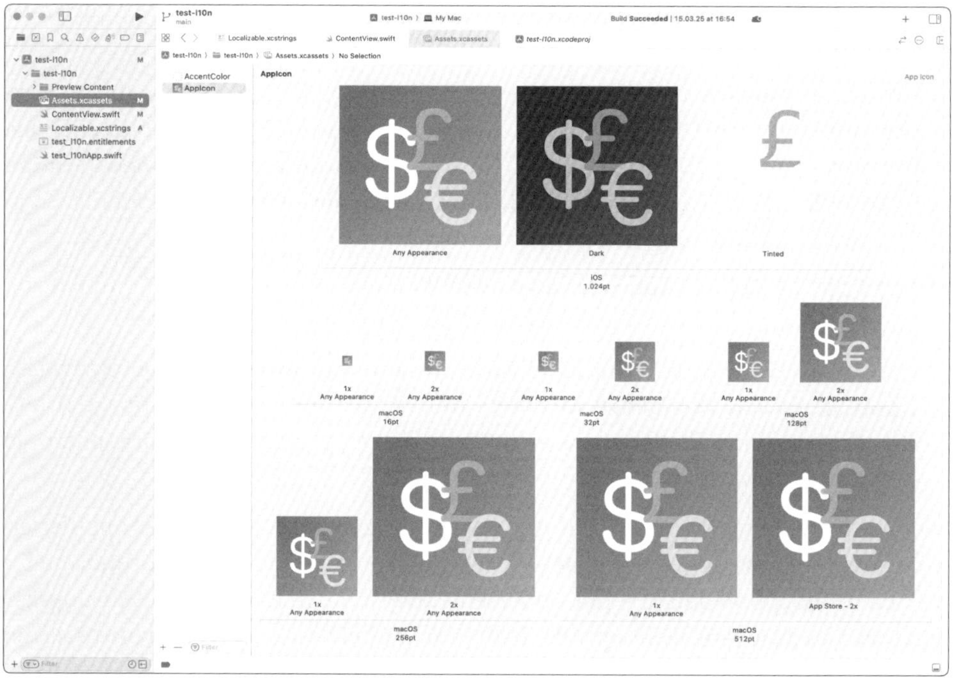

Abbildung 24.1 App-Icons müssen in diversen Varianten und Auflösungen in Xcode zur Verfügung gestellt werden.

Icon-Resize-Script

Der schnellste Weg, die für macOS-Apps erforderlichen Bitmaps zu erzeugen, bietet das folgende Script, das Sie in einem Terminal ausführen können:

```
#!/bin/zsh
# Beispieldatei create-icons.zsh

# check if an input file was provided
if [[ $# -ne 1 ]]; then
  echo "Usage: $0 <input-icon.png>"
  exit 1
fi

# extract the base name without extension
input_file=$1
base_name=${input_file:r}

# array of required sizes
sizes=(16 32 64 128 256 512)

# create each size variant
for size in $sizes; do
  magick "$input_file" -resize ${size}x${size} "${base_name}-${
    size}x.png"
  echo "Created ${base_name}-${size}x.png"
  # create also 2x (retina) version
  # magick "$input_file" -resize $((size*2))x$((size*2)) "${
    base_name}-${size}x@2x.png"
  # echo "Created ${base_name}-${size}x@2x.png"
done
```

Vor dem ersten Start müssen Sie, falls noch nicht erledigt, einmalig Homebrew einrichten (siehe *https://brew.sh*) und dann im Terminal das Bildbearbeitungskommando `magick` installieren:

```
brew install magick
```

Auch das Script ist im Terminal anzuwenden. Zuerst machen Sie das Script mit `chmod` ausführbar. Danach übergeben Sie als Parameter den Namen einer hochauflösenden PNG-Datei. Das Script erzeugt nun neue Versionen dieser Datei mit reduzierter Auflösung:

```
chmod +x create-icons.zsh
./create-icons.zsh myicon.png

  Created myicon-16x.png
  Created myicon-32x.png
  Created myicon-64x.png
  Created myicon-128x.png
  Created myicon-256x.png
  Created myicon-512x.png
```

24.2 Mehrsprachige Apps

Lokalisierung beschreibt den Prozess, die Zeichenketten einer App in mehreren Sprachen verfügbar zu machen (siehe auch den folgenden Kasten »Lokalisierung versus Internationalisierung«). In der Vergangenheit mussten Sie sich dazu mit *String Files* und *Stringdict Files* auseinandersetzen. Das führte zu unübersichtlichem Code und war mit einem ebenso mühsamen wie fehleranfälligen Prozedere verbunden.

Mit Xcode 15 (veröffentlicht 2023) hat Apple die Lokalisierung vollständig auf den Kopf gestellt. Die neuen *String Catalogs* sind perfekt in Xcode integriert und machen die Übersetzung von SwiftUI-Apps geradezu zum Kinderspiel – zumindest bei kleinen Apps. String-Catalog-Dateien haben die Kennung `*.xcstrings`. Hinter den Kulissen handelt es sich um JSON-Dateien.

Lokalisierung versus Internationalisierung

Im Zusammenhang mit mehrsprachigen Programmen ist von zwei Begriffen die Rede, die oft verwechselt werden:

- *Internationalization* (Abkürzung: i18n) beschreibt die Vorbereitungsarbeiten bei der Entwicklung einer App, damit diese später in mehreren Sprachen genutzt werden kann. Dieser Punkt entfällt bei SwiftUI-Apps weitgehend, weil mit diversen `Date`- und `TimeFormatter`-Klassen sowie mit den String Catalogs fast alle Voraussetzungen von vorneherein erfüllt sind. Die notwendigen Änderungen im Code sind in der Regel minimal.
- *Localization* (l10n) bezeichnet hingegen die eigentliche Übersetzung von Zeichenketten.

Als Programmierer oder Programmiererin müssen Sie beide Schritte vorbereiten. In einfachen Fällen, wenn Sie z. B. nur zwei oder drei Sprachen unterstützen wollen und in Ihrem Team ausreichende Sprachkenntnisse vorliegen, können Sie alles selbst machen. Der Regelfall bei professionellen Apps sieht aber so aus, dass Sie die eigentliche Übersetzung an ein Übersetzungsbüro oder an andere externe Dienstleister abgeben. Xcode unterstützt Sie dabei mit Export- und Import-Kommandos.

String Catalogs

Im Folgenden gehe ich davon aus, dass Sie Ihre App bisher auf Englisch entwickelt haben. Ich habe mir das so angewöhnt, weil ich in der Vergangenheit viel zu oft Probleme hatte, bei zuerst in deutscher Sprache erstellten Apps später Englisch als zweite Sprache hinzuzufügen. (Das ist der Grund, warum es in diesem Buch so viele Screenshots mit englischen Texten gibt. Es ist für mich einfach zur Gewohnheit geworden, Apps zuerst auf Englisch zu entwickeln.) Aber ich gehe im nächsten Abschnitt darauf ein, wie Sie zu einer deutschen App eine englische Lokalisierung hinzufügen. So viel vorweg: Mit String Catalogs gelingt dies deutlich einfacher als in der Vergangenheit.

Dem vorhandenen, aktuell nur englischsprachigen Projekt fügen Sie nun eine neue Datei hinzu: NEW FILE FROM TEMPLATE • RESOURCE • STRING CATALOG. Die erste derartige Datei bekommt den Namen `Localizable.xcstrings`, den Sie belassen sollten. Bei großen Projekten können Sie später weitere Lokalisierungsdateien hinzufügen und die zu übersetzenden Zeichenketten so logisch über mehrere Dateien verteilen. Bei kleinen Projekten lohnt sich das nicht.

Die neue Datei ist anfänglich leer. Nun führen Sie PROJECT • BUILD aus. Der Compiler durchsucht Ihr Projekt nun nach lokalisierbaren Zeichenketten und übernimmt diese für die primäre Sprache (per Default: ENGLISCH). Als lokalisierbar gelten alle an eine SwiftUI-View übergebenen Texte sowie Zeichenketten, die explizit als `localized` gekennzeichnet sind. (Auf diese Variante gehe ich gleich ausführlicher ein.)

In der Lokalisierungsansicht von Xcode klicken Sie nun auf den Plus-Button und fügen eine zweite Sprache hinzu – beispielsweise GERMAN. Dort werden nun in zwei Spalten ENGLISH und GERMAN angezeigt (siehe Abbildung 24.2). Sofern Sie beide Sprachen beherrschen, können Sie die Übersetzung gleich selbst vornehmen. (Auf die naheliegende Idee, die Übersetzungen gleich per KI-Hilfe zu erstellen, ist man bei Apple noch nicht gekommen – aber was noch nicht ist, kann ja noch werden. Derartige Übersetzungen müssten natürlich explizit als autogeneriert gekennzeichnet werden, bis sie entweder als passend akzeptiert oder manuell verbessert wurden.)

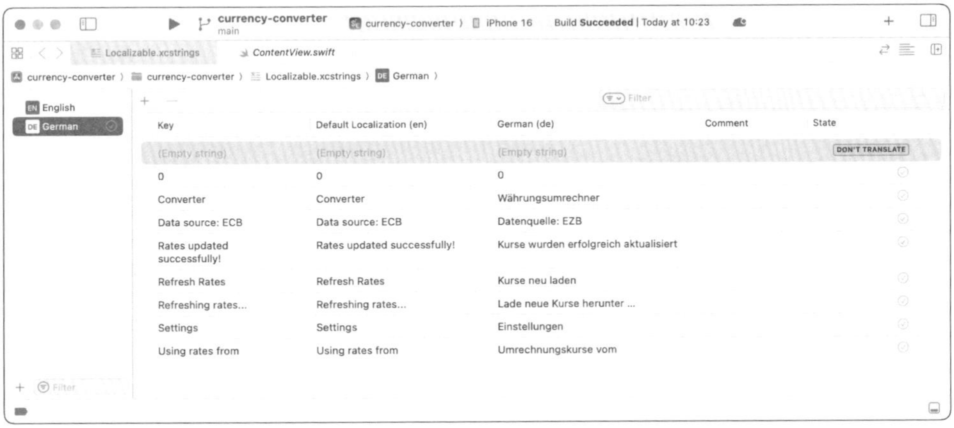

Abbildung 24.2 Übersetzungen von Englisch nach Deutsch im String Catalog

Normalerweise verwendet jede App die auf dem Gerät (also auf Ihrem Mac, auf Ihrem iPhone usw.) eingestellte Sprache. Wenn Sie einen Mac mit deutschen Spracheinstellungen verwenden und Ihrer App GERMAN als zweite Sprache hinzufügen, wird die App beim Testen sofort die deutschen Texte anzeigen.

Damit Sie Ihre App unkompliziert in jeder Sprache testen können, ohne die Systemsprache Ihres Macs, Ihres iPhones oder eines Simulators verändern zu müssen, können Sie die gewünschte Sprache in PRODUCT • SCHEME • EDIT frei einstellen (siehe Abbildung 24.3).

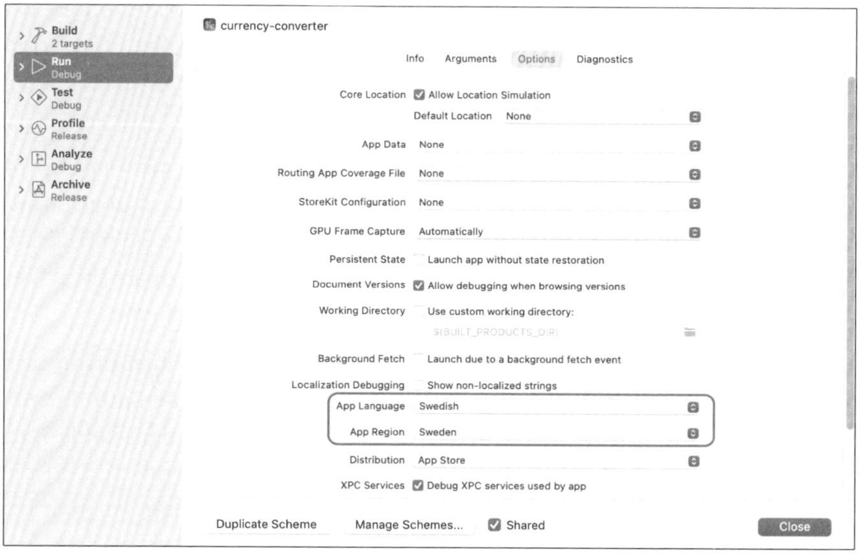

Abbildung 24.3 Sprach- und Landeseinstellungen für den Testbetrieb

Die Schemaeinstellungen sind eine feine Sache, aber es geht noch besser: Mit dem `environment`-Modifier können Sie auch die Preview-Ansicht in unterschiedlichen Sprachen durchführen. Der `locale`-Parameter hat allerdings nur Einfluss auf die Sprache, nicht auf andere Regionaleinstellungen (z. B. die Formatierung von Fließkommazahlen und Datumsangaben). Für derartige Tests müssen Sie weiterhin auf die Build-Einstellungen zurückgreifen.

```
#Preview("en") {
    ContentView()
        .environment(\.locale, .init(identifier: "en_US"))
}
#Preview("de") {
    ContentView()
        .environment(\.locale, .init(identifier: "de_DE"))
}
```

Erkennung lokalisierbarer Zeichenketten

Der Swift-Compiler betrachtet nur Zeichenketten als lokalisierbar, die den Typ `LocalizedStringKey` haben. Das trifft auf SwiftUI-Textparameter sowie auf speziell so gekennzeichnete Zeichenketten zu:

```
Text("Hello, World!")                          // wird erkannt
let msg = String(localized: "Good morning!")   // ebenso
Text(msg)
```

Der Erkennungsmechanismus scheitert aber, wenn Sie mit gewöhnlichen Zeichenketten (Datentyp String) arbeiten:

```
let txt = "Good evening!"                   // wird nicht erkannt
Text(txt)
MyView(greeting: "Have a good night!")  // auch nicht

struct MyView: View {
    let greeting: String

    var body: some View {
        Text(greeting)
    }
}
```

Abhilfe schaffen die schon erwähnte Init-Funktion String(localized:) sowie die explizite Verwendung des Datentyps LocalizedStringKey:

```
// so klappt es
let txt: LocalizedStringKey = "Good evening!"    // <-
Text(txt)
MyView(greeting: "Have a good night!")

struct MyView: View {
    let greeting: LocalizedStringKey             // <-

    var body: some View {
        Text(greeting)
    }
}
```

Wenn Sie in der Folge den Code Ihrer App ändern, aktualisiert Xcode bei jedem Build die Übersetzungsdateien. Wenn Sie z. B. im Code »Have a good night!« zu einfach »Good night!« verkürzen, dann bleibt die bisherige Übersetzung zu »Have a good night!« in der Übersetzungsdatei, aber mit dem Hinweis STALE im Sinne von nicht mehr benutzt. Sie können den Eintrag belassen (vielleicht brauchen Sie ihn später noch einmal) oder löschen. Dafür kommt ein neuer Eintrag für »Good night!« dazu, den Sie neu übersetzen müssen. Beachten Sie, dass Testläufe in der Preview-Ansicht *nicht* als Build gelten und keinen Einfluss auf die Übersetzungseinträge haben.

Sonderfälle

Nachdem ich Ihnen zuerst gezeigt habe, wie unglaublich einfach die Lokalisierung von Apps ist, komme ich nun auf die Sonderfälle zu sprechen:

- **Nicht Englisch als Primärsprache:** Vielleicht haben Sie Ihre App in deutscher Sprache entwickelt und wollen jetzt die englische Sprache hinzufügen. Glücklicherweise ist das auch kein Problem. Sie fügen zuerst einen String Catalog hinzu. Xcode glaubt vorerst noch, dass Englisch die primäre Sprache ist. Führen Sie noch keinen Build aus, gehen Sie zuerst in die Projekteinstellungen (nicht in die Target-Einstellungen). Dort finden Sie im INFO-Tab den Punkt LOCALIZATION. Dort fügen Sie zuerst mit dem Plus-Button GERMAN hinzu, wählen den Eintrag aus und klicken dann auf SET DEFAULT. Beim Build-Prozess werden nun alle gefundenen Zeichenketten der deutschen Sprache zugeordnet, und Sie können im String Catalog dazu passende englische Übersetzungen hinzufügen.
- **Textvariationen für Singular und Plural:** Viele Programme verbinden per Code ermittelte Zählergebnisse mit Substantiven:

  Englisch: 0 books, 1 book, 2 books etc.
  Deutsch: 0 Bücher, 1 Buch, 2 Bücher etc.

  Deutsch und Englisch verhalten sich grammatikalisch gleich, aber in anderen Sprachen gibt es je nach Anzahl noch mehr Varianten. String Catalogs kommt mit diesem Fall gut zurecht. Sie beginnen in diesem Fall mit der primären Sprache. Wenn der Compiler auf `Text("\(number)books found.")` stößt, fügt er beim Build-Prozess die neue Zeichenkette `%lld books found.` ein. (`%lld` ist ein C-Formatstring für eine 64-Bit-Integerzahl.)

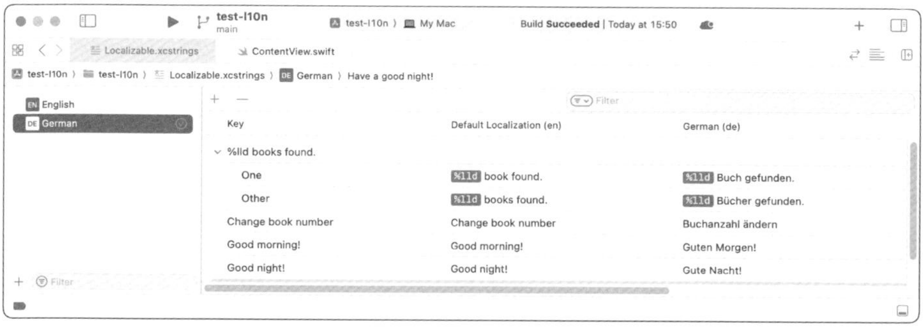

Abbildung 24.4 Unterschiedliche Zeichenketten je nach Anzahl

In String-Catalog-Editor führen Sie nun für die Originalsprache (ich gehe wieder davon aus, dass dies Englisch ist) das Kontextmenükommando VARY BY PLURAL aus. Sie können nun zwei Texte angeben, die in Abhängigkeit vom Parameter variieren. Anschließend wechseln Sie die Sprache und geben auch dort je nach Anzahl unterschiedliche Übersetzungen an (siehe Abbildung 24.4). Die laufende App verwendet dann automatisch den richtigen Text.

- **Textvariationen je nach Gerät:** Bei Multiplattform-Apps können Texte manchmal je nach Gerät unterschiedlich sein. Das gängigste Beispiel ist TAP (iOS) versus CLICK (macOS). Ähnlich wie bei der gerade behandelten Singular/Plural-Unterscheidung reicht es, im Code nur *einen* Fall zu berücksichtigen. Anschließend führen Sie für die Zeichenkette VARY BY DEVICE aus und formulieren je nach Zielgerät unterschiedliche Originaltext- und Übersetzungsvarianten.
- **Übersetzungsvariationen je nach Kontext:** Manchmal kommt die gleiche Zeichenkette an unterschiedlichen Orten in einer App vor. Die perfekte Übersetzung kann aber je nach Kontext variieren. Beispielsweise wird OPEN in einer App in einem Button zum Öffnen eines Dokuments verwendet, in einem Textfeld als Indikator, dass eine Netzwerkschnittstelle offen ist. Passende Übersetzungen wären ÖFFNEN und OFFEN oder GEÖFFNET.

```
Button("Open") { ... }
HStack {
    Text("Interface state:")
    Text("Open").foregroundStyle(.green)
}
```

Die einfachste Lösung besteht darin, tatsächlich Keys anzugeben. Der Datentyp lautet ja `LocalizedStringKey`!

```
Button("Open btn") { ... }
HStack {
    Text("Interface state:")
    Text("Open st").foregroundStyle(.green)
}
```

Jetzt müssen Sie im String Catalog nicht nur deutsche, sondern auch englische Zeichenketten angeben, die anstelle der Keys eingesetzt werden. (Per Default stimmen der Key und der in der Primärsprache verwendete Text überein, hier aber nicht.)

Weitere Beispiele und noch mehr Sonderfälle werden im folgenden, ausgezeichneten WWDC-Video behandelt:

https://developer.apple.com/videos/play/wwdc2023/10155

Lokalisierte Texte abseits der SwiftUI-Oberfläche

Die `LocalizedStringKeys` sowie deren Übersetzung in den String Catalogs funktionieren großartig, wenn die Zeichenketten als Parameter an Views übergeben werden, die einen `LocalizedStringKey` erwarten. Gelegentlich ist diese Voraussetzung aber nicht gegeben, z. B. wenn Sie eine Zeichenkette an eine E-Mail oder ein anderes Programm weitergeben oder in einer Textdatei speichern möchten. Dabei offenbart sich eine merkwürdige Lücke im Konzept der LocalizedStringKeys: Es gibt aktuell keinen Weg, um per Code aus dem Key die passende Zeichenkette in der gewünschten Sprache zu machen:

```
// falsche Vorgehensweise
let txt: LocalizedStringKey = "My message"
...
// Text je nach Landessprache in Datei speichern. Das
// funktioniert nicht, 'getLocalizedString' gibt es nicht!
try txt.getLocalizedString()
       .write(to: fileURL, atomically: true, encoding: .utf8)
```

Die im obigen Code verwendete Methode getLocalizedString existiert nicht, und es gibt (Stand Frühjahr 2025) auch keine vergleichbare Methode. Mit KI-Hilfe habe ich einen Weg gefunden, der auf Mirroring basiert – aber das ist ein ineffizienter Hack, der nicht empfehlenswert ist. Die richtige Vorgehensweise sieht vielmehr so aus, dass Sie die Zeichenkette mit String(localized: "key") deklarieren. Beim nächsten Build-Vorgang gelangt der Key, der per Default als Text für die Standardsprache gilt, in den String Catalog. Dort fügen Sie die gewünschten Übersetzungen hinzu. Bei der Ausführung des Programms verwendet dieses automatisch die Zeichenkette in der richtigen Sprache:

```
// korrekte Vorgehensweise
let txt = String(localized: "My message")
...
// übersetzten Text in Datei speichern
try txt.write(to: fileURL, atomically: true, encoding: .utf8)
```

XLIFF-Export und -Import für externe Übersetzungen

Für das Zusammenspiel mit externen Übersetzungsdiensten besteht die Möglichkeit, String Catalogs in die für diesen Zweck bewährten XLIFF-Dateien zu exportieren und wieder zu importieren (PRODUCT • IMPORT/EXPORT LOCALIZATION).

XLIFF verwendet XML als Basis. Der Aufbau der Dateien ist so komplex, dass eine manuelle Bearbeitung in Xcode bzw. einem gewöhnlichen Editor nicht zweckmäßig ist. Dafür gibt es diverse Tools, die bei der Bearbeitung von XLIFF-Dateien helfen und die von Übersetzungsdiensten genutzt werden. (Suchen Sie im App Store nach *xliff*, Sie werden auf ein breites App-Angebot stoßen! Ich habe vor einigen Jahren mit dem Programm *iXLIFF* gute Erfahrungen gemacht. Es ist kostenlos, unterstützt aber nur grundlegende Funktionen.)

Da das Übersetzungsteam oft keinen direkten Zugriff auf den Programmcode hat und Ihre App vielleicht nur von ein paar Screenshots kennt, kann es hilfreich sein, die zu übersetzenden Texte mit Kommentaren anzureichen – beispielsweise so: »This button starts the download of up-to-date currency rates.«

Sie können derartige Kommentare entweder direkt im String-Catalog-Editor formulieren oder in Ihren Code integrieren. Der Kommentar wird von der App nicht angezeigt, aber beim nächsten Build-Prozess in den String-Catalog-Editor übernommen.

```
Text("Hello, world!", comment: "shows a welcome message")
```

App-Name lokalisieren

Der Strings Catalog weist zwar auf die eine hundertprozentige Übersetzung Ihrer App hin, aber das ist leider irreführend: *Eine* Zeichenkette fehlt, und für die fühlt sich der String Catalog nicht zuständig: der App Name. Vielleicht ist die Bezeichnung Ihrer App wirklich so generisch bzw. mit dem Firmennamen übereinstimmend (Netflix, Spotify etc.), dass der gleiche Name für alle Sprachen passt. Häufiger ist es aber so, dass Sie den in den Target-Einstellungen unter GENERAL • IDENTITY • DISPLAY NAME festgelegten Namen je nach Sprache variieren möchten.

Die erforderliche Vorgehensweise ist leider ein wenig umständlich. Zuerst fügen Sie Ihrem Projekt mit NEW • FILE FROM TEMPLATE eine neue Datei vom Typ STRINGS FILE (LEGACY) hinzu und benennen diese Datei `InfoPlist.strings`. Danach öffnen Sie in der rechten Seitenleiste den FILE INSPECTOR und klicken dort auf den Button LOCALIZE. Xcode erzeugt nun von der (noch leeren) Datei Varianten für alle Sprachen, die Ihr Projekt unterstützt (siehe Abbildung 24.5).

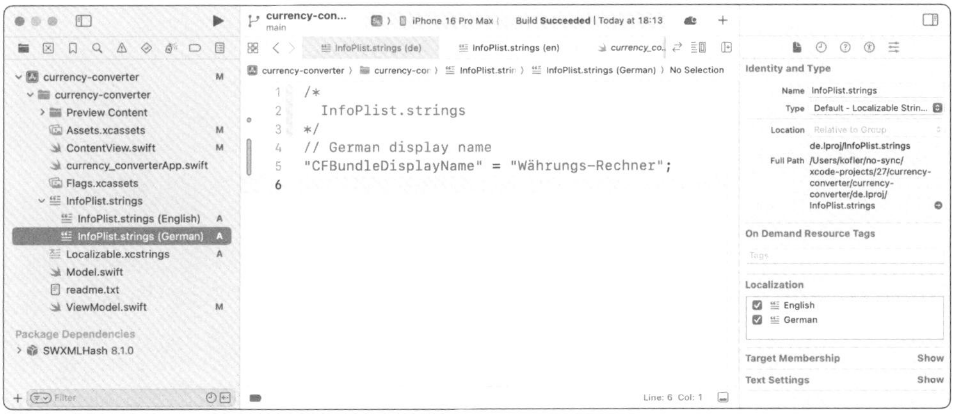

Abbildung 24.5 Der lokalisierte Applikationsname

Nun geben Sie in den diversen Varianten dieser Datei den `CFBundleDisplayName` in der jeweiligen Landessprache an:

```
// Projekt currency-converter, Datei InfoPlist.strings (English)
"CFBundleDisplayName" = "Currency Converter";

// Projekt currency-converter, Datei InfoPlist.strings (German)
"CFBundleDisplayName" = "Währungs-Rechner";
```

Datum und Uhrzeit

Der letzte offene Punkt ist nun der Umgang mit Zahlen, Daten und Zeiten, Distanzen etc., die ja bekanntlich in jeder Sprache anders formatiert werden. Zu deren Formatierung verwenden Sie die folgenden `XxxFormatter`-Klassen:

- `ByteCountFormatter`: Download-Mengen formatieren
- `DateFormatter`: Datum und Uhrzeit formatieren oder einlesen
- `DateComponentsFormatter`: einzelne Datumskomponenten formatieren
- `DateIntervalFormatter`: Zeitspannen formatieren
- `EnergyFormatter`: Energiemengen formatieren
- `LengthFormatter`: Längenangaben formatieren
- `MassFormatter`: Massen (Gewichte) formatieren
- `NumberFormatter`: Zahlen formatieren oder einlesen (parsen)
- `MKDistanceFormatter`: Distanzen formatieren

Innerhalb von Views ist die Initialisierung eines `DateFormatters` leider recht umständlich. Am besten verwenden Sie Computed Properties wie im folgenden Beispiel:

```
// Projekt test-l10n, Datei ContentView.swift
struct ContentView: View {
     let dateFormatter: DateFormatter = {
            let formatter = DateFormatter()
            formatter.dateStyle = .long
            formatter.timeStyle = .none
            return formatter
        }()

    var body: some View {
        Text("Today is \(dateFormatter.string(from: Date()))")
    }
}
```

Gerade bei `Date`-Instanzen ist es einfacher, die Methode `.formatted` anzuwenden. Sie bietet zwar weniger Formatierungsmöglichkeiten, oft reichen diese aber aus:

```
Text("Today is \(Date().formatted(date: .abbreviated,
                                   time: .omitted))")
```

Im String Catalog wird die Zeichenkette in der Form `Today is %@` dargestellt, wobei `%@` der Format-Code für ein Objekt ist. In der Übersetzung verwenden Sie ebenfalls diesen Code, also z. B. `Heute ist %@`. Um die Datum- und Zeitangaben müssen Sie sich nicht kümmern, die werden automatisch an die in den Systemeinstellungen festgelegte Region angepasst. Leider habe ich keinen Weg gefunden, die Region durch einen Modifier in der Preview-Ansicht zu veränden. Zum Testen müssen Sie daher die Region in den SCHEME-Einstellungen Ihrer App verändern.

Eine dritte Variante zur Darstellung von Daten und Zeiten ist der `style`-Parameter von `Text`:

```
// Datum und Zeit
Text(Date(), style: .date)
Text(Date(), style: .time)
```

Beispiel: Währungsumrechner

Beim Währungsumrechner (siehe Kapitel 23, »Währungskalkulator«) war die Lokalisierung die deutsche Sprache in fünf Minuten erledigt (siehe Abbildung 24.6).

Abbildung 24.6 Der deutsch lokalisierte Währungskalkulator

Den Großteil der zu lokalisierenden Zeichenketten erkannte Xcode auf Anhieb. Die einzige Ausnahme waren CURRENCY 1/2, die als Parameter an `CurrencyPickerView` übergeben wurden. Ich musste lediglich die `title`-Eigenschaft von `String` auf `LocalizedStringKey` umstellen, dann tauchten die beiden fehlenden Zeichenketten ebenfalls im String Catalog auf und konnten übersetzt werden. Gerade für kleine Apps mit wenigen Zeichenketten funktionieren String Catalogs großartig. Noch nie war es so einfach, eine App mit einer weiteren Sprache auszustatten!

```
// Projekt currency-converter, Datei ContentView.swift
struct CurrencyPickerView: View {
    let title: LocalizedStringKey  // ehemals String
    ...
}
```

Die Angabe des Datums im Einstellungstab funktionierte dank `Text(vm.lastUpdate, style: .date)` auf Anhieb im Format der eingestellten Region (siehe Abbildung 24.6). Probleme machte allerdings die Darstellung der Dezimalzahlen für die Währungen. Dort hatte ich in der ersten Version in der Methode `syncValues` mit `Double(s)` bzw. `String(format: "%.1f", n)` gearbeitet. Die Init-Funktionen von `Double` und `String` funktionieren aber nur für Dezimalzahlen mit Dezimalpunkt. Damit die Zahlen landestypisch formatiert und auch bei der Eingabe korrekt verarbeitet werden, musste ich einen `NumberFormatter` einsetzen:

```
// Projekt currency-converter, Datei ViewModel.swift
private func syncValues(from field: ActiveField) {
    let nf = NumberNf()
    nf.numberStyle = .decimal
    nf.usesGroupingSeparator = true
    nf.maximumFractionDigits = 1
    nf.minimumFractionDigits = 1

    switch field {
    case .first:
        // Parsing laut Regionaleinstellungen, 0 wenn ungültig
        let amount = (nf.number(from: _value1) ?? 0).doubleValue
        let converted = model.convert(amount,
                                      from: currency1,
                                      to: currency2)
        _value2 =
            nf.string(from: NSNumber(value: converted)) ?? "0"

    case .second:
        // analoger Code für das zweite Textfeld
    }
}
```

24.3 Eigene Apps im App Store anbieten

Wenn Ihre App zufriedenstellend läuft, wartet noch eine Herausforderung auf Sie: das Einstellen der App in den App Store. Die hierfür erforderlichen Arbeiten (und oft ist es eine Menge Arbeit!) finden an drei Orten statt:

- auf der Webseite *https://developer.apple.com/account*, wo Sie eine App-ID einrichten müssen
- auf der Website *https://appstoreconnect.apple.com*, wo Sie alle Daten für den App Store zusammenstellen müssen
- und natürlich in Xcode, wo Sie ein speziell signiertes Archiv erstellen und auf App Store Connect hochladen müssen

Ist das einmal gelungen, können Sie nur hoffen, dass Apple Ihre App akzeptiert. Ist auch diese Hürde gemeistert, bleibt noch das Marketing, auf das ich hier aber nicht eingehe. Die richtige Werbung für Ihre App hat ja nichts mit der Swift-Programmierung zu tun.

App-Store-Regeln

Apple hat ein umfangreiches Dokument dazu veröffentlicht, welche Regeln für die Aufnahme in den App Store gelten:

https://developer.apple.com/app-store/review/guidelines

Viele Punkte haben im weitesten Sinne mit Copyright-Fragen zu tun. Eine Menge Regeln formulieren, was Apple religiös, politisch, wirtschaftlich (Glücksspiel) oder sexuell für akzeptabel hält und was nicht. Diese Punkte können Sie selbst nachlesen. Ich möchte Sie an dieser Stelle auf einige andere Aspekte hinweisen:

- Apple erwartet, dass Ihre App ausgereift aussieht und Funktionen bietet, die in dieser Art im App Store neu sind oder sich zumindest klar von anderen Apps unterscheiden. Ein Taschenrechner, dem man ansieht, dass er in zwei Tagen lieblos zusammengeschustert wurde, ist also weitgehend chancenlos. Apps, die in direkter Konkurrenz zu von Apple standardmäßig ausgelieferten Apps stehen, haben ebenfalls nur minimale Chancen.
- Die Gestaltung der App muss den *Human Interface Guidelines* für die jeweilige Plattform entsprechen:

  https://developer.apple.com/design/human-interface-guidelines
- Ihre App muss fehlerfrei funktionieren, und zwar auf allen unterstützten iOS-Geräten, auch im Querformat (wenn dieses Format unterstützt wird), auch im Flugmodus bzw. ohne Internetzugang.

- Ihre App darf nur »echte« Benutzerdaten im `Documents`-Verzeichnis speichern. Diese Daten werden bei Backups gesichert, z. B. in der iCloud. Für zwischengespeicherte Inhalte, die bei Bedarf neu generiert werden können, muss hingegen das `Cache`-Verzeichnis verwendet werden.

Werfen Sie auch einen Blick auf die folgende Seite, die die häufigsten Ablehnungsgründe zusammenfasst:

https://developer.apple.com/distribute/app-review/#common-app-rejections

Bundle-ID und andere Grundeinstellungen (Xcode)

Beim Anlegen jedes Xcode-Projekts definieren Sie die Bundle-ID, die sich aus den umgekehrten Komponenten des Domainnamens sowie aus dem Projektnamen ergibt – also beispielsweise `de.meinewebsite.mein-projekt`. Welche Bundle-ID ein Projekt verwendet, können Sie in Xcode im Dialogblatt GENERAL in den Targets-Einstellungen feststellen (siehe Abbildung 24.7).

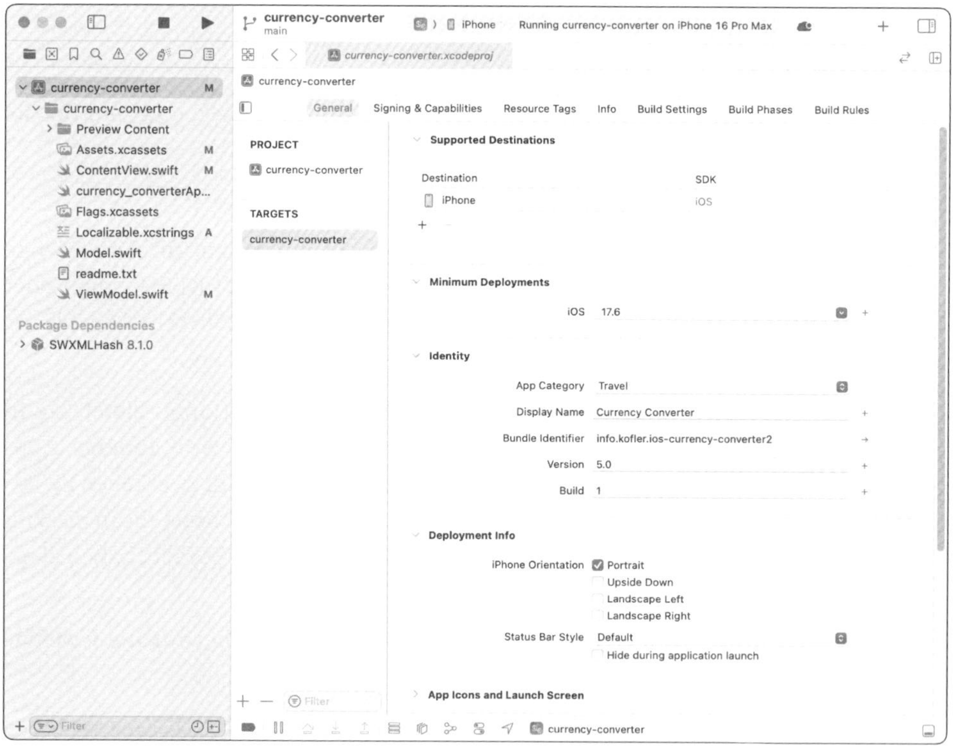

Abbildung 24.7 Die Bundle-ID und die Grundeinstellungen der App

An dieser Stelle können Sie die Bundle-ID auch ändern – aber nur so lange, bis Sie Ihre App zum ersten Mal erfolgreich in den App Store hochgeladen haben! Außerdem können Sie hier die Versionsnummer Ihrer App festlegen. Das ist vor allem bei wiederholten Uploads in den App Store wichtig: Bevor Sie eine neue Version hochladen, dürfen Sie nicht vergessen, die Versions- oder zumindest die Build-Nummer (bei kleineren Korrekturen) zu erhöhen.

Zu den Grundeinstellungen der App zählen auch die unterstützten Plattformen, die Mindestversion des Betriebssystems, die App-Kategorie und bei iOS die unterstützten Display-Drehungen (PORTRAIT, UPSIDE DOWN usw.).

Signing-Einstellungen (Xcode)

Ebenfalls bei den Targets-Einstellungen finden Sie die Signing-Einstellungen. Dort reicht es in der Regel aus, die Option AUTOMATICALLY MANAGE SIGNING zu setzen und ein Teammitglied Ihres Apple-Developer-Accounts auszuwählen (siehe Abbildung 24.8).

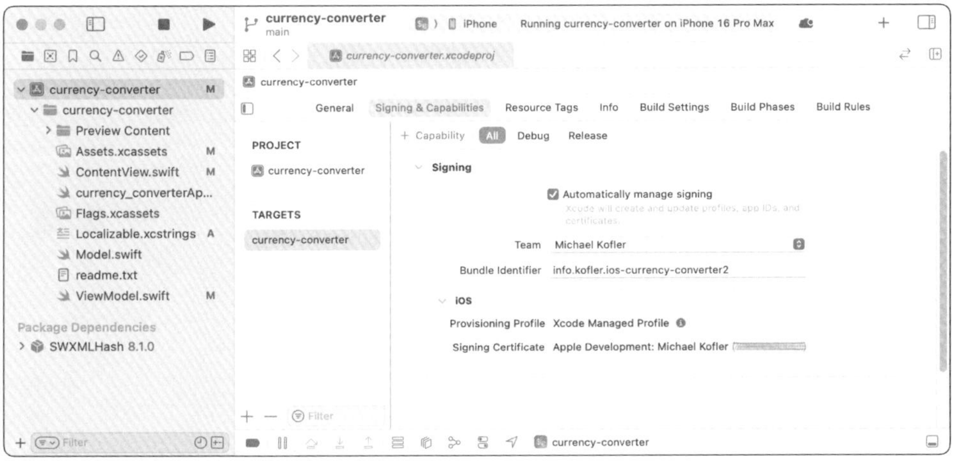

Abbildung 24.8 Signing-Einstellungen

App-ID erzeugen (Apple Developer)

Bevor Sie Ihre App in App Store Connect für den App Store einrichten können, müssen Sie auf der Apple-Developer-Seite eine sogenannte *App-ID* einrichten. Dazu melden Sie sich mit Ihrer Developer-ID auf der folgenden Webseite an und wählen das Dialogblatt IDENTIFIERS aus:

https://developer.apple.com/account/resources/identifiers/list

Mit dem Plus-Button können Sie nun eine neue App-ID für Ihre App erstellen. Dabei gibt es die folgenden Felder (siehe Abbildung 24.9):

- App ID Description: Hier geben Sie der App-ID einen Namen. Die Zeichenkette hilft Ihnen dabei, Ihre verschiedenen App-IDs nicht durcheinanderzubringen, hat ansonsten aber keine Bedeutung.
- App ID Prefix: Dieses Feld ist vorgegeben. Es enthält die Team-ID Ihres Developer-Accounts.
- App ID Suffix: Hier weisen Sie Ihrer App eine explizite App-ID zu. Es ist üblich, hier die Bundle-ID anzugeben. Nur wenn Ihre App keine Zusatzfunktionen wie das Game Center oder In-App Purchases verwendet (das gilt auch für zukünftige Versionen der App!), können Sie anstelle der App-ID eine universelle Wildcard App ID verwenden.
- Capabilities und App Services: Hier geben Sie an, welche Dienste Ihre App nutzt (Game Center, HealthKit, HomeKit etc.). Viele Dienste sind nur auswählbar, wenn Sie sich im vorigen Punkt für eine explizite App-ID entschieden haben.

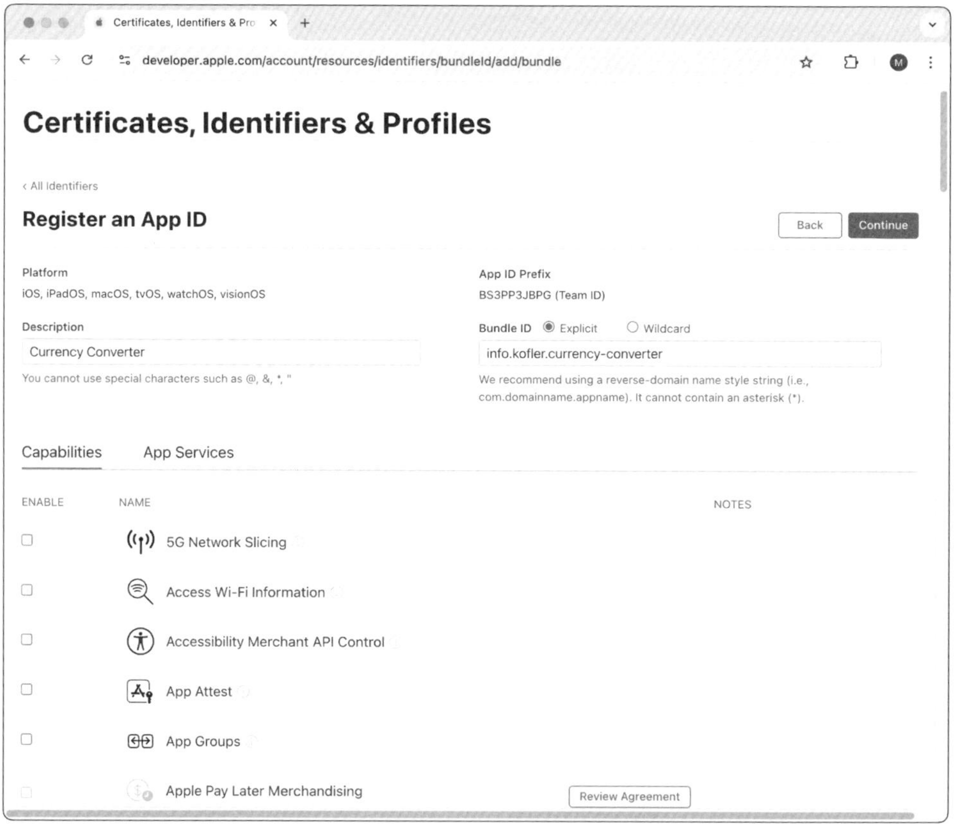

Abbildung 24.9 Neue App-ID auf der Apple-Developer-Website einrichten

App einrichten (App Store Connect)

Nun öffnen Sie in Ihrem Webbrowser die Website *https://appstoreconnect.apple.com* und richten dort Ihre neue App für den App Store ein. Dazu klicken Sie nach dem Login auf das Icon APPS. Mit dem Plus-Button gelangen Sie in einen Dialog, in dem Sie die Eckdaten der neuen App festlegen. Kurz eine Erklärung zu den Begriffen in diesem Dialog:

- NAME: Hier müssen Sie den Namen Ihrer App angeben. Das ist oft schwierig, denn der Name muss innerhalb des App Stores eindeutig sein. Und leider gilt ein Name auch dann schon als reserviert, wenn ein anderer Entwickler irgendwann eine entsprechend benannte App in App Store Connect eingerichtet hat – selbst wenn diese App dann nie akzeptiert oder ausgeliefert wurde. (Daraus ergibt sich umgekehrt die Schlussfolgerung: Richten Sie Ihre App möglichst früh in App Store Connect ein, bevor andere Entwickler Ihnen den Namen wegschnappen.)
- PRIMÄRSPRACHE: Diese Einstellung ist nur für Apps relevant, die in mehreren Sprachen lokalisiert sind. Die PRIMÄRSPRACHE gilt als Defaultsprache für die unzähligen weiteren Felder, die Sie demnächst in App Store Connect ausfüllen müssen. Bleiben dort einzelne Felder für die jeweilige Sprache leer, übernimmt App Store Connect die entsprechenden Einstellungen der Primärsprache.
- BUNDLE-ID: In diesem Listenfeld stehen die App-IDs zur Auswahl, die Sie auf der Apple-Developer-Seite eingerichtet, aber bisher nicht genutzt haben.
- SKU: Diese Abkürzung steht für *Stock Keeping Unit* und bezeichnet eine eindeutige, frei wählbare Nummer, die unter anderem auf den Abrechnungen verwendet wird.

Beim erfolgreichen Abschluss dieser Eingaben wird die neue App eingerichtet und erhält die App Store ID. Das ist eine neunstellige Zahl, die Ihre App weltweit eindeutig identifiziert.

Ist die neue App einmal eingerichtet, fängt die Arbeit erst richtig an: In diversen Dialogblättern müssen Sie nun alle erdenklichen Eckdaten für die App angeben bzw. hochladen (siehe Abbildung 24.10). Dazu zählen unter anderem:

- Screenshots der App für iPhone
- optional ein Präsentationsvideo Ihrer App
- eine Beschreibung der App
- Schlüsselwörter, damit die App im App Store besser gefunden werden kann
- die Adresse einer Support-Webseite
- die Angabe der primären und sekundären App-Kategorie (also beispielsweise FINANCE oder TRAVEL)
- die Altersfreigabe

- der Lizenzvertrag (Hier bestätigen Sie den Standardlizenzvertrag von Apple.)
- Copyright-Angaben
- Ihre Kontaktdaten

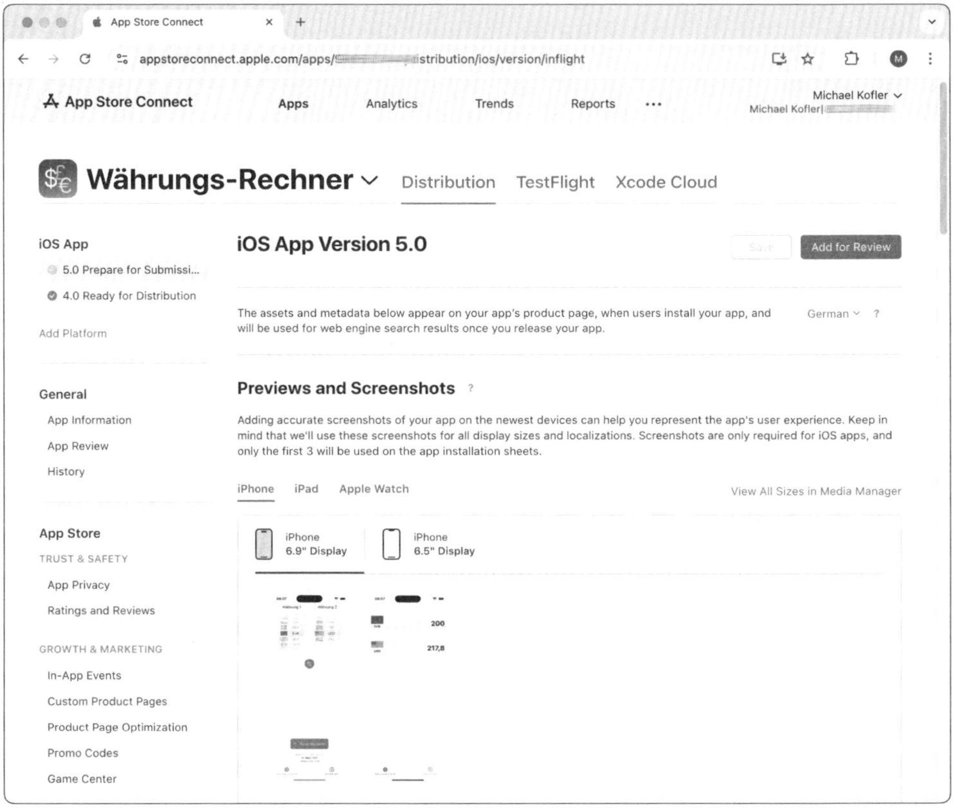

Abbildung 24.10 App-Daten angeben und Screenshots hochladen

Klicken Sie hin und wieder auf SAVE, damit eine Internetunterbrechung nicht dazu führen kann, dass Sie die ohnedies mühselige Eingabe wiederholen müssen!

Alle Angaben führen Sie vorerst für die Hauptsprache der App durch. Wenn Ihre App in mehreren Sprachen lokalisiert ist, fügen Sie im Sprachlistenfeld, das Sie fast ganz oben im Versions-Tab finden, weitere Sprachen hinzu und wiederholen dann die obigen Eingaben in diesen Sprachen.

Probleme beim Bild-Upload

App Store Connect ist beim Upload von Bildern ausgesprochen pingelig. Die Auflösung muss auf das Pixel exakt passen, außerdem müssen die Bilder ohne Alpha-Kanal gespeichert sein. Um den Alpha-Kanal einer PNG-Bitmap zu entfernen, können Sie das Bild im Programm *Vorschau* laden; beim Exportieren deaktivieren Sie dann die Option ALPHA. In GIMP klicken Sie im Dialog EBENEN die Bildebene mit der rechten Maus- oder Trackpad-Taste an und führen ALPHAKANAL ENTFERNEN aus.

Screenshots von iOS-Apps erstellen Sie am einfachsten im Simulator mit [cmd]+[S]. Die Bilddateien werden standardmäßig auf dem Desktop gespeichert.

Möglicherweise vermissen Sie die Möglichkeit, das App-Icon in der App-Store-Connect-Website hochzuladen. Das ist nicht möglich, weil das App-Icon ohnedies in der App enthalten ist. App Store Connect extrahiert das Icon, sobald Sie Ihre App aus Xcode zum ersten Mal hochladen.

In den weiteren Dialogblättern der App müssen Sie nun noch zumindest den Preis der App festlegen. Dabei können Sie für verschiedene Regionen unterschiedliche Preisstufen wählen, angeben, ab wann und wie lange die Preisstufe gültig ist, etc. Je nach App müssen Sie außerdem Einstellungen für In-App-Käufe, für das Game Center und für den Zeitungskiosk vornehmen.

App-Store-Connect-Website in englischer Sprache

Sofern Sie auf Ihrem Mac als Landessprache DEUTSCH eingestellt haben, verwendet auch die App-Store-Connect-Website deutsche Texte. Das ist sicher gut gemeint, aber nicht unbedingt eine große Hilfe – vor allem dann nicht, wenn Sie auf der Suche nach einem Fehler sind und im Internet fast ausschließlich Hilfetexte finden, die sich auf die englische Version dieser Website beziehen.

Wenn Sie Safari verwenden, sehen Sie die Webseite nur dann im englischen Original, wenn Sie in den Systemeinstellungen von macOS die Sprache ENGLISCH einstellen und Ihren Mac neu starten. Einfacher ist es, einen anderen Browser zu verwenden (z. B. Firefox oder Google Chrome), in dem die bevorzugte Sprache einstellbar ist.

App mit Xcode hochladen

Zum App-Upload führen Sie in Xcode PRODUCT • ARCHIVE aus. Xcode kompiliert Ihre App nun mit Release-Optimierung und verpackt sie in eine Archivdatei. Alle Archive werden in einem eigenen Xcode-Fenster aufgelistet. Dieses Fenster können Sie bei Bedarf auch später wieder mit WINDOW • ORGANIZER öffnen.

Sobald Sie in diesem Fenster sind, können Sie mit VALIDATE APP eine erste Überprüfung durchführen, ob alle formalen Voraussetzungen für einen Upload erfüllt sind (richtige Versionsnummer, App-Icons etc.). VALIDATE APP testet, ob Sie für die App auf der Apple-Developer-Site eine App-ID eingerichtet haben. Wenn das nicht der Fall ist, erzeugt Xcode einen neuen Eintrag.

Wenn VALIDATE APP erfolgreich war, klicken Sie auf DISTRIBUTE APP. Xcode zeigt zusammenfassende Informationen an (siehe Abbildung 24.11), DISTRIBUTE startet dann tatsächlich den Upload.

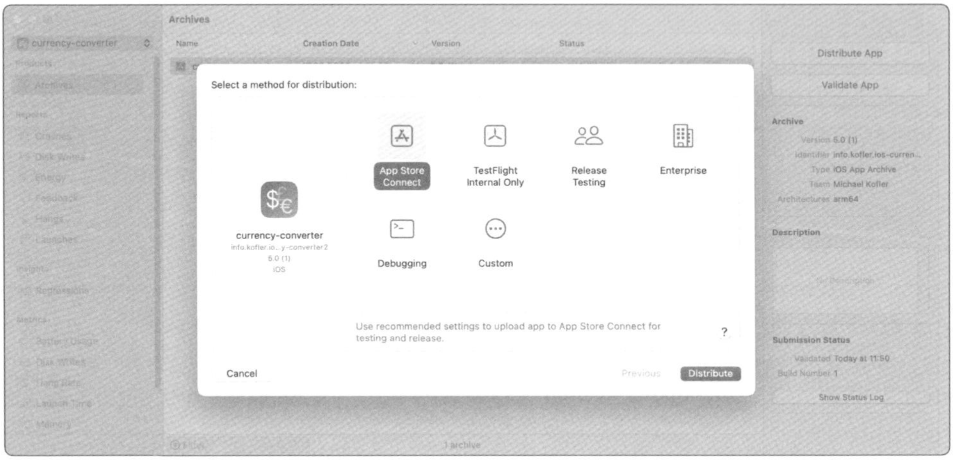

Abbildung 24.11 App-Upload in Xcode

App-Prüfung initiieren (App Store Connect)

Damit ist es an der Zeit, wieder im Webbrowser die App-Store-Connect-Site zu besuchen. In der Seitenleiste klicken Sie nun die Versionsnummer Ihrer App an. Anfänglich gibt es hier nur eine Version, aber wenn Sie später eine neue Version einreichen, werden mehrere Versionen angezeigt. Unter der Rubrik BUILD finden Sie die von Xcode hochgeladenen Build-Versionen. Dort wählen Sie die aktuellste Version aus (siehe Abbildung 24.12).

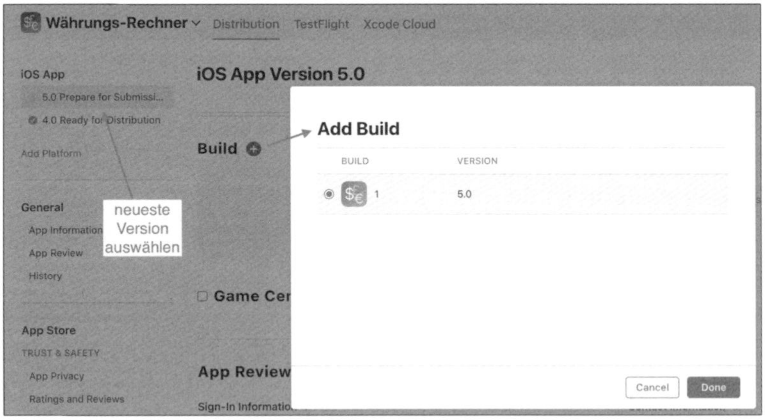

Abbildung 24.12 Build zur Prüfung auswählen

Der ausgewählte Build wird nun angezeigt. Nachdem Sie diese Auswahl speichern (aus dem SAVE-Button wird dann SAVED) können Sie die Überprüfung der App mit ADD FOR REVIEW starten (siehe Abbildung 24.13). Oft wird der Review sofort abgelehnt, weil Sie in dem verschachtelten Dialog irgendwo ein Detail übersehen oder nicht korrekt eingestellt haben. Diese Details lassen sich zumeist schnell beheben. SAVE und ADD FOR REVIEW startet dann den nächsten Durchgang.

Abbildung 24.13 Review-Prozess auslösen

Jetzt beginnt eine manchmal mehrtägige Wartezeit, bis Apple-Mitarbeitende Ihre App ansehen und dann der Veröffentlichung zustimmen oder diese ablehnen. Sie werden per Mail vom aktuellen Status informiert. Bei meinen Tests im März 2025 klappte der App-Review besonders schnell: An Werktagen wurden meine Apps innerhalb weniger Stunden begutachtet und für gut befunden.

Akzeptierte App ist nicht verfügbar

Wenn Ihre App akzeptiert ist, aber auch nach 24 Stunden nicht im App Store auftaucht, müssen Sie auf Fehlersuche gehen. Ich gehe hier nur auf die beiden häufigsten Problemquellen ein: Zum einen gibt es im Hauptdialog auf der App-Store-Connect-Seite (Versionsnummer anklicken) ganz unten einen Punkt APP STORE VERSION RELEASE. Normalerweise gilt die Einstellung AUTOMATIC – dann ist die App sofort nach der Freigabe durch Apple im App Store verfügbar. Wenn Sie dort aber (vielleicht unbeabsichtigt) MANUALLY RELEASE eingestellt haben, dann müssen Sie diesen Release mit einem entsprechenden Button explizit bestätigen. 24

Zum anderen kann es sein, dass die App zwar teilweise im App Store freigegeben wurde, aber nicht für jedes Land bzw. für jede Region. Auskunft gibt das Dialogblatt PRICING AND AVAILABILITY (siehe Abbildung 24.14). Ein Klick auf MANAGE offenbart dann zumeist die Ursache des Problems.

Bei meinen Tests war ein neues EU-Gesetz die Quelle des Ärgers (genau genommen der *Digital Service Act*, kurz DSA). Apps können nur dann im App Store angeboten werden, wenn Sie bei Apple Ihren *Trader Status* hinterlegen (unabhängig davon, ob

Sie die Apps nun kostenlos anbieten oder verkaufen). Ausführliche Hintergrundinformationen können Sie hier nachlesen:

https://developer.apple.com/help/app-store-connect/manage-compliance-information/manage-european-union-digital-services-act-trader-requirements

Zur Einstellung des Trader Status besuchen Sie die Teilseite BUSINESS innerhalb der App-Store-Connect-Website. Als *Trader* gelten Sie – grob vereinfacht – dann, wenn Sie Apps verkaufen oder kostenlose Apps mit In-App-Verkäufen anbieten oder wenn Sie mit Ihrer App andere kommerzielle Interessen verfolgen. (Naturgemäß sind die genauen Formulierungen – wie alle EU-Gesetze – viel komplizierter. Diese Kurzzusammenfassung ist daher in keinerlei Weise juristisch bindend.) Wenn Sie als Trader gelten, müssen Sie Ihre Adresse und Kontaktdaten (Mail, Telefon) angeben; Apple kontrolliert diese Daten und schaltet die Apps danach frei.

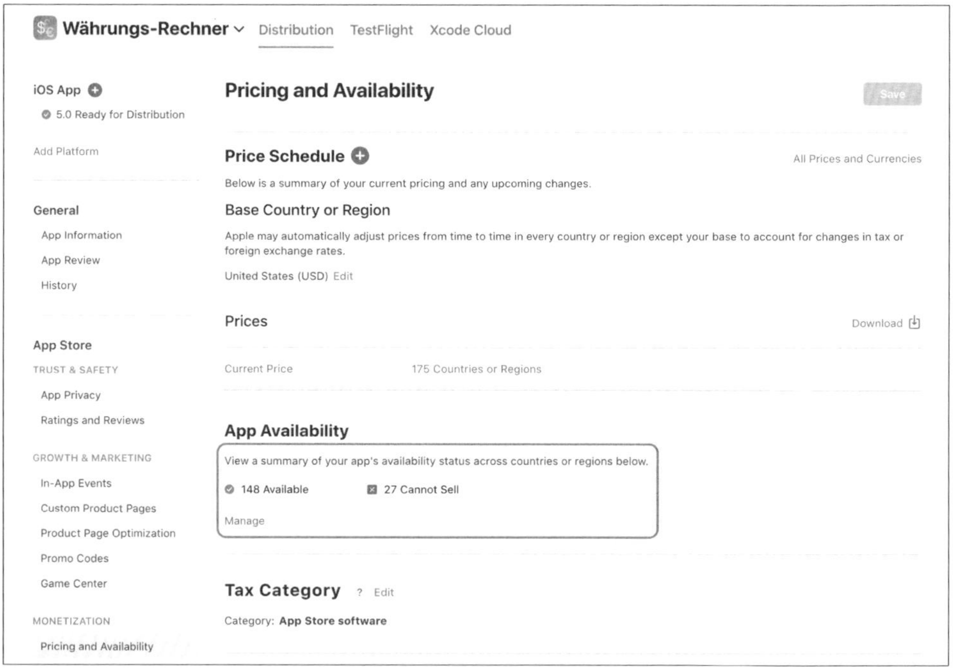

Abbildung 24.14 Die App ist zwar im App Store verfügbar, aber nicht in allen Ländern.

Abgelehnte App neuerlich einreichen

Wenn Apple Ihre App ablehnt, beheben Sie die von Apple kritisierten Probleme, erhöhen in Xcode in den Target-Einstellungen die Build-Nummer, erstellen mit PRODUCT • ARCHIVE ein neues Archiv und laden dieses in den App Store hoch.

Auf der App-Store-Connect-Site müssen Sie den zuletzt geprüften Build zuerst anklicken und entfernen, bevor Sie den neu übertragenen Build auswählen können. Wenn das erledigt ist, speichern Sie die geänderten Einstellungen und klicken neuerlich auf ADD FOR REVIEW.

Neue Version einreichen

Wenn Sie später eine neue Version mit Bugfixes oder zusätzlichen Funktionen fertiggestellt haben, richten Sie zuerst in App Store Connect eine neue Version Ihrer App ein (Plus-Button zum Dialog NEW VERSION). In Xcode ändern Sie bei den Target-Einstellungen die Versionsnummer entsprechend. Anschließend erstellen Sie ein neues Archiv, laden es hoch, wählen den Build in App Store Connect aus und reichen diesen neuerlich zur Prüfung ein.

24.4 macOS-Programme selbst weitergeben

Grundsätzlich bestehen zwei Möglichkeiten, selbst entwickelte macOS-Programme weiterzugeben:

- Sie können Apples App Store verwenden. Die Vorgehensweise dazu habe ich ja im Detail im vorigen Abschnitt beschrieben. Allerdings ist nicht jedes macOS-Programm App-Store-tauglich. Sie müssen bei den Projekteigenschaften (CAPABILITIES) die Option APP SANDBOX = ON setzen. Damit stellt macOS sicher, dass Ihre App sich an diverse Sicherheitsregeln hält, nicht aus ihrem »Sandkasten« ausbricht und keinen Schaden anrichtet.

  Für viele Apps stellen die durch die Sandbox bedingten Restriktionen kein Problem dar. Für systemnahe Programme sind die Sandbox-Regeln leider zu restriktiv. Derartige Apps können nicht über den App Store vertrieben werden.
- Sie können das kompilierte Programm über Ihre Webseite anbieten oder über einen anderen Dienstleister verkaufen. Vorher sollten Sie Ihre Apps signieren und möglichst auch »beglaubigen« (*notarize*).

Gatekeeper

macOS unterscheidet zwischen drei Typen von Programmen: solchen aus dem App Store (am vertrauenswürdigsten), von Apple beglaubigte Apps (OK) und andere Apps (nicht vertrauenswürdig). Standardmäßig können macOS-Anwender nur Apps aus dem App Store ausführen. Eine kleine Änderung in den Systemeinstellungen erlaubt auch beglaubigte Apps (siehe Abbildung 24.15). In früheren macOS-Versionen hieß dieses Feature »Gatekeeper«. Mittlerweile ist die namenlose Option am Ende des unübersichtlichen Dialogs versteckt.

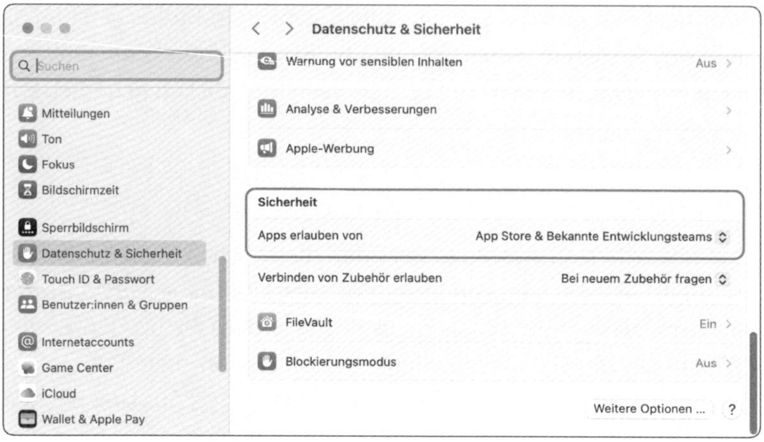

Abbildung 24.15 Die macOS-Einstellungen steuern, welche Apps ausgeführt werden dürfen.

Der Versuch, ein aus dem Internet heruntergeladenes, nicht beglaubigtes Programm auszuführen, endet mit einer Fehlermeldung. Die meisten Anwenderinnen und Anwender werden an dieser Stelle aufgeben. Nur macOS-Insider wissen, dass die blockierte App nun im Dialogblatt DATENSCHUTZ & SICHERHEIT doch zur Ausführung freigegeben werden kann.

App signieren und beglaubigen

Diesen umständlichen und nicht intuitiven Umweg können Sie als Mitglied im kostenpflichtigen Apple-Developer-Programm verhindern. Dann haben Sie nämlich die Möglichkeit, das kompilierte Programm zu signieren und von Apple beglaubigen zu lassen, sodass das Programm auf einem anderen Rechner ohne unnötige Warnungen ausgeführt werden kann. (Die macOS-Einstellung APPS ERLAUBEN VON = APP STORE & BEKANNTE ENTWICKLUNGSTEAMS wird aber weiterhin vorausgesetzt.) Was bedeutet das?

- **Signieren:** Durch das Signieren verbinden Sie mit der App quasi Ihre Unterschrift als Entwickler. Es ist damit nachvollziehbar, wer der Urheber der App ist.
- **Beglaubigen:** Seit 2018 können Sie Ihre App zusätzlich beglaubigen (*to notarize*). Dazu übertragen Sie Ihre App auf einen Apple-Server, wo eine Überprüfung auf Schadcode erfolgt. Die Beglaubigung ist optional, aber Apple hat schon angekündigt, dass in zukünftigen macOS-Versionen nur noch beglaubigte Apps ohne Weiteres installiert werden dürfen.

Der erste Schritt zur Weitergabe Ihres Programms besteht darin, dass Sie bei den Programmeinstellungen in der Gruppe IDENTITY angeben, um welche Art von Programm es sich handelt (siehe Abbildung 24.16).

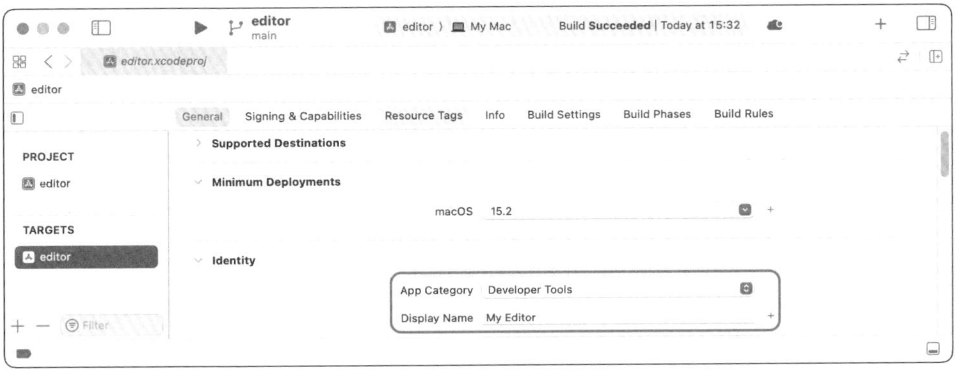

Abbildung 24.16 Identity-Einstellungen

Als Nächstes fügen Sie im Dialogblatt SIGNING & CAPABILITIES die HARDENED RUNTIME hinzu und aktivieren – soweit erforderlich – die für Ihre App zutreffenden Optionen (siehe Abbildung 24.17).

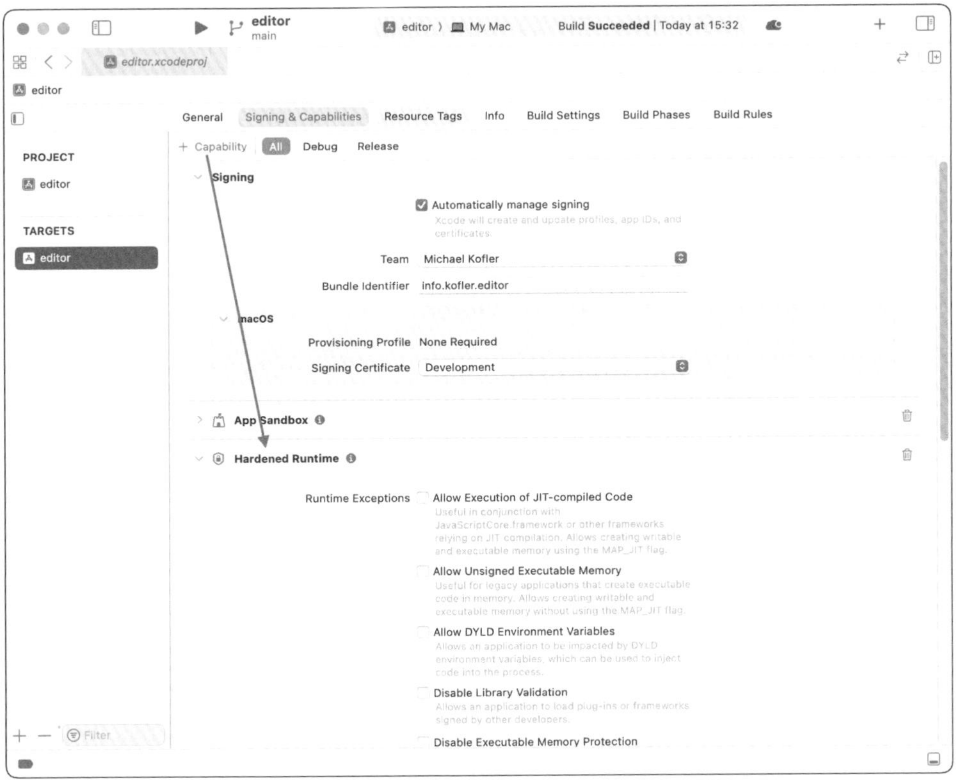

Abbildung 24.17 Damit Apps beglaubigt werden können, ist eine »Hardened Runtime« erforderlich.

Product • Archive erstellt nun eine für die Weitergabe kompilierte Version Ihres Programms. Der Button Distribute App führt in einen weiteren Dialog, in dem Sie die Option Direct Distribution wählen. Die App wird nun auf einen Apple-Server hochgeladen und dort überprüft. Der Vorgang verläuft automatisiert. Sofern es keine Beanstandungen gibt, sollten Sie innerhalb weniger Minuten eine E-Mail erhalten, die bestätigt, dass Sie die App nun weitergeben dürfen. Gleichzeitig ändert sich der Status des Archivs in Ready to distribute. Um die beglaubigte App zu speichern, scrollen Sie in der rechten Seitenleiste des Fensters ganz nach unten, wo Sie schließlich den Button Export Notarized App finden (siehe Abbildung 24.18). Die beglaubigte App wird nun unter `name.app` gespeichert.

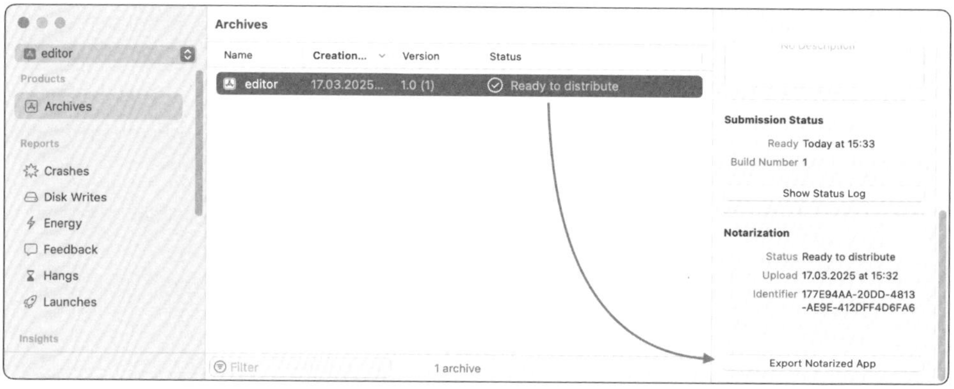

Abbildung 24.18 Die beglaubigte App kann gespeichert werden.

Programme in einem DMG-Image verpacken

Sie können eine `*.app`-Datei nicht direkt zum Download anbieten. Apps sind in Wirklichkeit Verzeichnisse, die eine Menge Dateien enthalten. Nur der Finder zeigt eine App so an, als würde es sich um eine Datei handeln.

Sie müssen Ihre App deswegen in ein ZIP-Archiv oder in ein Disk-Image (DMG-Datei) verpacken. Es gibt im Internet allerlei Anleitungen bzw. Tools, die dabei helfen. Besonders einfach anzuwenden ist das Script `create-dmg`, das Sie mit einem Terminal-Kommando aus dem HomeBrew-Projekt beziehen können (siehe *https://brew.sh*):

```
brew install create-dmg
```

Die folgenden Zeilen zeigen einen typischen Aufruf dieses Kommandos. Damit erzeugt `create-dmg` das DMG-Archiv `myapp.dmg`. Dieses enthält außer `myapp.app` einen Link auf das Verzeichnis `Programme`, damit die App-Dateien unkompliziert dorthin verschoben werden können (siehe Abbildung 24.19). Die Hintergrund-Bitmap kann Artwork, Informationen sowie einen Pfeil enthalten. Bei meinen Tests hat sich die Gestaltung der Bitmap als recht mühsam herausgestellt. Meine Test-Bitmap hatte letztlich eine Größe von 2400 × 1600 Pixel, was in jede Richtung viermal so groß wie die Fenstergröße war.

```
create-dmg \
  --volname "My App Name" \
  --window-pos 200 120 \
  --window-size 600 400 \
  --icon-size 100 \
  --icon "myapp.app" 150 150 \
  --app-drop-link 450 150 \
  --background "background.png" \
  --eula "license.txt" \
  "myapp.dmg" "myapp.app"
```

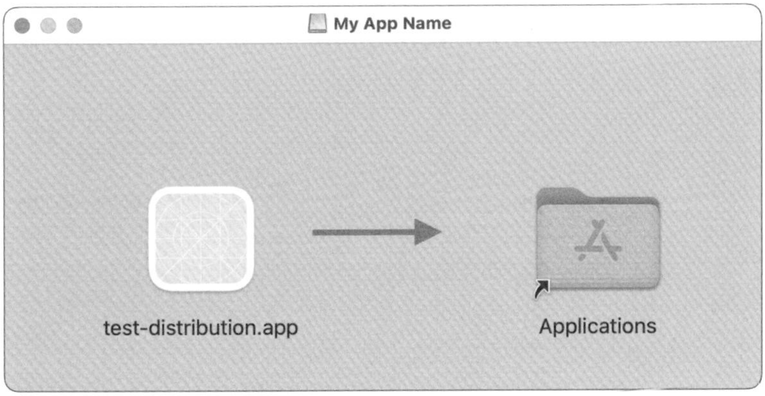

Abbildung 24.19 Die in ein DMG-Archiv verpackte App

Kapitel 25
Familieneinkaufsliste

Im letzten Kapitel dieses Buchs möchte ich Ihnen noch eine »große«, praxisnahe App vorstellen. Sie ermöglicht es Familien oder anderen Gruppen (z. B. Wohngemeinschaften), ihre Einkäufe zu koordinieren und effizient durchzuführen. Alle Familienmitglieder können die gemeinsame Einkaufsliste bearbeiten. Wer gerade einkaufen geht, ist stets auf dem aktuellen Stand.

So weit, so einfach. Dennoch fällt der Code mit ca. 2000 Zeilen verblüffend umfangreich aus. Das hat mit mehreren Details zu tun:

- Ich habe mich bemüht, die Bedienung der App möglichst effizient zu gestalten. Beim Erstellen der Einkaufsliste können alle jemals gekauften Artikel mit einem einzigen Tap reaktiviert werden. So kann die Liste für den nächsten Einkauf schnell zusammengestellt werden.
- Beim Einkauf selbst kann die Liste nach zehn Kategorien gefiltert werden. Wenn Sie gerade in der Obst- und Gemüseabteilung des Supermarkts sind, zeigt die App nur die Artikel an, die dort verfügbar sind.
- Die Einkaufsliste wird sowohl lokal auf dem Gerät als auch auf einem externen Server gespeichert. Die App kann vorübergehend ohne Netzzugang verwendet werden und synchronisiert sich später selbst wieder.
- Die Synchronisierung erfolgt über eine eigene REST-API. Die Datenspeicherung erfolgt somit auf einem eigenen Server ohne iCloud-Abhängigkeit. Der serverseitige Code verwendet Python, FastAPI und SQLite. (Die Verwendung eines anderen Datenbanksystems ist problemlos möglich.)
- Das Bedienungskonzept ist vollständig passwortfrei. Familien oder Gruppen werden durch zufällige, auf dem iPhone generierte UUIDs identifiziert. Die UUID wird auf dem Gerät gespeichert. Jeder Datenzugriff erfordert diese UUID. Neue Familienmitglieder werden mit einem Share-Code eingeladen.
- Der API-Zugriff erfolgt verschlüsselt (HTTPS) und ist zusätzlich durch ein alle paar Minuten wechselndes Token abgesichert. Ohne die Kenntnis des Keys für die Token-Erzeugung kann die API nicht genutzt werden. Damit ist die App angemessen sicher und datenschutztechnisch unbedenklich.
- Die App ist vollständig lokalisiert (Deutsch/Englisch).

Es war mir wichtig, mit der App möglichst viele Programmiertechniken zu präsentieren und so das im Buch vermittelte Wissen nochmals aufzugreifen, zu wiederholen und zu vertiefen. Insbesondere entspricht der Code-Aufbau dem MVVM-Pattern. Alle Zugriffe auf die API sowie das Laden und Speichern der Liste erfolgen asynchron.

In den folgenden Abschnitten gehe ich auch ein wenig auf die Entstehungsgeschichte der App ein. Wie bei jedem größeren Software-Projekt hat auch diese App mit einer Idee begonnen. Während der Implementierung musste ich dann aber immer wieder grundlegende Änderungen im Design vornehmen. Um ein Beispiel zu nennen: Im ersten Prototyp der App habe ich als Datentyp für einen Artikel der Einkaufsliste eine `@Observable class` verwendet. Später ist daraus eine unveränderliche Struktur geworden (*immutable* `struct`), womit ich vielen Problemen in den asynchronen Funktionen aus dem Weg gegangen bin.

Sie finden App übrigens kostenlos im App Store:

https://apps.apple.com/us/app/cart-sample-app/id6744360009

25.1 Bedienung

Bevor Sie sich in den Code vertiefen, sollten Sie die App vom App Store herunterladen oder zumindest das Projekt aus den Beispieldateien in Xcode laden und ausführen. Beim ersten Start landen Sie sofort im Einstellungs-Tab (siehe Abbildung 25.1). Bevor Sie die restlichen Funktionen der App nutzen können, müssen Sie für Ihre Einkaufsliste eine Familie bzw. Gruppe erzeugen und dabei sowohl einen Familiennamen (hier »Our Family«) als auch einen eigenen Namen festlegen. Während des Setups ist eine Verbindung zum REST-Server *cart.kofler.info* erforderlich.

Über den Share-Button können Sie den Beitritts-Code an andere Familienmitglieder senden. Zum Versenden der Nachricht können Sie alle auf Ihrem Smartphone dazu geeigneten Apps verwenden (Nachrichten, E-Mail, WhatsApp, Signal usw.). Der Beitritt zu einer Familie oder Gruppe ist ebenso einfach wie deren Gründung: Sie geben den zehnstelligen Code und Ihren Namen an – fertig!

In der Folge gibt es zwei Betriebsarten: den Einkaufs- und den Planungsmodus. Im Tab EINKAUF zeigt die App alle Artikel der Liste an (siehe Abbildung 25.2). Artikel, die sich schon in Ihrem (realen) Einkaufswagen befinden, haken Sie ab. Sie verschwinden drei Sekunden später von der Liste. (Diese Wartezeit gibt die Möglichkeit, ein versehentlich abgehaktes Element wieder zu reaktivieren.)

Wenn ein großer Wochenendeinkauf ansteht und die Liste entsprechend lang ist, können Sie diese über die Kategorie-Icons filtern und beispielsweise nur Artikel anzeigen, die zu den Kategorien *Brot & Gebäck* sowie *Obst & Gemüse* gehören. Wenn Sie diesen Teil des Supermarkts verlassen, aktivieren Sie entsprechend andere Kategorien.

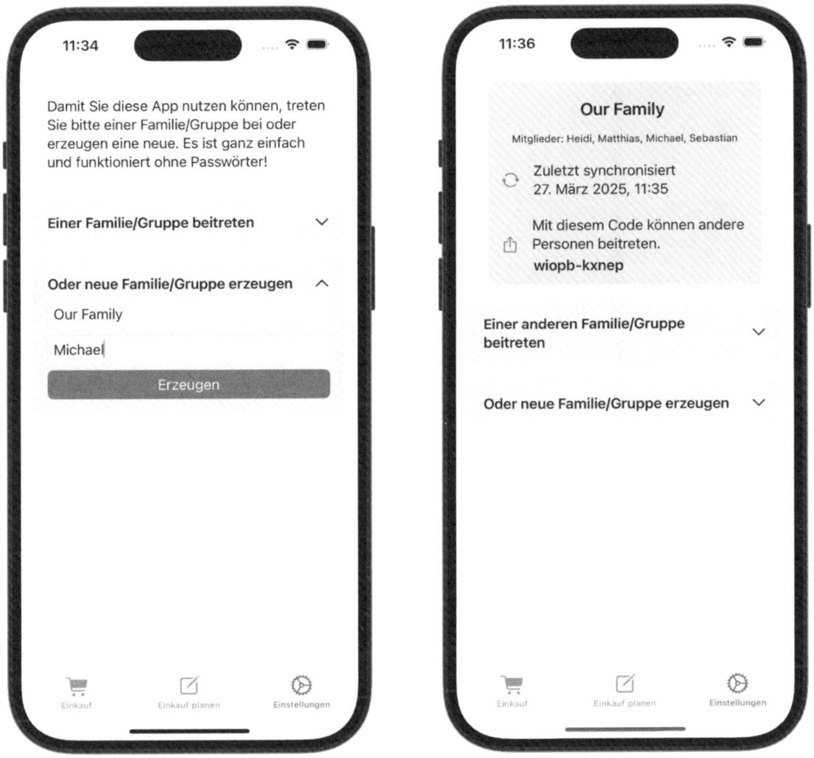

Abbildung 25.1 Links der Einstellungs-Tab beim erstmaligen Setup, rechts die Statusinformationen nach erfolgtem Setup.

Voraussetzung: REST-API auf dem Server cart.kofler.info

Die App stellt eine Verbindung zu *cart.kofler.info* her und führt dort Get- und Put-Requests durch. Dieser von mir betriebene Server ist die Voraussetzung dafür, dass Sie die App ohne Änderungen ausprobieren können.

Ich habe vor, diesen Server über einige Jahre laufen lassen. Aber nicht immer läuft alles nach Plan. Sollten beim Test der App Verbindungsprobleme auftreten, werfen Sie bitte zuerst einen Blick auf die folgende Webseite:

https://kofler.info/apps/cart

Dort finden Sie gegebenenfalls Updates zum Betrieb des REST-Services. Sollte – aus welchen Gründen immer – ein Betrieb von *cart.kofler.info* nicht mehr möglich sein, benötigen Sie Docker, um die App lokal zu testen. Außerdem müssen Sie in `ViewModel.swift` die Variablen `apiBaseURL` und `apiPort` ändern. Auf die Details gehe ich in Abschnitt 25.9, »REST-Server-Implementierung mit Python«, ein.

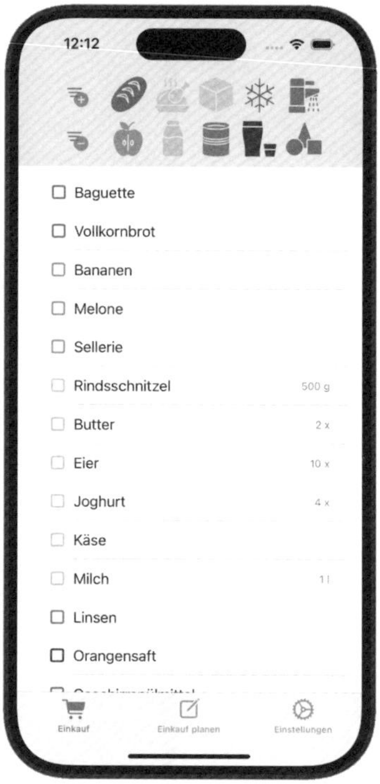

Abbildung 25.2 Die App im Shopping-Modus

Den Planungsmodus verwenden Sie zu Hause. Wenn Ihnen gerade ein Artikel einfällt, den Sie bei nächster Gelegenheit besorgen sollten, fügen Sie ihn einfach zu Ihrer Shopping-Liste hinzu. Bei der Darstellung dieser Liste gibt es zwei Varianten: Die Ansicht MEINE LISTE zeigt nur die eigentliche Einkaufsliste aus. Das sieht so ähnlich wie im Einkaufsmodus aus. Allerdings führt die Berührung eines Listeneintrags in eine Detailansicht, wo Sie Korrekturen durchführen oder die Menge verändern können.

Besonders praktisch ist der Modus ZULETZT GEKAUFT (siehe Abbildung 25.3). Dort werden, ein- und ausklappbar sowie geordnet nach Kategorien, alle jemals eingekauften Artikel angezeigt. Ein einziger Tap auf das runde Plus-Symbol bewegt den Artikel in die Einkaufsliste. Da Sie üblicherweise immer wieder dieselben Artikel einkaufen, erspart das die mühselige Eingabe der Artikel über die Tastatur. Außerdem ist diese History-Sichtweise eine große Hilfe dabei, nicht wieder einen Artikel zu vergessen und sich dann zu Hause beim Kochen zu ärgern. (Sie merken schon, ich spreche aus leidvoller Erfahrung ...)

Gerade in den ersten zwei, drei Wochen bei der Nutzung der App bleibt es Ihnen natürlich nicht erspart, jeden Eintrag zum ersten Mal zu erfassen. Der Plus-Button rechts oben bzw. das Berühren eines Eintrags führt in eine Detailansicht, in dem Sie vorhandene Einträge ändern bzw. neue Artikel erfassen können (siehe Abbildung 25.4).

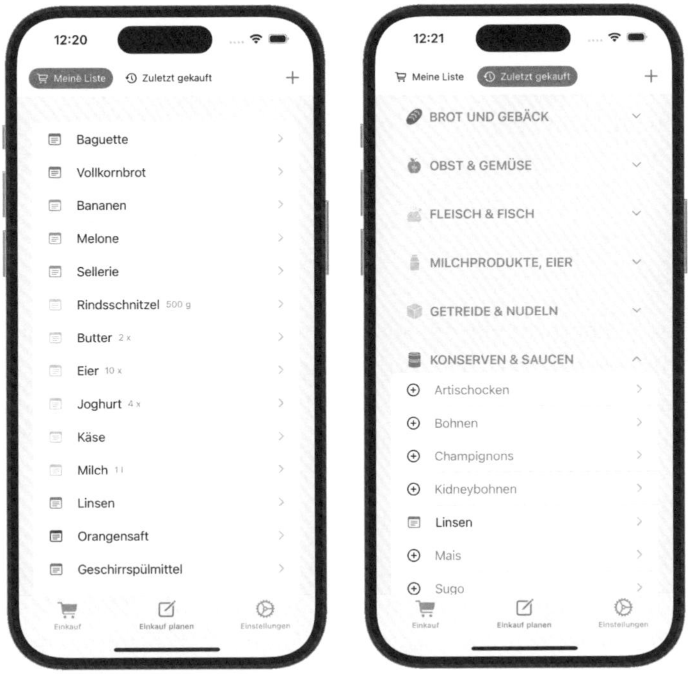

Abbildung 25.3 Die zwei Ansichten zur Planung des nächsten Einkaufs

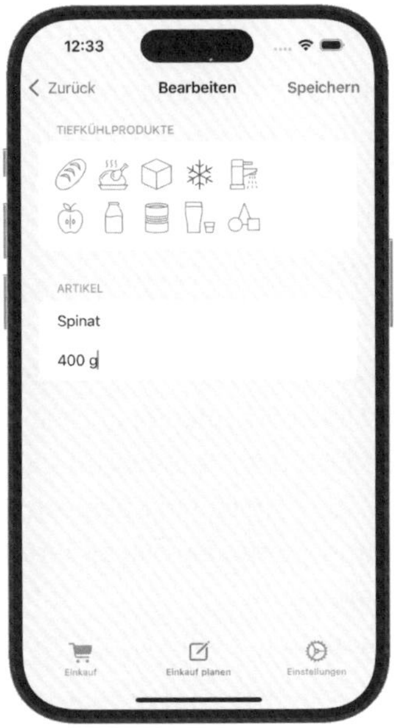

Abbildung 25.4 Detailansicht zum Erfassen neuer bzw. zum Korrigieren vorhandener Artikel

Um das Speichern der Einkaufsliste müssen Sie sich nicht kümmern. Die App speichert automatisch alle 40 Sekunden die Änderungen lokal und synchronisiert diese mit dem REST-Server. Wenn es in der App dagegen keine lokale Aktivität gibt, sieht diese nur alle 10 Minuten auf dem Server nach, ob die anderen Familienmitglieder etwas geändert haben.

25.2 Software-Design

Normalerweise wird in IT-Büchern direkt die aus Autorensicht ideale Lösung präsentiert. Dabei geht oft unter, dass der Weg dorthin dornig ist, selbst wenn wie in meinem Fall jahrzehntelange Coding-Erfahrung vorliegt. Deswegen möchte ich Ihnen hier kurz schildern, wie diese App zustande gekommen ist.

Vorbereitungsarbeiten

Die Idee für die App war schon seit ein paar Monaten da. Zuletzt ist es immer wieder vorgekommen, dass ich einkaufen war und mir meine Kinder oder meine Frau danach mitteilten, dass ich eigentlich auch noch irgendeinen Artikel mitnehmen hätte sollen – was ich, mangels hellseherischer Fähigkeiten, aber nicht gemacht habe. Für mich gilt, was auf einem Post-it-Zettel in der Küche steht. Sobald ich einen Supermarkt betrete, geht bei mir jegliche Denkfähigkeit verloren. Dort versuche ich, die Liste so schnell wie möglich abzuarbeiten. Was dort nicht steht, wird nicht eingekauft.

Insofern war mir klar, dass sich die Einkaufsplanung und -durchführung mit einer von allen Familienmitgliedern genutzten App optimieren ließe. Bei ein, zwei Radtouren habe ich mir einerseits überlegt, wie die App optisch aussehen könnte, andererseits, welche Anforderungen die Datenbank und die REST-API zur Synchronisierung der Einkaufsliste über alle Familienmitglieder erfüllen müssten.

Mit der Realisierung der App habe ich dann in Excel begonnen (genau genommen mit LibreOffice Calc, aber darauf kommt es hier nicht an). Dort habe ich eine rund 100 Zeilen lange Liste von Artikeln zusammengestellt, die wir im Haushalt zuletzt gebraucht haben. Ich habe also »echte« Daten verwendet und diese Listen schließlich im CSV-Format exportiert. Im nächsten Schritt habe ich versucht, diese Artikel in Kategorien einzuteilen. Manche Kategorien sind naheliegend (»Obst und Gemüse«), bei anderen ist mir eine zweckmäßige, dem Aufbau typischer Supermärkte entsprechende Einteilung aber schwergefallen. Zudem wollte ich auf keinen Fall mehr als zehn Kategorien.

Die optische Gestaltung der App ist generell nicht meine größte Stärke. Bei den Kategorie-Icons habe ich auf die PixelLove-Bibliothek zurückgegriffen, die ich schon vor mehreren Jahren erworben habe (*https://www.pixellove.com*). Dort habe ich für die meisten Kategorien einigermaßen passende Bitmaps gefunden und in zwei Ausprägungen in die Assets-Datei `categories.xcassets` importiert (siehe Abbildung 25.5).

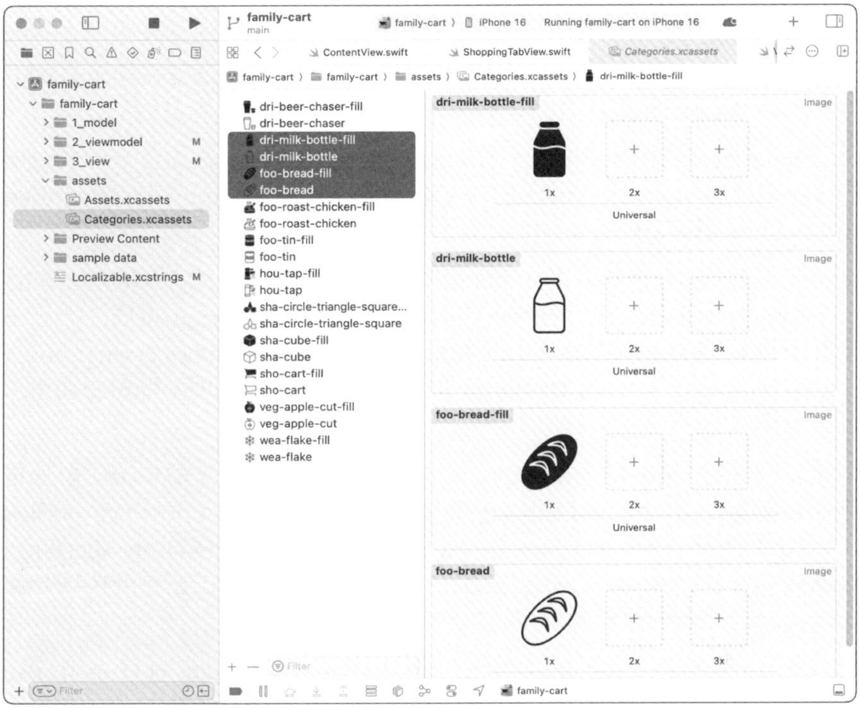

Abbildung 25.5 Alle Kategorie-Icons liegen in zwei Formen vor, als Linienprofil und gefüllt.

Coding mit KI

Danach habe ich mit massivem KI-Einsatz (*https://claude.ai*) einen ersten Prototyp der App zusammengeschustert. Die Prompts klangen so ähnlich wie die folgenden Aufzählungspunkte:

- Ich brauche eine Klasse, um Artikel einer Einkaufsliste zu speichern. Verwende diese Eigenschaften: `title`, `category`, `quantity`.
- Und jetzt noch eine Klasse für Kategorien. Zusammen mit jeder Kategorie möchte ich auch den Namen eines Icons und eine Farbe speichern.
- Ich möchte die Einkaufsliste und die Kategorien aus den beiden beigefügten CSV-Dateien lesen. Verfasse geeignete Funktionen.
- Meine App besteht aus drei Tabs mit den Funktionen EINKAUFEN, PLANEN und EINSTELLUNGEN. Liefere mir den Code für eine `TabView` mit passenden Icons.

- In der Einkaufsansicht möchte ich eine Liste mit allen aktiven Artikeln der Einkaufsliste darstellen (`onShoppingList == true`). Ordne die Punkte zuerst nach Kategorien und dann nach Namen. Zeige links von jedem Punkt ein Auswahlkästchen in der Kategoriefarbe.
- Wenn ich einen Punkt auswähle, blende diesen langsam (drei Sekunden) aus. Während dieser Zeit kann die Auswahl rückgängig gemacht werden.
- Ich möchte die Einkaufsliste filtern. Dazu brauche ich ein 5x2-Grid mit Toggle-Buttons für alle Kategorien, zusätzlich zwei weitere Buttons, um alle Kategorien zu aktivieren bzw. zu deaktivieren.

Tatsächlich formuliere ich meine Prompts für KI-Tools immer in englischer Sprache. Außerdem nehme ich mir relativ viel Zeit, um möglichst exakt auszudrücken, was ich wirklich will (welche Eigenschaften bei einer Klasse, welches optisches Erscheinungsbild bei einem Listeneintrag usw.). Das lohnt sich, die Ergebnisse fallen damit deutlich besser aus.

Innerhalb eines Tages hatte ich eine App, in der ich die von einer CSV-Liste geladenen Einträge anzeigen, filtern und abhaken konnte. Optisch sah das noch schrecklich aus, aber die Funktionsweise war schon fast so gut wie in der fertigen App. Allerdings konnte die App nichts speichern. Jeder Testlauf begann daher mit dem durch die CSV-Datei vorgegebenen Datensatz.

Im nächsten Schritt fügte ich mit ähnlichen Prompts die Planungsansicht hinzu (also den zweiten Tab). Wiederum ging es mir an dieser Stelle weniger darum, perfekten Code zu erreichen. Ich wollte vielmehr einen funktionierenden Prototyp meiner App, um deren Anwendung sowie verschiedene Gestaltungsmöglichkeiten ausprobieren zu können (Darstellung der Listeneinträge in verschiedenen Ansichten, Einsatz von Farben und Icons etc.).

Erstes Aufräumen (Refactoring, View-Model)

Nach zwei Tagen hatte ich das Gefühl, dass die Funktionsweise und das Konzept der App prinzipiell vernünftig sind. Damit war es an der Zeit, den Code zum ersten Mal richtig aufzuräumen. Zu den größten Problemen beim Einsatz von KI-Tools zählt der Umstand, dass diese Werkzeuge in kürzester Zeit sehr viel Code liefern. Mein Ziel ist gerade das Gegenteil: Zur Präsentation im Buch soll der Code kompakt und frei von Redundanzen sein.

Außerdem ist eine zu intensive Anwendung von KI-Werkzeugen mit der Gefahr verbunden, die Orientierung im Code zu verlieren. Ich habe daher jetzt verhältnismäßig viel Zeit investiert, um den Code nach meinen eigenen Maßstäben umzubauen, über mehrere Dateien zu verteilen, Methoden und Parameter umzubenennen und ganz generell zu kürzen. Es geht mir nicht nur darum, dass die App funktioniert, ich will jede einzelne Code-Zeile auch verstehen. In dieser Phase wurde aus dem KI-Code mein Code.

Sie können die Entstehung des Codes übrigens gut im Commit-Verlauf nachvollziehen (siehe Abbildung 25.6). Dazu öffnen Sie in Xcode den SOURCE CONTROL NAVIGATOR, wechseln in das REPOSITORIES-Tab und aktivieren den gewünschten Zweig (bei dieser App gibt es nur *main*).

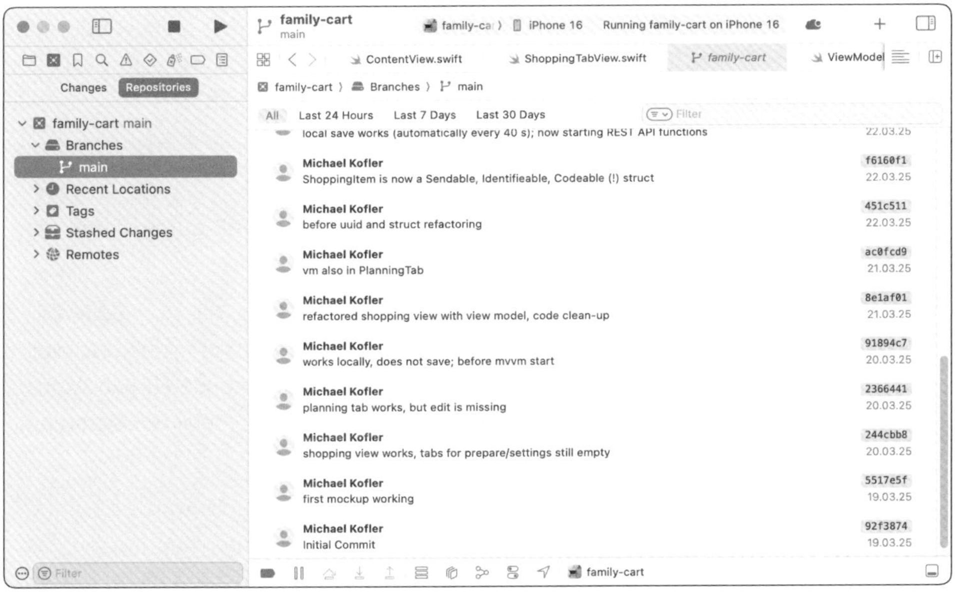

Abbildung 25.6 Die ersten Git-Commits während der App-Entwicklung

Model und View-Model

Im aktuellen Zustand war das Datenmodell durch die beiden Klassen `ShoppingItem` und `Category` geprägt. Beide Klassen waren `@Observable` und verwendeten durchlaufende `Int`-ID-Nummern. Der View-Model-Teil des MVVM-Konzepts fehlte vollständig. Die für die Bearbeitung der Einkaufsliste notwendigen Methoden waren, den MVVM-Regeln widersprechend, wahllos über diverse Dateien der Benutzeroberfläche verstreut. Ich habe jetzt drei grundlegende Änderungen durchgeführt.

25

- `ShoppingItem`: Ich habe die `@Observable class` in ein *immutable* `struct` umgebaut, also in eine Struktur mit lauter Read-only-Eigenschaften (`let`). Jedes Mal, wenn ein Artikel verändert wird, muss eine neue Instanz erzeugt werden. Das ist umständlich, die `struct`-Implementierung hat aber zwei grundlegende Vorteile (siehe auch Abschnitt 25.3, »Einkaufsliste und Kategorien (Model)«): Sie ist problemlos `Codable` (erlaubt also eine JSON-Umwandlung zum Speichern in eine Datei) und immun gegen parallele Datenveränderungen in asynchronem Code.

- UUIDs und Timestamps: Die Identifizierung der Artikel habe ich auf UUIDs umgestellt. UUIDs sind naheliegend, damit die Artikel mehrerer Anwender ohne Kollisionen in einer zentralen Datenbank (REST-Server) gespeichert werden können. Außerdem habe ich eine Timestamp-Eigenschaft hinzugefügt, um den Zeitpunkt der letzten Änderungen festzuhalten. Diese Information ist wichtig, um festzustellen, ob die Einkaufsliste gespeichert werden muss.
- ViewModel: Ich habe damit begonnen, alle zentralen Eigenschaften der App in der neuen `@Observable class ShoppingViewModel` zu sammeln – insbesondere die beiden Arrays `items` und `categories`. Auch die zur Bearbeitung erforderlichen Methoden habe ich, eine nach der anderen, dorthin übersiedelt.

Tipps

Führen Sie vor großen Code-Umbauten unbedingt einen Commit durch, damit Sie zur Not den alten Zustand der App wiederherstellen können!

Grundlegende Designänderungen führen normalerweise dazu, dass Ihr Code vorübergehend syntaktisch fehlerhaft ist. Das erschwert alle weiteren Arbeiten, weil die ohnedies nur mittelprächtige Xcode-Unterstützung bei der Code-Eingabe ganz verloren geht. Deswegen ist es vernünftig, alten Code vorerst zu belassen, während Sie parallel bereits neuen hinzufügen.

Es gibt in dieser Phase also z. B. das alte in `ContentView` deklarierte Array `items` und das neue, gleichnamige Array im View Model. Manche Teile Ihrer App nutzen das alte Array, andere schon das neue. Ihre App wird in diesem Zustand nicht korrekt funktionieren, aber zumindest ist der Code aus der Sicht von Xcode frei von Fehlern. Sie können Schritt für Schritt die neue View-Model-Variable in Ihre Views integrieren. Wenn Sie damit fertig sind, entfernen Sie den nun nicht mehr erforderlichen alten Code. Diese Vorgehensweise vermeidet lange Phasen ohne automatische Xcode-Einrückungen und SwiftUI-Previews.

Lokale Datenspeicherung

Als nächsten Meilenstein habe ich mir die lokale Speicherung der Einkaufsliste vorgenommen. Mit den gerade skizzierten Vorarbeiten war die Realisierung vollkommen problemlos. Es bedarf nur weniger Zeilen Code, um das `items`-Array im JSON-Format in eine Datei zu schreiben bzw. von dort zu lesen. Wenn es lokale Datenänderungen gibt, erfolgt die Speicherung automatisch alle 40 Sekunden durch einen `Timer`, dessen Ereignisse mit `onReceive` in der `ContentView` verarbeitet werden.

REST-API, Einstellungsdialog und Synchronisierung

Meine App funktionierte jetzt lokal, aber das wichtigste Feature fehlte noch: die Synchronisation über mehrere Familienmitglieder bzw. Geräte. Dazu habe ich zuerst ein Datenbankschema entworfen, dann (wieder mit KI-Hilfe) einen REST-Server implementiert (Python) und schließlich die entsprechenden Client-Funktionen in Swift programmiert. Für die ersten Tests habe ich den REST-Server lokal in einem Docker-Container ausgeführt.

Damit waren alle Voraussetzungen erfüllt, um den noch fehlenden dritten Tab EINSTELLUNGEN zu realisieren. Dort können Sie wahlweise eine neue Familie oder Gruppe erzeugen oder einer vorhandenen Gruppe beitreten. Wesentliche Zugangsdaten werden dauerhaft in den User-Defaults gespeichert.

Mit einem reinen Up- und Download der Einkaufsliste ist es nicht getan: Weil nun mehrere Personen die Liste verändern, Einträge hinzufügen sowie löschen können, habe ich mir einige Gedanken zur optimalen Synchronisierung der Artikel gemacht. Kurz gefasst »gewinnt« bei Konflikten der Eintrag mit dem neuesten Änderungszeitpunkt. Die Details beschreibe ich in Abschnitt 25.9, »REST-Server-Implementierung mit Python«, genauer.

Deployment, Fine-Tuning, Lokalisierung

Nachdem sowohl der REST-Server als auch die App lokal fehlerfrei funktionierten (keineswegs beim ersten Versuch, ich habe sicher einen Tag mit der Suche nach diversen Logik- und Implementierungsfehlern vergeudet!), habe ich den REST-Server auf einen Linux-Server übersiedelt. Erstmals war das REST-Service nun über das Internet zugänglich, d. h., ich konnte die Synchronisierungsfunktionen erstmals abseits der lokalen Entwicklungsumgebung ausprobieren.

Im Zuge des Server-Deployments habe ich mir die Themen Sicherheit und Datenschutz durch den Kopf gehen lassen. Zur Absicherung der API habe ich eine Token-Authentifizierung realisiert. Sie beruht darauf, dass der Client bei jedem Request ein von der Uhrzeit abhängiges Token generiert. Der Server überprüft, ob das Token den Erwartungen entspricht.

Die App-Oberfläche habe ich zuerst in englischer Sprache entwickelt. Die deutsche Lokalisierung gelang dank der String Catalogs innerhalb weniger Stunden (siehe Abbildung 25.7). Zuletzt habe ich mich nur noch mit diversen Fine-Tuning-Details beschäftigt: der Minimierung der Synchronisierungs-Requests, einer Möglichkeit, den Familienzugangs-Code mit einer Messenger-App zu versenden, kleine Layoutverbesserungen etc.

Insgesamt betrug der Arbeitsaufwand für die gesamte App ca. 50 intensive Arbeitsstunden, bevor ich mit dem Verfassen dieses Kapitels begonnen habe. Ich vermute, dass die Arbeitszeit ohne KI-Hilfsmittel doppelt so lange gewesen wäre. Umgekehrt glaube ich, dass gut in Xcode integrierte KI-Werkzeuge sogar zu noch besseren Ergebnissen führen könnten. Apple ist diesbezüglich leider säumig (Stand: Frühjahr 2025).

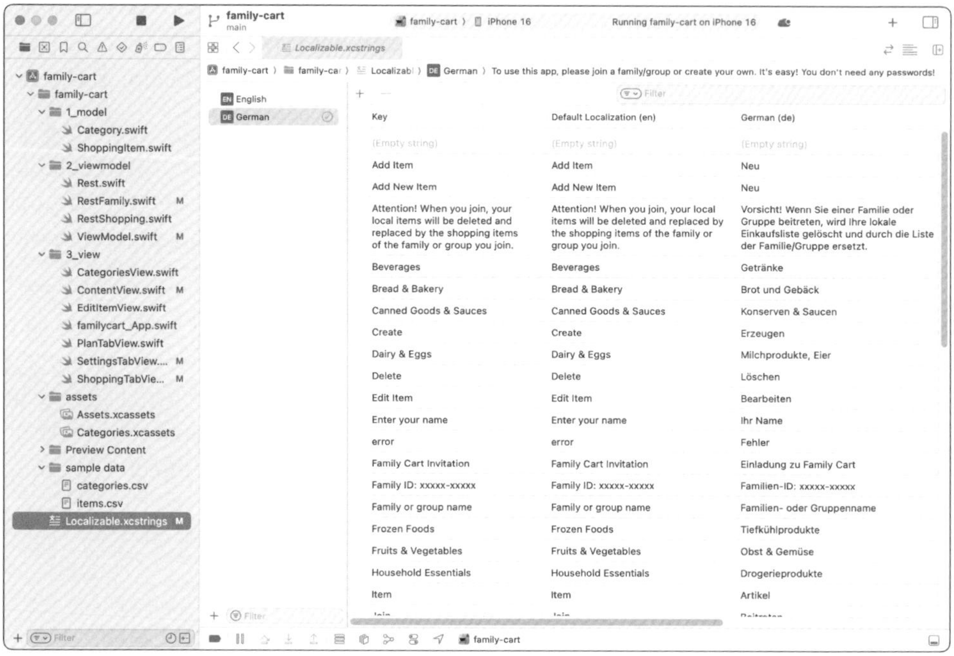

Abbildung 25.7 Die Dateien der App sind in mehreren Verzeichnissen organisiert (links). Die Lokalisierung der App erfolgte in einem String Catalog (rechts).

Mögliche Implementierungsvarianten

Naturgemäß ließe sich nahezu jedes Detail dieser App anders implementieren, als ich es gemacht habe. Manche Entscheidungen haben mit persönlichen Vorlieben zu tun, andere sind technisch motiviert.

Ein wenig inkonsequent ist der Umstand, dass `Category` eine `@Observable class` ist, `ShoppingItem` dagegen ein `struct`. Ich bin eigentlich ein Fan von `@Observable` – aber beim Datentyp `ShoppingItem` verursachten die eigentlich wünschenswerten Merkmale dieses Makros zu viele Probleme.

Sehr viel Kopfzerbrechen haben mir die asynchronen Funktionen der App gemacht. Swift 6 ist ja extrem pingelig, was die Erkennung tatsächlicher oder angeblicher Isolation-Konflikte betrifft. Indem ich die ganze View-Model-Klasse mit `@MainActor` gekennzeichnet habe, bin ich diesen Problemen letztlich elegant aus dem Weg gegangen. Es ist so sichergestellt, dass alle Methoden im gleichen Thread wie die Oberfläche ausgeführt werden. Zugriffs- und Isolation-Konflikte sind von vorneherein ausgeschlossen.

Diese Vorgehensweise ist aber nur dann zulässig, wenn die Zeit zur Ausführung der Methoden so kurz ist, dass es bei der Verarbeitung nicht zum Einfrieren der Oberfläche kommen kann. Diese Voraussetzung ist hier zum Glück gegeben, weil die Datenmengen winzig sind: Eine Einkaufsliste mit 200 Artikeln entspricht höchstens 10 bis 15 kByte Daten. Die lokale Verarbeitung dieser Daten gelingt in Millisekunden. Sollte die REST-API gerade nicht erreichbar sein, ist das kein Problem: `URLRequest` wird immer asynchron ausgeführt und blockiert SwiftUI während Netzwerkwartezeiten nicht.

Eine Alternative zu `@MainActor ShoppingViewModel` wäre eine zusätzliche Ebene für das Datenmanagement gewesen:

- **Model (Datenmodell):** `Category` und `ShoppingItem`
- **Datenmanagment / Data Store (neu):** Einkaufsliste lokal laden und speichern, alle REST-Funktionen plus Synchronisations-Logik (Merge)
- **View Model (UI-Logik):** wie bisher, aber ohne REST-Funktionen
- **View (App-Oberfläche):** wie bisher

Die neue Zusatzebene wird am besten nicht als Klasse, sondern als Aktor implementiert (z. B. `actor ShoppingListStore`). Damit werden alle dort verankerten Methoden in einem eigenen Thread ausgeführt, vollständig losgelöst vom `MainActor` der Benutzeroberfläche. Allerdings muss nun jeder Datentransport in diese Ebene hinein bzw. aus ihr heraus mit unveränderlichen Daten erfolgen, z. B. Arrays, deren Elemente mit dem Protokoll `Sendable` gekennzeichnet sind. Das Konzept würde in seiner Komplexität weit über die Programmiertechniken hinausgehen, die ich in diesem Buch vermittle. Selbst Apple hält sich diesbezüglich mit Beispielen oder konkreten Anleitungen sehr zurück.

Erweiterungsideen

Es hätte mir nicht an Ideen gemangelt, die App um weitere Features zu erweitern:

- Ein naheliegender Wunsch besteht darin, den Anwenderinnen der App mehr Flexibilität bei den Kategorien zu geben – d. h. freie Auswahl von Kategorietiteln und -Icons, vielleicht sogar die Option, mehr als zehn Kategorien zu definieren. Damit verbunden wären aber umfassende Änderungen in der Benutzeroberfläche, im Datenbank- und REST-Design sowie im Model- und View-Model-Code.
- Der tägliche Einkauf hat viel mit den Kochplänen zu tun. Eine praktische Erweiterung wäre die Speicherung von Zutaten für gängige Gerichte. Sie wählen also im

Speiseplan-Tab *Pizza* aus, und die App fügt Mehl, Hefe, Olivenöl, Tomatensauce, Pizzakäse etc. zur Einkaufsliste hinzu.

- Normalerweise reicht *eine* Familie oder Gruppe. Aber es sind Szenarien denkbar, wo Sie nicht nur für Ihren eigenen Haushalt einkaufen, sondern auch für den Ihrer betagten Eltern, Großeltern, Tanten etc. Für solche Fälle wäre ein rascher Familien- oder Gruppenwechsel praktisch.
- Layout: Ich habe es schon erwähnt, meine künstlerischen Fähigkeiten halten sich in Grenzen. Ich bin mir sicher, dass die App mit ein bisschen kreativer Hilfe von außen deutlich hübscher aussehen würde.
- Technische Details: Optimieren ließe sich die App auch auf technischer Ebene, beim Datenbankdesign, der Gestaltung der REST-API usw. Ein paar Überlegungen dazu werde ich im Rahmen der nächsten Abschnitte einbringen.

Kurz und gut: Falls Sie Lust dazu haben, aus diesem Beispiel eine richtig professionelle App zu machen, können Sie direkt loslegen!

25.3 Einkaufsliste und Kategorien (Model)

Nach dieser umfangreichen Kapiteleinleitung ist es Zeit, endlich einen Blick auf den Code zu werfen. Ich habe die Code-Dateien in drei Gruppen entsprechend dem MVVM-Pattern organisiert (siehe Abbildung 25.7). In diesem Abschnitt konzentriere ich mich auf das Datenmodell, das durch die beiden Klassen `Category` und `ShoppingItem` geprägt ist.

Category-Klasse

`Category` ist eine einfache Klasse, um die Artikel der Einkaufsliste verschiedenen Kategorien zuzuordnen. Zusammen mit jeder Kategorie werden ein Kürzel, der Name eines Icons in der Assets-Datei sowie eine Farbe gespeichert. Die zehn für das Programm benötigten Kategorien werden in der Funktion `predefinedCategories` initialisiert. Die deutschen Übersetzungen zu den Kategorienamen befinden sich im String Catalog.

Der Aufbau der zehn Kategorien ist innerhalb der App unveränderlich vorgegeben. Die Klasse ist dennoch `@Observable`, damit Veränderungen an den Variablen `isSelected` (für den Kategoriefilter im Shopping-Tab) und `isExpanded` (für den Einklappzustand der Kategorien im Planungs-Tab) direkt in der Benutzeroberfläche nachvollzogen werden.

```
// Projekt cart, Datei Category.swift
@MainActor @Observable
final class Category {
    let id: Int
    let shortcut: String
    let name: LocalizedStringKey
    let nameDe: String
    let bitmap: String
    let color: Color
    var isSelected: Bool = true    // für den Kategoriefilter
    var isExpanded: Bool = false   // für die Planungsansicht

    init(id: Int, shortcut: String, name: LocalizedStringKey,
         bitmap: String, color: Color)
    {
        self.id = id
        self.shortcut = shortcut
        self.name = name
        self.bitmap = bitmap
        self.color = color
    }

    static func predefinedCategories() -> [Category] {
        return [
            Category(id: 1,
                     shortcut: "bread",
                     name: "Bread & Bakery",
                     bitmap: "foo-bread",
                     color: Color(hex: "DC143C")),
            Category(...) ... ]
}
```

ShoppingItem-Struktur

Den für die App viel wichtigeren Datentyp `ShoppingItem` habe ich als unveränderliche Struktur (*immutable struct*) realisiert. `isOnShoppingList` gibt an, ob der Artikel aktuell auf der Einkaufsliste steht oder nicht. `isDeleted` kennzeichnet gelöschte Artikel. (Ich werde später erläutern, dass das Löschen von Einträgen durchaus nicht trivial ist.) Einen Artikel aus dem Artikel-Array zu entfernen, reicht nicht aus – da würde der Artikel bei der nächsten Synchronisierung wieder auftauchen.

Die Zuordnung des Artikels zu einer Kategorie erfolgt über die Zeichenkette `category`, die der `Category`-Eigenschaft `shortcut` entspricht. Natürlich wäre es hier denkbar und sogar effizienter gewesen, ID-Nummern zu verwenden. Die `category`-Zeichenkette war aber in der Entwicklungs- und Debugging-Phase wesentlich praktischer, und der Effizienzunterschied ist letztlich irrelevant.

Die `init`-Funktion initialisiert einen neuen Artikel. Wenn dabei keine UUID bzw. kein Zeitpunkt übergeben wird, vergibt die Funktion eine neue, zufällige und weltweit eindeutige ID-Nummer und verwendet das aktuelle Datum. (UUIDs haben 128 Bits. Daraus ergeben sich $3{,}4 \times 10^{38}$ Möglichkeiten. Selbst wenn Milliarden von Geräten mehrere Millionen UUIDs generieren, ist die Wahrscheinlichkeit einer Kollision extrem gering. UUIDs eignen sich damit perfekt, um in vernetzten Systemen eindeutige ID-Nummern zu erzeugen.)

```
// Projekt cart, Datei ShoppingItem.swift
struct ShoppingItem : Identifiable, Codable{
    let id: UUID
    let title: String
    let category: String
    let quantity: String
    let isOnShoppingList: Bool
    let isDeleted: Bool
    let ts: Date   // Timestamp, Zeitpunkt der letzten Änderung

    // alle Eigenschaften initialisieren
    init(id: UUID = UUID(),
         category: String,
         quantity: String,
         isOnShoppingList: Bool,
         title: String,
         ts: Date = Date(),
         isDeleted: Bool = false)
    {
        self.id = id
        ...
    }
}
```

`ShoppingItem` besteht aus lauter Konstanten (`let`). Eine Veränderung einer Eigenschaft ist unmöglich. Stattdessen muss bei jeder Modifikation eine *neue* Instanz erstellt werden. Genau das gelingt mit der `with`-Methode unkompliziert. Sie wenden die Methode auf einen vorhandenen Artikel an und bekommen den modifizierten Artikel zurück – beispielsweise so:

```
let newItem = item.with(quantity: "1 kg")
```

Der neue Artikel hat die gleiche UUID wie der Ausgangsartikel. Der neue Timestamp ergibt sich aus dem Zeitpunkt, zu dem `with` ausgeführt wurde.

```
// Projekt cart, Datei ShoppingItem.swift (Forts.)
struct ShoppingItem : Identifiable, Codable{
    ...
    // erzeugt modifizierte Kopie eines ShoppingItems
    func with(category: String? = nil,
              quantity: String? = nil,
              isOnShoppingList: Bool? = nil,
              title: String? = nil,
              isDeleted: Bool? = nil) -> ShoppingItem
    {
        return ShoppingItem(
            id: self.id,
            category: category ?? self.category,
            quantity: quantity ?? self.quantity,
            isnoShoppingList:
                isOnShoppingList ?? self.isOnShoppingList,
            title: title ?? self.title,
            isDeleted: isDeleted ?? self.deleted)
    }
}
```

Ohne weitere Programmierarbeiten erfüllt die Datenstruktur die Protokolle `Identifiable` und `Codable`. Ersteres ermöglicht die Nutzung der Instanzen in SwiftUI-Listen, Zweiteres die Umwandlung in JSON-Datenstrukturen. `ShoppingItems` wären auch `Sendable`, könnten also zwischen asynchronen Funktionen in unterschiedlichen Threads übergeben werden. Davon macht die App aber keinen Gebrauch, weswegen ich auf die Angabe dieses Protokolls verzichtet habe.

Damit die Einkaufsliste beim ersten Start nicht komplett leer ist, erzeugt `getSampleItems` ein Array mit einigen Beispielartikeln, je nach `locale`-Parameter in deutscher oder englischer Sprache:

```
// Projekt cart, Datei ShoppingItem.swift (Forts.)
struct ShoppingItem : Identifiable, Codable{
    static func getSampleItems(locale: Locale) -> [ShoppingItem]
    {
        if locale.identifier.hasPrefix("de") {
            return [
                ShoppingItem(category: "veg", quantity: "",
                    isnoShoppingList: true, title: "Äpfel"), ...]
        } else {
            return [
                ShoppingItem(category: "veg", quantity: "",
                    isOnShoppingList: true, title: "Apples"), ...]
        }
    }
}
```

Artikel lokal speichern und wieder laden

Die Erweiterung save speichert Arrays mit ShoppingItem-Elementen in der JSON-Datei shoppingItems.json im Dokumentenverzeichnis der App (siehe auch Abschnitt 19.5, »JSON-Dateien verarbeiten«).

```
// Projekt cart, Datei ShoppingItem.swift (Forts.)
// Array mit ShoppingItems in JSON-Datei speichern
extension Array where Element == ShoppingItem {
    func save() {
        do {
            let encoder = JSONEncoder()
            encoder.dateEncodingStrategy = .iso8601
            // self bedeutet hier [ShoppingItem]
            let data = try encoder.encode(self)
            let documentsURL = FileManager.default.urls(
                for: .documentDirectory, in: .userDomainMask)[0]
            let fileURL = documentsURL
                .appendingPathComponent("shoppingItems.json")
            try data.write(to: fileURL)
        } catch {
            print("error in saveShoppingItems")
        }
    }
}
```

Die Umkehrfunktion load sucht nach dieser Datei, liest sie und gibt sie als Array von ShoppingItems zurück:

```
// JSON-Datei laden und als [ShoppingItem]s zurückgeben
struct ShoppingItem : Identifiable, Codable {
    ...
    static func load() -> [ShoppingItem] {
        do {
            let documentsURL = FileManager.default.urls(
                for: .documentDirectory, in: .userDomainMask)[0]
            let fileURL = documentsURL
                .appendingPathComponent("shoppingItems.json")
            guard FileManager.default.fileExists(
                atPath: fileURL.path) else
            {
                return []
            }
            let data = try Data(contentsOf: fileURL)
            let decoder = JSONDecoder()
```

```
            decoder.dateDecodingStrategy = .iso8601
            return try decoder.decode([ShoppingItem].self,
                                      from: data)
        } catch {
            print("error in loadShoppingItems")
            return []
        }
    }
}
```

25.4 UI-Logik (View Model)

Die `@Observable`-Klasse `ShoppingViewModel` bildet das View Model der App. Rund 700 Zeilen Code sind über vier Dateien verteilt:

- `ViewModel.swift` enthält die Deklaration aller Variablen und Computed Properties, Code zur Speicherung von Einstellungen in den User-Defaults sowie diverse Hilfsfunktionen für die Benutzeroberfläche. Das gesamte View Model ist mit `@MainActor` gekennzeichnet, auch asynchroner Code nutzt also den Thread der Benutzeroberfläche. Das schließt Isolation-Probleme und Datenkonflikte aus.
- `Rest.swift`, `RestFamily.swift` und `RestShopping.swift` sind für die Kommunikation mit der REST-API sowie das gesamte damit verbundene Daten-Management zuständig (Synchronisation- und Merge-Vorgang, das Einrichten einer neuen Familie bzw. das Beitreten zu einer vorhandenen Familie etc.).

Aus Platzgründen ist es unmöglich, hier den gesamten Code abzudrucken bzw. zu besprechen. Ich konzentriere mich daher auf die interessantesten Aspekte, wobei ich an dieser Stelle nur auf `ViewModel.swift` eingehe. Die Beschreibung der REST-Funktionen folgt im Abschnitt 25.10, »REST-Client in Swift (View Model)«.

Die Initialisierung der View-Model-Variable `vm` erfolgt nicht wie bei vielen anderen Beispielprogrammen im Code der `ContentView`, sondern im `@main`-Code in `cart_App.swift`. Auf die Hintergründe gehe ich in Abschnitt 25.5, »Grundaufbau der Benutzeroberfläche (ContentView)«, näher ein.

25

View-Model-Eigenschaften

Die View-Model-Klasse beginnt mit der Deklaration der Arrays `items` und `categories`, die wenig später in `init` initialisiert werden. `lastSaved` und `lastApiSync` geben den Zeitpunkt an, wann die Einkaufsliste zuletzt lokal gespeichert bzw. mit dem REST-Server synchronisiert wurde. `isSyncing` ist `true`, wenn die Synchronisation gerade läuft.

Das Computed Property lastUpdate ermittelt den neuesten Zeitpunkt, zu dem ein Artikel der Einkaufsliste verändert wurde. Dieser Zeitpunkt dient als Kriterium, ob Änderungen gespeichert oder zum Server hochgeladen werden müssen. Der einzeilige Code beweist einmal mehr, wie elegant und nützlich Computed Properties sind!

```
// Projekt cart, Datei ViewModel.swift
@Observable @MainActor
class ShoppingViewModel {
    let showDebugInfos = false              // Debugging-Infos zeigen
    var items = [ShoppingItem]()
    var categories = [Category]()
    var lastSaved = Date()                  // lokale Speicherung
    var lastApiSync = Date.distantPast      // REST-Synchronisation
    var isSyncing = false

    // Zeitpunkt des letzten Updates der Einkaufsliste
    var lastUpdate : Date {
        items.map(\.ts).max() ?? Date.distantPast
    }
    // aktuell sichtbarer Tab
    var selectedTab = 0
    ...
```

Fehlersuche

Natürlich hat nicht jedes Feature dieser App auf Anhieb funktioniert. Hoffentlich ist die App im hier präsentierten Zustand fehlerfrei! Zur Fehlersuche habe ich in der Oberfläche der App zusätzliche Daten eingeblendet, insbesondere den Zeitpunkt des letzten Updates sowie die Timestamps aller Artikel der Einkaufsliste (siehe Abbildung 25.8). Die vorhin abgedruckte Konstante showDebugInfos entscheidet, ob diese Daten angezeigt werden sollen.

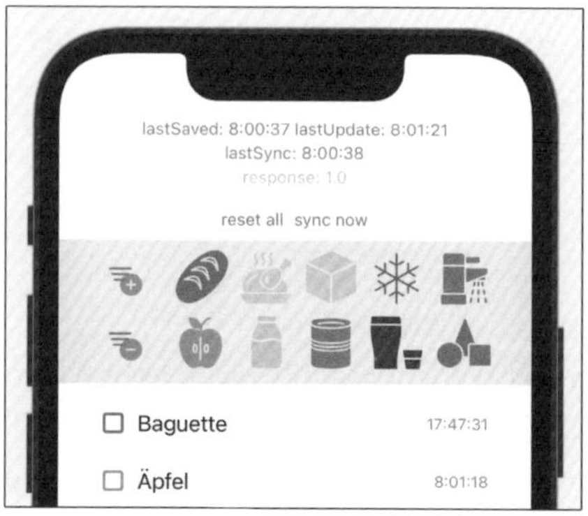

Abbildung 25.8 Im Debug-Modus zeigt die App diverse Zusatzinformationen an.

User-Defaults

Einige Daten der App müssen dauerhaft gespeichert werden. Dazu zählen insbesondere die UUID der Benutzerin und ihrer Familie, aber auch diverse Namen. Weil `@Observable` leider inkompatibel zu `@AppStorage` ist, habe ich die entsprechenden Variablen mit Property Observern ausgestattet. Jede Veränderung wird sofort gespeichert. Als Keys verwende ich die in `SettingKeys` gesammelten Zeichenketten. `SettingKeys` schließt Tippfehler aus, die bei der direkten Übergabe von Zeichenketten an den `forKey`-Parameter passieren können.

```
// Projekt cart, Datei ViewModel.swift (Forts.)
struct SettingKeys {
    // Name und UUID (als Zeichenkette) des Familienmitglieds
    static let userName = "userName"
    static let userUuid = "userUuid"
    // Name, UUID und Sharing-Code (xxxxx-xxxxx) der Familie
    static let familyName = "familyName"
    static let familyUuid = "familyUuid"
    static let familyCode = "familyCode"
    // Namen aller Familien- oder Gruppenmitglieder
    static let familyMembers = "familyMembers"
}
typealias SK = SettingKeys      // Kurzschreibweise
let ud = UserDefaults.standard
var userName: String {
    didSet {  // Property Observer, Änderungen speichern
        ud.set(userName, forKey: SK.userName)
    }
}
var familyName: String { ... }  // analoger Code
var familyMembers: String { ... }
var userUuid: String { ... }
var familyUuid: String { ... }
var familyCode: String { ... }
```


Init-Funktion

Die Init-Funktion von `ShoppingViewModel` kümmert sich nur die User-Defaults-Variablen. Ein Sonderfall ist die UUID des Benutzers der App. Wenn dieser Wert noch nie gespeichert wurde und daher leer ist, erzeugt die App sofort eine UUID und speichert diese.

Die Initialisierung von `items` und `category` erfolgt erst im `task`-Modifier der `ContentView`. An dieser Stelle kümmert sich die App auch um die erste Synchronisierung mit dem REST-Server (asynchroner Code). Das stellt sicher, dass gleich beim Start der App eventuell von anderen Familienmitgliedern durchgeführte Änderungen an der Einkaufsliste heruntergeladen werden.

```
// Projekt cart, Datei ViewModel.swift (Forts.)
init() {
    // in den User-Defaults gespeicherte Zeichenketten lesen
    userName      = ud.string(forKey: SK.userName)      ?? ""
    familyName    = ud.string(forKey: SK.familyName)    ?? ""
    familyUuid    = ud.string(forKey: SK.familyUuid)    ?? ""
    familyCode    = ud.string(forKey: SK.familyCode)    ?? ""
    familyMembers = ud.string(forKey: SK.familyMembers) ?? ""

    // User-UUID beim ersten Start erzeugen und speichern
    if let storedUserUuid = ud.string(forKey: SK.userUuid) {
        userUuid = storedUserUuid
    } else {
        userUuid = UUID().uuidString
        ud.set(userUuid, forKey: SK.userUuid)
    }
}
```

UI-Hilfsfunktionen

Die restliche Datei `ViewModel.swift` besteht aus ein paar kleineren, einfach zu verstehenden Methoden, die aufgerufen werden, wenn Kategorien ausgewählt, Artikel der Einkaufsliste hinzugefügt werden etc. Die folgenden Listings zeigen lediglich ein paar ausgewählte Methoden.

Weil `ShoppingItem` unveränderlich ist, muss für jede Änderung ein neuer Artikel erzeugt werden. `replaceItem` sucht dann den bisherigen Artikel und ersetzt ihn durch den neuen. `updateItem` verändert die Artikelbeschreibung, die Menge und die Kategoriezuordnung und führt dann `replaceItem` aus. `deleteItem` markiert einen Artikel als »gelöscht«. Weil das Löschen mit dem Server und den anderen Familienmitgliedern synchronisiert werden muss, kann der Artikel nicht aus dem Array entfernt werden. Vielmehr wird sein Text auf `deleted` gesetzt und `isDeleted` auf `true` gestellt.

```
// Projekt cart, Datei ViewModel.swift (Forts.)
func replaceItem(_ oldItem: ShoppingItem,
                 with newItem: ShoppingItem)
{
    if let index = items.firstIndex(
                       where: { $0.id == oldItem.id })
    {
        items[index] = newItem
    }
}
```

```
func updateItem(_ item: ShoppingItem, title: String,
                quantity: String, category: String)
{
    let newItem = item.with(category: category,
                            quantity: quantity,
                            title: title)
    replaceItem(item, with: newItem)
}
func deleteItem(_ item: ShoppingItem) {
    let deletedItem = item.with(title: "deleted",
                                isDeleted: true)
    replaceItem(item, with: deletedItem)
}
```

Im Rahmen der Synchronisierung wird die Einkaufsliste auch lokal gespeichert. Die dafür zuständige Methode `saveLocally` testet zuerst, ob sich seit dem letzten Speichervorgang etwas geändert hat, und vermeidet so unnötige Speichervorgänge.

```
func saveLocally() {              // nur speichern, wenn sich
    if lastUpdate > lastSaved {   // etwas geändert hat
        items.save()
        lastSaved = Date()
    }
}
```

25.5 Grundaufbau der Benutzeroberfläche (ContentView)

Damit kommen wir bereits zum View-Teil des MVVM-Modells. Der Code startet in `cart_App.swift`. Dort wird eine Instanz des View Models erzeugt und an die `ContentView` übergeben:

```
// Projekt cart, Datei cart_App.swift
@main struct family_cartApp: App {
    let vm = ShoppingViewModel()  // View-Model-Instanz erzeugen
    var body: some Scene {
        WindowGroup {
            ContentView(vm: vm)
        }
    }
}
```

Diese Vorgehensweise hat sich als robuster erwiesen als eine Initialisierung innerhalb der `ContentView`, die im Verlauf des App-Starts mehrfach auftreten kann. In Kombination mit den asynchronen REST-Requests hat das zu Problemen geführt.

ContentView

Der Grundaufbau der Benutzeroberfläche wird durch die `TabView` innerhalb der `ContentView` bestimmt. Der Aufbau der Datei ist sehr übersichtlich, weil es für jeden der drei Tabs eine eigene Struktur gibt (`ShoppingTabView`, `PlanTabView` etc.).

```
// Projekt cart, Datei ContentView.swift
struct ContentView: View {
    @Bindable var vm: ShoppingViewModel          // View Model
    @Environment(\.scenePhase) var scenePhase   // App-Zustand

    var body: some View {
        if vm.showDebugInfos { ... }  // Debugging-Infos anzeigen

        // drei Tabs für Einkauf, Planung und Einstellungen
        TabView(selection: $vm.selectedTab) {
            ShoppingTabView(vm: vm)
                .tabItem { Label("Shopping",
                                 systemImage: "cart") }
                .tag(0)
            PlanTabView(vm: vm)
                .tabItem {
                    Label("Planning",
                          systemImage: "square.and.pencil") }
                .tag(1)
            SettingsTabView(vm: vm)
                .tabItem { Label("Settings",
                                 systemImage: "gear") }
                .tag(2)
        }
        .onAppear { }                      // aktiven Tab einstellen
        .task { ... }                      // vm.items initialisieren
        .onChange(of:                      // Aktionen bei Tab-Wechsel
            vm.selectedTab) { ... }
        .onChange(of:                      // Speichern vor Programm-
            scenePhase)                    // ende
        .onReceive { ... }                 // regelmäßig speichern
    }
}
```

Modifier zur Ereignisverarbeitung

Der spannendste Code dieser Datei befindet sich in den fünf Modifier-Closures:

- `onAppear` aktiviert beim ersten Start den Einstellungs-Tab, sofern sich der Benutzer noch keiner Familie angeschlossen hat und `familyName` leer ist.

- task kümmert sich um die Initialisierung der Arrays categories und items. Dieser Code könnte auch in der onAppear-Closure platziert werden. Dann müsste dort aber ein neuer Task erzeugt werden. Der task-Modifier kümmert sich darum automatisch und ist insofern besser geeignet.
- onChange(of: vm.selectedTab) wird bei jedem Tab-Wechsel ausgeführt. Die Closure erzwingt einerseits das Familien-Setup, solange familyName leer ist. Außerdem werden bei der Aktivierung des Planungs-Tabs alle Kategoriesektionen zusammengeklappt, was zu einer übersichtlicheren Darstellung führt.
- onChange(of: scenePhase) wird aufgerufen, wenn sich der App-Status ändert. Die Aktivierung des Hintergrundmodus ist ein Indikator dafür, dass die App nicht mehr benutzt und womöglich gleich beendet wird. Höchste Zeit, noch einmal zu speichern!
- onReceive richtet einen Timer ein, der alle 40 Sekunden aufgerufen wird. Diese Zeitspanne ist im View Model in der Konstanten apiSyncSpan definiert. Bei jedem Aufruf wird pullMergePushSave aufgerufen. Die Aufgabenstellung geht aus dem Namen klar hervor. Die Details dieser Methode sehen wir uns in Abschnitt 25.10, »REST-Client in Swift (View Model)«, genauer an.

```
// Projekt cart, Datei ContentView.swift (Forts.)
TabView(selection: $vm.selectedTab) { ... }
// beim ersten Start Konfiguration erzwingen
.onAppear {
    if vm.familyName.isEmpty {
        vm.selectedTab = 2
    }
}
// die Arrays categories und items initialisieren
.task {
    vm.categories = Category.predefinedCategories()
    vm.items = ShoppingItem.load()  // lokal laden
    await vm.pullMergePushSave()    // Synchronisation mit Server
}
// Konfiguration erzwingen, Kategorie-Abschnitte im
// Planungs-Tab zusammenklappen
.onChange(of: vm.selectedTab) { oldValue, newValue in
    if vm.familyName.isEmpty && newValue != 2 {
        vm.selectedTab = 2
    } else if vm.selectedTab == 1 {
        for category in vm.categories {
            category.isExpanded = false
        }
    }
}
```

```
// speichern/synchronisieren, bevor die App endet
.onChange(of: scenePhase) { oldValue, newValue in
    if newValue == .background {
        Task { await vm.pullMergePushSave() }
    }
}
// alle 40 Sekunden speichern/synchronisieren
.onReceive(Timer.publish(every: vm.apiSyncSpan,
                         on: .main,
                         in: .common).autoconnect())
{
    _ in Task { await vm.pullMergePushSave() }
}
```

25.6 Shopping-Tab (View)

Der Code für die Einkaufsansicht verteilt sich über zwei Dateien: In `CategoriesView.swift` sind die `CategoriesView` und der dort verwendete `CategoryButton` für den Kategorie-Filter deklariert. Die `ShoppingTabView` kombiniert die `CategoriesView` mit der `ShoppingView`, also im Wesentlichen einer Liste mit Artikeln.

Kategorie-Filter

In der `CategoriesView` werden zwölf Buttons angezeigt: links zwei Buttons, um alle Filter zu aktivieren bzw. zu deaktivieren, rechts zehn Buttons mit allen Kategorien (siehe Abbildung 25.9).

Abbildung 25.9 Der Kategorie-Filter für die Einkaufsliste

Die `CategoriesView` verwendet einen `GeometryReader`, um die Gesamtbreite des Displays zu ermitteln und daraus die optimale Größe der Buttons zu berechnen. Ein `HStack` enthält zuerst die beiden Filter/Un-Filter-Buttons, dann die 5 × 2 Kategorie-Buttons. Für die Funktionen ALLES/NICHTS FILTERN gibt es in der Apple-Symbolbibliothek keine passenden Symbole. Ich habe deswegen jeweils zwei Symbole in einem `ZStack` überlagert, wobei ich die beiden `Images` mit `offset` gegeneinander verschoben habe.

```
// Projekt cart, Datei CategoriesView.swift
struct CategoriesView: View {
    @State var vm: ShoppingViewModel
    private let gridColumns = 5      // Layout
    private let horizontalSpacing: CGFloat = 8

    var body: some View {
        GeometryReader { geometry in
            let availableWidth = geometry.size.width
            let size = min(50, availableWidth /
                               CGFloat(gridColumns + 2)) - 4

            HStack(alignment: .left,
                   spacing: horizontalSpacing)
            {
                Spacer()
                VStack(spacing: 0) {
                    // Button 'filter all'
                    Button(action: vm.selectAllCategories) {
                        ZStack {
                            Image(systemName: "plus.circle.fill")
                                .foregroundStyle(.gray)
                                .offset(x: 4, y: 4)
                            Image(systemName:
                                   "line.3.horizontal.decrease")
                                .fontWeight(.semibold)
                                .offset(x: -4, y: -4)
                        }

                    }
                    .frame(width: size - 4, height: size)
                    .padding(4)

                    // analoger Code für 'unfilter all'
                    Button(action: vm.deselectAllCategories) ...
                }

                // zwei Reihen mit Kategorie-Buttons
                VStack(spacing: 0) {
                    if vm.categories.count >= 10 {
                        HStack(spacing: 0) {
                            ForEach([0, 2, 4, 6, 8],
                                    id: \.self)
                            { index in
```

```
                              CategoryButton(
                                category: vm.categories[index],
                                size: size)
                          }
                      }
                      HStack(spacing: 0) {
                          ForEach([1, 3, 5, 7, 9], id: \.self)
                          { ... } // analog für zweite Reihe
                      }
                  }
              } // Ende VStack
          }     // Ende HStack
      }         // Ende GeometryReader
  }             // Ende body
}               // Ende struct CategoriesView
```

Kategorie-Buttons

Die Kategorie-Buttons werden je nach Zustand der `isSelected`-Eigenschaft wahlweise farbig gefüllt (aktiv) oder in grauen Konturen (inaktiv) dargestellt. Dabei kann ich auf unterschiedliche Icons zurückgreifen (siehe Abbildung 25.5). Die ursprünglich schwarzen Muster bzw. Konturen werden mit `foregroundStyle` neu eingefärbt. Damit das funktioniert, muss vorher mit `renderingMode` der Template-Modus aktiviert werden.

```
// Projekt cart, Datei CategoriesView.swift (Forts.)
struct CategoryButton: View {
    @Bindable var category: Category
    var size: CGFloat

    var body: some View {
        Button {
            category.isSelected.toggle()
        } label: {
            let imgName = category.bitmap  +
               (category.isSelected ? "-fill" : "")
            Image(imgName)
                .resizable()
                .renderingMode(.template)
                .foregroundStyle(
                    category.isSelected ? category.color : .gray)
                .frame(width: size, height: size)
        }
        .buttonStyle(PlainButtonStyle())
    }
}
```

Vielleicht fragen Sie sich, wo nun eigentlich die Filterung der Einträge stattfindet. Dazu kommen wir im nächsten Abschnitt: Das Computed Property `filteredItems` in `ShoppingListView` wertet den `isSelected`-Zustand der zehn `categories`-Array-Elemente aus. Weil sowohl `Category` als auch `ShoppingViewModel` mit `@Observable` gekennzeichnet sind, wird die Ansicht automatisch bei jeder Veränderung neu gezeichnet.

Die Einkaufsliste

Die `ShoppingTabView` kombiniert den vorhin erläuterten Kategoriefilter mit der Einkaufsliste (`ShoppingListView`).

```
// Projekt cart, Datei ShoppingTabView.swift
struct ShoppingTabView: View {
    @State var vm: ShoppingViewModel

    var body: some View {
        VStack(spacing: 8) {
            CategoriesView(vm: vm)      // Kategoriefilter
                .frame(maxHeight: 110)
                .background(.opacity(0.1))
            ShoppingListView(vm: vm)    // Einkaufsliste
                .padding(.horizontal)
        }
    }
}
```

Die `ShoppingListView` stellt die Einkaufsliste mit bunten Checkboxes dar. Es gibt zwei interessante Aspekte im Code: einerseits die Filterung und Sortierung der darzustellenden Artikel, andererseits das langsame Ausblenden von Artikeln, die abgehakt sind (deren Einkauf erledigt ist).

`itemsBeingRemoved` ist ein Array von Dictionaries, deren Elemente die UUID und den Zeitpunkt der zuletzt abgehakten Artikel enthalten.

Das Computed Property `filteredItems` berücksichtigt zuerst alle ausgewählten Kategorien und bildet dann mit `flatMap` eine flache (nicht verschachtelte) Liste der pro Kategorie gespeicherten Artikel (Kriterium `ShoppingItem.category == Category.shortcut`). Dabei werden nur Artikel berücksichtigt, die sich auf der Einkaufsliste befinden (`isSelected == true`) oder die gerade deaktiviert wurden, also noch in `itemsBeingRemoved` enthalten sind.

Die Sortierung muss unbedingt mit `localizedCompare` erfolgen, sonst werden die deutschen Umlaute falsch ausgewertet und Äpfel nach Zucchini sortiert!

```
// Projekt cart, Datei ShoppingTabView.swift (Forts.)
struct ShoppingListView: View {
    @State var vm: ShoppingViewModel

    // Artikel, deren Einkauf erledigt ist und die ausgeblendet
    // werden
    @State private var itemsBeingRemoved: [UUID: Date] = [:]
    private let removalDelay: TimeInterval = 3.0 // drei Sekunden

    // darzustellende Artikelliste:
    // - Category.isSelected == true
    // - .onShoppingList == true oder noch in itemsBeingRemoved
    // - .isDeleted == false
    // - sortiert zuerst nach Kategorien
    // - dann innerhalb der Kategorie nach Namen
    var filteredItems: [ShoppingItem] {
        vm.categories
            .filter { $0.isSelected }
            .flatMap { category in
                vm.items
                    .filter {
                        $0.category == category.shortcut &&
                        $0.isDeleted == false &&
                        ($0.isOnShoppingList ||
                         itemsBeingRemoved[$0.id] != nil)
                    }
                    // beim Sortieren Landessprache beachten
                    .sorted {
                        $0.title.localizedCompare($1.title) ==
                                                .orderedAscending
                    }
            }
    }
    ...
}
```

Die `ShoppingListView` besteht aus der Liste aller `filteredItemsItems`. Anstelle einer richtigen Checkbox wird ein Button angezeigt, der je nach Zustand von `isOnShoppingList` das System-Icon `square` oder `checkmark.square.fill` verwendet.

Wird ein Artikel als eingekauft abgehakt, wird in `handleItemToggle` (Code folgt gleich) `isOnShoppingList` auf `false` gestellt. Der Artikel bleibt für drei Sekunden sichtbar, weil seine UUID vorübergehend in das Array `itemsBeingRemoved` aufgenommen wird. Während dieser Zeit wird der Text langsam unsichtbar (*fade out*). Diese Animation gibt während des Einkaufs die Möglichkeit, eine irrtümliche Berührung rückgängig zu machen.

```
// Projekt cart, Datei ShoppingTabView.swift (Forts.)
struct ShoppingListView: View {
    ...
    var body: some View {
        List {
            ForEach(filteredItems, id: \.id) { item in
                HStack {
                    Button {    // Checkbox-Button
                        handleItemToggle(item)
                    } label: {
                        Image(systemName: item.isOnShoppingList ?
                              "square" : "checkmark.square.fill")
                            .fontWeight(.bold)
                            .foregroundStyle(vm.getCategoryColor(
                                                for: item.category))
                    }
                    .buttonStyle(.plain)

                    // Artikeltext, Fade-out nach Checkbox-Tap
                    Text(item.title)
                        .foregroundStyle(item.isOnShoppingList ?
                                              Color.primary :
                                              Color.primary.opacity(0))
                        .animation(
                            item.isOnShoppingList ? .none :
                                .linear(duration: removalDelay),
                            value: item.isOnShoppingList)

                    // Artikelmenge
                    Spacer()
                    Text(item.quantity)
                        .foregroundStyle(.secondary)
                        .font(.caption)
                }
            }
        }
        .listStyle(.plain)
        .overlay {
            if filteredItems.isEmpty {
                ContentUnavailableView("No Items",
                    systemImage: "cart",
                    description: Text("Select a category ...")
                )
            }
        }
    }
```

Der List-Code endet mit einem overlay-Modifier. Wenn filteredItems leer ist, zeigt die App einen Hinweis an, entweder mehr Filterkategorien auszuwählen oder Artikel in die Einkaufsliste aufzunehmen (siehe Abbildung 25.10). Dabei kommt die in SwiftUI vordefinierte ContentUnavailableView zum Einsatz, deren Existenz ich Ihnen bisher verschwiegen habe. Ihr Inhalt besteht aus einem Icon, einer Überschrift und einem längeren Text.

Abbildung 25.10 Hinweis, was bei einer leeren Liste zu tun ist

Einkauf durchführen

Wenn Sie in der App den Checkbox-Button eines Artikels berühren, wird handleItemToggle aufgerufen. Wie der Name schon ausdrückt, wird der Zustand des Artikels geändert – normalerweise von »auf der Einkaufsliste« zu »erledigt«, aber unter Umständen auch umgekehrt, wenn ein irrtümlich abgehakter Artikel nochmals reaktiviert wird.

Zur Statusänderung wird an vm.replaceItem ein neuer Artikel mit geändertem isOnShoppingList-Status übergeben. Beim Einkauf wird die ID des Artikels außerdem im itemsBeingRemoved-Array gegeben und daraus erst nach drei Sekunden wieder entfernt.

```
// Projekt cart, Datei ShoppingTabView.swift (Forts.)
struct ShoppingListView: View {
    ...
    private func handleItemToggle(_ item: ShoppingItem) {
        if item.isOnShoppingList {
            // Normalfall: Einkauf ist erledigt
            vm.replaceItem(item, with:
                item.with(isOnShoppingList: false))
            // drei Sekunden für Fade-out und Undo vorsehen
            let removalTime =
                Date().addingTimeInterval(removalDelay)
            itemsBeingRemoved[item.id] = removalTime
```

```
            Task {
               try? await Task.sleep(for: .seconds(removalDelay))
               itemsBeingRemoved.removeValue(forKey: item.id)
            }
        } else {
            // Sonderfall: Undo, Artikel reaktivieren
            vm.replaceItem(item,
                with: item.with(isOnShoppingList: true))
            itemsBeingRemoved.removeValue(forKey: item.id)
        }
    }
}
```

25.7 Planungs-Tab (View)

Der Code für den Tab zur Einkaufsplanung erstreckt sich über zwei Dateien: `PlanTabView.swift` enthält einen `NavigationStack`, der wahlweise eine einfache Einkaufsliste oder eine Liste mit ausklappbaren Abschnitten für alle jeweils gekauften Artikel zeigt (siehe Abbildung 25.3). Die Auswahl eines Listeneintrags und der Plus-Button führen in den Edit-Modus (Datei `EditItemView.swift`).

Der Code zur Filterung und Anzeige der Listeneinträge hat große Ähnlichkeiten mit der gerade behandelten Einkaufsansicht, weswegen ich hier auf eine detaillierte Beschreibung aller Methoden und Subviews verzichte. Die folgenden Zeilen zeigen den Grundaufbau der `PlanTabView`:

```
// Projekt cart, Datei PlanTabView.swift
struct PlanTabView: View {
    @State var vm: ShoppingViewModel
    // Buttons 'Einkaufsliste' vs. 'Zuletzt gekauft'
    @State private var showAll = false
    // Detailansicht: Neuer Eintrag vs. Eintrag ändern
    @State private var showingNewItemView = false

    // Hilfsfunktionen bzw. Computed Properties
    private var  itemsToDisplay: [ShoppingItem] { ... }
    private func itemsInCategory(_ name: String) ->
                                   [ShoppingItem] { ... }
    private var  sortedItems: [ShoppingItem] { ... }

    var body: some View {
        NavigationStack {
            VStack {
                // Buttons oberhalb der Liste, Code gekürzt
```

```
                HStack {
                    Button(action: { showAll = false }) {
                        Text("My list").font(.footnote) ...
                    }
                    Button(action: { showAll = true }) {
                        Text("Recently shopped").font(.footnote)
                    }
                    // Plus-Button (-> Neuer Artikel)
                    Spacer()
                    NavigationLink {
                        EditItemView(categories: vm.categories) {
                            vm.addNewItem(title: $0,
                                          quantity: $1,
                                          type: $2)
                        }
                    } label: {
                        Image(systemName: "plus").font(.title2)
                    }
                }

                // Liste darstellen, siehe folgendes Listing
                if !itemsToDisplay.isEmpty { ... } else { ... }
            }
        }
    }
}
```

Die oben fehlenden Zeilen zur Listendarstellung habe ich hier getrennt dargestellt. Es gibt hier eine Unterscheidung zwischen drei Fällen: Sollen alle Artikel mit Kategorieüberschriften angezeigt werden? Oder nur die Artikel, die aktuell auf der Einkaufsliste sind? Oder ist die Liste leer? Dann zeigt `ContentUnavailableView` einen entsprechenden Hinweis an.

```
// Projekt cart, Datei PlanTabView.swift
// innerhalb von ShoppingListView
...
if !itemsToDisplay.isEmpty {
    List {
        if showAll {  // früher gekaufte Artikel
            let categoryShortcuts =
                vm.categories.map { $0.shortcut }
            ForEach(categoryShortcuts, id: \.self) { shortcut in
                if let category = vm.getCategory(for: shortcut) {
                    let categoryItems = itemsInCategory(shortcut)
                    if !categoryItems.isEmpty {
```

```
                    Section {
                        if category.isExpanded {
                            // Artikel nur anzeigen, wenn
                            // Abschnitt ausgeklappt ist
                            itemsForEach(items: categoryItems)
                        }
                    } header: {
                        CategoryHeader(category: category)
                    }
                }
            }
        }
    } else {    // nur die Einkaufsliste
        itemsForEach(items: sortedItems)
    }
}
} else {  // Liste ist leer -> Hinweis anzeigen
    ContentUnavailableView { ... }
}
...
```

Die Hilfsfunktion itemsForEach zeigt die als Parameter übergebenen Artikel an. Die Funktion vermeidet redundanten Code in der ohnedies schon sehr verschachtelten PlanTabView. Für die eigentliche Darstellung des Artikels ist die Subview ItemRow zuständig, deren Code hier nicht abgedruckt ist. Dank des swipeActions-Modifier können Listeneinträge mit einem Swipe-Vorgang gelöscht werden.

```
// Projekt cart, Datei PlanTabView.swift
private func itemsForEach(items: [ShoppingItem]) -> some View {
    ForEach(items, id: \.id) { item in
        NavigationLink {
            EditItemView(...) {  // Navigation zur Edit-View
                vm.updateItem(...)
            }
        } label: {
            ItemRow(...)          // Listeneintrag anzeigen
            .swipeActions(edge: .trailing) {
                Button(role: .destructive) {
                    vm.deleteItem(item)
                } label: {
                    Label("Delete", systemImage: "trash")
                }
            }
        }
    }
}
```

Listenabschnitte ein- und ausklappen

In der Planungsansicht mit `showAll == true` sind die Kategorieabschnitte ein- und ausklappbar (rechts in Abbildung 25.3 zu sehen). Für das Ein- und Ausklappen ist die Abschnittsüberschrift in `CategoryHeader` verantwortlich: Diese Subview zeigt rechts neben dem Kategorienamen ein geeignetes Symbol an (`chevron.up` bzw. `chevron.down`). Die Closure für den `onTabGesture`-Modifier ändert den `isExpanded`-Zustand der Kategorie. Diese Eigenschaft wird im Code zur Listendarstellung ausgewertet (siehe das Listung auf der vorigen Seite). Wenn er `false` ist, werden keine Listenelemente angezeigt.

```
// Projekt cart, Datei PlanTabView.swift
struct CategoryHeader: View {
    let category: Category?

    var body: some View {
        HStack {
            Image(category.bitmap + "-fill")
            Text(category.name).font(.headline)
            Spacer()
            Image(systemName: category.isExpanded ?
                   "chevron.up" : "chevron.down")
        }.onTapGesture {
            category.isExpanded.toggle()
        }
    }
}
```

Artikel ändern oder hinzufügen

Die `EditItemView` wird über `NavigationLinks` aktiviert. Sie zeigt die Kategorie, den Titel und die Menge eines Artikels. Um die geänderten bzw. neuen Daten zu speichern, wird die als Parameter übergebene Funktion `onSave` aufgerufen. Die folgenden Zeilen fassen in verkürzter Form die Struktur des Codes zusammen.

```
// Projekt cart, Datei EditItemView.swift
struct EditItemView: View {
    @Environment(\.dismiss) private var dismiss
    @State private var title: String
    @State private var quantity: String
    @State private var categoryIndex: Int
    let categories: [Category]
    let item: ShoppingItem?
    var onSave: (String, String, String) -> Void

    init(...) { ...}
```

```
    var body: some View {
        Form {
            // Kategorieauswahl
            Section(categories[categoryIndex].name) {
                CategorySelectView(
                    categories: categories,
                    categoryIndex: $categoryIndex)
                .frame(height: 120)
                // bewirkt kompaktere Darstellung
                .listRowInsets(EdgeInsets())
            }
            // Artikelname und Menge
            Section("Item") {
                TextField("Name", text: $title)
                    .autocorrectionDisabled()
                TextField("Optional", text: $quantity)
                    .autocorrectionDisabled()
            }
        }
        .navigationTitle(item == nil ? "Add Item" : "Edit Item")
        .toolbar {
            ToolbarItem(placement: .confirmationAction) {
                Button("Save") {
                    onSave(title, quantity,
                           categories[categoryIndex].shortcut)
                    dismiss()
                }
                .disabled(title.isEmpty)
            }
        }
    }
}
// zeigt die zehn Kategorien an
struct CategorySelectView: View { ... }
// zeigt einen Kategorie-Button an
struct CategoryRadioButton: View { ... }
```


25.8 Settings-Tab (View)

Die `SettingsTabView` zeigt den Status der App und ermöglicht es, eine Familie oder Gruppe zu gründen oder dieser beizutreten. Die folgenden Zeilen geben einen Überblick über die Struktur des Codes. Die `@State`-Variablen `userName`, `familyName` und `familyCode` werden beim erfolgreichen Erstellen/Beitreten einer Gruppe in die gleichnamigen Variablen des View-Models übernommen. Generell entscheidet in der gesamten App der Inhalt von `vm.familyName`, ob eine korrekte Initialisierung vorliegt und die restlichen Funktionen genutzt werden können.

Nach der Eingabe der erforderlichen Daten sind die View-Model-Funktionen `vm.joinFamily` bzw. `vm.setupNewFamily` für den Aufruf der notwendigen API-Funktionen und das Update der Einkaufsliste zuständig. Der Code folgt in Abschnitt 25.10, »REST-Client in Swift (View Model)«.

```
// Projekt cart, Datei SettingsTab.swift
struct SettingsTabView: View {
    let vm: ShoppingViewModel

    @State private var userName = ""
    @State private var familyName = ""
    @State private var familyCode = ""
    // API-Feedback
    @State private var errorMessage: String?
    @State private var waitForApi = false
    // Sind die Formulare für Join und Create Family ausgeklappt?
    @State private var isExpandedJoin = false
    @State private var isExpandedCreate = false

    @Environment(\.locale) private var locale

    var body: some View {
        ScrollView {
            VStack(alignment: .leading, spacing: 20) {
                StatusView(vm: vm)     // Status anzeigen

                if let errorMessage {  // Fehlermeldung anzeigen
                    Text(errorMessage).foregroundColor(.red)
                }
                // neue Familie/Gruppe gründen
                ExpandableSection(vm.familyName.isEmpty ?
                   "Join an existing family or group" :
                   "Join other family or group", $isExpandedJoin)
                { ... }
                // einer Familie/Gruppe beitreten
                ExpandableSection(
                    "Or create a new family or group",
                    $isExpandedCreate)
                { ... }
            }
        }
```

```
        .onAppear { // userName-Variable voreinstellen
            userName = vm.userName
        }
        .task {     // Namen der Gruppenmitglieder ermitteln
            if !vm.familyName.isEmpty {
                vm.familyMembers =
                    await vm.getMembers(id: vm.familyUuid)
            }
        }
    }
}
```

Auf die vollständige Wiedergabe des Codes verzichte ich auch in diesem Fall. Stattdessen möchte ich auf zwei Besonderheiten eingehen, die in diesem Buch bisher zu kurz kamen, die aber durchaus von allgemeinem Interesse sind.

VStack ein- und ausklappen (@ViewBuilder)

Die Formulare zum Erzeugen/Beitreten einer Familie bzw. Gruppe sind aus Platzgründen in `ExpandableSections` versteckt. An die Init-Funktion dieser Subview werden drei Parameter übergeben: die Beschriftung, der Ein-/Ausklappzustand sowie als Closure die darzustellenden Views. Auf zwei Details möchte ich dabei hinweisen:

- Der `content`-Parameter ist mit dem Attribut `@ViewBuilder` gekennzeichnet. Das ermöglicht es, *mehrere* unterschiedliche Views zu übergeben. Ohne `@ViewBuilder` müssen Sie dagegen exakt *eine* View übergeben.

  Die Beispiel-App würde auch ohne `@ViewBuilder` funktionieren, weil in der Closure jeweils ein `VStack` übergeben wird, die dann selbst wieder andere Views enthält. `@ViewBulilder` stellt aber sicher, dass die `ExpandableSection` allgemeingültig funktioniert und z. B. auch einen `Text` und einen `Button` ein- und ausklappen kann.

- `ExpandableSection` ist als generische Struktur definiert. Das bedeutet, dass der `content`-Parameter dem `View`-Protokoll entsprechen muss, aber gleichzeitig der Typ des übergebenen Parameters erhalten bleibt.

  Mit `let content: View` ohne generische Typeninformation würden Sie den Parameter zwar ebenfalls auf `View` einschränken, es käme aber zu einem *Type Erasure*. Innerhalb von `ExpandableSection` wäre `content` ganz allgemein eine `View`. Mit der generischen Syntax bleibt der tatsächlich übergebene Typ – sei es nun ein `Button`, ein `Text` oder ein `VStack` – erhalten (*Type Preservation*).

```
// Projekt cart, Datei SettingsTab.swift (Forts.)
struct ExpandableSection<Content: View>: View {
    let headerText: LocalizedStringKey
    @Binding private var isExpanded: Bool
    let content: Content
```

```
    init(_ headerText: LocalizedStringKey,
         _ isExpanded: Binding<Bool>,
         @ViewBuilder content: () -> Content)
    {
        self.headerText = headerText
        self._isExpanded = isExpanded
        self.content = content()
    }

    var body: some View {
        VStack(alignment: .leading, spacing: 8) {
            Button(action: { isExpanded.toggle() }) {
                HStack {
                    Text(headerText)
                        .font(.headline)
                    Spacer()
                    Image(systemName: isExpanded ?
                          "chevron.up" : "chevron.down")
                }
            }
            .buttonStyle(PlainButtonStyle())

            if isExpanded { content }  // Content anzeigen
        }
        .padding()
        .background(Color.gray.opacity(0.1))
        .cornerRadius(8)
    }
}
```

Nachrichten senden (ShareLink)

Innerhalb der `StatusView` zeigt die App einen Button zum Versenden des Zugangs-Codes für die Familie oder Gruppe an (siehe Abbildung 25.11).

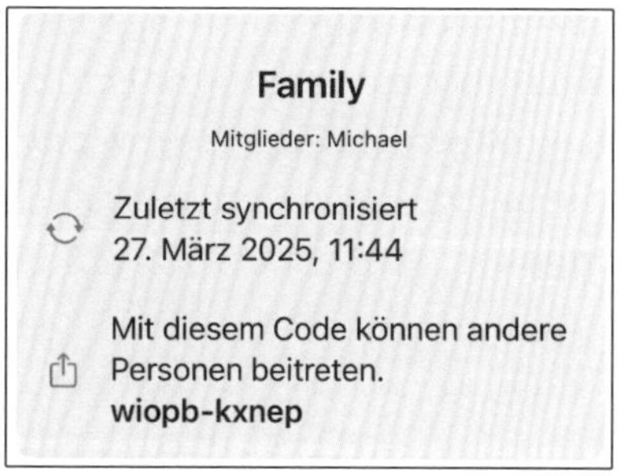

Abbildung 25.11 Der Sharing-Button als Teil der Statusinformationen

Mit dem Button öffnet die App einen Standarddialog, um eine Nachricht weiterzugeben. In der Folge stehen alle zum Versenden geeigneten Messenger-Apps (*Nachrichten*, E-Mail, WhatsApp, Signal usw.) zur Auswahl. Der dazugehörige Code stellt zuerst die Zeichenketten zusammen und übergibt diese dann an `ShareLink`. Der Datentyp für `item` ist ganz allgemein `String` und nicht `LocalizedString`. Deswegen muss `messageBody` mit `String(localized:)` initialisiert werden. Der Datentyp `LocalizedStringKey` ist hier nicht zulässig!

```
// Projekt cart, Datei SettingsTab.swift in StatusView
...
let subject: LocalizedStringKey = "Cart Invitation"
let messageBody = String(localized: """
    We now use this app to organise our shopping.
    Would you like to join us?

    https://apps.apple.com/us/app/cart-sample-app/id6744360009

    This is the code you need to join our family/group:

    \(vm.familyCode)
    """)
HStack {
    ShareLink(item: messageBody,
              subject: Text(subject))
    {
        Image(systemName: "square.and.arrow.up")
    }
    VStack(alignment: .leading) {
        Text("Share to let others join: ")
        Text(vm.familyCode).bold()
    }.padding(.leading, 8)
}
```


25.9 REST-Server-Implementierung mit Python

In diesem Abschnitt wenden wir uns kurz von Swift ab und beschäftigen uns mit Datenbank- und API-Design, Python und Docker. Es geht also um alle Fragen der serverseitigen REST-API. Vereinfacht gesagt soll diese API die Möglichkeit bieten, Einkaufslisten vieler Familien zu speichern und zu synchronisieren – und das unter Einhaltung elementarer Sicherheitsanforderungen. Für den ersten Testbetrieb soll diese Datenbank samt REST-Schnittstelle lokal in einem Docker-Container laufen. Im zweiten Schritt muss der REST-Server dann auf einen im Internet erreichbaren Server umziehen (*Deployment*).

Ich gehe in diesem Kapitel davon aus, dass *Representational State Transfers* (also REST), Datenbankschemas, SQL und Docker keine Fremdwörter für Sie sind. Da der Fokus dieses Buchs auf Swift liegt, wollte ich diesen Abschnitt nicht mit IT-Grundlagen weit abseits des Grundthemas aufblähen.

Warum nicht Vapor?

Die Abschnittsüberschrift macht schon klar – ich habe die API mit Python realisiert. Die Wahl fiel auf Python, weil die für diese Sprache verfügbaren REST-Bibliotheken eine unglaublich einfache Implementierung mit wenig Code ermöglichen. Der REST-Server ist eine Notwendigkeit für diese App, aber im Vordergrund dieses Kapitels steht natürlich die App (der REST-Client), nicht das serverseitige Backend.

REST-APIs können in allen erdenklichen anderen Sprachen entwickelt werden, z. B. in C#, Java, JavaScript/TypeScript oder Ruby. Weniger populär, aber aus der Sicht dieses Buchs natürlich besonders spannend ist die Kombination aus Swift mit der Bibliothek *Vapor* (siehe *https://vapor.codes*). Der Vorteil von Vapor besteht darin, dass damit der gesamte Code, vom Client bis zum Backend, in Swift entwickelt werden kann.

In früheren Auflagen dieses Buchs gab es sogar ein eigenes Vapor-Kapitel. Aber ich bin aus zwei Gründen von Vapor abgekommen: Zum einen haben die Vapor-Entwicklerinnen und -Entwickler das Framework immer wieder auf den Kopf gestellt. Natürlich wurde die Bibliothek mit jedem Schritt besser, aber es war fast unmöglich, in eigenen Projekten mit dem Framework Schritt zu halten. Zum anderen wird eine REST-API nicht auf einem lokalen Rechner, sondern auf einem (Linux-)Server betrieben. Nun funktionieren Swift und Vapor zwar tatsächlich unter Linux, aber die Installation und Wartung eines REST-Servers sind mühsam. Im Vergleich dazu sind die Einrichtung und der Betrieb des in diesem Kapitel vorgestellten Docker-Containers mit Python und FastAPI ein Kinderspiel.

Datenbankdesign

Die Datenbank für die Einkaufs-App muss drei Dinge (»Entitäten«) speichern: Die Familien/Gruppen an sich, deren Mitglieder sowie die Artikel, aus denen sich die Einkaufslisten zusammensetzen. Ich habe mich für ein relationales Datenbankdesign entschieden, das diese Datentypen in drei Tabellen abbildet (siehe Abbildung 25.12). Die Datenbankexperten unter Ihnen werden einwerfen, dass dieses Beispiel geradezu nach einer NoSQL-Datenbank wie MongoDB schreit. Sie haben recht. Blättern Sie vor zur Überschrift »Design-Varianten«, und lesen Sie meine Gedanken dazu. Vorerst bleiben wir aber beim relationalen Design.

Die drei Tabellen `families`, `members` und `items` verwenden UUIDs für die Primary- und Foreign-Key-Spalten. Im Vergleich zu durchlaufenden ID-Nummern haben UUIDs den Vorteil, dass sie ohne die Gefahr von Kollisionen clientseitig generiert werden können. In den Tabellen `members` und `items` verweist die Foreign-Key-Spalte `familyId` auf die übergeordnete Familie.

Der Zeitpunkt, zu dem Familien gegründet bzw. Mitglieder hinzugefügt werden, wird in Timestamp-Spalten gespeichert. Timestamps bestehen aus Datum und Uhrzeit und werden je nach Datenbanksystem automatisch erzeugt bzw. bei Änderungen aktualisiert.

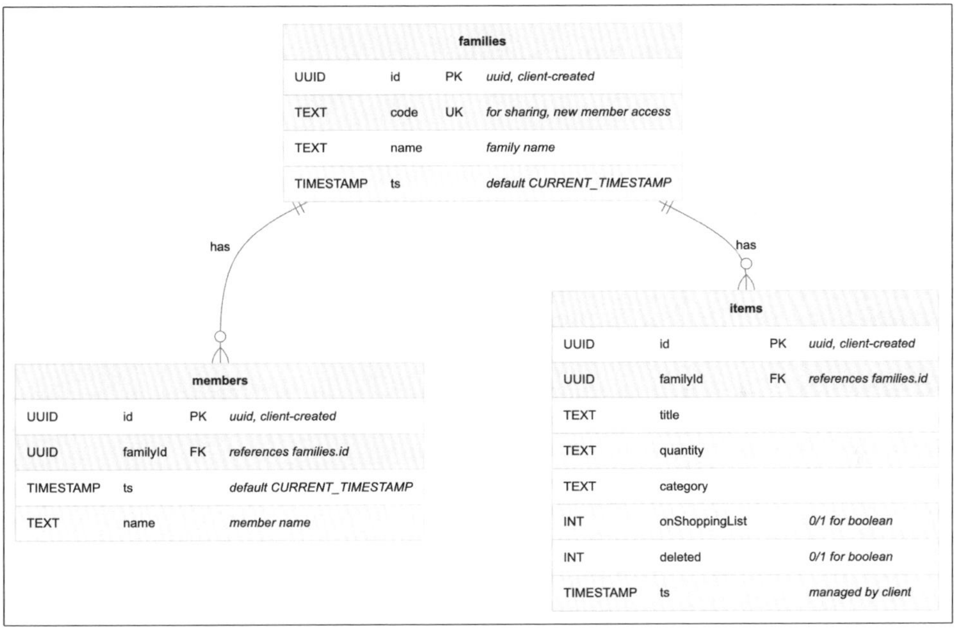

Abbildung 25.12 Datenbankschema

Datenbanksystem

Da ich für diese Beispiel-App keine riesigen Benutzerzahlen erwarte, habe ich mich für SQLite als Datenbanksystem entschieden. SQLite (siehe *https://www.sqlite.org*) ist eine winzige Bibliothek, um relationale Datenbanken in einer einzigen Datei abzuspeichern. Der größte Vorteil von SQLite besteht darin, dass der Konfigurations- und Administrationsaufwand nahezu null ist.

SQLite: Wenig Features, aber gut genug

SQLite kann bei den Features nicht mit »großen« relationalen DBMS wie MySQL oder PostgreSQL mithalten, ist aber für unsere Zwecke gut genug. Unterschätzen

Sie SQLite nicht! Auf einem Server mit einer schnellen SSD kann SQLite theoretisch zehntausend Transaktionen pro Sekunde verarbeiten und mehrere Terrabyte große Datenbanken verwalten. Es wäre unsinnig, SQLite für solche Datenmenge anzuwenden, aber wie der nächste Abschnitt zeigt, sind unsere Anforderungen ohnedies viel kleiner.

SQLite kennt keine eigenen Datentypen für boolesche Werte, Datum und Uhrzeit sowie UUIDs. Boolesche Werte werden in ganzen Zahlen abgebildet (0/1), UUIDs als hexadezimale Zeichenketten und Zeitangaben im ISO-Format.

Das folgende Listing zeigt den SQL-Code zum Erzeugen der Datenbank. Die UUIDs werden alle clientseitig generiert. Bei `families` und `members` kümmert sich die Datenbank um die Timestamp-Spalte. Bei `items` wird der Timestamp dagegen vom Client erzeugt und aktualisiert.

Die Datenbank hat außer für die Primary-Key-Spalten drei zusätzliche Indizes: Einen UNIQUE-Index für die zufällig generierte Sharing-Code-Spalte sowie je einen normalen Index für die `familyId`-Spalte in den Tabellen `members` und `items`. Dieser Index soll Abfragen der Art `SELECT * FROM items WHERE familyId = '...'` beschleunigen. Auf die Definition von Foreign-Key-Regeln, die sicherstellen, dass es keine ungültigen Querverweise gibt, habe ich verzichtet.

```
-- Projekt rest-api, Datei app/schema.sql
CREATE TABLE families (
    id TEXT PRIMARY KEY,                  -- UUID
    code TEXT,                            -- Sharing-Code xxxx-xxxx
    name TEXT,                            -- Familienname
    ts TEXT DEFAULT CURRENT_TIMESTAMP,    -- INSERT-Zeitpunkt
    UNIQUE(code));

CREATE TABLE members (
    id TEXT PRIMARY KEY,                  -- UUID
    familyId TEXT,                        -- Foreign Key
    ts TEXT DEFAULT CURRENT_TIMESTAMP,    -- INSERT-Zeitpunkt
    name TEXT);                           -- Mitgliedname

CREATE INDEX idx_members_familyId ON members(familyId);

CREATE TABLE items (
    id TEXT PRIMARY KEY,              -- UUID
    familyId TEXT,                    -- Foreign Key
    title TEXT,                       -- Artikelname
    quantity TEXT,                    -- Artikelmenge
    category TEXT,                    -- Kategoriename
```

```
    onShoppingList INT,           -- 0/1 für false/true
    deleted INT,                  -- 0/1 für false/true
    ts TEXT);                     -- Timestamp (Client)

CREATE INDEX idx_items_familyId ON items(familyId);
```

Abschätzung der Datenmengen und Transaktionsanzahl

Die folgende Abfrage zeigt die aus Platzgründen etwas gekürzte Darstellung einiger Artikel einer Einkaufsliste in SQLite:

```
sqlite3 app.db
> .headers on
> .mode table
> SELECT * FROM items ORDER BY ts DESC LIMIT 5;

id        fam.     title        qty cat.   osl del ts
--------  -------  ------------ --- -----  --- --- ----------------
A740-...  C222...  Haferflocken     dry    1   0   2025-04-01T06:39
D500-...  C222...  Bananen          veg    1   0   2025-03-31T17:23
264A-...  C222...  Eier         20  dairy  1   0   2025-03-31T17:23
062D-...  C222...  Parmesan         dairy  0   0   2025-03-31T17:23
6039-...  C222...  Joghurt      3 x dairy  0   0   2025-03-31T17:23
```

Grob geschätzt beansprucht die Speicherung eines Artikels samt Datenbank-Overhead für Indizes ungefähr 150 Byte. Wenn 10.000 Familien die App verwenden und jede Familie 200 Artikel erfasst, ergibt sich eine Datenbankgröße von ca. 300 MByte.

Die App synchronisiert die Daten bei aktiver Nutzung alle 40 Sekunden, im passiven Betrieb nur alle 10 Minuten. Nehmen wir an, zu Spitzenzeiten verwenden 10 Prozent der 10.000 Familien die App gleichzeitig. Dann ergeben sich daraus 1000 / 40 = 25 Transaktionen pro Sekunde.

Wenn für jede Transaktion 200 Artikel hin- und zurücktransportiert werden müssen, ergibt sich ein Datenvolumen von ca. $200 \times 150 \times 25 \times 2 = 1{,}5$ MByte, das pro Sekunde mit REST-Requests transportiert werden muss. Selbst mit einigem HTTPS-Overhead bleiben die Datenmengen überschaubar.

Diese Überschlagsrechnungen beweisen, dass die Datenbank- und Server-Anforderungen relativ klein sind, solange die Benutzerzahlen der App nicht explodieren. Sollten Sie Apps entwickeln, bei denen Sie damit rechnen oder zumindest hoffen, dass die Nutzerzahlen in die Millionen gehen, brauchen Sie naturgemäß ein anderes Datenbank- und Server-Setup.

REST-Design

Sobald das Datenbank-Design steht, stellt sich die Frage, welche REST-Requests für den Betrieb der App notwendig sind. Die API sollte auf jeden Fall mit einem Request Auskunft über ihre Versionsnummer geben. So ein Minimal-Request bietet auch eine gute Möglichkeit, um einen Verbindungstest durchzuführen. Sechs weitere Requests reichen aus, um alle von der App benötigten Funktionen durchzuführen:

- `PUT /newfamily` und `PUT /newmember` richten eine neue Familie ein und fügen ein Mitglied hinzu.
- Um sich einer schon bestehenden Gruppe anzuschließen, ermitteln Sie mit `GET /family` und dem bekannten Sharing-Code in der Form `xxxxx-xxxxx` die dazugehörigen Family-UUID. Danach werden Sie mit `PUT /newmember` Teil der Familie oder Gruppe und können mit `GET /members` die Namen aller Mitglieder ermitteln.
- Um Artikel der Einkaufsliste beim Server zu speichern, verwenden Sie `PUT /items`. Umgekehrt liest `GET /items` alle Artikel oder optional nur die Artikel, die sich seit einem bestimmten Zeitpunkt verändert haben.

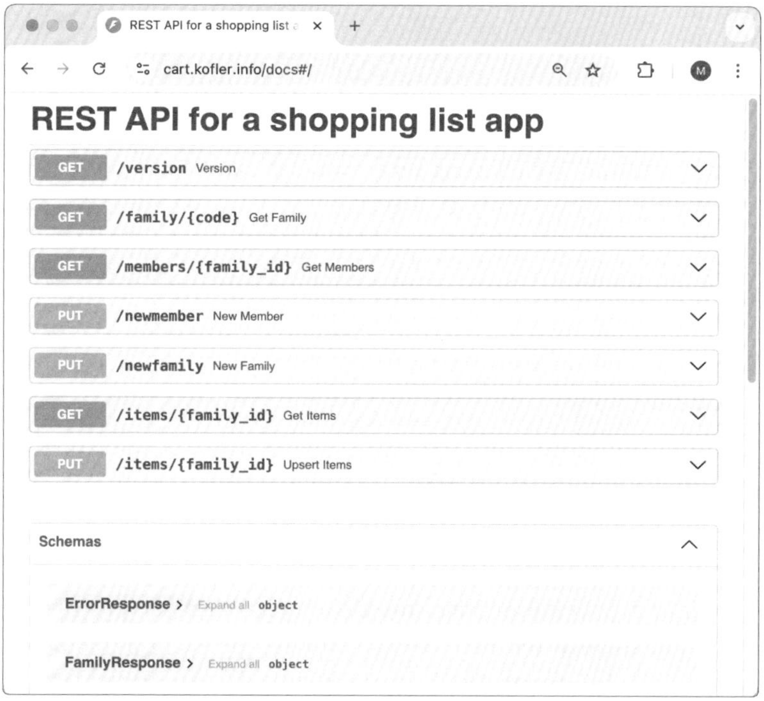

Abbildung 25.13 Die FastAPI-Bibliothek erzeugt eine komplette Dokumentation zu allen Requests.

An die meisten Requests müssen Sie die UUID der Familie oder Gruppe mitliefern. Eine ausführliche Referenz aller Requests, deren Parameter sowie des Formats aller Input- und Output-Strukturen (JSON) liefern die folgenden Seiten (siehe Abbildung 25.13).

https://cart.kofler.info/docs (als HTML-Seite)
https://cart.kofler.info/export-openapi (im JSON-Format)

Die Dokumentation erfüllt die OpenAPI-Spezifikation (ehemals Swagger) und wird von der im Python-Code eingesetzten FastAPI-Bibliothek automatisch generiert.

Python-Code

Der gesamte Code für die API befindet sich in der Datei `main.py` und beansprucht nur 350 Zeilen. Das folgende Listing zeigt die Struktur des Codes sowie die Details für den Request `GET /members`. Wenn Sie sich für weitere Details interessieren, werfen Sie einen Blick in die Beispieldateien!

```
# Datei rest-api/app/main.py
import ... # diverse Importe für FastAPI und pydantic

DATABASE_PATH = "app.db"
SCHEMA_PATH = "schema.sql"

# diverse Klassen für den JSON-Import/Export
# hier: für die Rückgabe der Familienmitglieder, also
# für GET /members
class MemberResponse(BaseModel):
    id: str = Field(..., description="UUID for the member")
    name: str = Field(..., description="Member's full name")

# Initialisierung der Datenbank, falls diese noch nicht existiert
def init_database():
    ...

# wird einmalig beim Start ausgeführt
@app.on_event("startup")
async def startup_event():
    """Run at application startup."""
    init_database()

# Request GET /members
@app.get("/members/{family_id}",
        response_model=Union[list[MemberResponse],
                             ErrorResponse])
async def get_members(
    family_id: str = Path(..., description="The family ID"),
```

```
    # für die Token-Authentifizierung, Details folgen gleich
    token: str = Header(..., alias="x-auth-token",
                        description="Authentication token")
):
    if not validate_token(token):
        return {"errormsg": "Invalid authentication token"}

    conn = sqlite3.connect(DATABASE_PATH)
    conn.row_factory = sqlite3.Row
    cursor = conn.cursor()
    try:          # Mitglieder eine Familie/Gruppe ermitteln
        cursor.execute(
            "SELECT id, name FROM members WHERE familyId = ?",
            (family_id,)
        )
        return [dict(row) for row in cursor.fetchall()]
    except sqlite3.Error as e:
        return {"errormsg": f"Database error: {str(e)}"}
    finally:
        conn.close()
```

Docker

Um die REST-API zu testen, habe ich das obige Python-Programm vorerst lokal als Docker-Container ausgeführt. Die folgende Datei `compose.yaml` beschreibt das Setup. Kurz gefasst soll mit `uvicorn` (einem Mini-Webserver) der Python-Code aus der Datei `main.py` ausgeführt werden. Die Kommunikation erfolgt vorerst unverschlüsselt (also mit HTTP) über den lokalen Port 8880:

```
# Datei compose.yaml
services:
  api:
    build:
      context: .
      dockerfile: Dockerfile
    ports:
      - "8880:8880"
    volumes:
      - ./app:/app
    command: uvicorn main:app --host 0.0.0.0 --port 8880 --reload
    restart: unless-stopped
```

`compose.yaml` verweist auf die Datei `Dockerfile`. Diese beschreibt das Image für den Python-Container:

```
# Datei Dockerfile
FROM python:3.13-slim
WORKDIR /app
COPY ./requirements.txt /app/requirements.txt
RUN pip install --no-cache-dir --upgrade -r requirements.txt
```

Die Datei `app/requirements.txt` listet die erforderlichen Python-Module auf, die beim Erstellen des Python-Images installiert werden sollen:

```
# Datei requirements.txt
fastapi>=0.110.0
uvicorn>=0.28.0
pydantic>=2.6.0
```

Das Unterverzeichnis `app` enthält außer `requirements.txt` den Python-Code (also `main.py`) sowie die SQL-Datei `schema.sql`. Das folgende Kommando startet dann den Docker-Container:

```
docker compose up
```

Mit `curl` können Sie testen, ob alles funktioniert:

```
curl localhost:8880/version

  {"api_version":"1.0"}
```

Sofern Sie auf Ihrem Mac Docker installieren, können Sie das Setup selbst ausprobieren. Damit die App den lokalen REST-Server verwendet (und nicht *cart.kofler.info*), müssen Sie zwei Zeilen in der View-Model-Datei des Xcode-Projekts ändern:

```
// Projekt cart, Datei ViewModel.swift
internal let apiBaseURL = "http://localhost"
internal let apiPort = 8880
```

Token-Absicherung

Würde die REST-API in dieser Form auf einem Server installiert, wäre sie öffentlich zugänglich. Jeder, der eine Family-UUID kennt, könnte also mit `curl` oder mit REST-Entwicklungswerkzeugen die API nutzen. Die dort gespeicherten Daten sind sicherheitstechnisch vollkommen uninteressant. Es werden keine IP-Adressen, keine geografischen Daten, keine E-Mail-Adressen, keine Kreditkartennummern und auch sonst keine vertraulichen Informationen gespeichert. Viel mehr, als dass es Personen gibt, die demnächst Äpfel, Mehl oder Zucker einkaufen wollen, lässt sich aus der Datenbank nicht entnehmen.

Dessen ungeachtet ist ein freier API-Zugang nicht wünschenswert. Wir wollen, dass nur die Einkaufs-App für den Datenzugriff relevante Requests ausführen kann, aber niemand sonst. Der Weg dorthin führt über ein Token, das bei jedem Request mitgesendet werden muss. Dieses Token wird auf der Basis einer Zeichenkette generiert, die nur die App (Swift-Code) und die API (Python-Code) kennen. Um einen eventuellen Angriff weiter zu erschweren, wird das Token zeitabhängig erzeugt und ändert so alle fünf Minuten seinen Wert.

Diese Art der Absicherung funktioniert natürlich nur, solange die zur Token-Erzeugung genutzte Zeichenkette wirklich geheim bleibt. Bei einem Programm, das wie hier öffentlich dokumentiert ist und dessen Code zum Download zur Verfügung steht, ist diese Bedingung nicht mehr gegeben. Auch wenn man davon absieht, gäbe es noch sichere Verfahren, bei denen sich das Token bei *jedem* Request auf eine Weise ändert, die Client und Server miteinander vereinbaren. Aber für unsere Zwecke sind zeitabhängige Token definitiv sicher genug.

Im Python-Code erfolgt die Token-Authentifizierung in `validate_token`. Dabei werden die Tokens für *zwei* Fünf-Minuten-Zeitfenster berücksichtigt. Das stellt sicher, dass die Authentifizierung auch dann klappt, wenn die Swift-App das Token um 8:59:59 Uhr erzeugt, der Request aber ein paar Millisekunden später um 9:00:00 Uhr beim Server eintrifft.

```
// Datei rest-api/app/main.py
API_SECRET = "secret string ..."
api_key_header = APIKeyHeader(name="X-Auth-Token")

# Validierung für zeitbasierte Token
def validate_token(token: str) -> bool:
    current_slot = int(time.time() // 300)
    previous_slot = current_slot - 1

    current_token = hmac.new(API_SECRET.encode(),
                             str(current_slot).encode(),
                             hashlib.sha256).hexdigest()

    previous_token = hmac.new(API_SECRET.encode(),
                              str(previous_slot).encode(),
                              hashlib.sha256).hexdigest()

    return hmac.compare_digest(token, current_token) or
           hmac.compare_digest(token, previous_token)
```

Außerdem muss jede Request-Funktion, die mit einem Token abgesichert ist, einen Token als Parameter erwarten und diesen mit `validate_token` überprüfen:

```
@app.put("/items/{family_id}", response_model=...)
async def upsert_items(family_id: str,
    items: list[ItemUpsertRequest],
    token: str = Header(...,                   # <-- Token-Parameter
                        alias="x-auth-token",
                        description="Authentication token")
):
    if not validate_token(token):
        return {"errormsg": "Invalid authentication token"}
    ...
```

Deployment auf einen »richtigen« Server mit HTTP

Bis jetzt läuft die REST-API nur lokal. Das bedeutet aber, dass Sie die selbst entwickelte App nur auf Ihrem Rechner in Xcode testen können. Sowohl der Docker-Container als auch der iPhone-Simulator können lokal miteinander kommunizieren. Sobald Sie versuchen, die App auf einem richtigen iPhone auszuführen, scheitert der Verbindungsaufbau, weil es keine Netzwerkverbindung zwischen dem iPhone und dem auf Ihrem Mac laufenden Docker-Container gibt.

Abhilfe schaffen Sie, indem Sie den Docker-Container auf einem im Internet öffentlich zugänglichen Server ausführen. Dieser Schritt wird oft *Deployment* genannt. Dabei stehen verschiedene Konfigurationsvarianten zur Wahl: Entweder verändern Sie den Docker-Container dahin gehend, dass dieser sich selbst um die HTTPS-Verschlüsselung samt Zertifikat kümmert, oder Sie überlassen diese Aufgabe einem ohnedies schon vorhandenen Webserver, den Sie als sogenannten *Reverse Proxy* konfigurieren. Der Webserver agiert also nach außen über HTTPS und leitet Ihre Requests nach innen zum Docker-Container weiter.

Es fehlt hier der Platz zur Beschreibung unterschiedlicher Varianten. Ich fasse daher nur kurz *eine* Variante zusammen. Für *kofler.info* gibt es bereits einen Webserver, der unter Linux läuft. Auf diesem Server habe ich mit `acme.sh` ein weiteres Let's-Encrypt-Zertifikat für *cart.kofler.info* eingerichtet. Dann habe ich der vorhandenen Apache-Konfiguration die folgenden Zeilen hinzugefügt:

25

```
# Datei /etc/apache2/sites-available/cart.kofler.info.conf
<VirtualHost *:443>
    ServerName cart.kofler.info
    SSLEngine on
    SSLCertificateFile    /etc/letsencrypt/cart.kofler.info.pem
    SSLCertificateKeyFile /etc/letsencrypt/cart.kofler.info.key
    # Proxy
    ProxyPreserveHost On
    ProxyPass          /    http://localhost:8880/
    ProxyPassReverse   /    http://localhost:8880/
```

```
    # Logging
    ErrorLog  ${APACHE_LOG_DIR}/cart-error.log
    CustomLog ${APACHE_LOG_DIR}/cart-access.log combined
</VirtualHost>

# Umleitung HTTP -> HTTPS
<VirtualHost *:80>
    ServerName cart.kofler.info
    Redirect permanent / https://cart.kofler.info
</VirtualHost>
```

Damit werden von außen kommende Requests für *cart.kofler.info* intern zu Port 8880 weitergeleitet. Auf diesem Port läuft, wie auf meinem Mac zu Hause, ein Docker-Container. Alle zugrunde liegenden Dateien habe ich unverändert übernommen. Einzig `compose.yaml` sieht jetzt ein wenig anders aus:

```
# Datei compose.yaml für den Linux-Server
services:
  api:
    build:
      context: .
      dockerfile: Dockerfile
    ports:
      - "127.0.0.1:8880:8880"
    volumes:
      - ./app:/app
    command: uvicorn main:app --host 0.0.0.0 --port 8880 --reload
    restart: unless-stopped
    networks:
      - web_network

networks:
  web_network:
    driver: bridge
```

Zwei Details sind neu: Zum einen ist Port 8880 nicht über alle Netzwerke geöffnet, sondern nur für interne Verbindungen (*localhost*, also die Adresse 127.0.0.1). Zum anderen erfolgt die Kommunikation nun über ein internes Netzwerk und ist so von anderen Docker-Containern getrennt.

Entwicklungsverlauf

Bei der Entwicklung der REST-API bin ich in kleinen Schritten vorgegangen. Nach der Entscheidung für die Kombination aus Python und FastAPI habe ich für Docker die Datei `compose.yaml` eingerichtet und vorerst nur einen Hello-World-Request programmiert. Dann habe ich der App Swift-Code hinzugefügt, um den Verbindungsaufbau zwischen App und dem lokalen Docker-Container zu testen.

In den weiteren Schritten habe ich per Python-Code die Datenbank eingerichtet, falls diese noch nicht existiert und dann einen Request nach dem anderen zuerst in Python implementiert und dann mit dem entsprechenden Swift-Code aus meiner App heraus getestet.

Um den Zeitaufwand zu minimieren, habe ich sowohl den Python- als auch den Swift-Code für die jeweiligen Requests überwiegend mit KI-Tools erstellt und dann nur noch ein wenig optimiert. Damit das gut funktioniert, müssen Sie an die KI-Werkzeuge ausreichend Kontextinformationen übergeben, also z. B. Dateien mit dem Datenbankschema oder der API-Spezifikation.

Nachdem die API sowohl Python- als auch Swift-seitig funktionierte, habe ich zuerst die Token-Authentifizierung hinzugefügt und dann den Container auf einen meiner Linux-Server transferiert und nochmals (jetzt mit HTTPS und dem richtigen Domainnamen) getestet.

Design-Varianten

In der Einleitung dieses Abschnitts habe ich es bereits angedeutet: SQLite ist für Prototypen bzw. kleine Apps perfekt geeignet, für ein großes Datenvolumen weniger. Wenn Sie beim relationalen Modell bleiben möchten, sollten Sie MySQL, MariaDB oder PostgreSQL in Erwägung ziehen. Diese Open-Source-Datenbanksysteme können mehrere Transaktionen parallel verarbeiten, unterstützen mehr Datentypen und ermöglichen Backups im laufenden Betrieb.

Auch über das Datenbank-Design lässt sich diskutieren: In der gegenwärtigen Form kann eine Familie/Gruppe zwar mehrere Mitglieder haben, es wird aber nicht erfasst, wer einen Artikel zuletzt geändert hat. Diese Informationen können die Synchronisierung der Daten effizienter machen, weil z. B. vom Server nur solche Datensätze geholt werden müssen, die andere Personen verändert haben. Ich wollte das Beispiel in diesem Buch nicht (noch) komplizierter machen und glaube zudem, dass der Effizienzgewinn – wenn überhaupt – minimal wäre.

Die gesamte REST-Kommunikation erfolgt im JSON-Format, außerdem nutzt das hier vorliegende Datenbankmodell die Vorteile relationaler Systeme kaum. Insofern wäre der Wechsel zu einer NoSQL-Datenbank wie MongoDB naheliegend. Die Einkaufsliste könnte in ihrer Gesamtheit als ein JSON-Dokument in einer Collection gespeichert werden, die Liste der Familienmitglieder in einer zweiten Collection. Allerdings müssten dazu sowohl die API als auch der Synchronisations-Code in Swift grundlegend umgestaltet werden. Der entscheidende Vorteil von MongoDB wäre die bessere

Skalierbarkeit. Wenn sich um Ihre Einkaufs-App plötzlich ein Hype entwickelt, lässt sich MongoDB viel einfacher für ein höheres Datenvolumen konfigurieren als SQLite.

Auf eine letzte Design-Frage möchte ich hier noch kurz eingehen: Familien werden zwar durch eine 128-Bit-UUID identifiziert, aber zum Beitritt einer Familie reicht die Kenntnis eines Codes (z. B. `fuapl-qvjsn`), der aus nur zehn Kleinbuchstaben besteht und dementsprechend einen viel kleineren Wertebereich hat. Diese Entscheidung hatte praktische Gründe: Ich wollte ein Format, das sich auf der Online-Tastatur eines iPhones leicht eingeben lässt – daher keine Zahlen, Sonderzeichen oder Großbuchstaben. Und der Code sollte nicht zu lang sein.

Zehn Kleinbuchstaben lassen sich auf 26^{10} = 141.167.095.653.376 Varianten kombinieren. Das reicht definitiv für mehr Familien aus, als auf dieser Erde leben können. Dennoch ist nicht ganz auszuschließen, dass die App irgendwann einen zufälligen Sharing-Code generiert, der in der Datenbank schon gespeichert ist. Wegen des Unique-Index für diese Spalte kommt es dann zu einem Fehler, der Benutzer muss den Setup-Prozess wiederholen.

Konsequenter wäre es, tatsächlich die UUID für das Sharing zu verwenden. Aber dazu wäre die Eingabe von 28 Kleinbuchstaben oder von 32 hexadezimalen Stellen notwendig. Das ist unzumutbar. Denkbar wäre aber, den Beitritt zu einer Familie über einen QR-Code oder über einen in eine URL eingebauten Code durchzuführen. Wiederum habe ich mich hier für einen Kompromiss entschieden, der sich mit wenig Code realisieren lässt und der für die vorliegende Zielsetzung gut genug ist.

25.10 REST-Client in Swift (View Model)

Nach diesem langen Ausflug in die Python-, Docker- und Linux-Welt kommen wir nun zurück zu Swift. Die Implementierung eines eigenen REST-Dienstes ist die eine Sache, deren Nutzung die andere. Alle dafür erforderlichen Methoden sind in der `ShoppingViewModel`-Klasse. In der Datei `ViewModel.swift` befinden sich allerdings nur die Deklarationen einiger zentraler Eigenschaften:

```
// Projekt cart, Datei ViewModel.swift
@Observable @MainActor class ShoppingViewModel {
    ...
    var lastSaved = Date()              // Datei
    var lastApiSync = Date.distantPast  // API-Sync
    var isSyncing = false
    var lastUpdate : Date {
        items.map(\.ts).max() ?? Date.distantPast
    }
```

```
    internal let apiBaseURL = "https://cart.kofler.info"
    internal let apiPort = 443
    let apiSyncSpan = 40.0         // Pull + Push alle 40 Sekunden
    let apiMaxPullSpan = 600.0     // Pull alle 10 Minuten, wenn
                                   // keine lokalen Änderungen
    internal let apiSecret =
        "secret string ..."        // wie in main.py
    var apiResponseText = ""
    var apiErrorMsg: String = ""
    var apiStatus: LocalizedStringKey = ""
    ...
}
```

Der weitere REST-Code verteilt sich über drei Dateien, die jeweils die ShoppingView-Model-Klasse erweitern. Ich beginne hier mit Rest.swift mit dem apiRequest-Fundament für alle weitere Requests und der Token-Generierung. RestFamily.swift und RestShopping.swift enthalten dann den Code für das Familien-Management und die Synchronisation der Einkaufsliste.

Token generieren

generateAuthToken greift auf die Methode authenticationCode aus dem CryptoKit zurück. HMAC steht dabei für *Hash-based Message Authentication Code*. Das Ergebnis sind binäre Daten, die mit String(format:) Byte für Byte in eine hexadezimale Zeichenkette umgewandelt werden.

```
// Projekt cart, Datei Rest.swift
import CryptoKit {

private func generateAuthToken() -> String {
    let timeSlot = Int(Date().timeIntervalSince1970 / 300)

    guard let timeSlotData = String(timeSlot).data(using: .utf8),
          let secretData = apiSecret.data(using: .utf8)
    else {
        print("WARNING: failed to generate token")
        return ""
    }
    let hmac = HMAC<SHA256>.authenticationCode(
        for: timeSlotData,
        using: SymmetricKey(data: secretData))
    return hmac.map { String(format: "%02hhx", $0) }.joined()
}
```

Request durchführen

Die asynchrone Methode apiRequest verarbeitet eine API-Request, wandelt die eintreffenden JSON-Daten in eine Instanz des generischen Typs T um und gibt dieses Ergebnis zurück. Eine einfachere Variante dieser Methode habe ich Ihnen bereits in Abschnitt 20.2, »REST-APIs nutzen«, vorgestellt.

Neu sind hier die optionale Verwendung eines Tokens, die Übermittlung von Daten (body), die Verwendung von Parametern (queryParam) sowie die Umwandlung des Ergebnisses in den gewünschten Zieldatentyp. Die Methode verwendet einen relativ kurzen Timeout, weil die zu übertragenden Datenmengen so klein sind. Entweder gelingt der Request innerhalb von 10 Sekunden, oder es kann höchstwahrscheinlich keine Verbindung hergestellt werden.

```
// Projekt cart, Datei Rest.swift (Forts.)
internal func apiRequest<T: Decodable>(
    method: String = "GET",
    endpoint: String,
    queryParams: [(String, String?)] = [],
    body: Data? = nil,
    useToken: Bool = false,
    timeoutInterval: TimeInterval = 10.0) async throws -> T
{
    // Basis für URL
    guard var components = URLComponents(string: apiBaseURL)
    else { throw URLError(.badURL) }
    components.port = apiPort
    components.path = endpoint
    // Query-Parameter hinzufügen
    if !queryParams.isEmpty {
        components.queryItems = queryParams.compactMap {
                key, value in
            guard let value = value else { return nil }
            return URLQueryItem(name: key, value: value)
        }
    }
    // URL-Instanz erzeugen
    guard let url = components.url
    else { throw URLError(.badURL) }
    // URLRequest erzeugen
    var request = URLRequest(url: url,
                             timeoutInterval: timeoutInterval)
    request.httpMethod = method
    // Body übergeben
    request.httpBody = body
```

```
    if method == "PUT" || method == "POST" {
        request.setValue("application/json",
                         forHTTPHeaderField: "Content-Type")
    }
    // Token einbauen
    if useToken {
        request.setValue(generateAuthToken(),
                         forHTTPHeaderField: "X-Auth-Token")
    }
    // Request ausführen
    let (data, response) =
        try await URLSession.shared.data(for: request)

    // bei einem Fehler Exception auslösen
    guard let httpResponse = response as? HTTPURLResponse
    else {
        throw URLError(.badServerResponse)
    }
    guard (200...299).contains(httpResponse.statusCode)
    else {
        throw URLError(.init(rawValue:
                             httpResponse.statusCode))
    }
    // Ergebnis in den Zieldatentyp umwandeln
    return try JSONDecoder().decode(T.self, from: data)
}
```

API-Version ermitteln (GET /version)

Eine triviale Anwendung von apiRequest sehen Sie in getVersion. Dabei wird der Request GET /version ausgeführt. Die resultierenden Daten werden in eine VersionResponse-Instanz umgewandelt. getVersion gibt die dort enthaltene Versionsnummer als Zeichenkette zurück – oder, falls ein Fehler aufgetreten ist, die Zeichenkette error.


```
// Projekt cart, Datei Rest.swift (Forts.)
func apiVersion() async -> String {
    struct VersionResponse: Decodable {
        let api_version: String
    }

    do {
        let versionInfo: VersionResponse =
            try await apiRequest(endpoint: "/version")
        apiStatus = "ok"
        return versionInfo.api_version
```

```
    } catch {
        apiStatus = "error"
        return "error"
    }
}
```

API-Funktionen für das Familien-Management

RestFamily.swift enthält die vier Methoden zur Durchführung der Requests zur Verwaltung von Familien und deren Mitgliedern (siehe Tabelle 25.1).

API-Request	Methode
GET /family	apiGetFamily(code) -> FamilyResponse (liefert UUID)
GET /members	apiGetFamilyMember(uuid) -> [MemberResponse] (Namen)
PUT /newMember	apiNewMember(memberUuid, familyUuid, memberName)
PUT /newfamily	apiNewFamily(familyUuid, familyCode, familyname)

Tabelle 25.1 Swift-Methoden für REST-Requests zum Familien-Setup

Von diesen vier Methoden stelle ich Ihnen hier exemplarisch apiNewFamily vor. An die Methode werden die lokal erzeugte UUID, ein ebenfalls lokal generierter Code xxxxx-xxxxx sowie ein Name übergeben. Die Methode liefert kein Ergebnis, löst aber im Falle eines Fehlers eine Exception aus.

```
// Projekt cart, Datei RestFamily.swift
private func apiNewFamily(id: String, code: String,
                          name: String) async throws
{
   struct NewFamilyRequest: Encodable {
       let id: String          // diese Daten werden als
       let code: String        // JSON-Zeichenkette im Body
       let name: String        // an den Request übergeben
   }
   let request = NewFamilyRequest(id: id, code: code, name: name)
   let jsonData = try JSONEncoder().encode(request)
   do {
       // Ergebnis ignorieren
       let _: [String: String] = try await apiRequest(
           method:   "PUT",
           endpoint: "/newfamily",
           body:     jsonData,
           useToken: true)
```

```
        apiStatus = "ok"
    } catch {
        apiStatus = "error"
        apiErrorMsg = error.localizedDescription
        throw error
    }
}
```

Neue Familie einrichten

Auch bei der Anwendung der API-Funktionen für das Familien-Setup beschränke ich mich auf einen Fall: `setupNewFamily` erwartet als Parameter einen Familiennamen, einen Benutzernamen und die gerade aktuelle Sprache als `Locale`-Instanz. In den ersten Zeilen der Methode werden zufällige UUIDs für die Familien und das neue Mitglied erzeugt, außerdem ein Familien-Sharing-Code (siehe die Methode `generateRandomString` am Ende des Listings).

Mit diesen Daten werden `apiNewFamily` und `apiNewMember` asynchron aufgerufen. Wenn dabei keine Fehler auftreten, werden diverse View-Model-Eigenschaften initialisiert.

Falls es bereits eine Einkaufsliste gibt, werden deren Elemente in `createCopyOfItems` mit neuen UUIDs regeneriert. (Andernfalls kann es passieren, dass unterschiedlichen Familien zugeordnete Artikel der Einkaufsliste die gleiche UUID haben. Die UUID gilt aber als Primary Key und würde einen Datenbankfehler auslösen.) Ist die Einkaufsliste dagegen leer, werden mit `getSampleItems` ein paar Einträge in der Landessprache erzeugt (deswegen der `locale`-Parameter). Diese Einträge sollen Neueinsteigern den Umgang mit der App erleichtern.

```
// Projekt cart, Datei RestFamily.swift (Forts.)
func setupNewFamily(familyName: String,
                    userName: String,
                    locale: Locale) async -> Bool
{
    let famCode = generateRandomString()
    let famUuid = UUID().uuidString
    let famNameTrimmed =
        familyName.trimmingCharacters(in: .whitespaces)
    let userNameTrimmed =
        userName.trimmingCharacters(in: .whitespaces)
    let userUuid = UUID().uuidString

    do {
        try await apiNewFamily(id: famUuid,
                               code: famCode,
                               name: famNameTrimmed)
```

```
        try await apiNewMember(memberId: userUuid,
                               familyId: famUuid,
                               name: userNameTrimmed)
        if items.count == 0 {
            // damit die Einkaufsliste nicht ganz leer ist
            items = ShoppingItem.getSampleItems(locale: locale)
        } else {
            items = createCopyOfItems()  // neue UUIDs
            items.save()
        }
        self.familyName = famNameTrimmed   // diverse View-Model-
        self.familyUuid = famUuid          // Eigenschaften
        self.familyCode = famCode          // initialisieren
        self.familyMembers = userNameTrimmed
        self.userUuid = userUuid
        self.userName = userNameTrimmed
        self.lastSaved = Date.distantPast
        self.lastApiSync = Date.distantPast
        await pullMergePushSave()          // erstmalig speichern
        return true
    } catch {
        return false
    }
}
// Code der Form xxxxx-xxxxx mit Kleinbuchstaben erzeugen
private func generateRandomString() -> String {
    let chars = "abcdefghijklmnopqrstuvwxyz"
    let firstPart = String((0..<5)
        .map { _ in chars.randomElement()! })
    let secondPart = String((0..<5)
        .map { _ in chars.randomElement()! })
    return "\(firstPart)-\(secondPart)"
}
```

API-Funktionen zum Laden und Speichern der Einkaufsliste

`RestShopping.swift` enthält zwei weitere `apiXxx`-Methoden, um die Einkaufsliste vom Server zu laden bzw. dorthin zu übertragen (siehe Tabelle 25.2).

API-Request	Methode
`GET /items`	`apiPullItems(sinceDate) -> [ShoppingItem]`
`PUT /items`	`apiPushItems(items) -> Int`

Tabelle 25.2 Swift-Methoden für REST-Requests zur Übertragung der Einkaufsliste

Ich konzentriere mich hier auf den Code von `apiPullItems`. Der ist insofern interessant, weil das von der API gelieferte JSON-Dokument nicht direkt in `ShoppingItems` umgewandelt wird. Die Darstellung der UUID, der booleschen Zustände und des Timestamps in der Datenbank und somit im JSON-Dokument ist anders, als Swift dies erwartet. Deswegen werden die eintreffenden Artikel zuerst in `ItemDTOs` deserialisiert und dann in einem zweiten Schritt in »richtige« `ShoppingItems` umgewandelt. `DTO` steht dabei für *Data Transfer Object*. Die hier gewählte Vorgehensweise ist ein gängiges Muster für vergleichbare Aufgaben. Die folgenden Zeilen zeigen den Code dieser Übergangsstruktur sowie der Methode `toShoppingItem` zur Umwandlung in den Zieldatentyp.

```
// Projekt cart, Datei RestShopping.swift
private struct ItemDTO: Codable {
    let id: String
    let title: String
    let quantity: String
    let category: String
    let onShoppingList: Int
    let deleted: Int
    let ts: String

    // Umwandlung ItemDTO in ShoppingItem
    func toShoppingItem() -> ShoppingItem {
        let itemId = UUID(uuidString: id) ?? UUID()
        let isOnList = onShoppingList == 1
        let isDeleted = deleted == 1

        // ISO-Formatter für Datum/Zeit
        let dateFormatter = ISO8601DateFormatter()
        let timestamp = dateFormatter.date(from: ts) ?? Date()

        return ShoppingItem(id: itemId,
                            category: category,
                            quantity: quantity,
                            onShoppingList: isOnList,
                            title: title,
                            ts: timestamp,
                            isDeleted: isDeleted)
    }
}
```

`apiPullItems` kann nur verwendet werden, wenn die Familien-UUID bekannt ist. Im optionalen Parameter `since` kann ein Zeitpunkt übergeben werden. Der API-Request liefert dann nur Artikel, deren Änderungsdatum neuer ist. Ursprünglich wollte ich damit den Pull-Prozess optimieren. Weil aber bei der Synchronisierung der Daten anderer Familienmitglieder zu einem späteren Zeitpunkt noch Updates folgen können (z.B. wenn ein Mitglied eine Weile keine Netzverbindung hat), habe ich davon abgesehen. Der Parameter bleibt daher in der App ungenutzt.

```
// Projekt cart, Datei RestShopping.swift (Forts.)
func apiPullItems(since: Date? = nil) async throws
        -> [ShoppingItem]
{
    if familyUuid.isEmpty {
        throw NSError(domain: "ShoppingApp", code: 1,
                      userInfo: [NSLocalizedDescriptionKey:
                                 "Family ID missing"])
    }
    do {
        // Familien-UUID in URL einbauen
        let endpoint = "/items/\(familyUuid)"

        // Ergebnisdatentyp
        let response: [ItemDTO]

        if let sinceDate = since {
            // optionalen since_ts-Parameter übergeben
            let dateFormatter = ISO8601DateFormatter()
            let sinceTsString =
                dateFormatter.string(from: sinceDate)
            response = try await apiRequest(
                endpoint: endpoint,
                queryParams: [("since_ts", sinceTsString)],
                useToken: true)
        } else {
            // Request ohne since_ts-Parameter
            response = try await apiRequest(endpoint: endpoint,
                                            useToken: true)
        }
        apiStatus = "ok"
        apiErrorMsg = ""
        // Data Transfer Objects in ShoppingItems umwandeln
        return response.map { $0.toShoppingItem() }
    } catch {
        apiStatus = "error"
        apiErrorMsg = error.localizedDescription
        throw error
    }
}
```

apiPushItems funktioniert so ähnlich, allerdings wird in diesem Fall das Array mit den zu speichernden ShoppingItems zuerst in ein ItemDTO-Array umgewandelt und dann in das JSON-Format serialisiert.

Synchronisierung der Einkaufsliste

Der Weg bis hierher war lang, aber jetzt sind wir endlich so weit, dass wir die Einkaufsliste synchronisieren können. Konkret führt die Methode pullMergePushSave die folgenden Teilaufgaben durch:

- Zuerst testet die Methode, ob es lokale Änderungen gibt. Wenn das nicht der Fall ist und die in apiMaxPullSpan vorgegebene Zeitspanne (10 Minuten) seit der letzten Synchronisierung auch noch nicht erreicht ist, wird die Methode verlassen.
- Die Methode liest mit apiPullItems alle Einträge der Familieneinkaufsliste vom Server.
- Als Nächstes werden die vom Server kommenden Einträge mit den vorhandenen Einträgen zusammengeführt (Methode mergeItems). Die Strategie ist einfach: Der Eintrag mit dem neuesten Timestamp gewinnt.
- Danach werden alle seit der letzten Synchronisation geänderten Einträge mit apiPushItems zum Server übertragen. Die Methode achtet darauf, gerade mit Pull gelesene Einträge nicht wieder mit Push zurückzuübertragen. (Das wäre kein Fehler, aber eine Zeitverschwendung.)
- Zuletzt werden die Einträge in einer lokalen JSON-Datei gespeichert. Zu einer lokalen Speicherung kommt es auch, wenn an irgendeiner Stelle vorher ein Fehler aufgetreten ist.

```
// Projekt cart, Datei RestShopping.swift (Forts.)
func pullMergePushSave(pullAlways: Bool = false) async {
    // keine Synchronisation, bevor das Setup erledigt ist
    if familyName.isEmpty || isSyncing { return }

    do {
        if lastApiSync >= lastUpdate {
            if !pullAlways &&
               lastApiSync.addingTimeInterval(
                           apiMaxPullSpan) > Date()
            {
                return // es gibt nichts zu tun
            }
        }
        isSyncing = true           // Pull: alle Einträge
        let serverItems = try await apiPullItems()
```

25

```
        mergeItems(serverItems)    // Merge

        // Push: nur Einträge, die lokal verändert wurden
        let starttime = Date()
        let updatedItems = items.filter { item in
            item.ts > lastApiSync &&
            !serverItems.contains(where: { $0.id == item.id &&
                                           $0.ts == item.ts})
        }
        try await apiPushItems(updatedItems)
        lastApiSync = starttime
    } catch  {
        print("error in pullMergePushSave: \(error)")
    }
    // auf jeden Fall (auch nach einem Fehler) lokal speichern
    saveLocally()
    isSyncing = false
}

// lokale Einkaufsliste mit Daten vom Server zusammenführen
private func mergeItems(_ serverItems: [ShoppingItem]) {
    for serverItem in serverItems {
        // Existiert der Artikel lokal?
        if let index = items.firstIndex(where: {
                                 $0.id == serverItem.id })
        {
            // ersetzen, wenn der Artikel vom Server neuer ist
            if serverItem.ts > items[index].ts {
                replaceItem(items[index], with: serverItem)
            }
        } else {
            // Artikel existiert lokal nicht -> hinzufügen
            items.append(serverItem)
        }
    }
}
```

Index

A

D

J

K

L

M

N

O

P

Q

R

S

Z